JN240282

介護福祉士

過去7年

本試験問題集

新星出版社

介護福祉士試験は難しくなった!?

合格率からはわからない合格基準のしくみ

第37回試験の合格率は78.3%となりました。第35回、第36回試験の過去2回の試験の合格率が80%以上だったことから、「介護福祉士試験は難しくなった」という声が聞かれましたが、決してそうではありません。介護福祉士試験の合格者は、毎回の試験問題の難易度から設定される合格基準点を基に決定されます。第36回試験の合格基準点は67点でしたが、第37回試験では3ポイント上がり、70点となりました。その結果の合格率78.3%ですから、「問題が難しくなった」とはいえないでしょう。しかしながら、著しく難易度が下がったわけでもありませんので、これまで通り、気を緩めることなく学習を進めましょう。

筆記試験の合格基準（第37回試験）

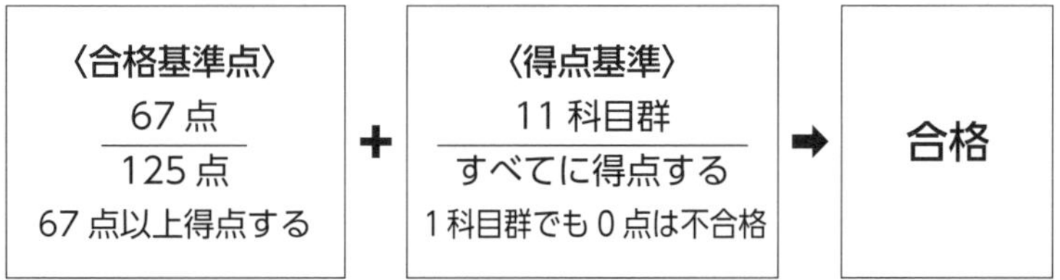

第37回試験　こんな問題が出た

例年、「人間と社会」の分野では、意表を突くような問題が出題されることがありますが、今年も、問題3では自己同一性、自己愛、自我といった、普段あまり使わない用語が登場しました。

見慣れない用語が登場したら、深呼吸をするなど、気分を落ち着けましょう。「混乱しているな」と感じたら、きっぱりと次の問題に取り組むことも一つの方法です。ただし、問題を飛ばす場合には、マークシートの回答欄を間違えないように注意が必要です。

午後の「生活支援技術」の問題では、正解肢（最も適切なもの）の選択に迷うような問題が多くみられました。「必ずしも間違いとまではいえない」という場合が多く、回答に迷われた受験生も多かったことでしょう。

ただし、問題は、実技に基づいて出題されていますので、基本をしっかり押さえておけば、正解にたどり着くことができたと思われます。

学習の進め方

●試験問題が変わった

介護福祉士養成課程における教育内容等の見直しが行われたことにより、第35回試験問題から改正カリキュラムに対応した国家試験問題となりました。教育内容の見直しは、認知症高齢者や高齢単身世帯等の増加等に伴う介護ニーズの複雑化・多様化・高度化に対応できる介護福祉士を養成する観点から行ったとされており、試験問題にも、その傾向が表れています。

教育内容等の見直しは、大学のような4年過程では、令和4年度から毎年度、学年に応じて順次行われており、試験問題も新しいカリキュラムに基づき出題されますから、社会福祉振興・試験センターのHPに掲載されている「試験科目別出題基準」を確認しておくことは、必須といえます。とくに、試験間近となると、こうした準備は行いにくくなりますから、早めに対象項目を重点的に学習しておくことをお勧めします。

参照：社会福祉振興・試験センター　https://www.sssc.or.jp/

●教育内容の見直し

養成課程における教育内容等の主な見直し内容は次の通りです（「見直しに係るＱ＆Ａ」から抜粋)。

①介護職のグループの中での中核的な役割やリーダーの下で専門職としての役割を求められていることから、教育に含むべき事項にチームマネジメントを追加

②対象者の生活を地域で支えるために、多様なサービスに対応する力が求められていることから、教育に含むべき事項に地域共生社会や地域における生活支援の実践を追加

③介護ニーズの複雑化・多様化・高度化に対応するため、領域「介護」の目的に各領域で学んだ知識と技術の統合を追加するとともに、教育内容「介護総合演習」と「介護実習」に新たに教育に含むべき事項を追加

④本人の思いや症状などの個別性に応じた支援や、地域とのつながり及び家族への支援を含めた認知症ケアの実践力が求められていることから、教育に含むべき事項に認知症の心理的側面の理解や認知症ケアの理解を追加

⑤施設・在宅にかかわらず、地域の中で本人が望む生活を送るための支援を実践するため、教育に含むべき事項に多職種協働の実践を追加

●第38回試験のためにおさえておこう！　育児・介護休業法の改正

令和7年4月1日に「介護・育児休業法」の改正法が施行されます。特に、介護に直面した労働者に対して、両立支援制度等の個別の周知・意向確認、情報提供や雇用環境の整備等が事業主に義務付けられることについては、しっかりとおさえておきましょう。

試験本番での注意

●問題文はきちんと読もう

設問は「正しいものを1つ」「適切なものを1つ」「最も適切なものを1つ」選ぶ問題がほとんどですが、問題によっては、「最も多かったものを1つ」「最も重視するものを1つ」「最も可能性の高いものを1つ」選ぶといった問題もあります。正しいものを選ぶという先入観で選択肢を読んでいると、内容は正しくとも正解肢ではないものを選んでしまう場合もあります。時間に気を取られて、問題文のはじめの方だけを読んで、慌てて解答せず、最後までしっかりと読みましょう。

●マークの仕方、消し方に注意しよう

基本的なことですが、マークシートではマークの仕方に注意しましょう。解答用紙は機械で読み取りを行います。塗りつぶした部分が指定された枠からはみだしたり、枠内であっても小さくて余白があったり、塗りつぶした色が薄いことから不正解となった事例があります。マークした後に消しゴムで消した箇所を機械が誤って読み取ったというものです。消しゴムでの消し方にも注意が必要です。

●筆記用具は書きやすいものを用意する

筆記用具については、鉛筆またはシャープペンシルとプラスチック消しゴムが指定されていますが、鉛筆は1本ではなく必ず何本かの予備を用意しておきましょう。消しゴムも不安であれば複数個持参した方がいいでしょう。余分にあって困るというものではないし、なによりもまず小さな不安であっても取り除いておいた方がいいからです。試験本番では、机の上に置くのは筆記具だけという状態になりますから、鉛筆が転がらないようにキャップを差しておくといいでしょう。

●解答の記入方法に注意する

出題は五肢択一方式、解答はマークシート方式です。試験で、どうしても分からない問題があった場合には、無解答のままにしないで必ずマーク（解答）をしておきましょう。マークシート方式は、解答欄の途中で間違った箇所に記入すると間違いに気付きにくく、後からの修正も大変です。記入時には、問題番号を確認しながらマークシートがずれないように注意をしましょう。また、得意な分野から解答する場合には、とくに記入欄に間違いがないように注意をしてください。問題用紙の選択肢に○を付けているうちに、解答用紙への転記を忘れて、試験終了直前に気がついたという例もあります。

名前や受験番号の記入欄への記入も忘れないようにしましょう。また、問題用紙が配られたら、まず配布不足や印刷ミスがないかチェックすることも忘れないでください。

●試験時間の配分

介護福祉士試験は問題が125問あります。1問2分弱で解くことになるため、時間配分はとても大事です。あらかじめ解答時間の目安を、科目別に設定するなどの工夫も検討してみましょう。

介護福祉士過去7年
本試験問題集

CONTENTS

●別冊（解答・解説）

※別冊は取り外してお使いください。

令和 7 年度受験案内

●介護福祉士とは

介護福祉士とは、「専門的知識及び技術をもって、身体上又は精神上の障害があることにより日常生活を営むのに支障がある者につき心身の状況に応じた介護を行い、並びにその者及びその介護者に対して介護に関する指導を行うことを業とする者」（社会福祉士及び介護福祉士法第 2 条）とされています。

平成 29 年度（第 30 回）試験から、介護福祉士になるには、介護福祉士養成施設の必要課程を修了した者も国家試験（筆記）を受験して合格しなければならなくなりました。さらに、実務経験 3 年以上の実務経験ルートでの受験には、実務者研修を修了することが受験資格として加えられました。

介護福祉士資格取得ルート

養成施設ルート

- 高等学校等 → 介護福祉士養成施設（2年以上）→ 筆記試験 → 介護福祉士資格取得（登録）
- 高等学校等 → 福祉系大学等 → 介護福祉士養成施設（1 年以上）→ 筆記試験 → 介護福祉士資格取得（登録）
- 高等学校等 → 社会福祉士養成施設等 → 介護福祉士養成施設（1 年以上）→ 筆記試験 → 介護福祉士資格取得（登録）
- 高等学校等 → 保育士養成施設等 → 介護福祉士養成施設（1 年以上）→ 筆記試験 → 介護福祉士資格取得（登録）

実務経験ルート

- 実務経験 3 年以上 ＋ 実務者研修 → 筆記試験 → 介護福祉士資格取得（登録）
- 実務経験 3 年以上 ＋ 介護職員基礎研修 ＋喀痰吸引等研修 → 筆記試験 → 介護福祉士資格取得（登録）

福祉系高校ルート

- 平成21年度以降入学者 → 筆記試験 → 介護福祉士資格取得（登録）
- 特例高校等 → 実務経験 9ヶ月以上 → 筆記試験 →「介護過程Ⅲ」の修了 → 介護福祉士資格取得（登録）
- 平成20年度以前入学者 → 筆記試験 →「介護過程Ⅲ」の修了 → 介護福祉士資格取得（登録）

経済連携協定（EPA）ルート

- EPA 介護福祉士候補者 ＋ 実務経験 3 年以上 → 令和6年5月以前入国者 → 筆記試験 →「介護過程Ⅲ」の修了 → 介護福祉士資格取得（登録）
- EPA 介護福祉士候補者 ＋ 実務経験 3 年以上 → 令和6年6月以降入国者 → 筆記試験 → 介護福祉士資格取得（登録）

●介護福祉士試験

(1) 試験日程

試験は、例年、1月下旬に行われています。

≪第38回試験日程（予定）≫

試験　令和8年1月下旬（第37回試験は、令和7年1月26日）

合格発表　令和8年3月下旬（第37回試験は、令和7年3月24日）

注：試験センターホームページにて発表（合格証書は発表後に郵送）。

以上の試験日程は予定です。必ず、『受験の手引』で確認をしてください。

(2) 受験申込

受験申込書の受付期間　令和7年8月上旬～9月上旬

(3) 申込手続き

受験の申し込みに必要な書類（第38回介護福祉士国家試験『受験の手引』）を試験センターに請求し、受験申込書及び必要な書類を受付期間内に郵送により提出します。『受験の手引』はホームページから請求できます。

また、過去に受験歴があるなど、一定の場合には、インターネットだけで受験申し込みを完了することができます。

(4)『受験の手引』申込先・問合せ先

〒150-0002　東京都渋谷区渋谷1-5-6　SEMPOSビル

公益財団法人 社会福祉振興・試験センター

試験案内専用電話：03-3486-7559（音声案内）

（試験室電話番号：03-3486-7521）

http://www.sssc.or.jp/

(5) 受験手数料

受験手数料18,380円（第37回試験）

(6) 試験会場

試験会場は、希望試験地を都道府県別に選択できます。実際の試験会場は、受験申し込み後に受験票とともに通知されます。

≪試験会場≫

北海道、青森県、岩手県、宮城県、秋田県、福島県、群馬県、埼玉県、千葉県、東京都、神奈川県、新潟県、石川県、長野県、岐阜県、静岡県、愛知県、京都府、大阪府、兵庫県、和歌山県、鳥取県、島根県、岡山県、広島県、香川県、愛媛県、高知県、福岡県、長崎県、熊本県、大分県、宮崎県、鹿児島県、沖縄県

(7) 試験範囲等

試験は全125問が、五肢択一を基本とする多肢選択形式で出題されます。

なお、第38回の試験からは、パート合格が導入される予定です。

パート合格とは、全13科目を3つのパートに分け、試験全体では不合格であっても、一定の合格水準に達したパートについては、翌年度の試験において当該パートの受験を免除できるしくみです。全パートを受験した場合には、まず全3パートの総得点で合否を判断し、結果が不合格だった際には、パートごとに合否を判断します。なお、パート合格には有効期限を設け、パート合格した受験年の翌々年まで有効となります。

試験パートは、下の表のように、知識と技術を問うAパート、身体の構造や機能、介護の対象者が抱える疾病や障害の理解を問うBパート、それらの知識・技術を特定の支援場面や事例において適用する「介護過程」と「総合問題」のCパートに分類されます。

<table>
<tr><th>パート</th><th>試験科目</th><th>領域</th><th>出題予定数</th></tr>
<tr><td rowspan="6">A</td><td>人間の尊厳と自立</td><td>人間と社会</td><td>2</td></tr>
<tr><td>介護の基本</td><td>介護</td><td>10</td></tr>
<tr><td>社会の理解</td><td>人間と社会</td><td>12</td></tr>
<tr><td>人間関係とコミュニケーション</td><td>人間と社会</td><td>4</td></tr>
<tr><td>コミュニケーション技術</td><td>介護</td><td>6</td></tr>
<tr><td>生活支援技術</td><td>介護</td><td>26</td></tr>
<tr><td colspan="4">小計 60</td></tr>
<tr><td rowspan="5">B</td><td>こころとからだのしくみ</td><td rowspan="4">こころとからだのしくみ</td><td>12</td></tr>
<tr><td>発達と老化の理解</td><td>8</td></tr>
<tr><td>認知症の理解</td><td>10</td></tr>
<tr><td>障害の理解</td><td>10</td></tr>
<tr><td colspan="2">医療的ケア</td><td>5</td></tr>
<tr><td colspan="4">小計 45</td></tr>
<tr><td rowspan="2">C</td><td>介護過程</td><td>介護</td><td>8</td></tr>
<tr><td colspan="2">総合問題</td><td>12</td></tr>
<tr><td colspan="4">小計 20</td></tr>
<tr><td colspan="4">合計 125</td></tr>
</table>

午前中にAパート試験、午後にB・Cパート試験、Bパート試験、Cパート試験（同一時刻開始）が実施されます。B・Cパート試験については、連続して行いますが、どちらかのパートの試験が免除されてBパートのみ、Cパートのみの受験対象となる人は、試験時間終了後、試験会場から退出することになります（下図参照）。

なお、全パート受験しても1パートだけ受験しても受験料は一緒です。

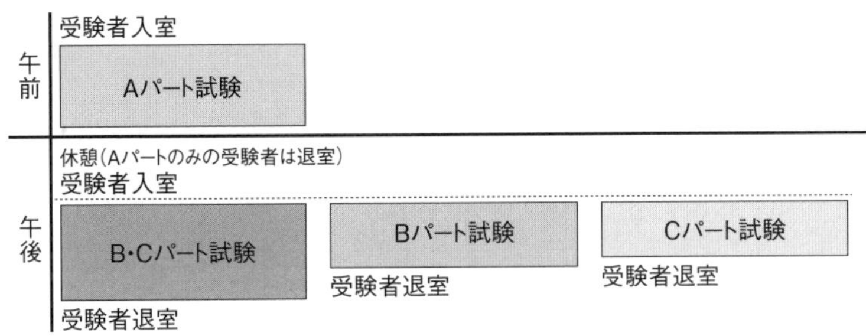

(9) 筆記試験の合格基準

次の２つの条件を満たした者を合格者とする。

ア　総得点125点に対し、得点70点以上の者（第37回試験）
　（総得点の60%程度を基準に問題の難易度で補正。配点は1問 1点）

イ　アを満たした者のうち、「11科目群」すべてにおいて得点があった者。

注：この合格基準は第37回試験の例です。第38回試験からのパートごとの合格基準については、未定です。

(10) これまでの試験結果と合格率

実施回数（年度）	受験者数(人)	合格者数(人)	合格率(%)	合格基準点
第24回（平成23年度）	137,961	88,190	63.9	75
第25回（平成24年度）	136,375	87,797	64.4	69
第26回（平成25年度）	154,390	99,689	64.6	68
第27回（平成26年度）	153,808	93,760	61.0	68
第28回（平成27年度）	152,573	88,300	57.9	71
第29回（平成28年度）	76,323	55,031	72.1	75
第30回（平成29年度）	92,654	65,574	70.8	77
第31回（平成30年度）	94,610	69,736	73.7	72
第32回（令和 元 年度）	84,032	58,032	69.9	77
第33回（令和 2 年度）	84,483	59,975	71.0	75
第34回（令和 3 年度）	83,082	60,099	72.3	78
第35回（令和 4 年度）	79,151	66,711	84.3	75
第36回（令和 5 年度）	74,595	61,747	82.8	67
第37回（令和 6 年度）	75,387	58,992	78.3	70

本書の使い方

●本冊　試験問題

令和6年度から平成30年度の介護福祉士国家試験において出題された問題を、できる限り忠実に収録しました。漢字のふりがなについても出題時の問題を再現してあります。したがって、年度により、同じ漢字でもふりがなの有無等の違いがあります。

一年分を3時間40分、1問2分弱で解くように心掛けることで、より実践的な試験対策となります。

●人間の尊厳と自立

問題 1　次の記述のうち、介護福祉職がアドボカシー（advocacy）の視点から行う対応として、最も適切なものを1つ選びなさい。

1　介護を行う前には、利用者に十分な説明をして同意を得る。
2　利用者の介護計画を作成するときに、他職種に専門的な助言を求める。
3　利用者個人の趣味を生かして、レクリエーション活動を行う。
4　希望を言い出しにくい利用者の意思をくみ取り、その実現に向けて働きかける。
5　視覚障害者が必要とする情報を、利用しやすいようにする。

問題 2　Aさん（83歳，女性，要介護3）は，脳梗塞（cerebral infarction）の後遺症で左片麻痺があり，介護老人福祉施設で生活している。家族から，「できることは自分で行ってほしい」と希望があり，Aさんは自室から食堂まで車いすで自走することを日課としている。

1週間前から，介護福祉士養成施設の学生がAさんのフロアで実習を開始した。数日前からAさんは実習生に，「今日は腕が痛いので，食堂まで車いすを押してください」と依頼するようになった。悩んだ実習生は，実習指導者に相談をした。

実習生に対する実習指導者の最初の助言として，最も適切なものを1つ選びなさい。

1　「Aさんの腕は痛くないので，気にしないでください」
2　「どのようなときも，Aさん自身で行ってもらうことが必要です」
3　「ご家族から自分で行うように，言われています」
4　「それは自立につながらないので，車いすを押さないでください」
5　「Aさんが依頼する理由を，まず考えてみることが大切です」

●別冊　解答・解説

解説文は関連情報も加えて簡潔にまとめて、別冊の解説だけでも学習に利用できるようにしました。

☞は該当する法令の条文、問題の出題根拠となる資料、解説の参考となる資料等を示しています。

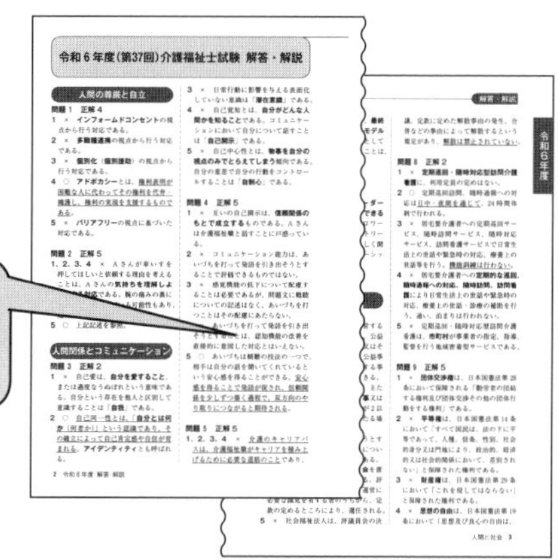

令和6年度（第37回）介護福祉士試験 解答・解説

人間の尊厳と自立

問題 1　正解 4
1　×　**インフォームドコンセント**の視点から行う対応である。
2　×　**多職種連携**の視点から行う対応である。
3　×　**個別化**（**個別援助**）の視点から行う対応である。
4　○　**アドボカシー**とは，権利表明が困難な人に代わってその権利を代弁・擁護し，権利の実現を支援するものである。
5　×　**バリアフリー**の視点に基づいた対応である。

問題 2　正解 5
1, 2, 3, 4　×　Aさんが車いすを押してほしいと依頼する理由を考えることは，Aさんの**気持ちを理解しよう**とする**対応**である。腕の痛みの裏に……可能性もあり，……
5　○　上記記述を参照。

人間関係とコミュニケーション

問題 3　正解 2
1　×　自己愛は，**自分を愛すること**，または過度なうぬぼれという意味である。自分という存在を他人と区別して意識することは「**自我**」である。
2　○　自己同一性とは，「**自分とは何か（何者か）**」という認識であり，その確立によって自己肯定感や自信が育まれる。**アイデンティティ**とも呼ばれる。
3　×　日常行動に影響を与える表面化していない意識は「**潜在意識**」である。
4　×　自己覚知とは，**自分がどんな人間かを知ること**である。コミュニケーションにおいて自分について話すことは「**自己開示**」である。
5　×　自己中心性とは，**物事を自分の視点のみでとらえてしまう**傾向である。自分の意思で自分の行動をコントロールすることは「**自制心**」である。

問題 4　正解 5
1　×　互いの自己開示は，**信頼関係のもとで成立する**ものである。Aさんは介護福祉職と話すことに戸惑っている。
2　×　コミュニケーション能力は，あいづちを打って発語を引き出そうとすることで評価できるものではない。
3　×　感覚機能の低下について配慮することは必要であるが，問題文に聴覚についての記述はなく，あいづちを打つことはその配慮にあたらない。
4　×　あいづちを打って発語を引き出そうとすることは，認知機能の改善を直接的に意図した対応とはいえない。
5　○　あいづちは傾聴の技法の一つで，相手は自分の話を聞いてくれているという安心感を得ることができる。安心感を得ることで発語が促され，信頼関係を少しずつ築く過程で，双方向のやり取りにつながると期待される。

問題 5　正解 5
1, 2, 3, 4　×　介護のキャリアパスは，介護福祉職がキャリアを積み上げるために必要な道筋のことであり，

2　令和6年度 解答・解説

●別冊　解答用紙

マークシートの解答用紙を巻末に掲載しました。コピーをして使用してください。実際の試験に向けて、マークシートの記入に慣れておきましょう。

掲載した解答用紙は例示です。実際とはその様式が異なる場合があります。

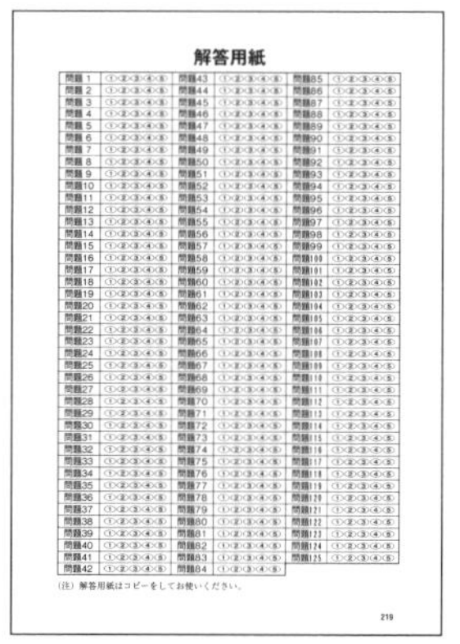

解答用紙

問題1	①②③④⑤	問題43	①②③④⑤	問題85	①②③④⑤
問題2	①②③④⑤	問題44	①②③④⑤	問題86	①②③④⑤
問題3	①②③④⑤	問題45	①②③④⑤	問題87	①②③④⑤
問題4	①②③④⑤	問題46	①②③④⑤	問題88	①②③④⑤
問題5	①②③④⑤	問題47	①②③④⑤	問題89	①②③④⑤
問題6	①②③④⑤	問題48	①②③④⑤	問題90	①②③④⑤
問題7	①②③④⑤	問題49	①②③④⑤	問題91	①②③④⑤
問題8	①②③④⑤	問題50	①②③④⑤	問題92	①②③④⑤
問題9	①②③④⑤	問題51	①②③④⑤	問題93	①②③④⑤
問題10	①②③④⑤	問題52	①②③④⑤	問題94	①②③④⑤
問題11	①②③④⑤	問題53	①②③④⑤	問題95	①②③④⑤
問題12	①②③④⑤	問題54	①②③④⑤	問題96	①②③④⑤
問題13	①②③④⑤	問題55	①②③④⑤	問題97	①②③④⑤
問題14	①②③④⑤	問題56	①②③④⑤	問題98	①②③④⑤
問題15	①②③④⑤	問題57	①②③④⑤	問題99	①②③④⑤
問題16	①②③④⑤	問題58	①②③④⑤	問題100	①②③④⑤
問題17	①②③④⑤	問題59	①②③④⑤	問題101	①②③④⑤
問題18	①②③④⑤	問題60	①②③④⑤	問題102	①②③④⑤
問題19	①②③④⑤	問題61	①②③④⑤	問題103	①②③④⑤
問題20	①②③④⑤	問題62	①②③④⑤	問題104	①②③④⑤
問題21	①②③④⑤	問題63	①②③④⑤	問題105	①②③④⑤
問題22	①②③④⑤	問題64	①②③④⑤	問題106	①②③④⑤
問題23	①②③④⑤	問題65	①②③④⑤	問題107	①②③④⑤
問題24	①②③④⑤	問題66	①②③④⑤	問題108	①②③④⑤
問題25	①②③④⑤	問題67	①②③④⑤	問題109	①②③④⑤
問題26	①②③④⑤	問題68	①②③④⑤	問題110	①②③④⑤
問題27	①②③④⑤	問題69	①②③④⑤	問題111	①②③④⑤
問題28	①②③④⑤	問題70	①②③④⑤	問題112	①②③④⑤
問題29	①②③④⑤	問題71	①②③④⑤	問題113	①②③④⑤
問題30	①②③④⑤	問題72	①②③④⑤	問題114	①②③④⑤
問題31	①②③④⑤	問題73	①②③④⑤	問題115	①②③④⑤
問題32	①②③④⑤	問題74	①②③④⑤	問題116	①②③④⑤
問題33	①②③④⑤	問題75	①②③④⑤	問題117	①②③④⑤
問題34	①②③④⑤	問題76	①②③④⑤	問題118	①②③④⑤
問題35	①②③④⑤	問題77	①②③④⑤	問題119	①②③④⑤
問題36	①②③④⑤	問題78	①②③④⑤	問題120	①②③④⑤
問題37	①②③④⑤	問題79	①②③④⑤	問題121	①②③④⑤
問題38	①②③④⑤	問題80	①②③④⑤	問題122	①②③④⑤
問題39	①②③④⑤	問題81	①②③④⑤	問題123	①②③④⑤
問題40	①②③④⑤	問題82	①②③④⑤	問題124	①②③④⑤
問題41	①②③④⑤	問題83	①②③④⑤	問題125	①②③④⑤
問題42	①②③④⑤	問題84	①②③④⑤		

（注）解答用紙はコピーをしてお使いください。

219

令和 6 年度（第 37 回）

介護福祉士試験問題

午前　10：00 ～ 11：40

人間と社会

- 人間の尊厳と自立
- 人間関係とコミュニケーション
- 社会の理解

こころとからだのしくみ

- こころとからだのしくみ
- 発達と老化の理解
- 認知症の理解
- 障害の理解

医療的ケア

- 医療的ケア

午後　13：35 ～ 15：35

介護

- 介護の基本
- コミュニケーション技術
- 生活支援技術
- 介護過程

総合問題

※筆記試験は、午前、午後に科目を分けて行われます。
第 35 回試験より、新カリキュラムに基づき出題されています。

●人間の尊厳と自立

問題 1 次の記述のうち、介護福祉職がアドボカシー（advocacy）の視点から行う対応として、**最も適切なもの**を **1 つ**選びなさい。

1 介護を行う前には、利用者に十分な説明をして同意を得る。
2 利用者の介護計画を作成するときに、他職種に専門的な助言を求める。
3 利用者個人の趣味を生かして、レクリエーション活動を行う。
4 希望を言い出しにくい利用者の意思をくみ取り、その実現に向けて働きかける。
5 視覚障害者が必要とする情報を、利用しやすいようにする。

問題 2 A さん（83 歳、女性、要介護 3）は、脳梗塞（cerebral infarction）の後遺症で左片麻痺（ひだりかたまひ）があり、介護老人福祉施設で生活している。家族から、「できることは自分で行ってほしい」と希望があり、A さんは自室から食堂まで車いすで自走することを日課としている。

1 週間前から、介護福祉士養成施設の学生が A さんのフロアで実習を開始した。数日前から A さんは実習生に、「今日は腕が痛いので、食堂まで車いすを押してください」と依頼するようになった。悩んだ実習生は、実習指導者に相談をした。

実習生に対する実習指導者の最初の助言として、**最も適切なもの**を **1 つ**選びなさい。

1 「A さんの腕は痛くないので、気にしないでください」
2 「どのようなときも、A さん自身で行ってもらうことが必要です」
3 「ご家族から自分で行うように、言われています」
4 「それは自立につながらないので、車いすを押さないでください」
5 「A さんが依頼する理由を、まず考えてみることが大切です」

●人間関係とコミュニケーション

問題 3 人間関係と心理に関する次の記述のうち、**適切なもの**を**1つ**選びなさい。

1 自己愛とは、自分という存在を、他人と区別して意識することである。
2 自己同一性の確立とは、自分とは何かという認識をもつことである。
3 自我とは、日常行動に影響を与える、表面化していない意識のことである。
4 自己覚知とは、コミュニケーションにおいて自分について話すことである。
5 自己中心性とは、自分の意志で自分の行動をコントロールすることである。

問題 4 Aさん（80歳、男性）は、有料老人ホームに入所することになった。一人暮らしが長かったAさんは、入所当日、担当の介護福祉職と話すことに戸惑っている様子で、なかなか自分のことを話そうとはしなかった。介護福祉職は、一方的な働きかけにならないように、Aさんとコミュニケーションをとるとき、あいづちを打ちながらAさんの発話を引き出すように心がけた。

このときの、介護福祉職の対応の意図に当てはまるものとして、**最も適切なもの**を**1つ**選びなさい。

1 互いの自己開示
2 コミュニケーション能力の評価
3 感覚機能の低下への配慮
4 認知機能の改善
5 双方向のやり取り

問題 5 次の記述のうち、介護福祉職のキャリアパスに関するものとして、**最も適切なもの**を**1つ**選びなさい。

1 介護計画を作成するときのポイントを明確にする。
2 介護福祉職の業務マニュアルを具体化する。
3 利用サービスに応じて求められる関係書類を検討する。
4 介護施設に必要な設備基準について確認する。
5 介護福祉職として必要な能力や経験を明確にする。

問題 6 B 介護老人福祉施設に、学校を卒業したばかりの元気な C 介護福祉職が加わった。2 か月後、ユニットリーダーが、「最近、C 介護福祉職に笑顔が少ない。いつもとちがう様子だ」と、フォロワーである D 介護福祉職に話した。D 介護福祉職はチームの一員として何ができるのかを考えた。

D 介護福祉職が最初に行うフォロワーシップとして、**最も適切なものを 1 つ**選びなさい。

1 C 介護福祉職に対して、元気を出すように励ます。
2 ユニットリーダーが気になっていることを詳しく聞く。
3 C 介護福祉職の状況をユニット内のほかのメンバーと速やかに共有する。
4 施設長に対して、何か指示を出すようにお願いする。
5 C 介護福祉職に対して、介助方法について教える。

●社会の理解

問題 7 社会福祉法に基づく社会福祉法人に関する次の記述のうち、**適切なものを 1 つ**選びなさい。

1 収益事業は禁止されている。
2 所轄庁は内閣府である。
3 設立時に所轄庁の認可は不要である。
4 評議員会を置く必要がある。
5 解散は禁止されている。

問題 8 次の記述のうち、定期巡回・随時対応型訪問介護看護の説明として、**正しいものを 1 つ**選びなさい。

1 利用定員は、9 人以下と定められている。
2 日中・夜間を通じて、提供するサービスである。
3 認知症対応型共同生活介護（認知症高齢者グループホーム）に入居する利用者に対して、機能訓練を行うサービスである。
4 通い、泊まり、看護の 3 種類の組合せによるサービスである。
5 都道府県が事業者の指定、指導、監督を行うサービスである。

問題 9 Aさん（48歳、会社員）は、うつ症状から体調不良が続き、仕事を休むことが増えたため、自主的に退職した。その後、体調は回復したが、再就職先がなかなか見つからなかった。しばらく貯金で生活していたが、数か月後、生活を営むことができなくなってしまった。頼れる親族はなく、生活保護を受給することにした。

この事例において、日本国憲法に基づいてAさんに保障された権利として、**最も適切なもの**を**1つ**選びなさい。

1　団体交渉権
2　平等権
3　財産権
4　思想の自由
5　生存権

問題 10 次の記述のうち、保健所に関するものとして、**正しいもの**を**1つ**選びなさい。

1　保健師助産師看護師法に基づいて設置されている。
2　すべての市町村に設置の義務がある。
3　業務には精神保健に関する事項が含まれている。
4　歯科衛生士を置かなくてはならない。
5　児童の一時保護を行う。

問題 11 地域包括支援センターの業務に関する記述として、**正しいもの**を**1つ**選びなさい。

1　地域ケア会議の開催
2　施設サービスのケアプランの作成
3　成年後見制度の申請
4　介護認定審査会の設置
5　地域密着型サービスの事業者の指導・監督

問題 12 Bさん（85歳、男性、要支援1）は、自宅で一人暮らしをしている。最近、物忘れが多くなり、1か月前から地域支援事業の訪問型サービスを利用するようになった。ある日、Bさんが、「これからも自宅で生活したいが、日中、話し相手がいなくて寂しい」と介護福祉職に話した。

次のうち、Bさんに介護福祉職が勧めるサービスとして、**最も適切なものを1つ**選びなさい。

1　認知症対応型共同生活介護（認知症高齢者グループホーム）
2　介護老人福祉施設
3　第一号通所事業（通所型サービス）
4　夜間対応型訪問介護
5　居宅療養管理指導

問題 13 介護保険制度に関する記述として、**正しいものを1つ**選びなさい。

1　第1号被保険者の保険料は、都道府県が徴収する。
2　第1号被保険者の保険料は、全国一律である。
3　第2号被保険者の保険料は、年金保険の保険料と合わせて徴収される。
4　財源には、第1号被保険者の保険料と第2号被保険者の保険料が含まれる。
5　介護保険サービスの利用者負担割合は、一律、1割である。

問題 14 障害者の雇用の促進等に関する法律に関する次の記述のうち、**正しいものを1つ**選びなさい。

1　2024年度（令和6年度）の民間企業の法定雇用率は、2.5%である。
2　精神障害者は、法定雇用率の対象から除外されている。
3　2024年度（令和6年度）に、障害者の雇用義務が生じるのは、従業員101人以上の事業主である。
4　週所定労働時間が10時間以上20時間未満の労働は認められていない。
5　2024年度（令和6年度）の事業主支援（助成金）は、2023年度（令和5年度）以前と同じである。

令和6年度

問題 15 「障害者総合支援法」のサービスに関する次の記述のうち、**適切なものを 1 つ**選びなさい。

1　介護給付費の支給を受けるときに、障害支援区分の認定は不要である。
2　短期入所は介護給付の１つである。
3　地域生活支援事業は、国が実施主体である。
4　自立支援給付は応益負担である。
5　行動援護は訓練等給付の１つである。

（注）「障害者総合支援法」とは、「障害者の日常生活及び社会生活を総合的に支援するための法律」のことである。

問題 16 障害児支援に関する次の記述のうち、**適切なものを 1 つ**選びなさい。

1　サービスを受けるには、療育手帳の取得が必要である。
2　放課後等デイサービスは、子ども・子育て支援法に基づく支援である。
3　障害児通所支援の利用には、障害児支援利用計画の作成は不要である。
4　障害児入所支援は、すべての市町村が実施主体である。
5　保育所等訪問支援は、保育所等を訪問し、障害のある児童が集団生活に適応できるように専門的な支援を行う。

問題 17 次の記述のうち、サービス付き高齢者向け住宅に関するものとして、**正しいものを 1 つ**選びなさい。

1　「高齢者住まい法」に基づく、高齢者のための住まいである。
2　65 歳以上の者が、市町村の措置によって入居する。
3　認知症高齢者を対象とした、共同生活の住居である。
4　食事サービスの提供が義務づけられている。
5　介護サービスの提供が義務づけられている。

（注）「高齢者住まい法」とは、「高齢者の居住の安定確保に関する法律」のことである。

問題 18 C さん（60 歳、男性）は、休日に自宅で趣味の家庭菜園の作業中に脳出血（cerebral hemorrhage）を起こして救急搬送された。特に麻痺（まひ）はなく、その後、リハビリテーション病院に転院した。現在は、高次脳機能障害（higher brain dysfunction）の治療とリハビリテーションに専念している。

医療費を支払うときに C さんが利用する制度として、**最も適切なものを 1 つ**選びなさい。

1 介護保険制度
2 労働者災害補償保険制度
3 雇用保険制度
4 医療保険制度
5 年金制度

●こころとからだのしくみ

問題 19 次のうち、恐怖や不安、喜びなどの情動に関わる脳の機能局在の部位として、**正しいものを 1 つ**選びなさい。

1 扁桃体（へんとうたい）
2 小脳
3 下垂体
4 海馬
5 視床下部

問題 20 次のうち、顔の感覚に関与する脳神経として、**正しいものを 1 つ**選びなさい。

1 嗅神経
2 三叉神経（さんさしんけい）
3 顔面神経
4 迷走神経
5 舌下神経

問題 21 次の記述のうち、鼻の構造と機能として、**適切なものを 1 つ**選びなさい。

1 鼻腔は前鼻道・中鼻道・後鼻道に分かれる。
2 鼻毛は塵や埃を除去する。
3 鼻腔の奥は喉頭に直接つながっている。
4 鼻腔には毛細血管は少ない。
5 嗅細胞は外鼻孔にある。

問題 22 次のうち、歯周病（periodontal disease）の症状として、**適切なものを 1 つ**選びなさい。

1 歯のくぼみの形成
2 歯の硬組織の軟化
3 歯髄の炎症・疼痛
4 歯のエナメル質の侵蝕
5 歯周ポケットの形成

問題 23 A さん（78 歳、女性）は、友人から口臭を指摘されて悩んでいる。また、食事をするときに、「水分と一緒に食べないと飲み込みにくい」とも話している。A さんに歯の欠損、麻痺はなく、ストレスの訴えもない。

次のうち、A さんのからだの中で、機能低下が考えられるものとして、**最も適切なものを 1 つ**選びなさい。

1 咀嚼
2 蠕動運動
3 嗅覚
4 唾液分泌
5 胃液分泌

問題 24 皮膚の構造に関する次の記述のうち、**最も適切なものを 1 つ**選びなさい。

1 表皮の厚さは平均 2.0mm である。
2 真皮には角質層がある。
3 外界と接する組織は表皮である。
4 皮脂腺は皮下組織にある。
5 表皮の最表面は基底層である。

問題 25 次のうち、高齢者が嗜好や温度覚の低下によって高温浴を希望した場合に、説明すべき高温浴の特徴として、**最も適切なもの**を **1 つ**選びなさい。

1　血圧の上昇
2　腸蠕動の促進
3　腎機能の促進
4　副交感神経の亢進
5　心機能の抑制

問題 26 次のうち、食物の栄養素の大部分を吸収する部位として、**正しいもの**を **1 つ**選びなさい。

1　胃
2　小腸
3　直腸
4　横行結腸
5　S 状結腸

問題 27 次の記述のうち、レム睡眠に関するものとして、**最も適切なもの**を **1 つ**選びなさい。

1　記憶を整理し、定着させる。
2　脳を休息させる。
3　入眠初期に出現する。
4　成長ホルモンの分泌を促す。
5　深い眠りの状態である。

問題 28 Bさん（76 歳、男性）は、この数週間、日中に、「眠い」と訴えている。Bさんは毎日 15 時にコーヒー 1 杯を飲み、たばこを 1 本吸い、21 時に就寝する。夜間の睡眠状態を数日間観察すると、睡眠中にぴくぴくと下肢が動いていることがたびたびあった。起床後、手足に異常を感じるかをBさんに確認したが、「特にない」とのことだった。

次のうち、Bさんの睡眠障害の原因として、**最も適切なもの**を **1 つ**選びなさい。

1　ニコチン摂取
2　レム睡眠行動障害
3　レストレスレッグス症候群
4　カフェイン摂取
5　周期性四肢運動障害

問題 29 次のうち、呼吸中枢がある部位として、**正しいもの**を **1 つ**選びなさい。

1　大脳
2　中脳
3　小脳
4　延髄
5　脊髄

問題 30 次のうち、脳の機能停止を示す徴候に該当するものとして、**適切なもの**を **1 つ**選びなさい。

1　呼吸不全
2　溢流性尿失禁（いつりゅうせいにょうしっきん）
3　心停止
4　蠕動運動（ぜんどううんどう）の減弱
5　瞳孔散大・対光反射消失

●発達と老化の理解

問題 31 次の記述のうち、子どもの標準的な成長として、**適切なもの**を **1 つ**選びなさい。

1　1 歳半から 2 歳ごろに、ハイハイをして移動できるようになる。
2　生後 9 か月から 1 歳ごろに、指をさして自分の関心や欲求を他者に伝えられるようになる。
3　子どもが使う言葉が急に増える語彙爆発は、5 歳を過ぎたころに生じる。
4　人見知りの反応は、2 歳を過ぎたころに生じる。
5　イヤイヤをしてすぐに泣く行動は、第二反抗期に生じる。

問題 32 次の記述のうち、神経性無食欲症（anorexia nervosa）に関するものとして、**最も適切なもの**を **1 つ**選びなさい。

1　活動性が高まる。
2　学童期に最も生じやすい。
3　太ることへの恐怖はみられない。
4　低体重の深刻さを理解している。
5　多くが男性である。

問題 33 A さん（73 歳、男性）は、会社の役員として勤めていたが、3 年前に退職した。地域の老人クラブへの入会を勧められたが拒否している。毎年、敬老の日に記念品が配布されても、不快感を示して受け取らない。退職後も会社の状況を気にしていて、後輩とときどき連絡をとっている。A さんは、身体が衰えることに強い不安を感じて、筋力トレーニングを毎日行っている。会社の後輩から、「いつも若々しいですね」と言われることに喜びを感じている。

　ライチャード（Reichard, S.）による、引退後の男性の 5 つの適応タイプのうち、A さんに相当するものとして、**適切なもの**を **1 つ**選びなさい。

1　外罰（憤慨）型
2　内罰（自責）型
3　円熟（成熟）型
4　自己防衛（装甲）型
5　ロッキングチェアー（安楽椅子）型

問題 34 次の記述のうち、結晶性知能に関する説明として、**最も適切なもの**を**1つ**選びなさい。

1 感覚や運動に基づく知能である。
2 過去に得た知識を活用して問題を解決する能力である。
3 40～50歳で急激に低下する。
4 知識や文化の影響よりも、生理的な老化の影響を受けやすい。
5 その場で新しい問題を解決する能力である。

問題 35 次の記述のうち、加齢に伴う感覚機能の変化として、**最も適切なもの**を**1つ**選びなさい。

1 皮膚感覚が敏感になる。
2 高音域の聴力が高まる。
3 暗順応の時間が延長する。
4 味覚が敏感になる。
5 嗅覚が敏感になる。

問題 36 Bさん（74歳、女性）は、地方で一人暮らしをしている。持病はなく、認知機能の異常もない。ダンスサークルに通い、近所との付き合いも良好で、今の暮らしに満足している。最近、白髪が増え、友人との死別もあり、年をとったと感じている。ある日、一人息子（50歳、未婚）から、東京で一緒に住むことを提案された。Bさんは、「ここには知り合いがいるが、東京には誰もいない。ここが一番いい」と言った。すると息子は、Bさんに、「年をとると頑固になる。あと数年したら認知症（dementia）になるかもしれないので、自分と一緒に暮らすべきだ」と言った。

次のうち、Bさんに関する記述として、**最も適切なもの**を**1つ**選びなさい。

1 Bさんには、老性自覚はみられない。
2 Bさんには、友人との死別による悲嘆がみられる。
3 Bさんは、今、住んでいる環境や生活に適応できていない。
4 Bさんには、エイジズム（ageism）の考え方がみられる。
5 Bさんには、住み慣れた環境や仲間を喪失することへの不安がみられる。

問題 37 次の記述のうち、サクセスフル・エイジング（successful aging）として、**適切なものを 1 つ**選びなさい。

1　長生きすることが、最大の目的である。
2　一人暮らしで、周囲の人と交流をしないようにしている。
3　膝に痛みがあるので、一日中ベッド上で過ごすようにしている。
4　難聴があるので、補聴器をつけてパソコン教室に通い始めた。
5　歌を上手に歌えなくなったので、カラオケに誘われても行かないようにしている。

問題 38 次のうち、老年症候群に直接関わる疾患として、**最も適切なものを 1 つ**選びなさい。

1　高血圧症（hypertension）
2　糖尿病（diabetes mellitus）
3　骨粗鬆症（osteoporosis）
4　心筋梗塞（myocardial infarction）
5　脂質異常症（dyslipidemia）

●認知症の理解

問題 39 次の記述のうち、2019 年（令和元年）の認知症施策推進大綱に関する説明として、**最も適切なもの**を **1 つ**選びなさい。

1 「共生」と「予防」を車の両輪として施策を推進していく。
2 「予防」とは、「認知症（dementia）にならない」という意味である。
3 「認知症高齢者等にやさしい地域づくり」を推進する 7 つの柱が示された。
4 「普及啓発・本人発信支援」として、家族が積極的に本人の意思を代弁することが示された。
5 策定後は、毎年施策の進捗を確認することが示された。

問題 40 A さん（84 歳、女性、要介護 3）は、アルツハイマー型認知症（dementia of the Alzheimer's type）で、介護老人福祉施設に入所している。赤ちゃんの人形を持っていて、「はなちゃん」と呼んで話しかけている。

昼食のため、介護福祉職が居室を訪問すると、A さんは不安そうな顔で、「はなちゃんがいなくなった。どこへ連れて行ったの？返して」と大声を出した。人形は A さんのロッカーの上に置かれていた。

A さんに対する介護福祉職の最初の声かけとして、**最も適切なもの**を **1 つ**選びなさい。

1 「私を疑っているんですか」
2 「置いた場所を忘れたんですか」
3 「心配ですね、一緒に探しませんか」
4 「ご飯を食べてから探してはどうですか」
5 「ロッカーの上にあるのが見えないんですか」

問題 41 認知症（dementia）の高齢者にみられる、せん妄に関する記述として、**適切なもの**を **1 つ**選びなさい。

1 覚醒レベルが重度に低下した状態である。
2 症状の変動が少ないことが特徴である。
3 夜間よりも日中に生じやすいことが特徴である。
4 認知機能障害がみられることはまれである。
5 関与する因子を特定することが重要である。

問題 42 次の記述のうち、アルツハイマー型認知症（dementia of the Alzheimer's type）の特徴として、**適切なもの**を **1 つ**選びなさい。

1 近時記憶（新しい記憶）の障害は、初期から始まる。
2 特徴的な症状として幻視がある。
3 脳にアミロイドβが沈着し始めると、すぐに発症する。
4 歩行障害が多く現れるのは、初期の段階である。
5 嚥下障害が多く現れるのは、初期の段階である。

問題 43 次のうち、認知症（dementia）のリスクを高める要因として、**最も適切なもの**を **1 つ**選びなさい。

1 身体活動
2 不飽和脂肪酸の摂取
3 歯がなくなることによる咀嚼機能の低下
4 難聴による補聴器の使用
5 ボランティア活動

問題 44 次のうち、全般的な認知機能を評価する尺度であり、30 点満点で 20 点以下を認知症の目安とするものとして、**正しいもの**を **1 つ**選びなさい。

1 バーセルインデックス（Barthel Index）
2 改訂長谷川式認知症スケール（HDS-R）
3 FAST（Functional Assessment Staging）
4 認知症高齢者の日常生活自立度判定基準
5 臨床的認知症尺度（CDR：Clinical Dementia Rating）

問題 45 次の記述のうち、「認知症（dementia）の人の日常生活・社会生活における意思決定支援ガイドライン」（2018 年（平成 30 年）（厚生労働省））で示されている、意思決定支援として、**最も適切なもの**を **1 つ**選びなさい。

1 認知症（dementia）の人の家族の意思を支援することである。
2 意思決定支援者は特定の職種に限定される。
3 一度、意思決定したら、最後まで同じ内容で支援する。
4 看取りの場面になってから支援を開始する。
5 身振りや表情の変化も意思表示として読み取る努力を最大限に行う。

問題 46 次の記述のうち、回想法として、**最も適切なもの**を **1 つ**選びなさい。

1 肩や背中から優しくゆっくりと触れる。
2 共感を通して、認知症（dementia）の人が体験している現実を受け入れる。
3 見当識を高めるために、時間や場所、現在の状況を説明する。
4 昔の写真や音楽を活用して、記憶を活性化する。
5 残存能力を活用し、共同作業を通して仲間をつくる。

問題 47 次の記述のうち、認知症疾患医療センターの説明として、**適切なもの**を **1 つ**選びなさい。

1 事業の実施主体は、市町村である。
2 都道府県ごとに、1 か所の設置が義務づけられている。
3 認知症（dementia）の鑑別診断を行う。
4 主に認知症（dementia）が進行した人の入院治療を行う。
5 介護保険法に定められている。

問題 48 B さん（87 歳、男性）は、一人暮らしである。玄関前で、脱水で倒れているところを発見され、救急搬送された。入院中、認知症（dementia）の疑いがある行動が見られた。B さんは、「自宅で暮らしたい」と強く希望していた。退院後、B さんは外出して自宅に戻れなくなることがあった。近所の人たちが、B さんの生活を心配して、地域包括支援センターに相談した結果、認知症初期集中支援チームが編成された。

次の記述のうち、B さんに対して認知症初期集中支援チームが行う支援として、**最も適切なもの**を **1 つ**選びなさい。

1 金銭管理を行う。
2 支援方針を検討する。
3 居宅サービス計画書を作成する。
4 介護保険サービスを契約する。
5 法定後見を行う。

●障害の理解

問題 49 次のうち、ICF（International Classification of Functioning, Disability and Health：国際生活機能分類）の社会（人生）レベルに該当するものとして、**正しいもの**を **1 つ**選びなさい。

1 心身機能・身体構造
2 活動
3 参加
4 機能障害
5 活動制限

問題 50 次の記述のうち、障害者のエンパワメントに関するものとして、**最も適切なもの**を **1 つ**選びなさい。

1 障害のある人が障害のない人と同等に生活し、活動する社会を目指す。
2 専門職が主導し、障害がある人は受動的に支援を受ける。
3 障害のある人が自らの能力や長所に気づき、課題に対応する。
4 障害のある人が、主体性や人権が守られないことに耐える。
5 障害のある人が、医学的リハビリテーションを受ける。

問題 51 次のうち、クローン病（Crohn disease）にみられる特徴的な症状として、**最も適切なもの**を **1 つ**選びなさい。

1 視力低下
2 栄養障害
3 咳嗽（がいそう）
4 運動失調
5 関節痛

問題 52 次の記述のうち、遂行機能障害の特徴として、**最も適切なもの**を **1 つ**選びなさい。

1 些細（ささい）なことですぐに興奮して怒鳴る。
2 新しい知識を覚えることが困難である。
3 ぼんやりして周囲に注意を向け続けることが困難である。
4 行動を計画して実行することが困難である。
5 言葉の表出や理解が困難である。

問題 53 視覚障害の特徴と視覚障害者の生活支援に関する次の記述のうち、**最も適切なものを 1 つ**選びなさい。

1　ロービジョンは、視覚情報をまったく得られない状態である。
2　中途視覚障害者は、先天性の障害に比べて障害を受容しやすい。
3　白杖（はくじょう）には、視覚に障害があることを周囲に知らせる役目がある。
4　視覚障害を補うために、ペットの犬と一緒に外出する。
5　視覚障害者は、ガイドヘルパーの利用はできない。

問題 54 A さん（76 歳、女性）は、パーキンソン病（Parkinson disease）と診断され、日常生活動作（Activities of Daily Living：ADL）は、車いすやベッド上で全介助である。最近、食事に時間がかかって嫌がるようになり、かすれ声が目立つようになった。

次のうち、現在の A さんに対して介護福祉職が留意すべきこととして、**最も適切なものを 1 つ**選びなさい。

1　安静時振戦
2　筋固縮
3　仮面様顔貌
4　誤嚥（ごえん）
5　便秘

問題 55 聴覚障害者の特徴や支援の方法に関する次の記述のうち、**最も適切なものを 1 つ**選びなさい。

1　要約筆記によって意思疎通を補う。
2　軽度の聴覚障害を「ろう」という。
3　フラッシュベルは周囲の音を増幅させて伝える。
4　手話は意思の伝達に役立たない。
5　両耳の聴力レベルが 40dB で身体障害者手帳が交付される。

問題 56 Bさん（24 歳、男性）は、母親と二人暮らしで、小学生のときに注意欠陥多動性障害と疑われていた。Bさんは、最近になって昼夜を問わずゲームを続け、朝起きられずにアルバイトを無断で休むことが増えた。

次のうち、Bさんの母親が相談する機関として、**最も適切なもの**を**1 つ**選びなさい。

1 ハローワーク（公共職業安定所）
2 難病情報センター
3 認知症カフェ
4 放課後等デイサービス
5 発達障害者支援センター

問題 57 次の記述のうち、「障害者差別解消法」の合理的配慮に沿った対応として、**最も適切なもの**を **1 つ**選びなさい。

1 車いすの身体障害者から、陳列棚にある商品を見せてほしいと言われたが、口頭で商品を説明した。
2 聴覚障害者の手話による注文がわからなかったので、最も人気のあるメニューを出した。
3 盲導犬を連れた視覚障害者が来店したが、動物嫌いの客から苦情を言われると思い、犬は店の中に入れないように頼んだ。
4 役所に相談に来た精神障害者から、多くの人の中だと不安になると言われたため、帰宅してもらった。
5 知的障害者から申し出があったので、会議に参加するための資料をわかりやすい言葉に直して、事前に口頭で説明した。

（注）「障害者差別解消法」とは、「障害を理由とする差別の解消の推進に関する法律」のことである。

問題 58 レスパイトケアの望ましいあり方に関する記述として、**最も適切なもの**を **1 つ**選びなさい。

1 障害者はサービスを利用せずに生活するべきである。
2 利用中、家族は自宅で休まなくてはならない。
3 家族が障害者を預けて旅行に行くことは認められない。
4 家族の休息が目的なので、障害者の施設利用は宿泊に限定される。
5 家族が休息している間も、障害者が自分らしく過ごせるようにする。

●医療的ケア

問題 59 次の記述のうち、成人に対する救急蘇生法での胸骨圧迫の方法として、**最も適切なもの**を **1 つ**選びなさい。

1　呼吸が確認できない場合は、すぐに圧迫を始める。
2　圧迫する部位は、胸骨の左側である。
3　実施者の両手を重ねて、指先で圧迫する。
4　圧迫の深さは、胸が 10cm 沈むようにする。
5　1 分間に 60 回を目安に圧迫する。

問題 60 次の記述のうち、痰を喀出する仕組みに関するものとして、**正しいもの**を **1 つ**選びなさい。

1　呼吸器官の内部は乾燥した状態になっている。
2　気管の内部の表面には絨毛があり、分泌物の侵入を防いでいる。
3　分泌物は、咽頭で吸収される。
4　痰は、咳や咳払いによって排出される。
5　咳は、下垂体にある咳中枢によっておこる反射運動である。

問題 61 次の記述のうち、介護福祉士が行う口腔内の喀痰吸引の方法として、**最も適切なもの**を **1 つ**選びなさい。

1　吸引圧は、利用者の体調によって介護福祉士が決める。
2　吸引圧をかけた状態で、吸引チューブを挿入する。
3　口蓋垂まで吸引チューブを挿入する。
4　吸引チューブを回転させながら痰を吸引する。
5　吸引後は洗浄水を吸引し、清浄綿でチューブを拭く。

問題 62 次の記述のうち、消化器症状の説明として、**正しいもの**を **1 つ**選びなさい。

1　腹部膨満感は、腹部が張る感覚のことである。
2　しゃっくり（吃逆）は、胸膜の刺激で起こる現象である。
3　胸やけは、飲食物による食道の熱傷のことである。
4　げっぷ（曖気）は、咽頭にたまった空気が排出されることである。
5　嘔気は、胃や腸の内容物が、食道を逆流して口外に吐き出されることである。

問題 63 Aさん（80歳、女性）は、脳梗塞（cerebral infarction）の後遺症で左片麻痺（ひだりかたまひ）があり、介護老人保健施設に入所して在宅復帰に向けた訓練をしている。嚥下障害（えんげしょうがい）もあるため、経鼻経管栄養による栄養摂取をしているが、経口摂取できないことでイライラしてチューブを抜去したことがある。医師からは一時的な治療であると説明を受けて同意していた。

経管栄養中に介護福祉士が訪室すると、チューブを触りながら、「自分の口から食べたいから、このチューブを抜いてほしい。見た目も良くない」と訴えがあった。看護師に連絡し、チューブが抜けていないことを確認してもらった。

このときのAさんへの介護福祉士の対応として、**最も適切なもの**を**1つ**選びなさい。

1 チューブを抜かないようにAさんの右手を固定する。
2 経管栄養が早く終わるように滴下速度を調節する。
3 医師や看護師にAさんの思いを伝える。
4 Aさんに胃ろうの造設を提案する。
5 Aさんに経口摂取を提案する。

●介護の基本

問題 64 介護福祉に関連する法律に関する次の記述のうち、**適切なもの**を**1つ**選びなさい。

1 「高齢者虐待防止法」は、福祉六法の1つである。
2 「障害者総合支援法」は、障害者基本計画の策定を義務づけている。
3 社会福祉法によって、社会福祉士の定義が規定されている。
4 介護保険法は、国民の共同連帯の理念に基づいて介護保険制度を設けている。
5 医師法によって、介護福祉の業務の一部として医行為が認められている。

（注）1 「高齢者虐待防止法」とは、「高齢者虐待の防止、高齢者の擁護者に対する支援等に関する法律」のことである。

2 「障害者総合支援法」とは、「障害者の日常生活及び社会生活を総合的に支援するための法律」のことである。

問題 65 社会福祉士及び介護福祉士法に関する次の記述のうち、**適切なもの**を**1つ**選びなさい。

1　資質向上のために、5年に1回、資格更新研修を受けなければならない。
2　社会福祉士の業務を介護福祉士が行うことは禁じられている。
3　介護福祉士の信用を傷つける行為をしてはならない。
4　介護福祉士は、その業を辞した後は秘密保持義務が解除される。
5　介護福祉士国家試験に合格した日から、介護福祉士を名乗ることができる。

問題 66 Aさん（75歳、女性）は、3か月前に、血管性認知症（vascular dementia）を発症し、軽度の左片麻痺（ひだりかたまひ）で杖歩行（つえほこう）となり、要介護3と認定された。Aさんは、料理が大好きで、娘と一緒に食事を作ることを楽しみに生活していた。1か月前から認知症（dementia）が進行し、ユニット型介護老人福祉施設に入所した。Aさんは夕方になると、「ご飯の支度をしないといけないから帰ります」と言いながら、興奮して歩き回る様子がみられるようになった。

Aさんへの介護福祉職の対応として、**最も適切なもの**を**1つ**選びなさい。

1　居室に鍵をかけて、自室で過ごしてもらう。
2　介護福祉職と一緒に、夕食の準備をしてもらう。
3　杖（つえ）を預かり、低めの丸椅子に座ってもらう。
4　介護福祉職の判断で、向精神薬を服用してもらう。
5　ここがAさんの自宅であることを、理解してもらう。

問題 67 ICF（International Classification of Functioning, Disability and Health：国際生活機能分類）における「参加」と「活動」の2つが関連した、認知症の人の支援に関する記述として、**最も適切なもの**を**1つ**選びなさい。

1　若年性アルツハイマー型認知症（dementia of the Alzheimer's type with early onset）があり、治療している。
2　認知症カフェに通い、体操をしている。
3　近所に住む長男が、買物を代行している。
4　自宅にある広い庭を、バリアフリー化している。
5　見当識障害があり、GPS装置を身に着けている。

問題 68 次の記述のうち、介護保険制度における訪問介護員（ホームヘルパー）が行うサービス内容として、**最も適切なもの**を **1 つ**選びなさい。

1　利用者が大切にしている庭の植木に、水やりをする。
2　利用者が長年飼っている猫のペットフードを、購入してくる。
3　掃き掃除をする習慣のある利用者と一緒に、寝室をほうきで掃除する。
4　利用者と一緒に、近所のラーメン屋に行く。
5　利用者のクレジットカードを預かって、買物を代行する。

問題 69 次の記述のうち、介護従事者を守る法制度として、**正しいもの**を **1 つ**選びなさい。

1　労働安全衛生法では、年に 1 回以上の健康診断を行うことを義務づけている。
2　労働者災害補償保険法では、労働時間、賃金、休暇などの労働条件を定めている。
3　環境基本法では、快適な職場環境の形成の促進を定めている。
4　介護休業は、対象家族 1 名につき、毎年 93 日間を取得できる。
5　出生時育児休業は、子の出生後から 8 週間取得できる。

問題 70 B さん（68 歳、女性、要介護 1）は、ヨーロッパで生まれ育ち、50 歳のときに日本人と結婚した。65 歳で夫と共に日本で暮らすようになったが、日本語は十分に理解できない。半年前に、脳梗塞(cerebral infarction）を起こし、利き手に麻痺（まひ）があり、立ち上がりも不安定である。現在は、介護老人保健施設に入所し、在宅復帰へ向けたリハビリテーションを行っている。B さんはこれまでの生活様式を守り、自宅で自分のペースで食事ができるようになりたいと希望している。

次の記述のうち、B さんへの介護福祉職の対応として、**最も適切なもの**を **1 つ**選びなさい。

1　入所中は母語を使わずに、日本語を話すように伝える。
2　居室の床に布団を敷いて、寝起きができるようにする。
3　自分で食事ができるように、自助具の使用状況を確認する。
4　ほかの利用者と同じ時間に食べ終えるように伝える。
5　日本の生活に合わせるように、余暇活動の内容は介護福祉職が判断する。

問題 71 次の記述のうち、チームアプローチに関するものとして、**適切なもの**を **1 つ**選びなさい。

1　介護福祉職が利用者のところに行って、相談、支援を行う。
2　障害者が、地域の資源を活用して、共生社会の実現を目指す。
3　複数の専門職が共通の目標に向かって協働し、課題解決に取り組む。
4　利用者に代わって、専門職がサービスを決定する。
5　当事者が集まって体験談を話し、共に支えあう。

問題 72 介護保険施設における防災対策に関する次の記述のうち、**最も適切なもの**を **1 つ**選びなさい。

1　介護福祉士は、災害派遣福祉チームで活動することが義務づけられている。
2　介護福祉士は、防災スキル向上のために、防災士の資格取得が義務づけられている。
3　災害対策基本法に基づき、個別避難計画の作成が施設長に義務づけられている。
4　一般的に、飲料水と非常食は1日分の備蓄が義務づけられている。
5　災害時等に備えて、業務継続計画（BCP：Business Continuity Plan）の策定が義務づけられている。

問題 73 次のうち、結核（tuberculosis）の予防対策に該当するものとして、**最も適切なもの**を **1 つ**選びなさい。

1　便座のアルコール消毒
2　肺炎球菌ワクチンの接種
3　紫外線を避けた生活
4　年に1回の胸部X線検査
5　50℃以上の温水によるリネン類の洗濯

●コミュニケーション技術

問題 74 次の記述のうち、利用者とのコミュニケーションの場面で用いる要約の技法として、**適切なもの**を**1つ**選びなさい。

1 開かれた質問をして、利用者の気持ちを明らかにした。
2 共感しながら話を聞き、利用者の気持ちを受け止めた。
3 話の途中でうなずき、利用者の気持ちに同意した。
4 話の内容を総合的にまとめて返し、利用者の気持ちを整理した。
5 自己覚知を図り、利用者との人間関係の形成に努めた。

問題 75 次の記述のうち、利用者と家族の意向が異なるとき、家族とのコミュニケーションにおいて介護福祉職が留意すべき点として、**適切なもの**を**1つ**選びなさい。

1 家族に支援方針を決めてもらう。
2 家族を通して利用者の意向を聴き取る。
3 家族と話す機会を別に設ける。
4 家族にカウンセリングを行うことを意識する。
5 家族を説得する。

問題 76 Aさん（80歳、男性、要介護3）は、介護老人福祉施設に入所している。アルツハイマー型認知症（dementia of the Alzheimer's type）が進行している。ある日の昼食時、介護福祉職がAさんに配膳すると、「お金はこれしかありません。足りますか」と小さくたたまれたティッシュペーパーを渡してきた。

このときのAさんに対する介護福祉職の対応として、**最も適切なもの**を**1つ**選びなさい。

1 ティッシュペーパーは、口の周りが汚れたら拭くものだと伝える。
2 ティッシュペーパーが不足しているサインとして受け止める。
3 飲食店での会計の場面であると認識して対応する。
4 食事に集中するように促す。
5 小遣いの増額を家族に相談する。

問題 77 構音障害のあるＢさんは、現在発語訓練を実施中である。ある日、介護福祉職に対して、「おあんで、あつがおごれた」と訴えた。介護福祉職は、Ｂさんの発語をうまく聞き取れず、「もう一度、言ってください」と伝えた。Ｂさんは、自身の発語で会話を続けようとしているが、介護福祉職には、その内容を十分に理解することができなかった。

このときの、Ｂさんに対する介護福祉職の判断として、**最も適切なものを１つ**選びなさい。

1　Ｂさんは言葉の意味の理解に支障があるため、会話の継続は困難である。
2　発音が苦手なため、短い言葉でゆっくり話してもらう必要がある。
3　話す意欲があるため、開かれた質問が有効である。
4　発語訓練の効果がみられないため、訓練を中止する必要がある。
5　Ｂさんの言葉が聞き取れないため、会話を中断する必要がある。

問題 78 Ｃさん（55歳、男性）は、知的障害がある。３か月前に、施設から居宅での一人暮らしに移行し、現在は、居宅介護（ホームヘルプサービス）を利用しながら生活している。ある日、Ｃさんが、「ゴミ、分けて捨てるの、難しいよ」と言うので、室内に分別収集の説明書を貼って、カレンダーに収集日を書くことにした。そして、介護福祉職は、「この説明書とカレンダーを見て、捨てるといいですよ」とＣさんに伝えた。その後、Ｃさんは努力していたが、分別できなかったゴミが少しずつ増えていった。

次のうち、Ｃさんにかける介護福祉職の最初の言葉として、**最も適切なものを１つ**選びなさい。

1　「ゴミでいっぱいになる前に、適切に捨てられるようになりましょう」
2　「説明書とカレンダーをよく見てください」
3　「ゴミが増えてきて、気持ち悪いですね」
4　「がんばっていれば、上手にできるようになりますよ」
5　「ゴミ捨ては難しいですよね。できることをいっしょに考えましょう」

問題 79 介護保険サービスにおける記録に関する次の記述のうち、**最も適切なものを１つ**選びなさい。

1　記録に含まれないものとして食事チェック表がある。
2　介護記録は介護福祉職の意見を中心に記録する。
3　調査・研究目的で記録を利用することは避ける。
4　主観的情報と客観的事実は区別しないで記録する。
5　利用者は記録の閲覧を請求することができる。

●生活支援技術

問題 80 高齢者に配慮した居室環境に関する次の記述のうち、**最も適切なものを 1 つ**選びなさい。

1　夏は高齢者が発汗してから冷房を使用する。
2　暖房を使用するときは除湿器を併用する。
3　冷房を使用するときは換気を控える。
4　温度は介護福祉職の感覚で調整する。
5　冬はトイレの温度を居室の温度に近づける。

問題 81 次の記述のうち、介護の現場において、レクリエーション活動で実施するアイスブレーキングの効果として、**最も適切なものを 1 つ**選びなさい。

1　参加者の緊張感を軽減することができる。
2　活動内容を毎回固定して実施することができる。
3　介護福祉職の負担を軽減することができる。
4　利用者の参加を義務づけることができる。
5　勝敗を楽しむことができる。

問題 82 次の記述のうち、介護福祉職が行う身じたく・整容の介護として、**最も適切なものを 1 つ**選びなさい。

1　ベッド上で行う口腔(こうくう)ケアは、ガーグルベースンを用いる。
2　総義歯の洗浄は、歯みがき剤を用いる。
3　耳垢(じこう)の除去は、ピンセットを用いる。
4　ベッド上で行う洗顔は、冷水に浸して絞ったタオルを用いる。
5　浴室で行う洗髪は、ドライシャンプーを用いる。

問題 83 次の記述のうち、障害のある人への事故防止の対応として、**最も適切なものを 1 つ**選びなさい。

1　パーキンソン病（Parkinson disease）の人には、低めのベッドを用意する。
2　認知症（dementia）の人には、ガスコンロを用意する。
3　在宅酸素療法中の人のそばでは、喫煙しない。
4　視覚障害のある人には、洗体用に頭受け台を用意する。
5　聴覚障害のある人には、補高便座を用意する。

問題 84 次のうち、右片麻痺の利用者が多点杖を使用して３動作歩行を開始するときに、介護福祉職が行う説明として、**適切なものを１つ**選びなさい。

1 「杖、右足、左足の順で歩きましょう」
2 「杖、左足、右足の順で歩きましょう」
3 「右足、左足、杖の順で歩きましょう」
4 「左足、杖、右足の順で歩きましょう」
5 「左足、右足、杖の順で歩きましょう」

問題 85 ノーリフティングケアに関する次の記述のうち、**最も適切なものを１つ**選びなさい。

1 仰臥位（背臥位）の利用者を抱え上げて、端座位にする。
2 仰臥位（背臥位）の利用者を手前に引きよせて、ストレッチャーに移乗する。
3 端座位の利用者の体幹を抱きかかえて、車いすに移乗する。
4 端座位の利用者にスライディングボードを使用して、車いすに移乗する。
5 立位が困難な端座位の利用者に回転移動盤を使用して、車いすに移乗する。

問題 86 次の記述のうち、左片麻痺の利用者を右側臥位から端座位にするときの介護として、**最も適切なものを１つ**選びなさい。

1 利用者に左手でベッド柵をつかむように伝える。
2 利用者に右肘を支点にして上体を起こしてもらう。
3 利用者の右脚をベッドから下ろす。
4 利用者の頸部を支えて上体を起こす。
5 端座位の利用者の右側に立って上体を支える。

問題 87 口腔ケアに関する次の記述のうち、**最も適切なものを１つ**選びなさい。

1 うがいは、顔貌を整える。
2 歯みがきは、感染予防になる。
3 口腔内の乾燥は、口臭を予防する。
4 唾液腺マッサージは、唾液の分泌を抑える。
5 咀嚼機能の向上のために、タッピングを行う。

問題 88 次の記述のうち、口腔（こうくう）ケアを実施するときの留意点として、**最も適切なもの**を **1 つ**選びなさい。

1 実施中は、利用者に顎を上げた姿勢をとってもらう。
2 総義歯は、上顎から下顎の順に外してもらう。
3 歯みがきの前に、うがいを行ってもらう。
4 歯ブラシは、大きく動かして磨いてもらう。
5 舌ブラシは、舌先から咽頭に向かって動かしてもらう。

問題 89 次の記述のうち、介護が必要な人への熱中症対策のために、介護福祉職が行う水分補給の対応として、**最も適切なもの**を **1 つ**選びなさい。

1 のどが渇いてから、水分を取るように伝える。
2 水でむせるときは、ゼリーの提供を控える。
3 起床時は、水分摂取を控えるように伝える。
4 食事のときの水分は、一日の水分摂取量から除く。
5 汗の量が多いときは、塩分を含んだ飲み物を勧める。

問題 90 A さん（75 歳、男性）は、1 年前に前頭側頭型認知症（frontotemporal dementia）と診断され、現在は、認知症対応型共同生活介護（認知症高齢者グループホーム）に入居している。若い頃から食べることが好きである。現在、咀嚼（そしゃく）や嚥下（えんげ）機能（きのう）の低下はなく、スプーンを使い、自分で食べている。最近、飲み込む前に次々と食べ物を口に入れることが増えた。

次の記述のうち、A さんの現在の状態に合わせた食事の介護として、**最も適切なもの**を **1 つ**選びなさい。

1 取っ手つきのコップを準備する。
2 食器に少量ずつ盛りつけて提供する。
3 すべての料理をテーブルの上に並べる。
4 大きなスプーンに変更する。
5 手で持って食べられる物を準備する。

問題 91 次の記述のうち、パーキンソン病（Parkinson disease）で上肢の震えはあるが、自力摂取が可能な利用者の食事の介護として、**最も適切なもの**を **1 つ**選びなさい。

1　食事後に口腔内のアイスマッサージを行う。
2　片側の縁が高くなっている皿を準備する。
3　上半身を後ろに 20 度程度倒すように伝える。
4　食器の置いてある位置を説明する。
5　踵を床から浮かすように伝える。

問題 92 次の記述のうち、入浴の作用を生かした、高齢者への入浴の介護として、**最も適切なもの**を **1 つ**選びなさい。

1　食事は、入浴直前に摂取する。
2　高血圧の人には、42℃以上の湯につかってもらう。
3　浴槽の中では、関節運動を促す。
4　心疾患（heart disease）のある人には、肩まで湯につかってもらう。
5　個浴の浴槽内では、足を浮かせてもらう。

問題 93 次の記述のうち、下肢筋力が低下して介護を必要とする人の入浴に適した環境として、**最も適切なもの**を **1 つ**選びなさい。

1　浴室の入口は開き戸にする。
2　床から浴槽の縁までの高さは 20cm にする。
3　縦に長く、浅めの洋式の浴槽にする。
4　浴槽の縁の幅は 20cm にする。
5　浴槽への出入りのために、水平および垂直の手すりを設置する。

問題 94 次の記述のうち、体調不良で入浴できない片麻痺の利用者に対して、ベッド上で行う全身清拭の方法として、**最も適切なもの**を **1 つ**選びなさい。

1　清拭時は、窓を開けて行う。
2　洗面器には、40℃程度のお湯を準備する。
3　最初に、腹部から清拭する。
4　背部は、患側を下にした側臥位にして拭く。
5　蒸しタオルで拭いた後は、乾いたタオルで水分を拭き取る。

問題 95 次のうち、同居の高齢者におむつを使用する家族介護者に対する、介護福祉職の説明として、**最も適切なもの**を **1 つ**選びなさい。

1 「使用する本人の羞恥心に気を配りましょう」
2 「尿失禁を防ぐことができます」
3 「尿量を気にせずに、1日中同じおむつを使うことができます」
4 「おむつを着けると、安心して排泄ができます」
5 「家族の都合に合わせて、おむつを使いましょう」

問題 96 次の記述のうち、ポータブルトイレを使用するときの排泄の介護として、**最も適切なもの**を **1 つ**選びなさい。

1 ポータブルトイレの下に新聞紙を敷く。
2 ベッドで臥床している状態で、ズボンや下着をおろす。
3 ポータブルトイレには、前かがみになって座ってもらう。
4 排泄が終わるまで、ポータブルトイレの後ろに立って待つ。
5 排泄後の陰部の清拭は、ベッドの上で行う。

問題 97 次の記述のうち、介護福祉職が行うことのできる、坐薬（座薬）を用いた介護として、**最も適切なもの**を **1 つ**選びなさい。

1 膣から挿入する坐薬（座薬）が扱える。
2 坐薬（座薬）は、あたたかな場所で保管する。
3 坐薬（座薬）は、とがっていない方から挿入する。
4 腹部に力を入れるよう促しながら、坐薬（座薬）を挿入する。
5 下剤以外の坐薬（座薬）挿入は、先に排泄を済ませてから行う。

問題 98 次の記述のうち、調理における基本調味料の効果や使い方として、**適切なもの**を **1 つ**選びなさい。

1 砂糖は、塩より先に入れると、食物に甘みが浸透しやすくなる。
2 塩は、食物のうま味を増し、照りを出す。
3 酢は、食物の水分を引き出し、保存性を高める。
4 しょうゆは、食物のくさみを抜き、肉を柔らかくする。
5 みそは、味付けの最初に入れると、特有の香りが逃げない。

問題 99 食品の保存に関する次の記述のうち、**最も適切なもの**を **1 つ**選びなさい。

1 賞味期限の切れた未開封の缶詰は、すぐに廃棄する。
2 ウインナーには、消費期限が記載されている。
3 前日調理して常温保存した肉入りカレーは、再加熱する。
4 りんごを冷蔵庫で保存するときは、ビニール袋に入れて密封する。
5 冷凍食品は、一度解凍しても再冷凍すれば長期間の保存が可能である。

問題 100 次の記述のうち、衣類の保管方法として、**適切なもの**を **1 つ**選びなさい。

1 衣装ケースで保管するときは、たたんだ衣類の下に防虫剤を入れる。
2 ドライクリーニング後の衣類は、ビニールを外さずに保管する。
3 汚れのひどい衣類は、介護福祉職の判断で廃棄する。
4 湿気を含んだ衣類は、たたんで引き出しに保管する。
5 絹製品は、タンスの上部に保管する。

問題 101 次の記述のうち、介護の現場で行うベッドメイキングとして、**最も適切なもの**を **1 つ**選びなさい。

1 居室の窓は、閉めて行う。
2 キャスターのあるベッドは、ストッパーを外す。
3 シーツの中心線を、マットレスの端に合わせる。
4 シーツをマットレスの下に入れるときは、手掌を下にする。
5 シーツ交換は、両膝を伸ばしたままで行う。

問題 102 Bさん（90歳、女性、要介護3）は、アルツハイマー型認知症（dementia of the Alzheimer's type）があり、介護老人福祉施設に入所している。テレビを見ることが好きで、日中はお茶を飲みながら、テレビを見て過ごすことが日課である。1週間前からBさんは、夜中に目が覚めたり、3時ごろに起きたりと、不眠が続いている。2時間ほどしか寝ていない日もある。ある日、Bさんは、「昼間、眠くてしかたがない。からだがだるい」と介護福祉職に話した。

次の記述のうち、Bさんに安眠を促すための介護福祉職の対応として、**最も適切なもの**を**1つ**選びなさい。

1　午前中、太陽の光を浴びることを勧める。
2　昼間眠いときは、1時間以上の昼寝を勧める。
3　夕食後、すぐに寝ることを勧める。
4　寝る前に、介護福祉職の判断で睡眠薬を勧める。
5　夜眠れないときは、居室でテレビを見ることを勧める。

問題 103 終末期の介護に関する次の記述のうち、**最も適切なもの**を**1つ**選びなさい。

1　決まった時間に食事を提供する。
2　部屋の換気は控えるようにする。
3　無反応のときは無言で静かに介護を行う。
4　呼吸困難時は、顎を下げて頭部を前屈させた仰臥位（背臥位）にする。
5　せん妄によって話のつじつまが合わないときは、否定せずに受け止める。

問題 104 次のうち、キューブラー・ロス（Kubler-Ross, E.）が提唱した終末期にある人の死の受容過程のうち、「死は避けられないと知り、さまざまな喪失感を抱く段階」に該当するものとして、**適切なもの**を **1 つ**選びなさい。

1　否認
2　怒り
3　取り引き
4　抑うつ
5　受容

問題 105 Cさん（58歳、男性）は、アテトーゼ型（athetosis）の脳性麻痺（cerebral palsy）がある。腕、脚、体幹の筋肉は不随意的にゆっくりと動くことが多く、手指を細かく動かすことは難しい。言葉をはっきり発音することが困難であるが、音の聞き取りはできる。

次のうち、Cさんが使用している情報・意思疎通支援用具として、**最も適切なもの**を **1 つ**選びなさい。

1　福祉電話
2　携帯用会話補助装置
3　人工喉頭
4　助聴器
5　点字器

●介護課程

問題 106 次の記述のうち、介護過程を展開する目的として、**最も適切なもの**を **1 つ**選びなさい。

1 家族が抱える生活課題の解決
2 個別ケアに基づく利用者の自立支援
3 介護福祉職の職業倫理の向上
4 利用者と家族の信頼関係の構築
5 介護福祉職と多職種の連携の促進

問題 107 生活課題に関する記述として、**最も適切なもの**を **1 つ**選びなさい。

1 家族の立場から検討する。
2 利用者のニーズを判断の基盤にする。
3 利用者の要望を１つに集約する。
4 介護福祉職の主観を尊重する。
5 生命の危機よりも利用者の意向を優先する。

問題 108 次の記述のうち、介護過程の展開における評価の説明として、**最も適切なもの**を **1 つ**選びなさい。

1 他の利用者と比較して評価する。
2 短期目標の評価によって、介護過程の展開を終了する。
3 目標の達成状況を評価する。
4 介護計画の実施後に評価日を検討する。
5 介護計画を修正した場合は、評価を省略する。

問題 109 次のうち、介護保険制度のサービス担当者会議におけるサービス提供責任者の役割として、**最も適切なもの**を **1 つ**選びなさい。

1 会議の主催
2 居宅サービス計画の原案の説明
3 他職種が実施したサービス内容の評価
4 訪問介護計画の作成に要した時間の報告
5 訪問介護計画の作成に必要な情報の確認

次の事例を読んで、**問題 110、問題 111** について答えなさい。

〔事　例〕

Aさん（78歳、男性、要介護1）は、一人暮らしで、脳梗塞（cerebral infarction）を発症し入院した。その後、リハビリテーションを経て、自宅に戻った。利き手の右手に麻痺（まひ）が残ったため、左手を使った調理の自立を目的に、訪問介護（ホームヘルプサービス）を利用することになった。サービス利用時は、訪問介護員（ホームヘルパー）の協力を得ながら、孫からプレゼントされた包丁を使って、調理に取り組んでいた。

ある日、好物の牛肉をうまく押さえることができず、切ることができなかった。すると、Aさんは包丁を置き、部屋で横になってしまった。心配した訪問介護員（ホームヘルパー）が声をかけ、バイタルサインを確認したところ変化はなかった。Aさんは、「右手が思うように動いてくれない。悔しい。でも、もう一度ひとりで作れるようになりたい」と話した。

次の日、Aさんは、「今日も手伝って」と訪問介護員（ホームヘルパー）に話した。

問題 110　調理中にAさんが包丁を置き、部屋で横になってしまった行動に対する解釈として、**最も適切なもの**を **1 つ**選びなさい。

1　体調不良による休憩
2　食材に対する不満
3　調理に対する興味の喪失
4　包丁に対する不満
5　調理がうまくできないことに対する苛立（いらだ）ち

問題 111　訪問介護計画の修正を目的としたカンファレンスで、訪問介護員（ホームヘルパー）が提案する内容として、**最も適切なもの**を **1 つ**選びなさい。

1　訪問介護員（ホームヘルパー）による調理の代行
2　担当する訪問介護員（ホームヘルパー）の交代
3　配食サービスの利用
4　調理に関する福祉用具の活用
5　訪問回数の削減

次の事例を読んで、**問題 112、問題 113** について答えなさい。

〔事　例〕

Bさん（42 歳、女性、障害支援区分 3）は、知的障害があり、母親と二人暮らしである。日中は生活介護事業所に通っている。日常生活動作の一部に見守りが必要である。個別支援計画の短期目標を、「見守りのもと、トイレで排泄ができる」としている。

しかし、最近、排泄のときに下着やズボンを汚してしまい、それをほかの利用者にからかわれ、しばらく一人でいる様子があったと生活支援員から申し送りがあった。

ある日、事業所長が話しかけると、Bさんは、「トイレで失敗したら恥ずかしい」と元気なく話した。母親からも電話で、「これからは紙おむつを使うように勧めているのだけど、使いたくないとBは話している」とサービス管理責任者に連絡があった。

問題 112 次のうち、Bさんがしばらく一人でいた様子を理解するために必要な情報として、**最も優先すべきもの**を **1 つ**選びなさい。

1　サービス管理責任者との関係
2　生活支援員との関係
3　事業所長との関係
4　ほかの利用者との関係
5　母親との関係

問題 113 Bさんについて、個別支援会議が開催され、短期目標を、「排泄の自立（下着を汚さずに排泄する）（3 か月）」とした。次の記述のうち、Bさんの短期目標を実現するために生活支援員がとる対応として、**最も適切なもの**を **1 つ**選びなさい。

1　定期的に、手順を理解できているか一緒に確認する。
2　自宅で排泄を済ませ、事業所で排泄しないように助言する。
3　母親の要望であると伝え、紙おむつを使うように助言する。
4　ポータブルトイレを設置し、そこで排泄をするように誘導する。
5　排泄に関する行為を、全介助にする。

●総合問題

（総合問題 1）

次の事例を読んで、**問題 114 から問題 116 まで**について答えなさい。

〔事　例〕

Ａさん（70 歳、男性）は、妻と二人で暮らしている。旅行や釣りが趣味で、会社員として勤務していたころは、活動的な生活を送っていた。66 歳のときにパーキンソン病（Parkinson disease）と診断されたが、内服治療が開始され、症状はあまり気にならなかった。1 年前から顔の表情が乏しくなり、歩行開始時に、はじめの一歩が出にくくなった。3 か月前からは、歩き始めると方向転換が難しく、急に止まることができないことがある。

Ａさんは、今後の生活について相談するために、地域包括支援センターに行った。センターで対応してくれたＢ主任介護支援専門員は、介護福祉士としての実務経験が豊富だった。Ａさんは信頼して、気になっていたことをすべて話すことができた。Ａさんは、要介護認定を申請することを勧められ、後日、市役所に行き、要介護認定の申請を行った。

問題 114　現在のＡさんの症状に該当するホーエン・ヤール重症度分類として、**最も適切なものを 1 つ**選びなさい。

1　ステージⅠ
2　ステージⅡ
3　ステージⅢ
4　ステージⅣ
5　ステージⅤ

問題 115　要介護認定を申請してから２週間が経過した。Ａさんは要介護認定の認定結果が届かないことが気になった。そこで、以前に対応してくれたＢ主任介護支援専門員に電話で相談した。

次のうち、Ｂ主任介護支援専門員の応答として、**最も適切なものを 1 つ**選びなさい。

1　「次の受診時に主治医に相談しましょう」
2　「通常１か月程度かかるので、あと２週間くらい待ってみましょう」
3　「以前に自宅に来てくれた認定調査員に相談しましょう」
4　「念のためにもう一度介護認定を申請してください」
5　「通常であれば認定結果は出ていると思います」

問題 116 最近、A さんは急に体の動きが悪くなる時間帯があり、不安を感じた。そこで A さんは、週に 2 回利用している訪問介護員（ホームヘルパー）に相談した。相談を受けた訪問介護員（ホームヘルパー）は A さんに、日々の症状の変化とその時間、さらにもう一点をメモして、医師に伝えるようにと助言した。

日々の症状の変化とその時間に加えて、A さんが医師に伝える内容として、**最も優先度の高いもの**を **1 つ**選びなさい。

1 服薬の時間
2 起床の時間
3 食事の時間
4 排便の時間
5 入浴の時間

（総合問題 2）

次の事例を読んで、**問題 117 から問題 119 まで**について答えなさい。

〔事 例〕

C さん（90 歳、女性）は、動物好きで長年ペットのオウムを飼っている。5 年前に夫が亡くなったときも、ペットが大きな心の支えとなった。2 年前、身体の衰えから買物や調理などの家事が難しくなり、一人暮らしが困難になったので、ペットと入所できる健康型有料老人ホームに入所した。

最近 C さんは、毎週楽しみにしていたレクリエーションがある曜日や時間を忘れてしまう、トイレの場所がわからず失禁するなどの症状が繰り返し生じるようになってきた。心配した娘が C さんと病院を受診したところ、アルツハイマー型認知症（dementia of the Alzheimer's type）と診断を受けた。

健康型有料老人ホームでは対応が困難になってきたため、心配した娘は C さんが入所できる施設に移ることを検討し始めた。

問題 117 次のうち、最近の C さんの症状に該当するものとして、**最も適切なもの**を **1 つ**選びなさい。

1 妄想
2 見当識障害
3 失語
4 遂行機能障害
5 観念失行

問題 118 娘はＣさんの病状を心配して、「お父さんが残してくれた貯金があるから、もっとお母さんのお世話をしてくれる施設に移ろう」と提案した。Ｃさんは、「ペットと一緒に暮らせなくなるのは嫌だ」とつぶやき、うつむいた。困った娘は健康型有料老人ホームの介護福祉士に相談した。

次のうち、娘への介護福祉士の応答として、**最も適切なものを１つ**選びなさい。

1 「Ｃさんがペットを大事にしている意思を尊重してはいかがですか」
2 「Ｃさんが新しい施設に行くことが最優先です」
3 「あなたの意向を優先してはいかがですか」
4 「Ｃさんがペットを飼うことは優先度の高いニーズとは言えません」
5 「Ｃさんが新しい施設に行くことを受け入れるように説得してください」

問題 119 Ｃさんと娘は介護福祉士と相談し、希望に沿った施設を見つけることができた。

次のうち、Ｃさんが入所する施設として、**最も適切なものを１つ**選びなさい。

1 経過的軽費老人ホーム（Ｂ型）
2 介護医療院
3 介護老人保健施設
4 養護老人ホーム
5 介護付有料老人ホーム

（総合問題３）

次の事例を読んで、**問題 120 から問題 122 まで**について答えなさい。

〔事　例〕

Ｄさん（男性、障害支援区分４）は、ベッカー型筋ジストロフィー（Becker muscular dystrophy）である。自宅で家族と生活をしている。Ｄさんは、食事は自立しているが、排泄（はいせつ）、入浴に介護が必要である。歩行はできず、移動は電動車いすを使用している。絵を描くことが趣味であり、日中は創作活動に取り組んでいる。

これまでＤさんは自宅で家族の介護を受けながら生活してきたが、Ｄさんの身体機能の低下に伴い、家族の介護負担が増えたため、居宅介護を利用することになった。

問題 120 Dさんの疾患で生じる病態として、**適切なもの**を**1つ**選びなさい。

1 筋線維の変性
2 運動神経の変性
3 網膜の変性
4 自己免疫の低下
5 脳細胞の変性

問題 121 E居宅介護事業所に勤務するF介護福祉職は、Dさん宅を初回訪問するにあたりフェイスシートのジェノグラムを確認した。

以下のジェノグラムからF介護福祉職が把握した内容として、**適切なもの**を**1つ**選びなさい。

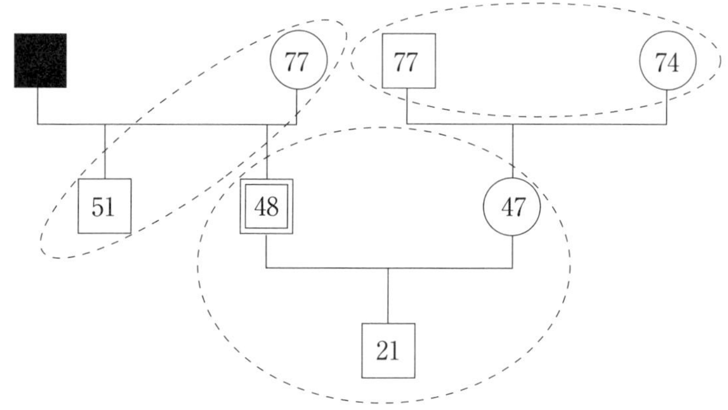

1 Dさんは、Dさんの母親と同居している。
2 Dさんには息子がいる。
3 Dさんの兄は結婚している。
4 Dさんの父親は生存している。
5 Dさんの妻には兄弟姉妹がいる。

問題 122 Dさんが居宅介護を利用してから数年が経過し、Dさんの身体機能は徐々に低下して、着替えに時間がかかるようになった。Dさんは自分のことはできるだけ自分で行いたいという思いがあり、時間がかかっても自分で着替えをしていた。

ある日、DさんはF介護福祉職に、「着替えをすると疲れてしまい、絵を描くことができない」とつぶやいた。F介護福祉職は、「着替えは私たちや家族の介護を利用して、Dさんは好きな絵を描いたらいいのではないですか」と伝えた。その後、Dさんは介護福祉職と家族の介護を利用して、短時間で着替えを済ませ、絵を描くことに専念できるようになった。

F介護福祉職が発言した自立観を示した人物として、**最も適切なものを1つ**選びなさい。

1 ヴィクトール・フランクル（Frankl, V.）
2 バンク－ミケルセン（Bank-Mikkelsen, N.）
3 エド・ロバーツ（Roberts, E.）
4 フェリックス・バイステック（Biestek, F.）
5 ミルトン・メイヤロフ（Mayeroff, M.）

（総合問題 4）

次の事例を読んで、**問題 123 から問題 125 まで**について答えなさい。

〔事　例〕

Gさん（38歳、女性）は、母親（65歳）と暮らしていた。両側性感音難聴（sensorineural hearing loss）があり、雑音がある場所では話を聞き取りにくい。相手の口の動きや表情から会話の内容を理解することはできる。Gさんは、脳梗塞（cerebral infarction）を発症し、左片麻痺（ひだりかたまひ）で車いすの生活となり、障害支援区分4と認定された。母親による介護が難しくなったため、障害者支援施設に入所することになった。

Gさんは、写真を撮ることが好きで、施設で近くの公園に出かけたときに、介護福祉職に手伝ってもらいながら好きな風景を撮影している。Gさんは、その写真をアルバムにして、母親にプレゼントしたいと考えている。

ある日、Gさんから、「アルバムを作りたい。飾りの付け方やメッセージの書き方を教えてほしい」と相談があった。介護福祉職は、Gさんとアルバムを作ることにした。

問題 123 次のうち、Gさんが施設入所支援と同時に利用している障害福祉サービスとして、**適切なもの**を**1つ**選びなさい。

1 自立生活援助
2 療養介護
3 短期入所
4 生活介護
5 居宅介護

問題 124 次のうち、Gさんの難聴の原因となっている損傷部位に該当するものとして、**最も適切なもの**を**1つ**選びなさい。

1 内耳から聴神経
2 外耳道から中耳
3 耳介から中耳
4 耳介から外耳道
5 耳介

問題 125 次の記述のうち、Gさんに介護福祉職がアルバムの作り方を説明するときに配慮することとして、**最も適切なもの**を**1つ**選びなさい。

1 Gさんの左側に座る。
2 閉じられた質問を用いる。
3 小さな声で話す。
4 Gさんの好きな音楽を流す。
5 1対1で向かい合って話す。

令和５年度（第36回）
介護福祉士試験問題

午前　10：00 ～ 11：40

人間と社会
- 人間の尊厳と自立
- 人間関係とコミュニケーション
- 社会の理解

こころとからだのしくみ
- こころとからだのしくみ
- 発達と老化の理解
- 認知症の理解
- 障害の理解

医療的ケア
- 医療的ケア

午後　13：35 ～ 15：35

介護
- 介護の基本
- コミュニケーション技術
- 生活支援技術
- 介護過程

総合問題

※筆記試験は、午前、午後に科目を分けて行われます。
第35回試験より、新カリキュラムに基づき出題されています。

●人間の尊厳と自立

問題 1 Aさん（76歳、女性、要支援1）は、一人暮らしである。週1回介護予防通所リハビリテーションを利用しながら、近所の友人たちとの麻雀（まーじゃん）を楽しみに生活している。最近、膝に痛みを感じ、変形性膝関節症（knee osteoarthritis）と診断された。同時期に友人が入院し、楽しみにしていた麻雀（まーじゃん）ができなくなった。Aさんは徐々に今後の生活に不安を感じるようになった。ある日、「自宅で暮らし続けたいけど、心配なの…」と介護福祉職に話した。

Aさんに対する介護福祉職の対応として、**最も適切なもの**を**1つ**選びなさい。

1　要介護認定の申請を勧める。
2　友人のお見舞いを勧める。
3　膝の精密検査を勧める。
4　別の趣味活動の希望を聞く。
5　生活に対する思いを聞く。

問題 2 次の記述のうち、介護を必要とする人の自立についての考え方として、**最も適切なもの**を**1つ**選びなさい。

1　自立は、他者の支援を受けないことである。
2　精神的自立は、生活の目標をもち、自らが主体となって物事を進めていくことである。
3　社会的自立は、社会的な役割から離れて自由になることである。
4　身体的自立は、介護者の身体的負担を軽減することである。
5　経済的自立は、経済活動や社会活動に参加せずに、生活を営むことである。

●人間関係とコミュニケーション

問題 3 U介護老人福祉施設では、利用者の介護計画を担当の介護福祉職が作成している。このため、利用者の個別の介護目標を、介護福祉職のチーム全員で共有することが課題になっている。

この課題を解決するための取り組みとして、**最も適切なものを 1 つ**選びなさい。

1　管理職がチーム全体に注意喚起して、集団規範を形成する。
2　現場経験の長い介護福祉職の意見を優先して、同調行動を促す。
3　チームメンバーの懇談会を実施して、内集団バイアスを強化する。
4　チームメンバー間の集団圧力を利用して、多数派の意見に統一する。
5　担当以外のチームメンバーもカンファレンス（conference）に参加して、集団凝集性を高める。

問題 4 Bさん（90 歳、女性、要介護 3）は、介護老人福祉施設に入所している。入浴日に、担当の介護福祉職が居室を訪問し、「Bさん、今日はお風呂の日です。時間は午後 3 時からです」と伝えた。しかし、Bさんは言っていることがわからなかったようで、「はい、何ですか」と困った様子で言った。

このときの、介護福祉職の準言語を活用した対応として、**最も適切なものを 1 つ**選びなさい。

1　強い口調で伝えた。
2　抑揚をつけずに伝えた。
3　大きな声でゆっくり伝えた。
4　急かすように伝えた。
5　早口で伝えた。

問題 5 V介護老人福祉施設では、感染症が流行したために、緊急的な介護体制で事業を継続することになった。さらに労務管理を担当する職員からは、介護福祉職の精神的健康を守ることを目的とした組織的なマネジメントに取り組む必要性について提案があった。

次の記述のうち、このマネジメントに該当するものとして、**最も適切なもの**を **1 つ**選びなさい。

1 感染防止対策を強化する。
2 多職種チームでの連携を強化する。
3 利用者のストレスをコントロールする。
4 介護福祉職の燃え尽き症候群（バーンアウト（burnout））を防止する。
5 利用者家族の面会方法を見直す。

問題 6 次のうち、介護老人福祉施設における全体の指揮命令系統を把握するために必要なものとして、**最も適切なもの**を **1 つ**選びなさい。

1 組織図
2 勤務表
3 経営理念
4 施設の歴史
5 資格保有者数

●社会の理解

問題 7 次のうち、セルフヘルプグループ（self-help group）の活動に該当するものとして、**最も適切なもの**を **1 つ**選びなさい。

1 断酒会
2 施設の社会貢献活動
3 子ども食堂の運営
4 傾聴ボランティア
5 地域の町内会

問題 8 特定非営利活動法人（NPO 法人）に関する次の記述のうち、**最も適切なもの**を **1 つ**選びなさい。

1 社会福祉法に基づいて設置される。
2 市町村が認証する。
3 保健、医療又は福祉の増進を図る活動が最も多い。
4 収益活動は禁じられている。
5 宗教活動を主たる目的とする団体もある。

問題 9 地域福祉において、19 世紀後半に始まった、貧困地域に住み込んで実態調査を行いながら住民への教育や生活上の援助を行ったものとして、**最も適切なもの**を **1 つ**選びなさい。

1 世界保健機関（WHO）
2 福祉事務所
3 地域包括支援センター
4 生活協同組合
5 セツルメント

問題 10 社会福祉基礎構造改革に関する次の記述のうち、**適切なもの**を **1 つ**選びなさい。

1 社会福祉法が社会福祉事業法に改正された。
2 利用契約制度から措置制度に変更された。
3 サービス提供事業者は、社会福祉法人に限定された。
4 障害福祉分野での制度改正は見送られた。
5 判断能力が不十分な者に対する地域福祉権利擁護事業が創設された。

問題 11 C さん（77 歳、男性）は、60 歳で公務員を定年退職し、年金生活をしている。持病や障害はなく、退職後も趣味のゴルフを楽しみながら健康に過ごしている。ある日、C さんはゴルフ中にけがをして医療機関を受診した。

このとき、C さんに適用される公的医療制度として、**正しいもの**を **1 つ**選びなさい。

1 国民健康保険
2 後期高齢者医療制度
3 共済組合保険
4 育成医療
5 更生医療

問題 12 次のうち、介護保険法に基づき、都道府県・指定都市・中核市が指定（許可）、監督を行うサービスとして、**正しいもの**を **1 つ**選びなさい。

1　地域密着型介護サービス
2　居宅介護支援
3　施設サービス
4　夜間対応型訪問介護
5　介護予防支援

問題 13「障害者差別解消法」に関する次の記述のうち、**適切なもの**を **1 つ**選びなさい。

1　法の対象者は、身体障害者手帳を交付された者に限定されている。
2　合理的配慮は、実施するときの負担の大小に関係なく提供する。
3　個人による差別行為への罰則規定がある。
4　雇用分野での、障害を理由とした使用者による虐待の禁止が目的である。
5　障害者基本法の基本的な理念を具体的に実施するために制定された。

（注）「障害者差別解消法」とは、「障害を理由とする差別の解消の推進に関する法律」のことである。

問題 14「障害者総合支援法」に規定された移動に関する支援の説明として、**最も適切なもの**を **1 つ**選びなさい。

1　移動支援については、介護給付費が支給される。
2　行動援護は、周囲の状況把握ができない視覚障害者が利用する。
3　同行援護は、危険を回避できない知的障害者が利用する。
4　重度訪問介護は、重度障害者の外出支援も行う。
5　共同生活援助（グループホーム）は、地域で生活する障害者の外出支援を行う。

（注）「障害者総合支援法」とは、「障害者の日常生活及び社会生活を総合的に支援するための法律」のことである。

問題 15 D さん（80 歳、男性、要介護 2）は、認知症（dementia）がある。訪問介護（ホームヘルプサービス）を利用しながら一人暮らしをしている。

ある日、訪問介護員（ホームヘルパー）が D さんの自宅を訪問すると、近所に住む D さんの長女から、「父が、高額な投資信託の電話勧誘を受けて、契約しようかどうか悩んでいるようで心配だ」と相談された。

訪問介護員（ホームヘルパー）が長女に助言する相談先として、**最も適切なもの**を **1 つ**選びなさい。

1　公正取引委員会
2　都道府県障害者権利擁護センター
3　運営適正化委員会
4　消費生活センター
5　市町村保健センター

問題 16 災害時の福祉避難所に関する次の記述のうち、**適切なもの**を **1 つ**選びなさい。

1　介護老人福祉施設の入所者は、原則として福祉避難所の対象外である。
2　介護保険法に基づいて指定される避難所である。
3　医療的ケアを必要とする者は対象にならない。
4　訪問介護員（ホームヘルパー）が、災害対策基本法に基づいて派遣される。
5　同行援護のヘルパーが、災害救助法に基づいて派遣される。

問題 17「感染症法」に基づいて、結核（tuberculosis）を発症した在宅の高齢者に、医療費の公費負担の申請業務や家庭訪問指導などを行う機関として、**適切なもの**を **1 つ**選びなさい。

1　基幹相談支援センター
2　地域活動支援センター
3　保健所
4　老人福祉センター
5　医療保護施設

（注）「感染症法」とは、「感染症の予防及び感染症の患者に対する医療に関する法律」のことである。

令和5年度

問題 18 Eさん（55歳、女性、障害の有無は不明）は、ひきこもりの状態にあり、就労していない。父親の年金で父親とアパートで暮らしていたが、父親が亡くなり、一人暮らしになった。遠方に住む弟は、姉が家賃を滞納していて、生活に困っているようだと、家主から連絡を受けた。

心配した弟が相談する機関として、**最も適切なもの**を**1つ**選びなさい。

1 地域包括支援センター
2 福祉事務所
3 精神保健福祉センター
4 公共職業安定所（ハローワーク）
5 年金事務所

●こころとからだのしくみ

問題 19 次のうち、マズロー（Maslow, A.H.）の欲求階層説で成長欲求に該当するものとして、**正しいもの**を**1つ**選びなさい。

1 承認欲求
2 安全欲求
3 自己実現欲求
4 生理的欲求
5 所属・愛情欲求

問題 20 次のうち、交感神経の作用に該当するものとして、**正しいもの**を**1つ**選びなさい。

1 血管収縮
2 心拍数減少
3 気道収縮
4 消化促進
5 瞳孔収縮

問題 21 Fさん（82歳、女性）は、健康診断で骨粗鬆症（osteoporosis）と診断され、内服治療が開始された。杖歩行で時々ふらつくが、ゆっくりと自立歩行することができる。昼間は自室にこもり、ベッドで横になっていることが多い。リハビリテーションとして週３日歩行訓練を行い、食事は普通食を毎食８割以上摂取している。

Fさんの骨粗鬆症（osteoporosis）の進行を予防するための支援として、**最も適切なもの**を **1 つ**選びなさい。

1　リハビリテーションを週１日に変更する。
2　繊維質の多い食事を勧める。
3　日光浴を日課に取り入れる。
4　車いすでの移動に変更する。
5　ビタミンA（vitamin A）の摂取を勧める。

問題 22 中耳にある耳小骨として、**正しいもの**を **1 つ**選びなさい。

1　ツチ骨
2　蝶形骨
3　前頭骨
4　頬骨
5　上顎骨

問題 23 成人の爪に関する次の記述のうち、**正しいもの**を **1 つ**選びなさい。

1　主成分はタンパク質である。
2　1日に1mm程度伸びる。
3　爪の外表面には爪床がある。
4　正常な爪は全体が白色である。
5　爪半月は角質化が進んでいる。

問題 24 食物が入り誤嚥が生じる部位として、**適切なもの**を **1 つ**選びなさい。

1　扁桃
2　食道
3　耳管
4　気管
5　咽頭

問題 25 Gさん（79歳、男性）は、介護老人保健施設に入所している。Gさんは普段から食べ物をかきこむように食べる様子がみられ、最近はむせることが多くなった。義歯は使用していない。食事は普通食を摂取している。ある日の昼食時、唐揚げを口の中に入れたあと、喉をつかむようなしぐさをし、苦しそうな表情になった。

Gさんに起きていることとして、**最も適切なもの**を**1つ**選びなさい。

1 心筋梗塞（myocardial infarction）
2 蕁麻疹（urticaria）
3 誤嚥性肺炎（aspiration pneumonia）
4 食中毒（foodborne disease）
5 窒息（choking）

問題 26 Hさん（60歳、男性）は、身長170cm、体重120kgである。Hさんは浴槽で入浴しているときに毎回、「お風呂につかると、からだが軽く感じて楽になります」と話す。胸が苦しいなど、ほかの訴えはない。

Hさんが話している内容に関連する入浴の作用として、**最も適切なもの**を**1つ**選びなさい。

1 静水圧作用
2 温熱作用
3 清潔作用
4 浮力作用
5 代謝作用

問題 27 男性に比べて女性に尿路感染症（urinary tract infection）が起こりやすい要因として、**最も適切なもの**を**1つ**選びなさい。

1 子宮の圧迫がある。
2 尿道が短く直線的である。
3 腹部の筋力が弱い。
4 女性ホルモンの作用がある。
5 尿道括約筋が弛緩している。

問題 28 次のうち、眠りが浅くなる原因として、**最も適切なもの**を **1 つ**選びなさい。

1　抗不安薬
2　就寝前の飲酒
3　抗アレルギー薬
4　抗うつ薬
5　足浴

問題 29 概日リズム睡眠障害（circadian rhythm sleep disorder）に関する次の記述のうち、**最も適切なもの**を **1 つ**選びなさい。

1　早朝に目が覚める。
2　睡眠中に下肢が勝手にピクピクと動いてしまう。
3　睡眠中に呼吸が止まる。
4　睡眠中に突然大声を出したり身体を動かしたりする。
5　夕方に強い眠気を感じて就寝し、深夜に覚醒してしまう。

問題 30 鎮痛薬としてモルヒネを使用している利用者に、医療職と連携した介護を実践するときに留意すべき観察点として、**最も適切なもの**を **1 つ**選びなさい。

1　不眠
2　下痢
3　脈拍
4　呼吸
5　体温

●発達と老化の理解

問題 31 スキャモン（Scammon, R.E.）の発達曲線に関する次の記述のうち、**適切なもの**を **1 つ**選びなさい。

1　神経系の組織は、4 歳ごろから急速に発達する。
2　筋骨格系の組織は、4 歳ごろから急速に発達する。
3　生殖器系の組織は、12 歳ごろから急速に発達する。
4　循環器系の組織は、20 歳ごろから急速に発達する。
5　リンパ系の組織は、20 歳ごろから急速に発達する。

問題 32 幼稚園児のＪさん（6 歳、男性）には、広汎性発達障害（pervasive developmental disorder）がある。砂場で砂だんごを作り、きれいに並べることが好きで、毎日、一人で砂だんごを作り続けている。

ある日、園児が帰宅した後に、担任が台風に備えて砂場に青いシートをかけておいた。翌朝、登園したＪさんが、いつものように砂場に行くと、青いシートがかかっていた。Ｊさんはパニックになり、その場で泣き続け、なかなか落ち着くことができなかった。

担任は、Ｊさんにどのように対応すればよかったのか、**最も適切なものを 1 つ**選びなさい。

1 前日に、「あしたは、台風が来るよ」と伝える。
2 前日に、「あしたは、台風が来るので砂場は使えないよ」と伝える。
3 前日に、「あしたは、おだんご屋さんは閉店です」と伝える。
4 その場で、「今日は、砂場は使えないよ」と伝える。
5 その場で、「今日は、おだんご屋さんは閉店です」と伝える。

問題 33 生理的老化に関する次の記述のうち、**最も適切なものを 1 つ**選びなさい。

1 環境によって起こる現象である。
2 訓練によって回復できる現象である。
3 個体の生命活動に有利にはたらく現象である。
4 人間固有の現象である。
5 遺伝的にプログラムされた現象である。

問題 34 エイジズム（ageism）に関する次の記述のうち、**最も適切なものを 1 つ**選びなさい。

1 高齢を理由にして、偏見をもったり差別したりすることである。
2 高齢になっても生産的な活動を行うことである。
3 高齢になることを嫌悪する心理のことである。
4 加齢に抵抗して、健康的に生きようとすることである。
5 加齢を受容して、活動的に生きようとすることである。

問題 35 Kさん（80 歳、男性）は、40 歳ごろから職場の健康診査で高血圧と高コレステロール血症（hypercholesterolemia）を指摘されていた。最近、階段を上るときに胸の痛みを感じていたが、しばらく休むと軽快していた。喉の違和感や嚥下痛（えんげつう）はない。今朝、朝食後から冷や汗を伴う激しい胸痛が起こり、30 分しても軽快しないので、救急車を呼んだ。

Kさんに考えられる状況として、**最も適切なもの**を **1 つ**選びなさい。

1 喘息（ぜんそく）（bronchial asthma）
2 肺炎（pneumonia）
3 脳梗塞（cerebral infarction）
4 心筋梗塞（myocardial infarction）
5 逆流性食道炎（reflux esophagitis）

令和5年度

問題 36 次のうち、健康寿命の説明として、**適切なもの**を **1 つ**選びなさい。

1 0 歳児の平均余命
2 65 歳時の平均余命
3 65 歳時の平均余命から介護期間を差し引いたもの
4 介護状態に至らずに死亡する人の平均寿命
5 健康上の問題で日常生活が制限されることなく生活できる期間

問題 37 次のうち、前立腺肥大症（prostatic hypertrophy）に関する記述として、**最も適切なもの**を **1 つ**選びなさい。

1 抗利尿ホルモンが関与している。
2 症状が進むと無尿になる。
3 初期には頻尿が出現する。
4 進行すると透析の対象になる。
5 骨盤底筋訓練で回復が期待できる。

問題 38 次のうち、高齢期に多い筋骨格系の疾患に関する記述として、**適切なもの**を **1 つ**選びなさい。

1 骨粗鬆症（こつそしょうしょう）（osteoporosis）は男性に多い。
2 変形性膝関節症（knee osteoarthritis）では X 脚に変形する。
3 関節リウマチ（rheumatoid arthritis）は軟骨の老化によって起こる。
4 腰部脊柱管狭窄症（ようぶせきちゅうかんきょうさくしょう）（lumbar spinal canal stenosis）では下肢のしびれがみられる。
5 サルコペニア（sarcopenia）は骨量の低下が特徴である。

●認知症の理解

問題 39 高齢者の自動車運転免許に関する次の記述のうち、**正しいもの**を **1 つ**選びなさい。

1　75 歳から免許更新時の認知機能検査が義務づけられている。
2　80 歳から免許更新時の運転技能検査が義務づけられている。
3　軽度認知障害（mild cognitive impairment）と診断された人は運転免許取消しになる。
4　認知症（dementia）の人はサポートカー限定免許であれば運転が可能である。
5　認知症（dementia）による運転免許取消しの後、運転経歴証明書が交付される。

（注）「サポートカー限定免許」とは、道路交通法第 91 条の 2 の規定に基づく条件が付された免許のことである。

問題 40 認知症（dementia）の行動・心理症状（BPSD）であるアパシー（apathy）に関する次の記述のうち、**適切なもの**を **1 つ**選びなさい。

1　感情の起伏がみられない。
2　将来に希望がもてない。
3　気持ちが落ち込む。
4　理想どおりにいかず悩む。
5　自分を責める。

問題 41 認知症（dementia）の人にみられる、せん妄に関する次の記述のうち、**最も適切なもの**を **1 つ**選びなさい。

1　ゆっくりと発症する。
2　意識は清明である。
3　注意機能は保たれる。
4　体調の変化が誘因になる。
5　日中に多くみられる。

問題 42 レビー小体型認知症（dementia with Lewy bodies）にみられる歩行障害として、**最も適切なもの**を **1 つ**選びなさい。

1　しばらく歩くと足に痛みを感じて、休みながら歩く。
2　最初の一歩が踏み出しにくく、小刻みに歩く。
3　動きがぎこちなく、酔っぱらったように歩く。
4　下肢は伸展し、つま先を引きずるように歩く。
5　歩くごとに骨盤が傾き、腰を左右に振って歩く。

問題 43 次の記述のうち、若年性認知症（dementia with early onset）の特徴として、**最も適切なもの**を **1 つ**選びなさい。

1　高齢の認知症（dementia）に比べて、症状の進行速度は緩やかなことが多い。
2　男性よりも女性の発症者が多い。
3　50 歳代よりも 30 歳代の有病率が高い。
4　特定健康診査で発見されることが多い。
5　高齢の認知症（dementia）に比べて、就労支援が必要になることが多い。

問題 44 L さん（78 歳、女性、要介護 1）は、3 年前にアルツハイマー型認知症（dementia of the Alzheimer's type）と診断された。訪問介護（ホームヘルプサービス）を利用し、夫の介護を受けながら二人で暮らしている。ある日、訪問介護員（ホームヘルパー）が訪問すると夫から、「用事で外出しようとすると『外で女性に会っている』と言って興奮することが増えて困っている」と相談を受けた。

L さんの症状に該当するものとして、**最も適切なもの**を **1 つ**選びなさい。

1　誤認
2　観念失行
3　嫉妬妄想
4　視覚失認
5　幻視

問題 45 認知機能障害による生活への影響に関する記述として、**最も適切なもの**を **1 つ**選びなさい。

1　遂行機能障害により、自宅がわからない。
2　記憶障害により、出された食事を食べない。
3　相貌失認により、目の前の家族がわからない。
4　視空間認知障害により、今日の日付がわからない。
5　病識低下により、うつ状態になりやすい。

令和5年度

問題 46 バリデーション（validation）に基づく、認知症（dementia）の人の動きや感情に合わせるコミュニケーション技法として、**正しいもの**を **1 つ**選びなさい。

1　センタリング（centering）
2　リフレージング（rephrasing）
3　レミニシング（reminiscing）
4　ミラーリング（mirroring）
5　カリブレーション（calibration）

問題 47 M さん（80 歳、女性、要介護 1）は、アルツハイマー型認知症（dementia of the Alzheimer's type）であり、3 日前に認知症対応型共同生活介護（認知症高齢者グループホーム）に入居した。主治医から向精神薬が処方されている。居室では穏やかに過ごしていた。夕食後、表情が険しくなり、「こんなところにはいられません。私は家に帰ります」と大声を上げ、ほかの利用者にも、「あなたも一緒に帰りましょう」と声をかけて皆が落ち着かなくなることがあった。

M さんの介護を検討するときに優先することとして、**最も適切なもの**を **1 つ**選びなさい。

1　M さんが訴えている内容
2　M さんの日中の過ごし方
3　ほかの利用者が落ち着かなくなったこと
4　対応に困ったこと
5　薬が効かなかったこと

問題 48 A さん（80 歳、男性、要介護 1）は、認知症（dementia）で、妻の介護を受けながら二人で暮らしている。「夫は昼夜逆転がある。在宅介護を続けたいが、私が体調を崩し数日間の入院が必要になった」と言う妻に提案する、A さんへの介護サービスとして、**最も適切なもの**を **1 つ**選びなさい。

1　認知症対応型通所介護（認知症対応型デイサービス）
2　短期入所生活介護（ショートステイ）
3　認知症対応型共同生活介護（認知症高齢者グループホーム）
4　特定施設入居者生活介護
5　介護老人福祉施設

●障害の理解

問題 49 次のうち、ノーマライゼーション（normalization）の原理を盛り込んだ法律（いわゆる「1959 年法」）を制定した最初の国として、**正しいものを 1 つ**選びなさい。

1　デンマーク
2　イギリス
3　アメリカ
4　スウェーデン
5　ノルウェー

問題 50 法定後見制度において、成年後見人等を選任する機関等として、**正しいものを 1 つ**選びなさい。

1　法務局
2　家庭裁判所
3　都道府県知事
4　市町村長
5　福祉事務所

問題 51 次の記述のうち、障害を受容した心理的段階にみられる言動として、**最も適切なものを 1 つ**選びなさい。

1　障害があるという自覚がない。
2　周囲に不満をぶつける。
3　自分が悪いと悲観する。
4　価値観が転換し始める。
5　できることに目を向けて行動する。

問題 52 統合失調症（schizophrenia）の特徴的な症状として、**最も適切なものを 1 つ**選びなさい。

1　振戦せん妄
2　妄想
3　強迫性障害
4　抑うつ気分
5　健忘

問題 53 Bさん（60歳、男性）は、一人暮らしをしている。糖尿病性網膜症（diabetic retinopathy）による視覚障害（身体障害者手帳1級）があり、末梢神経障害（まっしょうしんけいしょうがい）の症状がでている。Bさんの日常生活において、介護福祉職が留意すべき点として、**最も適切なもの**を**1つ**選びなさい。

1 水晶体の白濁
2 口腔粘膜（こうくうねんまく）や外陰部の潰瘍
3 振戦や筋固縮
4 足先の傷や壊疽（えそ）などの病変
5 感音性の難聴

問題 54 Cさん（55歳、男性）は、5年前に筋萎縮性側索硬化症（amyotrophic lateral sclerosis：ALS）と診断された。現在は症状が進行して、日常生活動作に介護が必要で、自宅では電動車いすと特殊寝台を使用している。

次の記述のうち、Cさんの現在の状態として、**最も適切なもの**を**1つ**選びなさい。

1 誤嚥（ごえん）せずに食事することが可能である。
2 明瞭に話すことができる。
3 身体の痛みがわかる。
4 自力で痰（たん）を排出できる。
5 箸を上手に使える。

問題 55 Dさん（36歳、女性、療育手帳所持）は、一人暮らしをしながら地域の作業所に通っている。身の回りのことはほとんど自分でできるがお金の計算、特に計画的にお金を使うのが苦手だった。そこで、社会福祉協議会の生活支援員と一緒に銀行へ行って、1週間ごとにお金をおろして生活するようになった。小遣い帳に記録をするようにアドバイスを受けて、お金を計画的に使うことができるようになった。

次のうち、Dさんが活用した支援を実施する事業として、**最も適切なもの**を**1つ**選びなさい。

1 障害者相談支援事業
2 自立生活援助事業
3 日常生活自立支援事業
4 成年後見制度利用支援事業
5 日常生活用具給付等事業

問題 56 次のうち、障害の特性に応じた休憩時間の調整など、柔軟に対応することで障害者の権利を確保する考え方を示すものとして、**最も適切なものを 1 つ**選びなさい。

1　全人間的復権
2　合理的配慮
3　自立生活運動
4　意思決定支援
5　共同生活援助

問題 57「障害者総合支援法」において、障害福祉サービスを利用する人の意向のもとにサービス等利用計画案を作成する事業所に置かなければならない専門職として、**最も適切なものを 1 つ**選びなさい。

1　介護支援専門員（ケアマネジャー）
2　社会福祉士
3　介護福祉士
4　民生委員
5　相談支援専門員

(注)「障害者総合支援法」とは、「障害者の日常生活及び社会生活を総合的に支援するための法律」のことである。

問題 58 家族の介護力をアセスメントするときの視点に関する記述として、**最も適切なものを 1 つ**選びなさい。

1　障害者個人のニーズを重視する。
2　家族のニーズを重視する。
3　家族構成員の主観の共通部分を重視する。
4　家族を構成する個人と家族全体の生活を見る。
5　支援者の視点や価値観を基準にする。

令和5年度

●医療的ケア

問題 59 次の記述のうち、喀痰吸引等を実施する訪問介護事業所として登録するときに、事業所が行うべき事項として、**正しいもの**を **1 つ**選びなさい。

1 登録研修機関になる。
2 医師が設置する安全委員会に参加する。
3 喀痰吸引等計画書の作成を看護師に依頼する。
4 介護支援専門員（ケアマネジャー）の文書による指示を受ける。
5 医療関係者との連携体制を確保する。

問題 60 次のうち、呼吸器官の部位の説明に関する記述として、**正しいもの**を **1 つ**選びなさい。

1 鼻腔は、上葉・中葉・下葉に分かれている。
2 咽頭は、左右に分岐している。
3 喉頭は、食べ物の通り道である。
4 気管は、空気の通り道である。
5 肺は、腹腔内にある。

問題 61 次のうち、痰の吸引の準備に関する記述として、**最も適切なもの**を **1 つ**選びなさい。

1 吸引器は、陰圧になることを確認する。
2 吸引びんは、滅菌したものを用意する。
3 吸引チューブのサイズは、痰の量に応じたものにする。
4 洗浄水は、決められた消毒薬を入れておく。
5 清浄綿は、次亜塩素酸ナトリウムに浸しておく。

問題 62 次のうち、経管栄養で起こるトラブルに関する記述として、**最も適切なもの**を **1 つ**選びなさい。

1 チューブの誤挿入は、下痢を起こす可能性がある。
2 注入速度が速いときは、嘔吐を起こす可能性がある。
3 注入物の温度の調整不良は、脱水を起こす可能性がある。
4 注入物の濃度の間違いは、感染を起こす可能性がある。
5 注入中の姿勢の不良は、便秘を起こす可能性がある。

問題 63 Eさん（75歳、女性）は、介護老人福祉施設に入所している。脳梗塞（cerebral infarction）の後遺症があり、介護福祉士が胃ろうによる経管栄養を行っている。

ある日、半座位で栄養剤の注入を開始し、半分程度を順調に注入したところで、体調に変わりがないかを聞くと、「少しお腹が張ってきたような気がする」とEさんは答えた。意識レベルや顔色に変化はなく、腹痛や嘔気はない。

次のうち、介護福祉士が看護職員に相談する前に行う対応として、**最も適切なものを 1 つ**選びなさい。

1　嘔吐していないので、そのまま様子をみる。
2　仰臥位（背臥位）にする。
3　腹部が圧迫されていないかを確認する。
4　注入速度を速める。
5　栄養剤の注入を終了する。

●介護の基本

問題 64 介護を取り巻く状況に関する次の記述のうち、**最も適切なものを 1 つ**選びなさい。

1　ダブルケアとは、夫婦が助け合って子育てをすることである。
2　要介護・要支援の認定者数は、介護保険制度の導入時から年々減少している。
3　家族介護を支えていた家制度は、地域包括ケアシステムによって廃止された。
4　要介護・要支援の認定者のいる三世代世帯の構成割合は、介護保険制度の導入時から年々増加している。
5　家族が担っていた介護の役割は、家族機能の低下によって社会で代替する必要が生じた。

問題 65 介護福祉士に関する次の記述のうち、**適切なものを 1 つ**選びなさい。

1　傷病者に対する療養上の世話又は診療の補助を業とする。
2　喀痰吸引を行うときは市町村の窓口に申請する。
3　業務独占の資格である。
4　資格を更新するために5年ごとに研修を受講する。
5　信用を傷つけるような行為は禁止されている。

問題 66 施設利用者の個人情報の保護に関する次の記述のうち、**最も適切なものを 1 つ**選びなさい。

1　職員がすべての個人情報を自由に閲覧できるように、パスワードを共有する。
2　個人情報を記載した書類は、そのまま新聞紙と一緒に捨てる。
3　個人情報保護に関する研修会を定期的に開催し、意識の向上を図る。
4　職員への守秘義務の提示は、採用時ではなく退職時に書面で行う。
5　利用者の音声情報は、同意を得ずに使用できる。

問題 67 個別性や多様性を踏まえた介護に関する次の記述のうち、**最も適切なものを 1 つ**選びなさい。

1　その人らしさは、障害特性から判断する。
2　生活習慣は、生活してきた環境から理解する。
3　生活歴は、成人期以降の情報から収集する。
4　生活様式は、同居する家族と同一にする。
5　衣服は、施設の方針によって統一する。

問題 68 A さん（48 歳、女性、要介護 1）は、若年性認知症（dementia with early onset）で、夫、長女（高校 1 年生）と同居している。A さんは家族と過ごすことを希望し、小規模多機能型居宅介護で通いを中心に利用を始めた。A さんのことが心配な長女は、部活動を諦めて学校が終わるとすぐに帰宅していた。

ある日、夫が、「長女が、学校の先生たちにも相談しているが、今の状況をわかってくれる人がいないと涙を流すことがある」と介護福祉職に相談をした。

夫の話を聞いた介護福祉職の対応として、**最も適切なものを 1 つ**選びなさい。

1　長女に、掃除や洗濯の方法を教える。
2　家族でもっと頑張るように、夫を励ます。
3　同じような体験をしている人と交流できる場について情報を提供する。
4　介護老人福祉施設への入所の申込みを勧める。
5　介護支援専門員（ケアマネジャー）に介護サービスの変更を提案する。

問題 69 Ｂさん（61 歳、男性、要介護 3）は、脳梗塞（cerebral infarction）による左片麻痺（ひだりかたまひ）がある。週 2 回訪問介護（ホームヘルプサービス）を利用し、妻（58 歳）と二人暮らしである。自宅での入浴が好きで、妻の介助を受けながら、毎日入浴している。サービス提供責任者に、Ｂさんから、「浴槽から立ち上がるのがつらくなってきた。何かいい方法はないですか」と相談があった。

　Ｂさんへのサービス提供責任者の対応として、**最も適切なもの**を **1 つ**選びなさい。

1　Ｂさんがひとりで入浴できるように自立生活援助の利用を勧める。
2　浴室を広くするために、居宅介護住宅改修費を利用した改築を勧める。
3　妻の入浴介助の負担が軽くなるように、行動援護の利用を勧める。
4　入浴補助用具で本人の力を生かせるように、特定福祉用具販売の利用を勧める。
5　Ｂさんが入浴を継続できるように通所介護（デイサービス）の利用を勧める。

問題 70 社会奉仕の精神をもって、住民の立場に立って相談に応じ、必要な援助を行い、社会福祉の増進に努める者として、**適切なもの**を **1 つ**選びなさい。

1　民生委員
2　生活相談員
3　訪問介護員（ホームヘルパー）
4　通所介護職員
5　介護支援専門員（ケアマネジャー）

問題 71 3階建て介護老人福祉施設がある住宅地に、下記の図記号に関連した警戒レベル3が発令された。介護福祉職がとるべき行動として、**最も適切なもの**を **1 つ**選びなさい。

1　玄関のドアを開けたままにする。
2　消火器で、初期消火する。
3　垂直避難誘導をする。
4　利用者家族に安否情報を連絡する。
5　転倒の危険性があるものを固定する。

問題 72 次の記述のうち、介護における感染症対策として、**最も適切なもの**を **1 つ**選びなさい。

1　手洗いは、液体石鹸(えきたいせっけん)よりも固形石鹸(こけいせっけん)を使用する。
2　配膳時にくしゃみが出たときは、口元をおさえた手でそのまま行う。
3　嘔吐物(おうとぶつ)の処理は、素手で行う。
4　排泄(はいせつ)の介護は、利用者ごとに手袋を交換する。
5　うがい用のコップは、共用にする。

問題 73 介護福祉士が行う服薬の介護に関する次の記述のうち、**最も適切なもの**を **1 つ**選びなさい。

1　服薬時間は、食後に統一する。
2　服用できずに残った薬は、介護福祉士の判断で処分する。
3　多種類の薬を処方された場合は、介護福祉士が一包化する。
4　内服薬の用量は、利用者のその日の体調で決める。
5　副作用の知識をもって、服薬の介護を行う。

●コミュニケーション技術

問題 74 Cさん（85歳、女性、要介護3）は、介護老人保健施設に入所しており、軽度の難聴がある。数日前から、職員は感染症対策として日常的にマスクを着用して勤務することになった。

ある日、D介護福祉職がCさんの居室を訪問すると、「孫が絵を描いて送ってくれたの」と笑いながら絵を見せてくれた。D介護福祉職はCさんの言動に共感的理解を示すために、意図的に非言語コミュニケーションを用いて対応した。

このときのD介護福祉職のCさんへの対応として、**最も適切なものを1つ**選びなさい。

1 「よかったですね」と紙に書いて渡した。
2 目元を意識した笑顔を作り、大きくうなずいた。
3 「お孫さんの絵が届いて、うれしかったですね」と耳元で話した。
4 「私もうれしいです」と、ゆっくり話した。
5 「えがとてもじょうずです」と五十音表を用いて伝えた。

問題 75 利用者の家族との信頼関係の構築を目的としたコミュニケーションとして、**最も適切なものを1つ**選びなさい。

1 家族に介護技術を教える。
2 家族に介護をしている当事者の会に参加することを提案する。
3 家族から介護の体験を共感的に聴く。
4 家族に介護を続ける強い気持ちがあるかを質問する。
5 家族に介護保険が使える範囲を説明する。

問題 76 Eさん（70歳、女性）は、脳梗塞（cerebral infarction）の後遺症で言語に障害がある。発語はできるが、話したいことをうまく言葉に言い表せない。聴覚機能に問題はなく、日常会話で使用する単語はだいたい理解できるが、単語がつながる文章になるとうまく理解できない。ある日、Eさんに介護福祉職が、「お風呂は、今日ではなくあしたですよ」と伝えると、Eさんはしばらく黙って考え、理解できない様子だった。

このとき、Eさんへの介護福祉職の対応として、**最も適切なもの**を**1つ**選びなさい。

1 「何がわからないのか教えてください」と質問する。
2 「お風呂、あした」と短い言葉で伝える。
3 「今日、お風呂に入りたいのですね」と確かめる。
4 「あしたがお風呂の日で、今日は違いますよ」と言い換える。
5 「お・ふ・ろ・は・あ・し・た」と1音ずつ言葉を区切って伝える。

問題 77 Fさん（70歳、女性）は、最近、抑うつ状態（depressive state）にあり、ベッドに寝ていることが多く、「もう死んでしまいたい」とつぶやいていた。

Fさんの発言に対する、介護福祉職の言葉かけとして、**最も適切なもの**を**1つ**選びなさい。

1 「落ちこんだらだめですよ」
2 「とてもつらいのですね」
3 「どうしてそんなに寝てばかりいるのですか」
4 「食堂へおしゃべりに行きましょう」
5 「元気を出して、頑張ってください」

問題 78 G さん（70 歳、女性、要介護 1）は、有料老人ホームに入居していて、網膜色素変性症（retinitis pigmentosa）による夜盲がある。ある日の夕方、G さんがうす暗い廊下を歩いているのを H 介護福祉職が発見し、「H です。大丈夫ですか」と声をかけた。G さんは、「びっくりした。見えにくくて、わからなかった…」と暗い表情で返事をした。

このときの G さんに対する H 介護福祉職の受容的な対応として、**最も適切なもの**を **1 つ**選びなさい。

1 「驚かせてしまいましたね。一緒に歩きましょうか」
2 「明るいところを歩きましょう。電気をつけたほうがいいですよ」
3 「見えにくくなってきたのですね。一緒に点字の練習を始めましょう」
4 「白杖（はくじょう）があるかを確認しておきます。白杖（はくじょう）を使うようにしましょう」
5 「暗い顔をしないでください。頑張りましょう」

問題 79 事例検討の目的に関する次の記述のうち、**最も適切なもの**を **1 つ**選びなさい。

1 家族に介護計画を説明し、同意を得る。
2 上司に利用者への対応の結果を報告し、了解を得る。
3 介護計画の検討をとおして、チームの交流を深める。
4 チームで事例の課題を共有し、解決策を見いだす。
5 各職種の日頃の悩みを共有する。

●生活支援技術

問題 80 介護老人福祉施設における、レクリエーション活動に関する次の記述のうち、**最も適切なものを 1 つ**選びなさい。

1 利用者全員が参加することを重視する。
2 毎回、異なるプログラムを企画する。
3 プログラムに買い物や調理も取り入れる。
4 利用者の過去の趣味を、プログラムに取り入れることは避ける。
5 地域のボランティアの参加は、遠慮してもらう。

問題 81 関節リウマチ（rheumatoid arthritis）で、関節の変形や痛みがある人への住まいに関する介護福祉職の助言として、**最も適切なものを 1 つ**選びなさい。

1 手すりは、握らずに利用できる平手すりを勧める。
2 いすの座面の高さは、低いものを勧める。
3 ベッドよりも、床に布団を敷いて寝るように勧める。
4 部屋のドアは、開き戸を勧める。
5 2階建ての家の場合、居室は2階にすることを勧める。

問題 82 心身機能が低下した高齢者の住環境の改善に関する次の記述のうち、**最も適切なものを 1 つ**選びなさい。

1 玄関から道路までは、コンクリートから砂利敷きにする。
2 扉の取っ手は、レバーハンドルから丸いドアノブにする。
3 階段の足が乗る板と板の先端部分は、反対色から同系色にする。
4 車いすを使用する居室の床は、畳から板製床材（フローリング）にする。
5 浴槽は、和洋折衷式から洋式にする。

問題 83 仰臥位（ぎょうがい）（背臥位（はいがい））から半座位（ファーラー位）にするとき、ギャッチベッドの背上げを行う前の介護に関する次の記述のうち、**最も適切なものを 1 つ**選びなさい。

1 背部の圧抜きを行う。
2 臀部（でんぶ）をベッド中央部の曲がる部分に合わせる。
3 ベッドの高さを最も低い高さにする。
4 利用者の足がフットボードに付くまで水平移動する。
5 利用者のからだをベッドに対して斜めにする。

問題 84 回復期にある左片麻痺（ひだりかたまひ）の利用者が、ベッドで端座位から立位になるときの基本的な介護方法に関する次の記述のうち、**最も適切なもの**を **1 つ**選びなさい。

1　利用者の右側に立つ。
2　利用者に、ベッドに深く座るように促す。
3　利用者に、背すじを伸ばして真上に立ち上がるように促す。
4　利用者の左側に荷重がかかるように支える。
5　利用者の左の膝頭に手を当てて保持し、膝折れを防ぐ。

問題 85 標準型車いすを用いた移動の介護に関する次の記述のうち、**適切なもの**を **1 つ**選びなさい。

1　急な上り坂は、すばやく進む。
2　急な下り坂は、前向きで進む。
3　踏切を渡るときは、駆動輪を上げて進む。
4　エレベーターに乗るときは、正面からまっすぐに進む。
5　段差を降りるときは、前輪から下りる。

問題 86 医学的管理の必要がない高齢者の爪の手入れに関する次の記述のうち、**最も適切なもの**を **1 つ**選びなさい。

1　爪は、入浴の前に切る。
2　爪の先の白い部分は、残らないように切る。
3　爪は、一度にまっすぐ横に切る。
4　爪の両端は、切らずに残す。
5　爪切り後は、やすりをかけて滑らかにする。

問題 87 左片麻痺（ひだりかたまひ）の利用者が、端座位でズボンを着脱するときの介護に関する次の記述のうち、**最も適切なもの**を **1 つ**選びなさい。

1　最初に、左側の腰を少し上げて脱ぐように促す。
2　右膝を高く上げて、脱ぐように促す。
3　左足を右の大腿（だいたい）の上にのせて、ズボンを通すように促す。
4　立ち上がる前に、ズボンを膝下まで上げるように促す。
5　介護福祉職は右側に立って、ズボンを上げるように促す。

問題 88 次のうち、嚥下機能の低下している利用者に提供するおやつとして、**最も適切なもの**を **1 つ**選びなさい。

1　クッキー
2　カステラ
3　もなか
4　餅
5　プリン

問題 89 介護老人福祉施設の介護福祉職が、管理栄養士と連携することが必要な利用者の状態として、**最も適切なもの**を **1 つ**選びなさい。

1　利用者の食べ残しが目立つ。
2　経管栄養をしている利用者が嘔吐する。
3　利用者の食事中の姿勢が不安定である。
4　利用者の義歯がぐらついている。
5　利用者の摂食・嚥下の機能訓練が必要である。

問題 90 次の記述のうち、血液透析を受けている利用者への食事の介護として、**最も適切なもの**を **1 つ**選びなさい。

1　塩分の多い食品をとるように勧める。
2　ゆでこぼした野菜をとるように勧める。
3　乳製品を多くとるように勧める。
4　水分を多くとるように勧める。
5　魚や肉を使った料理を多くとるように勧める。

問題 91 介護老人福祉施設の一般浴（個浴）で、右片麻痺の利用者が移乗台に座っている。その状態から安全に入浴をするための介護福祉職の助言として、**最も適切なもの**を **1 つ**選びなさい。

1　「浴槽に入るときは、右足から入りましょう」
2　「湯につかるときは、左膝に手をついてゆっくり入りましょう」
3　「浴槽内では、足で浴槽の壁を押すようにして姿勢を安定させましょう」
4　「浴槽内では、後ろの壁に寄りかかり足を伸ばしましょう」
5　「浴槽から出るときは、真上方向に立ち上がりましょう」

問題 92 次の記述のうち、椅座位で足浴を行う介護方法として、**最も適切なものを 1 つ**選びなさい。

1 ズボンを脱いだ状態で行う。
2 湯温の確認は、介護福祉職より先に利用者にしてもらう。
3 足底は、足浴用容器の底面に付いていることを確認する。
4 足に付いた石鹸(せっけん)の泡は、洗い流さずに拭き取る。
5 足浴用容器から足を上げた後は、自然乾燥させる。

問題 93 身体機能が低下している高齢者が、ストレッチャータイプの特殊浴槽を利用するときの入浴介護の留意点として、**最も適切なものを 1 つ**選びなさい。

1 介護福祉職 2 名で、洗髪と洗身を同時に行う。
2 背部を洗うときは、側臥位(そくがい)にして行う。
3 浴槽に入るときは、両腕の上から固定ベルトを装着する。
4 浴槽では、首までつかるようにする。
5 浴槽につかる時間は、20 分程度とする。

問題 94 J さん（84 歳、女性、要介護 3）は、認知症（dementia）があり、夫（86 歳、要支援 1）と二人暮らしである。J さんは尿意はあるが、夫の介護負担を軽減するため終日おむつを使用しており、尿路感染症（urinary tract infection）を繰り返していた。夫が体調不良になったので、J さんは介護老人福祉施設に入所した。

J さんの尿路感染症（urinary tract infection）を予防する介護として、**最も適切なものを 1 つ**選びなさい。

1 尿の性状を観察する。
2 体温の変化を観察する。
3 陰部洗浄の回数を検討する。
4 おむつを使わないで、トイレに誘導する。
5 膀胱留置(ぼうこうりゅうち)カテーテルの使用を提案する。

問題 95 夜間、自宅のトイレでの排泄(はいせつ)が間に合わずに失敗してしまう高齢者への介護福祉職の助言として、**最も適切なものを 1 つ**選びなさい。

1 水分摂取量を減らすように勧める。
2 終日、リハビリパンツを使用するように勧める。
3 睡眠薬を服用するように勧める。
4 泌尿器科を受診するように勧める。
5 夜間は、ポータブルトイレを使用するように勧める。

問題 96 介護福祉職が行うことができる、市販のディスポーザブルグリセリン浣腸器(かんちょうき)を用いた排便の介護に関する次の記述のうち、**最も適切なものを 1 つ**選びなさい。

1 浣腸液(かんちょうえき)は、39℃～40℃に温める。
2 浣腸液(かんちょうえき)を注入するときは、立位をとるように声をかける。
3 浣腸液(かんちょうえき)は、すばやく注入する。
4 浣腸液(かんちょうえき)を注入したら、すぐに排便するように声をかける。
5 排便がない場合は、新しい浣腸液(かんちょうえき)を再注入する。

問題 97 訪問介護員（ホームヘルパー）が行う見守り的援助として、**最も適切なものを 1 つ**選びなさい。

1 ゴミの分別ができるように声をかける。
2 利用者がテレビを見ている間に洗濯物を干す。
3 着られなくなった服を作り直す。
4 調理したものを盛り付け、食事を提供する。
5 冷蔵庫の中を整理し、賞味期限が切れた食品を捨てておく。

問題 98 高齢者が靴下・靴を選ぶときの介護福祉職の対応として、**最も適切なものを 1 つ**選びなさい。

1 靴下は、指つきのきついものを勧める。
2 靴下は、足底に滑り止めがあるものを勧める。
3 靴は、床面からつま先までの高さが小さいものを勧める。
4 靴は、踵(かかと)のない脱ぎやすいものを勧める。
5 靴は、先端部に 0.5 ～ 1cm の余裕があるものを勧める。

問題 99 K さん（77 歳、女性、要支援 2）は、もの忘れが目立ちはじめ、訪問介護（ホームヘルプサービス）を利用しながら夫と二人で生活している。訪問時、K さん夫婦から、「K さんがテレビショッピングで購入した健康食品が毎月届いてしまい、高額の支払いが発生して困っている」と相談があった。

K さん夫婦に対する訪問介護員（ホームヘルパー）の発言として、**最も適切なものを 1 つ**選びなさい。

1 「健康食品は処分しましょう」
2 「クーリング・オフをしましょう」
3 「買い物は夫がするようにしましょう」
4 「契約内容を一緒に確認しましょう」
5 「テレビショッピングでの買い物はやめましょう」

問題 100 消化管ストーマを造設した利用者への睡眠の介護に関する記述として、**最も適切なものを 1 つ**選びなさい。

1 寝る前にストーマから出血がある場合は、軟膏(なんこう)を塗布する。
2 寝る前に、パウチに便がたまっていたら捨てる。
3 寝る前に、ストーマ装具を新しいものに交換する。
4 便の漏れが心配な場合は、パウチの上からおむつを強く巻く。
5 睡眠を妨げないように、パウチの観察は控える。

問題 101 Lさん（79 歳、男性、要介護 2）は、介護老人保健施設に入所して 1 か月が経過した。睡眠中に大きないびきをかいていることが多く、いびきの音が途切れることもある。夜間に目を覚ましていたり、起床時にだるそうにしている様子もしばしば見られている。

介護福祉職がLさんについて収集すべき情報として、**最も優先度の高いものを 1 つ**選びなさい。

1 枕の高さ
2 マットレスの硬さ
3 掛け布団の重さ
4 睡眠中の足の動き
5 睡眠中の呼吸状態

問題 102 Mさん（98 歳、男性、要介護 5）は、介護老人福祉施設に入所している。誤嚥性肺炎(ごえんせいはいえん)（aspiration pneumonia）で入退院を繰り返し、医師からは終末期が近い状態であるといわれている。

介護福祉職が確認すべきこととして、**最も優先度の高いものを 1 つ**選びなさい。

1 主治医の今後の見通し
2 誤嚥性肺炎(ごえんせいはいえん)（aspiration pneumonia）の発症時の入院先
3 経口摂取に対する本人の意向
4 経口摂取に対する家族の意向
5 延命治療に対する家族の希望

問題 103 デスカンファレンス（death conference）の目的に関する次の記述のうち、**最も適切なもの**を **1 つ**選びなさい。

1　一般的な死の受容過程を学習する。
2　終末期を迎えている利用者の介護について検討する。
3　利用者の家族に対して、死が近づいたときの身体の変化を説明する。
4　亡くなった利用者の事例を振り返り、今後の介護に活用する。
5　終末期の介護に必要な死生観を統一する。

問題 104 福祉用具を活用するときの基本的な考え方として、**最も適切なもの**を **1 つ**選びなさい。

1　福祉用具が活用できれば、住宅改修は検討しない。
2　複数の福祉用具を使用するときは、状況に合わせた組合せを考える。
3　福祉用具の選択に迷うときは、社会福祉士に選択を依頼する。
4　家族介護者の負担軽減を最優先して選ぶ。
5　福祉用具の利用状況のモニタリング（monitoring）は不要である。

問題 105 以下の図のうち、握力の低下がある利用者が使用する杖（つえ）として、**最も適切なもの**を **1 つ**選びなさい。

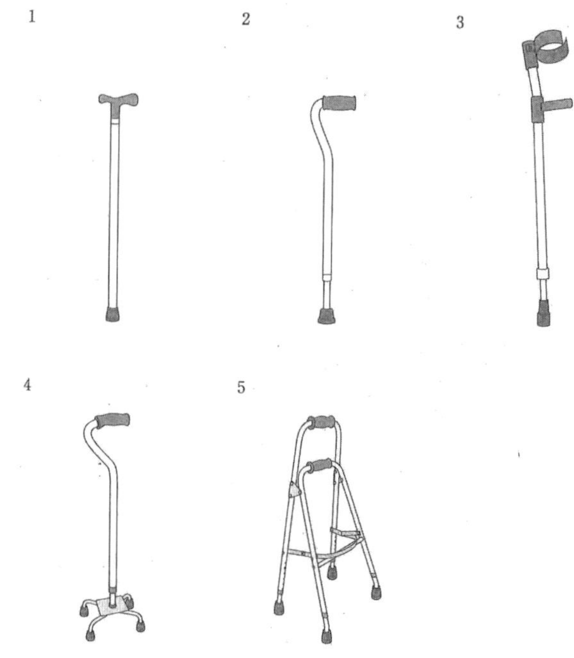

●介護過程

問題 106 介護福祉職が、初回の面談で情報を収集するときの留意点として、**最も適切なもの**を **1 つ**選びなさい。

1 用意した項目を次から次に質問する。
2 目的を意識しながら話を聴く。
3 ほかの利用者が同席する状況で質問する。
4 最初に経済状態に関する質問をする。
5 家族の要望を中心に話を聴く。

令和5年度

問題 107 介護過程の評価に関する次の記述のうち、**最も適切なもの**を **1 つ**選びなさい。

1 生活状況が変化しても、介護計画で設定した日に評価する。
2 サービス担当者会議で評価する。
3 相談支援専門員が中心になって評価する。
4 利用者の満足度を踏まえて評価する。
5 介護計画の実施中に評価基準を設定する。

問題 108 次の記述のうち、介護老人保健施設で多職種連携によるチームアプローチ（team approach）を実践するとき、介護福祉職が担う役割として、**最も適切なもの**を **1 つ**選びなさい。

1 利用者の生活状況の変化に関する情報を提供する。
2 総合的な支援の方向性を決める。
3 サービス担当者会議を開催する。
4 必要な検査を指示する。
5 ほかの職種が担う貢献度を評価する。

次の事例を読んで、**問題109**、**問題110**について答えなさい。

〔事　例〕

Aさん（75歳、女性）は、一人暮らしで、身体機能に問題はない。70歳まで地域の子どもたちに大正琴を教えていた。認知症（dementia）の進行が疑われて、心配した友人が地域包括支援センターに相談した結果、Aさんは介護老人福祉施設に入所することになった。入所時のAさんの要介護度は3であった。

入所後、短期目標を、「施設に慣れ、安心して生活する（3か月）」と設定し、計画は順調に進んでいた。Aさんは施設の大正琴クラブに自ら進んで参加し、演奏したり、ほかの利用者に大正琴を笑顔で教えたりしていた。ある日、クラブの終了後に、Aさんは部屋に戻らずに、エレベーターの前で立ち止まっていた。介護職員が声をかけると、Aさんが、「あの子たちが待っているの」と強い口調で言った。

問題109　大正琴クラブが終わった後のAさんの行動を解釈するために必要な情報として、**最も優先すべきもの**を**1つ**選びなさい。

1　介護職員の声かけのタイミング
2　Aさんが演奏した時間
3　「あの子たちが待っているの」という発言
4　クラブに参加した利用者の人数
5　居室とエレベーターの位置関係

問題110　Aさんの状況から支援を見直すことになった。

次の記述のうち、新たな支援の方向性として、**最も適切なもの**を**1つ**選びなさい。

1　介護職員との関係を改善する。
2　身体機能を改善する。
3　演奏できる自信を取り戻す。
4　エレベーターの前に座れる環境を整える。
5　大正琴を教える役割をもつ。

次の事例を読んで、**問題 111**、**問題 112** について答えなさい。

〔事　例〕

Bさん（50歳、男性、障害支援区分3）は、49歳のときに脳梗塞（cerebral infarction）を発症し、左片麻痺（ひだりかたまひ）で高次脳機能障害（higher brain dysfunction）と診断された。以前は大工で、手先が器用だったと言っている。

現在は就労継続支援B型事業所に通っている。短期目標を、「右手を使い、作業を自分ひとりで行える（3か月）」と設定し、製品を箱に入れる単純作業を任されていた。ほかの利用者との人間関係も良好で、左片麻痺（ひだりかたまひ）に合わせた作業台で、毎日の作業目標を達成していた。生活支援員には、「将来は手先を使う仕事に就きたい」と希望を話していた。

将来に向けて、生活支援員が新たに製品の組立て作業を提案すると、Bさんも喜んで受け入れた。初日に、「ひとりで頑張る」と始めたが、途中で何度も手が止まり、完成品に不備が見られた。生活支援員が声をかけると、「こんなの、できない」と大声を出した。

問題 111 生活支援員の声かけに対し、Bさんが大声を出した理由を解釈する視点として、**最も適切なもの**を **1 つ**選びなさい。

1　ほかの利用者との人間関係
2　生活支援員に話した将来の希望
3　製品を箱に入れる毎日の作業量
4　製品の組立て作業の状況
5　左片麻痺（ひだりかたまひ）に合わせた作業台

問題 112 Bさんに対するカンファレンス（conference）が開催され、短期目標を達成するための具体的な支援について見直すことになった。

次の記述のうち、見直した支援内容として、**最も適切なもの**を **1 つ**選びなさい。

1　完成品の不備を出すことへの反省を促す。
2　左側に部品を置いて作業するように促す。
3　完成までの手順を理解しやすいように示す。
4　生活支援員が横に座り続けて作業内容を指示する。
5　製品を箱に入れる単純作業も同時に行うように調整する。

問題 113 事例研究を行うときに、遵守すべき倫理的配慮として、**適切なものを 1 つ**選びなさい。

1 研究内容を説明して、事例対象者の同意を得る。
2 個人が特定できるように、氏名を記載する。
3 得られたデータは、研究終了後すぐに破棄する。
4 論文の一部であれば、引用元を明示せずに利用できる。
5 研究成果を得るために、事実を拡大解釈する。

●総合問題

（総合問題 1）

次の事例を読んで、**問題 114 から問題 116 まで**について答えなさい。

〔事 例〕

Cさん（59歳、男性）は、妻（55歳）と二人暮らしであり、専業農家である。Cさんはおとなしい性格であったが、最近怒りやすくなったと妻は感じていた。Cさんは毎日同じ時間に同じコースを散歩している。ある日、散歩コースの途中にあり、昔からよく行く八百屋から、「Cさんが代金を支払わずに商品を持っていった。今回で2回目になる。お金を支払いにきてもらえないか」と妻に連絡があった。妻がCさんに確認したところ、悪いことをした認識がなかった。心配になった妻がCさんと病院に行くと、前頭側頭型認知症(frontotemporal dementia)と診断を受けた。妻は今後同じようなことが起きないように、Cさんの行動を常に見守り、外出を制限したが、疲労がたまり、今後の生活に不安を感じた。そこで、地域包括支援センターに相談し、要介護認定の申請を行い、訪問介護（ホームヘルプサービス）を利用することになった。

問題 114 Cさんが八百屋でとった行動から考えられる状態として、**最も適切なものを 1 つ**選びなさい。

1 脱抑制
2 記憶障害
3 感情失禁
4 見当識障害
5 遂行機能障害

問題 115 Cさんの介護保険制度の利用に関する次の記述のうち、**適切なもの**を**1つ**選びなさい。

1 介護保険サービスの利用者負担割合は1割である。
2 介護保険料は特別徴収によって納付する。
3 要介護認定の結果が出る前に介護保険サービスを利用することはできない。
4 要介護認定の利用者負担割合は2割である。
5 介護保険サービスの費用はサービスの利用回数に関わらず定額である。

問題 116 その後、妻に外出を制限されたCさんは不穏となった。困った妻が訪問介護員（ホームヘルパー）に相談したところ、「八百屋に事情を話して事前にお金を渡して、Cさんが品物を持ち去ったときは、渡したお金から商品代金を支払うようにお願いしてはどうか」とアドバイスを受けた。

訪問介護員（ホームヘルパー）が意図したCさんへの関わりをICF（International Classification of Functioning, Disability and Health：国際生活機能分類）に当てはめた記述として、**最も適切なもの**を**1つ**選びなさい。

1 個人因子への影響を意図して、健康状態に働きかける。
2 健康状態への影響を意図して、心身機能に働きかける。
3 活動への影響を意図して、身体構造に働きかける。
4 参加への影響を意図して、環境因子に働きかける。
5 環境因子への影響を意図して、個人因子に働きかける。

（総合問題２）

次の事例を読んで、**問題 117 から問題 119 まで**について答えなさい。

〔事　例〕

Ｄさん（70 歳、男性）は、自宅で妻と二人暮らしで、年金収入で生活している。ある日、車を運転中に事故に遭い救急搬送された。医師からは、第４胸髄節まで機能が残存している脊髄損傷（spinal cord injury）と説明を受けた。Ｄさんは、入院中に要介護３の認定を受けた。

Ｄさんは、退院後は自宅で生活することを望んでいた。妻は一緒に暮らしたいと思うが、Ｄさんの身体状況を考えると不安を感じていた。介護支援専門員（ケアマネジャー）は、「退院後は、在宅復帰を目的に、一定の期間、リハビリテーション専門職がいる施設で生活してはどうか」とＤさんに提案した。Ｄさんは妻と退院後の生活について話し合った結果、一定期間施設に入所して、その間に、自宅の住宅改修を行うことにして、介護支援専門員（ケアマネジャー）に居宅介護住宅改修費について相談した。

問題 117　次のうち、Ｄさんが提案を受けた施設として、**最も適切なもの**を１つ選びなさい。

1　養護老人ホーム
2　軽費老人ホーム
3　介護老人福祉施設
4　介護老人保健施設
5　介護医療院

問題 118　次のうち、介護支援専門員（ケアマネジャー）がＤさんに説明する居宅介護住宅改修費の支給限度基準額として、**適切なもの**を１つ選びなさい。

1　10 万円
2　15 万円
3　20 万円
4　25 万円
5　30 万円

問題 119 Dさんが施設入所してから3か月後、住宅改修を終えた自宅に戻ることになった。Dさんは自宅での生活を楽しみにしている。その一方で、不安も抱えていたため、担当の介護福祉士は、理学療法士と作業療法士に相談して、生活上の留意点を記載した冊子を作成して、Dさんに手渡した。

次の記述のうち、冊子の内容として、**最も適切なもの**を**1つ**選びなさい。

1 食事では、スプーンを自助具で手に固定する。
2 移動には、リクライニング式車いすを使用する。
3 寝具は、エアーマットを使用する。
4 更衣は、ボタンエイドを使用する。
5 外出するときには、事前に多機能トイレの場所を確認する。

(総合問題3)

次の事例を読んで、**問題120から問題122まで**について答えなさい。

〔事 例〕

Eさん(34歳、女性、障害支援区分3)は特別支援学校の高等部を卒業後、週2回、生活介護を利用しながら自宅で生活している。Eさんはアテトーゼ型(athetosis)の脳性麻痺(のうせいまひ)(cerebral palsy)で不随意運動があり、首を振る動作が見られる。

食事は首の動きに合わせて、自助具を使って食べている。食事中は不随意運動が強く、食事が終わると、「首が痛い、しびれる」と言ってベッドに横になるときがある。

また、お茶を飲むときは取っ手つきのコップで飲んでいるが、コップを口元に運ぶまでにお茶がこぼれるようになってきた。日頃から自分のことは自分でやりたいと考えていて、お茶が上手に飲めなくなってきたことを気にしている。

Eさんは、生活介護事業所で油絵を描くことを楽しみにしている。以前から隣町の油絵教室に通い技術を高めたいと話していた。そこでEさんは、「自宅から油絵教室に通うときの介助をお願いするにはどうしたらよいか」と介護福祉職に相談した。

問題 120 Ｅさんの食事の様子から、今後、引き起こされる可能性が高いと考えられる二次障害として、**最も適切なものを 1 つ**選びなさい。

1　変形性股関節症（coxarthrosis）
2　廃用症候群（disuse syndrome）
3　起立性低血圧（orthostatic hypotension）
4　脊柱側弯症（scoliosis）
5　頚椎症性脊髄症（cervical spondylotic myelopathy）

問題 121 Ｅさんがお茶を飲むときの介護福祉職の対応として、**最も適切なものを 1 つ**選びなさい。

1　吸い飲みに変更する。
2　ストローつきコップに変更する。
3　重いコップに変更する。
4　コップを両手で持つように伝える。
5　全介助を行う。

問題 122 介護福祉職は、Ｅさんが隣町の油絵教室に通うことができるようにサービスを提案したいと考えている。

次のうち、Ｅさんが利用するサービスとして、**最も適切なものを 1 つ**選びなさい。

1　自立生活援助
2　療養介護
3　移動支援
4　自立訓練
5　同行援護

（総合問題 4）

次の事例を読んで、**問題 123 から問題 125 まで**について答えなさい。

〔事　例〕

Ｆさん(20 歳、男性)は、自閉症スペクトラム障害(autism spectrum disorder)と重度の知的障害があり、自宅で母親（50 歳)、姉（25 歳）と３人で暮らしている。

Ｆさんは生活介護事業所を利用している。事業所では比較的落ち着いているが、自宅に帰ってくると母親に対してかみつきや頭突きをすることがあった。また、自分で頭をたたくなどの自傷行為もたびたび見られる。

仕事をしている母親に代わり、小さい頃から食事や排泄(はいせつ)の介護をしている姉は、これまでＦさんの行動を止めることができていたが、最近ではからだが大きくなり力も強くなって、母親と協力しても止めることが難しくなっていた。

家族で今後のことを考えた結果、Ｆさんは障害者支援施設に入所することになった。

問題 123　次のうち、Ｆさんが自宅に帰ってきたときの状態に該当するものとして、**最も適切なもの**を **1 つ**選びなさい。

1　学習障害
2　注意欠陥多動性障害
3　高次脳機能障害
4　強度行動障害
5　気分障害

問題 124　Ｆさんが入所してからも月 1、2 回は、姉が施設を訪ね、Ｆさんの世話をしている。

ある日、担当の介護福祉職が姉に声をかけると、「小学生の頃から、学校が終わると友だちと遊ばずにまっすぐ家に帰り、母親に代わって、弟の世話をしてきた。今は、弟を見捨てたようで、申し訳ない」などと話す。

介護福祉職の姉への対応として、**最も適切なもの**を **1 つ**選びなさい。

1　「これからもＦさんのお世話をしっかり行ってください」
2　「Ｆさんは落ち着いていて、自傷他害行為があるようには見えませんね」
3　「お姉さんは、小さい頃からお母さんの代わりをしてきたのですね」
4　「訪問回数を減らしてはどうですか」
5　「施設入所を後悔しているのですね。もう一度在宅ケアを考えましょう」

問題 125 Ｆさんが施設に入所して１年が経った。介護福祉職は、Ｆさん、母親、姉と共にこれまでの生活と支援を振り返り、当面、施設で安定した生活が送れるように検討した。

次のうち、Ｆさんの支援を修正するときに利用するサービスとして、**正しいものを１つ**選びなさい。

1 地域定着支援
2 計画相談支援
3 地域移行支援
4 基幹相談支援
5 基本相談支援

令和 4 年度（第 35 回）

介護福祉士試験問題

午前　10：00 ～ 11：40

人間と社会

- 人間の尊厳と自立
- 人間関係とコミュニケーション
- 社会の理解

こころとからだのしくみ

- こころとからだのしくみ
- 発達と老化の理解
- 認知症の理解
- 障害の理解

医療的ケア

- 医療的ケア

午後　13：35 ～ 15：35

介護

- 介護の基本
- コミュニケーション技術
- 生活支援技術
- 介護過程

総合問題

※筆記試験は、午前、午後に科目を分けて行われます。
第 35 回試験より、新カリキュラムに基づき出題されています。

●人間の尊厳と自立

問題 1 利用者の生活の質（QOL）を高めるための介護実践に関する次の記述のうち、**最も適切なもの**を**1つ**選びなさい。

1 日常生活動作の向上を必須とする。
2 利用者の主観的評価では、介護福祉職の意向を重視する。
3 介護実践は、家族のニーズに応じて行う。
4 福祉用具の活用は、利用者と相談しながら進める。
5 価値の基準は、全ての利用者に同じものを用いる。

問題 2 Aさん（25歳、男性、障害支援区分3）は、網膜色素変性症（retinitis pigmentosa）で、移動と外出先での排泄時（はいせつじ）に介助が必要である。同行援護を利用しながら、自宅で母親と暮らしている。音楽が好きなAさんは合唱サークルに入会していて、月1回の練習に参加している。

合唱コンクールが遠方で行われることになった。同行援護を担当する介護福祉職は、Aさんから、「コンクールに出演したいが、初めての場所に行くことが心配である」と相談を受けた。

介護福祉職のAさんへの対応として、**最も適切なもの**を**1つ**選びなさい。

1 合唱コンクールへの参加を諦めるように話す。
2 合唱サークルの仲間に移動の支援を依頼するように伝える。
3 一緒に交通経路や会場内の状況を確認する。
4 合唱コンクールに参加するかどうかは、母親に判断してもらうように促す。
5 日常生活自立支援事業の利用を勧める。

●人間関係とコミュニケーション

問題 3 ストレス対処行動の一つである問題焦点型コーピングに当てはまる行動として、**適切なもの**を**1つ**選びなさい。

1 趣味の活動をして気分転換する。
2 トラブルの原因に働きかけて解決しようとする。
3 運動して身体を動かしストレスを発散する。
4 好きな音楽を聴いてリラックスする。
5 「トラブルも良い経験だ」と自己の意味づけを変える。

問題 4 Bさん（80歳、女性）は、介護老人保健施設に入所が決まった。今日はBさんが施設に入所する日であり、C介護福祉職が担当者になった。C介護福祉職は、初対面のBさんとの信頼関係の形成に向けて取り組んだ。

C介護福祉職のBさんへの対応として、**最も適切なもの**を**1つ**選びなさい。

1 自発的な関わりをもつことを控えた。
2 真正面に座って面談をした。
3 自分から進んで自己紹介をした。
4 終始、手を握りながら話をした。
5 孫のような口調で語りかけた。

問題 5 介護老人福祉施設は、利用者とその家族、地域住民等との交流を目的とした夏祭りを開催した。夏祭りには、予想を超えた来客があり、「違法駐車が邪魔で困る」という苦情が近隣の住民から寄せられた。そこで、次の夏祭りの運営上の改善に向けて職員間で話し合い、対応案を作成した。

次の対応案のうち、PDCAサイクルのアクション（Action）に当たるものとして、**最も適切なもの**を**1つ**選びなさい。

1 近隣への騒音の影響について調べる。
2 苦情を寄せた住民に話を聞きに行く。
3 夏祭りの感想を利用者から聞く。
4 来客者用の駐車スペースを確保する。
5 周辺の交通量を調べる。

問題 6 D介護福祉職は、利用者に対して行っている移乗の介護がうまくできず、技術向上を目的としたOJTを希望している。

次のうち、D介護福祉職に対して行うOJTとして、**最も適切なもの**を**1つ**選びなさい。

1 専門書の購入を勧める。
2 外部研修の受講を提案する。
3 先輩職員が移乗の介護に同行して指導する。
4 職場外の専門家に相談するように助言する。
5 苦手な移乗の介護は控えるように指示する。

●社会の理解

問題 7 社会福祉法に基づく、都道府県や市町村において地域福祉の推進を図ることを目的とする団体として、**正しいもの**を **1 つ**選びなさい。

1 特定非営利活動法人（NPO 法人）
2 隣保館
3 地域包括支援センター
4 基幹相談支援センター
5 社会福祉協議会

問題 8 近年、人と人、人と社会とがつながり、一人ひとりが生きがいや役割をもち、助け合いながら暮らしていくことのできる、包摂的なコミュニティ、地域や社会を創るという考え方が示されている。この考え方を表すものとして**最も適切なもの**を **1 つ**選びなさい。

1 ナショナルミニマム（national minimum）
2 バリアフリー社会
3 介護の社会化
4 生涯現役社会
5 地域共生社会

問題 9 我が国の社会保障制度の基本となる、1950 年（昭和 25 年）の社会保障制度審議会による「社会保障制度に関する勧告」の内容として、**最も適切なもの**を **1 つ**選びなさい。

1 生活困窮者自立支援法の制定の提言
2 社会保障制度を、社会保険、国家扶助、公衆衛生及び医療、社会福祉で構成
3 介護保険制度の創設の提言
4 保育所の待機児童ゼロ作戦の提言
5 介護分野における ICT 等の活用とビッグデータの整備

問題 10 Eさん（75歳、女性、要介護2）は、訪問介護（ホームヘルプサービス）を利用している。最近、Eさんの認知症（dementia）が進行して、家での介護が困難になり、介護老人福祉施設の申込みをすることにした。家族が訪問介護員（ホームヘルパー）に相談したところ、まだ要介護認定の有効期間が残っていたが、要介護状態区分の変更の申請ができることがわかった。

家族が区分変更するときの申請先として、**正しいもの**を**1つ**選びなさい。

1 介護保険の保険者
2 後期高齢者医療広域連合
3 介護保険審査会
4 国民健康保険団体連合会
5 運営適正化委員会

問題 11 Fさん（19歳、女性、身体障害者手帳2級）は、先天性の聴覚障害がある。Fさんは大学生で、授業のときは手話通訳者が配置されている。Fさんは筆記による定期試験を受けることになり、試験実施に関する配慮を大学に申し出た。

次の記述のうち、Fさんの申し出を踏まえた合理的配慮として、**最も適切なもの**を**1つ**選びなさい。

1 受験時間を延長する。
2 試験問題の文字を拡大する。
3 テキストの持ち込みを許可する。
4 試験監督者が口頭で説明する内容を書面で渡す。
5 問題を読み上げる。

問題 12 我が国の「障害者権利条約」の批准（2014年（平成26年））に向けて行われた、障害者基本法の改正（2011年（平成23年））で新たに法律上に規定されたものとして、**適切なもの**を**1つ**選びなさい。

1 自立支援医療（精神通院医療）の開始
2 共同生活援助（グループホーム）の制度化
3 成年後見制度の創設
4 社会的障壁の除去
5 東京2020パラリンピック競技大会の開催

（注）「障害者権利条約」とは、国際連合の「障害者の権利に関する条約」のことである。

令和4年度

問題 13 次のうち、「障害者総合支援法」の介護給付を利用するときに、利用者が最初に市町村に行う手続きとして、**適切なもの**を**1つ**選びなさい。

1 支給申請
2 認定調査
3 審査会の開催
4 障害支援区分の認定
5 サービス等利用計画の作成

（注）「障害者総合支援法」とは、「障害者の日常生活及び社会生活を総合的に支援するための法律」のことである。

問題 14「障害者総合支援法」の居宅介護を利用したときの利用者負担の考え方として、**最も適切なもの**を**1つ**選びなさい。

1 利用したサービスの種類や量に応じて負担する。
2 利用者の負担能力に応じて負担する。
3 利用したサービス費用の一定の割合を負担する。
4 利用したサービス費用の全額を負担する。
5 利用者は負担しない。

（注）「障害者総合支援法」とは、「障害者の日常生活及び社会生活を総合的に支援するための法律」のことである。

問題 15「個人情報保護法」に基づくプライバシー保護に関する次の記述のうち、**最も適切なもの**を**1つ**選びなさい。

1 電磁的記録は、個人情報には含まれない。
2 マイナンバーなどの個人識別符号は、個人情報ではない。
3 施設職員は、実習生に利用者の生活歴などを教えることは一切できない。
4 個人情報を第三者に提供するときは、原則として本人の同意が必要である。
5 自治会長は、本人の同意がなくても個人情報を入手できる。

（注）「個人情報保護法」とは、「個人情報の保護に関する法律」のことである。

問題 16「高齢者虐待防止法」に関する次の記述のうち、**最も適切なもの**を **1つ**選びなさい。

1　虐待が起こる場として、家庭、施設、病院の３つが規定されている。
2　対象は、介護保険制度の施設サービス利用者とされている。
3　徘徊（はいかい）しないように車いすに固定することは、身体拘束には当たらない。
4　虐待を発見した養介護施設従事者には、通報する義務がある。
5　虐待の認定は、警察署長が行う。

(注)「高齢者虐待防止法」とは、「高齢者虐待の防止、高齢者の養護者に対する支援等に関する法律」のことである。

問題 17 発達障害のＧさん（38歳、男性）は、高校生の頃に不登校になり、ずっとアルバイトをしながら、統合失調症（schizophrenia）の母親（65歳、精神保健福祉手帳２級）を介護してきた。母親に認知症（dementia）が疑われるようになったが、これからも二人で暮らし続けたいと考えたＧさんは、相談支援事業所の介護福祉職に相談した。

Ｇさんに対する介護福祉職の助言として、**最も適切なもの**を **1つ**選びなさい。

1　地域包括支援センターで、介護保険サービスの情報を得ることを勧める。
2　Ｇさんが正規に雇用されるように、ハローワークに相談に行くことを勧める。
3　Ｇさんの発達障害について、クリニックで適切な治療を受けることを勧める。
4　母親に、介護老人福祉施設を紹介する。
5　母親に、精神科病院への入院を勧める。

問題 18 生活困窮者自立支援法に関する次の記述のうち、**適切なもの**を **1つ**選びなさい。

1　最低限度の生活が維持できなくなるおそれのある者が対象になる。
2　自立を図るために、就労自立給付金が支給される。
3　疾病がある者には、医療費が支給される。
4　子どもへの学習支援は、必須事業とされている。
5　最終的な、「第３のセーフティーネット」と位置づけられている。

●こころとからだのしくみ

問題 19 Hさん（75歳、男性）は、一人暮らしであるが、隣人と共に社会活動にも積極的に参加し、ゲートボールや詩吟、芸術活動など多くの趣味をもっている。また、多くの友人から、「Hさんは、毎日を有意義に生活している」と評価されている。Hさん自身も友人関係に満足している。

　ライチャード（Reichard, S.）による老齢期の性格類型のうち、Hさんに相当するものとして、**適切なもの**を**1つ**選びなさい。

1　自責型
2　防衛型（装甲型）
3　憤慨型
4　円熟型
5　依存型（安楽いす型）

問題 20 大脳の後頭葉にある機能局在として、**適切なもの**を**1つ**選びなさい。

1　視覚野
2　聴覚野
3　運動野
4　体性感覚野
5　感覚性言語野（ウェルニッケ野）

問題 21 立位姿勢を維持するための筋肉（抗重力筋）として、**最も適切なもの**を**1つ**選びなさい。

1　上腕二頭筋
2　大胸筋
3　大腿四頭筋（だいたいしとうきん）
4　僧帽筋
5　三角筋

問題 22 廃用症候群（disuse syndrome）で起こる可能性があるものとして、**最も適切なものを 1 つ**選びなさい。

1　うつ状態
2　高血圧
3　関節炎
4　徘徊
5　下痢

問題 23 褥瘡の好発部位として、**最も適切なものを 1 つ**選びなさい。

1　側頭部
2　頸部
3　腹部
4　仙骨部
5　足趾部

問題 24 次のうち、口臭の原因になりやすい状態として、**最も適切なものを 1 つ**選びなさい。

1　唾液の増加
2　義歯の装着
3　歯周病（periodontal disease）
4　顎関節症（temporomandibular joint disorder）
5　低栄養状態

問題 25 Ｊさん（82 歳、女性）は、施設に入所している。Ｊさんは車いすで食堂に来て、箸やスプーンを使って、自分で食事をしている。主食は普通食、おかずは刻み食で全量摂取している。最近、車いすからずり落ちる傾向があり、首が後屈した姿勢で食事をし、むせることが多くなった。

　Ｊさんが誤嚥をしないようにするための最初の対応として、**最も適切なものを 1 つ**選びなさい。

1　食事回数の調整
2　座位姿勢の調整
3　使用食器の変更
4　食事の量の調整
5　食事場所の変更

問題 26 次のうち、誤嚥しやすい高齢者の脱水予防のために確認することとして、**最も優先すべきもの**を **1 つ**選びなさい。

1　義歯の装着状態
2　上肢の関節可動域
3　睡眠時間
4　夜間の咳込みの有無
5　摂取している水分の形状

問題 27 健康な成人の便の生成で、上行結腸の次に内容物が通過する部位として、**正しいもの**を **1 つ**選びなさい。

1　S 状結腸
2　回腸
3　直腸
4　下行結腸
5　横行結腸

問題 28 高齢者の睡眠薬の使用に関する次の記述のうち、**最も適切なもの**を **1 つ**選びなさい。

1　依存性は生じにくい。
2　翌朝まで作用が残ることがある。
3　食事後すぐの服用が望ましい。
4　アルコールと一緒に飲んでも効果は変わらない。
5　転倒の原因にはならない。

問題 29 大切な人を亡くした後にみられる、寂しさやむなしさ、無力感などの精神的反応や、睡眠障害、食欲不振、疲労感などの身体的反応を表すものとして、**最も適切なもの**を **1 つ**選びなさい。

1　認知症（dementia）
2　グリーフ（grief）
3　リビングウィル（living will）
4　スピリチュアル（spiritual）
5　パニック障害（panic disorder）

問題 30 死が近づいているときの身体の変化として、**最も適切なもの**を**1つ**選びなさい。

1 瞳孔の縮小
2 筋肉の硬直
3 発汗
4 結膜の充血
5 喘鳴（ぜんめい）

●発達と老化の理解

問題 31 今、発達の実験のために、図のようなテーブル（テーブル表面の左半分が格子柄、右半分が透明な板で床の格子柄が透けて見える）の左端に、Kさん（1歳1か月）を座らせた。テーブルの反対側には母親が立っている。Kさんは、格子柄と透明な板との境目でいったん動くのをやめて、怖がった表情で母親の顔を見た。母親が穏やかにほほ笑むと、Kさんは母親の方に近づいていった。

Kさんの行動を説明する用語として、**最も適切なもの**を**1つ**選びなさい。

1 自己中心性
2 愛着理論
3 向社会的行動
4 社会的参照
5 原始反射

問題 32 コールバーグ（Kohlberg, L.）による道徳性判断に関する次の記述のうち、最も高い発達の段階を示すものとして、**適切なもの**を **1 つ**選びなさい。

1　権威に服従する。
2　罰を回避する。
3　多数意見を重視して判断する。
4　損得で判断する。
5　人間の権利や平等性などの倫理に従って判断する。

問題 33 標準的な発育をしている子どもの体重が、出生時の約 2 倍になる時期として、**最も適切なもの**を **1 つ**選びなさい。

1　生後 3 か月
2　生後 6 か月
3　生後 9 か月
4　1 歳
5　2 歳

問題 34 ストローブ（Stroebe, M.S.）とシュト（Schut, H.）による悲嘆のモデルでは、死別へのコーピングには喪失志向と回復志向の 2 種類があるとされる。

喪失志向のコーピングとして、**最も適切なもの**を **1 つ**選びなさい。

1　しばらく連絡していなかった旧友との交流を深める。
2　悲しい気持ちを語る。
3　新たにサークル活動に参加を申し込む。
4　ボランティア活動に励む。
5　新しい生活に慣れようとする。

問題 35 加齢の影響を受けにくい認知機能として、**最も適切なもの**を **1 つ**選びなさい。

1　エピソード記憶
2　作業記憶
3　選択的注意
4　流動性知能
5　意味記憶

問題 36 高齢期の腎・泌尿器系の状態や変化に関する次の記述のうち、**最も適切なものを 1 つ**選びなさい。

1　尿路感染症（urinary tract infections）を起こすことは非常に少ない。
2　腎盂腎炎（pyelonephritis）の主な症状は、頭痛である。
3　尿の濃縮力が低下する。
4　前立腺肥大症（prostatic hypertrophy）では、尿道の痛みがある。
5　薬物が排出される時間は、短くなる。

問題 37 老年期の変形性膝関節症（knee osteoarthritis）に関する次の記述のうち、**最も適切なものを 1 つ**選びなさい。

1　外反型の脚の変形を伴うことが多い。
2　女性のほうが男性より罹患率が高い。
3　積極的に患部を冷やすことを勧める。
4　正座の生活習慣を勧める。
5　肥満のある人には積極的に階段を利用するように勧める。

問題 38 高齢者の脱水に関する次の記述のうち、**最も適切なものを 1 つ**選びなさい。

1　若年者よりも口渇感を感じやすい。
2　体内水分量は若年者よりも多い。
3　起立時に血圧が上がりやすくなる。
4　下痢が原因となることはまれである。
5　体重が減ることがある。

●認知症の理解

問題 39 次のうち、2019 年（令和元年）の認知症施策推進大綱の 5 つの柱に示されているものとして、**適切なもの**を **1 つ**選びなさい。

1　市民後見人の活動推進への体制整備
2　普及啓発・本人発信支援
3　若年性認知症支援ハンドブックの配布
4　認知症初期集中支援チームの設置
5　認知症カフェ等を全市町村に普及

問題 40 次の記述のうち、見当識障害に関する質問として、**最も適切なもの**を **1 つ**選びなさい。

1　「私たちが今いるところはどこですか」
2　「100 から 7 を順番に引いてください」
3　「先ほど覚えてもらった言葉をもう一度言ってみてください」
4　「次の図形を写してください」
5　「この紙を左手で取り、両手で半分に折って、私に返してください」

問題 41 アルツハイマー型認知症（dementia of the Alzheimer's type）の、もの盗られ妄想に関する次の記述のうち、**最も適切なもの**を **1 つ**選びなさい。

1　説明をすれば自身の考えの誤りに気づくことが多い。
2　本人の不安から生じることが多い。
3　現実に存在しない人が犯人とされる。
4　主に幻視が原因である。
5　症状の予防には抗精神病薬が有効である。

問題 42 慢性硬膜下血腫（chronic subdural hematoma）に関する次の記述のうち、**最も適切なもの**を **1 つ**選びなさい。

1　運動機能障害が起こることは非常に少ない。
2　頭蓋骨骨折を伴い発症する。
3　抗凝固薬の使用はリスクとなる。
4　転倒の後、2 ～ 3 日で発症することが多い。
5　保存的治療が第一選択である。

問題 43 Lさん（83 歳、女性、要介護 1）は、アルツハイマー型認知症（dementia of the Alzheimer's type）である。一人暮らしで、週2回、訪問介護（ホームヘルプサービス）を利用している。

ある日、訪問介護員（ホームヘルパー）が訪問すると、息子が来ていて、「最近、母が年金の引き出しや、水道代の支払いを忘れるようだ。日常生活自立支援事業というものがあると聞いたことがあるが、どのような制度なのか」と質問があった。

訪問介護員（ホームヘルパー）の説明として、**最も適切なものを 1 つ**選びなさい。

1 「申込みをしたい場合は、家庭裁判所が受付窓口です」
2 「年金の振込口座を、息子さん名義の口座に変更することができます」
3 「L さんが契約内容を理解できない場合は、息子さんが契約できます」
4 「生活支援員が、水道代の支払いを L さんの代わりに行うことができます」
5 「利用後に苦情がある場合は、国民健康保険団体連合会が受付窓口です」

問題 44 認知症ケアの技法であるユマニチュードに関する次の記述のうち、**正しいものを 1 つ選びなさい。**

1 「見る」とは、離れた位置からさりげなく見守ることである。
2 「話す」とは、意識的に高いトーンの大きな声で話しかけることである。
3 「触れる」とは、指先で軽く触れることである。
4 「立つ」とは、立位をとる機会を作ることである。
5 「オートフィードバック」とは、ケアを評価することである。

問題 45 現行の認知症サポーターに関する次の記述のうち、**最も適切なもの**を **1 つ**選びなさい。

1 ステップアップ講座を受講した認知症サポーターには、チームオレンジへの参加が期待されている。
2 100 万人を目標に養成されている。
3 認知症介護実践者等養成事業の一環である。
4 認知症ケア専門の介護福祉職である。
5 国が実施主体となって養成講座を行っている。

問題 46 認知症ケアパスに関する次の記述のうち、**最も適切なもの**を **1 つ**選びなさい。

1　都道府県ごとに作られるものである。
2　介護保険制度の地域密着型サービスの１つである。
3　認知症（dementia）の人の状態に応じた適切なサービス提供の流れをまとめたものである。
4　レスパイトケアとも呼ばれるものである。
5　介護支援専門員（ケアマネジャー）が中心になって作成する。

問題 47 認知症ライフサポートモデルに関する次の記述のうち、**最も適切なもの**を **1 つ**選びなさい。

1　各職種がそれぞれで目標を設定する。
2　終末期に行う介入モデルである。
3　認知症（dementia）の人本人の自己決定を支える。
4　生活を介護サービスに任せるプランを策定する。
5　認知症（dementia）の人に施設入所を促す。

問題 48 M さん（88 歳、女性）は、アルツハイマー型認知症（dementia of the Alzheimer's type）と診断された。夫と二人暮らしで、訪問介護（ホームヘルプサービス）を利用している。訪問介護員（ホームヘルパー）が訪問したときに夫から、「最近、日中することがなく寝てしまい、夜眠れていないようだ」と相談を受けた。訪問介護員（ホームヘルパー）は、M さんが長年していた裁縫を日中にしてみることを勧めた。早速、裁縫をしてみると M さんは、短時間で雑巾を縫うことができた。

M さんの裁縫についての記憶として、**最も適切なもの**を **1 つ**選びなさい。

1　作業記憶
2　展望的記憶
3　短期記憶
4　陳述記憶
5　手続き記憶

●障害の理解

問題 49 ストレングス（strength）の視点に基づく利用者支援の説明として、**最も適切なものを 1 つ**選びなさい。

1　個人の特性や強さを見つけて、それを生かす支援を行うこと。
2　日常生活の条件をできるだけ、障害のない人と同じにすること。
3　全人間的復権を目標とすること。
4　権利を代弁・擁護して、権利の実現を支援すること。
5　抑圧された権利や能力を取り戻して、力をつけること。

問題 50 1960 年代のアメリカにおける自立生活運動（IL 運動）に関する次の記述のうち、**最も適切なものを 1 つ**選びなさい。

1　障害があっても障害のない人々と同じ生活を送る。
2　一度失った地位、名誉、特権などを回復する。
3　自分で意思決定をして生活する。
4　医療職が機能回復訓練を行う。
5　障害者の社会への完全参加と平等を促進する。

問題 51 「障害者虐待防止法」における、障害者に対する著しい暴言が当てはまる障害者虐待の類型として、**最も適切なものを 1 つ**選びなさい。

1　身体的虐待
2　放棄・放置
3　性的虐待
4　心理的虐待
5　経済的虐待

（注）「障害者虐待防止法」とは、「障害者虐待の防止、障害者の養護者に対する支援等に関する法律」のことである。

問題 52 上田敏の障害受容のモデルにおける受容期の説明として、**最も適切なものを 1 つ**選びなさい。

1　受傷直後である。
2　障害の状態を否認する。
3　リハビリテーションによって機能回復に取り組む。
4　障害のため何もできないと捉える。
5　障害に対する価値観を転換し、積極的な生活態度になる。

問題 53 次のうち、四肢麻痺を伴う疾患や外傷として、**適切なものを 1 つ**選びなさい。

1　右脳梗塞（right cerebral infarction）
2　左脳梗塞（left cerebral infarction）
3　頸髄損傷（cervical cord injury）
4　腰髄損傷（lumbar spinal cord injury）
5　末梢神経損傷（peripheral nerve injury）

問題 54 学習障害の特徴に関する次の記述のうち、**最も適切なものを 1 つ**選びなさい。

1　読む・書く・計算するなどの習得に困難がある。
2　注意力が欠如している。
3　じっとしているのが難しい。
4　脳の機能に障害はない。
5　親のしつけ方や愛情不足によるものである。

問題 55 A さん（60 歳、男性）は、脊髄小脳変性症（spinocerebellar degeneration）のため、物をつかもうとすると手が震え、起立時や歩行時に身体がふらつき、ろれつが回らないため発語が不明瞭である。

次のうち、A さんの現在の症状に該当するものとして、**最も適切なものを 1 つ**選びなさい。

1　運動麻痺
2　運動失調
3　関節拘縮
4　筋萎縮
5　筋固縮

問題 56 B さん（21 歳、男性）は、統合失調症（schizophrenia）を発症し、継続した内服によって幻覚や妄想などの症状は改善しているが、意欲や自発性が低下して引きこもりがちである。現在、B さんは、外来に通院しながら自宅で生活していて、就労を考えるようになってきた。

介護福祉職が就労に向けて支援するにあたり留意すべきこととして、**最も適切なもの**を **1 つ**選びなさい。

1　あいまいな言葉で説明する。
2　代理で手続きを進める。
3　介護福祉職が正しいと考える支援を行う。
4　B さんに意欲をもつように強く指示する。
5　B さん自身が物事を決め、実行できるように関わる。

問題 57 C さん（3 歳）は、24 時間の人工呼吸器管理、栄養管理と体温管理が必要であり、母親（32 歳）が生活全般を支えている。C さんの母親は、「発達支援やショートステイを活用したいのに、市内に事業所がない。ほかにも困っている家族がいる」と D 相談支援専門員に伝えた。

D 相談支援専門員が、課題の解決に向けて市（自立支援）協議会に働きかけたところ、市内に該当する事業所がないことが明らかになった。

この事例で、地域におけるサービスの不足を解決するために、市（自立支援）協議会に期待される機能・役割として、**最も適切なもの**を **1 つ**選びなさい。

1　困難な事例や資源不足についての情報の発信
2　権利擁護に関する取り組みの展開
3　地域の社会資源の開発
4　構成員の資質向上
5　基幹相談支援センターの運営評価

問題 58 Eさん（38歳、男性）は、脳梗塞（cerebral infarction）を発症し、病院に入院していた。退院時に、右片麻痺（みぎかたまひ）と言語障害があったため、身体障害者手帳2級の交付を受けた。現在、Eさんと家族の希望によって、自宅で生活しているが、少しずつ生活に支障が出てきている。Eさんの今後の生活を支えるために、障害福祉サービスの利用を前提に多職種連携による支援が行われることになった。

Eさんに関わる関係者が果たす役割として、**最も適切なものを1つ**選びなさい。

1　介護支援専門員（ケアマネジャー）が、介護サービス計画を作成する。
2　医師が、要介護認定を受けるための意見書を作成する。
3　基幹相談支援センターの職員が、障害福祉計画を立てる。
4　地域包括支援センターの職員が、認定調査を行う。
5　相談支援専門員が、サービス担当者会議を開催する。

●医療的ケア

問題 59 消毒と滅菌に関する次の記述のうち、**正しいものを1つ**選びなさい。

1　消毒は、すべての微生物を死滅させることである。
2　複数の消毒液を混ぜると効果的である。
3　滅菌物には、有効期限がある。
4　家庭では、熱水で滅菌する。
5　手指消毒は、次亜塩素酸ナトリウムを用いる。

問題 60 次の記述のうち、成人の正常な呼吸状態として、**最も適切なものを1つ**選びなさい。

1　胸腹部が一定のリズムで膨らんだり縮んだりしている。
2　ゴロゴロとした音がする。
3　爪の色が紫色になっている。
4　呼吸数が1分間に40回である。
5　下顎を上下させて呼吸している。

問題 61 喀痰吸引を行う前の準備に関する次の記述のうち、**最も適切なものを 1 つ**選びなさい。

1　医師の指示書の確認は、初回に一度行う。
2　利用者への吸引の説明は、吸引のたびに行う。
3　腹臥位の姿勢にする。
4　同室の利用者から見える状態にする。
5　利用者に手指消毒をしてもらう。

問題 62 胃ろうによる経管栄養での生活上の留意点の説明として、**最も適切なものを 1 つ**選びなさい。

1　「日中は、ベッド上で過ごします」
2　「夜寝るときは、上半身を起こした姿勢で寝ます」
3　「便秘の心配はなくなります」
4　「口から食べなくても口腔ケアは必要です」
5　「入浴は清拭に変更します」

問題 63 F さん（87 歳、女性）は、介護老人福祉施設に入所している。嚥下機能が低下したため、胃ろうによる経管栄養が行われている。担当の介護福祉士は、F さんの経管栄養を開始して、しばらく観察した。その後、15 分後に訪室すると、F さんが嘔吐して、意識はあるが苦しそうな表情をしていた。介護福祉士は、すぐに経管栄養を中止して看護職員を呼んだ。

看護職員が来るまでの介護福祉士の対応として、**最も優先すべきものを 1 つ**選びなさい。

1　室内の換気を行った。
2　ベッド上の嘔吐物を片付けた。
3　酸素吸入を行った。
4　心臓マッサージを行った。
5　誤嚥を防ぐために顔を横に向けた。

●介護の基本

問題 64 利用者主体の考えに基づいた訪問介護員（ホームヘルパー）の対応に関する次の記述のうち、**最も適切なものを 1 つ**選びなさい。

1　トイレの窓は換気が必要であると判断し、開けたままにしておいた。
2　認知症（dementia）の人が包丁を持つのは危険だと判断し、訪問介護員（ホームヘルパー）が調理した。
3　煮物を調理するとき、利用者に好みの切り方を確認してもらった。
4　糖尿病（diabetes mellitus）のある利用者には、買い物代行で菓子の購入はしないことにした。
5　次回の掃除のために、訪問介護員（ホームヘルパー）が使いやすい場所に掃除機を置いた。

問題 65「求められる介護福祉士像」で示された内容に関する次の記述のうち、**最も適切なものを 1 つ**選びなさい。

1　地域や社会のニーズにかかわらず、利用者を導く。
2　利用者の身体的な支援よりも、心理的・社会的支援を重視する。
3　施設か在宅かに関係なく、家族が望む生活を支える。
4　専門職として他律的に介護過程を展開する。
5　介護職の中で中核的な役割を担う。

（注）「求められる介護福祉士像」とは、社会保障審議会福祉部会福祉人材確保専門委員会「介護人材に求められる機能の明確化とキャリアパスの実現に向けて」（2017 年（平成 29 年）10 月 4 日）の中で示されたものを指す。

問題 66 社会福祉士及び介護福祉士法に規定されている介護福祉士の責務として、**最も適切なものを 1 つ**選びなさい。

1　地域生活支援事業その他の支援を総合的に行う。
2　介護等に関する知識及び技能の向上に努める。
3　肢体の不自由な利用者に対して必要な訓練を行う。
4　介護保険事業に要する費用を公平に負担する。
5　常に心身の健康を保持して、社会的活動に参加するように努める。

問題 67 A さん（85 歳、女性、要介護 1）は夫と二人暮らしで、訪問介護（ホームヘルプサービス）を利用している。A さんは認知症（dementia）の進行によって、理解力の低下がみられる。ある日、A さんが訪問介護員（ホームヘルパー）に、「受けているサービスをほかのものに変更したい」「夫とは仲が悪いので話したくない」と、不安な様子で話した。

意思決定支援を意識した訪問介護員（ホームヘルパー）の対応として、**最も適切なもの**を **1 つ**選びなさい。

1　A さんとの話し合いの場に初めから夫に同席してもらった。
2　A さんにサービス変更の決断を急ぐように伝えた。
3　A さんと話す前に相談内容を夫に話した。
4　サービスを変更したい理由について A さんに確認した。
5　訪問介護員（ホームヘルパー）がサービス変更をすることを判断した。

問題 68 すべての人が暮らしやすい社会の実現に向けて、どこでも、だれでも、自由に、使いやすくという考え方を表す用語として、**適切なもの**を **1 つ**選びなさい。

1　ユニバーサルデザイン（universal design）
2　インフォームドコンセント（informed consent）
3　アドバンス・ケア・プランニング（advance care planning）
4　リビングウィル（living will）
5　エンパワメント（empowerment）

問題 69 B さん（82 歳、女性、要介護 2）は、若いときに夫を亡くし、家で仕事をしながら子どもを一人で育てた。夫や子どもと過ごした家の手入れは毎日欠かさず行っていた。数年前に、アルツハイマー型認知症（dementia of the Alzheimer's type）と診断され、認知症対応型共同生活介護（認知症高齢者グループホーム）に入居した。夕方になると、「私、家に帰らないといけない」と介護福祉職に何度も訴えている。

B さんに対する介護福祉職の声かけとして、**最も適切なもの**を **1 つ**選びなさい。

1　「仕事はないですよ」
2　「ここが家ですよ」
3　「外に散歩に行きますか」
4　「家のことが気になるんですね」
5　「子どもさんが『ここにいてください』と言っていますよ」

問題 70 介護保険施設の駐車場で、下記のマークを付けた車の運転手が困った様子で手助けを求めていた。介護福祉職の対応として、**最も適切なものを 1 つ**選びなさい。

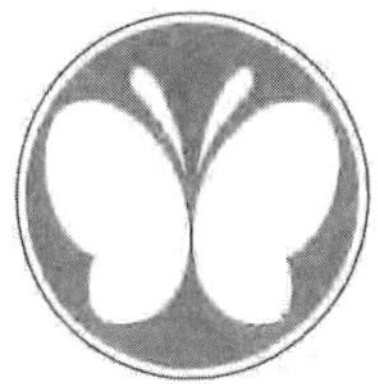

1 手話や筆談を用いて話しかける。
2 杖（つえ）を用意する。
3 拡大読書器を使用する。
4 移動用リフトを用意する。
5 携帯用点字器を用意する。

問題 71 介護保険施設における専門職の役割に関する次の記述のうち、**最も適切なものを 1 つ**選びなさい。

1 利用者の栄養ケア・マネジメントは、薬剤師が行う。
2 認知症（dementia）の診断と治療は、作業療法士が行う。
3 利用者の療養上の世話又は診療の補助は、社会福祉士が行う。
4 日常生活を営むのに必要な身体機能改善や機能訓練は、歯科衛生士が行う。
5 施設サービス計画の作成は、介護支援専門員が行う。

問題 72 介護の現場におけるチームアプローチ（team approach）に関する次の記述のうち、**最も適切なものを 1 つ**選びなさい。

1 チームメンバーが得た情報は、メンバー間であっても秘密にする。
2 チームメンバーの役割分担を明確にする。
3 利用者を外してチームを構成する。
4 医師がチームの方針を決定する。
5 チームメンバーを家族が指名する。

問題 73 利用者の危険を回避するための介護福祉職の対応として、**最も適切なものを 1 つ**選びなさい。

1 スプーンを拾おうとして前傾姿勢になった車いすの利用者を、目視で確認した。
2 廊下をふらつきながら歩いていた利用者の横を、黙って通り過ぎた。
3 食事介助をしていた利用者の姿勢が傾いてきたので、姿勢を直した。
4 下肢筋力が低下している利用者が、靴下で歩いていたので、スリッパを履いてもらった。
5 車いすの利用者が、フットサポートを下げたまま立ち上がろうとしたので、またいでもらった。

●コミュニケーション技術

問題 74 次のうち、閉じられた質問として、**適切なもの**を **1 つ**選びなさい。

1 「この本は好きですか」
2 「午後はどのように過ごしますか」
3 「困っていることは何ですか」
4 「どのような歌が好きですか」
5 「なぜそう思いますか」

問題 75 利用者の家族と信頼関係を形成するための留意点として、**最も適切なもの**を **1 つ**選びなさい。

1 家族の希望を優先する。
2 話し合いの機会を丁寧にもつ。
3 一度形成した信頼関係は、変わらずに継続すると考える。
4 家族に対して、「こうすれば良い」と指示を出す。
5 介護は全面的に介護福祉職に任せてもらう。

問題 76 C さん（75 歳、男性）は、老人性難聴（presbycusis）があり、右耳は中等度難聴、左耳は高度難聴である。耳かけ型補聴器を両耳で使用して静かな場所で話せば、なんとか相手の話を聞き取ることができる。

C さんとの 1 対 1 のコミュニケーションの方法として、**最も適切なもの**を **1 つ**選びなさい。

1 正面で向き合って話しかける。
2 高音域の声を使って話しかける。
3 耳元で、できるだけ大きな声で話しかける。
4 手話で会話をする。
5 からだに触れてから話しかける。

令和4年度

問題 77 Dさん（90歳、女性、要介護5）は、重度のアルツハイマー型認知症（dementia of the Alzheimer's type）である。介護福祉職は、Dさんに声かけをして会話をしているが、最近、自発的な発語が少なくなり、会話中に視線が合わないことも増えてきたことが気になっている。

Dさんとのコミュニケーションをとるための介護福祉職の対応として、**最も適切なもの**を**1つ**選びなさい。

1 引き続き、言語を中心にコミュニケーションをとる。
2 Dさんが緊張しているので、からだに触れないようにする。
3 表情やしぐさを確認しながら、感情の理解に努める。
4 視線が合わないときは、会話を控える。
5 自発的な発語がないため、会話の機会を減らしていく。

問題 78 介護実践の場で行われる、勤務交代時の申し送りの目的に関する次の記述のうち、**最も適切なもの**を**1つ**選びなさい。

1 翌月の介護福祉職の勤務表を検討する。
2 利用者のレクリエーション活動を計画する。
3 利用者の問題解決に向けた事例検討を行う。
4 利用者へのケアの継続性を保つ。
5 利用者とケアの方針を共有する。

問題 79 Eさん（87歳、女性、要介護3）は、介護老人福祉施設に入所していて、認知症（dementia）がある。ある日、担当のF介護福祉職がEさんの居室を訪問すると、Eさんは、イライラした様子で、「私の財布が盗まれた」と言ってベッドの周りをうろうろしていた。一緒に探すと、タンスの引き出しの奥から財布が見つかった。

F介護福祉職は、Eさんのケアカンファレンス（care conference）に出席して、この出来事について情報共有することにした。

Eさんの状況に関する報告として、**最も適切なもの**を**1つ**選びなさい。

1 「Eさんの認知機能が低下しました」
2 「Eさんは、誰かに怒っていました」
3 「Eさんには、もの盗られ妄想があります」
4 「Eさんは、財布が見つかって、安心していると思います」
5 「Eさんは、財布が盗まれたと言って、ベッドの周りをうろうろしていました」

●生活支援技術

問題 80 Gさん（79歳、女性、要介護3）は、介護老人福祉施設に入所して、3週間が経過した。施設での生活には慣れてきているが、居室でテレビを見て過ごす時間が長くなった。ある時、Gさんが、「気分転換に台所を借りて、自分でおやつを作ってみたい」と介護福祉職に話した。

Gさんのレクリエーション活動の計画作成にあたり、介護福祉職が留意すべきこととして、**最も適切なもの**を**1つ**選びなさい。

1 Gさんの居室で行うようにする。
2 おやつのメニューは、介護福祉職が選ぶ。
3 施設のレクリエーション財を優先する。
4 集団で行うことを優先する。
5 おやつ作りをきっかけに、施設生活に楽しみがもてるようにする。

問題 81 高齢者の安全な移動に配慮した階段の要件として、**最も適切なもの**を**1つ**選びなさい。

1 手すりを設置している。
2 階段の一段の高さは、25cm以上である。
3 階段の足をのせる板の奥行は、15cm未満である。
4 階段の照明は、足元の間接照明にする。
5 毛の長いじゅうたんを敷く。

問題 82 介護予防教室で介護福祉職が行う安定した歩行に関する助言として、**最も適切なもの**を**1つ**選びなさい。

1 「歩幅を狭くしましょう」
2 「腕の振りを小さくしましょう」
3 「足元を見ながら歩きましょう」
4 「後ろ足のつま先で地面を蹴って踏み出しましょう」
5 「つま先から足をつきましょう」

問題 83 T字杖を用いて歩行する左片麻痺の利用者が、20cm 幅の溝をまたぐときの介護方法として、**最も適切なものを 1 つ**選びなさい。

1 杖は、左手に持ちかえてもらう。
2 杖は、溝の手前に突いてもらう。
3 溝は、右足からまたいでもらう。
4 遠い方向を見てもらう。
5 またいだ後は、両足をそろえてもらう。

問題 84 総義歯の取扱いに関する次の記述のうち、**最も適切なものを 1 つ**選びなさい。

1 上顎から先に外す。
2 毎食後に洗う。
3 スポンジブラシで洗う。
4 熱湯につけてから洗う。
5 乾燥させて保管する。

問題 85 H さん（82 歳、男性、要介護 2）は、一人暮らしで、週 1 回、訪問介護（ホームヘルプサービス）を利用している。訪問時に、「足の爪が伸びているので、切ってほしい」と依頼された。爪を切ろうとしたところ、両足とも親指の爪が伸びて両端が皮膚に食い込んで赤くなっていて、触ると熱感があった。

親指の状態を確認した訪問介護員（ホームヘルパー）の対応として、**最も適切なものを 1 つ**選びなさい。

1 親指に絆創膏を巻く。
2 H さんの家にある軟膏を親指に塗る。
3 蒸しタオルで爪を軟らかくしてから切る。
4 爪が伸びている部分に爪やすりをかける。
5 爪は切らずに、親指の状態をサービス提供責任者に報告する。

問題 86 左片麻痺の利用者が、前開きの上着をベッド上で臥床したまま交換するときの介護の基本に関する次の記述のうち、**最も適切なもの**を **1 つ**選びなさい。

1　介護福祉職は利用者の左側に立つ。
2　新しい上着は利用者の右側に置く。
3　脱ぐときは、着ている上着の左上肢の肩口を広げておく。
4　左側の袖を脱ぎ、脱いだ上着は丸めて、からだの下に入れる。
5　利用者を左側臥位にし、脱いだ上着を引き出す。

問題 87 利用者が食事中にむせ込んだときの介護として、**最も適切なもの**を **1 つ**選びなさい。

1　上を向いてもらう。
2　お茶を飲んでもらう。
3　深呼吸をしてもらう。
4　口の中のものを飲み込んでもらう。
5　しっかりと咳を続けてもらう。

問題 88 テーブルで食事の介護を行うときの留意点に関する次の記述のうち、**最も適切なもの**を **1 つ**選びなさい。

1　車いすで食事をするときは、足をフットサポートから下ろして床につける。
2　片麻痺があるときは、患側の上肢を膝の上にのせる。
3　スプーンを使うときは、下顎を上げた姿勢にして食べ物を口に入れる。
4　利用者に声をかけるときは、食べ物を口に入れてから行う。
5　食事をしているときは、大きな音でテレビをつけておく。

問題 89 逆流性食道炎（reflux esophagitis）の症状がある利用者への助言として、**最も適切なもの**を **1 つ**選びなさい。

1　脂肪を多く含む食品を食べるように勧める。
2　酸味の強い果物を食べるように勧める。
3　1日の食事は回数を分けて少量ずつ食べるように勧める。
4　食事のときは、腹圧をかけるような前かがみの姿勢をとるように勧める。
5　食後すぐに仰臥位（背臥位）をとるように勧める。

問題 90 ベッド上で臥床（がしょう）している利用者の洗髪の基本に関する次の記述のうち、**最も適切なもの**を **1 つ**選びなさい。

1　利用者のからだ全体をベッドの端に移動する。
2　利用者の両下肢は、まっすぐに伸ばした状態にする。
3　洗うときは、頭頂部から生え際に向かって洗う。
4　シャンプー後は、タオルで泡を拭き取ってからすすぐ。
5　ドライヤーの温風は、頭皮に直接当たるようにする。

問題 91 目の周囲の清拭の方法を図に示す。矢印は拭く方向を表している。
次の A ～ E のうち、基本的な清拭の方法として、**最も適切なもの**を **1 つ**選びなさい。

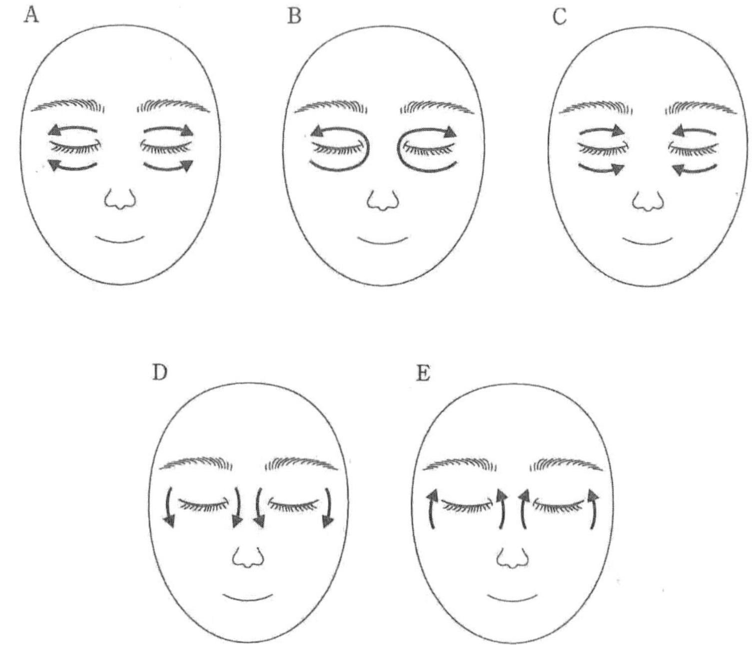

1　A
2　B
3　C
4　D
5　E

問題 92 Jさん（85歳、女性、要介護2）は、アルツハイマー型認知症（dementia of the Alzheimer's type）である。時間をかければ一人で洗身、洗髪もできるが、ズボンの上に下着を着る行為がみられたため、訪問介護（ホームヘルプサービス）を利用することになった。

Jさんの入浴時における訪問介護員（ホームヘルパー）の対応として、**最も適切なもの**を**1つ**選びなさい。

1　脱いだ衣服は、着る衣服の隣に並べて置く。
2　洗身と洗髪は訪問介護員（ホームヘルパー）が行う。
3　入浴中の利用者に声をかけることは控える。
4　衣服の着る順番に応じて声をかける。
5　ズボンの着脱は訪問介護員（ホームヘルパー）が行う。

問題 93 胃・結腸反射を利用して、生理的排便を促すための介護福祉職の支援として、**最も適切なもの**を**1つ**選びなさい。

1　歩行を促す。
2　起床後に冷水を飲んでもらう。
3　腹部のマッサージをする。
4　便座に誘導する。
5　離床する時間を増やす。

問題 94 利用者の便失禁を改善するための介護福祉職の対応として、**最も適切なもの**を**1つ**選びなさい。

1　トイレの場所がわからない認知症（dementia）の人には、ポータブルトイレを設置する。
2　移動に時間がかかる人には、おむつを使用する。
3　便意がはっきりしない人には、朝食後に時間を決めてトイレへ誘導する。
4　下剤を内服している人には、下剤の内服を中止する。
5　便失禁の回数が多い人には、食事の提供量を減らす。

問題 95 女性利用者のおむつ交換をするときに行う陰部洗浄の基本に関する次の記述のうち、**最も適切なもの**を**1つ**選びなさい。

1　湯温は、介護福祉職の手のひらで確認する。
2　おむつを交換するたびに、石鹸（せっけん）を使って洗う。
3　タオルで汚れをこすり取るように洗う。
4　尿道口から洗い、最後に肛門部（こうもんぶ）を洗う。
5　洗浄後は、蒸しタオルで水分を拭き取る。

令和4年度

問題 96 Kさん（76歳、女性、要介護2）は、介護老人保健施設に入所している。日頃から、「排泄(はいせつ)は最期まで他人の世話にならない」と言い、自分でトイレに行き排泄(はいせつ)している。先日、趣味活動に参加しているときにトイレに間に合わず失禁した。その後、トイレの近くで過ごすことが多くなり、趣味活動に参加することが少なくなった。Kさんを観察すると、1日の水分摂取量、排尿量は変わりないが、日中の排尿回数(はいにょうかいすう)が増えていることがわかった。

Kさんへの介護福祉職の最初の対応として、**最も適切なもの**を**1つ**選びなさい。

1 日中は水分摂取を控えるように伝える。
2 抗不安薬の処方ができないか看護師に相談する。
3 トイレに行く姿を見かけたら、同行する。
4 排泄(はいせつ)について不安に感じていることがないかを聞く。
5 積極的に趣味活動に参加するように勧める。

問題 97 ノロウイルス（Norovirus）による感染症の予防のための介護福祉職の対応として、**最も適切なもの**を**1つ**選びなさい。

1 食品は、中心部温度50℃で1分間加熱する。
2 嘔吐物(おうとぶつ)は、乾燥後に処理をする。
3 マスクと手袋を着用して、嘔吐物(おうとぶつ)を処理する。
4 手すりの消毒は、エタノール消毒液を使用する。
5 嘔吐物(おうとぶつ)のついたシーツは、洗濯機で水洗いする。

問題 98 弱視で物の区別がつきにくい人の調理と買い物の支援に関する次の記述のうち、**最も適切なもの**を**1つ**選びなさい。

1 買い物は、ガイドヘルパーに任せるように勧める。
2 財布は、貨幣や紙幣を同じ場所に収納できるものを勧める。
3 包丁は、調理台の手前に置くように勧める。
4 まな板は、食材と同じ色にするように勧める。
5 よく使う調理器具は、いつも同じ場所に収納するように勧める。

問題 99 次の記述のうち、関節リウマチ（rheumatoid arthritis）のある人が、少ない負担で家事をするための介護福祉職の助言として、**最も適切なものを 1 つ**選びなさい。

1　部屋の掃除をするときは、早朝に行うように勧める。
2　食器を洗うときは、水を使うように勧める。
3　テーブルを拭くときは、手掌基部を使うように勧める。
4　瓶のふたを開けるときは、指先を使うように勧める。
5　洗濯かごを運ぶときは、片手で持つように勧める。

問題 100 睡眠の環境を整える介護に関する次の記述のうち、**最も適切なものを 1 つ**選びなさい。

1　マットレスは、腰が深く沈む柔らかさのものにする。
2　枕は、頸部が前屈する高さにする。
3　寝床内の温度を 20℃に調整する。
4　臭気がこもらないように、寝室の換気をする。
5　睡眠状態を観察できるように、寝室のドアは開けておく。

問題 101 利用者の入眠に向けた介護福祉職の助言として、**最も適切なものを 1 つ**選びなさい。

1　「足をお湯につけて温めてから寝ましょう」
2　「寝室の照明を、昼光色の蛍光灯に変えましょう」
3　「布団に入ってから、短く浅い呼吸を繰り返しましょう」
4　「入眠への習慣は控えましょう」
5　「寝る前に、汗をかく運動をしましょう」

問題 102 終末期で終日臥床している利用者に対する介護福祉職の対応として、**最も適切なものを 1 つ**選びなさい。

1　入浴時は、肩までお湯につかるように勧める。
2　息苦しさを訴えたときは、半座位にする。
3　終日、窓を閉めたままにする。
4　会話をしないように勧める。
5　排便時は、息を止めて腹に力を入れるように勧める。

問題 103 介護老人福祉施設に入所している利用者の看取りにおける、介護福祉職による家族への支援として、**最も適切なもの**を **1 つ**選びなさい。

1　利用者の介護は、介護福祉職が最期まで行い、家族には控えてもらう。
2　利用者の反応がないときには、声をかけることを控えるように伝える。
3　利用者の死後は、毎日電話をして、家族の状況を確認する。
4　利用者の死後は、気分を切り替えるように家族を励ます。
5　家族が悔いが残ると言ったときは、話を聴く。

問題 104 利用者の障害特性に適した福祉用具の選択に関する次の記述のうち、**最も適切なもの**を **1 つ**選びなさい。

1　言語機能障害の利用者には、ストッキングエイドの使用を勧める。
2　全盲の利用者には、音声ガイド付き電磁調理器の使用を勧める。
3　聴覚障害の利用者には、床置き式手すりの使用を勧める。
4　右片麻痺（みぎかたまひ）の利用者には、交互型歩行器の使用を勧める。
5　肘関節拘縮の利用者には、座位時に体圧分散クッションの使用を勧める。

問題 105 福祉用具等を安全に使用するための方法として、**最も適切なもの**を **1 つ**選びなさい。

1　車いすをたたむときは、ブレーキをかけてから行う。
2　入浴用介助ベルトは、利用者の腰部を真上に持ち上げて使用する。
3　差し込み便器は、端座位で使用する。
4　移動用リフトで吊（つ）り上げるときは、利用者のからだから手を離して行う。
5　簡易スロープは、埋め込み工事をして使用する。

●介護過程

問題 106 介護過程を展開する目的として**最も適切なものを 1 つ**選びなさい。

1　業務効率を優先する。
2　医師と連携する。
3　ケアプランを作成する。
4　画一的な介護を実現する。
5　根拠のある介護を実践する。

問題 107 次のうち、介護過程を展開した結果を評価する項目として、**最も優先すべきものを 1 つ**選びなさい。

1　実施に要した日数
2　情報収集に要した時間
3　評価に要した時間
4　介護福祉職チームの満足度
5　短期目標の達成度

問題 108 次の記述のうち、居宅サービス計画と訪問介護計画の関係として、**最も適切なものを 1 つ**選びなさい。

1　訪問介護計画を根拠に、居宅サービス計画を作成する。
2　居宅サービス計画の目標が変更されても、訪問介護計画は見直しをせず継続する。
3　居宅サービス計画と同じ内容を、訪問介護計画に転記する。
4　居宅サービス計画の方針に沿って、訪問介護計画を作成する。
5　訪問介護計画の終了後に、居宅サービス計画を作成する。

次の事例を読んで、**問題 109、問題 110** について答えなさい。

〔事　例〕

Lさん（76 歳、女性、要介護 1）は、自宅で娘と暮らしている。軽度の認知症（dementia）と診断されたが、身体機能に問題はなく、友人との外出を楽しんでいる。ある日、外食の後、自宅近くで保護されたとき、「ここはどこなの」と言った。その後、自宅から出ようとしなくなった。心配した娘が本人と相談して、小規模多機能型居宅介護を利用することになった。

利用開始時に、Lさんの短期目標を、「外出を楽しめる」と設定した。2 週間が過ぎた頃、Lさんから、近くのスーパーへの買い物ツアーに参加したいと申し出があった。

当日、他の利用者や介護福祉職と笑顔で買い物をする様子が見られた。買い物が終わり、歩いて戻り始めると、笑顔が消え、急に立ち止まった。

介護福祉職が声をかけると、「ここはどこなの。どこに行くの」と不安そうに言った。

問題 109　Lさんが急に立ち止まった行動の解釈として、**最も適切なもの**を 1 つ選びなさい。

1　買い物ツアー時間の延長の要求
2　自分のいる場所がわからない不安
3　休憩したいという訴え
4　店での介護福祉職の支援に対する不満
5　一人で帰りたいという訴え

問題 110　Lさんの状況から、短期目標と支援内容を見直すためのカンファレンス（conference）が開かれた。

担当する介護福祉職の提案として、**最も優先すべきもの**を 1 つ選びなさい。

1　外出先から帰れなくなる不安への対応が必要である。
2　表情がかたくなったときは帰り道を変更する。
3　外出する意欲を持つ必要がある。
4　歩くために身体機能の改善が必要である。
5　事業所をなじみの生活空間にする。

次の事例を読んで、**問題 111**、**問題 112** について答えなさい。

〔事　例〕

M さん（35 歳、男性、障害支援区分 5）は、脳性麻痺（cerebral palsy）による四肢麻痺で筋緊張がある。日常生活動作は全般に介護が必要であり、電動車いすを使用している。これまで、本人と母親（70 歳）の希望で、自宅で二人暮らしを続けてきた。

M さんは 3 年前から、重度訪問介護を利用している。軽度の知的障害があるが、自分の意思を介護者と母親に伝えることができる。相談支援専門員が作成したサービス等利用計画の総合目標は、「やりたいことに挑戦し、生活を充実させる」となっている。M さん自身も、やりたいことを見つけたいと介護福祉職に話していたことから、次の個別支援会議で検討する予定になっていた。

ある日、重度訪問介護の利用時、パラリンピックのテレビ中継を見ていた M さんが、介護福祉職に、「ボール投げるの、おもしろそう」と話した。

問題 111　次のうち、M さんの発言から、個別支援計画を立案するために、介護福祉職が把握すべき情報として、**最も優先すべきもの**を **1 つ**選びなさい。

1　競技で使われるボールの種類
2　話を聞いた介護福祉職の感想
3　競技に対する M さんの意向
4　母親のパラリンピックへの関心
5　テレビ中継を見ていた時間

問題 112　いくつかのスポーツクラブを見学後、介護福祉職は M さんから、「このスポーツクラブが近いから、入会前に体験したい」と伝えられた。

M さんへの介護福祉職の対応に関する次の記述のうち、**最も適切なもの**を **1 つ**選びなさい。

1　筋緊張から回復する訓練を行うように伝える。
2　母親が決めたスポーツクラブを選ぶように勧める。
3　スポーツクラブにすぐに入会するように勧める。
4　意思決定に必要な情報を提供する。
5　相談支援専門員の許可を得るように勧める。

問題 113 介護福祉職が事例研究を行う目的として、**最も適切なもの**を **1 つ**選びなさい。

1 事業所の介護の理念の確認
2 介護福祉職の能力を調べること
3 介護過程から介護実践を振り返ること
4 介護報酬の獲得
5 介護福祉職自身の満足度の充足

●総合問題

総合問題 1

次の事例を読んで、**問題 114 から問題 116 まで**について答えなさい。

〔事　例〕

A さん（80 歳、女性）は、自宅で一人暮らしをしている。同じ県内に住む娘が、月に一度 A さんの自宅を訪れている。

最近、A さんの物忘れが多くなってきたため、不安になった娘が、A さんと一緒に病院を受診したところ、医師から、脳の記憶をつかさどる部分が顕著に萎縮したアルツハイマー型認知症（dementia of the Alzheimer's type）であると診断された。A さんはこのまま自宅で暮らすことを希望し、介護保険の訪問介護（ホームヘルプサービス）を利用しながら一人暮らしを継続することになった。

ある日、娘からサービス提供責任者に、今年は A さんが一人で雪かきができるか不安であると相談があった。そこで、サービス提供責任者が、A さんと一緒に地区の民生委員に相談したところ、近所の人たちが雪かきをしてくれることになった。

問題 114 図は脳を模式的に示したものである。
A さんの脳に萎縮が顕著にみられる部位として、**最も適切なもの**を **1 つ**選びなさい。

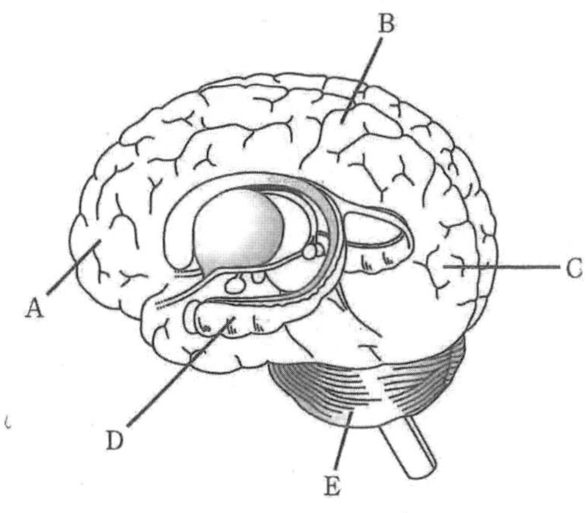

1 A
2 B
3 C
4 D
5 E

問題 115 地域包括ケアシステムにおいて、A さんの雪かきの課題への対応を示すものとして、**最も適切なもの**を **1 つ**選びなさい。

1 自助
2 互助
3 介助
4 扶助
5 公助

令和4年度

問題 116 ある日、訪問介護員（ホームヘルパー）がＡさんの自宅を訪れ、一包化された薬の服薬状況を確認したところ、残薬があった。Ａさんに服薬状況を確認すると、薬を飲んだかどうか、わからなくなることがあるという返答があった。訪問介護員（ホームヘルパー）は、Ａさんとの会話から、日時に関する見当識に問題はないことを確認した。

Ａさんの薬の飲み忘れを防止するための対応として、**最も適切なものを１つ**選びなさい。

1 一包化を中止する。
2 インフォーマルな社会資源の活用は避ける。
3 お薬カレンダーの使用を提案する。
4 一人では薬を服用しないように伝える。
5 薬の飲み忘れに気がついたとき、2回分を服用するように伝える。

総合問題２

次の事例を読んで、**問題117から問題119まで**について答えなさい。

〔事　例〕

Ｂさん（75歳、男性、要介護3）は、1年前に脳梗塞（cerebral infarction）を発症し、右片麻痺がある。自宅では、家具や手すりにつかまって、なんとか自力歩行し、外出時は車いすを使用していた。うまく話すことができないこともあるが、他者の話を聞き取って理解することは、問題なくできていて、介護保険サービスを利用しながら、一人で暮らしていた。数か月前から着替えや入浴に介助が必要になり、在宅生活が難しくなったため、1週間前にＵ介護老人福祉施設に入所した。

入所時の面談でＢさんは、自分の力で歩きたいという意思を示した。Ｕ介護老人福祉施設では、Ｃ介護福祉士をＢさんの担当者に選定した。Ｃ介護福祉士は、カンファレンス（conference）での意見に基づいて、Ｂさんが、四点杖を使用して、安全に施設内を歩行できることを短期目標とした介護計画を立案した。

問題 117 入所から２か月が経過した。Ｃ介護福祉士は、Ｂさんの四点杖歩行の様子を観察したところ、左立脚相と比べて、右立脚相が短いことが気になった。Ｂさんの短期目標を達成するために、理学療法士と相談して、転倒予防の観点から、見守り歩行をするときの介護福祉職の位置について、改めて周知することにした。

Ｂさんの四点杖歩行を見守るときに介護福祉職が立つ位置として、**最も適切なもの**を **1 つ**選びなさい。

1　Ｂさんの右側前方
2　Ｂさんの右側後方
3　Ｂさんの真後ろ
4　Ｂさんの左側前方
5　Ｂさんの左側後方

問題 118 Ｃ介護福祉士がＢさんとコミュニケーションをとるための方法に関する次の記述のうち、**最も適切なもの**を **1 つ**選びなさい。

1　補聴器を使用する。
2　五十音表を使用する。
3　手話を使う。
4　大きな声で話しかける。
5　「はい」「いいえ」で回答できる質問を中心に用いる。

問題 119 入所から３か月後、Ｃ介護福祉士は、Ｂさんの四点杖歩行が安定してきたことを確認して介護計画を見直すことにした。Ｃ介護福祉士がＢさんに、今後の生活について確認したところ、居室から食堂まで、四点杖で一人で歩けるようになりたいと思っていることがわかった。

Ｂさんの現在の希望に沿って介護計画を見直すときに、**最も優先すべきもの**を **1 つ**選びなさい。

1　生活場面の中で歩行する機会を増やす。
2　評価日は設定しない。
3　ほかの利用者と一緒に実施できる内容にする。
4　他者との交流を目標にする。
5　歩行練習を行う時間は、出勤している職員が決めるようにする。

総合問題３

次の事例を読んで、**問題 120 から問題 122 まで**について答えなさい。

〔事　例〕

Dさん（38歳、男性、障害支援区分3）は、1年前に脳梗塞（cerebral infarction）を発症し左片麻痺（ひだりかたまひ）となった。後遺症として左同名半盲、失行もみられる。現在は週3回、居宅介護を利用しながら妻と二人で生活している。

ある日、上着の袖に頭を入れようとしているDさんに介護福祉職が声をかけると、「どうすればよいかわからない」と答えた。普段は妻がDさんの着替えを手伝っている。食事はスプーンを使用して自分で食べるが、左側にある食べ物を残すことがある。Dさんは、「左側が見づらい。動いているものにもすぐに反応ができない」と話した。

最近は、日常生活の中で、少しずつできることが増えてきた。Dさんは、「人と交流する機会を増やしたい。また、簡単な生産活動ができるようなところに行きたい」と介護福祉職に相談した。

問題 120　Dさんにみられた失行として、**適切なもの**を**1つ**選びなさい。

1　構成失行
2　観念失行
3　着衣失行
4　顔面失行
5　観念運動失行

問題 121　Dさんへの食事の支援に関する次の記述のうち、**最も適切なもの**を**1つ**選びなさい。

1　食事の量を少なくする。
2　テーブルを高くする。
3　スプーンを持つ手を介助する。
4　バネつき箸に替える。
5　食事を本人から見て右寄りに配膳する。

問題 122 介護福祉職は、D さんに生産活動ができるサービスの利用を提案したいと考えている。

次のうち、D さんの発言内容に合う障害福祉サービスとして、**最も適切なもの**を **1 つ**選びなさい。

1　就労継続支援 A 型での活動
2　地域活動支援センターの利用
3　療養介護
4　就労定着支援
5　相談支援事業の利用

令和4年度

総合問題 4

次の事例を読んで、**問題 123 から問題 125** までについて答えなさい。

〔事　例〕

E さん(35 歳、男性)は、自閉症スペクトラム障害(autism spectrum disorder)があり、V 障害者支援施設の生活介護と施設入所支援を利用している。E さんは、毎日のスケジュールを決め、規則や時間を守ってプログラムに参加しているが、周りの人や物事に関心が向かず、予定外の行動や集団行動はとりづらい。コミュニケーションは、話すよりも絵や文字を示したほうが伝わりやすい。

E さんが利用する V 障害者支援施設では、就労継続支援事業も行っている。災害が起こったときに様々な配慮が必要な利用者がいるため、施設として防災対策に力を入れている。また、通所している利用者も多いので、V 障害者支援施設は市の福祉避難所として指定を受けている。

問題 123 E さんのストレングス（strength）に関する次の記述のうち、**最も適切なもの**を **1 つ**選びなさい。

1　行動力があり、すぐに動く。
2　自分で決めたことを継続する。
3　新しいことを思いつく。
4　コミュニケーション力が高い。
5　いろいろなことに興味がもてる。

問題 124 V障害者支援施設では定期的に災害に備えた避難訓練を行っている。
Eさんの特性を考慮して実施する避難訓練に関する次の記述のうち、**最も適切なもの**を**1つ**選びなさい。

1　災害時に使用する意思伝達のイラストを用意する。
2　避難生活を想定して、食事等の日課を集団で行えるようにする。
3　予告せずに避難訓練を行う。
4　Eさんの避難訓練は単独で行う。
5　避難を援助する人によってEさんへの対応を変える。

問題 125 V障害者支援施設が、災害発生に備えて取り組む活動として、**最も適切なもの**を**1つ**選びなさい。

1　事前に受け入れ対象者を確認しておく。
2　災害派遣医療チーム（DMAT）と支援人員確保契約を結ぶ。
3　職員の役割分担は、状況に応じてその場で決める。
4　要配慮者のサービス等利用計画を作成する。
5　要配慮者に自分で避難するように促す。

令和３年度（第34回）

介護福祉士試験問題

午前　10：00 ～ 11：50

人間と社会

- 人間の尊厳と自立
- 人間関係とコミュニケーション
- 社会の理解

介護

- 介護の基本
- コミュニケーション技術
- 生活支援技術
- 介護過程

午後　13：45 ～ 15：35

こころとからだのしくみ

- 発達と老化の理解
- 認知症の理解
- 障害の理解
- こころとからだのしくみ

医療的ケア

- 医療的ケア

総合問題

※筆記試験は、午前、午後に科目を分けて行われます。

●人間の尊厳と自立

問題 1 著書『ケアの本質―生きることの意味」の中で、「一人の人格をケアするとは、最も深い意味で、その人が成長すること、自己実現することをたすけることである」と述べた人物として、**正しいもの**を **1 つ**選びなさい。

1 神谷美恵子
2 糸賀一雄
3 フローレンス・ナイチンゲール（Nightingale, F.）
4 ミルトン・メイヤロフ（Mayeroff, M.）
5 ベンクト・ニィリエ（Nirje, B.）

問題 2 A さん（80 歳、女性、要介護 1）は、筋力や理解力の低下がみられ、訪問介護（ホームヘルプサービス）を利用している。訪問介護員（ホームヘルパー）がいない時間帯は、同居している長男（53 歳、無職）に頼って生活をしている。長男は A さんの年金で生計を立てていて、ほとんど外出しないで家にいる。

ある時 A さんは訪問介護員（ホームヘルパー）に、「長男は暴力がひどくてね。この間も殴られて、とても怖かった。長男には言わないでね。あとで何をされるかわからないから」と話した。訪問介護員（ホームヘルパー）は、A さんのからだに複数のあざがあることを確認した。

訪問介護員（ホームヘルパー）の対応に関する次の記述のうち、**最も適切なもの**を **1 つ**選びなさい。

1 長男の虐待を疑い、上司に報告し、市町村に通報する。
2 長男の仕事が見つかるようにハローワークを紹介する。
3 A さんの気持ちを大切にして何もしない。
4 すぐに長男を別室に呼び、事実を確認する。
5 長男の暴力に気づいたかを近所の人に確認する。

●人間関係とコミュニケーション

問題 3 介護福祉職はＢさんから、「認知症（dementia）の母の介護がなぜかうまくいかない。深夜に徘徊（はいかい）するので、心身共に疲れてきた」と相談された。介護福祉職は、「落ち込んでいてはダメですよ。元気を出して頑張ってください」とＢさんに言った。後日、介護福祉職はＢさんに対する自身の発言を振り返り、不適切だったと反省した。

介護福祉職はＢさんに対してどのような返答をすればよかったのか、**最も適切なもの**を **1 つ**選びなさい。

1 「お母さんに施設へ入所してもらうことを検討してはどうですか」
2 「私も疲れているので、よくわかります」
3 「認知症（dementia）の方を介護しているご家族は、皆さん疲れていますよ」
4 「近所の人に助けてもらえるように、私から言っておきます」
5 「お母さんのために頑張ってきたんですね」

問題 4 利用者とのコミュニケーション場面で、介護福祉職が行う自己開示の目的として、**最も適切なもの**を **1 つ**選びなさい。

1 ジョハリの窓（Johari Window）の「開放された部分（open area）」を狭くするために行う。
2 利用者との信頼関係を形成するために行う。
3 利用者が自分自身の情報を開示するために行う。
4 利用者との信頼関係を評価するために行う。
5 自己を深く分析し、客観的に理解するために行う。

●社会の理解

問題 5 2016年（平成28年）に閣議決定された、「ニッポン一億総活躍プラン」にある「地域共生社会の実現」に関する記述として、**最も適切なものを1つ**選びなさい。

1 日本型福祉社会の創造
2 我が事・丸ごとの地域づくり
3 健康で文化的な最低限度の生活の保障
4 社会保障と税の一体改革
5 皆保険・皆年金体制の実現

問題 6 2019年（平成31年、令和元年）の日本の世帯に関する次の記述のうち、正しいものを**1つ**選びなさい。

1 平均世帯人員は、3人を超えている。
2 世帯数で最も多いのは、2人世帯である。
3 単独世帯で最も多いのは、高齢者の単独世帯である。
4 母子世帯数と父子世帯数を合算すると、高齢者世帯数を超える。
5 全国の世帯総数は、7千万を超えている。

問題 7 2015年（平成27年）以降の日本の社会福祉を取り巻く環境に関する次の記述のうち、適切なものを**1つ**選びなさい。

1 人口は、増加傾向にある。
2 共働き世帯数は、減少傾向にある。
3 非正規雇用労働者数は、減少傾向にある。
4 高齢世代を支える現役世代（生産年齢人口）は、減少傾向にある。
5 日本の国民負担率は、OECD加盟国の中では上位にある。

（注）OECDとは、経済協力開発機構（Organisation for Economic Co-operation and Development）のことで、2020年（令和2年）現在38か国が加盟している。

問題 8 次のうち、2020 年（令和２年）の社会福祉法等の改正に関する記述として、**最も適切なもの**を **1 つ**選びなさい。

1　市町村による地域福祉計画の策定
2　入所施設の重点的な拡充
3　医療・介護のデータ基盤の整備の推進
4　市町村直営の介護サービス事業の整備拡充
5　ロボット等の機械の活用から人によるケアへの転換

（注）2020 年（令和 2 年）の社会福祉法等の改正とは、「地域共生社会の実現のための社会福祉法等の一部を改正する法律（令和 2 年法律第 52 号）」をいう。

問題 9 C さん（78 歳、男性、要支援 1）は、公的年金（月額 19 万円）で公営住宅の３階で一人暮らしをしている。妻と死別後も通所型サービスを利用し、自炊を楽しみながら生活している。最近、膝の具合がよくないこともあり、階段の上り下りが負担になってきた。そこで、転居について、通所型サービスの D 介護福祉士に相談をした。

次のうち、D 介護福祉士が C さんに紹介する住まいの場として、**最も適切なもの**を **1 つ**選びなさい。

1　認知症対応型共同生活介護（認知症高齢者グループホーム）
2　介護付有料老人ホーム
3　軽費老人ホーム A 型
4　サービス付き高齢者向け住宅
5　養護老人ホーム

問題 10 介護保険制度の保険給付の財源構成として、**適切なもの**を **1 つ**選びなさい。

1　保険料
2　公費
3　公費、保険料、現役世代からの支援金
4　公費、第一号保険料
5　公費、第一号保険料、第二号保険料

問題 11 「2016年（平成28年）生活のしづらさなどに関する調査（全国在宅障害児・者等実態調査）」（厚生労働省）における身体障害、知的障害、精神障害の近年の状況に関する次の記述のうち、**正しいものを1つ**選びなさい。

1 最も人数の多い障害は、知的障害である。
2 施設入所者の割合が最も高い障害は、身体障害である。
3 在宅の身体障害者のうち、65歳以上の割合は7割を超えている。
4 在宅の知的障害者の数は、減少傾向にある。
5 精神障害者の8割は、精神障害者保健福祉手帳を所持している。

問題 12 Eさん（30歳、女性、知的障害、障害支援区分2）は、現在、日中は特例子会社で働き、共同生活援助（グループホーム）で生活している。今後、一人暮らしをしたいと思っているが、初めてなので不安もある。

次のうち、Eさんが安心して一人暮らしをするために利用するサービスとして、**適切なものを1つ**選びなさい。

1 行動援護
2 同行援護
3 自立訓練（機能訓練）
4 自立生活援助
5 就労継続支援

問題 13 重度訪問介護に関する次の記述のうち、**適切なものを1つ**選びなさい。

1 外出時における移動中の介護も含まれる。
2 知的障害者は対象にならない。
3 利用者が医療機関に入院した場合、医療機関で支援することはできない。
4 訪問看護の利用者は対象にならない。
5 障害が視覚障害のみの場合でも利用できる。

問題 14 「成年後見関係事件の概況（令和２年１月～12月）」（最高裁判所事務総局家庭局）における、成年後見人等として活動している人が最も多い職種として、**正しいもの**を**１つ**選びなさい。

1　行政書士
2　司法書士
3　社会保険労務士
4　精神保健福祉士
5　税理士

問題 15 保健所に関する次の記述のうち、**正しいもの**を**１つ**選びなさい。

1　保健所の設置は、医療法によって定められている。
2　保健所は、全ての市町村に設置が義務づけられている。
3　保健所は、医療法人によって運営されている。
4　保健所の所長は、保健師でなければならない。
5　保健所は、結核（tuberculosis）などの感染症の予防や対策を行う。

問題 16 生活保護制度に関する次の記述のうち、**最も適切なもの**を**１つ**選びなさい。

1　生活保護の給付方法には、金銭給付と現物給付がある。
2　生活保護の申請は、民生委員が行う。
3　生活保護法は、日本国憲法第 13 条にある幸福追求権の実現を目的としている。
4　生活保護を担当する職員は、社会福祉士の資格が必要である。
5　生活保護の費用は、国が全額を負担する。

●介護の基本

問題 17 F さん（66 歳、戸籍上の性別は男性、要介護 3）は、性同一性障害であることを理由に施設利用を避けてきた。最近、数年前の脳卒中（stroke）の後遺症がひどくなり、一人暮らしが難しくなってきた。F さんは、担当の訪問介護員（ホームヘルパー）に施設入所について、「性同一性障害でも施設に受け入れてもらえるでしょうか」と相談した。

訪問介護員（ホームヘルパー）の応答として、**最も適切なもの**を **1 つ**選びなさい。

1 「居室の表札は、通称名ではなく戸籍上の名前になります」
2 「多床室になる場合がありますよ」
3 「施設での生活で心配なことは何ですか」
4 「トイレや入浴については問題がありますね」
5 「同性による介護が原則です」

問題 18 利用者主体の考えに基づいた介護福祉職の対応に関する次の記述のうち、**最も適切なもの**を **1 つ**選びなさい。

1 1人で衣服を選ぶことが難しい利用者には、毎日の衣服を自分で選べるような声かけをする。
2 食べこぼしが多い利用者には、こぼさないように全介助する。
3 認知症（dementia）の利用者には、排泄（はいせつ）の感覚があっても、定時に排泄（はいせつ）の介護を行う。
4 転倒しやすい利用者には、事故防止のため立ち上がらないように声をかける。
5 入浴が自立している利用者も、危険を避けるため個別浴ではなく集団での入浴とする。

問題 19 利用者の自立支援に関する次の記述のうち、**最も適切なもの**を **1 つ**選びなさい。

1 利用者の最期の迎え方を決めるのは、家族である。
2 利用者が話しやすいように、愛称で呼ぶ。
3 利用者が自分でできないことは、できるまで見守る。
4 利用者の生活のスケジュールを決めるのは、介護福祉職である。
5 利用者の意見や希望を取り入れて介護を提供する。

問題 20 Gさん（70歳、男性、要介護2）は、パーキンソン病（Parkinson disease）と診断されていて、外出するときは車いすを使用している。歩行が不安定なため、週2回通所リハビリテーションを利用している。Gさんは、1年前に妻が亡くなり、息子と二人暮らしである。Gさんは社交的な性格で地域住民との交流を望んでいるが、自宅周辺は坂道や段差が多くて移動が難しく、交流ができていない。

Gさんの状況をICF(International Classification of Functioning, Disability and Health：国際生活機能分類）で考えた場合、参加制約の原因になっている環境因子として、**最も適切なもの**を**1つ**選びなさい。

1 パーキンソン病（Parkinson disease）
2 不安定な歩行
3 息子と二人暮らし
4 自宅周辺の坂道や段差
5 車いす

問題 21 Hさん（75歳、女性、要介護2）は、孫（17歳、男性、高校生）と自宅で二人暮らしをしている。Hさんは関節疾患（joint disease）があり、通所リハビリテーションの利用を開始した。介護福祉職が送迎時に孫から、「祖母は、日常生活が難しくなり、自分が食事を作るなどの機会が増え、家事や勉強への不安がある」と相談された。

介護福祉職の孫への対応として、**最も適切なもの**を**1つ**選びなさい。

1 「今までお世話になったのですから、今度はHさんを支えてください」
2 「家事が大変なら、Hさんに介護老人福祉施設の入所を勧めましょう」
3 「高校の先生や介護支援専門員（ケアマネジャー）に相談していきましょう」
4 「家でもリハビリテーションを一緒にしてください」
5 「近所の人に家事を手伝ってもらってください」

問題 22 介護保険制度のサービス担当者会議に関する次の記述のうち、**最も適切なもの**を**1つ**選びなさい。

1 会議の招集は介護支援専門員（ケアマネジャー）の職務である。
2 利用者の自宅で開催することが義務づけられている。
3 月1回以上の頻度で開催することが義務づけられている。
4 サービス提供者の実践力の向上を目的とする。
5 利用者の氏名は匿名化される。

問題 23 社会資源に関する次の記述のうち、フォーマルサービスに該当するものとして、**適切なものを 1 つ**選びなさい。

1 一人暮らしの高齢者への見守りを行う地域住民
2 買物を手伝ってくれる家族
3 ゴミ拾いのボランティア活動を行う学生サークル
4 友人や知人と行う相互扶助の活動
5 介護の相談を受ける地域包括支援センター

問題 24 介護福祉士の職業倫理に関する次の記述のうち、**最も適切なものを 1 つ**選びなさい。

1 介護が必要な人を対象にしているため、地域住民との連携は不要である。
2 全ての人々が質の高い介護を受けることができるように、後継者を育成する。
3 利用者のためによいと考えた介護を画一的に実践する。
4 利用者に関する情報は、業務以外では公表してよい。
5 利用者の価値観よりも、介護福祉士の価値観を優先する。

問題 25 施設における利用者の個人情報の安全管理対策として、**最も適切なものを 1 つ**選びなさい。

1 介護福祉職が個人所有するスマートフォンの居室への持込みは制限しない。
2 不要な個人情報を破棄する場合は、万が一に備えて復元できるようにしておく。
3 利用者からの照会に速やかに応じるために、整理用のインデックス（index）は使用しない。
4 個人情報に関する苦情対応体制について、施設の掲示板等で利用者に周知徹底する。
5 個人情報の盗難を防ぐために、職員の休憩室に監視カメラを設置する。

問題 26 訪問介護員（ホームヘルパー）が、利用者や家族からハラスメント（harassment）を受けたときの対応に関する次の記述のうち、**最も適切なものを 1 つ**選びなさい。

1 利用者に後ろから急に抱きつかれたが、黙って耐えた。
2 利用者から暴力を受けたので、「やめてください」と伝え、上司に相談した。
3 利用者が繰り返す性的な話を、苦痛だが笑顔で聞いた。
4 家族から暴言を受けたが、担当なのでそのまま利用者宅に通った。
5 家族からサービス外のことを頼まれて、断ったら怒鳴られたので実施した。

●コミュニケーション技術

問題 27 介護福祉職が利用者とコミュニケーションをとるときの基本的な態度として、**最も適切なもの**を **1 つ**選びなさい。

1　上半身を少し利用者のほうへ傾けた姿勢で話を聞く。
2　利用者の正面に立って話し続ける。
3　腕を組んで話を聞く。
4　利用者の目を見つめ続ける。
5　緊張感が伝わるように、背筋を伸ばす。

問題 28 介護福祉職によるアサーティブ・コミュニケーション（assertive communication）として、**最も適切なもの**を **1 つ**選びなさい。

1　利用者の要求は、何も言わずにそのまま受け入れる。
2　利用者から苦情を言われたときは、沈黙して我慢する。
3　利用者を説得して介護福祉職の都合に合わせてもらう。
4　介護福祉職の提案に従うことが利用者の利益になると伝える。
5　利用者の思いを尊重しながら、介護福祉職の意見を率直に伝える。

次の事例を読んで、**問題 29**、**問題 30** について答えなさい。

〔事　例〕

Ｊさん（75 歳、男性）は先天性の全盲である。これまで自宅で自立した生活をしてきたが、最近、心身機能の衰えを感じて、有料老人ホームに入居した。

施設での生活にまだ慣れていないので、移動は介護福祉職に誘導してもらっている。

ある日、介護福祉職がＪさんを自室まで誘導したときに、「いつも手伝ってもらってすみません。なかなか場所を覚えられなくて。私はここでやっていけるでしょうか」と話してきた。

問題 29 Ｊさんの発言への介護福祉職の共感的理解を示す対応として、**最も適切なもの**を **1 つ**選びなさい。

1　Ｊさんの発言にうなずく。
2　Ｊさんの発言のあと沈黙する。
3　Ｊさんの話の内容を短くまとめて伝える。
4　Ｊさんの立場に立って感情を推し測り、言葉で表現して伝える。
5　Ｊさんの気持ちが前向きになるように、励ましの言葉を伝える。

問題 30 Ｊさんの不安な気持ちを軽くするための介護福祉職の対応として、**最も適切なもの**を **1 つ**選びなさい。

1　いきなり声をかけると驚くので、肩にふれてから挨拶をする。
2　誘導時の声かけは歩行の妨げになるので、最小限にする。
3　角を曲がるときには、「こちらに」と方向を伝える。
4　トイレや食堂などを、一緒に歩きながら確認する。
5　食堂の座席は、Ｊさんの好きなところに座るように伝える。

次の事例を読んで、**問題 31**、**問題 32** について答えなさい。

〔事　例〕

Ｋさん（83 歳、女性、要介護 3）は、10 年前の脳出血（cerebral hemorrhage）による後遺症で高次脳機能障害（higher brain dysfunction）がある。感情のコントロールが難しく、興奮すると大声をあげて怒りだす。現在は、訪問介護（ホームヘルプサービス）を利用しながら、自宅で長男（60 歳）と二人暮らしをしている。

長男は、会社を 3 年前に早期退職し、Ｋさんの介護に専念してきた。顔色が悪く、介護による疲労を訴えているが、「介護を続けて、母を自宅で看取りたい」と強く希望している。別居している長女は、長男の様子を心配して、「母親の施設入所の手続きを進めたい」という意向を示している。

問題 31 訪問介護員（ホームヘルパー）が、興奮しているときのＫさんとコミュニケーションをとるための方法として、**最も適切なもの**を **1 つ**選びなさい。

1　興奮している理由を詳しく聞く。
2　興奮することはよくないと説明する。
3　冷静になるように説得する。
4　事前に作成しておいた日課表に沿って活動してもらう。
5　場所を移動して話題を変える。

問題 32 長男に対する訪問介護員（ホームヘルパー）の対応として、**最も適切なものを 1 つ**選びなさい。

1　長男自身の意向を変える必要はないと励ます。
2　K さん本人の意向が不明なため、長男の希望は通らないと伝える。
3　これまでの介護をねぎらい、自宅での看取りを希望する理由を尋ねる。
4　自宅での生活を継続するのは限界だと説明する。
5　長女の言うように、施設入所の手続きを進めることが正しいと伝える。

問題 33 利用者の家族から苦情があったときの上司への報告に関する次の記述のうち、**最も適切なものを 1 つ**選びなさい。

1　苦情の内容について、時間をかけて詳しく口頭で報告した。
2　すぐに口頭で概要を報告してから、文書を作成して報告した。
3　結論を伝えることを重視して、「いつもの苦情です」とすぐに報告した。
4　上司が忙しそうだったので、同僚に伝えた。
5　自分の気持ちが落ち着いてから、翌日に報告した。

問題 34 利用者の自宅で行うケアカンファレンス（care conference）に関する次の記述のうち、**最も適切なものを 1 つ**選びなさい。

1　検討する内容は、インフォーマルなサポートに限定する。
2　介護福祉職の行った介護に対する批判を中心に進める。
3　利用者本人の参加を促し、利用者の意向をケア方針に反映させる。
4　意見が分かれたときは、多数決で決定する。
5　対立を避けるために、他の専門職の意見には反論しない。

●生活支援技術

問題 35 老化に伴う機能低下のある高齢者の住まいに関する次の記述のうち、**最も適切なもの**を **1 つ**選びなさい。

1　寝室はトイレに近い場所が望ましい。
2　寝室は玄関と別の階にする。
3　夜間の騒音レベルは 80dB 以下になるようにする。
4　ベッドは照明の真下に配置する。
5　壁紙と手すりは同色にするのが望ましい。

問題 36 L さん（25 歳、男性）は、第 7 胸髄節（Th7）を損傷したが、現在、状態は安定していて、車いすを利用すれば 1 人で日常生活ができるようになった。図は L さんの自宅の浴室であり、必要な手すりは既に設置されている。

L さんが 1 人で浴槽に入るための福祉用具として、**最も適切なもの**を **1 つ**選びなさい。

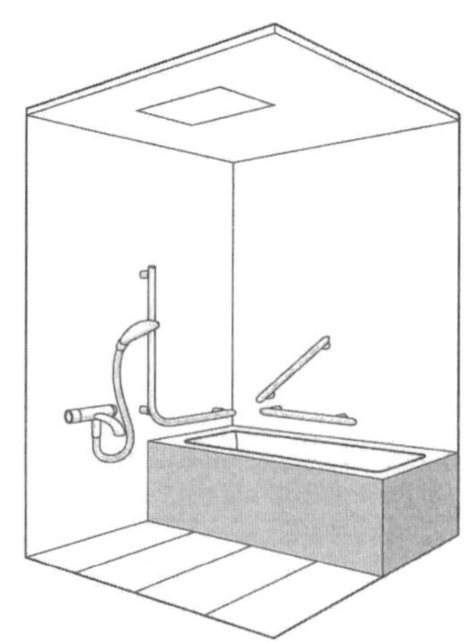

1　段差解消機
2　ストレッチャー
3　すべり止めマット
4　四点歩行器
5　移乗台

問題 37 耳の清潔に関する介護福祉職の対応として、**最も適切なものを 1 つ**選びなさい。

1 耳垢の状態を観察した。
2 綿棒を外耳道の入口から 3cm 程度挿入した。
3 耳介を上前方に軽く引きながら、耳垢を除去した。
4 蒸しタオルで耳垢塞栓を柔らかくして除去した。
5 耳かきを使用して、耳垢を毎日除去した。

問題 38 歯ブラシを使用した口腔ケアに関する次の記述のうち、**最も適切なものを 1 つ**選びなさい。

1 歯ブラシの毛は硬いものを勧める。
2 強い力で磨く。
3 歯と歯肉の境目のブラッシングは避ける。
4 歯ブラシを小刻みに動かしながら磨く。
5 使用後の歯ブラシは、柄の部分を上にしてコップに入れて保管する。

問題 39 M さん（84 歳、男性）は、10 年前に脳梗塞（cerebral infarction）で右片麻痺になり、右上肢の屈曲拘縮がある。今までは自分で洋服を着ていたが、1 週間ほど前から左肩関節の周囲に軽い痛みを感じるようになり、上着の着脱の介護が必要になった。

M さんへの上着の着脱の介護に関する次の記述のうち、**最も適切なものを 1 つ**選びなさい。

1 服を脱ぐときは、右上肢から脱ぐ。
2 右手首に袖を通すときは、介護福祉職の指先に力を入れて手首をつかむ。
3 右肘関節を伸展するときは、素早く動かす。
4 右肘に袖を通すときは、前腕を下から支える。
5 衣類を準備するときは、かぶり式のものを選択する。

問題 40 経管栄養を行っている利用者への口腔ケアに関する次の記述のうち、**最も適切なものを 1 つ**選びなさい。

1 スポンジブラシは水を大量に含ませて使用する。
2 上顎部は、口腔の奥から手前に向かって清拭する。
3 栄養剤注入後すぐに実施する。
4 口腔内を乾燥させて終了する。
5 空腹時の口腔ケアは避ける。

問題 41 スライディングボードを用いた、ベッドから車いすへの移乗の介護に関する次の記述のうち、**最も適切なものを 1 つ**選びなさい。

1　アームサポートが固定された車いすを準備する。
2　ベッドから車いすへの移乗時には、ベッドを車いすの座面より少し高くする。
3　ベッドと車いすの間を大きくあけ、スライディングボードを設置する。
4　スライディングボード上では、臀部（でんぶ）を素早く移動させる。
5　車いすに座位を安定させ、からだを傾けずにスライディングボードを抜く。

問題 42 利用者を仰臥位（ぎょうがい）（背臥位（はいがい））から側臥位（そくがい）へ体位変換するとき、トルクの原理を応用した介護方法として、**最も適切なものを 1 つ**選びなさい。

1　利用者とベッドの接地面を広くする。
2　利用者の下肢を交差させる。
3　利用者の膝を立てる。
4　滑りやすいシートを利用者の下に敷く。
5　利用者に近づく。

問題 43 視覚障害のある利用者の外出に同行するときの支援に関する次の記述のうち、**最も適切なものを 1 つ**選びなさい。

1　トイレを使用するときは、トイレ内の情報を提供する。
2　階段を上るときは、利用者の手首を握って誘導する。
3　狭い場所を歩くときは、利用者の後ろに立って誘導する。
4　タクシーに乗るときは、支援者が先に乗って誘導する。
5　駅ではエレベーターよりエスカレーターの使用を勧める。

問題 44 A さん（78 歳、男性、要介護 2）は、脳梗塞（cerebral infarction）の後遺症で嚥下障害（えんげしょうがい）がある。自宅で妻と二人暮らしで、訪問介護（ホームヘルプサービス）を週 1 回利用している。訪問時、妻から、「飲み込みの難しいときがある。上手に食べさせるにはどうしたらよいか」と相談があった。

訪問介護員（ホームヘルパー）の助言として、**最も適切なものを 1 つ**選びなさい。

1　食事のときは、いすに浅く座るように勧める。
2　会話をしながら食事をするように勧める。
3　食事の後に嚥下体操（えんげたいそう）をするように勧める。
4　肉、野菜、魚などは軟らかく調理するように勧める。
5　おかずを細かく刻むように勧める。

問題 45 慢性腎不全（chronic renal failure）の利用者の食材や調理方法として、**最も適切なものを 1 つ**選びなさい。

1　エネルギーの高い植物油を控える。
2　レモンや香辛料を利用し、塩分を控えた味付けにする。
3　肉や魚を多めにする。
4　砂糖を控えた味付けにする。
5　野菜は生でサラダにする。

問題 46 利用者の食事支援に関して、介護福祉職が連携する職種として、**最も適切なものを 1 つ**選びなさい。

1　スプーンや箸がうまく使えないときは、食事動作の訓練を言語聴覚士に依頼する。
2　咀嚼障害（そしゃくしょうがい）があるときは、義歯の調整を作業療法士に依頼する。
3　座位の保持が困難なときは、体幹訓練を理学療法士に依頼する。
4　摂食・嚥下障害（えんげしょうがい）があるときは、嚥下訓練（えんげくんれん）を義肢装具士に依頼する。
5　食べ残しが目立つときは、献立や調理方法の変更を社会福祉士に依頼する。

問題 47 入浴の介護に関する次の記述のうち、**最も適切なものを 1 つ**選びなさい。

1　着替えの衣服は、介護福祉職が選択する。
2　空腹時の入浴は控える。
3　入浴前の水分摂取は控える。
4　食後1時間以内に入浴する。
5　入浴直前の浴槽の湯は、45℃で保温する。

問題 48 シャワー浴の介護に関する次の記述のうち、**最も適切なものを 1 つ**選びなさい。

1　シャワーの湯温は、介護福祉職よりも先に利用者が確認する。
2　からだ全体にシャワーをかけるときは、上肢から先に行う。
3　利用者が寒さを訴えたときは、熱いシャワーをかける。
4　利用者が陰部を洗うときは、介護福祉職は背部に立って見守る。
5　脱衣室に移動してから、からだの水分を拭きとる。

問題 49 左片麻痺のある利用者が、浴槽内から一部介助で立ち上がる方法として、**最も適切なもの**を **1 つ**選びなさい。

1 利用者の左膝を立てて、左の踵を臀部に引き寄せてもらう。
2 浴槽の底面に両手を置いてもらう。
3 右手で手すりをつかんで前傾姿勢をとり、臀部を浮かしてもらう。
4 利用者の両腋窩に手を入れて支える。
5 素早く立ち上がるように促す。

問題 50 入浴関連用具の使用方法に関する次の記述のうち、**最も適切なもの**を **1 つ**選びなさい。

1 シャワー用車いすは、段差に注意して移動する。
2 入浴の移乗台は、浴槽よりも高く設定する。
3 浴槽設置式リフトは、臥位の状態で使用する。
4 入浴用介助ベルトは、利用者の胸部に装着する。
5 ストレッチャーで機械浴槽に入るときは、ストレッチャーのベルトを外す。

問題 51 便秘の傾向がある高齢者に自然排便を促すための介護として、**最も適切なもの**を **1 つ**選びなさい。

1 朝食を抜くように勧める。
2 油を控えるように勧める。
3 散歩をするように勧める。
4 腰部を冷やすように勧める。
5 就寝前にトイレに座るように勧める。

問題 52 認知機能の低下による機能性尿失禁で、夜間、トイレではない場所で排尿してしまう利用者への対応として、**最も適切なもの**を **1 つ**選びなさい。

1 日中、足上げ運動をする。
2 ズボンのゴムひもを緩いものに変える。
3 膀胱訓練を行う。
4 排泄してしまう場所に入れないようにする。
5 トイレの照明をつけて、ドアを開けておく。

問題 53 次の記述のうち、排泄物（はいせつぶつ）で汚れた衣類をタンスに隠してしまう認知症（dementia）の利用者への対応として、**最も適切なもの**を **1 つ**選びなさい。

1　タンスの中に汚れた衣類を入れられる場所を確保する。
2　「汚れた衣類は入れないように」とタンスに貼紙をする。
3　トイレに行くときには、同行して近くで監視する。
4　つなぎ服を勧める。
5　隠すところを見たら、毎回注意する。

問題 54 次亜塩素酸ナトリウムを主成分とする衣類用漂白剤に関する次の記述のうち、**最も適切なもの**を **1 つ**選びなさい。

1　全ての白物の漂白に使用できる。
2　色柄物の漂白に適している。
3　熱湯で薄めて用いる。
4　手指の消毒に適している。
5　衣類の除菌効果がある。

問題 55 次の記述のうち、ズボンの裾上げの縫い目が表から目立たない手縫いの方法として、**最も適切なもの**を **1 つ**選びなさい。

1　なみ縫い
2　半返し縫い
3　本返し縫い
4　コの字縫い（コの字とじ）
5　まつり縫い

問題 56 心地よい睡眠環境を整備するためのベッドメイキングに関する次の記述のうち、**最も適切なもの**を **1 つ**選びなさい。

1　シーツを外すときは、汚れた面を外側に丸めながら外す。
2　しわを作らないために、シーツの角を対角線の方向に伸ばして整える。
3　袋状の枕カバーの端を入れ込んで使用するときは、布の折り込み側が上になるように置く。
4　掛け毛布はゆるみを作らずにシーツの足元に押し込む。
5　動かしたベッド上の利用者の物品は、使いやすいように位置を変えておく。

問題 57 夜勤のある施設職員が良質な睡眠をとるための生活習慣に関する次の記述のうち、**最も適切なもの**を **1 つ**選びなさい。

1　夜勤に入る前には仮眠をとらない。
2　寝る前にスマートフォンでメールをチェックする。
3　朝食と夕食の開始時間を日によって変える。
4　夜勤後の帰宅時にはサングラス（sunglasses）をかけるなど、日光を避けるようにする。
5　休日に寝だめをする。

問題 58 B さん（102 歳、女性）は、介護老人福祉施設に入所している。高齢による身体機能の衰えがあり、機能低下の状態が長く続いていた。1 週間前から経口摂取が困難になった。1 日の大半は目を閉じ、臥床状態が続いている。医師から、「老衰により死期が近い」と診断され、家族は施設で看取りたいと希望している。

死が極めて近い状態にある B さんの看取りに必要な情報として、**最も適切なもの**を **1 つ**選びなさい。

1　体重の減少
2　夜間の睡眠時間
3　延命治療の意思
4　嚥下可能な食形態
5　呼吸の状態

問題 59 介護老人福祉施設における終末期の利用者の家族支援に関する次の記述のうち、**最も適切なもの**を **1 つ**選びなさい。

1　緊急連絡先を１つにすることを提案する。
2　面会を控えるように伝える。
3　死に至る過程で生じる身体的変化を説明する。
4　死後の衣服は浴衣がよいと提案する。
5　亡くなる瞬間に立ち会うことが一番重要だと伝える。

問題 60 死亡後の介護に関する次の記述のうち、**最も適切なもの**を **1 つ**選びなさい。

1　死後硬直がみられてから実施する。
2　生前と同じように利用者に声をかけながら介護を行う。
3　義歯を外す。
4　髭剃り後はクリーム塗布を控える。
5　両手を組むために手首を包帯でしばる。

●介護過程

問題 61 介護福祉職が介護過程を展開する意義に関する次の記述のうち、**最も適切なものを 1 つ**選びなさい。

1　チームアプローチ（team approach）による介護を提供することができる。
2　直感的な判断をもとに介護を考えることができる。
3　今までの生活から切り離した介護を提供する。
4　介護福祉職が生活を管理するための介護を考えることができる。
5　介護福祉職が実施したい介護を提供する。

問題 62 介護過程における情報収集に関する次の記述のうち、**最も適切なものを 1 つ**選びなさい。

1　利用者の日常生活の困難な部分を中心に収集する。
2　利用者との会話は解釈して記載する。
3　他の専門職が記載した記録は直接的な情報として扱う。
4　利用者の生活に対する思いを大切にしながら収集する。
5　情報収集はモニタリング（monitoring）を実施してから行う。

問題 63 介護過程における生活課題に関する次の記述のうち、**最も適切なものを 1 つ**選びなさい。

1　効率的な支援を提供するために解決するべきこと。
2　利用者が家族の望む生活を送るために解決するべきこと。
3　介護福祉職が実践困難な課題のこと。
4　利用者の生活を改善するために思いついたこと。
5　利用者が望む生活を実現するために解決するべきこと。

問題 64 介護過程における目標の設定に関する次の記述のうち、**適切なものを 1 つ**選びなさい。

1　長期目標の期間は、1 か月程度に設定する。
2　長期目標は、短期目標ごとに設定する。
3　短期目標は、生活全般の課題が解決した状態を表現する。
4　短期目標は、抽象的な内容で表現する。
5　短期目標は、長期目標の達成につながるように設定する。

問題 65 介護計画における介護内容に関する次の記述のうち、**最も適切なもの**を **1 つ**選びなさい。

1 利用者の能力よりも介護の効率を重視して決める。
2 業務の都合に応じて介護できるように、時間の設定は省略する。
3 介護するときの注意点についても記載する。
4 利用者の意思よりも介護福祉職の考えを優先して決める。
5 介護福祉職だけが理解できる表現にする。

問題 66 C さん（84 歳、女性、要介護 3）は、2 か月前に自宅で倒れた。脳出血（cerebral hemorrhage）と診断され、後遺症で左片麻痺（ひだりかたまひ）になった。C さんは自宅での生活を希望している。長男からは、「トイレが自分でできるようになってから自宅に戻ってほしい」との要望があった。そのため、病院から、リハビリテーションを目的に介護老人保健施設に入所した。

入所時、C さんは、「孫と一緒に過ごしたいから、リハビリテーションを頑張りたい」と笑顔で話した。C さんは、自力での歩行は困難だが、施設内では健側を使って車いすで移動することができる。また、手すりにつかまれば自分で立ち上がれるが、上半身が後ろに傾くため、移乗には介護が必要な状態である。

入所時に介護福祉職が行うアセスメント（assessment）に関する次の記述のうち、**最も優先すべきもの**を **1 つ**選びなさい。

1 自力で歩行ができるのかを確認する。
2 排泄（はいせつ）に関連した動作について確認する。
3 孫と面会する頻度について希望を聞く。
4 リクライニング車いすの活用について尋ねる。
5 住宅改修に必要な資金があるのかを確認する。

次の事例を読んで、**問題 67**、**問題 68** について答えなさい。

〔事　例〕

Dさん（73歳、女性、要介護2）は、認知症対応型共同生活介護（認知症高齢者グループホーム）に入居した。

入居後、本人の同意のもとに短期目標を、「食事の準備に参加する」と設定し、順調に経過していた。ある日、Dさんが夕食の準備に来なかった。翌日、担当する介護福祉職が居室を訪ねて理由を聞くと、「盛り付けの見た目が…」と小声で言った。

当日のDさんの記録を見ると、「お茶を配ると席に座ったが、すぐに立ち上がり、料理を皿に盛り付けるEさんの手元を見ていた」「配膳された料理を見て、ため息をついた」とあった。その後、食事の準備には参加していないが、早く来て様子を見ている。また、食事中は談笑し、食事も完食している。

以上のことから再アセスメントを行うことになった。

問題 67 Dさんの再アセスメントに関する次の記述のうち、**最も適切なもの**を**1つ**選びなさい。

1　お茶を配る能力について分析する。
2　ため息の意味を料理の味が悪いと解釈する。
3　早く来て様子を見ている理由を分析する。
4　安心して食事ができているかを分析する。
5　Eさんに料理の盛り付けを学びたいと解釈する。

問題 68 カンファレンス（conference）が開かれ、Dさんの支援について検討することになった。Dさんを担当する介護福祉職が提案する内容として、**最も優先すべきもの**を**1つ**選びなさい。

1　食器の満足度を調べること。
2　昼食時だけでも計画を継続すること。
3　居室での食事に変更すること。
4　食事の準備の役割を見直すこと。
5　食事以外の短期目標を設定すること。

●発達と老化の理解

問題 69 愛着行動に関する次の記述のうち、ストレンジ・シチュエーション法における安定型の愛着行動として、**適切なもの**を **1 つ**選びなさい。

1　養育者がいないと不安な様子になり、再会すると安心して再び遊び始める。
2　養育者がいないと不安な様子になり、再会すると接近して怒りを示す。
3　養育者がいないと不安な様子になり、再会すると関心を示さずに遊んでいる。
4　養育者がいなくても不安な様子にならず、再会すると関心を示さずに遊んでいる。
5　養育者がいなくても不安な様子にならず、再会すると喜んで遊び続ける。

問題 70 乳幼児期の言語発達に関する次の記述のうち、**最も適切なもの**を **1 つ**選びなさい。

1　生後6か月ごろに初語を発するようになる。
2　1歳ごろに喃語（なんご）を発するようになる。
3　1歳半ごろに語彙爆発が起きる。
4　2歳半ごろに一語文を話すようになる。
5　3歳ごろに二語文を話すようになる。

問題 71 2019 年（平成 31 年、令和元年）における、我が国の寿命と死因に関する次の記述のうち、**正しいもの**を **1 つ**選びなさい。

1　健康寿命は、平均寿命よりも長い。
2　人口全体の死因順位では、老衰が悪性新生物より上位である。
3　人口全体の死因で最も多いのは、脳血管障害（cerebrovascular disorder）である。
4　平均寿命は、男女とも 75 歳未満である。
5　90 歳女性の平均余命は、5 年以上である。

問題 72 Aさん（87歳、女性、要介護3）は、2週間前に介護老人福祉施設に入所した。Aさんにはパーキンソン病（Parkinson disease）があり、入所後に転倒したことがあった。介護職員は頻繁に、「危ないから車いすに座っていてくださいね」と声をかけていた。Aさんは徐々に自分でできることも介護職員に依存し、着替えも手伝ってほしいと訴えるようになった。

Aさんに生じている適応（防衛）機制として、**最も適切なもの**を**1つ**選びなさい。

1　投影
2　退行
3　攻撃
4　抑圧
5　昇華

問題 73 記憶に関する次の記述のうち、**適切なもの**を**1つ**選びなさい。

1　エピソード記憶は、短期記憶に分類される。
2　意味記憶は、言葉の意味などに関する記憶である。
3　手続き記憶は、過去の出来事に関する記憶である。
4　エピソード記憶は、老化に影響されにくい。
5　意味記憶は、老化に影響されやすい。

問題 74 老化に伴う感覚機能や認知機能の変化に関する次の記述のうち、**最も適切なもの**を**1つ**選びなさい。

1　大きな声で話しかけられても、かえって聞こえにくいことがある。
2　会話をしながら運転するほうが、安全に運転できるようになる。
3　白と黄色よりも、白と赤の区別がつきにくくなる。
4　低い声よりも、高い声のほうが聞き取りやすくなる。
5　薄暗い部屋のほうが、細かい作業をしやすくなる。

問題 75 高齢者の睡眠に関する次の記述のうち、**適切なもの**を **1 つ**選びなさい。

1 午前中の遅い時間まで眠ることが多い。
2 刺激を与えても起きないような深い睡眠が多い。
3 睡眠障害を自覚することは少ない。
4 不眠の原因の１つはメラトニン（melatonin）の減少である。
5 高齢者の睡眠時無呼吸症候群（sleep apnea syndrome）の発生頻度は、若年者よりも低い。

問題 76 高齢者の肺炎（pneumonia）に関する次の記述のうち、**最も適切なもの**を **1 つ**選びなさい。

1 意識障害になることはない。
2 体温が 37.5℃未満であれば肺炎（pneumonia）ではない。
3 頻呼吸になることは、まれである。
4 誤嚥（ごえん）による肺炎（pneumonia）を起こしやすい。
5 咳（せき）・痰（たん）などを伴うことは、まれである。

●認知症の理解

問題 77 認知症ケアにおける「ひもときシート」に関する次の記述のうち、**最も適切なものを 1 つ**選びなさい。

1　「ひもときシート」では、最初に分析的理解を行う。
2　認知症（dementia）の人の言動を介護者側の視点でとらえる。
3　言動の背景要因を分析して認知症（dementia）の人を理解するためのツールである。
4　評価的理解では、潜在的なニーズを重視する。
5　共感的理解では、8 つの要因で言動を分析する。

問題 78 レビー小体型認知症（dementia with Lewy bodies）の幻視の特徴に関する次の記述のうち、**最も適切なものを 1 つ**選びなさい。

1　幻視の内容はあいまいではっきりしない。
2　睡眠中でも幻視が生じる。
3　本人は説明されても幻視という認識ができない。
4　薄暗い部屋を明るくすると幻視が消えることがある。
5　抗精神病薬による治療が行われることが多い。

問題 79 軽度認知障害（mild cognitive impairment）に関する次の記述のうち、**最も適切なものを 1 つ**選びなさい。

1　本人や家族から記憶低下の訴えがあることが多い。
2　診断された人の約半数がその後 1 年の間に認知症（dementia）になる。
3　CDR（Clinical Dementia Rating）のスコアが 2 である。
4　日常生活能力が低下している。
5　治療には、主に抗認知症薬が用いられる。

問題 80 若年性認知症（dementia with early onset）に関する次の記述のうち、**最も適切なもの**を **1 つ**選びなさい。

1　75 歳未満に発症する認知症（dementia）である。
2　高齢者の認知症（dementia）よりも進行は緩やかである。
3　早期発見・早期対応しやすい。
4　原因で最も多いのはレビー小体型認知症（dementia with Lewy bodies）である。
5　不安や抑うつを伴うことが多い。

問題 81 認知症（dementia）の行動・心理症状（BPSD）に対する抗精神病薬を用いた薬物療法でよくみられる副作用として、**最も適切なもの**を **1 つ**選びなさい。

1　歩幅が広くなる。
2　誤嚥（ごえん）のリスクが高くなる。
3　過剰に活動的になる。
4　筋肉の緊張が緩む。
5　怒りっぽくなる。

問題 82 軽度の認知症（dementia）の人に、日付、季節、天気、場所などの情報をふだんの会話の中で伝えて認識してもらう認知症ケアとして、**正しいもの**を **1 つ**選びなさい。

1　ライフレビュー（life review）
2　リアリティ・オリエンテーション（reality orientation）
3　バリデーション（validation）
4　アクティビティ・ケア（activity care）
5　タッチング（touching）

問題 83 B さん（86 歳、女性）は、中等度のアルツハイマー型認知症（dementia of the Alzheimer's type）である。短期入所生活介護（ショートステイ）の利用を始めた日の翌朝、両手に便が付着した状態でベッドに座っていた。

B さんへの声かけとして、**適切なもの**を **1 つ**選びなさい。

1　「臭いからきれいにします」
2　「汚い便が手についています」
3　「ここはトイレではありません」
4　「手を洗いましょう」
5　「こんなに汚れて困ります」

問題 84 Cさん（80歳、女性）は夫（85歳）と二人暮らしである。1年ほど前から記憶障害があり、最近、アルツハイマー型認知症（dementia of the Alzheimer's type）と診断された。探し物が増え、財布や保険証を見つけられないと、「泥棒が入った、警察に連絡して」と訴えるようになった。「泥棒なんて入っていない」と警察を呼ばずにいると、Cさんがますます興奮するので、夫は対応に困っている。

夫から相談を受けた介護福祉職の助言として、**最も適切なもの**を**1つ**選びなさい。

1 「主治医に興奮を抑える薬の相談をしてみてはどうですか」
2 「施設入所を検討してはどうですか」
3 「Cさんと一緒に探してみてはどうですか」
4 「Cさんの希望通り、警察に通報してはどうですか」
5 「Cさんに認知症（dementia）であることを説明してはどうですか」

問題 85 認知症（dementia）の人に配慮した施設の生活環境として、**最も適切なもの**を**1つ**選びなさい。

1 いつも安心感をもってもらえるように接する。
2 私物は本人の見えないところに片付ける。
3 毎日新しい生活体験をしてもらう。
4 壁の色と同系色の表示を使用する。
5 日中は1人で過ごしてもらう。

問題 86 認知症初期集中支援チームに関する次の記述のうち、**最も適切なもの**を**1つ**選びなさい。

1 自宅ではない場所で家族から生活の様子を聞く。
2 チーム員には医師が含まれる。
3 初回の訪問時にアセスメント（assessment）は不要である。
4 介護福祉士は、認知症初期集中支援チーム員研修を受講しなくてもチームに参加できる。
5 認知症疾患医療センター受診後に、チームが対応方法を決定する。

●障害の理解

問題 87 障害者の法的定義に関する次の記述のうち、**正しいもの**を **1 つ**選びなさい。

1　身体障害者福祉法における身体障害者は、身体障害者手帳の交付を受けた18歳以上のものをいう。
2　知的障害者は、知的障害者福祉法に定義されている。
3　「精神保健福祉法」における精神障害者には、知的障害者が含まれていない。
4　障害者基本法において発達障害者は、精神障害者に含まれていない。
5　障害児は、障害者基本法に定義されている。

（注）「精神保健福祉法」とは、「精神保健及び精神障害者福祉に関する法律」のことである。

問題 88 半側空間無視に関する次の記述のうち、**最も適切なもの**を **1 つ**選びなさい。

1　食事のとき、認識できない片側に食べ残しがみられる。
2　半盲に対するものと介護方法は同じである。
3　失行の1つである。
4　本人は半側空間無視に気づいている。
5　認識できない片側へ向かってまっすぐに歩ける。

問題 89 D さん（35 歳、男性）は重度の知的障害があり、地元の施設入所支援を利用している。D さんの友人 E さんは、以前に同じ施設入所支援を利用していて、現在は共同生活援助（グループホーム）で暮らしている。D さんは、共同生活援助（グループホーム）で生活する E さんの様子を見て、その生活に関心をもったようである。施設の職員は、D さんの共同生活援助（グループホーム）での生活は、適切な援助を受ければ可能であると考えている。一方、D さんの母親は、親亡き後の不安から施設入所支援を継続させたいと思っている。

介護福祉職が現時点で行う D さんへの意思決定支援として、**最も適切なもの**を **1 つ**選びなさい。

1　母親の意思を、本人に伝える。
2　共同生活援助（グループホーム）の生活について話し合う。
3　介護福祉職の考えを、本人に伝える。
4　具体的な選択肢を用意し、選んでもらう。
5　地域生活のリスクについて説明する。

問題 90 筋萎縮性側索硬化症（amyotrophic lateral sclerosis：ALS）では出現しにくい症状として、**適切なものを 1 つ**選びなさい。

1　四肢の運動障害
2　構音障害
3　嚥下障害
4　感覚障害
5　呼吸障害

問題 91 F さん（21 歳、男性）は、交通事故による頸髄損傷（cervical cord injury）で重度の四肢麻痺になった。最近はリハビリテーションに取り組まず、周囲の人に感情をぶつけ強くあたるようになった。

介護福祉職の対応に関する次の記述のうち、**最も適切なものを 1 つ**選びなさい。

1　歩けるようになるために、諦めずに機能訓練をするように支援する。
2　トラブルが起きないように、F さんには近寄らないようにする。
3　生活態度を改めるように、F さんに厳しく注意する。
4　自分でできることに目を向けられるように、F さんを支援する。
5　障害が重いので、F さんのできることも手伝うようにする。

問題 92 G さんはパーキンソン病（Parkinson disease）と診断され、薬物療法が開始されている。立位で重心が傾き、歩行中に停止することや向きを変えることが困難である。

G さんのこの症状を表現するものとして、**最も適切なものを 1 つ**選びなさい。

1　安静時振戦
2　筋固縮
3　無動
4　寡動
5　姿勢保持障害

問題 93 障害者への理解を深めるために有効なアセスメントツールの１つであるエコマップが表すものとして、**最も適切なもの**を **1 つ**選びなさい。

1　家族との関係
2　社会との相関関係
3　認知機能
4　機能の自立度
5　日常生活動作

問題 94 「障害者総合支援法」で定める協議会に関する次の記述のうち、**最も適切なもの**を **1 つ**選びなさい。

1　当事者・家族以外の専門家で構成する。
2　療育手帳を交付する。
3　相談支援専門員を配置しなければならない。
4　国が設置する。
5　地域の実情に応じた支援体制の整備について協議を行う。

(注)「障害者総合支援法」とは、「障害者の日常生活及び社会生活を総合的に支援するための法律」のことである。

問題 95 障害者が障害福祉サービスを利用するために相談支援専門員が作成する計画として、**正しいもの**を **1 つ**選びなさい。

1　地域福祉計画
2　個別支援計画
3　サービス等利用計画
4　障害福祉計画
5　介護サービス計画

問題 96 Hさん（45歳、男性）は、脳梗塞（cerebral infarction）を発症して半年間入院した。退院してからは、障害者支援施設に入所して自立訓練を受けている。2か月ほど過ぎたが、右片麻痺（みぎかたまひ）と言語障害が残っている。妻のJさん（35歳）はパート勤務で、小学3年生の子どもがいて、将来が見えずに不安な気持ちである。

家族に対する介護福祉職の支援として、**最も適切なもの**を**1つ**選びなさい。

1 家族の不安な気持ちに寄り添い、今の課題を一緒に整理し考えていく。
2 Jさんの気持ちを最優先して方向性を決める。
3 訓練の様子を伝えるために、頻繁にJさんに施設に来てもらう。
4 家族が困っているので専門職主導で方向性を決める。
5 レスパイトケアを勧める。

令和3年度

●こころとからだのしくみ

問題 97 Kさん（83 歳、女性、要介護 1）は、3年前にアルツハイマー型認知症（dementia of the Alzheimer's type）と診断された。一人暮らしで訪問介護（ホームヘルプサービス）を利用している。金銭管理は困難であり、長男が行っている。

最近、認知症（dementia）の症状がさらに進み、訪問介護員（ホームヘルパー）がKさんの自宅を訪問すると、「通帳を長男の嫁が持っていってしまった」と繰り返し訴えるようになった。

考えられるKさんの症状として、**適切なもの**を**1つ**選びなさい。

1 もの盗られ妄想
2 心気妄想
3 貧困妄想
4 罪業妄想
5 嫉妬妄想

問題 98 Lさん（87 歳、男性、要介護 1）は、冷房が嫌いで、部屋にエアコンはない。ある夏の日の午後、訪問介護員（ホームヘルパー）が訪問すると、厚手の布団を掛けて眠っていた。布団を取ると大量の発汗があり、体温を測定すると 38.5℃であった。朝から水分しか摂取していないという。前から不眠があり、この5日間便秘が続いていたが、食欲はあったとのことである。

次のうち、体温が上昇した原因として、**最も適切なもの**を**1つ**選びなさい。

1 布団
2 発汗
3 空腹
4 不眠
5 便秘

問題 99 老化に伴う視覚機能の変化に関する次の記述のうち、**正しいものを 1 つ**選びなさい。

1　水晶体が茶色になる。
2　遠くのものが見えやすくなる。
3　明暗に順応する時間が長くなる。
4　ピントの調節が速くなる。
5　涙の量が増える。

問題 100 言葉の発音が不明瞭になる原因として、**最も適切なものを 1 つ**選びなさい。

1　唾液の分泌が増加すること
2　舌運動が活発化すること
3　口角が上がること
4　調整された義歯を使用すること
5　口唇が閉じにくくなること

問題 101 骨に関する次の記述のうち、**正しいものを 1 つ**選びなさい。

1　骨にはたんぱく質が含まれている。
2　骨のカルシウム（Ca）は老化に伴い増える。
3　骨は負荷がかかるほうが弱くなる。
4　骨は骨芽細胞によって壊される。
5　骨のカルシウム（Ca）はビタミン A（vitamin A）によって吸収が促進される。

問題 102 介護者が効率的かつ安全に介護を行うためのボディメカニクスの原則に関する次の記述のうち、**適切なものを 1 つ**選びなさい。

1　支持基底面を広くする。
2　利用者の重心を遠ざける。
3　腰がねじれた姿勢をとる。
4　重心を高くする。
5　移動時の摩擦面を大きくする。

問題 103 次のうち、三大栄養素に該当する成分として、**正しいもの**を **1 つ**選びなさい。

1 水分
2 炭水化物
3 ビタミン（vitamin）
4 ナトリウム（Na）
5 カルシウム（Ca）

問題 104 コントロール不良の糖尿病（diabetes mellitus）で高血糖時にみられる症状として、**適切なもの**を **1 つ**選びなさい。

1 振戦
2 発汗
3 口渇
4 乏尿
5 動悸

問題 105 M さん（85 歳、男性）は、通所介護（デイサービス）での入浴を楽しみにしていて、いつも時間をかけて湯につかっている。ある時、介護福祉職が、「そろそろあがりましょうか」と声をかけると、浴槽から急に立ち上がりふらついてしまった。

M さんがふらついた原因として、**最も適切なもの**を **1 つ**選びなさい。

1 体温の上昇
2 呼吸数の増加
3 心拍数の増加
4 動脈血酸素飽和度の低下
5 血圧の低下

問題 106 次のうち、ブリストル便性状スケールの普通便に該当するものとして、**最も適切なもの**を **1 つ**選びなさい。

1 水様便
2 硬い便
3 泥状便
4 コロコロ便
5 やや軟らかい便

問題 107 Aさん（65歳、女性）は、最近、熟睡できないと訴えている。Aさんの日常生活は、毎日6時に起床し、午前中は家事を行い、14時から20分の昼寝をし、16時から30分の散歩をしている。食事は朝食7時、昼食12時、夕食18時にとり、朝食のときはコーヒーを1杯飲む。21時に好きな音楽を聞きながら、夜食を満腹になる程度に食べ、21時30分に就寝している。

Aさんの訴えに対して、日常生活で改善する必要があるものとして、**最も適切なもの**を**1つ**選びなさい。

1 朝食のコーヒー
2 昼寝
3 散歩
4 音楽を聞くこと
5 就寝前の夜食

問題 108 Bさん（76歳、女性）は、病気はなく散歩が日課である。肺がん（lung cancer）の夫を長年介護し、数か月前に自宅で看取った。その体験から、死期の迫った段階では延命を目的とした治療は受けずに、自然な最期を迎えたいと願っている。

Bさんが希望する死を表す用語として、**最も適切なもの**を**1つ**選びなさい。

1 脳死
2 突然死
3 尊厳死
4 積極的安楽死
5 心臓死

●医療的ケア

問題 109 社会福祉士及び介護福祉士法で規定されている介護福祉士が実施できる経管栄養の行為として、**正しいものを 1 つ**選びなさい。

1　栄養剤の種類の変更
2　栄養剤の注入速度の決定
3　経鼻経管栄養チューブの胃内への留置
4　栄養剤の注入
5　胃ろうカテーテルの定期交換

問題 110 気管カニューレ内部の喀痰吸引（かくたんきゅういん）で、指示された吸引時間よりも長くなった場合、吸引後に注意すべき項目として、**最も適切なものを 1 つ**選びなさい。

1　体温
2　血糖値
3　動脈血酸素飽和度
4　痰（たん）の色
5　唾液の量

問題 111 呼吸器官の換気とガス交換に関する次の記述のうち、**最も適切なものを 1 つ**選びなさい。

1　換気とは、体外から二酸化炭素を取り込み、体外に酸素を排出する働きをいう。
2　呼吸運動は、主として大胸筋によって行われる。
3　1 回に吸い込める空気の量は、年齢とともに増加する。
4　ガス交換は、肺胞内の空気と血液の間で行われる。
5　筋萎縮性側索硬化症（amyotrophic lateral sclerosis：ALS）では、主にガス交換の働きが低下する。

問題 112 経管栄養で用いる半固形タイプの栄養剤の特徴に関する次の記述のうち、**最も適切なもの**を **1 つ**選びなさい。

1　経鼻経管栄養法に適している。
2　液状タイプと同じ粘稠度である。
3　食道への逆流を改善することが期待できる。
4　仰臥位（背臥位）で注入する。
5　注入時間は、液状タイプより長い。

問題 113 経管栄養で、栄養剤の注入後に白湯を経管栄養チューブに注入する理由として、**最も適切なもの**を **1 つ**選びなさい。

1　チューブ内を消毒する。
2　チューブ内の栄養剤を洗い流す。
3　水分を補給する。
4　胃内を温める。
5　栄養剤の濃度を調節する。

●総合問題

総合問題 1

次の事例を読んで、**問題 114 から問題 116 まで**について答えなさい。

〔事　例〕

Cさん（83歳、女性）は、一人暮らしで、近所に買い物に行く以外はテレビを見て過ごしている。近県に息子がいるが、仕事が忙しく、会いに来ることはあまりなかった。

ある日、息子が久しぶりに訪問すると、部屋の中がごみや衣類などで散らかっていた。病院を受診するとCさんはアルツハイマー型認知症（dementia of the Alzheimer's type）と診断され、要介護1と認定された。

Cさんは、時々、電気湯沸しポットの使い方がわからなくなって湯が出せなかったり、お茶を入れる順番がわからずに混乱する様子が見られた。

心配した息子は、介護保険サービスを利用することにした。後日、介護支援専門員（ケアマネジャー）が訪問し、介護保険サービスの利用についてCさんや息子と話し合った。週2回、訪問介護（ホームヘルプサービス）を利用することになり、介護支援専門員（ケアマネジャー）は、「自宅で、衛生的な生活ができる」をケアプランの長期目標とした。

問題 114 Cさんを担当する訪問介護員（ホームヘルパー）は、サービス提供責任者と共に訪問介護計画書を作成することになった。

次の記述の中で、短期目標として、**最も適切なもの**を **1 つ**選びなさい。

1　掃除機を利用して、1人で掃除をすることができるようになる。
2　電気湯沸しポットを使い、1人でお茶を入れることができるようになる。
3　Cさんの残存機能に着目して支援する。
4　週2回、息子にCさんの自宅を訪問してもらう。
5　訪問介護員（ホームヘルパー）と一緒に掃除をすることができるようになる。

問題 115 Cさんは、たびたび息子に電気湯沸しポットが壊れていると訴えるようになった。

　Cさんのこのような状態に該当するものとして、**適切なものを1つ**選びなさい。

1　空間認知障害
2　視覚認知障害
3　遂行機能障害
4　失認
5　観念運動失行

問題 116 Cさんの家に訪問介護員（ホームヘルパー）が通い始めて数か月が経過した頃、Cさんの息子から訪問介護員（ホームヘルパー）に以下の希望が挙げられた。

　介護保険で対応可能な支援として、**適切なものを1つ**選びなさい。

1　Cさんと息子が出かけている間に洗濯物を取り込む。
2　Cさんの処方薬を薬局で受け取る。
3　地域のお祭りにCさんと一緒に行く。
4　Cさんの部屋の壁紙を張り替える。
5　訪ねて来た親戚にお茶を入れる。

総合問題２

次の事例を読んで、**問題 117 から問題 119 まで**について答えなさい。

〔事　例〕

Dさん（70 歳、男性）は、19 歳のときに統合失調症（schizophrenia）を発症し、入退院を繰り返しながら両親と一緒に生活してきた。両親が亡くなったことをきっかけとして不安に襲われ、妄想や幻聴の症状が強く現れるようになった。そのため、兄に付き添われて精神科病院を受診し、医療保護入院となった。

現在は、入院から３年が経過し、陽性症状はほとんどなく、病棟で日中はレクリエーションに参加するなど落ち着いて生活している。

問題 117 Dさんが３年前に入院した医療保護入院の制度に関する次の記述のうち、**正しいもの**を **1 つ**選びなさい。

1　Dさんの同意による入院
2　精神保健指定医２名以上の診察の結果が、入院させなければ自傷他害の恐れがあると一致した場合の入院
3　精神保健指定医１名が診察し、入院させなければ自傷他害の恐れがあると判断した場合、72 時間以内に制限した入院
4　精神保健指定医１名が診察し、Dさんの同意が得られず、家族等１名の同意がある入院
5　精神保健指定医１名が診察し、Dさんの同意が得られず、さらに家族等の同意が得られないため 72 時間以内に制限した入院

問題 118 1年前からDさんの退院について検討が行われてきた。Dさんは退院後の生活に対する不安があり、「帰る家がない」、「顔見知りの患者や職員がいるのでここを離れたくない」と退院には消極的であった。しかし、Dさんと仲のよい患者が、退院し施設入所したことをきっかけに退院を考えるようになった。

Dさんは、整容、入浴、排泄（はいせつ）、食事、移動は見守りがあればできる。また、介護福祉職の助言を受ければ、日用品などを買うことはできる。経済状況は、障害基礎年金2級と生活保護を受給している。要介護認定を受けたところ、要介護1と認定された。

Dさんの退院先の候補になる施設として、**最も適切なものを1つ**選びなさい。

1　養護老人ホーム
2　老人福祉センター
3　更生施設
4　地域生活定着支援センター
5　介護老人福祉施設

令和3年度

問題 119 Dさんは施設への入所が決まり、うれしそうに退院の準備をするようになった。ある夜、1人で荷物の整理をしていたときに転んでしまい、顔を強打して大きなあざができた。後遺症はないことがわかったが、Dさんは自信をなくし、介護福祉職に、「これでは施設も自分を受け入れてくれないだろう」と言い、「施設入所がうれしくて早く準備がしたかった」と話した。

そばに寄り添い、Dさんの話を聴き終えた介護福祉職が、「施設入所がうれしくて、早く準備をしたかったのですね」と言うと、Dさんは、「退院を諦めていたけど、自分にも暮らせる場所があると思った」とやりたいことや夢を語り出した。

介護福祉職が行ったコミュニケーション技術として、**最も適切なものを1つ**選びなさい。

1　あいづち
2　言い換え
3　要約
4　繰り返し
5　閉じられた質問

総合問題３

次の事例を読んで、**問題 120 から問題 122 まで**について答えなさい。

〔事　例〕

Ｅさん（35 歳、男性）は、1 年前に筋萎縮性側索硬化症（amyotrophic lateral sclerosis：ALS）と診断された。当初の症状としては、ろれつが回らず、食べ物の飲み込みが悪くなり、体重の減少がみられた。

その後、Ｅさんの症状は進行し、同居している両親から介護を受けて生活をしていたが、両親の介護負担が大きくなったため、障害福祉サービスを利用することになった。障害支援区分の認定を受けたところ、障害支援区分 3 になった。Ｅさんは訪問介護員（ホームヘルパー）から食事や入浴の介護を受けて自宅で生活をしている。

問題 120　Ｅさんが病院を受診するきっかけになった症状に該当するものとして、**最も適切なもの**を **1 つ**選びなさい。

1　対麻痺（ついまひ）
2　単麻痺（たんまひ）
3　球麻痺（きゅうまひ）
4　安静時振戦
5　間欠性跛行（かんけつせいはこう）

問題 121　ある日、Ｅさんの自宅を訪問した訪問介護員（ホームヘルパー）は、Ｅさんの両親から、「これまでＥは話をするのが難しく、筆談で意思を聞いてきたが、ペンを持つのが難しくなってきた」と聞いた。確かにＥさんは、発話や字を書くことは困難な様子だが、目はよく動いている。

次のうち、今後、Ｅさんが家族とコミュニケーションをとるときに使うことのできる道具として、**最も適切なもの**を **1 つ**選びなさい。

1　ホワイトボード
2　絵や写真
3　透明文字盤
4　拡声器
5　補聴器

問題 122 ３年後、Ｅさんの症状はさらに進行し、障害支援区分６になった。Ｅさんはこれまでどおり、自宅での生活を希望し、Ｅさんの両親は障害福祉サービスを利用しながら最期まで自宅でＥさんの介護を行うことを希望している。

Ｅさんと両親の希望の実現に向けて、現在の状態からＥさんが利用するサービスとして、**最も適切なもの**を **１ つ**選びなさい。

1　育成医療
2　就労定着支援
3　共同生活援助（グループホーム）
4　行動援護
5　重度訪問介護

総合問題４

次の事例を読んで、**問題 123 から問題 125 まで**について答えなさい。

〔事　例〕

Ｆさん（50 歳、女性、障害支援区分 5）は、アテトーゼ型（athetosis）の脳性麻痺（cerebral palsy）による四肢・体幹機能障害がある。居宅介護を利用し、入浴の支援を受けながら母親（79 歳）と暮らしていた。Ｆさんは障害基礎年金１級を受給していて、Ｆさん名義の貯蓄がある。金銭管理は母親が行っていた。

Ｆさんは、3 年前に誤嚥性肺炎（aspiration pneumonia）で入院したことがある。言語障害があり、慣れた人でないと言葉が聞き取りにくい。自宅では車いすに乗り、足で床を蹴って移動し、屋外は母親が車いすを押していた。Ｆさんは自宅内の移動以外の日常生活については、母親から全面的に介護を受けて生活していた。

最近、日中活動の場と短期入所（ショートステイ）の利用について、市の障害福祉課に相談するようになった。

ところが、母親が持病の心疾患（heart disease）で亡くなり、市の障害福祉課がＦさんと当面の生活について検討することになった。

Ｆさんは１人で生活することは難しいと思い、施設入所を希望している。

問題 123 Ｆさんの脳性麻痺（cerebral palsy）の特徴に関する次の記述のうち、**最も適切なもの**を **１ つ**選びなさい。

1　強い筋緊張から、四肢の突っ張りが強い。
2　不随意運動が生じて、運動コントロールが困難になる。
3　文字の読みの不正確さがあり、読んだ内容を理解しにくい。
4　動作は緩慢で、表情が乏しくなる。
5　着衣失行が生じる。

令和3年度

問題 124 Ｆさんは、障害者支援施設に入所できることになり、アセスメント（assessment）が行われた。

相談支援専門員は、Ｆさんの希望をもとに、これまでの生活状況と身体の様子等から、もう少し本人にできることがあるのではないかと考え、「障害者支援施設で施設入所支援と生活介護を利用しながら、将来の生活を考える」という方針を立てた。また、長期目標を、「自分に適した介護を受けながら、様々な生活経験を積む」とした。

Ｆさんの短期目標として、**最も適切なもの**を **1 つ**選びなさい。

1　入浴時に自分でからだを洗えるようになる。
2　毎日字を書く練習を行い、筆談で会話ができるようになる。
3　施設内は、車いす介助を受けながら安全に移動する。
4　経管栄養で食事がとれるようになる。
5　日中活動として外出や興味のあるグループ活動に参加する。

問題 125 入所してから３か月が経ち、支援の見直しが行われた。

Ｆさんは施設生活にも慣れ、相談できる人も増えている。また、「自分でお小遣いを使えるようになりたい」と言い、外出時に必要なお金を介護福祉職と一緒に考えるようになった。将来の地域生活を考えて、社会福祉協議会の金銭管理に切り替えることが検討された。

Ｆさんが活用できる社会福祉協議会が行う金銭管理として、**最も適切なもの**を **1 つ**選びなさい。

1　日常生活自立支援事業
2　生活福祉資金
3　自立訓練
4　生活困窮者家計改善支援事業
5　自発的活動支援事業

令和２年度（第33回）

介護福祉士試験問題

午前　10：00 ～ 11：50

人間と社会
- 人間の尊厳と自立
- 人間関係とコミュニケーション
- 社会の理解

介護
- 介護の基本
- コミュニケーション技術
- 生活支援技術
- 介護過程

午後　13：45 ～ 15：35

こころとからだのしくみ
- 発達と老化の理解
- 認知症の理解
- 障害の理解
- こころとからだのしくみ

医療的ケア
- 医療的ケア

総合問題

※筆記試験は、午前、午後に科目を分けて行われます。

●人間の尊厳と自立

問題 1 人権や福祉の考え方に影響を与えた人物に関する次の記述のうち、**正しいものを 1 つ**選びなさい。

1 リッチモンド（Richmond,M.）は、『ソーシャル・ケース・ワークとは何か』をまとめ、現在の社会福祉、介護福祉に影響を及ぼした。

2 フロイト（Freud,S.）がまとめた『種の起源』の考え方は、後の「優生思想」につながった。

3 マルサス（Malthus,T.）は、人間の無意識の研究を行って、『精神分析学入門』をまとめた。

4 ヘレン・ケラー（Keller,H.）は、『看護覚え書』の中で「療養上の世話」を看護の役割として示した。

5 ダーウィン（Darwin,C.）は、『人口論』の中で貧困原因を個人の人格の問題とした。

問題 2 自宅で生活しているＡさん（87 歳、男性、要介護 3）は、7 年前に脳梗塞（cerebral infarction）で左片麻痺（ひだりかたまひ）となり、訪問介護（ホームヘルプサービス）を利用していた。Ａさんは食べることを楽しみにしていたが、最近、食事中にむせることが多くなり、誤嚥（ごえん）を繰り返していた。誤嚥（ごえん）による緊急搬送の後、医師は妻に、「今後も自宅で生活を続けるならば、胃ろうを勧める」と話した。妻は仕方がないと諦めていたが、別に暮らしている長男は胃ろうの造設について納得していなかった。長男が実家を訪れるたびに、Ａさんの今後の生活をめぐって口論が繰り返されていた。妻は訪問介護員（ホームヘルパー）にどうしたらよいか相談した。

介護福祉職の職業倫理に基づく対応として、**最も適切なものを 1 つ**選びなさい。

1 「医療的なことについては発言できません」

2 「医師の判断なら、それに従うのが良いと思います」

3 「Ａさん自身は、どのようにお考えなのでしょうか」

4 「息子さんの気持ちより、一緒に暮らす奥さんの気持ちが優先されますよ」

5 「息子さんと一緒に、医師の話を聞きに行ってみてください」

●人間関係とコミュニケーション

問題 3 人間関係における役割葛藤の例として、**適切なもの**を **1 つ**選びなさい。

1　就労継続支援B型の利用者が、生活支援員の期待に応えようとして作業態度をまねる。
2　家族介護者が、仕事と介護の両立への期待に応えられるかどうか悩む。
3　通所介護（デイサービス）の利用者が、レクリエーションを楽しんでいる利用者の役を演じる。
4　就労移行支援の利用者が、採用面接の模擬訓練中にふざけて冗談を言ってしまう。
5　高齢者が、家事を行う家族に代わり、孫の遊び相手の役割を担う。

問題 4 Bさん（80歳、男性）は、訪問介護（ホームヘルプサービス）を利用しながら自宅で一人暮らしをしている。最近、自宅で転倒してから、一人で生活をしていくことに不安を持つこともある。訪問介護員（ホームヘルパー）がBさんに、「お一人での生活は大丈夫ですか。何か困っていることはありませんか」と尋ねたところ、Bさんは、「大丈夫」と不安そうな表情で答えた。

Bさんが伝えようとしたメッセージに関する次の記述のうち、**最も適切なもの**を **1 つ**選びなさい。

1　言語メッセージと同じ内容を非言語メッセージで強調している。
2　言語で伝えた内容を非言語メッセージで補強している。
3　言語の代わりに非言語だけを用いてメッセージを伝えている。
4　言語メッセージと矛盾する内容を非言語メッセージで伝えている。
5　非言語メッセージを用いて言葉の流れを調整している。

●社会の理解

問題 5 家族の変容に関する2015年（平成27年）以降の動向として、**最も適切なもの**を**1つ**選びなさい。

1 1世帯当たりの人数は、全国平均で3.5人を超えている。
2 核家族の中で、「ひとり親と未婚の子」の世帯が増加している。
3 50歳時の未婚割合は、男性よりも女性のほうが高い。
4 65歳以上の人がいる世帯では、単独世帯が最も多い。
5 結婚して20年以上の夫婦の離婚は、減少している。

（注）「50歳時の未婚割合」とは、45～49歳の未婚率と50～54歳の未婚率の平均であり、「生涯未婚率」とも呼ばれる。

問題 6 次のうち、セルフヘルプグループ（self-help group）に該当するものとして、**最も適切なもの**を**1つ**選びなさい。

1 町内会
2 学生自治会
3 患者会
4 専門職団体
5 ボランティア団体

問題 7 次のうち、福祉三法に続いて制定され、福祉六法に含まれるようになった法律として、**正しいもの**を**1つ**選びなさい。

1 社会福祉法
2 地域保健法
3 介護保険法
4 老人福祉法
5 障害者基本法

問題 8 2017年度（平成29年度）の社会保障給付費に関する次の記述のうち、**正しいもの**を**1つ**選びなさい。

1 国の一般会計当初予算は、社会保障給付費を上回っている。
2 介護対策の給付費は、全体の30％を超えている。
3 年金関係の給付費は、全体の40％を超えている。
4 医療関係の給付費は、前年度より減少している。
5 福祉その他の給付費は、前年度より減少している。

問題 9 介護保険法の保険者として、**正しいもの**を**1つ**選びなさい。

1　社会保険診療報酬支払基金
2　市町村及び特別区
3　国民健康保険団体連合会
4　厚生労働省
5　日本年金機構

問題 10 介護保険制度の利用に関する次の記述のうち、**最も適切なもの**を**1つ**選びなさい。

1　要介護認定は、介護保険被保険者証の交付の前に行う。
2　要介護認定には、主治医の意見書は不要である。
3　要介護認定の審査・判定は、市町村の委託を受けた医療機関が行う。
4　居宅サービス計画の作成は、原則として要介護認定の後に行う。
5　要介護者の施設サービス計画の作成は、地域包括支援センターが行う。

問題 11 Cさん（75歳、男性、要支援2）は、訪問介護（ホームヘルプサービス）を利用して一人暮らしをしていた。最近、脳梗塞（cerebral infarction）を起こして入院した。入院中に認知症（dementia）と診断された。退院時の要介護度は2で、自宅での生活継続に不安があったため、Uグループホームに入居することになった。

Uグループホームの介護支援専門員（ケアマネジャー）が行うこととして、**最も適切なもの**を**1つ**選びなさい。

1　訪問介護（ホームヘルプサービス）を継続して受けるために、Cさんを担当していた地域包括支援センターに連絡する。
2　Uグループホームに入居するときに、認知症対応型共同生活介護計画を作成する。
3　地域の居宅介護支援事業所に、Cさんのケアプランを作成するように依頼する。
4　認知症対応型共同生活介護計画の作成をするときに、認知症（dementia）があるCさんへの説明と同意を省略する。
5　日中の活動を充実するために、地域の通所介護（デイサービス）の利用をケアプランに入れる。

（注）ここでいう「グループホーム」とは、「認知症対応型共同生活介護事業所」のことである。

問題 12 ノーマライゼーション（normalization）を説明する次の記述のうち、**最も適切なもの**を **1 つ**選びなさい。

1　福祉、保健、医療などのサービスを総合的に利用できるように計画すること。
2　家族、近隣、ボランティアなどによる支援のネットワークのこと。
3　利用者自身が問題を解決していく力を獲得していくこと。
4　障害があっても地域社会の一員として生活が送れるように条件整備をすること。
5　利用者の心身の状態やニーズを把握すること。

問題 13 D さん（64 歳、女性、障害支援区分 4、身体障害者手帳 2 級）は、「障害者総合支援法」の居宅介護を利用して生活している。この居宅介護事業所は、共生型サービスの対象となっている。

D さんは 65 歳になった後のサービスについて心配になり、担当の居宅介護職員に、「65 歳になっても今利用しているサービスは使えるのか」と尋ねてきた。

居宅介護事業所の対応として、**最も適切なもの**を **1 つ**選びなさい。

1　D さんは障害者なので介護保険サービスを利用することはないと伝える。
2　障害者の場合は 75 歳になると介護保険サービスに移行すると伝える。
3　現在利用しているサービスを継続して利用することができると伝える。
4　継続して利用できるかどうか 65 歳になった後で検討すると伝える。
5　介護予防のための通所介護（デイサービス）を利用することになると伝える。

（注）「障害者総合支援法」とは、「障害者の日常生活及び社会生活を総合的に支援するための法律」のことである。

問題 14「障害者総合支援法」の障害者の定義に関する次の記述のうち、**適切なもの**を **1 つ**選びなさい。

1　18 歳以上の者である。
2　65 歳未満の者である。
3　難病患者は除外されている。
4　発達障害者は除外されている。
5　精神作用物質による依存症の者は除外されている。

（注）「障害者総合支援法」とは、「障害者の日常生活及び社会生活を総合的に支援するための法律」のことである。

問題 15「障害者総合支援法」のサービスを利用するための障害支援区分を判定する組織として、**正しいものを 1 つ**選びなさい。

1 身体障害者更生相談所
2 協議会
3 基幹相談支援センター
4 居宅介護事業所
5 市町村審査会

(注)「障害者総合支援法」とは、「障害者の日常生活及び社会生活を総合的に支援するための法律」のことである。

問題 16「高齢者虐待防止法」に関する次の記述のうち、**適切なものを 1 つ**選びなさい。

1 養護者及び養介護施設従事者等が行う行為が対象である。
2 虐待の類型は、身体的虐待、心理的虐待、経済的虐待の三つである。
3 虐待を発見した場合は、施設長に通報しなければならない。
4 立ち入り調査を行うときは、警察官の同行が義務づけられている。
5 通報には、虐待の事実確認が必要である。

(注)「高齢者虐待防止法」とは、「高齢者虐待の防止、高齢者の養護者に対する支援等に関する法律」のことである。

●介護の基本

問題 17「2016 年（平成 28 年）国民生活基礎調査」（厚生労働省）における、同居の主な介護者の悩みやストレスの原因として、**最も多いものを 1 つ**選びなさい。

1 家族の病気や介護
2 自分の病気や介護
3 家族との人間関係
4 収入・家計・借金等
5 自由にできる時間がない

問題 18 「価値のある社会的役割の獲得」を目指すソーシャルロール・バロリゼーション（Social Role Valorization）を提唱した人物として、**正しいものを 1 つ**選びなさい。

1　バンク－ミケルセン（Bank-Mikkelsen,N.）
2　ヴォルフェンスベルガー（Wolfensberger,W.）
3　メイヤロフ（Mayeroff,M.）
4　キットウッド（Kitwood,T.）
5　ニィリエ（Nirje,B.）

問題 19 ICF（International Classification of Functioning, Disability and Health：国際生活機能分類）における環境因子を表す記述として、**最も適切なものを 1 つ**選びなさい。

1　アルツハイマー型認知症（dementia of the Alzheimer's type）である。
2　糖尿病（diabetes mellitus）があるため服薬をしている。
3　医者嫌いである。
4　町内会の会長を務めていた。
5　娘が近隣に住み、毎日訪問している。

問題 20 利用者の自立生活支援・重度化防止のための見守り的援助に関する次の記述のうち、**最も適切なものを 1 つ**選びなさい。

1　ごみの分別がわからない利用者だったので、その場でごみを分別した。
2　利用者の自宅の冷蔵庫の中が片づいていないので、整理整頓した。
3　トイレ誘導した利用者の尿パッドを、本人に配慮して無言で取り替えた。
4　服薬時に、薬を飲むように促して、そばで確認した。
5　利用者が居間でテレビを見ているそばで、洗濯物を畳んだ。

問題 21 高齢者のリハビリテーションに関する次の記述のうち、**最も適切なものを 1 つ**選びなさい。

1　機能訓練は、1 回の量を少なくして複数回に分けて行う。
2　基本的な動作を行う訓練は、物理療法である。
3　関節障害のある人の筋力訓練は、関節を積極的に動かすことが効果的である。
4　パーキンソン病（Parkinson disease）の人の訓練では、体幹をひねることは避ける。
5　関節リウマチ（rheumatoid arthritis）の人の訓練は、朝に行うことが効果的である。

問題 22 施設利用者の多様な生活に配慮した介護福祉職の対応として、**最も適切なもの**を **1 つ**選びなさい。

1　夜型の生活習慣がある人に、施設の就寝時刻に合わせてもらった。
2　化粧を毎日していた人に、シーツが汚れるため、化粧をやめてもらった。
3　本に囲まれた生活をしてきた人に、散乱している本を捨ててもらった。
4　自宅で畳に布団を敷いて寝ていた人に、ベッドで寝てもらった。
5　自宅で夜間に入浴をしていた人に、夕食後に入浴してもらった。

問題 23 介護医療院に関する次の記述のうち、**最も適切なもの**を **1 つ**選びなさい。

1　入所できるのは要介護 3 以上である。
2　介護医療院の開設は市町村から許可を受けなければならない。
3　入所者のためのレクリエーション行事を行うように努める。
4　入所者一人当たりの床面積は、介護老人福祉施設と同じ基準である。
5　サービス管理責任者を 1 名以上置かなければならない。

問題 24 E さん（女性、82 歳、要介護 1）は、夫（80 歳）と二人暮らしである。膝の痛みがあるが、夫の介助があれば外出は可能である。最近 E さん宅は、玄関、トイレ、浴室に手すりを設置している。E さんは料理が趣味で、近所のスーパーで食材を自分で選び、購入し、食事の用意をしたいと思っている。こうした中、E さん宅で介護支援専門員（ケアマネジャー）が関係職種を招集してサービス担当者会議を開くことになった。

E さんの思いに添ったサービスの提案として**最も適切なもの**を **1 つ**選びなさい。

1　訪問介護員（ホームヘルパー）による調理の生活援助の利用
2　介護支援専門員（ケアマネジャー）の手配による配食サービスの利用
3　社会福祉協議会の生活支援員による日常生活自立支援事業の活用
4　福祉用具専門相談員の助言による四輪歩行車の利用
5　通所介護（デイサービス）の職員による入浴サービスの利用

問題 25 介護施設におけるプライバシーの保護として、**最も適切なものを 1 つ**選びなさい。

1 ユニット型施設は個室化が推進されているため、各居室で食事をしてもらった。
2 個々の利用者の生活歴の情報を、ルールに従って介護職員間で共有した。
3 個人情報記録のファイルを、閲覧しやすいように机の上に置いたままにした。
4 着衣失行があるため、トイレのドアを開けたままで排泄(はいせつ)の介護を行った。
5 家庭内の出来事や会話の内容は、情報に含まれないため記録しなかった。

問題 26 ハインリッヒ（Heinrich,H.）の法則に関する記述として、**最も適切なものを 1 つ**選びなさい。

1 機能障害、能力障害、社会的不利という障害をとらえるための分類である。
2 人間の自己実現に向けた欲求を5つの階層で示したものである。
3 一つの重大事故の背景には、多くの軽微な事故とヒヤリハットが存在する。
4 患者が余命を知らされてから死を受容するまでの心理的プロセスである。
5 生活課題を抱えた人の支援をする上で必要な7つの原則である。

●コミュニケーション技術

問題 27 介護福祉職が利用者と信頼関係を形成するためのコミュニケーション技術として、**最も適切なものを 1 つ**選びなさい。

1 利用者の意見に賛成できなくても同意する。
2 「○○ちゃん」と親しみを込めてお互いを呼び合う。
3 介護福祉職からは質問をせずに受け身の姿勢で聞く。
4 介護福祉職の価値判断に従ってもらう。
5 介護福祉職自身の感情の動きも意識しながら関わる。

次の事例を読んで、**問題 28、問題 29** について答えなさい。

〔事　例〕

Fさん（85歳、女性）は中等度の認知症（dementia）がある。同居していた娘の支援を受けて生活してきたが、症状が進行してきたために、介護老人福祉施設への入所が決まった。

入所当日、介護福祉職はFさんの付き添いで来た娘に初めて会った。介護福祉職が、「はじめまして。よろしくお願いします」と挨拶をすると、娘は少し緊張した様子で、「お願いします」とだけ答えた。娘は、介護福祉職の問いかけに応えるまで時間がかかり、また、あまり多くを語ることはなかった。

持参した荷物の整理を終えて帰宅するとき、娘が寂しそうに、「これから離れて暮らすんですね」とつぶやいた。

問題 28 初対面の娘と関係を構築するために介護福祉職がとる対応として、**最も適切なもの**を **1 つ**選びなさい。

1　友人のような口調で話す。
2　相手のペースに合わせて、表情を確認しながら話す。
3　会話が途切れないように積極的に話す。
4　密接距離を確保してから話す。
5　スキンシップを用いながら話す。

問題 29 帰宅するときの娘の発言に対する、介護福祉職の共感的な言葉かけとして、**最も適切なもの**を **1 つ**選びなさい。

1「心配しなくても大丈夫ですよ」
2「私も寂しい気持ちは一緒です」
3「元気を出して、お母さんの前では明るく笑顔でいましょう」
4「お母さんに毎日会いに来てください」
5「お母さんと離れて暮らすと寂しくなりますね」

問題 30 Gさん（55歳、男性）は父親と二人で暮らしている。父親は週２回通所介護（デイサービス）を利用している。Gさんは、父親が夜に何度も起きるために睡眠不足となり、仕事でミスが続き退職を決意した。

ある日、Gさんが介護福祉職に、「今後の生活が不安だ。通所介護（デイサービス）の利用をやめたいと考えている」と話した。

Gさんが、「利用をやめたい」と言った背景にある理由を知るためのコミュニケーションとして、**最も適切なもの**を **1 つ**選びなさい。

1　開かれた質問をする。
2　「はい」「いいえ」で答えられる質問をする。
3　介護福祉職のペースに合わせて話してもらう。
4　事実と異なることは、訂正しながら聞く。
5　相手が話したくないことは、推測して判断する。

問題 31 利用者と家族の意向が対立する場面で、介護福祉職が両者の意向を調整するときの留意点として、**最も適切なもの**を **1 つ**選びなさい。

1　両者が話し合いを始めるまで発言しない。
2　利用者に従うように家族を説得する。
3　利用者と家族のそれぞれの意見を聞く。
4　家族の介護負担の軽減を目的にして調整する。
5　他職種には相談せずに解決する。

問題 32 運動性失語症（motor aphasia）のある人とコミュニケーションを図るときの留意点として、**最も適切なもの**を **1 つ**選びなさい。

1　絵や写真を使って反応を引き出す。
2　大きな声で１音ずつ区切って話す。
3　手話を使うようにする。
4　五十音表でひらがなを指してもらう。
5　閉ざされた質問は控える。

問題 33 介護記録を書くときの留意点として、**最も適切なもの**を **1 つ**選びなさい。

1　数日後に書く。
2　客観的事実と主観的情報は区別せずに書く。
3　ほかから得た情報は情報源も書く。
4　利用者の気持ちだけを推測して書く。
5　介護福祉職の意見を中心に書く。

問題 34 報告者と聞き手の理解の相違をなくすための聞き手の留意点として、**最も適切なもの**を **1 つ**選びなさい。

1　受け身の姿勢で聞く。
2　腕組みをしながら聞く。
3　同調しながら聞く。
4　不明な点を確認しながら聞く。
5　ほかの業務をしながら聞く。

●生活支援技術

問題 35 次の記述のうち、古い住宅で暮らす高齢者が、ヒートショックを防ぐために必要な環境整備の方法として、**最も適切なもの**を **1 つ**選びなさい。

1　居室の室温を低くする。
2　脱衣室の照明を明るくする。
3　トイレに床置き式の小型のパネルヒーターを置く。
4　入浴直前に浴槽の湯温を 60℃にし、蒸気を立てる。
5　24 時間換気システムを導入する。

問題 36 高齢者にとって安全で使いやすい扉の工夫として、**最も適切なもの**を **1 つ**選びなさい。

1　トイレの扉は内開きにする。
2　開き戸は杖(つえ)の使用者が移動しやすい。
3　引き戸は開閉の速度が速くなる。
4　アコーディオンドアは気密性が高い。
5　引き戸の取っ手は棒型にする。

問題 37 下肢の筋力が低下して、つまずきやすくなった高齢者に適した靴として、**最も適切なもの**を **1 つ**選びなさい。

1　靴底の溝が浅い靴
2　靴底が薄く硬い靴
3　足の指が固定される靴
4　足背をしっかり覆う靴
5　重い靴

問題 38 介護が必要な利用者の口腔ケアに関する次の記述のうち、**最も適切なものを 1 つ**選びなさい。

1 うがいができる場合には、ブラッシング前にうがいをする。
2 歯磨きは、頭部を後屈させて行う。
3 部分床義歯のクラスプ部分は、流水で軽く洗う。
4 全部の歯がない利用者には、硬い毛の歯ブラシを使用する。
5 舌の清拭は、手前から奥に向かって行う。

問題 39 口腔内が乾燥している人への助言に関する次の記述のうち、**最も適切なものを 1 つ**選びなさい。

1 苦味の強い食べ物を勧める。
2 臥床時は仰臥位（背臥位）で枕を使用しないように勧める。
3 水分は控えるように勧める。
4 唾液腺マッサージをするように勧める。
5 ジェルタイプの保湿剤は、前回塗った上に重ねて塗るように勧める。

問題 40 介護福祉職が利用者を仰臥位（背臥位）から側臥位へ体位変換するとき、図に示された力点の部位として、**適切なものを 1 つ**選びなさい。

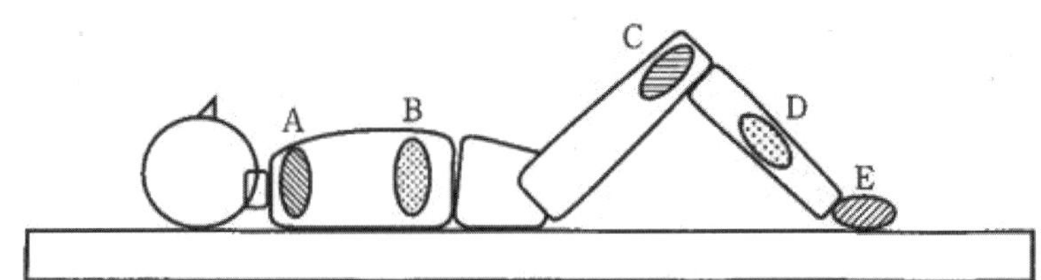

1 AとC
2 AとD
3 BとC
4 BとD
5 BとE

問題 41 標準型車いすを用いた移動の介護に関する次の記述のうち、**最も適切なものを 1 つ**選びなさい。

1　急な上り坂は、すばやく進む。
2　急な下り坂は、前向きで進む。
3　踏切を渡るときは、前輪を上げて駆動輪でレールを越えて進む。
4　段差を上がるときは、前輪を上げて進み駆動輪が段差に接する前に前輪を下ろす。
5　砂利道では、駆動輪を持ち上げて進む。

問題 42 Hさん（35 歳、男性）は 6 か月前、高所作業中に転落し、第 6 胸髄節（Th6）を損傷した。リハビリテーション後、車いすを利用すれば日常生活を送ることができる状態になっている。

Hさんの身体機能に応じた車いすの特徴として、**最も適切なものを 1 つ**選びなさい。

1　ヘッドサポートを装着している。
2　ハンドリムがないタイヤを装着している。
3　レバーが長いブレーキを装着している。
4　片手で駆動できるハンドリムを装着している。
5　腰部までのバックサポートを装着している。

問題 43 Jさん（80 歳、女性、要介護 3）は、介護老人福祉施設に入所している。食事の後、Jさんから、「最近、飲み込みにくくなって時間がかかる」と相談された。受診の結果、加齢による機能低下が疑われると診断された。

次の記述のうち、Jさんが食事をするときの介護福祉職の対応として、**最も適切なものを 1 つ**選びなさい。

1　リクライニングのいすを用意する。
2　栄養価の高い食事を準備する。
3　食前に嚥下（えんげ）体操（たいそう）を勧める。
4　自力で全量を摂取できるように促す。
5　細かく刻んだ食事を提供する。

問題 44 慢性閉塞性肺疾患（chronic obstructive pulmonary disease）のある利用者の食事に関する次の記述のうち、**最も適切なもの**を **1 つ**選びなさい。

1　繊維質の多い芋類を食事に取り入れる。
2　炭酸飲料で水分補給をする。
3　たんぱく質の多い食事は控える。
4　高カロリーの食事は控える。
5　一回の食事量を減らし、回数を増やす。

問題 45 入浴の身体への作用を踏まえた介護福祉職の対応として、**最も適切なもの**を **1 つ**選びなさい。

1　浮力作用があるため、食後すぐの入浴は避ける。
2　浮力作用があるため、入浴中に関節運動を促す。
3　静水圧作用があるため、入浴後に水分補給をする。
4　静水圧作用があるため、入浴前にトイレに誘導する。
5　温熱作用があるため、お湯につかる時間を短くする。

問題 46 四肢麻痺の利用者の手浴に関する次の記述のうち、**最も適切なもの**を **1 つ**選びなさい。

1　仰臥位（背臥位）で行う。
2　手指は、30 分以上お湯に浸す。
3　手関節を支えながら洗う。
4　指間は、強く洗う。
5　指間は、自然乾燥させる。

問題 47 利用者の状態に応じた清潔の介護に関する次の記述のうち、**最も適切なもの**を **1 つ**選びなさい。

1　乾燥性皮膚疾患がある場合、弱アルカリ性の石鹸で洗う。
2　人工透析をしている場合、柔らかいタオルでからだを洗う。
3　褥瘡がある場合、石鹸をつけた指で褥瘡部をこすって洗う。
4　糖尿病性神経障害（diabetic neuropathy）がある場合、足の指の間はナイロンたわしで洗う。
5　浮腫のある部位は、タオルを強く押し当てて洗う。

問題 48 Kさん（72歳、女性、要介護2）は、脳梗塞（cerebral infarction）で入院したが回復し、自宅への退院に向けてリハビリテーションに取り組んでいる。トイレへは手すりを使って移動し、トイレ動作は自立している。退院後も自宅のトイレでの排泄（はいせつ）を希望している。

Kさんが自宅のトイレで排泄（はいせつ）を実現するために必要な情報として、**最も優先されるもの**を**1つ**選びなさい。

1　便意・尿意の有無
2　飲食の状況
3　衣服の着脱の様子
4　家族介護者の有無
5　トイレまでの通路の状況

問題 49 自己導尿を行っている利用者に対する介護福祉職の対応として、**最も適切なもの**を**1つ**選びなさい。

1　座位が不安定な場合は、体を支える。
2　利用者が自己導尿を行っている間は、そばで見守る。
3　利用者と一緒にカテーテルを持ち、挿入する。
4　再利用のカテーテルは水道水で洗い、乾燥させる。
5　尿の観察は利用者自身で行うように伝える。

問題 50 下肢筋力の低下により立位に一部介助が必要な車いすの利用者が、トイレで排泄（はいせつ）をするときの介護として、**最も適切なもの**を**1つ**選びなさい。

1　便座の高さは、利用者の膝よりも低くなるように調整する。
2　便座に移乗する前に、車いすのバックサポートに寄りかかってもらう。
3　車いすから便座に移乗するときは、利用者の上腕を支える。
4　利用者が便座に移乗したら、座位が安定していることを確認する。
5　立ち上がる前に、下着とズボンを下腿部（かたいぶ）まで下げておく。

問題 51 図の洗濯表示の記号の意味として、**正しいもの**を **1 つ**選びなさい。

1　液温は 30℃以上とし、洗濯機で洗濯ができる。
2　液温は 30℃以上とし、洗濯機で弱い洗濯ができる。
3　液温は 30℃以上とし、洗濯機で非常に弱い洗濯ができる。
4　液温は 30℃を上限とし、洗濯機で弱い洗濯ができる。
5　液温は 30℃を上限とし、洗濯機で非常に弱い洗濯ができる。

問題 52 衣服についたバターのしみを取るための処理方法に関する次の記述のうち、**適切なもの**を **1 つ**選びなさい。

1　水で洗い流す。
2　しみに洗剤を浸み込ませて、布の上に置いて叩(たた)く。
3　乾かした後、ブラッシングする。
4　氷で冷やしてもむ。
5　歯磨き粉をつけてもむ。

問題 53 食中毒の予防に関する次の記述のうち、**最も適切なもの**を **1 つ**選びなさい。

1　鮮魚や精肉は、買物の最初に購入する。
2　冷蔵庫の食品は、隙間(すきま)なく詰める。
3　作って保存しておく食品は、広く浅い容器に入れてすばやく冷ます。
4　再加熱するときは、中心部温度が 60℃で 1 分間行う。
5　使い終わった器具は、微温湯をかけて消毒する。

問題 54 喘息(ぜんそく)のある利用者の自宅の掃除に関する次の記述のうち、**適切なもの**を **1 つ**選びなさい。

1　掃除機をかける前に吸着率の高いモップで床を拭く。
2　掃除は低い所から高い所へ進める。
3　拭き掃除は往復拭きをする。
4　掃除機の吸い込み口はすばやく動かす。
5　掃除は部屋の出入口から奥へ向かって進める。

問題 55 ベッドに比べて畳の部屋に布団を敷いて寝る場合の利点について、**最も適切なもの**を **1 つ**選びなさい。

1　布団に湿気がこもらない。
2　立ち上がりの動作がしやすい。
3　介護者の負担が少ない。
4　床からの音や振動が伝わりにくい。
5　転落の不安がない。

問題 56 睡眠の環境を整える介護として、**最も適切なもの**を **1 つ**選びなさい。

1　寝具を選ぶときは、保湿性を最優先する。
2　湯たんぽを使用するときは、皮膚に直接触れないようにする。
3　寝室の温度は、1年を通して15℃前後が望ましい。
4　枕は、顎が頸部（けいぶ）につくぐらいの高さにする。
5　就寝中の電気毛布は、スイッチを切る必要がない。

問題 57 Lさん（78歳、男性）は、脳梗塞後遺症による右片麻痺（みぎかたまひ）がある。妻の介護疲れで、3日前から介護老人保健施設の短期入所療養介護（ショートステイ）を利用している。入所以降、Lさんは日中もベッドで横になっていることが多かったため、介護福祉職がLさんに話を聞くと、「夜、眠れなくて困っている」と訴えた。

介護福祉職のLさんへの対応として、**最も適切なもの**を **1 つ**選びなさい。

1　施設の起床時間や消灯時間をわかりやすく伝える。
2　眠ろうとする意志が大切だと説明する。
3　自宅での睡眠の状況について詳しく尋ねる。
4　日中の睡眠の必要性を伝える。
5　睡眠薬の服用について提案する。

問題 58 「人生の最終段階における医療・ケアの決定プロセスに関するガイドライン」（2018 年（平成 30 年）改訂（厚生労働省））において、アドバンス・ケア・プランニング（ACP）が重要視されている。このアドバンス・ケア・プランニング（ACP）を踏まえた、人生の最終段階を迎えようとする人への介護福祉職の言葉かけとして、**最も適切なもの**を **1 つ**選びなさい。

1 「生活上の悩みごとは、近くの地域包括支援センターに相談できます」
2 「今後の医療とケアについては、家族が代わりに決めるので安心です」
3 「今後の生活について、家族や医療・介護職員と一緒に、その都度話し合っていきましょう」
4 「口から食べることができなくなったら、介護職員に相談してください」
5 「意思を伝えられなくなったら、成年後見制度を利用しましょう」

問題 59 死期が近づいたときの介護に関する次の記述のうち、**最も適切なもの**を **1 つ**選びなさい。

1 食事量が減少したときは、高カロリーの食事を用意する。
2 チアノーゼ（cyanosis）が出現したときは、冷罨法（れいあんぽう）を行う。
3 全身倦怠感（ぜんしんけんたいかん）が強いときは、全身清拭（ぜんしんせいしき）から部分清拭（ぶぶんせいしき）に切り替える。
4 傾眠傾向があるときは、話しかけないようにする。
5 口腔内乾燥（こうくうないかんそう）があるときは、アイスマッサージを行う。

問題 60 高齢者施設で利用者の死後に行うデスカンファレンス（death conference）に関する次の記述のうち、**最も適切なもの**を **1 つ**選びなさい。

1 ボランティアに参加を求める。
2 ケアを振り返り、悲しみを共有する。
3 利用者の死亡直後に行う。
4 個人の責任や反省点を追求する。
5 自分の感情は抑える。

●介護過程

問題 61 介護過程の目的に関する次の記述のうち、**最も適切なもの**を **1 つ**選びなさい。

1 利用者の健康状態の改善
2 介護福祉職の介護観の変容
3 他職種との役割の分化
4 家族の介護負担の軽減
5 利用者の生活の質の向上

問題 62 介護福祉職の情報収集に関する次の記述のうち、**最も適切なもの**を **1 つ**選びなさい。

1 五感を活用した観察を通して情報を集める。
2 一つの場面に限定して得られる情報を集める。
3 初対面のときから踏み込んで情報を集める。
4 興味のある個人情報を集める。
5 実践したい支援に沿った情報を集める。

問題 63 次の記述のうち、介護過程の展開におけるアセスメント（assessment）の説明として、**最も適切なもの**を **1 つ**選びなさい。

1 支援内容を説明して同意を得ること。
2 具体的な支援計画を検討すること。
3 達成できる目標を設定すること。
4 支援の経過を評価すること。
5 利用者の生活課題を明確にすること。

令和2年度

問題 64 短期目標の設定に関する次の記述のうち、**最も適切なもの**を **1 つ**選びなさい。

1 介護福祉職の視点で目標を設定する。
2 多様な解釈ができる言葉を用いて設定する。
3 実現可能な目標を段階的に設定する。
4 長期目標とは切り離して設定する。
5 最終的に実現したい生活像を設定する。

次の事例を読んで、**問題 65、問題 66** について答えなさい。

〔事　例〕

M さん（78 歳、女性、要介護 2）は、認知症対応型共同生活介護（グループホーム）に入居している。

楽しみは、お風呂に入って肩までつかることである。身体機能に問題はない。短期目標を、「見守りのもと、一人で入浴する（3 か月）」と設定し、順調に経過していた。

1 か月が過ぎた頃、朝の申し送りで、「M さんが昨日浴室を出ようとしたときに足を滑らせたが、転倒はしなかった。念のため受診したが問題はなかった」と報告があった。その日の夕方、介護福祉職が入浴に誘うと、「行きたくない」と強い口調で断った。それから 1 週間入浴していないことを心配した介護福祉職が居室を訪ねて、安全に入浴できるように浴室内を整えたことを伝えた。しかし、M さんは、「怖いから」と小声で言った。

問題 65 M さんの再アセスメントに関する次の記述のうち、**最も適切なものを 1 つ**選びなさい。

1　順調に経過していたときの状況を分析する。
2　「怖いから」という思いを解釈する。
3　入浴を断られた介護福祉職の思いを理解する。
4　入浴時間の変更を検討する必要があると判断する。
5　入浴を面倒に思っていると判断する。

問題 66 再アセスメントによって見直した支援の方向性として、**最も適切なものを 1 つ**選びなさい。

1　湯船につかる自信を取り戻す支援
2　浴室内の移動の不安を取り除く支援
3　浴室まで安全に移動できる支援
4　足浴で満足感を得ることができる支援
5　身体機能を改善する支援

次の事例を読んで、**問題67、問題68**について答えなさい。

〔事　例〕

Aさん（80歳、女性、要介護3）は、パーキンソン病（Parkinson disease）と診断されている。診断後も家業を手伝いながら、地域の活動に参加していた。

半年前からパーキンソン病（Parkinson disease）が悪化し、動作は不安定となったが、「家族に迷惑をかけたくない」と、できることは自分で取り組んでいた。また、主となる介護者である娘に服薬を管理してもらいながら、通所介護（デイサービス）を週3回利用し、なじみの友人と話すことを楽しみにしていた。

最近、通所介護（デイサービス）の職員から娘に、昼食時にむせることが多く食事を残していること、午後になると、「レクリエーションには参加したくない」と落ち着かない様子になることが報告された。

問題67 介護福祉職がAさんについて、**主観的に記録したもの**を**1つ**選びなさい。

1　パーキンソン病（Parkinson disease）と診断されている。
2　帰宅願望から、レクリエーションの参加を拒否した。
3　「家族に迷惑をかけたくない」と話し、できることは自分で行っていた。
4　週3回、通所介護（デイサービス）を利用している。
5　昼食時にむせることが多く、食事を残していることを娘に報告した。

問題68 その後、娘が腰痛を発症し、Aさんは短期入所生活介護（ショートステイ）を利用することになった。

次の記述のうち、短期入所生活介護（ショートステイ）におけるAさんの生活課題として、**最も優先すべきもの**を**1つ**選びなさい。

1　食事を安全に摂取できること。
2　服薬の管理ができること。
3　通所介護（デイサービス）の利用を再開できること。
4　なじみの友人ができること。
5　地域の活動に参加できること。

●発達と老化の理解

問題 69 Aさん（小学４年生、男性）は、思いやりがあり友人も多い。図画工作や音楽が得意で落ち着いて熱心に取り組むが、苦手な科目がある。特に国語の授業のノートを見ると、黒板を書き写そうとしているが、文字の大きさもふぞろいで、一部の漢字で左右が入れ替わっているなどの誤りが多く見られ、途中で諦めた様子である。親子関係や家庭生活、身体機能、就学時健康診断などには問題がない。

Aさんに当てはまる状態として、**最も適切なもの**を**１つ**選びなさい。

1　自閉症スペクトラム障害（autism spectrum disorder）
2　愛着障害
3　注意欠陥多動性障害
4　学習障害
5　知的障害

問題 70 医療や福祉の法律での年齢に関する次の記述のうち、**正しいもの**を**１つ**選びなさい。

1　35 歳の人は、老人福祉施設に入所できる。
2　50 歳の人は、介護保険の第一号被保険者である。
3　60 歳の人は、医療保険の前期高齢者である。
4　70 歳の人は、介護保険の第二号被保険者である。
5　75 歳の人は、後期高齢者医療の被保険者である。

問題 71 高齢期の喪失体験と悲嘆に関する次の記述のうち、**最も適切なもの**を**１つ**選びなさい。

1　喪失体験とは、加齢に伴う身体機能の低下のことである。
2　悲嘆過程とは、病的な心のプロセスのことである。
3　死別後の悲嘆からの回復には、喪失に対する心理的対処だけでなく生活の立て直しへの対処も必要である。
4　ボウルビィ（Bowlby,J.）によれば、悲嘆過程には順序性はない。
5　身近な人との死別後に生じる病的悲嘆への支援では、亡くなった人への愛着をほかに向けることを目標にする。

問題 72 加齢による味覚の変化に関する次の記述のうち、**最も適切なものを 1 つ**選びなさい。

1 味蕾（みらい）の数に年齢による違いはない。
2 服用する薬剤で味覚が変化することはない。
3 唾液が増加して味覚が敏感になる。
4 濃い味を好むようになる。
5 口腔（こうくう）ケアは関係ない。

問題 73 意欲が低下した高齢者の動機づけに関する次の記述のうち、**最も適切なものを 1 つ**選びなさい。

1 高い目標を他者が掲げると、動機づけが強まる。
2 本人が具体的に何をすべきかがわかると、動機づけが強まる。
3 本人にとって興味がある目標を掲げると、動機づけが弱まる。
4 小さな目標の達成を積み重ねていくと、動機づけが弱まる。
5 本人が自分にもできそうだと思う目標を掲げると、動機づけが弱まる。

問題 74 高齢者の便秘に関する次の記述のうち、**適切なものを 1 つ**選びなさい。

1 大腸がん（colorectal cancer）は、器質性便秘の原因になる。
2 弛緩性便秘（しかんせいべんぴ）はまれである。
3 けいれん性便秘では、大きく柔らかい便がでる。
4 直腸性便秘は、便が直腸に送られてこないために起こる。
5 薬剤で、便秘になることはまれである。

問題 75 高齢者の転倒に関する次の記述のうち、**正しいものを 1 つ**選びなさい。

1 介護が必要になる原因は、転倒による骨折（fracture）が最も多い。
2 服用する薬剤と転倒は、関連がある。
3 転倒による骨折（fracture）の部位は、足首が最も多い。
4 転倒の場所は、屋内では浴室が最も多い。
5 過去に転倒したことがあると、再度の転倒の危険性は低くなる。

問題 76 高齢者の糖尿病（diabetes mellitus）に関する次の記述のうち、**適切なもの**を **1 つ**選びなさい。

1 アミラーゼ（amylase）の作用不足が原因である。
2 ヘモグロビン A1c（HbA1c）の目標値は、若年者に比べて低めが推奨される。
3 若年者に比べて高血糖の持続による口渇感が強い。
4 運動療法は避けたほうがよい。
5 若年者に比べて低血糖の自覚症状に乏しい。

●認知症の理解

問題 77 うつ病（depression）による仮性認知症（pseudodementia）と比べて認知症（dementia）に特徴的な事柄として、**適切なもの**を **1 つ**選びなさい。

1 判断障害がみられることが多い。
2 不眠を訴えることが多い。
3 誇張して訴えることが多い。
4 希死念慮がみられることが多い。
5 抗うつ薬が効果的であることが多い。

問題 78 日本における認知症（dementia）の原因のうち、アルツハイマー型認知症（dementia of the Alzheimer's type）の次に多い疾患として、**正しいもの**を **1 つ**選びなさい。

1 血管性認知症（vascular dementia）
2 前頭側頭型認知症（frontotemporal dementia）
3 混合型認知症（mixed type dementia）
4 レビー小体型認知症（dementia with Lewy bodies）
5 アルコール性認知症（alcoholic dementia）

問題 79 日本での認知症（dementia）に関する次の記述のうち、**適切なものを 1 つ**選びなさい。

1　アルツハイマー型認知症（dementia of the Alzheimer's type）以外の認知症（dementia）の患者数が増加している。

2　アルツハイマー型認知症（dementia of the Alzheimer's type）の有病率は、男性より女性が高い。

3　年齢が若いほど、認知症発症のリスクが高い。

4　生活習慣病（life-style related disease）と認知症発症には関連がない。

5　運動は認知症予防に無効である。

問題 80 認知症初期集中支援チームに関する次の記述のうち、**適切なものを 1 つ**選びなさい。

1　認知症（dementia）の人は病院への入院や施設への入所をするべきであるという考えに基づいている。

2　既に認知症（dementia）の診断を受けている人への支援は含まれない。

3　家族への支援は含まれない。

4　支援期間は２～３年である。

5　チーム員会議を開催してケア方針を決定する。

問題 81 クロイツフェルト・ヤコブ病（Creutzfeldt-Jakob disease）に関する次の記述のうち、**適切なものを 1 つ**選びなさい。

1　有病率は１万人に１人である。

2　プリオン病である。

3　認知症（dementia）の症状は緩やかに進行する場合が多い。

4　致死率は低い。

5　不随意運動は伴わない。

問題 82 レビー小体型認知症（dementia with Lewy bodies）に関する次の記述のうち、**適切なものを 1 つ**選びなさい。

1　脳梗塞（cerebral infarction）が原因である。

2　初発症状は記憶障害である。

3　けいれんがみられる。

4　人格変化がみられる。

5　誤嚥性肺炎（ごえんせいはいえん）（aspiration pneumonia）の合併が多い。

問題 83 Bさん（80歳、女性、要介護2）は、1年前にアルツハイマー型認知症（dementia of the Alzheimer's type）の診断を受け、服薬を継続している。同居の息子は日中不在のため、週に3回、訪問介護（ホームヘルプサービス）を利用し、訪問介護員（ホームヘルパー）と共に活発に会話や家事をしていた。不眠を強く訴えることが増えたため、1週間前に病院を受診したときに息子が主治医に相談した。その後、午前中うとうとしていることが多くなり、飲水時にむせることがあった。歩くとき、ふらつくようになったが、麻痺（まひ）はみられない。バイタルサイン（vital signs）に変化はなく、食欲・水分摂取量も保たれている。

訪問介護員（ホームヘルパー）のBさんと息子への言葉かけとして、**最も適切なもの**を**1つ**選びなさい。

1 「日中は横になって過ごしたほうがよいでしょう」
2 「歩行機能を保つためにリハビリを始めませんか」
3 「嚥下障害（えんげしょうがい）が起きてますね」
4 「処方薬が変更されていませんか」
5 「認知症（dementia）が進行したのでしょう」

問題 84 認知症（dementia）の原因疾患を鑑別するときに、慢性硬膜下血腫（chronic subdural hematoma）の診断に有用な検査として、**最も適切なもの**を**1つ**選びなさい。

1 血液検査
2 脳血流検査
3 頭部CT検査
4 脳波検査
5 認知機能検査

問題 85 認知症（dementia）に伴う注意障害に関する次の記述のうち、**最も適切なもの**を**1つ**選びなさい。

1 周囲から物音が聞こえてくると、食事を中断したままになる。
2 毎日、同じ時間に同じ行動をする。
3 旅行の計画を立てることが難しい。
4 話そうとすることを言い間違える。
5 介護職員から説明を受けたことを覚えていない。

問題 86 Cさん（87歳、男性、要介護5）は、重度のアルツハイマー型認知症（dementia of the Alzheimer's type）である。現在、介護老人福祉施設に入所しているが終末期の状態にある。できる限り経口摂取を続けてきたが、誤嚥性肺炎（aspiration pneumonia）を繰り返し、経口摂取が困難となった。臥床状態が続き、声かけに対する反応も少なくなっている。医師から「死が極めて近い状態である」と伝えられた。

施設で看取ることになっているCさんへの介護福祉職の対応として、**最も適切なもの**を**1つ**選びなさい。

1　離床している時間をつくる。
2　会話によって本人の希望を聞く。
3　事前指示書を作成する。
4　苦痛があるかないか、状態を観察する。
5　本人の好きな食事を用意する。

●障害の理解

問題 87 ICF（International Classifcation of Functioning, Disability and Health：国際生活機能分類）の社会モデルに基づく障害のとらえ方に関する記述として、**最も適切なもの**を**1つ**選びなさい。

1　個人の問題としてとらえる。
2　病気・外傷から直接的に生じる。
3　さまざまな環境との相互作用によって生じる。
4　治療してできるだけ回復させることを目的とする。
5　医療などによる援助を必要とする。

令和2年度

問題 88 リハビリテーションに関する次の記述のうち、**適切なもの**を**1つ**選びなさい。

1　語源は、「再び適したものにすること」である。
2　ニィリエ（Nirje,B.）によって定義された。
3　医療の領域に限定されている。
4　自立生活運動とは関係がない。
5　機能回復訓練は社会的リハビリテーションである。

問題 89「Nothing about us without us（私たち抜きに私たちのことを決めるな）」の考え方のもとに、障害者が作成の段階から関わり、その意見が反映されて成立したものとして、**最も適切なもの**を **1 つ**選びなさい。

1　優生保護法
2　国際障害者年
3　知的障害者福祉法
4　身体障害者福祉法
5　障害者の権利に関する条約

問題 90 D さん（31 歳、男性）は、脊髄損傷（spinal cord injury）による対麻痺で、リハビリテーションのため入院中である。車いすでの日常生活動作（Activities of Daily Living：ADL）は自立したが、退院後自宅で生活するときに、褥瘡が生じないか心配している。

D さんの褥瘡が発生しやすい部位として、**最も適切なもの**を **1 つ**選びなさい。

1　頭部
2　上腕部
3　背部
4　腹部
5　坐骨結節部

問題 91 脊髄の完全損傷で、プッシュアップが可能となる最上位のレベルとして、**最も適切なもの**を **1 つ**選びなさい。

1　頸髄（C1 ～ C3）
2　頸髄（C7）
3　胸髄
4　腰髄
5　仙髄

問題 92 筋ジストロフィー（muscular dystrophy）の病態について、**適切なもの**を **1 つ**選びなさい。

1　網膜が変性する。
2　運動神経が変性する。
3　自己免疫が原因である。
4　中脳の黒質が病変部位となる。
5　筋線維に変性が生じる。

問題 93「障害者虐待防止法」の心理的虐待に関する次の記述のうち、**適切なものを 1 つ**選びなさい。

1　身体に外傷が生じるおそれのある暴行を加えること。
2　わいせつな行為をすること。
3　著しい暴言、または著しく拒絶的な対応を行うこと。
4　衰弱させるような著しい減食、または長時間の放置を行うこと。
5　財産を不当に処分すること。

(注)「障害者虐待防止法」とは、「障害者虐待の防止、障害者の養護者に対する支援等に関する法律」のことである。

問題 94 心臓機能障害のある人に関する記述として、**最も適切なもの**を **1 つ**選びなさい。

1　塩分の制限は必要としない。
2　呼吸困難や息切れなどの症状がみられることが多い。
3　日常生活で外出を避けるべきである。
4　ペースメーカーの装着者は、身体障害者手帳の交付対象から除外される。
5　精神的なストレスの影響は少ない。

問題 95 発達障害のＥさん（5 歳、男性）の母親（28 歳）は、Ｅさんのことを一生懸命に理解しようと頑張っている。しかし、うまくいかないことも多く、子育てに自信をなくし、どうしたらよいのかわからずに一人で悩んでいる様子が見られる。

母親への支援に関する次の記述のうち、**最も適切なもの**を **1 つ**選びなさい。

1　現状を受け入れるように説得する。
2　一時的な息抜きのために、レスパイトケアを紹介する。
3　同じ立場にあるペアレント・メンター を紹介する。
4　Ｅさんへの発達支援を強化するように勧める。
5　介護支援専門員（ケアマネジャー）を紹介する。

問題 96 「2016年（平成28年）生活のしづらさなどに関する調査（全国在宅障害児・者等実態調査）」（厚生労働省）における身体障害者手帳所持者の日常的な情報入手手段として、**最も割合が高いもの**を **1 つ**選びなさい。

1　家族・友人・介助者
2　パソコン
3　携帯電話
4　テレビ
5　ラジオ

●こころとからだのしくみ

問題 97 心的外傷後ストレス障害（posttraumatic stress disorder：PTSD）に関する次の記述のうち、**最も適切なもの**を **1 つ**選びなさい。

1　原因となった体験が繰り返し思い起こされる。
2　1か月以内で症状は治まる。
3　小さな出来事が原因となる。
4　被害妄想を生じる。
5　気分が高ぶる。

問題 98 健康な人の体温に関する次の記述のうち、**適切なもの**を **1 つ**選びなさい。

1　高齢者の体温は小児より高い。
2　早朝の体温が最も高い。
3　腋窩温（えきかおん）は口腔温（こうくうおん）より高い。
4　体温調節中枢は視床下部にある。
5　環境の影響を受けない。

問題 99 義歯を使用したときの影響として、**適切なもの**を **1 つ**選びなさい。

1　唾液分泌量が増加する。
2　話す言葉が明瞭になる。
3　舌の動きが悪くなる。
4　口のまわりのしわが増える。
5　味覚が低下する。

問題 100 1 週間の安静臥床(あんせいがしょう)で筋力は何%程度低下するか、次のうちから**最も適切なもの**を **1 つ**選びなさい。

1　1%
2　5%
3　15%
4　30%
5　50%

問題 101 栄養素の働きに関する次の記述のうち、**正しいもの**を **1 つ**選びなさい。

1　たんぱく質は、最大のエネルギー源となる。
2　ビタミン D（vitamin D）は、糖質をエネルギーに変える。
3　カリウム（K）は、骨の形成に関わる。
4　ビタミン B1（vitamin B1）は、カルシウム（Ca）の吸収に関わる。
5　ナトリウム（Na）は、血圧の調節に関わる。

問題 102 F さん（80 歳、女性）は、普段の食事は自立している。日常生活では眼鏡がないと不自由である。ある日、いつもより食事に時間がかかっていた。介護福祉職が確認したところ、F さんは、「眼鏡が壊れて使えなくなってしまった」と答えた。

食事をとるプロセスで、F さんが最も影響を受ける段階として、**正しいもの**を **1 つ**選びなさい。

1　先行期
2　準備期
3　口腔期(こうくうき)
4　咽頭期
5　食道期

問題 103 入浴（中温浴、38 ～ 41℃）の効果に関する次の記述のうち、**正しいもの**を **1 つ**選びなさい。

1　脳が興奮する。
2　筋肉が収縮する。
3　血圧が上昇する。
4　腎臓の働きを促進する。
5　腸の働きを抑制する。

問題 104 Gさん（83歳、女性）は、認知機能は正常で、日常生活は杖歩行（つえほこう）で自立し外出もしていた。最近、外出が減ったため理由を尋ねたところ、咳（せき）やくしゃみで尿が漏れることが多いため外出を控えていると言った。

Gさんの尿失禁として、**適切なもの**を **1 つ**選びなさい。

1 機能性尿失禁
2 腹圧性尿失禁
3 溢流性尿失禁（いつりゅうせいにょうしっきん）
4 反射性尿失禁
5 切迫性尿失禁

問題 105 次のうち、便秘の原因として、**最も適切なもの**を **1 つ**選びなさい。

1 炎症性腸疾患（inflammatory bowel disease）
2 経管栄養
3 消化管切除
4 感染性腸炎（infectious enteritis）
5 長期臥床（ちょうきがしょう）

問題 106 高齢者の睡眠の特徴に関する次の記述のうち、**適切なもの**を **1 つ**選びなさい。

1 熟睡感が増加する。
2 深睡眠が増加する。
3 夜間の睡眠時間が増加する。
4 睡眠周期が不規則になる。
5 入眠までの時間が短縮する。

問題 107 睡眠に関する次の記述のうち、**適切なもの**を **1 つ**選びなさい。

1 レム睡眠のときに夢を見る。
2 レム睡眠から入眠は始まる。
3 ノンレム睡眠では筋緊張が消失する。
4 ノンレム睡眠では速い眼球運動がみられる。
5 高齢者ではレム睡眠の時間が増加する。

問題 108 死斑が出現し始める時間として、**正しいものを 1 つ**選びなさい。

1　死後 5 分以内
2　死後 20 ～ 30 分
3　死後 3 時間
4　死後 8 ～ 12 時間
5　死後 48 時間

●医療的ケア

問題 109 介護福祉職が経管栄養を実施するときに、注入量を指示する者として、**適切なものを 1 つ**選びなさい。

1　医師
2　看護師
3　訪問看護事業所の管理者
4　訪問介護事業所の管理者
5　介護支援専門員（ケアマネジャー）

問題 110 気管粘膜のせん毛運動に関する次の記述のうち、**最も適切なものを 1 つ**選びなさい。

1　痰の粘度が高いほうが動きがよい。
2　空気中の異物をとらえる運動である。
3　反射的に咳を誘発する。
4　気管内部が乾燥しているほうが動きがよい。
5　痰を口腔の方へ移動させる。

問題 111 介護福祉職が実施する喀痰吸引で、口腔内と気管カニューレ内部の吸引に関する次の記述のうち、**最も適切なものを 1 つ**選びなさい。

1　気管カニューレ内部の吸引では、カニューレの内径の 3 分の 2 程度の太さの吸引チューブを使用する。
2　気管カニューレ内部の吸引では、滅菌された洗浄水を使用する。
3　気管カニューレ内部の吸引では、頸部を前屈した姿勢にして行う。
4　吸引時間は、口腔内より気管カニューレ内部のほうを長くする。
5　吸引圧は、口腔内より気管カニューレ内部のほうを高くする。

問題 112 Hさん（80 歳、男性）は嚥下機能の低下があり、胃ろうを１か月前に造設して、自宅に退院した。現在、胃ろう周囲の皮膚のトラブルはなく、１日３回の経管栄養は妻と介護福祉職が分担して行っている。経管栄養を始めてから下肢の筋力が低下して、妻の介助を受けながらトイレへは歩いて行っている。最近、「便が硬くて出にくい」との訴えがある。

Hさんに対して介護福祉職が行う日常生活支援に関する次の記述のうち、**最も適切なものを１つ**選びなさい。

1 入浴時は、胃ろう部を湯につけないように注意する。
2 排泄時は、胃ろう部を圧迫するように促す。
3 排便はベッド上で行うように勧める。
4 経管栄養を行っていないときの歩行運動を勧める。
5 栄養剤の注入量を増やすように促す。

問題 113 経管栄養の実施に関する次の記述のうち、**最も適切なものを１つ**選びなさい。

1 経管栄養の準備は、石鹸と流水で丁寧に手を洗ってから行う。
2 栄養剤は、消費期限の新しいものから使用する。
3 胃ろうや腸ろう周囲の皮膚は、注入開始前にアルコール消毒を行う。
4 カテーテルチップシリンジは、１回使用したら廃棄する。
5 口腔ケアは、数日に１回行う。

●総合問題

総合問題 1

次の事例を読んで、**問題 114 から問題 116 まで**について答えなさい。

〔事 例〕

Ｊさん（83 歳、女性）は一人暮らしである。人と付き合うのが苦手で、近所付き合いもあまりなく、一人で静かに生活していた。

80 歳を過ぎた頃から右膝に痛みが出て、変形性膝関節症（knee osteoarthritis）と診断されたが、近くのスーパーへの買物や、近所の散歩には出かけていた。

１か月ほど前から膝の痛みが悪化し、散歩にも行かなくなった。食事量が減って痩せてきてしまい、１日中、座ってテレビを見て過ごしている。

問題 114 現在のＪさんに心配される病態として、**最も適切なものを 1 つ**選びなさい。

1 フレイル（frailty）
2 不定愁訴
3 寛解
4 不穏
5 せん妄（delirium）

問題 115 Ｊさんは、食事量は回復したが、膝に痛みがあり、家の中ではつかまり歩きをしていた。要介護認定を受けたところ要支援２と判定され、家の近くの第一号通所事業（通所型サービス）を利用することになった。

通所初日、車で迎えに行くと、Ｊさんは、「心配だからやっぱり行くのはやめようかしら」と介護福祉職に言い、玄関の前からなかなか動かなかった。

このときの介護福祉職の言葉かけとして、**最も適切なものを 1 つ**選びなさい。

1 「急ぎましょう。すぐに車に乗ってください」
2 「心配なようですから、お休みにしましょう」
3 「歩けないようでしたら、車いすを用意しましょうか」
4 「初めてだから心配ですね。私もそばにいるので一緒に行きませんか」
5 「J さんが行かないと、皆さん困ってしまいますよ」

問題 116 その後、Ｊさんは少しずつ回復し、膝の痛みもなく、家の中では何もつかまらずに歩くことができている。一人で散歩に出ようという意欲も出てきた。

Ｊさんは、介護福祉職にもっと安定して歩けるように練習をしていきたいことや、外出するときは膝の負担を減らすために杖を使用したいと思っていることを話した。

Ｊさんに合った、杖を使った歩き方として、**最も適切なものを 1 つ**選びなさい。

1 杖（左手で持つ）を出す→右足を出す→左足を出す
2 杖（右手で持つ）を出す→左足を出す→右足を出す
3 杖（左手で持つ）と右足を出す→左足を出す
4 杖（右手で持つ）と左足を出す→右足を出す
5 杖（左手で持つ）と左足を出す→右足を出す

総合問題２

次の事例を読んで、**問題117から問題119**までについて答えなさい。

〔事　例〕

Ｋさん（80歳、女性）は夫が亡くなった後、自宅で一人暮らしをしていた。ある日、一人娘のＬさんが訪ねると、ごみが散乱しており、冷蔵庫の中には古くなった食材がたくさん入っていた。

変化に驚いたＬさんはＫさんと病院を受診したところ、認知症（dementia）と診断された。Ｌさんは、Ｋさんに家庭的な雰囲気の中で生活をしてほしいと考えた。その結果、Ｋさんは認知症対応型共同生活介護（グループホーム）を利用することになった。

入居して１週間が経過し、Ｋさんと関わったＭ介護福祉職は、Ｋさんは短期記憶の低下により、最近の出来事については話すことは難しいが、自分が学校に通っていた頃の話や、子どもの頃に歌っていた歌については生き生きと話すことを確認した。

問題117 Ｍ介護福祉職は、Ｋさんが今持っている認知能力を活用して、ほかの利用者と交流する機会を作りたいと考え、Ｋさんとほかの利用者に参加してもらう活動を企画することにした。

Ｍ介護福祉職が企画した活動の手法として、**最も適切なもの**を**１つ**選びなさい。

1　リアリティ・オリエンテーション（reality orientation）
2　ピアカウンセリング（peer counseling）
3　スーパービジョン（supervision）
4　回想法
5　社会生活技能訓練

問題 118 ある日、M介護福祉職がKさんの入浴介護を行っていたところ、手のひらや指の間に赤い丘疹を確認した。M介護福祉職がKさんに、「かゆくないですか」と聞くと、「かゆい」と答えた。そのため、病院を受診したところ、角化型疥癬（hyperkeratotic scabies）と診断された。

Kさんへの介護福祉職の対応として、**最も適切なもの**を**1つ**選びなさい。

1　入浴後の洗濯物は、ビニール袋に入れて運ぶ。
2　マスクを着けてもらう。
3　個室に隔離する必要はない。
4　介護は素手で行う。
5　ほかの利用者よりも先に入浴してもらう。

問題 119 認知症対応型共同生活介護（グループホーム）を利用するKさんの要介護度に変更があった場合に影響があるものとして、**適切なもの**を**1つ**選びなさい。

1　介護保険料
2　認知症対応型共同生活介護費
3　介護サービスの利用者負担割合
4　食費
5　居住費

総合問題 3

次の事例を読んで、**問題 120 から問題 122 まで**について答えなさい。

〔事　例〕

Aさん（10歳、男性）は、自閉症スペクトラム障害（autism spectrum disorder）であり、多動で発語は少ない。毎日のように道路に飛び出してしまったり、高い所に登ったりするなど、危険の判断ができない。また、感情の起伏が激しく、パニックになると止めても壁に頭を打ちつけ、気持ちが高ぶると騒ぎ出す。お金の使い方がわからないため好きなものをたくさん買おうとする。

現在は特別支援学校に通っており、普段の介護は母親が一人で担っている。

問題 120　Aさんのこのような状態に該当するものとして、**最も適切なもの**を**1つ**選びなさい。

1　注意障害
2　遂行機能障害
3　強度行動障害
4　記憶障害
5　気分障害

問題 121　Aさんの将来を考え、家族以外の支援者と行動できるようにすることを目標に障害福祉サービスを利用することになった。介護福祉職と一緒に散歩に行き、外出時のルールを覚えたり、移動中の危険回避などの支援を受けている。

Aさんが利用しているサービスとして、**適切なもの**を**1つ**選びなさい。

1　同行援護
2　自立生活援助
3　自立訓練
4　生活介護
5　行動援護

問題 122 Aさんのサービス利用開始から6か月が経ち、支援の見直しをすることになった。Aさんの現状は、散歩では周囲を気にせず走り出すなど、まだ危険認知ができていない。介護福祉職はルールを守ることや周りに注意するように声かけをするが、注意されるとイライラし、パニックになることがある。

一方で、スーパーではお菓子のパッケージを見て、硬貨を出し、長時間その場から動こうとしない。介護福祉職は、Aさんがお菓子とお金に注目している様子から、その力を引き出す支援を特別支援学校に提案した。

介護福祉職が特別支援学校に提案した支援の背景となる考え方として、**最も適切なもの**を **1 つ**選びなさい。

1 エンパワメント（empowerment）
2 アドボカシー（advocacy）
3 ピアサポート（peer support）
4 ノーマライゼーション（normalization）
5 インクルージョン（inclusion）

総合問題 4

次の事例を読んで、**問題 123 から問題 125 まで**について答えなさい。

〔事　例〕

Bさん（45 歳、女性）はアパートで一人暮らしをしていた。家族や親戚との付き合いはなかったが、趣味も多く、充実した生活を送っていた。

ある日、車で買い物に行く途中、交通事故を起こし、U 病院に救急搬送され手術を受けた。

手術の数日後、医師から、頸髄損傷（cervical cord injury）があり、第5頸髄節まで機能残存するための手術をしたこと、今後の治療方針、リハビリテーションによって今後の生活がどこまで可能になるかについて、丁寧に説明を受けた。

問題 123 Bさんの今後の生活に関する次の記述のうち、**最も適切なもの**を **1 つ**選びなさい。

1 自力歩行ができる。
2 自走式標準型車いすを自分で操作して、一人で外出することができる。
3 自発呼吸が困難になり、人工呼吸器が必要な生活になる。
4 電動車いすを自分で操作することが可能になる。
5 指を使った細かい作業が可能になる。

問題 124 Bさんは、入院当初は落ち込んでいたが、徐々に表情が明るくなり、U病院でのリハビリテーションにも積極的に取り組むようになった。現在はVリハビリテーション病院に転院して、退院後の生活に向けて身体障害者手帳を取得し、準備を進めている。Bさんは、以前のようなアパートでの一人暮らしはすぐには難しいと考え、障害者支援施設に入所を考えている。

障害者支援施設に入所するために、Bさんがこの時期に行う手続きとして、**最も適切なもの**を **1 つ**選びなさい。

1　居宅サービス計画を作成するために、介護支援専門員（ケアマネジャー）に相談する。
2　要介護認定を受けるために、市町村の窓口に申請する
3　施設サービス計画を作成するために、介護支援専門員（ケアマネジャー）に相談する。
4　サービス等利用計画を作成するために、相談支援専門員に相談する。
5　障害支援区分の認定を受けるために、市町村の窓口に申請する。

問題 125 その後、Bさんは希望どおり障害者支援施設に入所した。入所した施設では、C介護福祉職がBさんの担当になった。C介護福祉職は、Bさんから、「日常生活で、もっと自分でできることを増やし、いずれは地域で生活したい」と言われた。そこでC介護福祉職は、施設内の他職種と連携して支援を行う必要があると考えた。

C介護福祉職が連携する他職種とその業務内容に関する次の記述のうち、**最も適切なもの**を **1 つ**選びなさい。

1　工作などの作業を行いながら身体機能の回復を図るために、看護師と連携する。
2　運動機能の維持・改善を図るために、理学療法士と連携する。
3　趣味活動を増やすことを目的に、管理栄養士と連携する。
4　活用できる地域のインフォーマルサービスを検討するために、義肢装具士と連携する。
5　栄養状態の面から健康増進を図るために、社会福祉士と連携する。

令和元年度（第 32 回）

介護福祉士試験問題

午前　10：00 ～ 11：50

人間と社会

- 人間の尊厳と自立
- 人間関係とコミュニケーション
- 社会の理解

介護

- 介護の基本
- コミュニケーション技術
- 生活支援技術
- 介護過程

午後　13：45 ～ 15：35

こころとからだのしくみ

- 発達と老化の理解
- 認知症の理解
- 障害の理解
- こころとからだのしくみ

医療的ケア

- 医療的ケア

総合問題

※筆記試験は、午前、午後に科目を分けて行われます。

●人間の尊厳と自立

問題 1 Aさん（78歳、女性、要介護3）は、訪問介護（ホームヘルプサービス）を利用している。72歳から人工透析を受けている。透析を始めた頃から死を意識するようになり、延命治療を選択する意思決定の計画書を作成していた。しかし、最近では、最期の時を自宅で静かに過ごしたいと思い、以前の計画のままでよいか気持ちに迷いが出てきたので、訪問介護（ホームヘルプサービス）のサービス提供責任者に相談した。

サービス提供責任者の対応として、**最も適切なもの**を**1つ**選びなさい。

1 「この計画書は、医療職が作成するものですよ」
2 「一度作成した計画書は、個人の意向で変更するのは難しいですよ」
3 「意思確認のための話合いは、何度でもできますよ」
4 「そんなに心配なら、特別養護老人ホームに入所できますよ」
5 「この計画書は、在宅ではなく病院での治療を想定したものですよ」

問題 2 利用者の意思を代弁することを表す用語として、**最も適切なもの**を**1つ**選びなさい。

1 インフォームドコンセント（informed consent）
2 ストレングス（strength）
3 パターナリズム（paternalism）
4 エンパワメント（empowerment）
5 アドボカシー（advocacy）

●人間関係とコミュニケーション

問題 3 他者とのコミュニケーションを通した自己覚知として、**最も適切なものを 1 つ**選びなさい。

1 自己の弱みより強みを重視する。
2 自己の感情の動きとその背景を洞察する。
3 自己の行動を主観的に分析する。
4 自己の私生活を打ち明ける。
5 自己の価値観を他者に合わせる。

問題 4 高齢者とのコミュニケーションにおける配慮として、**最も適切なものを 1 つ**選びなさい。

1 相手と視線が合わせられる位置で話す。
2 相手には座ってもらい、自分は立ったまま話す。
3 初対面のときから相手と密着した距離で話す。
4 相手の表情があまり見えない薄暗い場所で話す。
5 たくさんの人がいる、にぎやかな場所で話す。

●社会の理解

問題 5 地域包括ケアシステムでの自助・互助・共助・公助に関する次の記述のうち、**最も適切なもの**を **1 つ**選びなさい。

1 自助は、公的扶助を利用して、自ら生活を維持することをいう。
2 互助は、社会保険のように制度化された相互扶助をいう。
3 共助は、社会保障制度に含まれない。
4 共助は、近隣住民同士の支え合いをいう。
5 公助は、自助・互助・共助では対応できない生活困窮等に対応する。

問題 6 「働き方改革」の考え方に関する記述として、**適切なもの**を **1 つ**選びなさい。

1 長時間労働は日本社会の特質で、時間外労働の限度の設定は困難である。
2 有給休暇の取得よりも、働くことが優先される。
3 働く人々のニーズに応じた、多様な働き方を選択できる社会の実現を図る。
4 正規雇用労働者と非正規雇用労働者の待遇の格差が存在することは、当然である。
5 「働き方改革」は、中小企業は対象でない。

(注) ここでいう「働き方改革」とは、「働き方改革を推進するための関係法律の整備に関する法律」に基づく諸施策の実施のことである。

問題 7 Bさん（80 歳、女性、要介護 1）は、身寄りがなく一人暮らしをしている。老齢基礎年金で暮らしてきたが、貯金が少なくなり、生活が苦しくなってきた。このため 2 万円の家賃支払いも困難になり、通所介護事業所のC生活相談員に、費用がかかる通所介護（デイサービス）の利用をやめたいと言ってきた。

C生活相談員の対応として、**最も適切なもの**を **1 つ**選びなさい。

1 介護支援専門員（ケアマネジャー）に、通所介護（デイサービス）の利用中止を依頼する。
2 介護支援専門員（ケアマネジャー）に、サービス担当者会議で利用中止の検討を依頼する。
3 福祉事務所に相談するように助言する。
4 これまでどおりの利用を説得する。
5 無料で利用できる地域の通所型サービスを探す。

問題 8 2015 年度（平成 27 年度）以降の社会保障の財政に関する次の記述のうち、**最も適切なもの**を **1 つ**選びなさい。

1　後期高齢者医療制度の財源で最も割合が大きいものは、後期高齢者の保険料である。
2　社会保障給付費の財源では、税の占める割合が最も大きい。
3　生活保護費の財源内訳は、社会保険料と税である。
4　国の一般会計予算に占める社会保障関係費の割合は、30%を超えている。
5　社会保障給付費の給付額では、医療費の構成割合が最も大きい。

問題 9 介護保険制度の被保険者に関する次の記述のうち、**正しいもの**を **1 つ**選びなさい。

1　加入は任意である。
2　第一号被保険者は、65 歳以上の者である。
3　第二号被保険者は、20 歳以上 65 歳未満の医療保険加入者である。
4　第一号被保険者の保険料は、都道府県が徴収する。
5　第二号被保険者の保険料は、国が徴収する。

問題 10 介護予防・日常生活支援総合事業に含まれる事業として、**適切なもの**を **1 つ**選びなさい。

1　家族介護支援事業
2　予防給付
3　介護給付
4　権利擁護事業
5　第一号訪問事業（訪問型サービス）

問題 11 障害福祉計画に関する次の記述のうち、**正しいもの**を **1 つ**選びなさい。

1　厚生労働大臣は基本的な指針を定めなければならない。
2　都道府県による策定は努力義務である。
3　市町村による策定は努力義務である。
4　障害児福祉計画とは計画期間が異なっている。
5　文化芸術活動・スポーツの振興についての目標設定をしなければならない。

問題 12 Dさん（60歳、女性）は、交通事故で下肢に障害が生じた。現在、入院中のDさんは退院後、在宅での生活を続けるために、「障害者総合支援法」の障害福祉サービス（居宅介護）の利用を希望している。

Dさんが障害福祉サービス（居宅介護）を利用するための最初の手続きとして、**最も適切なもの**を**1つ**選びなさい。

1 地域包括支援センターに相談する。
2 医師の診断書を居住する市町村に提出する。
3 障害福祉サービス（居宅介護）を提供している事業所と契約する。
4 居住する市町村の審査会に、障害福祉サービス（居宅介護）の利用を申し出る。
5 居住する市町村の担当窓口に、障害福祉サービス（居宅介護）の支給申請をする。

（注）「障害者総合支援法」とは、「障害者の日常生活及び社会生活を総合的に支援するための法律」のことである。

問題 13 2018年度（平成30年度）に創設された共生型サービスの対象となるサービスとして、**正しいもの**を**1つ**選びなさい。

1 訪問看護
2 共同生活援助（グループホーム）
3 同行援護
4 通所介護（デイサービス）
5 通所リハビリテーション

問題 14 自閉症（autism）のEさん（22歳、男性、障害支援区分5）は、就労支援施設に通所している。こだわりが強く、毎月購入している雑誌を処分するとパニックになってしまう。

「障害者虐待防止法」の視点を踏まえて、Eさんの気持ちが安定するように、施設の介護福祉職がEさんにかける言葉として、**最も適切なもの**を**1つ**選びなさい。

1 「決まりですから捨てますよ」
2 「読みたい雑誌はとっておきましょう」
3 「古紙として再生利用しますからね」
4 「Eさんにこの雑誌をあげるわけにはいかないんですよ」
5 「次の新しい雑誌がきますよ」

（注）「障害者虐待防止法」とは、「障害者虐待の防止、障害者の養護者に対する支援等に関する法律」のことである。

問題 15 成年後見制度に関する次の記述のうち、**適切なもの**を **1 つ**選びなさい。

1 「2018 年（平成 30 年）の全国統計」によれば、補助、保佐、後見のうち、最も多い申立ては後見である。

2 「2018 年（平成 30 年）の全国統計」によれば、親族後見人が 7 割を占めている。

3 成年後見人は、施設入所の契約だけでなく介護も行う。

4 任意後見制度では、候補者の中から家庭裁判所が成年後見人を選任する。

5 成年後見制度利用支援事業では、成年後見人への報酬は支払えない。

(注)「2018 年（平成 30 年）の全国統計」とは、「成年後見関係事件の概況―平成 30 年 1 月～12 月―」（平成 31 年 3 月最高裁判所事務総局家庭局）のことである。

問題 16 生活保護法における補足性の原理の説明として、**適切なもの**を **1 つ**選びなさい。

1 国の責任において保護を行う。

2 全ての国民に無差別平等な保護を行う。

3 健康で文化的な生活を維持できる保護を行う。

4 資産・能力等を活用した上で保護を行う。

5 個人または世帯の必要に応じて保護を行う。

●介護の基本

問題 17 Fさん（72歳、女性、要介護2）は、中等度の認知症（dementia）があり、自宅で夫と生活している。ある日、訪問介護員（ホームヘルパー）が訪問すると、夫が散乱したコーヒー豆を片づけていた。Fさんは、「わからなくなっちゃった」と言っていた。訪問介護員（ホームヘルパー）が夫に事情を聞くと、「今も日課でコーヒーを豆から挽（ひ）いて入れてくれるんだが、最近は失敗することが多くなって、失敗すると自信を失ってしまうしね。でも、毎朝、『コーヒーを入れなくちゃ』と言うんだ」と寂しそうに話した。

訪問介護員（ホームヘルパー）の夫への助言として、**最も適切なものを1つ**選びなさい。

1 「そばにいて、Fさんと一緒にコーヒーを入れてはどうですか」
2 「Fさんと一緒に、喫茶店にコーヒーを飲みに行ってはどうですか」
3 「おいしいコーヒーを買ってきて二人で飲んではどうですか」
4 「私がFさんからコーヒーの入れ方を教えてもらいましょうか」
5 「新しいコーヒーメーカーを買ってはどうですか」

問題 18 Gさん（80歳、女性、要介護3）は、脳卒中（stroke）の後遺症により左片麻痺があり、からだを思うようにコントロールができず、ふらつきが見られる。以前は、2週間に一度は美容院で長い髪をセットしてもらい、俳句教室に行くのを楽しみにしていた。病気になってからは落ち込むことが増え、介護が必要になったため、介護老人福祉施設に入所した。

ノーマライゼーション（normalization）の考え方を踏まえた、Gさんへの生活支援として、**最も適切なもの**を**1つ**選びなさい。

1 洗髪しやすいように、長い髪のカットを勧める。
2 共同生活のため、夕食は施設の時間に合わせてもらう。
3 落ち込んでいるため、居室での生活を中心に過ごしてもらう。
4 おしゃれをして、施設の俳句クラブに参加するように勧める。
5 転倒予防のため、車いすを使用してもらう。

問題 19 ICF（International Classification of Functioning, Disability and Health：国際生活機能分類）の視点に基づく環境因子と心身機能の関連を表す記述として、**最も適切なもの**を **1 つ**選びなさい。

1　電気スタンドをつけて、読書を楽しむ。
2　車いすを使用して、美術館に行く。
3　聴力が低下すると、コミュニケーションがうまくとれない。
4　ストレスが溜（た）まると、活力が低下する。
5　床面の性状が柔らかいと、バランスを崩す。

問題 20 H さん（80 歳、女性、要介護 1）は、アルツハイマー型認知症（dementia of the Alzheimer's type）である。20 年前に夫が亡くなった後は、ずっと一人暮らしをしている。これまでの生活を続けていきたいので、訪問介護（ホームヘルプサービス）を利用することにした。

訪問介護員（ホームヘルパー）の H さんへの対応として、**最も適切なもの**を **1 つ**選びなさい。

1　H さんの意向を確認して、今までどおり畳で布団の使用を継続した。
2　入浴後、手ぬぐいで体を拭いていたが、バスタオルに変更した。
3　訪問介護員（ホームヘルパー）の判断で、食事の前にエプロンをつけた。
4　整理整頓のために、壁に立てかけてあった掃除機を押し入れに片づけた。
5　H さんの気持ちを切り替えるために、家具の配置を換えた。

問題 21 「平成 30 年版高齢社会白書」（内閣府）で示された 65 歳以上の者の家庭内事故の発生割合が最も高い場所（屋内）として、**正しいもの**を **1 つ**選びなさい。

1　階段
2　台所・食堂
3　風呂場
4　トイレ
5　居室

令和元年度

問題 22 認知症対応型共同生活介護（グループホーム）での介護に関する次の記述のうち、**最も適切なもの**を **1 つ**選びなさい。

1　テレビのニュースを見て、新しい出来事を覚えてもらう。
2　利用者それぞれの要求には応えられないので、同じ日課で過ごしてもらう。
3　利用者の、現在よりも過去の身体的・精神的状態の把握が優先される。
4　利用者の、なじみのある人や店との関係は継続していく。
5　環境に慣れるまでは、車いすでの移動を勧める。

問題 23 訪問介護事業所のサービス提供責任者の役割に関する次の記述のうち、**最も適切なもの**を **1 つ**選びなさい。

1　利用者の生活課題に沿って、居宅サービス計画書を作成する。
2　具体的な援助目標及び援助内容を記載した訪問介護計画書を作成する。
3　利用者の要望に応じて、他の事業所との利用調整を行う。
4　判断能力が十分でない人に対して、日常的な金銭管理を行う。
5　居宅サービス事業者を招集して、サービス担当者会議を開催する。

問題 24 介護の実践における多職種連携に関する次の記述のうち、**最も適切なもの**を **1 つ**選びなさい。

1　医師が多職種連携の中心となる介護実践のことである。
2　民生委員やボランティアは、多職種連携のチームから除かれる。
3　医療と介護の連携とは、利用者の体調不良時に医療機関を受診させることを指す。
4　要介護度の改善を優先して、多職種連携によるケアプランを作成する。
5　利用者のケアの方向性に関する情報を共有して、課題の解決に取り組む。

問題 25 介護福祉職の倫理に関する次の記述のうち、**最も適切なもの**を **1 つ**選びなさい。

1　介護の技術が伴わなくても、利用者の要望を最優先に実施した。
2　利用者が求めた医行為は、実施が可能である。
3　個人情報の取扱いについて、利用者に説明して同意を得た。
4　暴力をふるう利用者を自室から出られないようにした。
5　業務が忙しかったので、施設の廊下で職員同士の打合せを行った。

問題 26 高齢者介護施設で、MRSA（メチシリン耐性黄色ブドウ球菌）の保菌者が確認されたときの対応に関する次の記述のうち、**最も適切なものを 1 つ**選びなさい。

1　入所者全員の保菌の有無を調べる。
2　接触感染予防策を実施する。
3　保菌者のレクリエーションへの参加を制限する。
4　保菌者は最初に入浴する。
5　通常用いられる消毒薬は無効である。

●コミュニケーション技術

問題 27 直面化の技法に関する次の記述のうち、**最も適切なものを 1 つ**選びなさい。

1　利用者の感情と行動の矛盾点を指摘する。
2　うなずきやあいづちを用いて、利用者の話を促す。
3　利用者が話した内容を、整理して伝える。
4　利用者が話した内容を、別の言葉を使って簡潔に返す。
5　「はい」や「いいえ」だけで答えられる質問をする。

問題 28 意欲が低下した人とのコミュニケーションの基本として、**最も優先すべきものを 1 つ**選びなさい。

1　考え方を変えるように促す。
2　早く元気を出すように励ます。
3　意欲が自然に回復するまで待つ。
4　意欲低下の背景を考える。
5　自己決定してもらうのは避ける。

問題 29 構音障害のある利用者とのコミュニケーションに関する次の記述のうち、**最も適切なものを 1 つ**選びなさい。

1　閉じられた質問の活用を控える。
2　聞き取れないところは、再度言ってもらう。
3　はっきりと発音するように促す。
4　耳元で大きな声で話しかける。
5　筆談の活用を控える。

問題 30 視覚障害者とのコミュニケーションに関する次の記述のうち、**最も適切なもの**を **1 つ**選びなさい。

1　挨拶するときは後ろから声をかける。
2　話しかけることは最小限にとどめる。
3　聴覚、触覚、嗅覚を活用する。
4　声の強弱などの準言語の活用は控える。
5　方向を示すときは「あちら」「そちら」と表現する。

次の事例を読んで、**問題 31**、**問題 32** について答えなさい。

〔事　例〕

Ｊさん（20 歳、男性）は、中度の知的障害を伴う自閉症（autism）があり、2 か月前から就労継続支援Ｂ型事業所を利用している。Ｊさんは、日常生活に関することは自分の感情を伝えることができるが、他者の感情を読み取ることや抽象的な言葉の理解は苦手である。また、社会的な善悪に照らして自分の言動を判断することが難しい。

ある日、事業所で作業中にＪさんが興奮して他の利用者を叩(たた)いた。介護福祉職は二人を引き離し、Ｊさんを個室に連れて行って対応した。

作業終了後、同居している家族にＪさんの出来事を伝えた。家族はＪさんに、「どうしてそんなことをするの。いつもだめなことばかりして」とイライラした口調で叱った。

問題 31 Ｊさんを個室に連れて行ったときの、介護福祉職のＪさんに対する最初の言葉かけとして、**最も適切なもの**を **1 つ**選びなさい。

1　「人を叩(たた)くのは許されません」
2　「相手の気持ちを想像しましょう」
3　「自分のしたことを反省しましょう」
4　「ここで話をしましょう」
5　「なぜ叩(たた)いてしまったのですか」

問題 32 Ｊさんを叱った家族への介護福祉職の対応として、**最も適切なもの**を **1 つ**選びなさい。

1　叱ることは正しいと支持する。
2　家族の対応は間違っていると否定する。
3　Ｊさんへのこれまでの対応や思いを聴く。
4　家族の対応には介入せずに黙認する。
5　介護福祉職の指示どおりに対応するように伝える。

次の事例を読んで、**問題33**、**問題34**について答えなさい。

〔事　例〕

Kさん（80歳、男性）は、中等度の認知症（dementia）があり、認知症対応型共同生活介護（グループホーム）に入居中である。16時頃、KさんがL介護福祉職に、「仕事は終わりました。家に帰ります」と伝えてきた。その後、L介護福祉職がKさんの居室を訪問すると、Kさんは、「早く家に帰らなくては…」と言いながらタンスから衣類を取り出していた。

問題33 L介護福祉職が居室を訪問したときに、最初にとる対応として、**最も適切なもの**を**1つ**選びなさい。

1　衣類をタンスへ戻すように促す。
2　居室から出ないようにお願いする。
3　ここに入居したことを覚えていないのかと質問する。
4　ここは仕事場ではないことを説明する。
5　挨拶しながら表情や行動を観察する。

問題34 客観的事実を表す介護記録として、**最も適切なもの**を**1つ**選びなさい。

1　16時頃、「仕事は終わりました。家に帰ります」という発言があった。
2　自宅のことが心配になって「家に帰る」という発言があった。
3　不安時に無断外出が心配されるため、様子の観察が必要と考える。
4　認知症（dementia）が悪化し、ここがどこなのかを理解していないようだ。
5　帰宅願望があったが、特に問題はなかった。

令和元年度

●生活支援技術

問題 35 一戸建ての住宅に暮らす利用者の地震対策に関する訪問介護員（ホームヘルパー）の助言として、**最も適切なもの**を **1 つ**選びなさい。

1　家具には、キャスターをつける。
2　書棚の上部には、重い物を収納する。
3　食器棚は、ガラス扉を外す。
4　外への避難経路は、玄関の 1 方向とする。
5　非常時に持ち出す物は、リュックサックにまとめておく。

問題 36 介護保険の給付対象となる住宅改修を利用してトイレを改修するとき、介護福祉職が助言する内容として、**正しいもの**を **1 つ**選びなさい。

1　開き戸は、自動ドアに変更できる。
2　和式便器の上に、腰掛け便座を設置できる。
3　滑りにくい床材に変更できる。
4　取り外しが可能な手すりを設置できる。
5　現在使用している洋式便器に、洗浄機能を付加できる。

問題 37 ユニバーサルデザイン（universal design）の 7 原則に関する次の記述のうち、**最も適切なもの**を **1 つ**選びなさい。

1　高齢者が優先的に使用できる。
2　使い方を統一する。
3　情報伝達の手段は一つにする。
4　使用するためには訓練が必要である。
5　誰にでも使える大きさと広さが確保されている。

問題 38 次の記述のうち、高次脳機能障害（higher brain dysfunction）による着衣失行のある人に対する着衣の介護として、**最も適切なもの**を **1 つ**選びなさい。

1　着替えができない理由を本人に確認する。
2　左右がわかるように衣類に印をつける。
3　着衣の前に全ての手順を口頭で指示する。
4　衣服を畳んで渡す。
5　着衣の方法を毎回変えるように勧める。

問題 39 更衣のための介護に関する次の記述のうち、**最も適切なもの**を **1 つ**選びなさい。

1　手指の細かな動作が難しい利用者に、マグネット式のボタンを勧める。
2　認知症（dementia）のある利用者に、ボタンエイドの使用を勧める。
3　下肢の筋力低下のある利用者に、立位で更衣をするように勧める。
4　視覚障害のある利用者に、ソックスエイドの使用を勧める。
5　片麻痺のある利用者に、袖ぐりの小さい上衣を勧める。

問題 40 介護老人保健施設の利用者の身じたくに関する専門職の役割として、**最も適切なもの**を **1 つ**選びなさい。

1　介護支援専門員（ケアマネジャー）は、洗面時の関節可動域の制限を改善する。
2　支援相談員は、着脱に使用する福祉用具を選定する。
3　栄養士は、破損した義歯を修復する。
4　看護師は、糖尿病（diabetes mellitus）に伴う管理が必要な利用者の爪切りを行う。
5　理学療法士は、身体状況に合わせて衣類を作り直す。

問題 41 次の記述のうち、ベッドから車いすへの移乗介護で最初に行うこととして、**最も適切なもの**を **1 つ**選びなさい。

1　移乗の目的を説明して同意を得る。
2　移乗の方法を説明する。
3　衣服を着替えてもらう。
4　車いすを介護しやすい位置に調整する。
5　ベッドの高さを調節する。

問題 42 立位をとり静止している利用者の重心線が、点 X から点 Y に移動したときに考えられるふらつきとして、**適切なものを 1 つ**選びなさい。

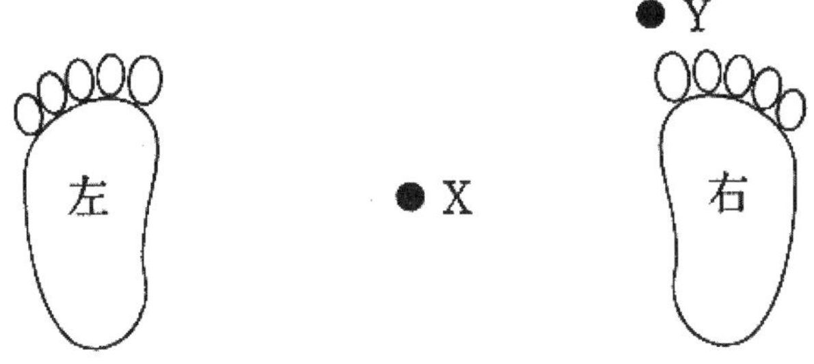

1　左前方へのふらつき
2　右前方へのふらつき
3　左後方へのふらつき
4　後方へのふらつき
5　右後方へのふらつき

問題 43 右片麻痺の利用者が、手すりを利用して階段を昇降するときの介護に関する次の記述のうち、**適切なものを 1 つ**選びなさい。

1　手すりが利用者の右側になるように声をかける。
2　階段を昇るとき、利用者の左後方に立つ。
3　階段を昇るとき、右足から出すように声をかける。
4　階段を降りるとき、利用者の右前方に立つ。
5　階段を降りるとき、左足から出すように声をかける。

問題 44 M さん（78 歳、女性）は、体格指数（BMI）は 18.7 である。病気や食事制限はない。この 1 年間で体重が 2kg 減少し、「最近、歩くのが遅くなり、疲れやすくなった」と言っている。M さんに普段の食生活を尋ねたところ、お茶漬けやうどんで済ますことが多いと答えた。

介護福祉職が食事バランスガイドを用いて摂取を勧める区分として、**最も適切なものを 1 つ**選びなさい。

1　主食
2　副菜
3　主菜
4　牛乳・乳製品
5　果物

問題 45 いすに座って食事をする利用者の姿勢を確保する介護として、**最も適切なもの**を **1 つ**選びなさい。

1　顎を上げてもらう。
2　テーブルは、肘がつき腕が自由に動かせるものを用意する。
3　テーブルと体の間を 30cm離す。
4　体幹を後方に傾けてもらう。
5　いすに浅く座ってもらう。

問題 46 高齢者の食生活に関する助言として、**最も適切なもの**を **1 つ**選びなさい。

1　骨粗鬆症（osteoporosis）の予防として、ビタミン D（vitamin D）の摂取を勧める。
2　高血圧症（hypertension）の予防として、果物の摂取を控える。
3　便秘の予防として、水分摂取を控える。
4　ドライマウス（dry mouth）の予防として、柔らかい食物を勧める。
5　逆流性食道炎（reflux esophagitis）の予防として、食後すぐに横になる。

問題 47 左半側空間無視のある利用者の食事介護として、**最も適切なもの**を **1 つ**選びなさい。

1　利用者の左側にトレー（tray）を置く。
2　トレー（tray）の右側に印をつける。
3　クロックポジションに従って配膳する。
4　食べる様子を観察して適宜食器の位置を変える。
5　利用者の右側にあるテレビをつけておく。

問題 48 清拭の介護として、**最も適切なもの**を **1 つ**選びなさい。

1　目のまわりは目尻から目頭に向かって拭く。
2　背部は患側を下にして拭く。
3　腹部は臍部から恥骨部に向かって拭く。
4　両下肢は末梢から中枢に向かって拭く。
5　皮膚についた水分は最後にまとめて拭く。

問題 49 利用者の状態に応じた入浴の介護として、**最も適切なもの**を **1 つ**選びなさい。

1　血液透析を受けている人は、透析直後に入浴する。
2　胃ろうを造設している人は、入浴を控える。
3　心臓機能障害がある人は、半身浴にする。
4　酸素療法を行っている人は、鼻カニューレを外して入浴する。
5　回腸ストーマを造設している人は、食後1時間以内に入浴する。

問題 50 右片麻痺のある利用者が、ベッドサイドでポータブルトイレを使用するときの設置場所として、**最も適切なもの**を **1 つ**選びなさい。

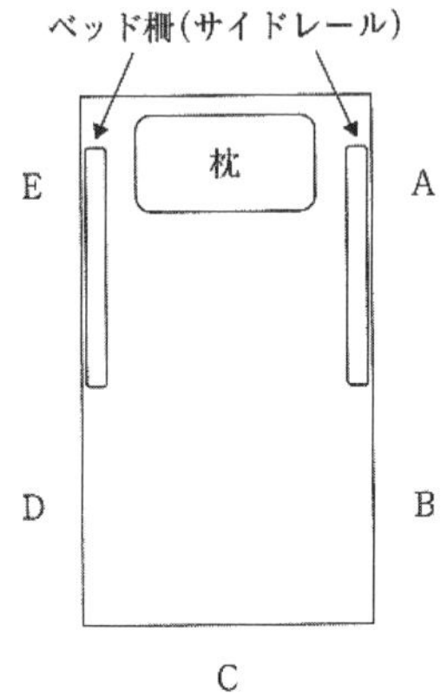

1　A
2　B
3　C
4　D
5　E

問題 51 膀胱留置カテーテルを使用している利用者への介護福祉職の対応として、**最も適切なもの**を **1 つ**選びなさい。

1　水分摂取を控えてもらう。
2　カテーテルが折れていないことを確認する。
3　採尿バッグは膀胱と同じ高さに置く。
4　尿漏れが見られたらカテーテルを抜去する。
5　尿量の確認は看護師に依頼する。

問題 52 解熱を目的にした坐薬（座薬）の挿入に関する次の記述のうち、**最も適切なもの**を **1 つ**選びなさい。

1　挿入時は仰臥位（背臥位）で膝を伸ばす。
2　挿入時は腹式呼吸を促す。
3　坐薬（座薬）はとがっていない方から挿入する。
4　挿入後は坐薬（座薬）が排出されないことを確認する。
5　衣服を整えてから手袋を外す。

問題 53 肉入りのカレーを常温で保存し、翌日、加熱調理したときの食中毒の原因菌として、**最も注意しなければならないもの**を **1 つ**選びなさい。

1　ウエルシュ菌
2　カンピロバクター
3　サルモネラ菌
4　腸炎ビブリオ
5　黄色ブドウ球菌

問題 54 ノロウイルス（Norovirus）に感染した人の嘔吐物（おうとぶつ）のついた衣服の処理に関する次の記述のうち、**最も適切なもの**を **1 つ**選びなさい。

1　嘔吐物（おうとぶつ）を拭き取ったペーパータオルはごみ箱に捨てる。
2　汚染された部分にアルコールを噴霧する。
3　汚染された部分を強くもみ洗いする。
4　嘔吐物（おうとぶつ）を取り除いた後、次亜塩素酸ナトリウム溶液につける。
5　40℃の湯で洗濯する。

問題 55 A さん（85 歳、女性、要介護 1）は、認知症（dementia）があり判断能力が不十分である。一人暮らしで、介護保険サービスを利用している。訪問介護員（ホームヘルパー）が訪問したときに、物品売買契約書を見つけた。A さんは、「昨日、訪問販売の業者が来た」「契約書については覚えていない」と話した。

訪問介護員（ホームヘルパー）から連絡を受けたサービス提供責任者が、迅速にクーリング・オフの手続きを相談する相手として、**最も適切なもの**を **1 つ**選びなさい。

1　行政書士
2　消費生活センター
3　家庭裁判所
4　保健所
5　相談支援事業所

問題 56 眠れないと訴える高齢者に介護福祉職が行う助言として、**最も適切なものを 1 つ**選びなさい。

1　起床時に日光を浴びるように勧める。
2　日中、長い昼寝をするように勧める。
3　夕食後 2 時間以内に就寝するように勧める。
4　寝る前に緑茶を飲むように勧める。
5　決まった就寝時刻を守るように勧める。

問題 57 施設における安眠を促すための環境に関する次の記述のうち、**最も適切なものを 1 つ**選びなさい。

1　湿度は 20% 以下に設定する。
2　寝衣は、体に密着した形のものを選ぶ。
3　冷暖房の風が、体に直接当たるようにする。
4　夜間の照明は、部屋全体がはっきり見える明るさにする。
5　介護福祉職同士の会話が響かないようにする。

問題 58 睡眠薬を服用している高齢者への介護福祉職の対応として、適切なものを **1 つ**選びなさい。

1　アルコールと一緒に服用してもらった。
2　服用後、1 時間は起きているように伝えた。
3　日中、ふらつきがみられたので医師に伝えた。
4　通常の量では眠れないと言われたので、追加して飲むように伝えた。
5　体調に合わせて服薬時間を変更した。

問題 59 B さん（83 歳、女性）は、介護老人福祉施設に入所している。終末期で、「最期はこの施設で迎えたい」という本人の希望があり、家族もそれを望んでいる。昨日から死前喘鳴（しぜんぜんめい）が出現し、医師から、「あと数日でしょう」と言われた。

「呼吸が苦しそうだ」と言っている家族への介護として、**最も適切なものを 1 つ**選びなさい。

1　「自然な経過なので体位の工夫をして一緒に見守りましょう」
2　「B さんに意識はないので心配いらないですよ」
3　「痰（たん）の吸引をすると楽になるので準備しますね」
4　「B さんを励ましてください」
5　「すぐに救急車を呼びましょう」

問題 60 高齢者施設において介護福祉職が行う死亡後の介護について、**最も適切なものを 1 つ**選びなさい。

1　ペースメーカーを取り除く。
2　口が閉じない場合は紐（ひも）で顎を固定する。
3　衣服は着衣がしやすい服を選ぶ。
4　全身清拭には水を使用する。
5　家族に、死亡後の介護を一緒に行うかどうかを確認する。

●介護過程

問題 61 介護過程の目的に関する次の記述のうち、**最も適切なものを 1 つ**選びなさい。

1　利用者の価値観を変える。
2　利用者の療養上の世話をする。
3　利用者の経済的負担を軽減する。
4　利用者の望んでいる、よりよい生活を実現する。
5　利用者の生活習慣を改善する。

問題 62 介護計画の作成に関する次の記述のうち、**最も適切なものを 1 つ**選びなさい。

1　抽出されたニーズを踏まえて目標を設定する。
2　内容が明確であれば支援方法の記載は省略する。
3　支援方法は「～させる」と使役文で記載する。
4　利用者の正しい理解を促すために専門用語を用いる。
5　計画の見直しの時期は決めない。

問題 63 介護計画の実施に関する次の記述のうち、**最も適切なものを 1 つ**選びなさい。

1　介護福祉職の価値観に沿って実施する。
2　実施した状況は客観的に記録する。
3　計画の内容は実施の直前に家族に伝える。
4　他職種への経過報告は目標の達成後に行う。
5　利用者の満足度よりも目標の達成を優先する。

次の事例を読んで、**問題 64、問題 65** について答えなさい。

〔事　例〕

C さん（75 歳、男性、要介護 1）は、脳梗塞（cerebral infarction）を発症した。2 か月前から在宅復帰を目的として介護老人保健施設に入所している。次女は遠方から時々面会に来ているが、長女とは音信不通の状態が続いている。

C さんは現在、右片麻痺で歩行には杖（つえ）を使用している。担当の理学療法士から、「レクリエーションには積極的に参加するなど意欲はあるが、歩行状態が思うように改善しないと悩んでいた」との報告があった。

その後、歩行訓練やレクリエーションに参加しなくなり、居室のベッドで寝て過ごすことが多くなった。また、時々尿失禁をするようになった。

C さんは、「自宅に帰りたいのに、このまま車いすになったらどうしよう」と担当の介護福祉職に打ち明けた。

問題 64 C さんの介護過程の展開に関する次の記述のうち、**最も適切なもの**を **1 つ**選びなさい。

1　長女から入所前の情報を収集する。
2　現状を再アセスメントし、生活課題を抽出する。
3　自宅に戻った後の介護計画を立案する。
4　尿失禁に対応する介護計画の実施を優先する。
5　介護計画の最終的な評価は理学療法士が担当する。

問題 65 次の記述のうち、C さんの短期目標として、**最も適切なもの**を **1 つ**選びなさい。

1　車いすの使用方法を理解する。
2　居室のベッドで安静に過ごす。
3　次女との同居を実現する。
4　今まで以上に、意欲的に歩行訓練に取り組む。
5　居室を出てレクリエーションに参加する。

次の事例を読んで、**問題66**、**問題67**について答えなさい。

〔事　例〕

Dさん（77歳、男性、要介護2）は、妻と二人で暮らしている。定年まで、高校の体育の教師で野球部の監督をしていた。起居動作に問題はないが、認知症（dementia）と診断されたため、現在、通所介護（デイサービス）を週3回利用している。通所介護（デイサービス）では、短期目標を「役割を持ち意欲的に生活する（3か月）」と設定し、体操を指導する役割をお願いしていた。

実施1か月が経過した頃、テレビで高校野球を見たDさんは暗い表情で、「生徒を全国大会に連れて行けなかったのは私の責任だ」と嘆いていた。この日は、担当の介護福祉職が体操の指導をお願いしても、「今すぐ行かなければ」と断った。

問題66 Dさんが体操の指導を断った理由の解釈として、**最も可能性が高いものを1つ**選びなさい。

1　介護福祉職に依頼されたため。
2　妻に会いに自宅に帰りたいため。
3　高校野球のことが気になっているため。
4　立ち上がり動作が不安定なため。
5　体育の授業を行うため。

問題67 その後も体操の指導を継続していたDさんは、参加者から体操の順番が違うと指摘されて指導の意欲を失い、一人でいることが多くなった。しかし、体操の時間になると遠くからその様子を眺めていた。

Dさんが今後も現在の役割を継続するために、優先して取り組むべき課題として、**最も適切なものを1つ**選びなさい。

1　体操に対する関心を取り戻すこと。
2　体操の内容を変更すること。
3　体操を指導する自信を回復すること。
4　体操の正しい順番を学び直すこと。
5　指摘した参加者に謝ること。

問題 68 Eさん（70 歳、女性、要介護 1）は、夫、長男と共に農業をしていた。半年前に脳梗塞（cerebral infarction）で左片麻痺になった。現在は介護老人保健施設に入所し、リハビリテーションに取り組んでいる。介護福祉職が居室を訪れたとき、Eさんが、「料理は苦手なの」「そろそろ夏野菜の収穫の時期ね。収穫は楽しいし、採れたての野菜を近所に配るとみんな喜ぶのよ」と言った。その後、「夫には家事に専念しなさいと言われているから…」とうつむいて言った。

介護福祉職は介護福祉職間のカンファレンス（conference）でEさんの思いを共有した。Eさんの思いとして、**最も適切なもの**を **1 つ**選びなさい。

1　農業に関わっていきたい。
2　家事に専念したい。
3　後継者の育成に関わりたい。
4　家でのんびりしたい。
5　料理の自信をつけたい。

●発達と老化の理解

問題 69 Aちゃん（1歳3か月）は、父親に抱かれて散歩中である。前方から父親の友人がやってきて、父親がにこやかに友人と話をしていると、Aちゃんは父親にしがみつき、父親の顔と父親の友人の顔を交互に見ている。しばらくすると、Aちゃんは緊張が解けた様子で、友人が立ち去るときには少し笑顔を見せた。

Aちゃんの様子を説明する用語として、**最も適切なもの**を**1つ**選びなさい。

1　3か月微笑
2　社会的参照
3　クーイング
4　自己中心性
5　二項関係

問題 70 高齢者の年齢規定に関する次の記述のうち、**正しいもの**を**1つ**選びなさい。

1　高年齢者等の雇用の安定等に関する法律では、高年齢者を75歳以上としている。
2　「高齢者虐待防止法」では、高齢者を65歳以上としている。
3　高齢者の医療の確保に関する法律では、後期高齢者を65歳以上としている。
4　道路交通法では、免許証の更新の特例がある高齢運転者を60歳以上としている。
5　老人福祉法では、高齢者を55歳以上としている。

（注）「高齢者虐待防止法」とは、「高齢者虐待の防止、高齢者の養護者に対する支援等に関する法律」のことである。

問題 71 加齢に伴う嚥下機能（えんげきのう）の低下の原因に関する次の記述のうち、**正しいものを1つ**選びなさい。

1　舌骨の位置の上昇
2　咽頭の位置の上昇
3　舌骨上筋の増大
4　喉頭挙上の不足
5　咳嗽反射（がいそうはんしゃ）の増強

令和元年度

問題 72 老年期の記憶と注意機能に関する次の記述のうち、**最も適切なものを 1 つ**選びなさい。

1 自分の若い頃の記憶では、40 歳代の頃の出来事をよく覚えている。
2 数字の逆唱課題で答えられる数字の個数は、加齢による影響を受けない。
3 複数のことを同時に行う能力は、加齢によって低下する。
4 騒がしい場所での作業効率は、若年者より高齢者が高い。
5 エピソード記憶は、加齢による影響を受けない。

問題 73 高齢者において、心不全（heart failure）が進行したときに現れる症状に関する次の記述のうち、**最も適切なものを 1 つ**選びなさい。

1 安静にすることで速やかに息切れが治まる。
2 運動によって呼吸苦が軽減する。
3 チアノーゼ（cyanosis）が生じる。
4 呼吸苦は、座位より仰臥位（背臥位）の方が軽減する。
5 下肢に限局した浮腫が生じる。

問題 74 B さん（82 歳、男性）は脳卒中（stroke）による右片麻痺がある。ほとんどベッド上の生活で、排泄（はいせつ）もおむつを使用している。一週間前から咳（せき）と鼻汁があり、37.2℃の微熱で、元気がなく、いつもよりも動きが少なかった。食欲も低下して食事を残すようになっていた。今日、おむつの交換をしたときに仙骨部の皮膚が赤くなり一部に水疱（すいほう）ができていた。

B さんの皮膚の状態とその対応に関する次の記述のうち、**最も適切なものを 1 つ**選びなさい。

1 圧迫によって血流が悪くなったためである。
2 仙骨部にこうしたことが起こるのは、まれである。
3 食事量の低下とは無関係である。
4 体位変換は、できるだけ避ける。
5 おむつの交換は、できるだけ控える。

問題 75 次のうち、高齢者の栄養状態を良好に維持するための対応として、**最も適切なもの**を **1 つ**選びなさい。

1　歯科健康診査を受ける。
2　複数の薬剤を併用する。
3　外出を控える。
4　一人で食事をする。
5　たんぱく質を制限する。

問題 76 糖尿病（diabetes mellitus）のある高齢者（要介護 1）が転倒して、骨折（fracture）した。入院治療後に再び自宅療養を続けるための専門職の役割として、**正しいもの**を **1 つ**選びなさい。

1　看護師は、糖尿病（diabetes mellitus）の薬の処方箋を交付する。
2　理学療法士は、糖尿病（diabetes mellitus）の食事メニューを考える。
3　管理栄養士は、自宅で料理ができるような作業訓練をする。
4　訪問介護員（ホームヘルパー）は、居宅サービス計画を立案する。
5　介護支援専門員（ケアマネジャー）は、訪問リハビリテーションの利用を提案する。

●認知症の理解

問題 77 2012 年（平成 24 年）の認知症高齢者数と 2025 年（平成 37 年）の認知症高齢者数に関する推計値（「平成 29 年版高齢社会白書」（内閣府））の組合せとして、**適切なもの**を **1 つ**選びなさい。

1 162 万人――約 400 万人
2 262 万人――約 500 万人
3 362 万人――約 600 万人
4 462 万人――約 700 万人
5 562 万人――約 800 万人

（注）平成 37 年とは令和 7 年のことである。

問題 78 認知症（dementia）の行動・心理症状（BPSD）に関する次の記述のうち、**最も適切なもの**を **1 つ**選びなさい。

1 トイレの水を流すことができない。
2 物事の計画を立てることができない。
3 言葉を発することができない。
4 親しい人がわからない。
5 昼夜逆転が生じる。

問題 79 高齢者のせん妄（delirium）の特徴として、**最も適切なもの**を **1 つ**選びなさい。

1 薬剤によって生じることがある。
2 症状の変動は少ない。
3 意識レベルは清明であることが多い。
4 徐々に悪化する場合が多い。
5 幻覚を伴うことは少ない。

問題 80 認知症（dementia）の初期症状に関する次の記述のうち、**最も適切なものを 1 つ**選びなさい。

1 血管性認知症（vascular dementia）では、幻視が認められる。

2 正常圧水頭症（normal pressure hydrocephalus）では、歩行障害が認められる。

3 前頭側頭型認知症（frontotemporal dementia）では、エピソード記憶の障害が認められる。

4 アルツハイマー型認知症（dementia of the Alzheimer's type）では、失禁が認められる。

5 レビー小体型認知症（dementia with Lewy bodies）では、もの盗(と)られ妄想が認められる。

問題 81 認知症（dementia）の発症リスクを低減させる行動に関する次の記述のうち、**最も適切なものを 1 つ**選びなさい。

1 抗認知症薬を服用する。

2 睡眠時間を減らす。

3 集団での交流活動に参加する。

4 運動の機会を減らす。

5 飽和脂肪酸を多く含む食事を心がける。

問題 82 抗認知症薬に関する次の記述のうち、**正しいものを 1 つ**選びなさい。

1 若年性アルツハイマー型認知症（dementia of the Alzheimer's type with early onset）には効果がない。

2 高度のアルツハイマー型認知症（dementia of the Alzheimer's type）には効果がない。

3 レビー小体型認知症（dementia with Lewy bodies）には効果がない。

4 症状の進行を完全に止めることはできない。

5 複数の抗認知症薬の併用は認められていない。

問題 83 前頭側頭型認知症（frontotemporal dementia）の症状のある人への介護福祉職の対応として、**最も適切なものを 1 つ**選びなさい。

1 周回がある場合は、GPS 追跡機で居場所を確認する。

2 甘い食べ物へのこだわりに対しては、甘い物を制限する。

3 常同行動がある場合は、本人と周囲の人が納得できる生活習慣を確立する。

4 脱抑制がある場合は、抗認知症薬の服薬介護をする。

5 施設内で職員に暴力をふるったときは、警察に連絡する。

問題 84 Cさん（78歳、男性、要介護2）は、4年前にアルツハイマー型認知症（dementia of the Alzheimer's type）と診断を受け、通所介護（デイサービス）を週1回利用している。以前からパソコンで日記をつけていたが、最近はパソコンの操作に迷い、イライラして怒りっぽくなったと娘から相談を受けた。

介護福祉職が娘に対して最初に行う助言の内容として、**最も適切なもの**を**1つ**選びなさい。

1 パソコンの処分
2 パソコンの使い方の手助け
3 日記帳の購入
4 薬物治療について主治医に相談
5 施設入所について介護支援専門員（ケアマネジャー）に相談

問題 85 認知症対応型共同生活介護（グループホーム）で生活している軽度のアルツハイマー型認知症（dementia of the Alzheimer's type）のDさんは、大腿骨（だいたいこつ）の頸部（けいぶ）を骨折（fracture）して入院することになった。認知症対応型共同生活介護（グループホーム）の介護福祉職が果たす役割として、**最も適切なもの**を**1つ**選びなさい。

1 理学療法士に、リハビリテーションの指示をしても理解できないと伝える。
2 介護支援専門員（ケアマネジャー）に、地域ケア会議の開催を依頼する。
3 医師に、夜間は騒ぐ可能性があるので睡眠薬の処方を依頼する。
4 看護師に、日常生活の状況を伝える。
5 保佐人に、治療方法の決定を依頼する。

問題 86 Eさん（75歳、男性）は、1年ほど前に趣味であった車の運転をやめてから、やる気が起こらなくなり自宅に閉じこもりがちになった。そのため、家族の勧めで介護予防教室に参加するようになった。最近、Eさんは怒りっぽく、また、直前の出来事を覚えていないことが増え、心配した家族が介護福祉職に相談した。

相談を受けた介護福祉職の助言として、**最も適切なもの**を**1つ**選びなさい。

1 「認知症（dementia）でしょう」
2 「趣味の車の運転を再開するといいでしょう」
3 「老人クラブに参加するといいでしょう」
4 「音楽を流して気分転換するといいでしょう」
5 「かかりつけ医に診てもらうといいでしょう」

●障害の理解

問題 87 ICIDH（International Classification of Impairments, Disabilities and Handicaps：国際障害分類）における能力障害として、**適切なもの**を **1 つ**選びなさい。

1 日常生活動作（Activities of Daily Living：ADL）の障害
2 運動麻痺
3 失語
4 職場復帰困難
5 経済的不利益

問題 88 「障害者差別解消法」に関する次の記述のうち、**適切なもの**を **1 つ**選びなさい。

1 法の対象者は、身体障害者手帳を持っている人である。
2 合理的配慮とは、全ての障害者に同じ配慮をすることである。
3 共生社会の実現を目指している。
4 障害者は、合理的配慮の提供に努めなければならない。
5 障害者差別解消支援地域協議会は、民間事業者で組織される。

（注）「障害者差別解消法」とは、「障害を理由とする差別の解消の推進に関する法律」のことである。

問題 89 痙直型（けいちょくがた）や不随意運動型（アテトーゼ型（athetosis））などの分類がある疾患として、**正しいもの**を **1 つ**選びなさい。

1 筋ジストロフィー（muscular dystrophy）
2 脊髄小脳変性症（spinocerebellar degeneration）
3 脳血管疾患（cerebrovascular disease）
4 脳性麻痺（cerebral palsy）
5 脊髄損傷（spinal cord injury）

令和元年度

問題 90 内因性精神障害に分類される疾患として、**正しいもの**を**1つ**選びなさい。

1 脳腫瘍（brain tumor）
2 アルコール依存症（alcohol dependence）
3 パニック障害（panic disorder）
4 認知症（dementia）
5 統合失調症（schizophrenia）

問題 91 Fさん（26歳）は重度の知的障害があり、施設入所支援を利用している。

次のうち、Fさんが地域移行するときの社会資源として、**最も適切なもの**を**1つ**選びなさい。

1 ケアハウス
2 共同生活援助（グループホーム）
3 自立支援医療
4 精神科病院
5 同行援護

問題 92 自閉症スペクトラム障害（autism spectrum disorder）の特性として、**最も適切なもの**を**1つ**選びなさい。

1 読み書きの障害
2 社会性の障害
3 注意の障害
4 行為障害
5 運動障害

問題 93 筋萎縮性側索硬化症（amyotrophic lateral sclerosis：ALS）に関する次の記述のうち、**正しいもの**を**1つ**選びなさい。

1 免疫疾患である。
2 振戦や筋固縮が主な症状である。
3 視力や聴力は保たれる。
4 運動失調が現れる。
5 全身の臓器に炎症を起こす。

問題 94 Gさん（56歳、男性）は、糖尿病性網膜症（diabetic retinopathy）に伴う眼底出血を繰り返して、治療を受けていた。医師から失明は避けられないと説明を受けた。その後、Gさんは周囲に怒りをぶつけたり、壁に頭を打ちつけたりという行動がみられるようになった。

このときのGさんの障害受容の状況として、**最も適切なもの**を**1つ**選びなさい。

1 ショックではあるが、不安はそれほど強くない。
2 自分には障害はないと否認する。
3 前向きに自己努力を図ろうとする。
4 否認ができずに混乱する。
5 新しい価値観や役割を見いだす。

問題 95 パーキンソン病（Parkinson disease）のHさんは、最近、立位時の前傾姿勢が強くなり、歩行時の方向転換が不安定になり始めた。日常生活動作には介助を必要としない。

Hさんのホーエン・ヤール重症度分類として、**最も適切なもの**を**1つ**選びなさい。

1 ステージⅠ
2 ステージⅡ
3 ステージⅢ
4 ステージⅣ
5 ステージⅤ

問題 96 制度化された地域の社会資源として、**最も適切なもの**を**1つ**選びなさい。

1 家族会が行う悩み相談
2 近隣の住民からの善意の声かけ
3 同居家族が行う身の回りの介護
4 コンビニエンスストアによる見守り
5 民生委員が行う相談・援助

●こころとからだのしくみ

問題 97 マズロー（Maslow,A.）の欲求階層説の所属・愛情欲求に相当するものとして、**適切なもの**を **1 つ**選びなさい。

1 生命を脅かされないこと
2 他者からの賞賛
3 自分の遺伝子の継続
4 好意がある他者との良好な関係
5 自分自身の向上

問題 98 皮膚の痛みの感覚を受け取る大脳の機能局在の部位として、**正しいもの**を **1 つ**選びなさい。

1 頭頂葉
2 前頭葉
3 側頭葉
4 後頭葉
5 大脳辺縁系

問題 99 爪や指の変化と、そこから推測される疾患・病態との組合せとして、**最も適切なもの**を **1 つ**選びなさい。

1 爪の白濁――――チアノーゼ（cyanosis）
2 巻き爪―――――心疾患
3 さじ状爪――――鉄欠乏性貧血（iron deficiency anemia）
4 ばち状指――――栄養障害
5 青紫色の爪―――爪白癬（つめはくせん）

問題 100 口臭に関する次の記述のうち、**最も適切なもの**を **1 つ**選びなさい。

1 歯がない場合に起こりやすい。
2 唾液量が多いと生じる。
3 ウイルス感染の原因となることがある。
4 食事量が増加した場合に起こりやすい。
5 他者との交流を避ける原因となることがある。

問題 101 高齢者の大腿骨頸部骨折（femoral neck fracture）に関する次の記述のうち、**最も適切なもの**を **1 つ**選びなさい。

1　転落によって生じることが最も多い。
2　骨折（fracture）の直後は無症状である。
3　リハビリテーションを早期に開始する。
4　保存的治療を行う。
5　予後は良好である。

問題 102 摂食・嚥下のプロセスに関する次の記述のうち、**最も適切なもの**を **1 つ**選びなさい。

1　先行期は、唾液分泌が増加する。
2　準備期は、嚥下性無呼吸がみられる。
3　口腔期は、喉頭が閉鎖する。
4　咽頭期は、食塊を形成する。
5　食道期は、随意的な運動である。

問題 103 J さん（80 歳、男性）は、アルツハイマー型認知症（dementia of the Alzheimer's type）と診断され、半年前から認知症対応型共同生活介護（グループホーム）に入居している。最近、J さんは、トイレに行きたいと言ってグループホーム内を歩き回った後に、失禁するようになった。

J さんの排泄の状態として、**最も適切なもの**を **1 つ**選びなさい。

1　反射性尿失禁
2　心因性頻尿
3　溢流性尿失禁
4　機能性尿失禁
5　腹圧性尿失禁

問題 104 正常な尿に関する次の記述のうち、**適切なもの**を **1 つ**選びなさい。

1　1 日に約 1g のたんぱく質が排出される。
2　1 日に約 10g のブドウ糖が排出される。
3　排尿直後はアンモニア臭がする。
4　排尿直後はアルカリ性である。
5　排尿直後は淡黄色で透明である。

問題 105 弛緩性便秘の原因に関する次の記述のうち、**最も適切なもの**を **1 つ**選びなさい。

1　食物繊維の摂取不足
2　排便を我慢する習慣
3　腹圧の低下
4　大腸のけいれん
5　がん（cancer）による通過障害

問題 106 抗ヒスタミン薬の睡眠への影響として、**適切なもの**を **1 つ**選びなさい。

1　就寝後、短時間で覚醒する。
2　夜間に十分睡眠をとっても、日中に強い眠気がある。
3　睡眠中に足が痛がゆくなる。
4　睡眠中に無呼吸が生じる。
5　夢の中の行動が、そのまま現実の行動として現れる。

問題 107 終末期に自分が望むケアをあらかじめ書面に示しておくことを表す用語として、**正しいもの**を **1 つ**選びなさい。

1　ターミナルケア（terminal care）
2　インフォームドコンセント（informed consent）
3　リビングウィル（living will）
4　デスカンファレンス（death conference）
5　グリーフケア（grief care）

問題 108 死亡直前にみられる身体の変化として、**最も適切なもの**を **1 つ**選びなさい。

1　関節の強直
2　角膜の混濁
3　皮膚の死斑
4　下顎呼吸の出現
5　筋肉の硬直

●医療的ケア

問題 109 介護福祉士が医師の下で行う喀痰吸引の範囲として、**正しいものを 1 つ**選びなさい。

1　咽頭の手前まで
2　咽頭まで
3　喉頭まで
4　気管の手前まで
5　気管分岐部まで

問題 110 2011 年（平成 23 年）の社会福祉士及び介護福祉士法の改正に基づいて、介護福祉士による実施が可能になった喀痰吸引等の制度に関する次の記述のうち、**正しいものを 1 つ**選びなさい。

1　喀痰吸引や経管栄養は、医行為から除外された。
2　喀痰吸引等を行うためには、実地研修を修了する必要がある。
3　介護福祉士は、病院で喀痰吸引を実施できる。
4　介護福祉士は、この制度の基本研修の講師ができる。
5　実施できる行為の一つとして、インスリン注射がある。

問題 111 K さん（76 歳）は、日頃から痰がからむことがあり、介護福祉士が喀痰吸引を行っている。鼻腔内吸引を実施したところ、吸引物に血液が少量混じっていた。K さんは、「痰は取り切れたようだ」と言っており、呼吸は落ち着いている。

このときの介護福祉士の対応に関する次の記述のうち、**最も適切なものを 1 つ**選びなさい。

1　出血していそうなところに吸引チューブをとどめる。
2　吸引圧を弱くして再度吸引する。
3　血液の混じりがなくなるまで繰り返し吸引をする。
4　鼻腔と口腔の中を観察する。
5　鼻腔内を消毒する。

問題 112 口腔内・鼻腔内の喀痰吸引に必要な物品の管理に関する次の記述のうち、**最も適切なもの**を **1 つ**選びなさい。

1　吸引チューブの保管方法のうち、乾燥法では、浸漬法に比べて短時間で細菌が死滅する。
2　浸漬法で用いる消毒液は、72 時間を目安に交換する。
3　吸引チューブの洗浄には、アルコール消毒液を用いる。
4　吸引チューブの洗浄水は、24 時間を目安に交換する。
5　吸引物は、吸引びんの 70 ～ 80%になる前に廃棄する。

問題 113 経管栄養の実施時に、冷蔵庫に保管していた栄養剤を指示どおりの温度にせずにそのまま注入したときに起こる状態として、**最も可能性が高いもの**を **1 つ**選びなさい。

1　呼吸困難
2　胃ろう周囲のびらん
3　下痢
4　褥瘡
5　低血糖

●総合問題

総合問題 1

次の事例を読んで、**問題 114 から問題 116 まで**について答えなさい。

〔事　例〕

Lさん（78 歳、女性）は一人暮らしをしている。「もったいない」が口癖で、物を大切にし、食べ物を残さないようにして生活している。

半年前、脳の細い血管が詰まっていることがわかり、入院して治療を受けた。左半身にしびれがあり、右膝の変形性関節症（osteoarthritis）で痛みもあったために、介護保険の申請をしたところ、要介護1になった。

家事はできるだけ自分でしたいという希望から、週に2回、訪問介護（ホームヘルプサービス）を利用して、掃除と調理を訪問介護員（ホームヘルパー）と一緒にしている。

問題 114 Lさんが入院するきっかけになった脳の疾患として、**適切なもの**を **1 つ**選びなさい。

1　ラクナ梗塞（lacunar infarction）
2　くも膜下出血（subarachnoid hemorrhage）
3　慢性硬膜下血腫（chronic subdural hematoma）
4　正常圧水頭症（normal pressure hydrocephalus）
5　高次脳機能障害（higher brain dysfunction）

問題 115 ある日、Lさんと一緒に調理していた訪問介護員（ホームヘルパー）は賞味期限が2日前に切れた缶詰を見つけた。

Lさんに対して訪問介護員（ホームヘルパー）がとる行動として、**最も適切なもの**を **1 つ**選びなさい。

1　黙って処分する。
2　食べてはいけないと伝える。
3　食べやすいように、缶のふたを開けておく。
4　食べ方を相談する。
5　保存容器に移して保管するように勧める。

令和元年度

問題 116 介護保険の申請をしてから半年がたち、更新申請の時期になった。この半年でＬさんは、訪問介護員（ホームヘルパー）が来ない日もいすに座って調理をするなど、回復してきている。更新申請の結果、Ｌさんは要支援１になった。

次のうち、Ｌさんの介護予防サービス・支援計画書を作成する者として、**適切なもの**を **1 つ**選びなさい。

1　訪問介護事業所の訪問介護員（ホームヘルパー）
2　生活支援体制整備事業の生活支援コーディネーター
3　地域包括支援センターの主任介護支援専門員
4　訪問介護事業所のサービス提供責任者
5　生活介護のサービス管理責任者

総合問題２

次の事例を読んで、**問題 117 から問題 119 まで**について答えなさい。

〔事　例〕

Ｍさん（80 歳、男性）は、2 年前にアルツハイマー型認知症（dementia of the Alzheimer's type）と診断された。Ｍさんは自宅で暮らし続けることを希望して、介護保険サービスを利用しながら妻と二人で生活していた。

その後、Ｍさんの症状が進行して妻の介護負担が大きくなったため、Ｍさんは、Ｕ社会福祉法人が運営する介護老人福祉施設に入所することになった。

Ｍさんの入所当日、担当のＡ介護福祉職は、生活相談員が作成した生活歴や家族構成などの基本情報の記録を事前に確認した上で、Ｍさんと関わった。

問題 117 次のうち、Ａ介護福祉職が確認した記録として、**適切なもの**を **1 つ**選びなさい。

1　施設サービス計画書
2　インシデント報告書
3　エコマップ
4　プロセスレコード
5　フェイスシート

問題 118 入所当日の昼食後、A 介護福祉職は M さんに歯ブラシと歯磨き粉を渡して、歯磨きを促した。しかし、M さんは歯ブラシと歯磨き粉を持ったまま、不安そうな顔で歯を磨こうとしなかった、

このときの M さんの症状に該当するものとして、**適切なもの**を **1 つ**選びなさい。

1 幻視
2 失行
3 振戦
4 脱抑制
5 常同行動

問題 119 面会に訪れた妻は A 介護福祉職に、「最初は夫を施設に入れて申し訳ない気持ちもあったが、元気そうな夫を見て、今はこの施設を利用してよかったと思っている」と話した。A 介護福祉職は妻の発言を受けて、介護サービスをもっと気軽に利用してもらうための取り組みが必要であると考えた。そこで、A 介護福祉職は施設職員と検討した。その結果、地域の家族介護者を対象に、介護に関する情報提供や交流を図る場を無料で提供することを、独自の事業として継続的に行うことを法人として決定した上で、必要な手続きを行うこととした。

U 社会福祉法人が行うこととした事業に該当するものとして、**適切なもの**を **1 つ**選びなさい。

1 公益事業
2 日常生活自立支援事業
3 相談支援事業
4 自立相談支援事業
5 地域生活支援事業

総合問題３

次の事例を読んで、**問題 120 から問題 122 まで**について答えなさい。

〔事　例〕

Ｂさん（22 歳、男性）は、19 歳の時に統合失調症（schizophrenia）を発症し、精神保健指定医の診察の結果、入院の必要があると判断された。Ｂさん自身からは入院の同意が得られず、父親の同意で精神科病院に入院した。

その後、数回の入退院を繰り返した後、21 歳から居宅介護を週１回、訪問看護を月２回、デイケアを週３回利用しながら一人暮らしをしている。

居宅介護では、料理や掃除、買物などの介護福祉職の支援を受けているが、Ｂさんも調子の良いときは一緒に行っている。訪問看護では、Ｂさんは、服薬を忘れることがあるため、看護師と一緒に薬の飲み忘れがないかを確認している。また、デイケアでは、運動と園芸のグループに参加している。

問題 120　Ｂさんが 19 歳で精神科病院に入院したときの入院形態として、**正しいものを１つ**選びなさい。

1　任意入院
2　医療保護入院
3　応急入院
4　措置入院
5　緊急措置入院

問題 121　Ｂさんは、居宅介護のＣ介護福祉職にはデイケアや生活のことについて安心して話すようになってきた。ある日、Ｃ介護福祉職が掃除をしていて、薬が２週間分内服されていないことを見つけた。また、Ｂさんは、「Ｃさんにだけ話します。みんなが私の悪口を言って、電波を飛ばして監視しています」とおびえながら話した。

話を聞いたＣ介護福祉職のＢさんに対する最初の言葉かけとして、**最も適切なものを１つ**選びなさい。

1　「今すぐ薬を飲んでください」
2　「悪口の内容を詳しく教えてください」
3　「薬を飲んでいないからですよ」
4　「医師に話しておきますね」
5　「それは不安ですね」

問題 122 Bさんは、C介護福祉職と話したことをきっかけに、定期的に服薬できるようになり、以前と同じ支援を受けながら一人暮らしを続けている。最近は、デイケアで就労を目指すグループ活動に自ら参加するようになった。Bさんは、「就労に挑戦してみたい」という気持ちはあるが、就労経験のある他のメンバーの失敗談を聞くと、「自信がない」とも言っている。

Bさんへの支援に関する次の記述のうち、**最も適切なもの**を**1つ**選びなさい。

1 自分で料理と掃除ができるようになることが優先であると話す。
2 服薬ができなかったことを取り上げ、治療に専念するように話す。
3 無理せず、今の生活を維持することが大切であると話す。
4 長所を一緒に探し、どのような仕事が向いているのかを考えようと話す。
5 他のメンバーの失敗原因を考え、失敗しない対策をしようと話す。

総合問題4

次の事例を読んで、**問題123から問題125まで**について答えなさい。

〔事 例〕

Dさん（59歳、女性）は30年前に関節リウマチ（rheumatoid arthritis）を発症して、現在、障害者支援施設に入所している。

Dさんは、朝は手の動きが悪く痛みがあるが、午後、痛みが少ないときは関節を動かす運動を行っている。足の痛みで歩くのが難しく車いすを使用しているが、最近は手の痛みが強くなり、自分で操作することが難しい。また、食欲がなく、この1か月間で体重が2kg減っている。夜中に目が覚めてしまうこともある。

問題 123 Dさんの朝の症状の原因として、**最も可能性が高いもの**を**1つ**選びなさい。

1 睡眠不足
2 低栄養
3 平衡感覚の低下
4 筋力低下
5 関節の炎症

令和元年度

問題 124 使っていた車いすを自分で操作することが困難になったＤさんが、「障害者総合支援法」で電動車いすを購入するときに利用できるものとして、**適切なもの**を **1 つ**選びなさい。

1　介護給付費
2　補装具費
3　自立支援医療費
4　訓練等給付費
5　相談支援給付費

(注)「障害者総合支援法」とは、「障害者の日常生活及び社会生活を総合的に支援するための法律」のことである。

問題 125 Ｄさんは、「ここ数日、朝だけでなく 1 日中、何もしないのに手足の痛みが強くなってきた」と訴えている。

日常生活で、Ｄさんが当面留意すべきこととして、**最も適切なもの**を **1 つ**選びなさい。

1　前あきの衣類より、かぶりの衣類を選ぶ。
2　ベッドのマットレスは、柔らかいものを使用する。
3　関節を動かす運動を控える。
4　できるだけ低いいすを使う。
5　頸部(けいぶ)が屈曲位になるように、高めの枕を使用する。

平成 30 年度（第 31 回）

介護福祉士試験問題

午前　10：00 ～ 11：50

人間と社会

- 人間の尊厳と自立
- 人間関係とコミュニケーション
- 社会の理解

介護

- 介護の基本
- コミュニケーション技術
- 生活支援技術
- 介護過程

午後　13：45 ～ 15：35

こころとからだのしくみ

- 発達と老化の理解
- 認知症の理解
- 障害の理解
- こころとからだのしくみ

医療的ケア

- 医療的ケア

総合問題

※筆記試験は、午前、午後に科目を分けて行われます。

●人間の尊厳と自立

問題 1 Aさん（82歳、女性、要介護2）は、夫を7年前に看取り（みと）、その後は一人暮らしをしている。夜中にトイレに行った時に転倒し、大腿骨（だいたいこつ）頸部（けいぶ）を骨折（こっせつ）（fracture）して3か月入院した。自宅に手すりをつけ、段差をなくす住宅改修をした後、退院した。何かにつかまれば、いすからの立ち上がりや歩行ができる。人と関わるのは苦手なため自宅での生活が中心である。遠方に一人息子が住んでおり、月に1度は様子を見に帰ってくる。週3回、訪問介護（ホームヘルプサービス）の買物代行や部屋の掃除などの生活援助を利用している。Aさんはできるだけ自分のことは自分で行い、このまま自宅での生活を継続したいと希望している。訪問介護員（ホームヘルパー）が訪問したときに、Aさんは一人暮らしを続けることが不安であると告げた。

Aさんに対する訪問介護員（ホームヘルパー）の応答として、**最も適切なものを1つ**選びなさい。

1 「訪問介護（ホームヘルプサービス）を毎日利用したらどうですか」
2 「一人暮らしは大変なので息子さんと同居したらどうですか」
3 「また転ぶかもしれないと思っているのですか」
4 「グループホームに入居することを考えたらどうですか」
5 「手すりをつけたし、段差もなくしたので転びませんよ」

問題 2 『夜と霧』や『死と愛』の著作があるフランクル（Frankl,V.）が提唱した価値の説明として、**適切なものを1つ**選びなさい。

1 公民権運動により差別を解消すること。
2 生命が制限される状況において、いかなる態度をとるかということ。
3 最低生活水準を保障すること。
4 ライフサイクル（life cycle）を通じたノーマルな発達的経験をすること。
5 アパルトヘイト（人種隔離政策）を撤廃すること。

●人間関係とコミュニケーション

問題 3 Bさん（90歳、男性）は、介護老人福祉施設に入所することになった。一人暮らしが長かったBさんは、入所当日、人と会話することに戸惑っている様子で、自分から話そうとはしなかった。介護福祉職は、Bさんとコミュニケーションをとるとき、一方的な働きかけにならないように、あいづちを打ちながらBさんの発話を引き出すように心がけた。

このときの介護福祉職の対応の意図に当てはまるものとして、**最も適切なもの**を**1つ**選びなさい。

1 双方向のやり取り
2 感覚機能低下への配慮
3 生活史の尊重
4 認知機能の改善
5 互いの自己開示

問題 4 聴覚障害のある利用者と介護福祉職との間での筆談に関する次の記述のうち、**最も適切なもの**を**1つ**選びなさい。

1 中途失聴者が用いることは少ない。
2 空中に字を書くことは控える。
3 多人数での双方向のコミュニケーションに用いる。
4 図や絵よりも文字を多用する。
5 キーワードを活用して内容を伝達する。

平成30年度

●社会の理解

問題 5 家族の機能に関する次の記述のうち、**最も適切なもの**を **1 つ**選びなさい。

1 衣食住などの生活水準を維持しようとする機能は、生命維持機能である。
2 個人の生存に関わる食欲や性欲の充足、安全を求める機能は、生活維持機能である。
3 子育てにより子どもを社会化する機能は、パーソナリティの安定化機能である。
4 家族だけが共有するくつろぎの機能は、パーソナリティの形成機能である。
5 介護が必要な構成員を家族で支える機能は、ケア機能である。

問題 6 「地域共生社会」が、目指すものとして、**最も適切なもの**を **1 つ**選びなさい。

1 育児・介護のダブルケアへの対応
2 すべての住民が支え合い、自分らしく活躍できる地域コミュニティの創出
3 高齢者分野の相談支援体制の強化
4 公的サービスに重点を置いた地域福祉の充実
5 専門職主体の地域包括支援体制の構築

問題 7 特定非営利活動法人（NPO 法人）に関する次の記述のうち、**適切なもの**を **1 つ**選びなさい。

1 社会福祉法に基づいて法人格を取得した法人である。
2 収益を上げることは禁じられている。
3 社会教育の推進を図る活動を行うものが最も多い。
4 認定特定非営利活動法人は、税制上の優遇措置を受けることができる。
5 災害救援は対象外の活動である。

問題 8 「育児・介護休業法」に関する次の記述のうち、**適切なもの**を **1 つ**選びなさい。

1 契約社員は、育児休業を取得できない。
2 介護休業は、対象家族一人につき連続して取得しなければならない。
3 介護休業は、育児休業よりも先に制度化された。
4 雇用主には、育児休業中の給与支給が義務づけられている。
5 配偶者、父母、子、配偶者の父母は、介護休業の対象家族である。

（注）「育児・介護休業法」とは、「育児休業、介護休業等育児又は家族介護を行う労働者の福祉に関する法律」のことである。

問題 9 C さん（71 歳、女性、要介護 1）は、軽度の認知症（dementia）がある。週 1 回通所介護（デイサービス）を利用している。娘が離婚して、常勤で就労するようになり、孫を連れて C さん宅へ転入した。孫が保育所に入所できなかったため、C さんが日中面倒を見ることになった。そのため、楽しみにしていた通所介護（デイサービス）の利用が困難になり困っているという相談が、指定通所介護事業所の D 管理者（介護福祉士）にあった。

D 管理者の対応として**最も適切なもの**を **1 つ**選びなさい。

1 利用が困難ということなので、通所介護計画を変更する。
2 通所介護（デイサービス）の利用日は会社を休むように、娘に言う。
3 担当の介護支援専門員（ケアマネジャー）に、再調整を依頼する。
4 児童相談所に相談するように、C さんに助言する。
5 娘に転職をしてもらうように、C さんに助言する。

問題 10 労働者災害補償保険制度に関する次の記述のうち、**正しいもの**を **1 つ**選びなさい。

1 パートやアルバイトは、保険給付の対象である。
2 保険料は、雇用主と労働者がそれぞれ負担する。
3 通勤途上の事故は、保険給付の対象外である。
4 業務上の心理的負荷による精神障害は、保険給付の対象外である。
5 従業員がいない自営業者は、保険給付の対象である。

問題 11 2018（平成 30 年）に施行された介護保険制度の改正内容として、**正しいものを 1 つ**選びなさい。

1　介護医療院の創設
2　定期巡回・随時対応型訪問介護看護の創設
3　在宅医療・介護連携推進事業の地域支援事業への位置づけ
4　地域包括支援センターへの認知症連携担当者の配置
5　法令遵守等の業務管理体制整備の義務づけ

問題 12 2018 年（平成 30 年）に施行された介護保険制度の利用者負担に関する次の記述のうち、**正しいものを 1 つ**選びなさい。

1　施設の食費は、材料費等の実費を新たに全額自己負担することになった。
2　補足給付の支給要件から資産が除かれた。
3　居宅介護サービス計画費について自己負担が導入された。
4　施設の居住費は、新たに保険給付の対象外とされた。
5　一定以上の所得のある利用者に対して 3 割負担が導入された。

問題 13 2016 年（平成 28 年）の「障害者総合支援法」の改正内容として、**適切なものを 1 つ**選びなさい。

1　放課後や休日に児童・生徒の活動を支援する放課後等デイサービスが創設された。
2　一人暮らしを希望する障害者に対して、地域生活を支援する自立生活援助が創設された。
3　障害者の 1 年間以上の雇用継続を義務づける就労定着支援が創設された。
4　保育所等を訪問して、障害児に発達支援を提供する保育所等訪問支援が創設された。
5　医療的ケアを必要とする障害児への支援として、医療型障害児入所施設が創設された。

（注）「障害者総合支援法」とは、「障害者の日常生活及び社会生活を総合的に支援するための法律」のことである。

問題 14 障害者を支援する専門職の主たる業務に関する次の記述のうち、**最も適切なもの**を**1つ**選びなさい。

1　社会福祉士は、福祉関連法に定められた援護、措置の事務を行う。
2　精神保健福祉士は、心理検査を実施して精神面の判定を行う。
3　理学療法士は、手芸や工作の作業、家事の訓練を行う。
4　言語聴覚士は、聴覚検査や言語訓練、嚥下訓練（えんげくんれん）を行う。
5　栄養士は、摂食の訓練や摂食のための自助具の作成を行う。

問題 15 Eさん（75歳）はU事業所の訪問介護（ホームヘルプサービス）とV事業所の通所介護（デイサービス）を利用している。Eさんは通所介護（デイサービス）の職員の対応に不満があり、苦情を申し出たいがどうすればよいかとU事業所の訪問介護員（ホームヘルパー）に相談した。

訪問介護員（ホームヘルパー）の対応として、**最も適切なもの**を**1つ**選びなさい。

1　通所介護（デイサービス）の職員に注意しておくと伝える。
2　介護保険審査会に申し出るように助言する。
3　介護保険の事業所の苦情対応の仕組みを説明して、担当者に相談するように助言する。
4　しばらく様子を見てから、改めて相談に応じると伝える。
5　日常生活自立支援事業を契約して、苦情解決を援助してもらうように助言する。

問題 16 社会福祉法人に関する次の記述のうち、**適切なもの**を**1つ**選びなさい。

1　設立にあたっては、所在地の都道府県知事が厚生労働大臣に届出を行う。
2　収益事業は実施することができない。
3　事業運営の透明性を高めるために、財務諸表を公表することとされている。
4　評議員会の設置は任意である。
5　福祉人材確保に関する指針を策定する責務がある。

平成30年度

●介護の基本

問題 17 2012年度（平成24年度）「高齢者の健康に関する意識調査結果」（内閣府）の介護を受けたい場所に関する次の選択肢のうち、**最も多かったものを1つ**選びなさい。

1 「子どもの家で介護してほしい」
2 「介護老人福祉施設に入所したい」
3 「自宅で介護してほしい」
4 「病院などの医療機関に入院したい」
5 「民間の有料老人ホームなどを利用したい」

問題 18 社会福祉士及び介護福祉士法における介護福祉士の義務として、**適切なものを1つ**選びなさい。

1 家族介護者の介護離職の防止
2 医学的管理
3 日常生活への適応のために必要な訓練
4 福祉サービス関係者等との連携
5 子育て支援

問題 19 茶道の師範だったFさん（87歳、女性、要介護3）は、70歳の時に夫を亡くし、それ以降は一人暮らしを続けていた。79歳の頃、定期的に実家を訪ねていた長男が、物忘れが目立つようになった母親に気づいた。精神科を受診したところ、アルツハイマー型認知症（dementia of the Alzheimer's type）と診断された。昨年から小規模多機能型居宅介護を利用しているが、最近は、宿泊サービスの利用が次第に多くなってきている。Fさんは来所しても寝ていることが多く、以前に比べると表情の乏しい時間が増えてきている。

介護福祉職がFさんの生活を支えるための介護として、**最も適切なものを1つ**選びなさい。

1 Fさんが安心して暮らせるように、長男に施設入所を勧める。
2 夜間に熟睡できるよう、日中は宿泊室に入らないように説明する。
3 長く茶道を続けてきたので、水分補給は緑茶に変更する。
4 心を落ち着かせるために、読書を勧める。
5 茶道の師範だったので、お茶のたて方を話題にする。

問題 20 Gさん（68歳、女性、要介護2）は、小学校の教員として定年まで働いた。Gさんは、3年前にアルツハイマー型認知症（dementia of the Alzheimer's type）と診断された。夫は既に亡くなっており、長男（30歳）と一緒に暮らしている。週に2回通所介護（デイサービス）に通い、レクリエーションでは歌の伴奏をよくしている。その他の日は、近所の人や民生委員、小学校の教え子たちがGさん宅を訪問し、話し相手になっている。

最近、Gさんは食事をとることを忘れていたり、トイレの場所がわからず失敗したりすることが多くなった。

介護福祉職が、Gさんの現状をアセスメント（assessment）した内容と、ICF（International Classification of Functioning, Disability and Health：国際生活機能分類）の構成要素の組合せとして、**最も適切なもの**を**1つ**選びなさい。

1　アルツハイマー型認知症（dementia of the Alzheimer's type）は、「心身機能・身体構造」にあたる。
2　レクリエーションで歌の伴奏をすることは、「参加」にあたる。
3　近所の人や民生委員、小学校の教え子は、「個人因子」にあたる。
4　小学校の教員をしていたことは、「環境因子」にあたる。
5　トイレの場所がわからなくなることは、「健康状態」にあたる。

問題 21 定期巡回・随時対応型訪問介護看護に関する次の記述のうち、**最も適切なもの**を**1つ**選びなさい。

1　このサービスのオペレーターは、サービス提供責任者のことである。
2　利用者の状態の変化に応じて、随時訪問サービスを利用することができる。
3　介護・看護一体型では、訪問看護サービスを利用しても介護報酬は同一である。
4　日常生活上の緊急時の対応は行っていない。
5　要支援者、要介護者のどちらも利用できる。

平成30年度

問題 22 防災に関する次の図記号が意味している内容として、**正しいものを 1 つ**選びなさい。

1　避難所
2　避難場所
3　土石流注意
4　地滑り注意
5　津波注意

問題 23 介護福祉職の職務上の倫理に関する次の記述のうち、**適切なものを 1 つ**選びなさい。

1　おむつ交換をスムーズに行うために、利用者の居室（個室）のドアを開けておいた。
2　訪問介護（ホームヘルプサービス）中に携帯電話が鳴ったので、電話で話しながら介護した。
3　ベッドから転落した利用者が「大丈夫」と言ったので、そのままベッドに寝かせた。
4　利用者から、入院している他の利用者の病状を聞かれたが話さなかった。
5　利用者が車いすから立ち上がらないように、腰ベルトをつけた。

問題 24 施設の介護における安全の確保に関する次の記述のうち、**最も適切なものを 1 つ**選びなさい。

1　職員に対して安全に関する研修を定期的に行う。
2　施設管理者の安全を第一に考える。
3　利用者の社会的な活動を制限する。
4　利用者に画一的なサービスを提供する。
5　安全対策は事故後に行う。

問題 25 介護老人福祉施設の感染対策に関する次の記述のうち、**適切なもの**を**1つ**選びなさい。

1　感染対策のための委員会を開催することは任意である。
2　手洗いは、消毒液に手を浸して行う。
3　洗面所のタオルは共用にする。
4　入所者の健康状態の異常を発見したら、すぐに生活相談員に報告する。
5　おむつ交換は、使い捨て手袋を着用して行うことが基本である。

問題 26 燃え尽き症候群（バーンアウト（burnout））の特徴として、**最も適切なもの**を**1つ**選びなさい。

1　首から肩、腕にかけて凝りや痛みが生じる。
2　人格・行動変化や失語がみられる。
3　無気力感、疲労感や無感動がみられる。
4　身体機能の低下がみられる。
5　日中に耐え難い眠気が生じる。

●コミュニケーション技術

問題 27 利用者とのコミュニケーションにおいて逆転移が起きている事例に該当するものとして、**最も適切なもの**を**1つ**選びなさい。

1　自分が利用者を嫌いなのに、利用者が自分を嫌っていると思い込む。
2　亡くなった祖母と似ている利用者に、無意識に頻繁に関わる。
3　利用者に対する不満を直接ぶつけずに、机を強くたたいて発散する。
4　敬意を抱いている利用者の口癖を、自分もまねて用いる。
5　利用者に対する嫌悪の感情を抑え、過剰に優しく利用者に接する。

問題 28 介護福祉職が行う傾聴に関する次の記述のうち、**最も適切なもの**を**1つ**選びなさい。

1　利用者が抱いている感情を推察する。
2　利用者が話す内容を介護福祉職の価値観で判断する。
3　対話の話題を介護福祉職の関心で展開する。
4　利用者が体験した客観的事実の把握を目的とする。
5　利用者が沈黙しないように対話する。

問題 29 Hさん（75歳、男性）は、脳梗塞（cerebral infarction）を発症して入院し、後遺症として左片麻痺（ひだりかたまひ）が残った。退院後、介護老人保健施設に入所し、在宅復帰を目指してリハビリテーションに取り組んでいる。ある日、Hさんは J 介護福祉職に、「リハビリを頑張っているけれど、なかなかうまくいかない。このままで自宅に戻れるようになるのか…」と暗い表情で話しかけてきた。

このときの、Hさんに対する J 介護福祉職の共感的な応答として、**最も適切なものを 1 つ**選びなさい。

1 「不安な気持ちに負けてはいけません」
2 「きっと自宅に戻れますよ」
3 「Hさんが不安に思う必要はありません」
4 「不安に思っているHさんがかわいそうです」
5 「リハビリがうまくいかなくて不安なのですね」

次の事例を読んで、**問題 30、問題 31** について答えなさい。

〔事　例〕

Kさん（75歳、女性）は、小学校教諭を定年退職した後、しばらく趣味やボランティア活動を楽しんでいたが、認知症（dementia）を発症し、介護老人福祉施設に入所した。見当識障害や記憶力低下がみられた。入所後、初めて息子夫婦が面会に来た。Kさんは息子に向かって、「ここで、国語を教えているの」と嬉（うれ）しそうに語った。息子夫婦は面会を終えて、介護福祉職のところに相談したいとやって来た。困惑したような表情の息子から、「母が、学校で教えていると言った時、どうしたらよいでしょうか」と質問があった。

問題 30 このときの、息子に対する応答として、**最も適切なものを 1 つ**選びなさい。

1 「ここは学校ではないので、息子さんから直してあげてください」
2 「お母さんの教員としての誇りを大切にしてあげてください」
3 「お母さんの認識を改めるための何か良い知恵はありますか」
4 「認知症（dementia）が進行しているので仕方ありません」
5 「私たちも息子さんと同じように困っているんです」

問題 31 Kさんの病状は進み、自分から話すことはほとんどなくなり、こちらの問いかけにも応えたり応えなかったり、という状況になった。

　このようなKさんとコミュニケーションをとる方法として、**最も適切なものを 1 つ**選びなさい。

1　沈黙を守る。
2　表情を一定に保つ。
3　開かれた質問を使う。
4　ボディタッチを増やす。
5　コミュニケーションノートを使う。

問題 32 Lさん（30 歳、女性）は、パートタイムで仕事をしながら、自宅で母の介護をしてきた。ある日、母の訪問介護（ホームヘルプサービス）で訪れたM訪問介護員（ホームヘルパー）に対して、Lさんは、「寝ている間に頭の中に機械が埋め込まれて、行動を監視されている」と興奮気味に訴えた。

　このときのM訪問介護員（ホームヘルパー）の対応として、**最も適切なものを 1 つ**選びなさい。

1　それは現実のことではないと説明する。
2　気にしなくてもよいと話をそらす。
3　Lさんの訴えを肯定も否定もせずに聞く。
4　監視されているのは間違いないと肯定する。
5　Lさんの感情に合わせて興奮気味に接する。

問題 33 叙述体を用いて介護記録を作成するときの留意点として、**最も適切なものを 1 つ**選びなさい。

1　情報を項目別に整理する。
2　問題のポイントを明確にする。
3　介護福祉職の解釈を記録する。
4　論点を明確にする。
5　利用者に起こったことをそのまま記録する。

問題 34 介護福祉職が行う報告の留意点に関する次の記述のうち、**最も適切なものを 1 つ**選びなさい。

1 報告するときは、自分の意見を最初に述べる。
2 予定より時間がかかる業務であっても、完了後に報告する。
3 起こった事実は、抽象的な言葉で報告する。
4 指示を受けた業務の報告は、指示者に行う。
5 自分の推測を、事実であるとみなして伝える。

●生活支援技術

問題 35 下記のマークが表しているものとして、**正しいものを 1 つ**選びなさい。

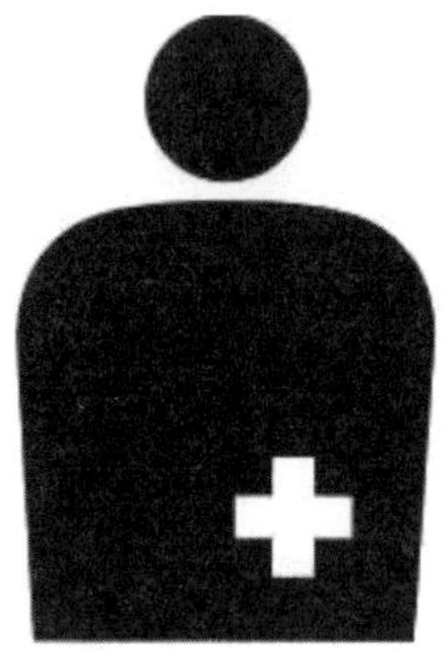

1 肢体不自由のある人が運転する自動車
2 障害者が利用できる建物、施設
3 義肢や義足などで援助や配慮を必要としている人
4 オストメイトであること、オストメイトのための設備があるトイレ
5 障害者の就労支援に取り組んでいる企業

問題 36 Aさん（38歳）は、共同生活援助（グループホーム）に入居している。料理が得意で、普段はエプロンを身に着けて揚げ物料理をガスコンロで作っている。

防火を意識した調理支援に関する次の記述のうち、**最も適切なものを 1 つ**選びなさい。

1　調理材料は、ガスコンロの周辺に置く。
2　調理をするときは、袖口を絞った衣類を着てもらう。
3　調理に時間がかかるときは、鍋から離れてもらう。
4　火災警報器は、床に近い部分に設置する。
5　強い火力で調理してもらう。

問題 37 歩行が可能な脊髄小脳変性症（spinocerebellar degeneration）の高齢者の転倒予防に留意した環境整備に関する次の記述のうち、**最も適切なものを 1 つ**選びなさい。

1　弾力性が高い床材を使用する。
2　洋式トイレの予備のトイレットペーパーは足元に置く。
3　頻繁に移動する場所には手すりを取りつける。
4　調理用具は、頭上のつり棚に収納する。
5　いすにキャスターをつける。

問題 38 介護福祉職が行う身じたく・整容の支援と使用する道具の組合せとして、**最も適切なものを 1 つ**選びなさい。

1　ベッド上での口腔（こうくう）ケア――――――――ガーグルベースン
2　浴室での洗髪――――――――――――――ドライシャンプー
3　総義歯の洗浄――――――――――――――歯磨剤
4　耳垢（じこう）（耳あか）の除去――――――――――ピンセット
5　ベッド上での洗顔――――――――――――冷水で絞ったタオル

問題 39 ベッド上で臥床（がしょう）したままの利用者に行う和式寝衣の交換の介護に関する次の記述のうち、**適切なものを 1 つ**選びなさい。

1　袖を抜くときは手→肘→肩の順で行う。
2　脱いだ寝衣を広げ、その上に新しい寝衣を重ねて広げる。
3　利用者の脊柱と新しい寝衣の背縫いの部分を合わせる。
4　左前身頃の上に、右前身頃を重ねる。
5　腰紐（こしひも）は結び目が背中に回るように結ぶ。

平成30年度

問題 40 入居施設で生活する利用者が車いすを使用して外出するときに、介護福祉職が計画、準備することとして、**最も優先すべきもの**を **1 つ**選びなさい。

1　長時間の外出を企画する。
2　家族に同行を依頼する。
3　外出先の経路情報を集める。
4　折り畳み傘を用意する。
5　介助ベルトを用意する。

問題 41 選択肢 1 から 5 の順で、ベッドから車いすへ全介助で移乗するときの、利用者の動作と、介護福祉職の身体の使い方の組合せとして、**最も適切なもの**を **1 つ**選びなさい。

1　上半身を起こす———手首で持ち上げる
2　ベッドの端に座る——踵(かかと)を浮かせて、低くかがむ
3　立ち上がる————前腕で真上に引き上げる
4　車いすに移る————重心を安定させて、車いすへ足先と身体を向ける
5　深く座り直す————座り直す方向に向けて、上下の重心移動をする

問題 42 B さん（84 歳、男性）は、生活全般に介護を必要としている。ベッド上に仰臥位(ぎょうがい)でいるBさんは、喘息(ぜんそく)があり、咳込(せきこ)みが続き呼吸が苦しくなり、「楽な姿勢にしてほしい」と訴えた。
　介護福祉職の対応として、**最も適切なもの**を **1 つ**選びなさい。

1　枕を外して、顔を横に向けて腹臥位(ふくがい)にする。
2　枕を重ねて、頭を高くする。
3　左側臥位(ひだりそくがい)にして、背中にクッションを当てる。
4　半座位（ファーラー位）にする。
5　オーバーベッドテーブルの上に枕を置いて、上半身を伏せる。

問題 43 手首に変形や痛みがみられる関節リウマチ（rheumatoid arthritis）の利用者が、歩行時に使用する杖(つえ)として、**最も適切なもの**を **1 つ**選びなさい。

1　前腕固定型杖(ぜんわんこていがたつえ)（ロフストランドクラッチ（Lofstrand crutch））
2　前腕支持型杖(ぜんわんしじがたつえ)（プラットホームクラッチ（Platform crutch））
3　松葉杖(まつばづえ)
4　多点杖(たてんづえ)
5　歩行器型杖(ほこうきがたつえ)

問題 44 身体機能の変化に応じた食事の提供と対応方法として、**最も適切なものを 1 つ**選びなさい。

1　咀嚼力の低下に対しては、麺類を中心とした食事で栄養を補う。
2　味覚の低下に対しては、塩分を増やして味付けを濃くする。
3　腸の蠕動運動の低下に対しては、食物繊維の多い食品を取り入れる。
4　口渇感の低下に対しては、脱水予防のために酸味のある味付けにする。
5　唾液分泌の低下に対しては、食後にアイスマッサージをする。

問題 45 いすに座っている右片麻痺の利用者の食事介護時の留意点として、**最も適切なものを 1 つ**選びなさい。

1　口の右側に食物を入れる。
2　利用者の左腕はテーブルの上にのせたままにしておく。
3　刻み食にする。
4　上唇にスプーンを運ぶ。
5　一口ごとに、飲み込みを確認する。

問題 46 たんぱく質・エネルギー低栄養状態（PEM：Protein Energy Malnutrition）が疑われる状況として、**最も適切なものを 1 つ**選びなさい。

1　要介護度が改善した。
2　1か月に3％以上の体重減少があった。
3　体格指数（BMI）が25.0以上になった。
4　低血圧症状が現れた。
5　声が枯れるようになった。

問題 47 ベッド上で足浴を実施するときの基本的な手順や方法として、**適切なものを 1 つ**選びなさい。

1　ベッドの足元をギャッジアップする。
2　お湯の温度の確認は、利用者、介護福祉職の順に行う。
3　ズボンを脱がせて、下肢を露出する。
4　洗う側の足関節を保持しながら洗う。
5　両足を一度に持ち上げて、すすぐ。

問題 48 長期臥床している高齢者に、ケリーパッドを使用して行うベッド上での洗髪に関する次の記述のうち、**最も適切なものを 1 つ**選びなさい。

1　膝を伸ばした仰臥位で行う。
2　頭皮に直接お湯をかけて、生え際を濡らす。
3　後頭部を洗う時は、頭部を前屈させる。
4　すすぐ前に、タオルで余分な泡を拭き取る。
5　すすぎは高い位置からお湯をかける。

問題 49 皮膚の乾燥が強くなった高齢者の入浴介護に関する次の記述のうち、**最も適切なものを 1 つ**選びなさい。

1　アルカリ性の石鹸で洗う。
2　こすらないように洗う。
3　硫黄を含む入浴剤を使用する。
4　42℃以上のお湯で入浴する。
5　保湿剤は、皮膚が十分に乾いてから塗る。

問題 50 ベッド上で腰上げが可能な高齢者への、差し込み便器による排泄介護の方法として、**最も適切なものを 1 つ**選びなさい

1　使用前の便器は温めておく。
2　便器を差し込むときは両脚を伸ばしてもらう。
3　男性の場合は、トイレットペーパーを陰茎の先端に当てておく。
4　便器の位置を確認したらベッドを水平にする。
5　排泄中はベッドサイドで待機する。

問題 51 C さん（81 歳、女性）は、介護老人保健施設に入所している。腹圧性尿失禁があり、トイレでの排泄や下着の交換には介護が必要だが、遠慮して下着の交換を申し出ないことがある。食堂で昼食をとっている最中に激しくむせ込んでいたので背中をさすったところ、むせ込みは収まったが失禁をしたらしく、周囲に尿臭が漂った。

　このときの介護福祉職の対応として、**最も適切なものを 1 つ**選びなさい。

1　尿臭がすることを伝える。
2　下着が濡れていないかと尋ねる。
3　むせた時に尿が漏れなかったかと尋ねる。
4　トイレに誘導して、下着を交換する。
5　C さんが下着を替えてほしいと言うまで待つ。

問題 52 数日前から下痢を繰り返している在宅の高齢者について、訪問介護員（ホームヘルパー）が入手すべき次の情報のうち、**最も緊急度の高いものを 1 つ**選びなさい。

1　意識の状態
2　食事の内容
3　下痢の回数
4　水分の摂取量
5　肛門部（こうもんぶ）の皮膚の状態

問題 53 調理環境を清潔に保つための方法として、**最も適切なもの**を **1 つ**選びなさい。

1　布巾を使った後は、流水で洗う。
2　食器を洗ったスポンジは、軽く絞って洗剤の泡を残す。
3　魚や肉を切ったまな板の汚れは、熱湯で洗い流す。
4　金属製のスプーンの消毒は、塩素系漂白剤に 1 時間以上つけ置きする。
5　包丁は、刃と持ち手の境目の部分も洗浄して消毒する。

問題 54 D さん（84 歳、女性、要介護 3）は認知症（dementia）があり、訪問介護（ホームヘルプサービス）を利用している。ある日、D さんが、訪問介護員（ホームヘルパー）と一緒に衣装ケースを開けたところ、防虫剤がなくなっていた。D さんは、新しいものを補充してほしいと訪問介護員（ホームヘルパー）に依頼したが、防虫剤の種類や名前はわからないという。

この衣装ケースに補充する防虫剤の種類として、**最も適切なもの**を **1 つ**選びなさい。

1　しょうのう
2　ナフタリン（naphthalene）
3　パラジクロルベンゼン（paradichlorobenzene）
4　シリカゲル（silica gel）
5　ピレスロイド系

平成30年度

問題 55 利用者から洗濯を依頼された。以下に示す取扱い表示がある場合、乾燥の方法として、**適切なもの**を **1 つ**選びなさい。

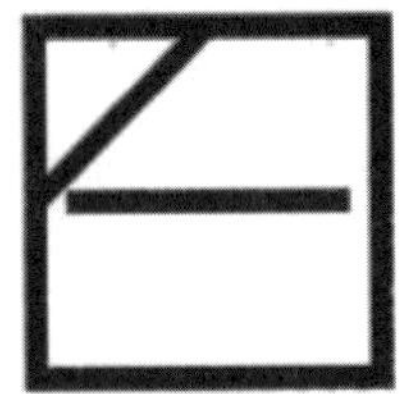

1 日当たりのよい場所でつり干しする。
2 日陰でつり干しする。
3 日当たりのよい場所で平干しする。
4 日陰で平干しする。
5 乾燥機を使って高温で乾燥する。

問題 56 杖歩行（つえほこう）している高齢者の寝室の環境整備に関する次の記述のうち、**最も適切なもの**を **1 つ**選びなさい。

1 足元灯を用意する。
2 ベッドの高さは 60 ～ 65 cm にする。
3 マットレスは柔らかいものにする。
4 布団は床に敷く。
5 特殊寝台（介護ベッド）に変更する。

問題 57 E さん（78 歳、女性）は、30 年前に夫を亡くした。姑（しゅうとめ）の介護を 8 年間一人で行い、1 年前に自宅で看取（みと）った。隣県に住む息子に促されて介護付有料老人ホームに入居した。入居して間もない E さんは、「何をしてよいかわからない」と日中は部屋で一人で過ごしている。

ホームでの暮らしに戸惑っている E さんへの介護福祉職の対応として、**最も適切なもの**を **1 つ**選びなさい。

1 規則正しい生活を送るように話す。
2 入居前の生活の様子を聞く。
3 ホームの日課を伝える。
4 介護福祉職がホームでの役割を決める。
5 長男に面会に来てもらえるように、生活相談員に依頼する。

問題 58 介護老人福祉施設で最期まで過ごすことを希望する利用者への対応に関する次の記述のうち、**最も適切なもの**を **1 つ**選びなさい。

1　終末期の介護方針を伝えて、意思確認を行う。
2　入所後に意思が変わっても、入所時の意思を優先する。
3　本人の意思よりも家族の意向を優先する。
4　本人の意思確認ができないときは、医師に任せる。
5　意思確認の合意内容は、介護福祉職間で口頭で共有する。

問題 59 終末期で終日臥床（しゅうじつがしょう）している利用者への便秘予防の対応として、**最も適切なもの**を **1 つ**選びなさい。

1　水分摂取量を減らす。
2　腹部に冷罨法（れいあんぽう）を行う。
3　下剤を用いて直腸を定期的に刺激する。
4　座位姿勢を保持する機会を作る。
5　小腸に沿って腹部マッサージを行う。

問題 60 F さん（80 歳、女性）は、認知症（dementia）で高齢者施設に 10 年間入所していたが、死去した。夫（85 歳）は F さんが入所中、毎日面会して、F さんと共通の趣味である詩吟を楽しみ、時間を共に過ごしていた。

夫は F さんが亡くなって 1 週間後、施設にお礼に訪れて、「毎日通うのは大変だったが、今は話し相手もいなくなり寂しい。自分で料理をする気もなくなり眠れない」と涙を流しながら話をした。

F さんの夫に対する介護福祉職の対応として、**最も適切なもの**を **1 つ**選びなさい。

1　気遣いの言葉をかけて、話を聴く。
2　良眠できる方法を助言する。
3　外食を勧める。
4　趣味に打ち込むように勧める。
5　元気を出すように励ます。

平成30年度

●介護過程

問題 61 介護過程の目的に関する次の記述のうち、**最も適切なもの**を **1 つ**選びなさい。

1　利用者の自立を支援する。
2　画一的に介護を実践する。
3　介護福祉職の尊厳を保持する。
4　家族介護者の自己実現を図る。
5　経験則に基づいて介護を実践する。

問題 62 利用者の情報収集における留意点として、**最も適切なもの**を **1 つ**選びなさい。

1　生活歴は、介護福祉職の主観的判断を優先する。
2　生活機能は、他職種からの情報も活用する。
3　発言内容は、介護福祉職の解釈を加える。
4　経済状況は、近隣住民の情報から推測する。
5　心身機能は、利用者への聞き取りによって判断する。

問題 63 生活課題の優先順位を決定する上で、**最も適切なもの**を **1 つ**選びなさい。

1　利用者が要望する頻度の多いものから決定する。
2　介護福祉職が評価しやすいものから決定する。
3　家族の負担が大きく軽減するものから決定する。
4　緊急性が高いものから決定する。
5　課題に取り組む準備期間が短いものから決定する。

問題 64 介護計画を実施するときの留意点として、**最も適切なもの**を **1 つ**選びなさい。

1　介護計画の遂行自体を目的にする。
2　実施内容は個々の介護福祉職に任せる。
3　介護福祉職の満足度を基に継続を判断する。
4　介護計画の変更内容の説明は省略する。
5　利用者の反応や変化を観察する。

問題 65 Gさん（79 歳、男性）は認知症対応型共同生活介護（グループホーム）に入居している。短期目標を「なじみの店で買物ができる（2か月）」として、月3回の買物を計画し実施した。初回は順調であったが、2回目にレジで後ろに並ぶ人から、「遅い、早くして」と言われて、H介護福祉職が支払った。GさんはH介護福祉職に、「ほしい物を選んでも、自分で支払わないと買った気にならん」と言い、その後、楽しみにしていた買物に行かなくなった。

ＩＣＦ（International Classification of Functioning, Disability and Health：国際生活機能分類）の視点に基づいて介護計画の内容を見直すにあたり、**最も配慮すべき構成要素**を **1 つ**選びなさい。

1　身体構造
2　個人因子
3　心身機能
4　環境因子
5　活動

次の事例を読んで、**問題 66、問題 67** について答えなさい。

〔事　例〕

Ｊさん（71 歳、男性）は 20 歳から造園業を営んでいた。2か月前に脚立から転落して、右大腿骨頸部骨折（femoral neck fracture）で入院した。骨折部位は順調に回復し、下肢機能訓練により杖歩行も可能であると診断されている。しかし、訓練への参加は消極的であり、入院中は車いすで過ごしていた。退院後は自宅で過ごしたいという希望から、下肢筋力に対する機能訓練で5日前に介護老人保健施設に入所した。

入所後のＪさんは、日中のほとんどをベッド上でテレビを見て過ごしている。排泄に関する移乗を依頼する以外に職員に話しかけることはなく、食事をしていても他者との会話はみられない。Ｊさんの表情が穏やかなときに歩行訓練に参加を促すが、「ああ、うん…」と言うだけで訓練に参加していない。

面会に来た妻によると、Ｊさんは、「施設で訓練しても歩けるようになるはずはない」と話していたということだった。また、妻は、「仕事が大好きで、仕事ができないことに相当落ち込んでいるようだ」と話した。

問題 66 Ｊさんに対する長期目標の方向性として、**最も適切なもの**を **1 つ**選びなさい。

1　病院で機能訓練をすること
2　施設での生活に慣れること
3　造園業に再び携わること
4　話し相手を見つけること
5　新しい趣味を見つけること

問題 67 在宅復帰を目指すＪさんに対する短期目標を、「外出することができる（1 週間）」とした。

短期目標に基づく支援内容として、**最も適切なもの**を **1 つ**選びなさい。

1　車いすで 20 ～ 30 分過ごしてもらう。
2　歩行器の使用を促す。
3　下肢を 1 日 1 回外転する。
4　トイレへの移乗訓練を行う。
5　骨折部位の回復を確認する。

問題 68 Ｋさん（82 歳、女性）は、身寄りがなく自宅で一人暮らしをしている。週 1 回利用している通所介護（デイサービス）で送迎を担当しているＬ介護福祉職は、Ｋさんから、「この間、いつもより膝の痛みが強くなって玄関で立てなくなった。ちょうど民生委員さんが来てくれて、一緒に受診して痛みは治まったの。医師から膝は痛むことがあるが生活に支障はないと言われたけど、いつまでこの家にいられるかしら」と打ち明けられた。その日の夕方、自宅へ送った時にＫさんは、「施設の生活はにぎやかで、さぞ楽しいでしょうね」と話して、涙ぐんだ。発言を受けて、その場で本人の同意を取り、翌日、事業所内のカンファレンス（conference）が行われた。

Ｌ介護福祉職が話す内容として、**最も優先すべきもの**を **1 つ**選びなさい。

1　膝の痛みがなくならない理由
2　身寄りがないこと
3　施設に入所するタイミング
4　玄関で活用できる福祉用具
5　在宅生活の継続への不安

●発達と老化の理解

問題 69 乳幼児の標準的な心身の発達に関する次の記述のうち、**適切なもの**を**1つ**選びなさい。

1 生後3か月頃、指を使って積み木がつかめるようになる。
2 生後6か月頃、つかまり立ちができるようになる。
3 1歳頃、喃語(なんご)が現れ始める。
4 2歳頃、二語文を話すようになる。
5 3歳頃、愛着（アタッチメント（attachment））が形成され始める。

問題 70 高齢者に対する次の見方のうち、**エイジズム（ageism）に該当するもの**を**1つ**選びなさい。

1 心身機能の個人差が大きくなる。
2 視覚機能が低下する。
3 流動性知能が低下する。
4 認知機能が低下する。
5 頑固な性格になる。

問題 71 加齢に伴う身体機能の変化として、**適切なもの**を**1つ**選びなさい。

1 周辺視野が広くなる。
2 低周波の音から聞こえにくくなる。
3 味覚の感受性が低下する。
4 振動に敏感になる。
5 嗅覚が敏感になる。

問題 72 尿失禁に関する次の記述のうち、**正しいもの**を**1つ**選びなさい。

1 認知症（dementia）で尿を漏らすのを、腹圧性尿失禁という。
2 トイレまで我慢できずに尿を漏らすのを、切迫性尿失禁という。
3 重い物を持った時に尿を漏らすのを、混合性尿失禁という。
4 いろいろな原因が重なって尿を漏らすのを、溢流性尿失禁(いつりゅうせいにょうしっきん)という。
5 前立腺肥大症（prostatic hypertrophy）で尿を漏らすのを、機能性尿失禁という。

平成30年度

問題 73 Aさん（95歳、女性、要介護3）は、介護老人福祉施設に入所して6か月になる。入所間もない頃は、「買物に行きたい」「友達に会いに行きたい」と、いろいろ介護福祉職に要望したが、それらの要望には応えてもらえなかった。現在Aさんは、認知機能障害はなく、身体的にも大きな変化や異常は認められない。しかし、ほとんどの時間をベッドで過ごしていて、「どこか行きたいところはないですか」と介護福祉職が聞いても、「ない」と答えるだけである。

Aさんの現在の状態を説明するものとして、**最も適切なもの**を**1つ**選びなさい。

1 学習性無力感
2 反動形成
3 統合失調症（schizophrenia）の陰性症状
4 せん妄（delirium）
5 パーソナリティの変化

問題 74 高齢者の疾患と治療に関する次の記述のうち、**最も適切なもの**を**1つ**選びなさい。

1 複数の慢性疾患を持つことは、まれである。
2 服用する薬剤の種類は、若年者より少ない。
3 服用する薬剤の種類が増えると、薬の副作用は出にくくなる。
4 高血圧症（hypertension）の治療目標は、若年者と同じにする。
5 薬剤の効果が強く出ることがある。

問題 75 高齢者の便秘に関する次の記述のうち、**適切なもの**を**1つ**選びなさい。

1 1日に1回、排便がない状態をいう。
2 病気が原因となることは、まれである。
3 腹筋の筋力低下は、原因となる。
4 薬剤が原因となることは、まれである。
5 下剤の服用を優先する。

問題 76 Bさん（68歳、女性）は、3か月前から、自宅の階段を昇り降りするときに、両膝の痛みが強くなってきた。整形外科を受診したところ、変形性膝関節症（knee osteoarthritis）と診断された。Bさんの身長は153 cm、体重は75 kgである。
Bさんの日常生活の留意点として、**最も適切なもの**を**1つ**選びなさい。

1　歩行を控える。
2　正座で座る。
3　膝を冷やす。
4　体重を減らす。
5　杖は使わない。

●認知症の理解

問題 77 介護老人保健施設に入所した認知症高齢者が、夜中に荷物を持って部屋から出てきて、介護福祉職に、「出口はどこか」と聞いてきた。介護福祉職の対応に関する次の記述のうち、**最も適切なもの**を**1つ**選びなさい。

1　「今日はここにお泊りになることになっています」と伝える。
2　「もうすぐご家族が迎えに来るので、お部屋で待っていましょう」と居室に誘う。
3　「トイレですよね」と手を取って案内する。
4　「どちらに行きたいのですか」と声をかけて並んで歩く。
5　「部屋に戻って寝ましょう」と荷物を持って腕を取る。

問題 78 図は、2016 年（平成 28 年）「国民生活基礎調査」（厚生労働省）を基に、介護保険制度における要介護者と要支援者の介護が必要となった主な原因の構成割合を作図したものである。

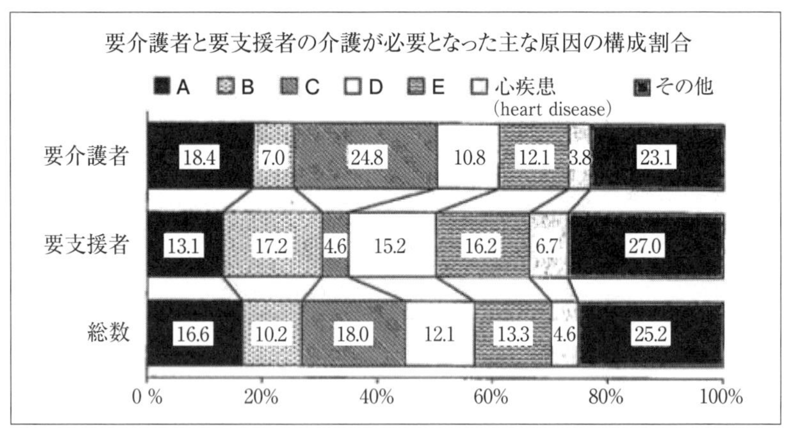

AからEには、

・「関節疾患（joint disease）」
・「高齢による衰弱」
・「骨折（fracture）・転倒」
・「認知症（dementia）」
・「脳血管疾患（cerebrovascular disease）（脳卒中（stroke））」

のいずれかが該当する。

「認知症（dementia）」に該当するものとして、**正しいものを 1 つ**選びなさい。

1　A
2　B
3　C
4　D
5　E

問題 79 認知症（dementia）の人を支援する施策に関する次の記述のうち、**適切なもの**を **1 つ**選びなさい。

1　認知症サポーターは、認知症（dementia）に対する正しい知識と理解を持ち、認知症（dementia）の人を支援する。
2　介護保険制度では、認知症対応型共同生活介護（グループホーム）は、居宅サービスに位置づけられている。
3　認知症（dementia）と診断された 39 歳の人は、介護保険制度を利用できる。
4　介護保険制度では、認知症対応型通所介護は施設サービスに位置づけられている。
5　成年後見制度では、地域包括支援センターの社会福祉士が補助人、保佐人、成年後見人を選定する。

問題 80 加齢による物忘れと比べたときの、認知症（dementia）による物忘れの特徴として、**最も適切なもの**を **1 つ**選びなさい。

1　見当識障害はない。
2　物忘れの自覚はない。
3　物忘れが進行しない。
4　日常生活に明らかな支障はない。
5　体験の一部分だけを思い出せない。

問題 81 認知機能障害に関する次の記述のうち、**正しいもの**を **1 つ**選びなさい。

1　記憶障害では、初期から手続き記憶が障害される。
2　見当識障害では、人物の認識は障害されない。
3　失行では、洋服をうまく着られなくなる。
4　失認は、視覚や聴覚の障害が原因である。
5　実行機能の障害では、ADL（Activities of Daily Living：日常生活動作）は障害されない。

問題 82 軽度認知障害（mild cognitive impairment）に関する次の記述のうち、**最も適切なもの**を **1 つ**選びなさい。

1　記憶力の低下の訴えがある。
2　日常生活に支障がある。
3　認知症（dementia）の一種である。
4　CDR（Clinical Dementia Rating）のスコアが 2 である。
5　全般的な認知機能が低下している。

問題 83 抗認知症薬に関する次の記述のうち、**正しいものを 1 つ**選びなさい。

1 貼付剤はない。
2 非薬物療法との併用はしない。
3 段階的に投与量を減量していく。
4 副作用として悪心や下痢が生じることがある。
5 ADL（Activities of Daily Living：日常生活動作）が改善することはない。

問題 84 認知症（dementia）の原因となる疾患と、特徴的な行動・心理症状（BPSD）の組合せとして、**適切なものを 1 つ**選びなさい。

1 アルツハイマー型認知症（dementia of the Alzheimer's type）―幻視
2 血管性認知症（vascular dementia）―――――――――――――抑うつ
3 レビー小体型認知症（dementia with Lewy bodies）――――――人格変化
4 前頭側頭型認知症（frontotemporal dementia）――――――――もの盗(と)られ妄想
5 クロイツフェルト・ヤコブ病（Creutzfeldt-Jakob disease）―徘徊(はいかい)

問題 85 重度の認知症高齢者の胃ろう栄養法に関する支援として、**最も適切なものを 1 つ**選びなさい。

1 主治医が導入するかしないかを決定する。
2 家族が導入するかしないかを決定する。
3 本人の意向や価値観の把握に努め、本人にとっての最善を関係者で判断する。
4 成年後見人がいる場合、成年後見人が導入するかしないかを決定する。
5 看取(みと)り期(き)には、介護福祉職の判断で胃ろう栄養法を中止する。

問題 86 認知症（dementia）の母親を献身的に介護している息子が、母親に怒鳴られてたたきそうになった。それを見ていた介護福祉職の息子への対応に関する次の記述のうち、**最も適切なものを 1 つ**選びなさい。

1 「孝行息子のあなたが手を上げるなんて…」と注意する。
2 「行政に通報します」と告げる。
3 「認知症（dementia）だから怒鳴るのは仕方がない」と慰める。
4 「地域にある認知症（dementia）の人と家族の会を紹介します」と伝える。
5 「懸命に介護をして疲れていませんか」と話を聴く。

●障害の理解

問題 87 ノーマライゼーション（normalization）の理念を８つの原理にまとめた人物として、**正しいもの**を **1 つ**選びなさい。

1 ニィリエ（Nirje,B.）
2 バンク-ミケルセン（Bank-Mikkelsen,N.）
3 ヴォルフェンスベルガー（Wolfensberger,W.）
4 ロバーツ（Roberts,E.）
5 ソロモン（Solomon,B.）

問題 88 世界保健機関（WHO）によるリハビリテーションの定義で、「利き手の交換」が該当するものとして、**適切なもの**を **1 つ**選びなさい。

1 職業的リハビリテーション
2 医学的リハビリテーション
3 経済的リハビリテーション
4 教育的リハビリテーション
5 社会的リハビリテーション

問題 89 対麻痺（ついまひ）を生じる疾患として、**最も適切なもの**を **1 つ**選びなさい。

1 筋萎縮性側索硬化症（amyotrophic lateral sclerosis : ALS）
2 腰髄損傷（lumbar spinal cord injury）
3 悪性関節リウマチ（malignant rheumatoid arthritis）
4 パーキンソン病（Parkinson disease）
5 脊髄小脳変性症（spinocerebellar degeneration）

問題 90 統合失調症（schizophrenia）の特徴的な症状として、**最も適切なもの**を **1 つ**選びなさい。

1 妄想
2 躁（そう）うつ
3 強迫観念
4 振戦せん妄
5 見捨てられ不安

平成30年度

問題 91 知的障害の特徴に関する記述として、**最も適切なもの**を **1 つ**選びなさい。

1　成人期に出現する。
2　てんかん（epilepsy）の合併率が高い。
3　有病率は女性が高い。
4　重度・最重度が大半を占める。
5　遺伝性の障害が大半を占める。

問題 92 発達障害者が一般就労に向けて利用するサービスとして、**最も適切なもの**を **1 つ**選びなさい。

1　行動援護
2　就労定着支援
3　職場適応援助者（ジョブコーチ）による支援
4　同行援護
5　就労継続支援Ｂ型

問題 93 網膜色素変性症（retinitis pigmentosa）の初期の症状として、**最も適切なもの**を **1 つ**選びなさい。

1　硝子体出血
2　口内炎
3　眼圧上昇
4　夜盲
5　水晶体の白濁

問題 94 上田敏による障害受容のステージ理論の５つの心理過程のうち、最初の段階として、**正しいもの**を **1 つ**選びなさい。

1　受容期
2　否定期
3　ショック期
4　混乱期
5　解決への努力期

問題 95 関節リウマチ（rheumatoid arthritis）の人の日常生活上の留意点として、**適切なもの**を **1 つ**選びなさい。

1　いすは低いものを使う。
2　膝を曲げて寝る。
3　かばんの持ち手を手で握る。
4　ドアの取っ手は丸いものを使う。
5　身体を洗うときはループ付きタオルを使う。

問題 96 右利きのＣさん（73 歳、男性）は脳梗塞（cerebral infarction）を発症して、回復期リハビリテーション病棟に入院中である。左片麻痺（ひだりかたまひ）のため、歩行は困難である。他の患者とも交流せず、病室に閉じこもりがちであったため、多職種チームによるカンファレンス（conference）が開かれた。

現時点のＣさんへの対応として、**最も適切なもの**を **1 つ**選びなさい。

1　利き手の交換
2　階段昇降訓練
3　義足の製作
4　プッシュアップ訓練
5　心理カウンセリング

平成30年度

●こころとからだのしくみ

問題 97 ライチャード（Reichard,S.）による老年期の性格類型において、円熟型に該当するものとして、**適切なもの**を **1 つ**選びなさい。

1 自分の過去に対して自責の念を抱く。
2 年を取ることをありのまま受け入れていく。
3 若いときの積極的な活動を維持する。
4 他者の援助に依存する。
5 責任から解放されることを好む。

問題 98 臓器とその機能の組合せとして、**正しいもの**を **1 つ**選びなさい。

1 肝臓――グリコーゲン（glycogen）の貯蔵
2 膀胱――尿の濃縮
3 小脳――呼吸中枢
4 副腎――インスリン（insulin）の分泌
5 心臓――ガス交換

問題 99 唾液腺と唾液に関する次の記述のうち、**正しいもの**を **1 つ**選びなさい。

1 副交感神経は唾液分泌を抑制する。
2 唾液分泌は食事摂取時に限られる。
3 耳下腺の導管は口腔底に開口する。
4 唾液には抗菌作用がある。
5 舌下腺は小唾液腺である。

問題 100 良肢位に関する次の記述のうち、**最も適切なもの**を **1 つ**選びなさい。

1 ADL（Activities of Daily Living：日常生活動作）に最も支障が少ない姿勢である。
2 肘関節を伸ばした姿勢である。
3 つま先が下を向いた姿勢である。
4 拘縮を起こしやすい姿勢である。
5 クッションを用いた保持は避ける。

問題 101 胃ろうに関する次の記述のうち、**最も適切なもの**を **1 つ**選びなさい。

1　ろう孔周囲のびらんは、放置してよい。
2　ろう孔は、カテーテルの抜去後、およそ1時間で自然に閉鎖する。
3　カテーテルの交換は不要である。
4　ミキサー食の注入は禁止されている。
5　経口摂取も併用できる。

問題 102 Dさん（75 歳、女性）は、介護老人福祉施設に入所している。糖尿病（diabetes mellitus）があり、インスリン療法を受けている。2日前から風邪をひいて、食事量が普段の半分程度に減っていたが、医師の指示どおりインスリン注射を継続していた。介護福祉職が朝食をDさんに渡そうとしたところ、顔色が悪く、「胸がどきどきして、ふわふわする」と話し、額には汗が見られた。

考えられるDさんの状態として、**ただちに医療職に相談しなければならないもの**を **1 つ**選びなさい。

1　発熱
2　脱水
3　低血糖
4　貧血
5　意識障害

問題 103 皮膚の乾燥に伴うかゆみに関する次の記述のうち、**適切なもの**を **1 つ**選びなさい。

1　高齢者では、まれである。
2　水分摂取を控える。
3　顔面に好発する。
4　利用者の爪は短く切る。
5　皮膚をかくことで軽快する。

問題 104 入浴介護に関する次の記述のうち、**適切なもの**を **1 つ**選びなさい。

1　家庭内での不慮の事故死のうち、入浴関連はまれである。
2　心臓に疾患のある人には、全身浴を勧める。
3　浴槽からの立ち上がりは、ゆっくり行う。
4　食後すぐの入浴を勧める。
5　入浴後、水分摂取は控える。

問題 105 排便の仕組みに関する次の記述のうち、**適切なもの**を **1 つ**選びなさい。

1 仰臥位（ぎょうがい）は、排便しやすい姿勢である。
2 交感神経は、直腸の蠕動運動（ぜんどううんどう）を促進させる。
3 食事をとると、便意はおさまる。
4 息を吐きながら腹圧を低下させると、排便は促される。
5 排便時には、外肛門括約筋（がいこうもんかつやくきん）を意識的に弛緩（しかん）させる。

問題 106 睡眠に関する次の記述のうち、**最も適切なもの**を **1 つ**選びなさい。

1 加齢に伴って睡眠時間は短くなる。
2 睡眠障害の多くは遺伝性である。
3 過眠は睡眠時間が長くなることをいう。
4 睡眠中は体温が上昇する。
5 睡眠周期は約 60 分である。

問題 107 睡眠に関する次の記述のうち、**最も適切なもの**を **1 つ**選びなさい。

1 高齢者の中途覚醒は、水分の摂りすぎが原因である。
2 レストレスレッグス症候群（restless legs syndrome）は、下肢を動かすと症状が軽快する。
3 仰臥位（ぎょうがい）で眠ると、いびきが改善する。
4 睡眠時間の確保には、寝だめが有効である。
5 熟睡するには、就寝前の飲酒が有効である。

問題 108 Eさん（75 歳、男性）は、2年前に肺がん（lung cancer）と診断されて、抗がん剤治療を受けていたが、効果がなく1か月前に治療を中止した。その後、日常生活に支援が必要となり、訪問介護（ホームヘルプサービス）を利用することになった。訪問介護員（ホームヘルパー）は初回訪問を終えて帰ろうとした時に、いきなりEさんから、「もう来なくてもいい」と厳しい口調で言われた。また、「どうして私だけが、がん（cancer）にならなければならないのか」という言葉も聞かれた。

Eさんの心理状態について、キューブラー・ロス（Kübler-Ross,E.）が提唱した心理過程の段階として、**最も適切なもの**を**1つ**選びなさい。

1　否認
2　怒り
3　取り引き
4　抑うつ
5　受容

●医療的ケア

問題 109 次のうち、スタンダードプリコーション（standard precautions : 標準予防策）において、**感染する危険性のあるものとして取り扱う対象**を**1つ**選びなさい。

1　汗
2　唾液
3　経管栄養剤
4　傷のない皮膚
5　未使用の吸引チューブ

問題 110 喀痰吸引（かくたんきゅういん）の実施が必要と判断された利用者に対して、喀痰吸引（かくたんきゅういん）を行うことに関する次の記述のうち、**最も適切なもの**を**1つ**選びなさい。

1　日中は、1時間おきに吸引を行う。
2　食後の吸引は避ける。
3　入浴時は、その前後に吸引を行う。
4　就寝後は吸引を控える。
5　仰臥位（ぎょうがい）を2時間保ってから行う。

平成30年度

問題 111 気管切開をして人工呼吸器を使用している人の喀痰吸引に関する次の記述のうち、**正しいもの**を**1つ**選びなさい。

1　気管カニューレを抜いて、吸引を行う。
2　頸部を前屈した姿勢にして、吸引を行う。
3　1回の吸引時間は、20～30秒とする。
4　吸引チューブの挿入の深さは、気管分岐部の手前までである。
5　吸引を終了した後は、人工呼吸器の作動状況を確認する。

問題 112 胃ろうによる経管栄養の実施手順として、栄養剤を利用者のところに運んだ後の最初の行為として、**最も適切なもの**を**1つ**選びなさい。

1　体位の確認
2　物品の劣化状況の確認
3　栄養剤の指示内容の確認
4　本人であることの確認
5　経管栄養チューブの固定状況の確認

問題 113 イルリガートル（注入ボトル）を用いた経鼻経管栄養に関する次の記述のうち、**最も適切なもの**を**1つ**選びなさい。

1　栄養剤は、半固形化栄養剤を用いる。
2　嘔気があるときは、注入速度を遅くして滴下する。
3　イルリガートルに栄養剤を入れてから、2時間後に滴下する。
4　栄養剤の液面は、胃から50 cm程度高くする。
5　使用した物品は、消毒用エタノールにつけて消毒をする。

●総合問題

総合問題 1

次の事例を読んで、**問題 114 から問題 116** までについて答えなさい。

〔事　例〕

Fさん（78 歳、男性）は、妻（75 歳）と二人で暮らしていた。1か月前に脳出血（cerebral hemorrhage）で入院して、左半身の不全麻痺（ふぜんまひ）がある。立ち上がりや歩行に介助が必要なため、杖（つえ）や手すりを使用した歩行訓練をして、杖歩行（つえほこう）が可能になった。病院のソーシャルワーカーの勧めで、Fさんは介護保険の申請をして結果を待っていた。

ある日、「医師から退院の許可が出た」と、妻から介護支援専門員（ケアマネジャー）に連絡があった。

介護支援専門員（ケアマネジャー）は、「Fさんの退院後の在宅サービスを検討したいので病院に集まってほしい」と、在宅支援の関係者に会議への参加を依頼した。訪問介護員（ホームヘルパー）は、ケアプランの検討のために病院に行って、会議に参加した。会議には、主治医、病棟看護師、理学療法士も参加した。トイレで転ぶのではないかというFさんの心配について話し合った結果、トイレに手すりが必要だということになった。また、左足指に白癬（はくせん）（tinea）があり、薬が処方されていることも確認された。

問題 114　介護支援専門員（ケアマネジャー）が招集した会議として、**正しいものを 1 つ**選びなさい。

1　退院前カンファレンス
2　サービス担当者会議
3　支援調整会議
4　地域ケア会議
5　介護・医療連携推進会議

平成30年度

問題 115 図はＦさん宅のトイレである。

手すりを設置する位置として、**最も適切なものを１つ**選びなさい。

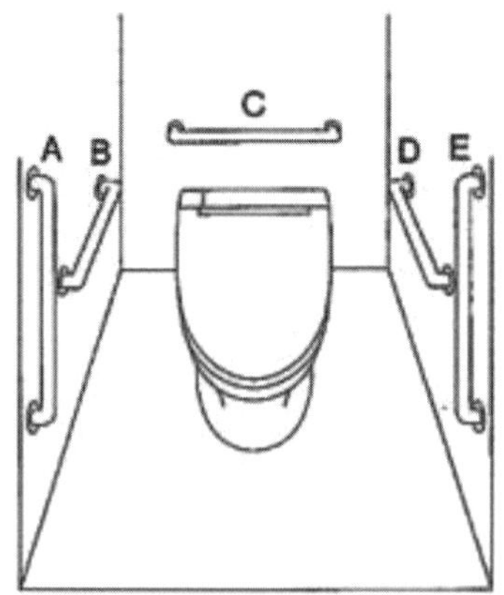

1　A
2　B
3　C
4　D
5　E

問題 116 訪問介護員（ホームヘルパー）が、自宅に戻ったＦさんの皮膚疾患に関する日常生活上の留意点を妻に指導する内容として、**最も適切なものを１つ**選びなさい。

1　からだを温める。
2　足を乾燥させる。
3　着衣や寝具は熱処理する。
4　足にワセリンを塗る。
5　処方された塗り薬は気がついたときに塗る。

総合問題２

次の事例を読んで、**問題 117 から問題 119** までについて答えなさい。

〔事　例〕

Gさん（84 歳、女性）は、8 年前に経済的な理由から養護老人ホームに入所した。

Gさんは、「自分のことは、自分でやりたい」といつも話しており、毎朝の体操が日課であった。施設のプログラムである健康体操にも他の利用者と楽しみながら毎週参加していた。

しかし、最近は、足がすくんだようになり、始めの一歩をうまく出せず、歩行に不安を抱えるようになった。

Gさんは、物忘れなどの症状が以前からみられていたこと、また他の症状もみられるようになったことから、医師の診察を受けたところ、レビー小体型認知症（dementia with Lewy bodies）と診断された。

Gさんは、居室の前にあるトイレに行くとき、転倒してけがをするのではないかと不安になっている。Gさんが入所している施設は、N県から介護保険サービス事業者の指定を受けている。この施設で生活を続けたいというGさんの意向を受けて、本人を交えて施設職員と介護支援専門員（ケアマネジャー）が支援の内容を検討した。

問題 117　Gさんが診察を受けるきっかけとなった他の症状とは、発症した認知症（dementia）の特徴的な症状の一つである。
他の症状に該当するものとして、**最も適切なもの**を **1 つ**選びなさい。

1　片麻痺（かたまひ）
2　脱抑制
3　幻視
4　常同行動
5　感情失禁

問題 118　Gさんの移動に関する支援として、**最も適切なもの**を **1 つ**選びなさい。

1　床にある目印をまたぐように声かけをする。
2　車いすで移動する。
3　居室にカーペットを敷く。
4　歩幅を小さくするように声かけをする。
5　四点杖（よんてんづえ）の使用を勧める。

平成30年度

問題 119 Gさんの意向を踏まえた介護保険サービスとして、**正しいもの**を**1つ**選びなさい。

1 看護小規模多機能型居宅介護
2 小規模多機能型居宅介護
3 短期入所療養介護
4 特定施設入居者生活介護
5 認知症対応型共同生活介護

総合問題3

次の事例を読んで、**問題120から問題122**までについて答えなさい。

〔事 例〕

Hさん（26歳、女性）は、腰髄損傷（lumbar spinal cord injury）で両下肢麻痺（りょうかしまひ）の障害があり、車いすを使用してADL（Activities of Daily Living：日常生活動作）は自立している。銀行で働きながら一人暮らしをして、休日は、友人とスキューバダイビングを楽しんでいた。

Hさんは、こだわりや責任感が強く真面目で、悩みごとを打ち明けられない性格であった。

ある日、友人が表情の暗いHさんを心配して話を聞いてみると、「食事が喉を通らず、頭痛や思考力低下があり、寝つきは良いが、すぐに目が覚めて眠れず、仕事上のミスが続き仕事に行けない日がある」と話した。友人の勧めで専門医を受診した結果、Hさんはうつ病（depression）と診断された。

その後、治療を受けながら仕事を続けていたが、激しい動悸（どうき）、息苦しさ、めまいを伴うパニック発作が繰り返し起こり、仕事を休職して治療に専念することにした。

問題 120 Hさんの睡眠障害として、**正しいもの**を**1つ**選びなさい。

1 レストレスレッグス症候群（restless legs syndrome）
2 概日リズム睡眠障害（circadian rhythm sleep disorder）
3 レム睡眠行動障害（REM sleep behavior disorder）
4 環境因性睡眠障害
5 中途覚醒

問題 121 Ｈさんの食欲不振や睡眠障害は改善せず、日常生活に介護が必要になり居宅介護を利用し始めた。半年ほど経過した頃、「早く良くなりたい」と介護福祉職に話した。
介護福祉職が、Ｈさんのつらい思いを受容した上でかける言葉として、**最も適切なもの**を **1 つ**選びなさい。

1 「早く良くなってくださいね」
2 「すぐに治りますよ」
3 「ゆっくり休むことも必要ですよ」
4 「治療、頑張ってくださいね」
5 「気分転換に旅行に行くといいですよ」

問題 122 Ｈさんは仕事を休職して治療に専念した結果、趣味のスキューバダイビングが楽しめるまでに回復した。介護福祉職に、「仕事に復帰しようと思っている」と話した。
介護福祉職が紹介するサービスとして、**最も適切なもの**を **1 つ**選びなさい。

1 リワークプログラム
2 レスパイトサービス（respite service）
3 ピアカウンセリング（peer counseling）
4 セルフヘルプグループ（self-help group）
5 ガイドヘルプサービス

総合問題4

次の事例を読んで、**問題 123 から問題 125** までについて答えなさい。

〔事　例〕

Ｊさん（女性）は、介護福祉士養成施設の学生である。Ｊさんは、希望していた障害児入所施設で実習をすることになった。この実習では、障害特性を理解して、介護実践の在り方を学ぶだけではなく、個別支援計画（介護計画）作成と実施、評価までの介護過程の展開を学ぶことになっていた。

Ｊさんは、対象となる利用者としてＫ君（15 歳、男性）を担当することになった。Ｋ君は重度の脳性麻痺（のうせいまひ）（cerebral palsy）がある。Ｋ君が 2 歳の時に両親は離婚して、母親が一人でＫ君を育てていた。母子の生活は困窮していた。Ｋ君が 9 歳の時に、母親はＫ君を施設に入所させることを希望し、この施設に入所することになった。現在Ｋ君は、言語による意思の疎通は困難であり、座位が保持できる程度である。また、てんかん（epilepsy）の発作（強直間代発作）が時々みられるが、重積発作ではない。

平成30年度

問題 123 K君が入所している施設の根拠となる法律として、**正しいもの**を**1つ**選びなさい。

1 母子及び父子並びに寡婦福祉法
2 「障害者総合支援法」
3 生活保護法
4 児童虐待の防止等に関する法律
5 児童福祉法

(注)「障害者総合支援法」とは、「障害者の日常生活及び社会生活を総合的に支援するための法律」のことである。

問題 124 Jさんは、K君の支援計画作成に責任を持つ職員に計画作成の注意点などを聞きたいと、実習指導者に相談した。

K君の支援計画作成に責任を持つ職員として、**正しいもの**を**1つ**選びなさい。

1 生活支援員
2 児童自立支援専門員
3 サービス提供責任者
4 児童発達支援管理責任者
5 相談支援専門員

問題 125 Ｊさんは個別支援計画作成にあたって、昼食後にＫ君と向き合う時間を多くとった。ある日、Ｋ君に話しかけていると、突然両上下肢を硬直させ、がたがた震わせた後、意識を失ってしまった。慌てたＪさんはすぐに、近くの職員に連絡をした。

Ｋ君の発作が落ち着いた後、実習指導者がＪさんに、Ｋ君の発作時の対応について教える内容として、**最も適切なもの**を **1 つ**選びなさい。

1 大声で名前を呼ぶ。
2 タオルを口にくわえさせる。
3 顔を横にして顎を上げる。
4 救急車を呼ぶ。
5 からだを押さえて発作を止める。

●編著者

L&L 総合研究所

License & Learning 総合研究所は，大学教授ほか教育関係者，弁護士，医師，公認会計士，税理士，1 級建築士，福祉・介護専門職などをメンバーとする。資格を通して新しいライフスタイルを提唱するプロフェッショナル集団。各種資格試験，就職試験を中心とした分野，書籍・雑誌・電子出版，WBT における企画・取材・調査・執筆・出版活動を行っている。

本書の内容に関するお問い合わせは、**書名、発行年月日、該当ページを明記**の上、書面、FAX、お問い合わせフォームにて、当社編集部宛にお送りください。**電話によるお問い合わせはお受けしておりません。**

また、本書の範囲を超えるご質問等にもお答えできませんので、あらかじめご了承ください。

FAX：03-3831-0902

お問い合わせフォーム：http://www.shin-sei.co.jp/np/contact.html

介護福祉士過去７年本試験問題集

2025年５月５日　初版発行

編著者　L＆L 総合研究所

発行者　富永靖弘

印刷所　今家印刷株式会社

発行所　東京都台東区台東２丁目24　株式会社 新星出版社

〒110-0016　☎ 03(3831)0743

ISBN978-4-405-01286-8

別冊
解答・解説

介護福祉士
過去7年
本試験問題集

この別冊は、本体から取り外して使うことができます。

新星出版社

介護福祉士過去7年本試験問題集

解答・解説

CONTENTS

※別冊巻末の解答用紙は、コピーをしてお使いください。

※別冊は取り外してお使いください。

●本冊(問題集)

令和６年度（第37回）介護福祉士試験 解答・解説

人間の尊厳と自立

問題１　正解４

1　×　**インフォームドコンセント**の視点から行う対応である。

2　×　**多職種連携**の視点から行う対応である。

3　×　**個別化**（**個別援助**）の視点から行う対応である。

4　○　**アドボカシー**とは、権利表明が困難な人に代わってその権利を代弁・擁護し、権利の実現を支援するものである。

5　×　**バリアフリー**の視点に基づいた対応である。

問題２　正解５

1、2、3、4　×　Ａさんが車いすを押してほしいと依頼する理由を考えることは、Ａさんの**気持ちを理解しようとする対応**である。腕の痛みの裏にほかの理由が隠れている可能性もあり、適切な助言である。

5　○　上記記述を参照。

人間関係とコミュニケーション

問題３　正解２

1　×　自己愛は、**自分を愛すること**、または過度なうぬぼれという意味である。自分という存在を他人と区別して意識することは「**自我**」である。

2　○　自己同一性とは、「**自分とは何か**（何者か）」という認識であり、その確立によって自己肯定感や自信が育まれる。**アイデンティティ**とも呼ばれる。

3　×　日常行動に影響を与える表面化していない意識は「**潜在意識**」である。

4　×　自己覚知とは、**自分がどんな人間かを知ること**である。コミュニケーションにおいて自分について話すことは「**自己開示**」である。

5　×　自己中心性とは、**物事を自分の視点のみでとらえてしまう**傾向である。自分の意思で自分の行動をコントロールすることは「**自制心**」である。

問題４　正解５

1　×　互いの自己開示は、**信頼関係のもとで成立する**ものである。Ａさんは介護福祉職と話すことに戸惑っている。

2　×　コミュニケーション能力は、あいづちを打って発語を引き出そうとすることで評価できるものではない。

3　×　感覚機能の低下について配慮することは必要であるが、問題文に難聴についての記述はなく、あいづちを打つことはその配慮にあたらない。

4　×　あいづちを打って発語を引き出そうとすることは、認知機能の改善を直接的に意図した対応とはいえない。

5　○　あいづちは傾聴の技法の一つで、相手は自分の話を聞いてくれているという安心感を得ることができる。安心感を得ることで発語が促され、信頼関係を少しずつ築く過程で、双方向のやり取りにつながると期待される。

問題５　正解５

1、2、3、4　×　介護のキャリアパスは、介護福祉職がキャリアを積み上げるために必要な道筋のことであり、キャリアを通じて昇進・昇格し、**最終的に目指す到達点に至るまでのモデル**となるものである。介護福祉職として必要な能力や経験を明確にすることは、キャリアパスに該当する。

5　○　上記記述を参照。

問題6　正解2

1、3、4、5　×　**ユニットリーダーの考えや方針をメンバーが共有できるようにする**ことが適切なフォロワーシップである。よって、ユニットリーダーが気になっていることを詳しく聞くことは、最初に行うフォロワーシップとして最も適切である。

2　○　上記記述を参照。

社会の理解

問題7　正解4

1　×　社会福祉法人は、その経営する社会福祉事業に支障がない限り、公益を目的とする事業（公益事業）又はその収益を社会福祉事業若しくは公益事業の経営に充てることを目的とする事業（**収益事業**）を行うことができる。

2　×　社会福祉法人の**所轄庁**は、主たる事務所の所在地の**都道府県知事**又は**市長**である。ただし、行う事業が2以上の地方厚生局の管轄区域にわたる場合は、**厚生労働大臣**となる。

3　×　社会福祉法人を設立しようとする者は、定款を定め、当該定款について**所轄庁**の**認可**を受ける必要がある。

4　○　社会福祉法人は、**評議員会**を置かなければならないとされている。評議員は、社会福祉法人の適正な運営に必要な識見を有する者のうちから、定款の定めるところにより、選任される。

5　×　社会福祉法人は、評議員会の決議、定款に定めた解散事由の発生、合併などの事由によって解散するという規定があり、解散は禁止されていない。

問題8　正解2

1　×　**定期巡回・随時対応型訪問介護看護**に、利用定員の定めはない。

2　○　定期巡回訪問、随時通報への対応は日中・夜間を通じて、24時間体制で行われる。

3　×　居宅要介護者への定期巡回サービス、随時訪問サービス、随時対応サービス、訪問看護サービスで日常生活上の世話や緊急時の対応、療養上の世話等を行う。機能訓練は行わない。

4　×　居宅要介護者への**定期的な巡回、随時通報への対応、随時訪問、訪問看護**により日常生活上の世話や緊急時の対応、療養上の世話・診療の補助を行う。通い、泊まりは行われない。

5　×　定期巡回・随時対応型訪問介護看護は、**市町村**が事業者の指定、指導、監督を行う地域密着型サービスである。

問題9　正解5

1　×　**団体交渉権**は、日本国憲法第28条において保障される「勤労者の団結する権利及び団体交渉その他の団体行動をする権利」である。

2　×　**平等権**は、日本国憲法第14条において「すべて国民は、法の下に平等であって、人種、信条、性別、社会的身分又は門地により、政治的、経済的又は社会的関係において、差別されない」と保障された権利である。

3　×　**財産権**は、日本国憲法第29条において「これを侵してはならない」と保障された権利である。

4　×　**思想の自由**は、日本国憲法第19条において「思想及び良心の自由は、これを侵してはならない」と保障された権利である。

5 ○ **生存権**は、すべての国民が日本国憲法第25条において保障される「健康で文化的な最低限度の生活を営む権利」である。Aさんに保障された権利として適切である。

問題10 正解3

1 × 保健所は、**地域保健法**に基づいて設置されている。

2 × 保健所は、都道府県、指定都市、中核市その他の政令で定める市又は特別区が設置するとされており、すべての市町村に設置の義務はない。

3 ○ 保健所が行う業務には、「**精神保健に関する事項**」が含まれている。

4 × **歯科衛生士**は、保健所を設置する地方公共団体の長が必要と認めた場合に置かれる。配置義務はない。

5 × 保健所は、児童の一時保護は行わない。児童の一時保護を行うのは、**児童相談所**である。

問題11 正解1

1 ○ **地域ケア会議**とは、地域包括ケア実現のため、介護支援専門員、保健医療及び福祉に関する専門的知識を有する者、民生委員その他の関係者等により構成される。実施主体は**地域包括支援センター**または市町村である。

2 × 施設サービスのケアプランの作成は、施設に配置された**介護支援専門員（計画担当介護支援専門員）**が行う。

3 × **成年後見制度**の申立ては、本人、配偶者、四親等内の親族、任意後見受任者、市町村長、検察官等が家庭裁判所に対して行う。

4 × **介護認定審査会**は、介護保険に係る審査判定業務を行わせるために市町村が設置する。

5 × 地域密着型サービスの事業者の指導・監督は、**市町村**が行う。

問題12 正解3

1、2、4、5 × Bさんは要支援1で、認知症はなく、自宅での生活を望んでおり、日中に他者との交流を求めている。よって、地域支援事業における介護予防・日常生活支援総合事業のひとつであり、**要支援者等**に対し、生活機能向上訓練やレクリエーション活動などを行う**第一号通所事業（通所型サービス）**が適切である。

3 ○ 上記記述を参照。

問題13 正解4

1 × 第1号被保険者の保険料は、**市町村**が徴収する。

2 × 第1号被保険者の保険料は、**市町村**が政令で定める基準に従い条例で定める保険料率に基づき算定されるため、全国一律ではない。

3 × 第2号被保険者の保険料は、医療保険者が、健康保険加入者、国民健康保険加入者について、それぞれ**医療保険料**と合わせて徴収する。

4 ○ 介護保険給付費の財源は、**第1号被保険者の保険料、第2号被保険者の保険料**、公費でまかなわれる。公費は、国、都道府県、市町村が負担する。

5 × 第1号被保険者は原則1割負担で、一定以上の所得がある人は2割負担、特に所得の高い人は3割負担である。第2号被保険者は1割負担である。

問題14 正解1

1 ○ 2024（令和6）年度の民間企業の法定雇用率は2.5%である。2026（令和8）年7月からは2.7%と段階的に引き上げられる。

2 × 精神障害者は、法定雇用率の対象である。

3 × 2024（令和6）年度に、障害者の雇用義務が生じるのは、従業員**40人以上**の事業主である。

4 × 2024（令和6）年度から、雇用義務の対象外である週所定労働時間10時間以上20時間未満の重度身体障害者、重度知的障害者及び精神障害者について、雇用率上、算定できるようになった。

5 × 2024（令和6）年度から事業主が一定数を超えて障害者を雇用する場合、その超過人数分の**障害者雇用調整金**や**報奨金**の支給額が調整されるようになった。雇用相談援助の助成金や職場適応援助者助成金等も新設された。

問題15　正解2

1 × 介護給付費を受けるときは、市町村による障害支援区分の認定が必要である。

2 ○ **短期入所**は、**介護給付**に分類される障害福祉サービスの1つである。

3 × 地域生活支援事業は、市町村が実施主体の**市町村地域生活支援事業**と、都道府県が実施主体の**都道府県地域生活支援事業**とで構成される。

4 × 自立支援給付の利用者負担は所得に応じた応能負担で、世帯所得に応じた4区分の負担上限月額が設けられている。

5 × 障害者総合支援法における**行動援護**は、自立支援給付の**介護給付**に分類されている。

問題16　正解5

1 × サービスを受ける際に**療育手帳**を持っていなくても、市区町村が必要に応じて知的障害者更生相談所に意見を求めて確認することができる。

2 × **放課後等デイサービス**は、**児童福祉法**に基づく、就学している障害児のための支援である。

3 × **障害児通所支援**サービスを受ける際、本人や家族の意向、総合的な援助の方針、目標等を記した**障害児支援利用計画**の作成が必要である。

4 × **障害児入所支援**の実施主体は都道府県である。

5 ○ **保育所等訪問支援**とは、保育所等を訪問し、障害のある児童に対して集団生活への適応のための専門的な支援その他の便宜を供与するものである。

問題17　正解1

1 ○ **サービス付き高齢者向け住宅**は、「高齢者住まい法」に基づく、60歳以上の高齢者を対象とした住まいである。要介護又は要支援の40歳以上60歳未満の者も入居可能である。

2 × サービス付き高齢者向け住宅は、事業者と利用者の**契約**で入居する。

3 × 認知症高齢者を対象とした共同生活の住居は、**認知症対応型共同生活介護**（**グループホーム**）である。

4 × サービス付き高齢者向け住宅は、**状況把握**（**安否確認**）**サービス**と**生活相談サービス**はあるが、食事サービスの提供は義務づけられていない。

5 × 介護サービスの提供は義務づけられていない。

問題18　正解4

1 × **介護保険制度**は、被保険者が加齢に伴い生ずる心身の変化に起因する疾病等で、要介護状態又は要支援状態となったときに必要な保険給付を行う。

2 × **労働者災害補償保険制度**は、通

勤による労働者の負傷、労働者の業務上の負傷、疾病、障害、死亡等に対して迅速かつ公正な保護をするために必要な保険給付を行う。

3　×　**雇用保険制度**は、労働者が失業した場合及び労働者の雇用の継続が困難となる事由が生じた場合に必要な給付を行う。

4　○　**医療保険制度**は、業務災害以外の疾病、負傷若しくは死亡又は出産に関して保険給付を行う。Cさんが利用する制度として適切である。

5　×　**年金制度**は、国民の老齢、障害又は死亡に関して必要な給付を行う。

こころとからだのしくみ

問題19　正解1

1　○　扁桃体は**恐怖や不安、喜びなどの情動に関わる**器官で、大脳辺縁系に位置する。

2　×　小脳は大脳と連携して**体の各部の動きを協調させる**器官で、後頭葉の下、脳幹の背側に位置する。

3　×　下垂体は**ホルモン分泌を調節する**内分泌器官で、間脳に位置する。

4　×　海馬は**記憶や学習能力をつかさどる**器官で、扁桃体と同様、大脳辺縁系に位置する。

5　×　視床下部は**自律神経や内分泌を調節する**器官で、下垂体と同様、間脳に位置する。

問題20　正解2

1　×　嗅神経は**嗅覚**に関与する脳神経で、鼻の奥に分布する。

2　○　三叉神経は**顔の感覚**（痛覚、触覚、冷熱感など）に関与する脳神経で、3本の感覚神経（眼神経、上顎神経、下顎神経）からなっている。

3　×　顔面神経は顔面に分布し、目・口・鼻などを動かす**表情筋**を支配する。

4　×　迷走神経は体内のさまざまな臓器（心臓、胃、腸など）に分布し、主に**副交感神経**に深く関与している。

5　×　舌下神経は**舌を動かす**ことに関わる脳神経で、舌筋全体に分布する。

問題21　正解2

1　×　鼻腔は、**上鼻道**・中鼻道・**下鼻道**に分かれる。

2　○　鼻毛は、フィルターの働きをし、細菌や病原体などの異物の侵入を防御している。

3　×　鼻腔の奥は**咽頭**につながっており、つながる部分は上咽頭と呼ばれる。

4　×　鼻腔内の鼻粘膜には、**毛細血管が多く分布している**。

5　×　嗅細胞は鼻腔奥の上にある**嗅上皮**に存在する。

問題22　正解5

1、2　×　**う蝕**（**虫歯**）の症状である。

3　×　歯髄の炎症・疼痛は、**歯髄炎**の症状である。

4　×　歯のエナメル質の侵蝕は、**酸蝕症**（酸蝕歯）の症状である。酸蝕症には内因性（胃酸によるもの）と外因性（飲食物からの酸の多量摂取などによるもの）がある。

5　○　歯周ポケットの形成は、歯周病の症状である。歯周ポケットは、歯垢（プラーク）中の歯周病菌により歯肉に炎症が起こり、歯と歯肉の境目の溝が深くなることで形成される。

問題23　正解4

1、2、3、5　×　加齢により唾液腺の機能が低下すると、**唾液の分泌が減少する**。唾液が少ないと口臭が出現したり、水分を補わないと食べ物を飲み込みにくくなったりする。

4 ○ 上記記述を参照。

問題24 正解3

1 × 表皮は皮膚を構成する3層（表皮・真皮・皮下組織）の一番外側にあり、厚さは平均**0.2mm**である。

2 × 角質層は、**表皮**の最外層にあり、肌の水分を保持し、外敵刺激から守っている。真皮は表皮の内側にあり、血管、神経、リンパ管が通っている。

3 ○ 表皮は、皮膚の最も外側にあり、外界と接している。

4 × 皮脂を分泌する皮脂腺は**真皮**にある。皮下組織は皮膚の最内層にあり、大部分が脂肪細胞である。

5 × 表皮の最表面は**角質層**である。基底層は表皮の最下層である。

問題25 正解1

1 ○ 高温浴（42℃以上）では、急激な血圧の変動で、ヒートショックを起こす危険性がある。

2 × 高温浴により交感神経が亢進すると、**腸蠕動は抑制**される。

3 × 高温浴により交感神経が亢進すると、**腎機能は抑制**される。

4 × 副交感神経が亢進するのは、**中温浴**（38～41℃）である。

5 × 高温浴により交感神経が亢進すると、心機能は**促進**される。

問題26 正解2

1 × 胃では主に栄養素の消化が行われ、**アルコール**のみが吸収される。

2 ○ 小腸は、胃で消化された食べ物をさらに分解し、**栄養素の大部分を吸収する**。

3 × 直腸では、肛門から挿入された坐薬などの**薬の成分**が吸収される。

4、5 × 横行結腸、S状結腸は大腸の一部であり、大腸では、主に**水分や電解質**が吸収される。

問題27 正解1

2、3、4、5 × レム睡眠は、身体は休んでいるが**脳は活発に動いている**状態で、記憶の整理や定着が行われる。眠りは浅く、睡眠の約25％がレム睡眠である。一方で、**ノンレム睡眠**は入眠初期に出現し、深い眠りの状態である。脳を休息させたり、成長ホルモンの分泌を促したりする。

1 ○ 上記記述を参照。

問題28 正解5

1 × ニコチンには即効性の覚醒作用があり、摂取後**1時間程度持続する**。たばこを15時に1本吸ったことが睡眠に影響を及ぼすことは考えにくい。

2 × レム睡眠行動障害は、睡眠中に大声を出したり暴れたりするなどの**異常行動を起こす**。

3 × レストレスレッグス症候群はむずむず脚症候群とも呼ばれ、**睡眠時など**に、四肢（主に下肢）にむずむずする、かゆいなどの不快な感覚が起こる。

4 × カフェインの覚醒作用は**4時間程度持続する**。19時頃までは影響が残る可能性もあるが、1杯と少なく、睡眠に影響を及ぼすとは考えにくい。

5 ○ 周期性四肢運動障害（PLMD）は、**睡眠中に四肢がぴくぴくと動いて睡眠が妨げられる**もので、Bさんの睡眠障害の原因として最も適切である。

問題29 正解4

1 × 大脳は知覚、運動、思考、記憶、感情、感覚など高次の精神活動を幅広く担っている。呼吸中枢は存在しない。

2 × 中脳は脳幹の一部で、**視覚や聴覚**、**眼球運動**、**姿勢反射**などの機能を担っている。

3 × 小脳は大脳の下にあり、身体の各器官の**運動機能**を調整している。

4 ○ 呼吸中枢は**延髄**にある。延髄には他にも循環器中枢など、生命維持に重要な中枢神経が存在している。

5 × 脊髄は脳から続く神経線維の束で、**脳からの指令を全身に伝えたり**全身からの情報を脳に送ったりする。

問題30 正解５

1 × 呼吸不全は、呼吸機能障害で全身に酸素が行き渡らず、**動脈血中の酸素分圧が60mmHg以下となる状態**をいう。脳の機能停止で**呼吸が停止**する。

2 × 溢流性尿失禁は、尿を出しきれず膀胱に残った尿が少しずつ漏れ出す**尿失禁**で、脳機能停止の兆候ではない。

3 × 脳の機能停止で、多くは数日以内に心停止となるが、薬剤や人工呼吸器で心臓を動かし続けることもできる。

4 × 蠕動運動は消化管における輪状筋の収縮運動で、終末期でも多くみられるが、脳機能停止の兆候ではない。

5 ○ 日本において、死は①心拍動の停止、②自発呼吸の停止、③瞳孔散大・対光反射の消失の３徴候に基づき判定される。**瞳孔散大・対光反射消失**は、脳幹の機能が**完全に停止**したことを示す兆候である。

発達と老化の理解

問題31 正解２

1 × **生後10か月ごろには約９割**がハイハイで移動できるようになる。

2 ○ 乳幼児の指差しは**生後９か月～１歳ごろ**から見られはじめ、言葉を使わずに自分の要求や興味・関心を伝えようとする。

3 × 短い時間に速い速度で言葉を覚え、急速に語彙数が増える語彙爆発は、**１歳半から２歳ごろ**に生じる。

4 × 乳幼児の人見知りは成長の過程でみられるもので、**生後６～９か月ごろに始まり、２～３歳ごろになるとおさまる**ことが多い。

5 × いわゆる「イヤイヤ期」といわれる時期が第一反抗期（1歳後半～3歳ごろ）である。第二反抗期は、**思春期**に起こる。

問題32 正解１

1 ○ 神経性無食欲症では、**過活動状態**になる。

2 × 学童期から生じることもあるが、**10代～20代前半**に多く発症する。

3 × 神経性無食欲症では**痩せ願望**が強く、太ることへの不安や**恐怖感**にとらわれる。

4 × 低体重（痩せすぎ）は、無月経、不妊、出産時体重の減少、骨減少症、将来的な骨粗鬆症など、身体的、精神的な悪影響を与えるが、本人は「**自分は太っている**」**と思い込んでおり**、深刻さに思いが至らない。

5 × 神経性無食欲症の男女比はおよそ1：10で、圧倒的に**女性が多い**。

問題33 正解４

1 × **外罰**（**憤慨**）**型**は、自分の過去の不幸や失敗に対して敵意を示し、他者を非難したり攻撃したりする。

2 × **内罰**（**自責**）**型**は、自分の過去の不幸や失敗に対して自責の念を抱くもので、意欲が少なく消極的である。

3 × **円熟（成熟）型**は、自分の過去や老いた現在の自分を受容し、引退後も社会活動や趣味に関心を持ち続ける。

4 ○ **自己防衛（装甲）型**は、老いた自分を認めないことで老化の不安に対処し、若いときと同じ水準を維持しようとするものである。Aさんは、敬老の日の記念品を拒否したり、退職後も会社の状況を気にして後輩と連絡をとったり、身体の衰えへの不安感から筋力トレーニングを行ったりしていることから、これに相当する。

5 × **ロッキングチェアー（安楽椅子）型**は、他者に依存し、責任から解放された状況で安楽に暮らそうとする。

問題34　正解2

1、3、4、5 × 結晶性知能は、**経験や学習**によって獲得した知識や知恵、判断力などを活用して問題を解決する能力である。20歳以降もゆるやかに発達し、**60代半ばごろまで維持されて**、その後ゆるやかに低下していく。生理的な老化の影響よりも**知識や文化**の影響を受けやすい。**流動性知能**は、その場で新しい問題を解決する能力で、感覚や運動に基づく知能である。

2 ○ 上記記述を参照。

問題35　正解3

1 × 加齢に伴う皮膚機能の低下などにより、**皮膚感覚が鈍くなる**。

2 × 加齢に伴う内耳の感覚細胞や神経線維の劣化などにより、**高音域の聴力が低下する**。

3 ○ 暗順応は、明るい場所から暗い場所へ移動したとき、目が慣れて物が見えるようになることをいう。高齢者では、水晶体の弾力性が失われてピントを合わせにくくなることなどにより、**暗順応の時間が延長する**。

4 × 加齢に伴う味蕾の減少などにより、**味覚が鈍感になる**。

5 × 加齢に伴う嗅細胞の新生能力低下などにより、**嗅覚が鈍くなる**。

問題36　正解5

1 × 老性自覚とは、**老いを自覚すること**である。Bさんは、年をとったと感じている。

2 × 友人との死別もあったため、Bさんは、寂しさは感じているとしても、**悲嘆に至っているとはいえない**。

3 × 「ダンスサークルに通い、近所との付き合いも良好で、今の暮らしに満足している」という記述から、Bさんは今、住んでいる環境や生活に**適応できている**と考えられる。

4 × エイジズムは、高齢者や若者など**特定の年齢層を対象とした偏見や差別**をいう。

5 ○ 近所との付き合いも良好なBさんにとって、知り合いが誰もいない東京に連れて行かれるかもしれないことは、不安を抱かせるものである。

問題37　正解4

1 × サクセスフル・エイジングは「良い人生を送り、天寿を全うすること」であり、**長生きが目的ではない**。

2 × 一人暮らしであればなお、**周囲の人と交流をもつ**ことが、サクセスフル・エイジングにつながる。

3 × 膝に痛みがあっても、膝に負担のかかりにくいことを工夫しながら積極的に行うことが望ましい。

4 ○ サクセスフル・エイジングは、加齢に伴う変化にうまく適応して健康で充実した人生を送ることのため、この記述は適切である。

5　×　歌を上手に歌えなくても、誘ってくれる人もいるのであれば、一緒に行ってみることが望ましい。

問題38　正解 3

1　×　加齢に伴い血圧は上昇する傾向にあるが、高血圧症は若年者でもみられる生活習慣病である。

2　×　糖尿病があると老年症候群の頻度が数倍多くなるといわれているが、糖尿病は若年者でもみられる。

3　○　**骨粗鬆症**は、加齢によって骨量が減少し、骨がもろくなる病気で、若年者には起こりにくく、老年症候群に直接関わる疾患である。

4　×　加齢により動脈硬化が進行すると心筋梗塞を発症しやすくなるが、心筋梗塞は若年者でもみられる。

5　×　脂質異常症は若年者でもみられる生活習慣病である。

認知症の理解

問題39　正解 1

1　○　2019年（令和元年）の認知症施策推進大綱では、「認知症の発症を遅らせ、認知症になっても希望を持って日常生活を過ごせる社会を目指し、認知症の人や家族の視点を重視しながら「**共生**」と「**予防**」を車の両輪として施策を推進していく」としている。

2　×　この大綱での「予防」は、「認知症になるのを**遅らせる**」「認知症になっても**進行を緩やかにする**」という意味である。

3　×　「認知症高齢者等にやさしい地域づくり」を推進するため、次の**5つの柱**が示された。①普及啓発・本人発信支援、②予防、③医療・ケア・介護サービス・介護者への支援、④認知症バリアフリーの推進・若年性認知症の人への支援・社会参加支援、⑤研究開発・産業促進・国際展開。

4　×　「普及啓発・本人発信支援」を含む5つの柱に沿った施策は、すべて**認知症の人の視点に立って、認知症の人やその家族の意見を踏まえて推進する**ことを基本とする。

5　×　本大綱の対象期間は、団塊の世代が75歳以上となる2025（令和7）年までとし、**策定後3年を目途**に施策の進捗を確認するものとしている。

問題40　正解 3

1、2、4、5　×　人形をなくしたAさんの**不安な気持ちに寄り添って**、一緒に探しませんかと声をかけることが、Aさんの気持ちを落ち着かせることにつながる。

3　○　上記記述を参照。

問題41　正解 5

1、2、3、4　×　せん妄は、急性かつ一過的に**認知機能障害**を引き起こし、覚醒レベルが**軽度に低下**した状態である。**症状の変動が多く、夕方から夜間**にかけて生じやすい。また、高齢者のせん妄は**薬剤**（抗コリン薬など）、**感染症**（尿路感染症、インフルエンザなど）、**脱水、環境の変化**などの要因が複雑に絡み合って発症する。

5　○　上記記述を参照。

問題42　正解 1

1　○　**近時記憶**の障害が**初期**から始まり、最近の出来事や見聞きしたことを忘れるなどの症状がみられる。

2　×　幻視を特徴的な症状とするのは、**レビー小体型認知症**である。

3　×　アミロイドβは、認知症の**症状**

が現れる20年以上前から蓄積し始めると考えられている。

4、5 × 歩行障害、嚥下障害が多く現れるのは、**後期**の段階である。

問題43 正解3

1 × 身体活動（運動や生活活動）は、認知症のリスクを**低減**する。

2 × 青魚などに多く含まれる不飽和脂肪酸の摂取は、認知症のリスクを**低減**する。

3 ○ 歯がなくなることによって咀嚼機能が低下すると、**脳の中枢神経への刺激が減り**、認知症のリスクが高まる。栄養状態の低下やフレイル状態も招く。

4 × 難聴による補聴器の使用は、他者とのコミュニケーション維持につながり、認知症のリスクを**低減**させる。

5 × ボランティア活動などの社会とつながる活動は、認知症のリスクを**低減**させる。

問題44 正解2

1 × バーセルインデックス（BI）は**日常生活動作（ADL）**を評価する指標で、10項目を評価し、介助の必要度を100点満点で判定する。

2 ○ **改訂長谷川式認知症スケール**(HDS-R)は全般的な認知機能を評価する尺度で、記憶を中心とした9つの質問から構成される。**30点満点で20点以下**を認知症の目安とする。

3 × FASTは観察式のスケールで、日常行動の観察により**認知症の重症度を7段階で評価**する。

4 × 認知症高齢者の日常生活自立度判定基準は厚生労働省が作成した指標で、**認知症の程度を踏まえた日常生活自立度**を評価するものである。

5 × 臨床的認知症尺度（CDR）は観察式のスケールで、認知機能や生活状況に関する6つの項目から、総合的に**認知症の重症度を5段階で評価**する。

問題45 正解5

1 × 認知症の**本人**（疑いのある人も含む）の意思を支援することである。

2 × 意思決定支援者の多くはケアを提供する専門職種や行政職員等であるが、家族、成年後見人、地域で見守り活動を行う人なども含まれる。

3 × 本人の示した意思は時間の経過や状況等によって変わり得るので、一度決定した内容に縛られることなく、**適宜その意思を確認する**。

4 × 本人が自ら意思決定できる**早期（認知症の軽度）の段階から支援を開始する**ことが望ましい。

5 ○ 認知症の人は言語による意思表示が上手くできないことも多いので、意思決定支援者は、認知症の人の**身振り手振り、表情の変化も意思表示として読み取る**努力を最大限に行う。

問題46 正解4

1 × 肩や背中から優しくゆっくりと触れるのは、**ユマニチュード**である。

2 × 共感を通して認知症の人が体験している現実を受け入れるのは、**バリデーション**である。

3 × 見当識を高めるために時間や場所、現在の状況を説明するのは、**リアリティ・オリエンテーション**である。

4 ○ **回想法**は、会話を通して過去を振り返ったり、昔の写真や映像、音楽を活用して人生を回想することで気持ちの安定やコミュニケーションの活性化をはかる方法である。

5 × 残存能力を活用して共同作業を通して仲間をつくることは、**作業療法**

を用いたアプローチである。

問題47　正解３

1　×　事業の実施主体は、**都道府県**および**指定都市**である。

2　×　認知症疾患医療センターには基幹型、地域型、連携型があり、**鑑別診断に係る検査等の総合的評価が可能な医療機関**に設置される。

3　○　認知症疾患医療センターは、**認知症の鑑別診断の実施**や専門医療相談など、地域での認知症医療提供体制の拠点としての活動を行う。

4　×　主に認知症の鑑別診断と**初期対応**が行われる。

5　×　認知症疾患医療センターは、**厚生労働省の基準**に基づき運営される。

問題48　正解２

1　×　事例文に、金銭管理に関する困りごとの記載はない。

2　○　**認知症初期集中支援チーム**は、認知症の専門職が、認知症が疑われる人（認知症の診断を受けていない人）やその家族を訪問して初期の支援を行うもので、困りごとや心配ごとを聞き取り、**支援方針を検討する**。

3　×　介護サービスが必要であれば、介護認定を行った後で、**介護支援専門員**が居宅サービス計画書を作成する。

4　×　介護保険サービスの契約は、介護認定を受け、居宅サービス計画が作成されてから**介護事業所**と行う。

5　×　法定後見制度には、「補助」「保佐」「後見」の３つの類型があり、家庭裁判所によって選ばれた**成年後見人等**が、本人の利益を考え、本人の代わりに契約などの法律行為等を行う。

障害の理解

問49　正解３

1　×　心身機能・身体構造は、ICFの**生命レベル**に該当する。

2　×　活動は、ICFの**生活レベル**に該当する。

3　○　参加は、ICFの**社会（人生）レベル**に該当する。ICFにおける参加とは、社会や人生の場面にかかわったり役割を果たしたりすることを指す。

4　×　機能障害は、ICFの前身である**ICIDH**（国際障害分類）における障害のとらえ方の一つである。

5　×　活動制限は、**ICIDH**における障害のとらえ方の一つである。

問題50　正解３

1　×　障害のある人が障害のない人と同等に生活し、活動する社会を目指すのは、**ノーマライゼーション**である。

2　×　障害のある人が主導権を持ち、専門職の支援のもと**主体的に行動する**。

3　○　障害のある人が自らの能力や長所に気づき、それらを活かして課題に対応することは、**障害者のエンパワメント**として適切である。

4　×　障害のある人の**主体性や人権が守られるように**支援する。

5　×　医学的リハビリテーションは、エンパワメントではなく、**リハビリテーション**の４つの領域の一つである。

問題51　正解２

1、3、4、5　×　クローン病は**炎症性腸疾患**の一つであり、消化管の粘膜に炎症や潰瘍ができ、**腹痛や下痢**などの症状を引き起こすため、栄養障害が起こりやすい。視力低下や咳嗽、運動失調、関節痛はクローン病の特徴的な症状ではない。

2 ○ 上記記述を参照。

問題52 正解4

1 × 些細なことですぐに興奮して怒鳴ることを**易怒性**といい、高次脳機能障害の**社会的行動障害**の特徴である。

2 × 新しい知識を覚えることが困難なのは、高次脳機能障害における**記憶障害**の特徴である。

3 × ぼんやりして周囲に注意を向け続けることが困難な症状は、高次脳機能障害の**注意障害**の特徴である。

4 ○ 遂行機能障害は、目的を持って行動を計画し順序立てて実行することが困難なものをいう。高次脳機能障害の一つで、実行機能障害とも呼ばれる。

5 × 言葉の表出や理解が困難な症状は、高次脳機能障害における**失語症**の特徴である。

問題53 正解3

1 × ロービジョンは、WHO（世界保健機関）の定義では、矯正視力が**0.05以上0.3未満**とされている。

2 × 中途視覚障害者は、先天性の障害に比べて**障害を受容することが難しい**。

3 ○ 白杖には、杖先から路面の情報を収集して障害物がないかを確認するだけでなく、**視覚に障害があることを周囲に知らせる**役目がある。

4 × ペットではなく、訓練を受けた**盲導犬**と外出することが適切である。

5 × 視覚障害者は、障害者総合支援法における**同行援護**のサービスとして、**ガイドヘルパー**を利用できる。

問題54 正解4

1、2、3、5 × Aさんは食事に時間がかかって嫌がるようになったとあり、咀嚼機能や嚥下機能の低下が疑われる。パーキンソン病の患者は誤嚥してもむせることが少なく、むせる力も弱く、**誤嚥性肺炎を起こしやすい**ため、介護福祉職は十分に留意する。**安静時振戦**、**筋固縮**、**仮面様顔貌**、**便秘**は、パーキンソン病に特徴的な症状であるが、現在のAさんに対して最も留意すべきこととはいえない。

4 ○ 上記記述を参照。

問題55 正解1

1 ○ 要約筆記は聴覚障害者のコミュニケーション手段の一つであり、要約筆記によって意思疎通を補うことは、聴覚障害者の支援として適切である。

2 × 「ろう」とは、両耳の聴力が**100dB以上**の最重度聴覚障害をいう。

3 × フラッシュベルは、電話の着信を**光や音**で知らせる機器である。

4 × 手話は、特に**先天性の聴覚障害者**が意思を伝達するために役立つ。

5 × 身体障害者手帳は、両耳の聴力レベルが**70dB以上**で交付される。

問題56 正解5

1 × ハローワークでは「精神・発達障害者雇用サポーター」を配置し、精神障害や発達障害等のある求職者に対する就職支援等を行っているが、事例の相談先としては適切でない。

2 × Bさんは、**難病**ではないため、難病情報センターは相談先として適切ではない。

3 × 認知症カフェは、**認知症**のある人やその家族が地域の人々や専門家と相互に情報を共有する場である。

4 × 放課後等デイサービスは、障害や発達の遅れがある**小学生**、**中学生**、

高校生が対象である。

5　○　発達障害者支援センターは、発達障害児（者）への支援を総合的に行う専門的機関である。Bさんは小学生のときに注意欠陥多動性障害を疑われていたことから、母親が相談する機関として最も適切である。

問題57　正解5

1　×　障害者差別解消法は、障害者に対する「**不当な差別的取り扱い**」を禁止し、障害のある人から申し出があった場合に「**合理的配慮の提供**」を求めるものである。口頭で説明するのではなく、**商品を見せる配慮**が求められる。

2　×　手話による注文がわからない場合は、文字で書いてもらう、メニューを指さしてもらうなどして確認する。

3　×　盲導犬の同伴を拒むことは、障害者差別禁止法の「**不当な差別的取り扱い**」に該当する。

4　×　**人の少ない場所を設定する**などの合理的配慮を行う必要がある。

5　○　**合理的配慮に沿った対応**である。

問題58　正解5

1　×　レスパイトケアは、在宅介護を担う**家族**と介護を受ける**本人**の休息を目的としているため、障害者自身もサービスを利用して生活するとよい。

2　×　利用中、家族が自宅で休まなければならないという決まりはない。

3　×　過ごし方に規定はなく、趣味や**旅行**も認められる。

4　×　障害者のサービス利用は、宿泊だけでなく**日帰り利用も可能**である。

5　○　レスパイトケアでは、家族が休息している間も、障害者が**自分らしく**過ごせるように配慮する。

医療的ケア

問59　正解1

1　○　胸と腹部の動きを観察し、呼吸が確認できない場合は、**すぐに胸骨圧迫を始める**。

2　×　圧迫部位は、**胸骨の下半分**（胸の真ん中が目安）である。

3　×　実施者の両手を重ねて、**手のひら基部**（手首に近い部分）で圧迫する。

4　×　圧迫の深さは、成人では胸が**5cm**程度沈みこむようにする。

5　×　**1分間に約100回**のリズムで、30回連続で圧迫する。

問題60　正解4

1　×　呼吸器官の内部は、分泌物によって常に**湿った状態**になっている。

2　×　気管の内部の表面には**線毛**があり、分泌物の侵入を防いでいる。

3　×　分泌物は、**気道表面**から再吸収されたり、無意識に飲み込まれる。

4　○　痰は、細菌やウイルスなどの異物を排出する防御反応で、咳や咳払いによって排出される。

5　×　咳は、**延髄**にある咳中枢によって起こる反射運動である。

問題61　正解4

1　×　喀痰吸引は条件付きで介護福祉士等が行えるが、あくまで医療行為であり、**医師の指示書**に基づいて行う。

2　×　吸引チューブの挿入は、カテーテルを指で折り曲げて**吸引圧がかからないよう**にした状態で行う。

3　×　喉の奥にある口蓋垂を刺激すると嘔吐反応が起きやすいため、触れないように注意する。介護福祉士等が喀痰吸引できる範囲は、口腔内と鼻腔内については**咽頭の手前**までである。

4 ○ 吸引チューブを回転させると、吸引圧が一カ所に集中することによる**粘膜への吸着を防ぐ**ことができる。

5 × 吸引後は、清浄綿で吸引チューブを拭いてから、洗浄水を吸引する。

問題62 正解 1

1 ○ 腹部膨満感は、**腹部が張る感覚**のことで、胃の運動機能の低下や消化管内のガスの貯留などで起こりやすい。

2 × しゃっくり（吃逆）は、胸と腹を仕切る**横隔膜**が刺激されて起こる。

3 × 胸やけは、**胸やみぞおちが焼けるような感じ**や痛みなどをいう。

4 × げっぷ（曖気）は、胃や食道から空気が逆流して口から出る。

5 × 嘔気は**吐き出したいという**不快感で、胃や腸の内容物が食道を逆流して口外に出されるのは**嘔吐**である。

問題63 正解 3

1 × チューブを抜かないようＡさんの右手を固定すると**身体拘束**になる。

2 × 滴下速度を速めると、嘔吐や下痢などの消化器症状を招くことがある。独自で判断することも不適切である。

3 ○ 医療職（医師や看護師）にＡさんの思いを伝えることは、介護福祉士の対応として最も適切である。

4 × 胃ろう造設の提案は介護福祉士が行うものではなく、**医師**が行う。

5 × 経口摂取の提案は介護福祉士が行うものではなく、**医師**が行う。

介護の基本

問題64 正解 4

1 × 福祉六法とは、生活保護法、児童福祉法、身体障害者福祉法の福祉三法に、知的障害者福祉法、老人福祉法、母子及び父子並びに寡婦福祉法が加わった6つの法律をいう。

2 × 政府に対して障害者基本計画の策定を義務づけているのは、**障害者基本法**である。

3 × 社会福祉士の定義が規定されているのは、**社会福祉士及び介護福祉士法**である。

4 ○ 介護保険法の第1条において「国民の共同連帯の理念に基づき介護保険制度を設け」と規定されている。

5 × 介護福祉士の業務の一部として医行為を認めているのは、**社会福祉士及び介護福祉士法**である。

問題65 正解 3

1 × 5年に1回、更新研修を受けなければならないのは、介護支援専門員である。

2 × 相談援助等の社会福祉士の業務は介護福祉士も行える。

3 ○ 同法45条に「介護福祉士の信用を傷つけるような行為をしてはならない」と規定されている。

4 × 同法46条に「正当な理由がなく、その業務に関して知り得た人の秘密を漏らしてはならない。介護福祉士でなくなった後においても、同様とする」と秘密保持義務が規定されている。

5 × 介護福祉士を名乗ることができるのは、介護福祉士登録簿に氏名、生年月日その他厚生労働省令で定める事項の登録を受けてからである。

問題66 正解 2

1 × Ａさんには、身体拘束を行う必要性がないため、居室に鍵をかけるという隔離行為をしてはならない。☞厚生労働省『身体拘束ゼロへの手引き』2001年

2 ○ Aさんは入所前から料理が大好きで、施設入所後も、料理への希望がみられる。よって、夕食の準備という対応は、Aさんの生活歴を尊重し、好きなことなどの強みを活用したもので、適切といえる。

3 × 杖歩行のAさんから杖を預かることは、行動を制限することにつながる。また、低めの丸椅子では、座位から立位への移行が難しくなる。

4 × 「行動を落ち着かせるために、向精神薬を過剰に服用させる」のは身体拘束禁止の対象となる。また、向精神薬の服用の判断は、介護福祉職ではなく、医師が行う。☞上記手引き

5 × 施設を自宅と理解してもらう対応は安易すぎる。また、Aさんをさらに戸惑わせてしまうおそれがある。

問題67 正解2

1 × 「若年性アルツハイマー型認知症」はICFの健康状態となる。また、医師による認知症の「治療」は、**人的資源**で、ICFの**環境因子**に該当する。

2 ○ 交流の場である「認知症カフェに通う」ことはICFの**参加**に該当する。また、「体操」は**活動**に該当する。

3 × 「近所に住む長男」は**人的資源**であり、「買物の代行」のサービスは物的資源であるため、**環境因子**に該当する。

4 × 「自宅にある広い庭」と「バリアフリー化」は周辺環境となるため、**環境因子**に該当する。

5 × 「見当識障害」は認知症の中核症状の1つで精神機能の状態となるため、**心身機能・身体構造**に該当する。「GPS装置」は、福祉用具の1つとなるため、**環境因子**に該当する。

問題68 正解3

1 × 水やりは、利用者の日常生活の援助ではないため、介護保険制度における訪問介護の対象外である。

2 × ペットフードの購入は、利用者の日常生活の援助ではない。介護保険制度における訪問介護の対象外である。

3 ○ 利用者と一緒に、寝室をほうきで掃除するのは見守り的援助に該当し、介護保険制度における訪問介護のサービス内容に含まれる。

4 × 利用者との外食は日常的な生活支援の範囲外のため、介護保険制度における訪問介護の対象外である。

5 × 利用者が日常生活を送る上で必要な物の買物代行は生活援助に含まれるが、クレジットカードの契約者以外の使用は禁止されている。

問題69 正解1

1 ○ 労働安全衛生法では、事業者に対し、労働者に年に1回以上の健康診断を行うことを義務づけている。

2 × 労働基準法の記述である。労働者災害補償保険法では、業務中や通勤中のケガ等に必要な保険給付を行うことを定めている。

3 × 快適な職場環境の形成の促進を定めているのは、労働安全衛生法である。環境基本法では、環境保全の基本的な方針について定めている。

4 × 介護休業は、対象家族1名につき、通算93日まで、3回を上限として継続または分割して取得できる。

5 × 出生時育児休業とは「産後パパ育休」とも呼ばれ、従業員が子の出生日から起算して8週間を経過する日の翌日までの期間内に4週間以内の期間を定めて育児休業を取得できる。

問題70　正解３

１、２、４、５　×　ヨーロッパで生まれ育ち、日本語を十分に理解できないというＢさんは、これまでの生活様式を守りたい、自分のペースで食事ができるようになりたいと希望している。また、Ｂさんは、利き手に麻痺があるが食事の自立への意欲を示している。よって、持ちやすい太柄スプーンや片側に傾斜がある皿等の**自助具の使用状況**を確認することは最も適切である。

３　○　上記記述を参照。

問題71　正解３

１　×　介護福祉職が利用者のところに行って、相談、支援を行うのは、介護福祉職が個人で行う支援である。

２　×　障害者が地域の資源を活用して、共生社会の実現を目指すことは重要だが、チームアプローチとは関係がない。

３　○　複数の専門職が共通の目標に向かって協働し、課題解決に取り組むことは**チームアプローチ**に該当する。

４　×　専門職は利用者によるサービス内容の検討を助け、最終的な決定は利用者自身が行う。

５　×　当事者が集まって体験談を話し、共に支え合うのは、**セルフヘルプグループ**（**自助グループ**）である。

問題72　正解５

１　×　介護福祉士は災害派遣福祉チームのメンバーの一人として想定されているが、活動することは義務ではない。

２　×　介護福祉士も、防災スキルについて学ぶ必要性はあるが、防災士の資格取得が義務づけられてはいない。

３　×　災害対策基本法に基づき、個別避難計画を作成することが努力義務とされているのは市町村長である。

４　×　災害発生時は、交通網の寸断等で公的物資等の配給に遅れが想定されるため、最低でも３日分の飲料水と非常食の備蓄が必要となる。

５　○　業務継続計画（BCP）とは、感染症や自然災害が発生した場合も介護サービスを安定的・継続的に提供するために平時からの準備や発生時の対応をまとめた計画である。各施設・事業所に策定が義務づけられている。

問題73　正解４

１　×　結核は、病原体を持っている人の咳やくしゃみ、会話のときに飛び散った飛沫を吸い込むことで感染する飛沫感染が原因となる。便座のアルコール消毒等の対応は有効ではない。

２　×　肺炎球菌ワクチンの接種は、高齢者等が肺炎球菌感染症による肺炎等にかかるのを予防するために行う。

３　×　結核菌は紫外線に弱いため、直射日光にさらすと殺菌できる。紫外線を適度に浴びることは結核予防にもなる。

４　○　胸部Ｘ線検査は、結核等の呼吸器疾患の診断に有用な検査である。年に１回行うことは、早期発見にもつながり、予防対策に該当する。

５　×　50℃以上の温水によるリネン類の洗濯は、疥癬の予防対策に該当する。

コミュニケーション技術

問題74　正解４

１　×　開かれた質問は、相手が自由に答えられるように促す質問であり、利用者のことを深く理解する際に効果的である。要約の技法ではない。

２　×　共感しながら話を聞き、利用者の気持ちを受け止めるのは、共感と受容を指す。

3 × 話の途中でうなずき、利用者に同意するのは、**傾聴**の技法である。

4 ○ 要約とは、利用者の話を聞いて内容を整理して伝える技法をいう。

5 × 自己覚知とは、援助者自身の価値観や他者に対する接し方の傾向を客観的に把握することを指す。

問題75 正解3

1、2、4、5 × 利用者と家族の意向が異なるときは、介護福祉職は利用者だけでなく、家族と話す機会を別に設け、双方の意向を確認する。そのうえで、双方の意向を整理し、利用者と家族が話し合って、双方が納得できる支援方針を決める。

3 ○ 上記記述を参照。

問題76 正解3

1、2、4、5 × Aさんにとって、ティッシュペーパーは「お金」であるため、食事に対してその「お金」を払おうとしている。そのAさんの気持ちを否定せず、受容することが大切である。

3 ○ 上記記述を参照。

問題77 正解2

1 × 構音障害は言語障害の1つであり、発音が不正確もしくは不明瞭になるものの、言葉の理解に問題はない。

2 ○ 構音障害になると発音が不正確もしくは不明瞭になる。Bさんも発音が苦手なため、短い言葉でゆっくり話してもらう。

3 × Bさんは発音が不明瞭で話すことが難しく、自由に話せる開かれた質問ではなく、「はい」「いいえ」等で回答できる閉じられた質問を活用する。

4 × 介護福祉職が勝手に判断して中止することは不適切である。

5 × 言葉が聞きとれないという理由で会話を中断するのは、Bさんの意欲を否定する対応である。

問題78 正解5

1、2、3、4 × Cさんは既に適切にゴミ捨てができるように努力していたが、説明書とカレンダーだけでは分別できず、ゴミが少しずつ増えていった。まずは、これまでのCさんの頑張りを理解していることを示した上で、できることをいっしょに考えましょうと寄り添う姿勢を示す。

5 ○ 上記記述を参照。

問題79 正解5

1 × 食事チェック表は、介護保険サービスにおける記録に含まれる。

2 × 介護記録は、利用者の状態の変化や介護内容等の客観的事実を中心に記録する。

3 × 介護記録は、介護福祉の調査・研究目的で利用されることもある。

4 × 介護記録では、客観的事実を中心に記録するが、介護福祉職の意見や推測等の主観的情報も重要な情報となり、両者は区別して記録する。

5 ○ 介護記録は、利用者や家族が希望すれば、閲覧することができる。

生活支援技術

問題80 正解5

1 × 夏は高齢者が発汗する前から冷房を使用する。高齢者は加齢で体内の水分量が少なくなっており、体温機能調節の低下で暑さを感じにくいため、発汗してから冷房を使用すると、汗で身体が冷えすぎてしまう。

2 × 暖房を使用すると室内が乾燥するため、加湿器を併用する。

3 × 新鮮な空気を保ち、室内の人の健康を守るため、冷房使用時も定期的に換気を行う必要がある。

4 × 温度は介護福祉職の感覚ではなく、温度計を確認して調整する。夏は25℃前後、冬は20℃前後に調整する。

5 ○ 冬のトイレは温度が低く、ヒートショックを起こしやすいので暖房器具を設置し、居室との温度差を解消する。

問題81 正解 1

2、3、4、5 × アイスブレーキングには、穏やかな雰囲気をつくり、参加者の緊張感を軽減してリラックスさせる効果がある。

1 ○ 上記記述を参照。

問題82 正解 1

1 ○ ガーグルベースンとは、うがい液を受入れるための容器である。洗面所への移動が難しく、ベッド上で口腔ケアを行う場合に使用する。

2 × 義歯は、ブラシを使って流水で洗い、補助的に義歯洗浄剤を使用する。

3 × ピンセットを使った耳垢除去は、耳の中を傷つけるおそれがある。綿棒で入口から1cm程度挿入して行う。

4 × ベッド上で行う洗顔の目的には、身体を温めて血液の循環を促すこともあるので40℃程度の湯を用意する。

5 × ドライシャンプーは、湯を使わないシャンプーで、寝たきり等で通常の洗髪ができない場合に使用する。

問題83 正解 3

1 × パーキンソン病の人は、病気の進行に伴って、立ち上がりや歩行にも支障がみられるようになってくるため、低めのベッドは立ち座りが行いにくい。

2 × 認知症の中核症状として、記憶障害、判断力や注意力の低下などがあるため、ガスコンロの利用は、火の消し忘れが起こる危険がある。IHクッキングヒーター等の火を使わずに料理ができる調理器を使用するなどしてもらう。

3 ○ 在宅酸素療法で使用する酸素供給器には高濃度の酸素が入っており、タバコの火が引火して、大やけどにつながる危険がある。使用中は機器を火気から2m以上離す必要がある。

4 × 頭受け台は、寝たきり等の臥床状態で洗髪する際に使用することが多い。視覚障害の人には、手すりやシャワー等の位置、浴室内の配置を伝える。

5 × 補高便座は、洋式便座の上に置いて座面の高さを上げ、立ち座りに困難のある人を補助する福祉用具である。

問題84 正解 1

2、3、4、5 × 3動作歩行での歩く順番は、「①杖を前に出す、②患側（麻痺側）の足を前に出す、③健側の足を出して両足をそろえる」である。したがって、右片麻痺の利用者が多点杖を使用して3動作歩行をする場合は、「①杖、②右足（患側〔麻痺側〕）、③左足（健側）の順で歩きましょう」と説明する。

1 ○ 上記記述を参照。

問題85 正解 4

1、2、3、5 × ノーリフティングケアは、リフト等を積極的に使用し、原則として人力による人の抱上げは行わない。端座位の利用者に、人力ではなくスライディングボードを使用して車いすに移乗する方法は、ノーリフティングケアに該当する。
4 ○ 上記記述を参照。

問題86 正解２

1 × 麻痺のある手でベッド柵をつかむことは難しいため、健側の右手でベッド柵につかむように伝える。
2 ○ 片麻痺の利用者が側臥位から端座位になる際の介助は、健側の肘を支点にしたてこの原理を活用する。左片麻痺の場合は健側の右肘を支点にする。
3 × 左片麻痺の利用者が側臥位から端座位になる際の介助は、健側の右脚だけでなく、両足を少し下ろす。
4 × 片麻痺の利用者を側臥位から端坐位にする際に、利用者の頸部を支えて上体を起こす必要性は低い。
5 × 左片麻痺の利用者が端座位となった際の介助は、麻痺側のほうに倒れないよう、左側に立って上体を支える。

問題87 正解２

1 × うがいは、咽頭や口腔内の汚れや食物残渣の洗浄や消毒が目的で、顔貌を整える効果はない。
2 ○ 歯みがきは、虫歯や歯周病の予防だけでなく、口腔内の細菌数を減少させ、誤嚥性肺炎等の感染症を予防する。
3 × 口腔内が乾燥すると、自浄作用をもつ唾液の量が減るため、細菌を増殖させ、口臭も悪化させる。
4 × 耳下腺、顎下腺、舌下腺を刺激する唾液腺マッサージには、唾液の分泌を促す効果がある。
5 × タッピングは、痰を自力で排出することが困難な利用者に対し、カップ状にした手のひらで胸や背中等を軽く叩く方法で、痰を出しやすくする。

問題88 正解３

1 × 顎を上げた姿勢で行うと、反射的に洗剤や唾液等で誤嚥する危険が高いため、頭部をやや前屈し、顎を軽く引いた姿勢で実施する。
2 × 総義歯を外すときは、下顎に義歯が残っていると上顎を傷つけるおそれがあるため、下顎→上顎の順に行う。入れるときは、上顎→下顎の順に行う。
3 ○ 歯みがき前にうがいを行うと、口腔内の食物残渣等がある程度減らせ、ブラッシングが行いやすくなる。
4 × 歯ブラシを大きく動かす磨き方は、歯肉の境目や歯と歯の間まで歯ブラシの毛先が届かず、汚れや歯垢を残してしまう原因となる。
5 × 舌ブラシを舌先から咽頭に向かって動かした場合、嘔吐反射や誤嚥を引き起こす危険がある。舌ブラシは、奥から手前に向かって動かしてもらう。

問題89 正解５

1 × 高齢者は口渇中枢の感受性が低下しており、のどが渇いてからでは、すでに脱水症状や熱中症を引き起こしているおそれがある。
2 × 水でむせる状態は嚥下機能の低下が考えられ、誤嚥の危険がある。ゼリーは、誤嚥を予防しつつ、水分補給を行うのに効果的なため、提供を検討する。
3 × 睡眠中は、水分を補給できないだけでなく、汗や呼気で体内の水分を失う。よって、起床時は水分不足に陥っているため、水分を摂取するよう伝える。
4 × 人は１日に約 2.5L の水分を失う。

そのため、食事のときの水分摂取も必要なので、1日の水分摂取量に含む。

5 ○ 大量に汗をかくと、汗に含まれる塩分も失われるため、水分だけでなく塩分を含んだ飲み物を勧める。

問題90 正解2

1、3、4、5 × 前頭側頭型認知症であるAさんは、感情や行動のコントロールが難しくなるため、飲み込む前に次々と食べ物を口に入れていると考えられる。食器に少量ずつ盛り付けることで、食事のペースが遅くなり、食事の満足感を満たすだけでなく、窒息の危険もなくなる。

2 ○ 上記記述を参照。

問題91 正解2

1 × アイスマッサージは、食前に凍らせた綿棒に水を含ませ、口腔内の筋肉や舌の表面を軽くなでるようにして行うマッサージで、嚥下反射を誘発させる。

2 ○ 上肢の震えがある場合、スプーン等で食べ物をすくいやすいよう、片側の縁が高くなっている皿を準備することは適切である。

3 × 上半身を後ろに20度程度倒して行う食事は、誤嚥の危険が高い。

4 × 視覚障害のほか、半側空間無視や視野欠損等がある場合は、食器の置いてある位置の説明が必要となる。

5 × 座位で踵が床から浮いた状態では、姿勢が不安定で誤嚥の危険もある。

問題92 正解3

1 × 消化能力の低下を招かないよう、食事は入浴直前を避け、1時間前までには済ませておく。

2 × 高血圧の人が、42℃以上の湯に入浴すると血圧が上昇し、心臓に負担をかける。湯の温度は、38～40℃程度のぬるめにする。

3 ○ 入浴には、浮力作用があり、筋肉や関節にかかる負担が軽減されて動かしやすくなるため、関節運動を促すことは適切である。

4 × 心疾患のある人が肩まで湯に浸かると、心臓に負担がかかるため、水位は心臓より下にしてもらう。

5 × 入浴中は身体が浮きやすいため、足を浮かせた個浴では浴槽内で転倒し、溺れる危険がある。そのため、足裏で浴槽の壁を押し、姿勢を安定させる。

問題93 正解5

1 × 開き戸は、開閉時に身体の前後の重心移動が必要になり、特に下肢筋力が低下して介護を必要とする人は転倒の危険が高いため、引き戸にする。

2 × 床から浴槽の縁までの高さは、立ち座りがしやすい40cm程度とする。

3 × 縦に長く、浅めの洋式の浴槽は、湯に浸かった際に足が浴槽の壁に着かず、浮力で転倒し、溺れる危険がある。

4 × 浴槽の縁の幅が厚すぎると、立位でまたぐ際に足を引っ掛ける恐れがあるため、縁の幅は10cm以下とする。

5 ○ 下肢筋力が低下して介護を必要とする人に対して、身体を支えて安全に浴槽へ出入りするために、手すりを設置することは適切である。

問題94 正解5

1 × 清拭時は、身体が冷えないよう、室温を24℃程度に保つ必要がある。窓を閉めて行う。

2 × 清拭の際は、準備中の温度低下を考慮して、洗面器には55℃程度のお湯を準備し、蒸しタオルが38～

40℃程度となるようにする。

3 × 全身清拭の場合は、①顔や首、②上肢、③腋窩、④胸部、⑤腹部、⑥下肢、⑦背部、⑧臀部、⑨陰部の順に行う。

4 × 背部は、健側を下にした側臥位にして拭く。患側を下にした側臥位では循環障害が生じやすいためである。

5 ○ 蒸しタオルで身体を拭くと、皮膚に残った水分が身体を冷やしてしまうので、拭いた後は、乾いたタオルで水分を拭き取る。

問題95 正解 1

2、3、4、5 × 排泄介護は、利用者の尊厳にかかわるため、本人の自尊心を尊重し、羞恥心に配慮する必要がある。おむつでの排泄は、屈辱的に感じる場合もあり、特に配慮する。

1 ○ 上記記述を参照。

問題96 正解 3

1 × ポータブルトイレの下に新聞紙を敷くと、滑って転倒する危険がある。専用の滑り止めマットを敷くのがよい。

2 × 身体を冷やさず、プライバシーに配慮して露出をできるだけ避けるため、ズボンや下着は、ポータブルトイレに座る直前に立位の状態でおろす。

3 ○ 前かがみで座ると、腹圧をかけやすくなり、排泄を促す効果がある。

4 × 排泄が終わるまで、ポータブルトイレの後ろに立って待つのは、利用者の自尊心やプライバシーの保護への配慮に欠ける行為である。

5 × ポータブルトイレ使用の際の陰部の清拭は、排泄の終了直後に行う。

問題97 正解 5

1 × 膣から挿入する坐薬（座薬）は、医行為のため介護福祉職は行えない。

2 × 坐薬（座薬）は、体温で溶けるようにつくられているため冷蔵庫等の直射日光を避けた涼しい場所で保管する。

3 × 坐薬（座薬）は、とがっているほうから挿入することでスムーズに入る。

4 × 腹部に力を入れると、腹圧で挿入した坐薬（座薬）が出てきてしまう。挿入時は、口呼吸を促す。

5 ○ 坐薬（座薬）の挿入直後に排便すると、坐薬（座薬）も一緒に排出されてしまう。

問題98 正解 1

1 ○ 砂糖よりも塩の分子のほうが大きいため、塩よりも砂糖を先に入れることで食物に甘みが浸透しやすくなる。

2 × 食物のうま味を増し、照りを出す主な調味料は、複数の糖類を含む**みりん**である。

3 × 食物の水分を引き出し、保存性を高める主な調味料は、脱水性と保水性のある**塩**である。

4 × 食物のくさみを抜き、肉を柔らかくする調味料には、**料理酒や塩麹**、ワイン等がある。

5 × 味噌の香りの成分は、沸騰温度の90℃で揮発して逃げてしまうため、味噌は調理の最後に入れる。

問題99 正解 4

1 × 賞味期限は「おいしく食べられる期限」で、その期限を過ぎても、すぐに食べられなくなるわけではない。すぐに廃棄するのは適切ではない。

2 × 消費期限は、弁当や惣菜、生菓子、食肉等の傷みやすい食品に記載がある。加工食品のウインナーは比較的傷みにくいため、**賞味期限**が記載されている。

3 × カレーは、加熱調理後に常温で保存するとウエルシュ菌による食中毒の原因となる危険がある。ウエルシュ菌は熱に強く、再加熱しても死滅しない。

4 ○ りんごを冷蔵庫で保存する際は、1個ずつビニール袋に入れて密封すると日持ちする。

5 × 解凍した冷凍食品を再冷凍すると、解凍で繁殖した菌がそのままとなって、食中毒の原因となる危険がある。

問題100 正解5

1 × 防虫剤の防虫成分は空気よりも重いため、上から下へと広がる。よって、たたんだ衣類の一番上に防虫剤を置く。

2 × ビニールを外さずに保管すると、湿気で衣類にカビが発生したり、窒素ガスで変色したりするおそれがある。

3 × 汚れのひどい衣類であっても、介護福祉職の判断で廃棄してはならない。

4 × 湿気を含んだ衣類は、そのまま引き出しに保管するとカビが発生する危険があるため、しっかりと乾燥させる。

5 ○ 絹製品は湿気に弱く、湿度が高いとカビ等が発生しやすい。タンスの上部は湿気が少ないため、絹製品はタンスの上部に保管する。

問題101 正解4

1 × ベッドメイキングでは、埃や汚れが空気中に舞うため、居室の窓を開けて十分に換気を行うことが望ましい。

2 × ストッパーを外すと、ベッドが動き、作業がしにくい上、事故が起こる危険もある。

3 × シーツの中心線をマットレスの端に合わせると、反対側にシーツが足りなくなってしまう。

4 ○ 手掌よりも手背の皮膚のほうが薄くて弱いので、固いベッド本体側に手背を下にすると、皮膚が傷つくおそれがある。また、手掌は汗をかきやすく、シーツが汗でくっつく恐れがある。

5 × シーツ交換中は、腰痛を予防するために、腰ではなく両膝を曲げて重心を低くするなどのボディメカニクスを意識して行う。両膝を伸ばしたままでは、重心が不安定になり、腰に負担がかかる。

問題102 正解1

1 ○ 午前中、太陽の光を浴びることで、体内時計が調整されるだけでなく、睡眠を促すメラトニンの原料となるセロトニンの分泌が活発となる。

2 × 1時間以上の昼寝は、夜の入眠へのリズムを乱す。昼寝をする場合は、15時までで30分以内とする。

3 × 夕食後、すぐに寝ると胃の消化活動が活発になって入眠しにくくなる。就寝2～3時間前には食事を済ませる。

4 × 睡眠薬の服用は、医師の指示に従う。介護福祉職が勝手に判断し、利用者に勧めることは不適切である。

5 × テレビの光や音は、脳を刺激し、睡眠の質やリズムに悪影響を及ぼす。

問題103 正解5

1 × 終末期では食欲が減退するため、利用者が食べたいと思ったときに、食べられる食べたいものを提供する。

2 × 部屋の換気を控えると、湿気でカビ等が発生しやすくなったり、空気中の二酸化炭素の濃度が上がり、息苦しく感じたりするおそれがある。

3 × 反応がなくなり、意識が低下した状態になっても、聴覚は最期まで保たれるとされている。

4 × 呼吸困難時は、顎を引き上げる下顎挙上法や額を押し下げて顎先を持ち上げる頭部後屈顎先挙上法を行って、気道確保を行う。

5 ○ せん妄で話のつじつまが合わなくても、否定せずに受け止めることで、安心感を与えることができる。

問題104 正解4

1、2、3、5 × **キューブラー・ロス**が提唱した死の受容過程は5段階で示されている。死は避けられないと知り、気持ちが滅入るのは、第4段階の抑うつである。否認は第1段階、怒りは第2段階、取り引きは第3段階、受容は第5段階である。

4 ○ 上記記述を参照。

問題105 正解2

1 × 福祉電話とは、通常よりもボタンが大きいなど、高齢者や障害のある人が利用しやすい電話機である。Cさんは、言葉をはっきり発音することが困難なため、最も適切とはいえない。

2 ○ 携帯用会話補助装置は、発声・発語機能に障害のある人が入力した言葉を音声や文章に変換させる装置である。言葉をはっきり発音することが困難なCさんに最も適している。

3 × 人工喉頭は、咽頭がん等によって喉頭を摘出した人や、気管切開等により自力での発声が困難な人が使用する。Cさんは、自力で発声はできる。

4 × 助聴器は、周囲の音を大きくすることができ、軽度～中程度の難聴の人が使用する機器である。

5 × 点字器とは、点字を書く道具である。点字は、視覚障害のある人のためのもののため、Cさんには不適切である。

介護過程

問題106 正解2

1、3、4、5 × 介護過程を展開する目的の1つに、利用者一人ひとりに応じた個別ケアに基づく自立支援が挙げられる。

2 ○ 上記記述を参照。

問題107 正解2

1 × アセスメントで明確化するのは、家族ではなく、利用者の生活課題であるため、利用者の立場から検討する。

2 ○ 生活課題は、利用者が抱く真のニーズを発見し、その実現に向けて解決すべき課題としてとらえられる。

3 × 利用者一人で複数の要望を抱いている場合がほとんどで、それらは生活課題を導き出す上で必要な情報となり、1つに集約することはできない。

4 × アセスメントでは、利用者に関する客観的な情報（既往歴や家族や他職種から得られた情報等）と利用者の主観的な情報（利用者の考え方や要望等）を尊重する。

5 × 利用者の意向は大切ではあるが、生命の危機のほうが、緊急性が高い。

問題108 正解3

1 × 介護過程は一人ひとりの利用者によって異なる生活課題の解決に向けて、展開される。

2 × 介護過程では、長期目標の達成状況も評価し、その結果に応じて再アセスメント等の必要性などを判断する。

3 ○ 介護過程の展開における評価では、長期目標や短期目標の達成状況を評価する。

4 × 評価日は、介護計画を作成する段階で検討する。

5 × 介護計画を修正した場合も、評価を行う。その再評価に基づいて、同様の手順で介護過程を実施していく。

問題109 正解５

1 × サービス担当者会議の主催は、介護支援専門員の役割である。

2 × 居宅サービス計画の原案の説明は、介護支援専門員の役割である。

3 × サービス提供責任者は、単独で他職種が実施したサービス内容の評価を行う役割はない。

4 × サービス提供責任者に、サービス担当者会議で、訪問介護計画の作成に要した時間の報告をする役割はない。

5 ○ サービス提供責任者は訪問介護計画の作成を担当するため、サービス担当者会議で訪問介護計画の作成に必要な情報の確認を行う。

問題110 正解５

1 × 訪問介護員が部屋で横になってしまったＡさんに対し、「バイタルサインを確認したところ変化はなかった」とあるため、体調不良による休憩ではないと考えられる。

2 × Ａさんが部屋で横になってしまった前に「好物の牛肉をうまく押さえることができず」とあり、食材に対する不満ではないと考えられる。

3 × Ａさんは、利き手でない左手を使った調理の自立を目的に訪問介護を利用し、孫からプレゼントされた包丁を使って実際に調理に取り組んでいる。さらに、部屋で横になった際も「もう一度ひとりで作れるようになりたい」と話しており、調理に対する興味の喪失ではないと考えられる。

4 × Ａさんからの包丁に対する不満に関する記述はない。むしろ包丁は、孫からプレゼントされたもので、調理の自立への励みになっていることが予測できる。

5 ○ Ａさんは、好物の牛肉をうまく押さえることができず、切ることができなかった後に、部屋で横になってしまった。そして「右手が思うように動いてくれない。悔しい。でも、もう一度ひとりで作れるようになりたい」と語っている。したがって、部屋で横になってしまった行動の理由は、調理がうまくできないことに対する苛立ちという解釈が最も適切である。

問題111 正解４

1、2、3、5 × Ａさんは調理の自立への意欲を訪問介護員に話しており、交代も訪問回数の削減も希望していない。Ａさんは、右手の麻痺により、食材を包丁で切ることができなかったため、麻痺があっても片手で食材を切ることができる、まな板等の福祉用具の活用を提案する。

4 ○ 上記記述を参照。

問題112 正解４

1、2、3、5 × Ｂさんとサービス管理責任者、生活支援員との関係に関する記述はない。事業所長や母とも通常の会話ができており、関係に問題はない。Ｂさんが、しばらく一人でいたのは、排泄のときに下着やズボンを汚してしまったことを、ほかの利用者にからかわれた後である。よって、ほかの利用者との関係が最も必要な情報である。

4 ○　上記記述を参照。

問題113　正解 1

2、3、4、5 ×　Bさんには、トイレでの排泄の際に下着やズボンを汚してしまうという課題がある。それに対し掲げた「排泄の自立（下着を汚さずに排泄する）」という短期目標の実現に向け、定期的に手順を理解できているか一緒に確認することが、適切である。

1 ○　上記記述を参照。

総合問題

問題114　正解 3

1、2、4、5 ×　**ホーエン・ヤール重症度分類**とは、パーキンソン病の進行度をステージⅠ～Ⅴまでの5段階で示したものである。最も軽度のⅠでは、ふるえなどの症状が一側性、Ⅱでは症状が両側性となる。Ⅲでは、姿勢反射障害による突進現象の出現などがあり、Ⅳでは、日常生活の一部に介助、Ⅴでは、車いすや寝たきりとなり日常生活に全介助が必要となる。現在のAさんは、姿勢反射障害が認められるが、介助が必要といった記述はないため、ステージⅢに該当する。

3 ○　上記記述を参照。

問題115　正解 2

1、3、4、5 ×　要介護認定の認定結果は、原則として申請のあった日から30日以内に行われる。したがって、あと2週間ほど待つように応答するのが適切である。

2 ○　上記記述を参照。

問題116　正解 1

2、3、4、5 ×　**パーキンソン病**の症状には、起床の時間、食事の時間、排便の時間、入浴の時間がかかわっている可能性もあるが、症状を緩和するための服薬が最も優先度が高い。Aさんには、急に体の動きが悪くなるなど、薬効が切れる時間帯が生じている。

1 ○　上記記述を参照。

問題117　正解 2

1 ×　**妄想**とは、事実でない誤った考えを強く信じ込み、決して訂正しないことをいう。

2 ○　**見当識障害**とは、現在の時間や年月日、季節、場所、人の認識が失われた状態である。Cさんには「曜日や時間を忘れる」「トイレの場所がわからない」という見当識障害がみられる。

3 ×　**失語**は、言葉の理解ができなくなる、または、言葉がうまく出てこなくなる状態である。

4 ×　**遂行機能障害（実行機能障害）**は、計画の立案や順序立てて実行することができなくなる状態である。

5 ×　**観念失行**とは、物の名前や用途はわかっても使用できない、日常の動作が順序正しくできなくなる状態である。

問題118　正解 1

2、3、4、5 ×　「ペットと一緒に暮らせなくなるのは嫌だ」というCさんの意思を尊重した対応を考えることが最も適切である。

1 ○　上記記述を参照。

問題119　正解 5

1 ×　経過的軽費老人ホーム（B型）では、食事が提供されず、自炊できる人が対象となるため、調理が難しくなったCさんには適していない。なお、軽費老人ホームにはB型のほか、ケアハウスとA型がある。これら3類型は統一されることとされ、新設はケアハウスのみで、A型とB型は経過措置とされている。

2 × 介護医療院は、医療機能に加え、生活施設としての機能を備えている施設である。対象は、長期にわたる医学的管理を必要とする要介護者である。Cさんは、長期にわたる医学的管理を必要としておらず、また、Cさんが要介護認定を受けたかどうかも事例からはわからない。

3 × 介護老人保健施設は、在宅復帰を主な目的とした施設である。Cさんは一人暮らしが困難となったため、すでに健康型有料老人ホームに入所している。また、介護老人保健施設の対象は、要介護者であり、Cさんが要介護認定を受けたかどうかも事例からはわからない。

4 × 養護老人ホームは、65歳以上の者であって、環境上の理由および経済的理由により、居宅において養護を受けることが困難な人を対象としている。娘の「お父さんが残してくれた貯金があるから」という言葉から、施設探しにおける経済的な問題はないとわかる。また、養護老人ホームでは、ペットと一緒に暮らせないケースが多い。

5 ○ 介護付有料老人ホームでは、入浴や排泄の介護、食事の提供等のサービスが提供される。また、ペットと一緒に入居できる施設もある。したがって、健康型有料老人ホームでの暮らしが困難となり、これからもペットと一緒にいたいと希望するCさんが入所する施設は、介護付有料老人ホームが最も適している。

問題120　正解 1

2、3、4、5 × **筋ジストロフィー**は、筋線維の変性によって徐々に筋力が低下していく指定難病である。

1 ○ 上記記述を参照。

問題121　正解 2

1、3、4、5 × **ジェノグラム**は、利用者を中心とした家族関係や世代関係を図に示している。男性は四角形、女性は丸で示し、本人はそれらを二重にする。年齢を図中に記載したり、死亡している者はバツ印や黒塗りにしたりすることが多い。Dさんには47歳の妻との間に21歳の息子がいる。

2 ○ 上記記述を参照。

問題122　正解 3

1 × **ヴィクトール・フランクル**が著書『夜と霧』の中で示したのは、「生命が制限される状況において、いかなる態度をとるか」という態度価値である。

2 × **バンク－ミケルセン**は、障害者も一般市民と同様の生活や権利が保障されるべきだというノーマライゼーションの考え方を世界で初めて示した。

3 ○ **エド・ロバーツ**は、障害者の自立生活運動（IL運動）の中心人物で、人の力を借りても、自己決定・自己選択により主体的な生活を送ることが自立だという自立観を提唱した。

4 × **フェリックス・バイステック**は著書『ケースワークの原則』で、対人援助における基本的な姿勢や行動規範という**バイステックの7原則**を示した。

5 × **ミルトン・メイヤロフ**は著書

『ケアの本質』で、「一人の人格をケアするとは、最も深い意味で、その人が成長すること、自己実現することを助ける」というケアリングの概念を示した。

問題123　正解４

1　×　自立生活援助とは、施設入所支援や共同生活援助（グループホーム）を利用していた障害者が一人暮らしを始めたときに、定期的な巡回訪問等を通じて相談に応じ、随時の対応を実施するサービスである。Ｇさんは、現在は障害者支援施設に入所しており、一人暮らしを希望しているといった記述もないため、自立生活援助は該当しない。

2　×　療養介護とは、長期の入院による医療的ケアと常時の介護を必要とする障害者に、日中、医療機関において機能訓練やレクリエーション、療養管理、看護、介護、日常生活上の相談・援助を行うサービスである。Ｇさんは、障害者支援施設に入所しており、長期の入院による医療的ケアが必要な状態でもないため、療養介護は該当しない。

3　×　短期入所とは、通常は自宅で介護を受けている障害者が、家族介護者のためのレスパイトケアとして一時的に障害者支援施設等に短期間入所し、介護を受けるサービスである。Ｇさんは、すでに障害者支援施設に入所しているため、短期入所は該当しない。

4　○　生活介護とは、障害者支援施設等で常時介護が必要な障害者を対象に、日中、入浴や排泄、食事等の介護だけでなく、創作・生産活動の提供を行うサービスである。Ｇさんは、障害者支援施設に入所しており、日中は生活介護、夜間は施設入所支援を主に利用している。生活介護は、Ｇさんとともにアルバムを作るといった、創作・生産活動まで提供することが特徴である。

5　×　居宅介護とは、自宅で食事・排泄等の身体介護や、調理・洗濯等の家事支援等を行うサービスである。Ｇさんは、すでに障害者支援施設に入所しており、居宅介護は該当しない。

問題124　正解１

1　○　Ｇさんには感音難聴がある。感音性難聴は、内耳から聴神経までの感音系に原因が存在する。

2　×　外耳道から中耳に原因が存在するのは、**伝音難聴**である。伝音難聴は、耳介と外耳道からなる外耳から中耳のどこかに原因があって発生する難聴である。補聴器が有効な場合が多い。

3　×　耳介から中耳に原因が存在するのは、**伝音難聴**である。

4　×　耳介から外耳道に原因が存在するのは**伝音難聴**である。

5　×　耳介に原因が存在するのは**伝音難聴**である。

問題125　正解５

1　×　Ｇさんの難聴は**両側性**であり、どちらかの耳の近くで話すと聴こえやすいという配慮はできない。ただ、相手の口の動きや表情から会話の内容は理解できるため、左側に座られると口の動き等が見えづらい。また、Ｇさんには左片麻痺もある。片麻痺のある利用者とコミュニケーションをとる際は、正面またはやや健側に位置する。

2　×　**閉じられた質問**は、「はい」や「いいえ」、もしくは、簡単な単語で答えられる質問をいう。構音障害等で会話が困難な人や、初対面で緊張している人に有効である。Ｇさんには、構音障害等はなく、「アルバムを作りたい。飾りの付け方やメッセージの書き方を教えてほしい」と自分の意思をしっかり伝えることもできている。

3 × **感音難聴**では、小さな音が聞こえにくい。したがって、両側性感音難聴のあるGさんに対して、小さい声で説明するのは不適切である。

4 × 両側性感音難聴のあるGさんは、雑音がある場所では話を聞きとりにくい。音楽を流すことは、Gさんがさらに聞き取りにくくなるおそれがある。

5 ○ Gさんには、相手の口の動きや表情から会話の内容を理解することができる（ストレングス）ため、相手の顔が見やすいよう、1対1で向かい合って話すことは適切である。

令和５年度（第36回）介護福祉士試験　解答・解説

人間の尊厳と自立

問題１　正解５

1　×　Ａさんは、要支援１から変更が必要な状態にあるかどうか、現時点では判断できず、この時点で介護福祉職が要介護認定の申請を勧めるのは早計といえる。

2　×　膝の痛みがあるＡさんに、友人のお見舞いに出かけることを勧めるのは、好ましくないと考えられる。

3　×　Ａさんは、変形性膝関節症と診断されており、介護福祉職の判断で精密検査を勧めるのは早計といえる。

4　×　Ａさんは今後の生活に不安を感じており、趣味で紛らわせるものではない。

5　○　Ａさんの不安の原因となっている、今後の生活への思いを聞き取ることで、より適切な対応を検討することができるといえる。

問題２　正解２

1　×　介護保険制度は、要介護状態になった者が「その有する能力に応じ自立した日常生活を営むことができるよう」必要なサービスを提供することであり、**自立**とは、要介護者ができる限り自分の能力を活かして在宅生活を続けていくことといえる。自立するためには支援が必要といえる。要介護者に限らず、他者からの何らかの手助けなしに社会で生きていくことは、現実には不可能といえる。

2　○　**精神的自立**とは、個々の環境が異なる中で、自らが主体となって自身の人生の目標の実現に向かって生活している状態といえる。

3　×　**社会的自立**とは、個人が社会の構成員として、それぞれの役割を持ち、職場・地域・家庭などの中でそれぞれの役割をこなしながら生活をしている状態といえる。職業も持たず、地域との交流を行わずとも、国民、地域の住民、親・子ども・家族といった社会的な立場（役割）から完全に離れることはできない。生活する中で生まれるさまざまな悩みを、知り合いなどに相談することで前向きに生活する状態も自立した状態といえる。

4　×　**身体的自立**とは、健常者であれば介助を受けることなく一人で生活を送れる状態といえるが、障害をもつ人や、介護を必要とする高齢者によってその度合いは異なる。被介護者が、必要な介助・介護を受けながらも、自宅や介護施設で、可能な範囲で基本的な生活が送れる状態を自立した状態といえる。介護者の身体的負担を軽減することは重要な問題だが、被介護者の身体的自立とは異なる問題である。

5　×　**経済的自立**とは、厳密には、公的・私的を問わず経済的な支援を受けることなく生活をしている状態といえるが、各々の能力・状況により収入は異なる。職業に就かず、経済活動・社会活動に参加しなくても、生活ができている場合もあれば、職業をもって収入を得ていても、経済的支援を必要とする場合もあることに留意しなければならない。

人間関係とコミュニケーション

問題 3　正解5

1　×　管理職による強制的な集団規範の形成は、チーム全体の意思統一にはつながりにくく、不適切といえる。

2　×　現場経験の長さは尊重すべきだが、チーム全員で目標を共有するためには、経験の長いメンバーを優先するのではなく、他のメンバーの意見も尊重すべきといえる。

3　×　**内集団バイアス**とは、自身が所属する集団やメンバーを他の集団よりも好ましく思い、高く評価することである。懇談会の実施は好ましいが、チームメンバーだけでの実施は内向きの評価に陥りやすく不適切といえる。

4　×　チームの意見の統一は、所属する個々のメンバー全員の納得の上に成り立つものであり、圧力による意見の統一は不適切といえる。

5　○　**集団凝集性**とは、集団内におけるメンバー同士の好意的なつながりによって、チームワークが生まれ、集団が一つの方向性にまとまる効果をもたらすものである。一方で、集団凝集性が高すぎると、視野が狭まり、客観的な視点が失われやすくなる。集団内部においても、なじめないメンバーとの亀裂が起こりかねない。集団凝集性を高めるには、担当以外のチームメンバーも参加させるなど、広い視野を持つことが重要といえる。

問題 4　正解3

1、2、4、5　×　**準言語**とは、声の高さ、大きさ、強弱、速さなどのことである。Bさんは、介護福祉職の声が聞こえなかったか、聞こえていても理解できなかったと考えられる。大きな声で聴きとれるようにゆっくりと伝えることが適切といえる。強く、急かすような口調ではBさんに恐怖を感じさせかねない。抑揚のない、早口の話し方は、いずれも聞き取りづらく不適切といえる。

3　○　上記記述を参照。

問題 5　正解4

1、2、3、5　×　問われているのは介護福祉職の精神的健康を守る組織的なマネジメントであり、感染防止対策の強化、多職種チームでの連携強化、利用者のストレスコントロール、利用者家族の面会方法の見直しは、いずれも感染症に対する介護体制の強化といえる。

4　○　**燃え尽き症候群**とは、意欲をなくして無気力な状態になることである。介護福祉職の精神的健康を守る組織的なマネジメントに該当する。

問題 6　正解1

1　○　施設における指揮命令系統は、組織図において把握できるといえる。勤務表には、指揮命令系統は明確には表れない。経営理念、施設の歴史には、いずれも現時点の施設の指揮命令系統は表れない。また、資格保有者数と職員の立場は、必ずしも一致しない。

2、3、4、5　×　不適切といえる。上記記述を参照。

社会の理解

問題 7　正解 1

1　○　**セルフヘルプグループ**とは、「自助グループ」や「当事者の会」なども呼ばれるもので、病気、障害、薬物・アルコール依存などの同じ問題に悩む当事者が集まり、悩みの体験を語り合い、共有することで、問題を乗り越えるための力を得ることを目的としたものである。断酒会もセルフヘルプグループの一つである。

2　×　施設の社会貢献活動には、施設がボランティアを受け入れて、施設や施設周辺の清掃活動などを行う、生活困窮者や児童養護施設など他施設への支援を行う、募金活動を行うなどがある。セルフヘルプグループではない。

3　×　子ども食堂とは、民間が運営する無料または定額の食堂であり、主に寄付で成り立っている。規模も様々で、地域交流の場となっている例もある。セルフヘルプグループではない。

4　×　傾聴ボランティアとは、主に、話し相手を求めている高齢者を対象に、話し相手となって話を聞くボランティア活動である。中には、子育て世代の家庭を対象に子どもの遊び相手となる活動を行っている例もある。セルフヘルプグループではない。

5　×　地域の町内会とは、町又は字（あざ）の区域その他市町村内の一定の区域に住所を有する者の地縁に基づいて形成された団体であり、区域の住民相互の連絡、環境の整備、集会施設の維持管理等、良好な地域社会の維持及び形成に資する地域的な共同活動を行っている。セルフヘルプグループではない。☞総務省

問題 8　正解 3

1　×　特定非営利活動法人（NPO 法人）とは、ボランティア活動をはじめとする市民の自由な社会貢献活動としての特定非営利活動の健全な発展を促進することを目的として、特定非営利活動促進法に基づき、特定非営利活動を行う団体に法人格が付与されたものである。☞内閣府

2　×　特定非営利活動法人の認証権及び監督権を持つ所轄庁は、都道府県、政令指定都市である。都道府県から市町村へ事務が移譲されている場合がある。☞内閣府

3　○　特定非営利活動とは、認証法人数が最も多い「保健、医療又は福祉の増進を図る活動」など、20 種類の分野に該当する活動であり、不特定かつ多数のものの利益に寄与することを目的とするものである。☞内閣府

4　×　NPO 法人は、特定非営利活動に必要な資金や運営費に充てるために、特定非営利活動に支障がない限り、特定非営利活動に係る事業以外の事業（その他の事業）を行うことができるとされている。その他の事業とは収益活動にあたる。☞内閣府

5　×　20 種類の特定非営利活動には、宗教活動を主たる目的とする団体は含まれていない。☞内閣府

問題 9　正解 5

1　×　**世界保健機関**とは、1948 年に設立され、国連システムの中にあって保健について指示を与え、調整する機関である。WHO は、グローバルな保健問題についてリーダーシップを発揮し、健康に関する研究課題を作成し、規範や基準を設定する。☞国際連合広報センター

2 × **福祉事務所**とは、社会福祉法に規定されている「福祉に関する事務所」をいい、生活保護法などに定める援護、育成又は更生の措置に関する事務を司る第一線の社会福祉行政機関である。都道府県及び市（特別区を含む。）は設置が義務付けられており、町村は任意で設置することができる。☞厚生労働省

3 × **地域包括支援センター**とは、市町村が設置主体となり、保健師・社会福祉士・主任介護支援専門員等を配置して、3職種のチームアプローチにより、住民の健康の保持及び生活の安定のために必要な援助を行うことにより、その保健医療の向上及び福祉の増進を包括的に支援することを目的とする施設である。☞厚生労働省

4 × **生活協同組合**とは、協同組合の一つであり、消費者一人ひとりが出資金を出し合って組合員となり、協同で運営・利用する組織である。☞日本生活協同組合連合会

5 ○ **セツルメント**（settlement）とは「移住」という意味で、セツルメント運動とは、慈善事業として、金品を与えるのではなく、貧困地域に赴いて、教育、医療、授産、育児など援助を行ったものである。19世紀後半にイギリス・ロンドンで、アーノルド・トインビーの遺志を継いだバーネット夫妻が設立したトインビーホールが、世界初のセツルメント施設である。

問題10　正解5

1 × 「社会福祉事業法」は、昭和26（1951）年に施行されたが、平成12（2000）年の社会福祉基礎構造改革において、利用者の立場に立った社会福祉制度の構築、サービスの質の向上、社会福祉事業の充実・活性化、地域福祉の推進等を目的とした改正が行われ、題名改正により「社会福祉法」となった。

2 × 平成12（2000）年の社会福祉基礎構造改革において、従来の行政が行政処分によりサービスを決定する措置制度から、利用者が事業者と対等な関係に基づきサービスを選択する利用制度に変更された。

3 × 社会福祉事業の充実・活性化を目的として、社会福祉法人の設立要件が緩和されるとともに、民間企業など社会福祉法人以外の参入を認めるなど、多様な事業主体の参入促進が図られた。

4 × 福祉サービスの利用制度化、利用者保護制度の創設など、身体障害者福祉法、知的障害者福祉法、児童福祉法などの改正が行われた。

5 ○ **地域福祉権利擁護事業**は、痴呆性高齢者、知的障害者、精神障害者等の判断能力が不十分な者が地域において自立した生活が送れるよう、利用者との契約に基づき、福祉サービスの利用援助等を行うことにより、その者の権利擁護に資することを目的とするもので、平成11（1999）年に開始された。なお、平成19（2007）年4月には日常生活自立支援事業に名称変更された。

問題11　正解2

1 × **国民健康保険**とは、被用者保険に加入していない75歳未満の住民を対象とした医療保険制度である。

2 ○ **後期高齢者医療制度**とは、75歳以上、もしくは65歳から74歳で一定の障害の状態にあると認定された人が加入する医療保険である。Cさんは77歳であり、後期高齢者医療制度の給付が適用される。

3　×　**共済組合保険**とは、公務員及び私立学校教職員を対象とした社会保険である。退職後は、一定期間、任意継続組合員とならない限り組合員ではなくなる。

4　×　**育成医療**（**自立支援医療**）とは、児童福祉法に規定する一定の障害児に対して提供されるもので、生活の能力を得るために必要な自立支援医療費の支給が行われる。

5　×　**更生医療**とは、身体障害者福祉法に規定する一定の身体障害者に対して、更生のために必要な自立支援医療費の支給が行われるものである。

問題12　正解3

1　×　**地域密着型介護サービス**とは、認知症高齢者や中重度の要介護高齢者等が、出来る限り住み慣れた地域で生活が継続できるように、市町村指定の事業者が地域住民に提供するサービスであり、事業者が所在する市町村に居住する者が利用対象者となる。市町村が指定・監督を行っている。

2　×　**居宅介護支援**とは、居宅の要介護者が居宅サービス等を適切に利用できるよう、心身の状況、置かれている環境、要介護者の希望等を勘案し、居宅サービス計画を作成するとともに、サービス事業者等との連絡調整を行い、介護保険施設等への入所を要する場合は、当該施設等へ紹介することをいう。市町村が指定・監督を行っている。

3　○　介護保険の**施設サービス**には、介護老人福祉施設、介護老人保健施設、介護医療院がある。いずれも、都道府県・政令指定都市（指定都市）・中核市が指定・監督を行っている。

4　×　**夜間対応型訪問介護**とは、利用者が可能な限り自宅で自立した日常生活を、24時間安心して送ることができるよう、夜間帯に訪問介護員（ホームヘルパー）が利用者の自宅を訪問するサービスである。市町村が指定・監督を行っている。

5　×　**介護予防支援**とは、要支援者が介護予防サービス等を適切に利用できるよう、心身の状況、置かれている環境、要支援者の希望等を勘案し、介護予防サービス計画を作成するとともに、サービス事業者等との連絡調整を行うことをいう。市町村が指定・監督を行っている。

問題13　正解5

1　×　障害者差別解消法の対象となる障害者は、「身体障害、知的障害、精神障害（発達障害を含む。）その他の心身の機能の障害がある者であって、障害及び社会的障壁により継続的に日常生活又は社会生活に相当な制限を受ける状態にあるもの」とされている。

2　×　「合理的配慮の提供」とは、障害のある人から「社会の中にあるバリア（障壁）を取り除くために何らかの対応が必要」との意思が伝えられたときに、行政機関等や事業者が、負担が重すぎない範囲で必要かつ合理的な対応を行うこととされている。

3　×　障害者差別解消法には、障害者差別を直接的な理由として個人を処罰する規定は存在しない。罰則規定は、「不当な差別的取扱いの禁止」について国から報告や資料提出を求められたが無視した場合、虚偽の報告をした場合などに罰金（過料）が定められている。

4　×　障害者差別解消法は、国・市町村の行政機関、会社・店舗などの民間事業者が「障害を理由とする差別」をなくすための措置を定めて、これを実施することで、障害のある人もない人も分け隔てなく共に生きる社会をつくることを目指している。

5 ○ 障害者差別解消法は、すべての国民が、障害の有無によって分け隔てられることなく、相互に人格と個性を尊重し合いながら共生する社会の実現に資することを目的としている。

問題14 正解4

1 × 障害者総合支援法における**移動支援**とは、1人では移動が困難な人に対してガイドヘルパーを派遣して、移動の支援を行うサービスのことである。利用者負担は原則として1割であり、自立支援給付費が支給される。介護給付費とは、介護サービス利用時にサービス事業者へ支払われる、利用者の自己負担分以外の利用料のことである。

2、3 × 障害者総合支援法における**行動援護**は、行動に著しい困難を有する知的障害や精神障害のある方を対象としている。視覚障害により、移動に著しい困難を有する方に対しては、移動に必要な情報の提供（代筆・代読を含む）、移動の援護などの外出支援を行う**同行援護**が行われる。

4 ○ **重度訪問介護**とは、重度の肢体不自由または重度の知的障害もしくは精神障害があり常に介護を必要とする方に対して、ホームヘルパーが自宅を訪問し、入浴、排せつ、食事などの介護、調理、洗濯、掃除などの家事、生活等に関する相談や助言など、生活全般にわたる援助や、外出時における移動中の介護を総合的に行うサービスである。

5 × **共同生活援助**とは、主として夜間において、共同生活を営むべき住居における相談、入浴、排せつ又は食事の介護その他日常生活上の援助を実施するが、外出支援は、別途、移動支援サービスを利用することになる。行動援護、同行援護、重度訪問介護、重度障害者等包括支援の支給が決定している場合には、その利用が優先する。

問題15 正解4

1 × 公正取引委員会は、独占禁止法に違反する疑いがある企業を調査し、違反のあった企業に対しては、その行為をやめるように命令したり、違反行為によって得た不当な利益を国庫に納めるよう命令する。独占禁止法を運用するために設置された機関であり、下請法の運用も行っている。一般からの情報提供も受け付けているが、Dさんの事例の相談先としては不適切といえる。

2 × **都道府県障害者権利擁護センター**は、使用者による虐待に係る通報又は届出の受理を行うほか、障害者および養護者への支援に関する相談対応や相談機関の紹介などを行っている。Dさんの事例の相談先としては不適切といえる。

3 × **運営適正化委員会**とは、福祉サービス利用援助事業の適正な運営を確保するとともに、福祉サービスに関する利用者等からの苦情を適切に解決するために、全国の都道府県社会福祉協議会に設置されている委員会である。Dさんの事例の相談先としては不適切といえる。

4 ○ **消費生活センター**は、商品やサービスなど消費生活全般に関する苦情や問合せなど、消費者からの相談を専門の相談員が受け付け、公正な立場で処理に当たっている機関である。全国の都道府県、市町村に設置されている。Dさんの事例の相談先として適切といえる。

5 × **市町村保健センター**とは、健康相談、保健指導、健康診査など、地域保健に関する事業を地域住民に行うための施設であり、多くの市町村に設置されている。Dさんの事例の相談先としては不適切といえる。

問題16　正解1

1 ○ 福祉避難所とは、一般の避難所生活では支障をきたす要配慮者に対して、特別の配慮がなされた避難所のことである。対象となるのは、高齢者、障害者、妊産婦、乳幼児など、避難所生活において何らかの特別な配慮を必要とするが、医療機関や介護保険施設等に入院・入所するに至らない程度の在宅の要配慮者である。介護老人福祉施設の入所者は、対象外となる。☞福祉避難所の確保・運営ガイドライン：内閣府

2 × 都道府県、市区町村は、福祉避難所として利用可能な施設に関する情報及び福祉避難所の指定要件等を踏まえ、福祉避難所として指定する施設を選定し指定する。根拠法は、災害対策基本法、災害救助法である。☞上記ガイドライン

3 × 福祉避難所の対象となる者としては、①身体障害者（視覚障害者、聴覚障害者、肢体不自由者等）、②知的障害者、③精神障害者、④高齢者、⑤人工呼吸器、酸素供給装置等を使用している在宅の難病患者、⑥妊産婦、乳幼児、病弱者、傷病者が考えられる。医療的ケアを必要とする者も含まれる。☞上記ガイドライン

4、5 × 福祉避難所の確保・運営ガイドラインでは、「(市町村は、) 専門的人材の確保については、(中略) 自治体間の相互応援協定による職員派遣のほか、社会福祉協議会等の関係機関、社会福祉施設の職員やそのＯＢ、障害者・高齢者等の支援団体、専門家・専門職能団体等と平時から協定を締結するなど連携を確保しておく。」としており、訪問介護員（ホームヘルパー)、同行援護のヘルパーのいずれも、法に基づいて派遣されるものではない。

問題17　正解3

1 × **基幹相談支援センター**とは、障害のある方やその家族などのための総合的な相談支援機関として、地域の相談支援体制の強化に向けた取り組み、権利擁護、虐待防止などを行っている。

2 × **地域活動支援センター**とは、障害者等を通わせ、創作的活動又は生産活動の機会の提供、社会との交流の促進等の便宜を供与する事業を行っている。

3 ○ **保健所**は、地域住民の健康を支える広域的・専門的・技術的拠点と位置づけられる施設であり、結核対策の業務には、患者・家族検診、接触者検診、患者に対する服薬支援、医療費の公費負担の申請業務等を行っている。

4 × **老人福祉センター**とは、高齢者が健康で明るく生きがいのある日常生活が送れるよう、健康相談・生活相談、機能回復訓練、教養講座の開催、レクリエーション活動、その他高齢者福祉の増進に関する活動を行っている。

5 × **医療保護施設**とは、「生活保護法」にもとづく保護施設のうち、医療を必要とする要保護者に対し、医療の給付を行う施設である。ホームレス（路上生活者）や結核患者の保護施設

として重要視されてきた施設である。

問題18　正解２

１　×　**地域包括支援センター**は、市町村が設置主体となり、保健師・社会福祉士・主任介護支援専門員等を配置して、住民の保健医療の向上及び福祉の増進を包括的に支援することを目的とする施設である。

２　○　**福祉事務所**とは、社会福祉法に規定されている「福祉に関する事務所」であり、福祉六法に定める援護、育成又は更生の措置に関する事務を司る社会福祉行政機関である。Ｅさんの弟が相談する機関として最も適切といえる。

３　×　**精神保健福祉センター**は、精神保健福祉法に規定された都道府県（指定都市）の精神保健福祉に関する技術的中核機関である。業務には「企画立案」「技術指導及び技術援助」「人材育成」「普及啓発」「調査研究」「精神保健福祉相談」「組織育成」「精神医療審査会の審査に関する事務」「自立支援医療（精神通院医療）及び精神障害者保健福祉手帳の判定」がある。

４　×　**公共職業安定所**は、「職業紹介」「雇用保険」「雇用対策」などの国の制度を組み合わせて、仕事を探している方や求人事業主に対して、さまざまな雇用支援を実施している。

５　×　**年金事務所**では、個人や事業者に対して、年金の加入や住所変更の手続き、社会保険の適用や徴収、年金給付に関する相談や給付手続きなどを行っている。

こころとからだのしくみ

問題19　正解３

１　×　マズローの**欲求階層説**とは、米国の心理学者Ａ・マズローによる、人間の欲求は、生理的・物質的な低次の欲求から精神的な高次の欲求まで５つの段階に分類されるという考え方である。低次の欲求から順番に、生理的、安全、所属・愛情、承認、自己実現の欲求となる。自己実現の欲求を成長欲求、承認欲求までを欠乏欲求とも分類されている。**承認欲求**は、他者から尊敬されたいという欲求である。

２　×　**安全欲求**は、経済的な安定、健康の維持、安全の確保を求める欲求である。

３　○　**自己実現欲求**は、自己の存在意義を実現しようとする成長欲求である。

４　×　**生理的欲求**は、生命を維持するための根源的な欲求である。

５　×　**所属・愛情欲求**は、自分の持つ能力や可能性を最大限に発揮して、目標を成し遂げたいという欲求である。

問題20　正解１

１　○　自律神経は、呼吸や血流、消化吸収や体温調節など、全身の機能を維持する重要な役割を担っており、血管収縮などの体の機能を活発化させる**交感神経系**と、入眠中などの休息しているときに優位に働く**副交感神経系**に分けられる。

２、３、４、５　×　心拍数減少、気道収縮、消化促進、瞳孔収縮のいずれも副交感神経系の働きである。

問題21　正解３

１　×　リハビリテーションを減らすことは、Ｆさんの骨粗鬆症の進行を予防することにつながらず、不適切といえる。

2 × 現時点で、Fさんは食事を毎食8割以上摂取しており、繊維質の多い食事を勧めるまでの必要性はないといえる。

3 ○ 適度な日光浴は、皮膚でビタミンDをつくるとともに、戸外を歩くことで骨に刺激を与える運動にもなり、骨粗鬆症の進行を予防することにつながるといえる。

4 × Fさんは、杖歩行で時々ふらつくが、ゆっくりと自立歩行できる状態にあり、車いすの利用は、かえってFさんの状態を悪化させる可能性がある。

5 × ビタミンAの主要成分であるレチノールには、目や皮膚の粘膜を健康に保ち、抵抗力を強める働きがあるとされる。現時点で、Fさんには特に必要ではないといえる。

問題22 正解1

1 ○ 中耳は鼓膜と鼓室で構成されており、鼓室は空気で満たされた空間で、この中には連結したツチ骨・きぬた骨・あぶみ骨の3つの骨（耳小骨）がある。

2 × 蝶形骨は、頭蓋底のほぼ中央部にある頭部の骨の一つである。

3 × 前頭骨は、脳頭蓋を形成する骨の一つで、頭蓋の前下部に位置する。

4 × 頬骨は、顔面骨を構成する骨の1つで、「ほほぼね」のことである。

5 × 上顎骨は、上顎から鼻腔、眼窩にかけて顔面中央部にある左右1対の骨のことである。

問題23 正解1

1 ○ 爪は、タンパク質の一種・ケラチンで構成されており、皮膚の角質が変化して硬くなったものである。

2 × 爪の伸びる速さは、成人では1日約0.1mm、1か月で約3～4mmであり、爪全体は約3か月で生え変わるとされている。

3 × **爪床**（そうしょう）とは、爪（爪甲）の下にある皮下組織の一部で、ピンク色に見える部分のことである。

4 × 病気などの健康状態によって爪の色が変色することがある。健康な爪は薄いピンク色であるが、白い爪は鉄欠乏症貧血、低色素性貧血、肝硬変や腎不全、糖尿病などの疑い、青白い爪は貧血など血流が滞っている状態を、赤い爪は多血症、黒い爪は内出血が疑われる。

5 × **爪半月**とは、爪の根元の白い部分のことである。爪は根元でつくられるが、爪半月はできたての爪であり、まだ柔らかい状態にある。爪は、使ううちに先端からこすれて、乾燥して固くなり、角質化する。

問題24 正解4

1 × **誤嚥**（ごえん）とは、食物などが、誤って喉頭と気管に入ってしまう状態のことであり、肺炎の原因ともなることから注意が必要である。扁桃は、のどにあるリンパ組織であり、ウイルスや細菌などがからだに侵入しないように防御する役割を担っている。

2 × 食道は、咽頭（のど）と胃の間をつなぐ管状の臓器であり、口から食べた食物を胃に送る働きをしている。

3 × 耳管は、耳と鼻をつなぐ管のことである。

4 ○ 気管は、喉頭から肺まで続く空気の通り道である。誤嚥とは、この気管に食べ物などが入ることをいう。

5 × 咽頭は、鼻の奥から食道に至るまでの食物や空気の通り道である。咽頭に食物などが残留することによっても誤嚥のリスクは高まるが、咽頭から気管に食べ物などが入らなければ、誤嚥は起こらないといえる。

問題25　正解5

1　×　心筋梗塞は、心臓に酸素と栄養分を運ぶ冠動脈が詰まって血液が流れなくなり、心筋細胞が壊死してしまう病気である。

2　×　蕁麻疹とは、皮膚の一部が突然赤く盛り上がり（膨疹）、しばらくすると消えてしまう病気である。アレルギー反応の一種とも思われるが、原因不明の病気である。

3　×　誤嚥性肺炎は、食べ物などが気道に入ることによって、肺に細菌が入って起こる肺炎である。

4　×　食中毒は、食中毒を起こすもととなる細菌やウイルス、有毒な物質がついた食べ物を食べることによって、下痢や腹痛、発熱、吐き気などの症状が出る病気のことである。

5　○　窒息とは、気道に物や液体がつまり、息がしづらくなる、またはまったくできなくなり、低酸素状態に陥るものである。食事中に起きたＧさんの状態から、窒息の状態に陥ったとみられる。速やかに、喉に詰まった食べ物を吐き出させる必要がある。

問題26　正解4

1　×　**静水圧作用**とは、入浴時などに水圧によって血管が圧迫されて、血液の循環を促進する効果のことである。

2　×　**温熱作用**とは、入浴時などに、お湯の温度によって皮膚の毛細血管や皮下の血管が広がり、血流が良くなる効果のことである。

3　×　**清潔作用**とは、入浴などによって皮膚の汚れを取ることで感染症予防につながることなどをいう。

4　○　**浮力作用**とは、入浴時などには体が浮力を受けて軽くなることをいう。Ｈさんが話している入浴の作用に当たる。

5　×　入浴時には、水圧による圧迫効果、お湯の温度による温熱効果によって、基礎代謝量が増加しやすくなる。これが**代謝作用**である。

問題27　正解2

1、3、4、5　×　尿路感染症は、尿道口から細菌が膀胱内に進入することで生じるものであり、男性よりも尿道が短く直線的な女性には、細菌が侵入しやすく、起きやすいといえる。子宮の圧迫、腹部の筋力、女性ホルモン、尿道括約筋の弛緩のいずれも不適切といえる。

2　○　上記記述を参照。

問題28　正解2

1　×　抗不安薬は、不安障害などによる不安やイライラを軽減・解消するための薬剤であり、睡眠補助剤として使われる場合もある。

2　○　アルコールは、寝つくまでの時間を短縮させるが、就床１時間前に飲んだアルコールは、少量でも<u>睡眠の後半部分を障害する</u>ことが知られている。
☞ e- ヘルスネット：厚生労働省

3　×　抗ヒスタミン薬（抗アレルギー薬）は、体内でヒスタミンの作用を抑えることでアレルギー反応を抑えるが、副作用として眠気があり、睡眠改善薬としても利用されている。

4　×　抗うつ薬によっては、眠気がするといった副作用がある。

5　×　足浴は、全身の血流が促進されることで、副交感神経が優位になり、睡眠促進効果がある。

問題29　正解5

1　×　**概日リズム睡眠障害**とは、体内時計の周期を外界の24時間周期に適切に同調させることができないために生じる睡眠の障害のことである。無理に外界の時刻に合わせて覚醒しても、眠気や頭痛・倦怠感・食欲不振などの身体的な不調が現れてくる。☞e-ヘルスネット：厚生労働省

2　×　睡眠中に下肢が勝手にピクピクと動いてしまうのは、**周期性四肢運動障害**という病気であり、鉄不足や脳神経機能の異常が原因とみられる。脚に「むずむずする」などの不快感が起こる、むずむず脚症候群（レストレスレッグス症候群）の患者の多くにもみられる症状である。

3　×　睡眠中に呼吸が止まるのは、過眠や高血圧などを引き起こす**睡眠時無呼吸症候群**とみられる病気である。

4　×　睡眠中に突然大声を出したり身体を動かすなどの睡眠中に起こる異常な行動を特徴とするのは、睡眠時随伴症の中の**レム睡眠行動障害**とみられる。この障害は、50歳以降の男性に多く、加齢に伴い増加する。☞国立精神・神経医療研究センター　精神保健研究所

5　○　体内時計の周期と地球の24時間の周期との間のずれを修正することができない状態が続くと、望ましい時刻に入眠し、覚醒することができなくなってくる。☞e-ヘルスネット：厚生労働省

問題30　正解4

1、2、3、5　×　モルヒネの主な副作用としては、便秘、悪心・嘔吐、眠気、不安感、混乱、呼吸抑制、排尿障害、痒（かゆ）み、発汗、口渇、耐性依存形成などがある。

4　○　上記記述を参照。

発達と老化の理解

問題31　正解3

1　×　**スキャモンの発達曲線**とは、アメリカの人類学者スキャモンが、人が生まれてから成人するまでの人体各器官の発達過程をグラフで示したものである。神経系の組織の発達曲線は、出生後から一気に上昇し、成長期には100％の状態となる。

2　×　筋骨格系の組織の発達曲線は、生まれてすぐの時期と12歳頃の思春期の時期に上昇する。4歳ごろから急速に発達するのではない。

3　○　生殖器系の組織の発達曲線は、出生後しばらくは低い状態が続くが、思春期になると急に上昇する。

4　×　循環器系の組織の発達曲線は、中学生の時期に急速に上昇する。

5　×　リンパ系の組織の発達曲線は、思春期に最も高くなり、そこから徐々に下がっていく。

問題32　正解2

1、3、4、5　×　**広汎性発達障害（自閉スペクトラム症）**とは、多くの遺伝的な要因が複雑に関与して起こる生まれつきの脳機能障害で、人口の1％に及んでいるともいわれる。重症度は様々だが、言葉の遅れ、反響言語（オウム返し）、会話が成り立たない、格式張った字義通りの言語など、言語やコミュニケーションの障害が認められることが多い。現代の医学では根本

的な原因を治療することはまだ不可能だが、彼らは独特の仕方で物事を学んでいくので、個々の発達ペースに沿った療育・教育的な対応が必要となる。6歳のJさんに対しては、当日のその場で砂場が使えないことを伝えるのではなく、前日に伝えることが好ましい。前日に「台風が来るから…使えない」と、きちんと説明することで、Jさんが理解しやすいと考えられる。広汎性発達障害では、物事の抽象化は苦手であり、「おだんご屋さん…」という表現は、Jさんが、その場で納得することは困難と考えられる。以上から、前日に「あしたは、台風が来るので砂場は使えないよ」と伝えておくことが適切といえる。

2　○　上記記述を参照。

問題33　正解5

1、2　×　生理的老化とは、病気によるものではなく、加齢により、耳が聞こえづらくなる、目が見えにくくなる、坂道を上ると息が切れるなどのように、誰にでも起きる変化のことである。環境によって起こる現象ではなく、訓練を行っても完全に回復できるものではない。

3　×　生理的老化によって、肉体・精神の衰えが現れることから、個体の生命活動には不利に働くといえる。

4　×　生理的老化は、人間以外の生物にも起こりうる現象であり、人間固有の現象ではない。

5　○　老化のメカニズムには、生物学的な老化によるとするプログラム説と有害遺伝子の発現によって老化していくという擦り切れ説に大きく分かれている。

問題34　正解1

1　○　**エイジズム**とは、年齢差別、特に高齢者に対する偏見と差別のことである。

2　×　高齢になっても生産的な活動を行うという考え方を、**プロダクティブ・エイジング**という。

3　×　高齢になることを嫌悪する心理、自身が老いることへの恐怖、不安を、**ジェロントフォビア**（**老人恐怖症**）という。

4　×　加齢に抵抗して健康的に生きようとする考え方を、**アンチ・エイジング**という。

5　×　加齢を受容して活動的に生きようとする考え方を、**アクティブ・エイジング**という。

問題35　正解4

1　×　**喘息**は、空気の通り道である気管支などの気道に炎症が起きて、空気の流れが制限される病気である。Kさんには喉の違和感や嚥下痛がないことから、喘息ではないと考えられる。

2　×　**肺炎**は、感染症の一つで、肺に炎症が起こる病気であり、38℃以上の発熱や強いせきが3～4日以上続く病気である。

3　×　**脳梗塞**は、何らかの原因で脳の動脈が閉塞し、血流が途絶えて脳が壊死してしまう病気である。片方の手足の麻痺やしびれ、呂律が回らず、言葉が出てこない、視野が欠ける、めまい、意識障害などの症状が突然出現する。

4　○　**心筋梗塞**は、心臓に酸素と栄養分を運ぶ冠動脈が詰まって血液が流れなくなり、心筋細胞が壊死してしまう病気である。Kさんの激しい胸痛などの病状から、心筋梗塞と考えられる。

5　×　**逆流性食道炎**は、胃の中の胃酸などが食道に逆流することにより、食道に炎症を起こす病気で、胸やけや胸の痛みなどの症状が生じる病気である。

問題36　正解5

1、2、3、4　×　**健康寿命**とは、ある健康状態で生活することが期待される平均期間を表す指標である。これは、算出対象となる集団の各個人について、その生存期間を「健康な期間」と「不健康な期間」に分け、前者の平均値を求めることで表すことができるもので、集団の健康状態を表す健康指標の一つである。健康寿命は、従来の平均寿命ではなく、生きている状態（QOL：生活の質）を勘案することが重要であるとの認識から生まれたものである。☞ e- ヘルスネット：厚生労働省

5　○　上記記述を参照

問題37　正解3

1　×　前立腺肥大症とは、前立腺が肥大することにより尿道が圧迫されて、排尿障害をきたす病気である。50歳頃から加齢とともに増加する。原因は完全にはわかっていないが、男性ホルモンなどの性ホルモン環境の変化が関与すると考えられる。

2　×　前立腺肥大症では、多くの場合、頻尿がみられる。

3　○　前立腺肥大症では、排尿症状、蓄尿症状、排尿後症状がみられるが、初期には頻尿が多くみられる。

4　×　透析療法は、腎不全の症状が進行した際の治療方法の一つであり、前立腺肥大症に対しては行われない。

5　×　骨盤底筋訓練は、女性に多く見られる、骨盤底筋の筋力低下によって引き起こされる尿もれ対策として行われる。骨盤底筋を鍛えながら尿道括約筋の機能回復をはかるものである。

問題38　正解4

1　×　**骨粗鬆症**は、骨の代謝バランスが崩れ、骨形成よりも骨破壊が上回る状態が続き、骨がもろくなった状態のことである。一般に高齢女性の発症リスクが高くなっている。

2　×　**変形性膝関節症**は、加齢などが原因で膝関節の軟骨が弾力性を失い、使いすぎによるすり減りや関節の変形が起こる疾患である。症状が進行するとO脚（内反変形）またはX脚（外反変形）に変形する。

3　×　**関節リウマチ**とは、免疫の異常により関節に炎症が起こり、軟骨や骨が破壊されて関節の機能が損なわれ、関節が変形してしまう病気である。軟骨の老化によって起こるものではない。

4　○　**腰部脊柱管狭窄症**とは、脊柱管が腰の部分で狭くなるもので、腰・臀部の痛み・しびれ、足の痛み・しびれなど、腰から下の神経に関連する症状がみられる。

5　×　**サルコペニア**とは、加齢による筋肉量の減少および筋力の低下のことをいう。骨量の低下ではない。

認知症の理解

問題39　正解1

1　○　運転免許証の更新期間が満了する日の年齢が75歳以上のドライバーは、認知機能検査等を受けなければならないこととされている。☞警察庁HP、全日本指定自動車教習所協会連合会HP

2　×　75歳以上の運転者（大型、中型、準中型、普通自動車の第一種免許および大型、中型、普通自動車の第二

種免許所持者）で過去３年以内に一定の違反歴のある場合は、免許証有効期間満了日前６か月以内に運転技能検査を受けなければならない。☞上記 HP

3 × 認知機能検査の結果、「記憶力・判断力が低くなっている」と判定された場合は、臨時適性検査の受検又は主治医等の診断書の提出を命じられ、その結果、認知症と判定された場合は、免許の停止又は取消しの対象となる。☞上記 HP

4 × サポートカーとは、衝突被害軽減ブレーキやペダル踏み間違い時加速抑制装置が搭載された普通自動車であり、運転免許を受けている方の申請により、運転することができる自動車の範囲をサポートカーに限定する条件を付与することができる。☞上記 HP

5 × 運転免許証を自主返納した場合や運転免許証の更新を受けずに失効した場合は、運転経歴証明書の交付を受けることができる。☞上記 HP

問題40　正解１

1 ○ **アパシー**とは、意欲や自発性が低下し、周囲の出来事に対して無気力・無関心になった状態のことである。「感情の起伏がみられない」もこれにあたる。認知症には、脳が萎縮し障害を受けて発生する直接的な症状である中核症状と、中核症状から引き起こされる間接的な周辺症状（BPSD）がある。周辺症状は、中核症状を基に本人の生活環境、性格や心理状態に影響されて、二次的に行動や精神面に現れるもので個人差がある。

2、3、4、5 × いずれも認知症の周辺症状には当たらない。

問題41　正解４

1、2、3、5 × **せん妄**とは、時間や場所が分からなくなったり、思考力・注意力が低下するといった症状が急に現れるものだが、発症期間は、数時間、数日間といった一時的なものである。また、急に正常な精神状態に戻ったり、一気にせん妄状態に陥る場合もある。昼夜逆転が起こり、夜間せん妄の状態に陥る場合もある。せん妄は、脳に何らかの悪影響が及んだ場合に発生するとされており、薬剤の副作用、脱水状態、細菌感染症、腎不全や肝不全など、強いストレスや体調の変化が誘因となる。

4 ○ 上記記述を参照。

問題42　正解２

1 × **レビー小体型認知症**とは、脳の神経細胞が徐々に減っていく進行性の病気である。主な症状には、認知機能障害、幻視、歩行など動作の障害（パーキンソン症状）がある。「しばらく歩くと足に痛みを感じて、休みながら歩く」のは、間欠性跛行であり、パーキンソン症状ではなく、閉塞性動脈硬化症、腰部脊柱管狭窄症等の症状である。

2 ○ 「最初の一歩が踏み出しにくく、小刻みに歩く」のは、レビー小体型認知症にみられる歩行障害（パーキンソン症状）である。

3 × 「動きがぎこちなく、酔っぱらったように歩く」のは、酩酊様歩行であり、脊髄小脳変性症の症状である。

4 × 「下肢は伸展し、つま先を引きずるように歩く」のは、痙性歩行であり、脳性麻痺や脊髄の錐体路障害で起こる痙性対麻痺の症状である。

5 × 「歩くごとに骨盤が傾き、腰を左右に振って歩く」のは、動揺性歩行（あひる歩行）であり、骨盤周辺や体幹の筋肉の異常により生じる症状である。

問題43　正解5

1　×　若い世代で若年性認知症を発症すると、進行速度は高齢者よりも早い。40代で発症すると、進行速度は高齢者の2倍近くになることもあるとされる。

2　×　若年性認知症の発症者は、男性が女性よりも多い。

3　×　若年性認知症の有病率は、高年代ほど有病率も高い。☞若年性認知症支援ガイドブック改訂版：厚生労働省

4　×　特定健康診査（特定健診）とは、生活習慣病の予防のために、対象者（40歳～74歳の医療保険加入者）に対して、1年に1度行われる、メタボリックシンドロームに着目した健診のことである。若年性認知症についての検査は行われない。

5　○　若年性認知症の発症者は、多くが現役で仕事や家事をしていることから、発見が遅れやすく、周りの理解も得られにくく、診断が遅れやすい。周囲の理解や支援が必須といえる。

問題44　正解3

1、5　×　**誤認**とは、実際に存在しないものを認識したり、存在するものを正しく認識できないことをいう。**幻視**とは、他人には見えない人、動物、虫などが見えるという症状である。いずれも、レビー小体型認知症の特徴的な症状である。

2、4　×　**観念失行**とは、手や指、記憶にも問題はなく、物の名前や用途は説明できるのに、慣れているはずの物の使用、日常の一連の動作を順序正しく行えないのが特徴の失行である。**視覚失認**とは、視力が保たれているのに、目の前にある対象物が何であるのか、答えられない現象をいう。いずれも、高次脳機能障害の症状の一つである。

3　○　**嫉妬妄想**とは、恋人や配偶者が、浮気をしていると思い込む症状である。アルツハイマー型認知症は、脳の神経細胞が徐々に減っていく進行性の病気であり、行動・心理症状には、怒りっぽくなる、妄想、不安、幻覚などがある。嫉妬妄想も症状の一つである。

問題45　正解3

1　×　**遂行機能障害**とは、物事を順序立てて実行することが難しくなり、仕事や家事などの段取りが困難になる症状である。「自宅がわからない」というのは、認知症の中核症状の一つである見当識障害である。遂行機能障害ではない。

2　×　「出された食事を食べない」ことの原因としては、失認により食べ物を認識できない、アパシーの状態にあり、食べる意欲が失われている、体調が悪くて食欲がないことを伝えられない、などが考えられる。**記憶障害**とは、自分の体験した出来事や過去についての記憶が抜け落ちてしまうものであり、Lさんの症状ではない。

3　○　**相貌失認**とは、人の顔を認識できない、または困難な状態をいう。高次脳機能障害の一つである。

4　×　**視空間認知障害**とは、目からの情報を上下、左右、前後などの位置関係や立体的な空間としてイメージすることができない状態となり、物品の認識や簡単な道具の操作、図形描画が拙劣になる、よく知った道で迷うなどの

症状がみられるものである。「今日の日付がわからない」というのは、日付・時間・場所が分からなくなる、見当識障害である。

5　×　**病識低下**とは、自身に障害があることに気づかなかったり、症状を十分に理解できなかったりする状態をいう。高次脳機能障害の一つの症状である。病識低下は、うつ状態の誘因ではない。

問題46　正解４、５

1　×　**バリデーション**は、本来「検証・証明・承認・妥当性確認」といった意味であるが、介護現場では、認知症の方とのコミュニケーションの方法として用いられている。具体的には、認知症の方と、丁寧にコミュニケーションを取ることで、感情や記憶を表に出せるように促し、言葉や行動の奥にある本当の思いに歩み寄って共感することを目指している。そのために、認知症の方のマイナスの感情にもふたをせず、むしろ表出を促して共感していくことを目指している。**センタリング**とは、バリデーションのテクニックの一つであり、精神を集中させることである。

2　×　**リフレージング**とは、認知症の方との会話の中で重要だと感じた言葉をそのまま反復することである。反復することで、相手にきちんと伝わったと感じてもらうことができる。

3　×　**レミニシング**とは、認知症の方から、懐かしい昔話を引き出すことである。繰り返し話すような昔話には、重要なメッセージが多々見られる。

4　○　**ミラーリング**とは、認知症の方に対して、真正面に向き合って、相手の動作や姿勢、声の大きさ、話し方を同じように真似をすることである。

5　○　**カリブレーション**とは、「共感する」という意味であり、「傾聴する」とともに、バリデーションの技法として使われている。

注：本問については、合格発表の際、「問題文からは、選択肢４と選択肢５のいずれも正答となるため」に「選択肢４及び選択肢５に得点する」とされた。ただし、問題文には「１つ選びなさい」とあることから、４、５の２つを選ぶと誤りとなると思われる。

問題47　正解１

1　○　Ｍさんが訴えている内容が最優先で検討すべき事項といえる。

2　×　Ｍさんは、居室では穏やかに過ごしていたが、夕食後、表情が険しくなり、大声を上げていることから、検討対象として日中の過ごし方を優先するのは、不適切といえる。

3　×　検討対象とすべきは、Ｍさんが大声を上げた原因であって、ほかの利用者が落ち着かなくなったことではないといえる。

4　×　対応に困ったのは、介護者側の事情であって、Ｍさんの介護を検討するときの優先事項ではない。

5　×　Ｍさんは、居室では穏やかに過ごしており、処方された向精神薬が効かなかったとはいえず、検討対象として優先するのは、不適切といえる。

問題48　正解２

1　×　**認知症対応型通所介護**は、施設において、食事や入浴などの日常生活上の支援や、生活機能向上のための機能訓練や口腔機能向上サービスなどを日帰りで提供するものである。昼夜逆転があるＡさんには、このサービスは適切とはいえない。

2 ○ **短期入所生活介護**は、常に介護が必要な方の短期間の入所を受け入れ、入浴や食事などの日常生活上の支援や、機能訓練などを提供するものであり、昼夜逆転があるＡさんには適切なサービスといえ、数日間の入院が必要な妻の負担を軽減することからも適切なサービスといえる。

3 × **認知症対応型共同生活介護**は、認知症（急性を除く）の高齢者に対して、共同生活住居で、家庭的な環境と地域住民との交流の下、入浴・排せつ・食事等の介護などの日常生活上の世話と機能訓練を行い、能力に応じ自立した日常生活を営めるようにするものであり、「在宅介護を続けたい」という妻の希望に沿わず、適切とはいえない。

4 × **特定施設入居者生活介護**は、利用者が可能な限り自立した日常生活を送ることができるよう、指定を受けた有料老人ホームや軽費老人ホームなどが、食事や入浴などの日常生活上の支援や、機能訓練などを提供するものであり、「在宅介護を続けたい」という妻の希望に沿わず、適切とはいえない。

5 × **介護老人福祉施設**は、入所者が可能な限り在宅復帰できることを念頭に、常に介護が必要な方の入所を受け入れ、入浴や食事などの日常生活上の支援や、機能訓練、療養上の世話などを提供するものであり、「在宅介護を続けたい」という妻の希望に沿わず、適切とはいえない。

障害の理解

問題49　正解１

1 ○ **ノーマライゼーション**とは、高齢者や障害者などの社会的弱者を特別視せず、誰もが同等に生活ができる社会を目指すという考え方である。デンマークの社会省で知的障害者施設を担当していた**バンクーミケルセン**は、自身が第二次世界大戦時にナチスの収容所に収監された経験を持ち、知的障害者の生活条件改善のため、「障害のある人たちに、障害のない人々と同じ生活条件を作り出す」として、ノーマライゼーションの理念を提唱。1959年に、世界で初めてノーマライゼーションの理念が導入された「知的障害者福祉法」が制定された。

2、3、4、5 × 上記記述を参照。

問題50　正解２

1、3、4、5 × **法定後見制度**とは、本人の判断能力が不十分になった後に、家庭裁判所によって選任された成年後見人等が本人を法律的に支援する制度であり、家庭裁判所が個々の事案に応じて成年後見人等（成年後見人・保佐人・補助人）を選任する。☞法務省

2 ○ 上記記述を参照。

問題51　正解５

1 × **障害受容**とは、疾病や外傷により心身機能の一部を失った場合に、その事実を受容したり、受容するまでに至る過程のことである。障害受容の心理的段階にはいくつかの説があるが、障害受容の５段階説では、第１段階がショック期、第２段階が否認期、第３段階が混乱期、第４段階が適応への努力期、第５段階が受容期とされている。

「障害があるという自覚がない」のは、否認期にあたる。

2、3 × 「周囲に不満をぶつける」「自分が悪いと悲観する」のは、混乱期にあたる。

4 × 「価値観が転換し始める」のは、適応への努力期にあたる。

5 ○ 障害があってもできることがあるということに気付いて、「できることに目を向けて行動する」ことは、受容期にあたるといえる。

問題52 正解2

1 × **振戦せん妄**とは、アルコールの離脱症状の一つである。飲酒を中断または減量した48～72時間後に始まる。粗大なふるえ、興奮、幻覚、意識障害などがみられる。

2 ○ **妄想**とは、ほかの人にとってはあり得ないことを確信して、周りの説得も受け入れない状態となるもので、統合失調症の症状の特徴の一つである。

3 × **強迫性障害**とは、きわめて強い不安感や不快感（強迫観念）をもち、それを打ち消すための行為（強迫行為）を繰り返す状態のことである。

4 × **抑うつ気分**とは、ゆううつで、気持ちが晴れない、気持ちが落ち込んだ状態のことであり、この状態が続くと、様々な精神症状や身体症状が現れる。

5 × **健忘**とは、日々の出来事の記憶が失われる病的障害のことである。出来事以外の知識などの記憶や、読み書きや計算などの脳機能は保持される。

問題53 正解4

1 × 水晶体の白濁とは、加齢により、眼球にある水晶体のタンパク質が濁る、白内障のことである。

2 × 口腔粘膜や外陰部の潰瘍は、皮膚症状、眼症状とともにベーチェット病の四つの主症状である。病因は不明だが、特定の内的遺伝要因のもとに何らかの外的環境要因が作用して発症する多因子疾患と考えられている。

3 × 手足が震える振戦と筋肉がこわばる筋固縮は、動きが鈍くなる無動、寡動、身体のバランスがとりにくくなる姿勢反射障害とともに、パーキンソン病の4大症状である。

4 ○ **糖尿病性網膜症**は、糖尿病の合併症の一つである。網膜にある毛細血管に障害が起きて視力の急激な減退や失明の危険性が高まるものである。また、**糖尿病神経障害**も合併症の一つであり、足先から神経が障害を受けていく末梢神経障害を引き起こすことがある。悪化すると、痛みや温度といった感覚を感じなくなってしまい、ケガや火傷をしても気がつかずに放置してしまい、患部が壊疽を起こしてしまうことがあるので、注意が必要である。

5 × 感音性の難聴とは、高音域の音が聞こえにくくなったり、複数の音から特定の音を聞き分けることが難しくなるものであり、原因となるものに突発性難聴やメニエール病がある。

問題54 正解3

1、2、4、5 × **筋萎縮性側索硬化症**とは、手足・のど・舌の筋肉や呼吸に必要な筋肉が徐々にやせて力がなくなっていく病気であるが、筋肉そのものの病気ではなく、筋肉を動かすための脳や脊髄の神経（運動ニューロン）が障害をうけるものである。通常、体の感覚、視力、聴力、内臓機能などは保たれることから、身体の痛みはわかる。発症すると、誤嚥しやすくなり、自力で痰を排出することも困難になる

令和5年度

ほか、会話や箸の使用も困難になる。原因は不明だが、神経の老化と関連があるとされる。

3　○　上記記述を参照。

問題55　正解3

1　×　**障害者相談支援事業**とは、地域生活支援事業により市町村が実施するもので、障害児の保護者又は障害者等の介護を行う者からの相談に応じて、必要な支援を行うものである。

2　×　**自立生活援助事業**とは、障害者支援施設やグループホームなどを利用していた障害者（知的障害者や精神障害者など）で、地域で一人暮らしを希望する人に対し、定期的な巡回訪問や随時の対応により、相談・助言などを行うものである。

3　○　**日常生活自立支援事業**とは、高齢や障害により、一人では日常の生活に不安のある方が地域で安心して生活が送れるよう、社会福祉協議会が本人との契約に基づき、福祉サービスの利用援助を中心に、日常的な金銭管理や重要書類等の預かり・保管などの支援を行うものである。生活支援員と一緒に銀行へ行った経緯などから、Dさんが利用した支援と考えられる。

4　×　**成年後見制度利用支援事業**は、認知症高齢者、知的障害者及び精神障害者で、成年後見制度の利用に要する費用について補助を受けなければ制度の利用が困難であると認められるものに対し、申立てに要する経費及び後見人等の報酬を助成する事業である。

5　×　**日常生活用具給付等事業**とは、障害者、障害児、難病患者等を対象に市町村が行う地域生活支援事業の一つであり、介護・訓練支援用具、自立生活支援用具、在宅療養等支援用具等を給付又は貸与する事業である。

問題56　正解2

1　×　**全人間的復権**とは、障害を持った人が身体的・精神的・社会的・職業的・経済的に能力を発揮して人間らしく生きる権利を回復することである。

2　○　**障害者差別解消法**において用いられている合理的配慮とは、障害のある人への障害を理由とする「不当な差別的取扱い」を禁止するとともに、障害のある人から申し出があった場合には、負担が重すぎない範囲で障害者の求めに応じ合理的配慮をするものとしている。☞障害を理由とする差別の解消の推進に関する法律第7・8条

3　×　**自立生活運動**とは、1960年代にアメリカの大学で起こった抗議運動で始まった。介護側の便宜のために施設に収容されて、提供される毎日ではなく、「重度の障害があっても自分の人生を自立して生きる」ことを目指したものである。

4　×　**意思決定支援**とは、認知症高齢者や障害者などの、これまで声を聞かれることがなかった人の声に耳を傾け、自分の人生を自分で決めていくことができるような支援を提供することで、誰もがその人らしく、社会参加できるようにすることである。

5　×　**共同生活援助**とは、障害のある方が地域住民との交流が確保される地域の中で、家庭的な雰囲気の下、共同生活を営む住まいの場のことである。グループホームとも呼ばれる。

問題57　正解5

1　×　**介護支援専門員**は、要介護者や要支援者の人の相談や心身の状況に応じるとともに、訪問介護、デイサービ

スなどを受けられるようにケアプラン（介護サービス等の提供についての計画）の作成を行う。

2 × **社会福祉士**は、障害や病気などで福祉サービスを必要とする人々からの相談を受け、他の福祉サービスの提供者・医療機関と連携し、相談者の自立に向けて、専門的な知識と技術で的確な助言や指導、その他の援助を行う。

3 × **介護福祉士**は、利用者の居宅を訪問して介護業務などを行うほか、特別養護老人ホーム、身体障害者施設等の社会福祉施設の介護職員として介護業務を行っている。

4 × **民生委員**は、非常勤の地方公務員であり、地域福祉の担い手として、住民個々の相談に応じ、その生活課題の解決にあたるとともに、地域全体の福祉増進のための活動も行う。

5 ○ **相談支援専門員**は、障害のある人が自立した日常生活、社会生活を営むことができるよう、様々な支援を行っている。障害者総合支援法に基づくサービスの利用に当たっては、相談支援事業所の相談支援専門員が作成する「サービス等利用計画」が必要である。

問題58　正解4

1、2、3、5 × **アセスメント**とは「評価・査定」という意味であり、利用者に適した介護サービスを提供するためのケアプランを作成する際に行われる。利用者の情報を集めて分析し、利用者や家族が抱える課題や目標などを明確にするが、利用者のニーズの把握に際しては、障害者個人、家族のいずれかに偏ることなく、客観的な視点が求められる。家族構成員の主観の共通部分を重視したのでは、個々が有する特有のニーズに応えられない恐れがある。支援者ではなく利用者の視点や価値観を大切にすることが重要である。以上から、アセスメントに際しては、家族を構成する個人と家族全体の生活を見なければならない。

4 ○ 上記記述を参照。

医療的ケア

問題59　正解5

1 × **登録研修機関**とは、喀痰吸引等研修を実施するために必要な登録を受けた機関のことであり、喀痰吸引等を実施する訪問介護事業所として必要な登録ではない。

2 × **安全委員会**とは、介護職員による喀痰吸引及び経管栄養に関する業務の実施に当たって、訪問介護事業所内に設置が求められているものであって、施設・事業所の長（管理者）が委員長となり、医師は委員として参加するが、医師が設置するものではない。

3 × **喀痰吸引等計画書**は、医師の指示のもとに看護職員または介護職員が作成するものである。

4 × 喀痰吸引等を実施する訪問介護事業所としての登録時に、介護支援専門員が事業所に対して指示を行うことはない。

5 ○ 喀痰吸引等を実施する際には、医師は、喀痰吸引等の包括的指示、看護職員及び介護職員に対する指導等を行うが、看護・介護職員は、医師及び関係者との連携を行うとともに、情報共有に務めなければならない。

問題60　正解4

1 × 肺は右肺と左肺に分かれており、右肺は「上葉」「中葉」「下葉」の3つの肺葉に、左肺は「上葉」と「下葉」

の2つの肺葉に分かれている。鼻腔は、中央の鼻中隔という仕切りで左右に分かれている。

2 × 咽頭とは、鼻腔、口腔に続き、下方は喉頭、食道に至る管腔で、気道および消化管の一部である。上から順番に、上咽頭、中咽頭、下咽頭に分かれている。

3 × 食べ物は口腔から中咽頭、さらに下咽頭に送られ、食道から胃に入る。喉頭は空気の通り道である。

4 ○ 息を吸うと、空気は、鼻腔と口腔から中咽頭、さらに喉頭を通って気管から肺に入っていく。

5 × 腹腔とは、横隔膜の下方にある腹部の内臓がおさまっている部分である。胸腔とは、胸椎、肋骨、胸骨、横隔膜で囲まれた部分で、心臓や肺などの臓器がおさまっている。

問題61 正解1

1 ○ 陰圧とは、外よりも内部の気圧が低い状態のことである。吸引器が陰圧になっていなければ、たんを吸引できず、陰圧の確認は必ず行う必要がある。

2 × 吸引びんを再使用する場合には、洗浄後に消毒・乾燥を行うが、滅菌の必要はない。

3 × 吸引チューブのサイズは、医師の指示を踏まえて作成された「喀痰吸引等業務計画書」に基づいて行われる。担当者の判断で、選択してはならない。

4 × 洗浄水は、吸引後に、吸引カテーテルの周囲や内腔の消毒液を取り除くために用いるものであり、精製水又は水道水を用いる。消毒薬は用いない。

5 × 清浄綿とは、消毒液が浸み込ませてある脱脂綿のことである。次亜塩素酸ナトリウムは、家庭用の塩素系漂白剤にも含まれるもので、皮膚や呼吸器への刺激が強いことから、清浄綿には用いられない。

問題62 正解2

1 × 鼻から胃にチューブを挿入する経鼻胃管の場合には、気管・肺への誤挿入により、誤嚥性肺炎や死亡に至る事例もみられる。

2 ○ 経管栄養では、注入速度が速すぎると、嘔吐や下痢を引き起こす可能性がある。

3 × 低い温度の栄養剤を注入した場合、急激な腸管刺激により、下痢を起こす可能性がある。

4 × 高濃度の経管栄養剤を注入した場合、腸管からの水分吸収のバランスが崩れて、下痢を引き起こす可能性がある。

5 × 経管栄養では、注入中の姿勢の不良は栄養剤の逆流を起こす可能性がある。

問題63 正解3

1 × 嘔吐していないからといって、そのまま様子をみるのではなく、Eさんの呼吸や腹部の状態等を確認して、異常があれば、医療職に連絡をしなければならない。

2 × 栄養剤の注入中であり、体位変換は行ってはならない。まして、仰臥位（背臥位）では栄養剤の逆流などが起きかねない。

3 ○ まず、腹部の圧迫を確認して、栄養剤の注入速度は医師の指示通りか（速すぎないか）、姿勢が曲がっていないか、ベッドが適切に挙上されているかなどを確認する。異常があれば、直ちに医療職に連絡をして対処する。

4、5 × 注入速度の変更、栄養剤注入の終了は、原則として、医療職の指示を受けなければならない。

介護の基本

問題64 正解5

1 × **ダブルケア**とは、子育てと親や親族の介護を同時に担うことである。

2 × 令和3年度末（令和4年3月末）現在の要介護（要支援）認定者数は690万人、介護保険制度の導入時の平成12年度末の256万人から一貫して増加している。☞令和3年度介護保険事業状況報告：厚生労働省

3 × **家制度**とは、1898年に施行され、1947年に廃止されたもので、明治民法に定められた家父長制的な家族制度を基にした家族制度のことである。**地域包括ケアシステム**とは、要介護状態となっても、住み慣れた地域で自分らしい生活を続けることができるように、地域の実情に合った医療・介護・予防・住まい・生活支援が一体的に提供される体制のことである。2003（令和15）年から始まり、2025（令和7）年までを目途に、システムの構築が推進されている。

4 × 要介護・要支援の認定者のいる三世代世帯の構成割合は、介護保険制度が導入された2001（平成13）年次の32.5%から、2022（令和4）年次の10.9%まで、一貫して減少している。☞2022（令和4）年国民生活基礎調査の概況：厚生労働省

5 ○ 核家族化、少子化とともに、地域の人間関係や社会関係が希薄になるにしたがって、高齢者や要介護者を支えてきた家族や地域の機能は低下した。国は、高齢者や要介護者を社会全体で支える仕組みの構築を目指している。

問題65 正解5

1 × 傷病者に対する療養上の世話又は診療の補助を業とするのは、看護師である。

2 × 介護職員等がたんの吸引等を行うためには、喀痰吸引等研修を受け、都道府県から「認定特定行為業務従事者認定証」の交付を受けなければならない。

3 × 介護福祉士は、社会福祉士や栄養士と同じく、名称独占の国家資格である。

4 × 認定介護福祉士として登録されている者は、5年毎の更新研修を含む更新の手続が必要だが、介護福祉士には有効期限はないため、更新は不要である。

5 ○ 介護福祉士は、信用を傷つけるような行為をしてはならない（信用失墜行為の禁止）とされている。☞介護福祉士法第45条

問題66 正解3

1 × パスワードの共有は、個人情報の流出を招きかねず、不適切といえる。パスワードは、情報閲覧が必要な職員に限定するなど、厳格な管理が求められる。

2 × 個人情報を記載した書類は、個人情報の流出の恐れがあり、そのまま捨ててはならない。シュレッダーにかけるなどの情報管理が必要である。

3 ○ 研修会を定期的に開催するなど、個人情報保護についての意識の向上を図る必要がある。

4 × 職員への守秘義務の提示は、採用時にも書面で厳格に行う必要がある。

5 × 音声だけであっても、本人に勝

手に使用することはできない。

問題67　正解2

1　×　その人らしさは、普段のふれあいや、ふとした仕草などに現れるものであり、障害特性から判断するものではない。

2　○　利用者の生活習慣についての理解は、利用者がこれまで生活してきた環境を知ることから始まる。

3　×　利用者の生活歴は、出生時や幼少時からの情報から収集する必要がある。

4　×　生活様式は、同居する家族と同一にするのではなく、利用者の望む形にすべきといえる。

5　×　衣服は、利用者の好みを反映できるようにすることが望ましい。

問題68　正解3

1　×　長女が悩んでいるのは、若年性認知症の母親をめぐる家庭環境に対してのものであり、掃除や洗濯の方法を教えて解決できるものではない。

2　×　夫自身も、介護福祉職に相談をするほど悩んでおり、単なる励ましは、かえって負担をかけることになる。

3　○　同じような体験をしている人と触れ合い、その体験を聞くことで、新たな見方を得たり、精神的な励ましを得る可能性もある。

4　×　Aさんは、小規模多機能型居宅介護の利用に問題が生じているわけではなく、介護老人福祉施設への入所を勧める状況ではないといえる。

5　×　夫の話を聞いた介護福祉職としては、介護支援専門員に介護サービスの変更ではなく、Aさんの夫からの相談内容を伝えて対応を検討することが望ましい。

問題69　正解4

1　×　**自立生活援助**とは、ひとり暮らしなど地域での独立生活をはじめた障害者に対して、自立生活を支援するものであり、左片麻痺で訪問介護を受けているBさんには、適切なサービスとはいえない。

2　×　Bさんは「浴槽から立ち上がるのがつらくなってきた」と話しており、浴室を広くする改築は適切とはいえない。

3　×　**行動援護**とは、行動に著しい困難を有する知的障害や精神障害のある方を対象にしたサービスであり、Bさんには、適切なサービスとはいえない。

4　○「浴槽から立ち上がるのがつらくなってきた」という状況から、入浴補助用具の利用は適切といえる。

5　×　Bさんは、妻の介助を受けながら、毎日入浴しており、当面は、通所介護による入浴サービスを利用する必要性は低いといえる。

問題70　正解1

1　○　**民生委員**は、特定の区域を担当し、高齢者や障害がある方の福祉に関すること、子育てなどの不安に関する様々な相談・支援を実施する、特別職の地方公務員である。社会奉仕の精神をもって、住民の立場に立って相談に応じ、必要な援助を行い、社会福祉の増進に努める者として、適切といえる。

2　×　**生活相談員**は、主に、介護老人福祉施設、養護老人ホーム等の施設に入所している高齢者に対して、各種の相談や援助、援助計画の立案・実施、関係機関との連絡・調整を行う。

3　×　**訪問介護員**とは、社会福祉法人、医療法人、NPO、民間企業等が運営する事業所で訪問介護に従事し、介護保険法にもとづく訪問介護を提供する専門職である。

4 × **通所介護職員**とは、要介護認定を受けた高齢者に対して、日帰りで、施設において日常生活の介助や機能訓練などのサービスを行う職員である。

5 × **介護支援専門員**は、要介護者や要支援者の人の相談や心身の状況に応じるとともに、訪問介護、デイサービスなどのサービスを受けられるようにケアプランの作成や市町村・サービス事業者・施設等との連絡調整を行っている。

問題71 正解3

1、2、4、5 × 図は、「洪水、内水氾濫」の水害に対する標識である。垂直避難誘導とは、津波・高潮、洪水などの危険に対して、高台や高所への避難を誘導するものである。☞災害種別避難誘導標識システム：内閣府（JIS Z8210 6.5.1：2022）

3 ○ 上記記述を参照。

問題72 正解4

1 × 固形石鹸は、濡れたまま置いておくことで水に溶けやすい泡立ち成分が溶け出してしまい、泡立ちが悪くなり、消毒・除菌効果が劣化する可能性があり、不適切といえる。液体石鹸は、固形石鹸よりも泡立ちが持続しやすい。

2 × くしゃみを受け止めた手でそのまま配膳を行うと、手に付着した体液等が食器に付着する恐れがあり、不適切といえる。

3 × 嘔吐物の処理では、マスク、使い捨てエプロン（長袖ガウン）、使い捨て手袋を着用する。嘔吐物には必ず手袋を着用して触れるようにする。

4 ○ 血液等の体液・嘔吐物・糞便等には感染性の病原体が含まれていることが多く、これらに接する際は、手袋をする。排泄の介護は、利用者ごとに手袋を交換しなければならない。

5 × うがい用のコップは、共用ではなく個別に用意しなければならない。

問題73 正解5

1 × 服薬時間や服用方法は薬により医師が指定しており、介護福祉士の一存で変更してはならない。医師の指示に従って行わなければならない。介護福祉士の服薬介助は、すでに一包化された薬の準備、服薬時間を守ること、飲み残しがないかの確認などである。

2 × 服用できずに薬が残った場合は、その旨、医療職に報告しなければならない。

3 × 服用方法についても医師の指示に従って行わなければならず、介護福祉士の判断で一包化してはならない。

4 × 内服薬の用量も、医師の指示に従って行わなければならない。利用者の体調が悪ければ、速やかに医療職に連絡をして指示を受けるようにする。

5 ○ 薬には副作用が起きる場合もあり、介護福祉士も副作用の知識を持つことが望ましいといえる。

コミュニケーション技術

問題74 正解2

1、3、4、5 × 「よかったですね」と紙に書く、耳元で話す、ゆっくり話す、五十音表を用いるのは、いずれも非言語コミュニケーションではない。

2 ○ マスクをしていても、目元と大きくうなずく非言語コミュニケーションで意図は伝わると思われる。

問題75　正解3

1、5　×　家族に介護技術を教えたり、制度の説明をすることは、実務的な色彩が強く、家族との信頼関係の構築には結び付きにくいといえる。

2、4　×　当事者の会への参加を勧めたり、介護を続ける気持ちを問いただしたりすることは、家族に負担感を与えることになり、信頼関係の構築には結び付きにくいといえる。

3　○　家族との信頼関係の構築が目的であり、家族から介護の体験を共感的に聞くことが最も適切と思われる。

問題76　正解2

1　×　脳梗塞の後遺症の言語障害には失語症と構音障害があるが、失語症は言語の理解や表現に障害が生じ、言葉をうまく話したり、意味を理解することが困難になる状態である。あいさつ程度の簡単な文の理解は可能だが、情報量が多くなると理解が困難になる。Eさんが理解できるように、短い言葉で「お風呂、あした」と伝えるのが適切といえる。

2　○　上記記述を参照。

3、4　×　確認のための問いかけ、長い言葉での言い換えは、いずれもEさんを混乱させかねない。

5　×　1音ずつ言葉を区切ると、長くなるとともに、単語としての理解が難しくなり、Eさんが理解できない恐れがある。

問題77　正解2

1、3、5　×　抑うつ状態のFさんに対しては、単なる激励や否定的な声掛けは、不適切といえる。

2　○　Fさんの「もう死んでしまいたい」という言葉に対して、「とてもつらいのですね」と、受容と共感の言葉で答えることは、適切といえる。

4　×　「食堂へおしゃべりに行きましょう」という発言では、Fさんの「もう死んでしまいたい」という言葉を、介護福祉職が受け止めていないことになり、不適切といえる。

問題78　正解1

1　○　**網膜色素変性症**は、網膜に生ずる疾患であり、夜盲、視野狭窄、視力低下の症状がある。うす暗い廊下でH介護福祉職に気付かなかったGさんに対しては、不安を和らげて、いたわるような声掛けが適切といえる。

2、3、4、5　×　Gさんが悩んでいるであろうことを、配慮なく、指示や激励をしたり、直截伝えるのは不適切といえる。

問題79　正解4

1、2、3、5　×　**事例検討**とは、様々な専門職種が集まり、対象事例を丁寧に振り返ることによって、課題の実現を妨げている要因・原因を明らかにし、援助、支援の方向性を検討するものである。家族に説明をする場ではなく、上司への報告を行う場でもない。チームの交流や悩みを共有することが目的でもない。

4　○　上記記述を参照。

生活支援技術

問題80　正解3

1　×　利用者全員の参加を重視すると、利用者によっては負担となりかねず、不適切といえる。

2　×　プログラムはあくまでも利用者主体に企画すべきであり、あまりに新規のものばかりに目を向けるのではなく、人気のあるプログラムはもちろん、少数派の意見にも留意が必要といえる。

3 ○ レクリエーションの観点だけでなく、普段の生活に密着したプログラムも取り入れることが適切といえる。

4 × 利用者の過去の趣味も広く取り入れることで、より効果的なレクリエーション活動が行えるといえる。

5 × 地域のボランティアも参加することで、新たな交流が生まれる可能性もあるといえる。

問題81 正解1

1 ○ 関節リウマチは、関節に炎症が生じて、十分に手すりを握りにくい状態になることから、丸棒よりも手全体で体を支えられる平手すりが好ましい。

2 × 座面の低い椅子は、手で上体を支える必要があり、不適切といえる。

3 × 床に敷いた布団は、ベッドよりも体の上下動が大きくなり、不適切といえる。

4 × 開き戸は、手が十分に使えない場合には、ドアの開け閉めが困難になることから、不適切といえる。ドアノブをレバータイプのものに変更するか、開き戸から引き戸への変更などが適切といえる。

5 × 2階に居室があると階段を使っての移動が困難になり、不適切といえる。

問題82 正解4

1 × 心身機能が低下した高齢者には、砂利敷きの通路はバランスを崩して転倒しやすく、不適切といえる。

2 × 丸いドアノブは握りにくく、心身機能が低下した高齢者には、不適切といえる。

3 × 階段の色を同系色にすると、段差が明確にならず、誤って踏み外す危険があり、不適切といえる。

4 ○ フローリングの床は車いすが扱いやすく、適切といえる。

5 × 洋式の浴槽は、和式のものに比べて浅くて長く、脚を伸ばして寝そべるように入浴できるが、肩までは浸かれない。また、浴槽の縁は、低いが、すべりやすく立ち上がりにくいという特徴がある。和洋折衷式の浴槽が適切といえる。

問題83 正解2

1、3、5 × **ギャッチベッド**とは、ベッド上に臥床したままで、上体を起こしたり、膝を曲げたり、高さ調整をすることが、電動、もしくは手動でできる機能を備えたベッドのことである。利用者を仰臥位から半座位にする場合、ギャッチベッドの背上げを行う前には、全身の位置（全身が、真っ直ぐ、ベッドの中心にある）、臀部の位置（臀部をベッド中央部の曲がる部分に合わせておく）を確認する。ベッドの高さは、介助者が介助しやすい高さにしておく（高さの変更時には利用者の体や物が挟まらないように注意する）。その後、膝上げを少し行って膝を上げ、次に背上げを少し行う。これを繰り返して少しずつ角度を上げて、最終角度まで背上げを行った後に膝上げ角度を少し下げて、背中をささえながら背部の圧抜きを行うようにする。

2 ○ 上記記述を参照。

4 × 利用者の足がフットボードに付いたままで背上げを行うと、腰に負荷がかかり、危険である。また、フットボードに足先がくっついたままで長時間過ごしていると、褥瘡を起こす恐れがある。

問題84　正解5

1　×　介助者は利用者の患側（左側）に立つ。

2　×　立ち上がりやすいように、利用者にベッドに浅く座ってもらう。

3　×　立ち上がる際には、利用者に、前かがみになってもらう。

4　×　介助者は、利用者の非麻痺側（右側）に荷重がかかるようにして支える。

5　○　立ち上がる際には、膝折れが起きないように、利用者の麻痺側（左側）の膝頭に介助者の手、もしくは足を当てて保持する。

問題85　正解4

1　×　急な上り坂では、車いすの介助者は脇をしめて、歩幅を広げ、ゆっくりと押し戻されないように進む。

2　×　急な下り坂の場合は、車いすを後ろ向きで進むほうが安全といえる。

3　×　踏切を渡るときは、車いすの車輪が線路の隙に挟まらないように、前輪を上げて駆動輪で進む。

4　○　車いすでエレベーターに乗るときは、前輪がエレベーターとフロアのすき間に落ちないように、扉に対して直角に真っ直ぐに進む。

5　×　車いすで段差を降りるときは、安全のために車いすを後ろ向きにして後輪から進む。

問題86　正解5

1　×　爪は入浴によって柔らかくなり、切りやすくなるので、爪切りは入浴後に行う。

2　×　爪の白い部分は1～2mmを残して切るようにする。上から見て指先が見えない状態がよい。

3　×　一度に切る爪の量は少しずつにして、皮膚を挟んでいないか、確認しながら注意して切っていく。

4　×　爪の角を切りすぎないようにして、爪の両角（両端）はまっすぐに切り、角にやすりをかける。

5　○　爪を切った後には、専用のやすりを使ってなめらかにする。

問題87　正解3

1　×　ズボンの脱衣では、利用者の腰を左右に少し浮かせながら、ズボンを膝まで下したあと、まず、健側の右足を脱ぎ、患側の左足を健側の右大腿の上にのせて左足のズボンを脱ぐようにする。

2　×　健側の右膝を高く上げるとバランスを崩しやすく、不適切といえる。

3　○　ズボンの着衣では、患側の左足を健側の右足の上にのせてズボンを通したあと、健側の右足にズボンを通し、利用者の腰を左右に少し浮かせながら、ズボンを引き上げる。

4　×　ズボンを膝下まで上げた状態で立ち上がると、バランスを崩しやすく、不適切といえる。

5　×　介助者は、利用者のズボンを上げる際には、利用者の患側（左側）から介助する。

問題88　正解5

1、2、3、4　×　クッキー、カステラは、口の中でパサパサして、飲み込みづらい。また、もなかや餅は、口の中やのどに張り付きやすく、噛み切りづらく、飲み込みづらい。いずれも、誤嚥のおそれのある食物であり、細かくするとともに、水分を一緒に提供するとよい。一方で、プリンは、柔らかで噛み切りやすく、水分も多く、飲み込みやすい。嚥下機能の低下している利用者に提供するおやつとして、適切といえる。

5 ○ 上記記述を参照。

問題89 正解1

1 ○ 利用者の食べ残しが目立つ場合には、利用者の食に関する機能面に問題がなければ、管理栄養士と連携することが適切と考えられる。

2 × 経管栄養をしている利用者が嘔吐する場合には、医師などの医療職との連携が必要と考えられる。

3 × 利用者の食事中の姿勢が不安定な場合には、作業療法士、理学療法士との連携が必要と考えられる。

4 × 利用者の義歯がぐらついている場合には、歯科医師との連携が必要と考えられる。

5 × 利用者の摂食・嚥下の機能訓練が必要な場合には、言語聴覚士との連携が必要と考えられる。

問題90 正解2

1、3、4、5 × 血液透析を受けている利用者の食事は、栄養状態を保つことが重要とされており、塩分、水分、カリウム、リンを摂りすぎないように、摂取量に注意することとされている。乳製品、魚、肉類にはリンが多く含まれている。

2 ○ 野菜は、茹でこぼしをすることでカリウムを減らすことができる。

問題91 正解3

1 × 利用者は右片麻痺であり、浴槽に入るときは、健側である左足から入るようにする。

2 × 湯につかるときは、手すりや浴槽のふちに手をついて入ることで体を安定させることができる。

3 ○ 浴槽内で、足で浴槽の壁を押すことで体を安定させることができる。

4 × 浴槽内で、後ろの壁に寄りかかると、すべってしまう可能性がある。

5 × 浴槽から出るときに、真上方向に立ち上がると体が不安定になりやすい。浴槽のふちに手を置いて、体を前に傾けて、ゆっくり立ち上がるとよい。

問題92 正解3

1 × 足浴は、身体的な理由で全身浴が困難な場合に実施する部分浴である。衣類が濡れないようにズボンの裾を膝下くらいまで巻き上げた状態で行う。ズボンを脱いだ状態では、腰回りが冷える恐れがあるほか、ズボンを脱いだままになる利用者の心情にも配慮する。

2 × お湯の温度（39～42℃）は、まず介助者が確認をする。

3 ○ 利用者の足に手でお湯をかけて温度の確認をして、足をお湯の中につけて、足底が底面に付いて、姿勢が安定していることを確認する。

4 × 石鹸のカスや泡が残らないように、きれいに洗い落としてから拭き取るようにする。

5 × 足を容器から出して、自然乾燥ではなく、きれいに水分をふき取るようにする。

問題93 正解2

1 × ストレッチャータイプの特殊浴槽とは、自力での入浴が困難な利用者が、寝たままの状態で入浴できるようになった機械浴である。ストレッチャー浴の介助は、2人1組で行うことが多いが、介護福祉職2名で洗髪・洗身を同時に行うことは適切でない。

2　○　ストレッチャータイプの特殊浴槽での入浴時には、背部を洗うときは、側臥位にして行う。

3　×　利用者の両腕の上から固定ベルトを装着すると、腕が動かせず、利用者を不安にさせてしまい不適切である。

4　×　浴槽では、首までつかるのではなく、肩までつかるようにする。

5　×　入浴時間は10分までを目安にして、長時間の入浴は避けるようにする。

問題94　正解4

1、2　×　**尿路感染症**は、尿道口から細菌が膀胱内に進入することで生じるもので、主なものに膀胱炎、腎盂腎炎、尿道炎がある。膀胱炎では血尿（ピンク色の尿）が、尿道炎では透明でネバネバした尿道分泌物が生じることがあるが、いずれも発症後であり、予防として、尿の性状の観察、体温の変化の観察は不適切といえる。

3　×　Ｊさんは、尿意があるにもかかわらず、夫の介護負担を軽減するためにおむつを使用しており、尿路感染症を繰り返す原因としておむつが考えられる。陰部を清潔に保つことは重要だが、おむつを使わないことがより適切と考えられる。

4　○　上記記述を参照。

5　×　膀胱留置カテーテルの使用は、尿路感染症発症のリスクが高まり、不適切といえる。

問題95　正解5

1　×　高齢者は脱水状態になりやすく、水分摂取量を減らすことは不適切といえる。

2　×　終日、リハビリパンツを使用することは、根本的な解決にはつながりにくく不適切といえる。

3　×　睡眠薬の服用は医師の診断により行うものであり、介護福祉職の判断で勧めてはならない。

4　×　トイレでの排泄が間に合わずに失敗するという状況からは、病的な要因があるとまではいえず、泌尿器科の受診は不適切といえる。

5　○　トイレでの排泄が間に合わないという記述から、ポータブルトイレの使用を検討することが適切といえる。

問題96　正解1

1　○　直腸温は37.5～38℃くらいであり、浣腸液の温度をこれより高くすることで、腸の粘膜を刺激して蠕動運動を促すとされている。直腸温より低くしても腸の粘膜を刺激するが、気持ちよい刺激にはならない。ただし、温め過ぎると粘膜に炎症を起こす危険がある。

2　×　立位による浣腸は、お腹に圧力がかかり、直腸前壁の角度が鋭角になるため、チューブの先端が直腸前壁にあたりやすく、穿孔する危険性がある。☞グリセリン浣腸の取扱い時の注意について：厚生労働省

3　×　浣腸液は、ゆっくりと注入する。早く注入しすぎると、排便反射が起こり、すぐに排泄されてしまう。

4　×　浣腸液を注入し終わったら、すぐに排便するのではなく、強い便意を感じるまで3分～10分程度待つようにする。

5　×　高齢者は、脱水を起こしやすく、浣腸液の使用量に注意が必要である。浣腸液を注入しても排便がない場合には、医療職と連携をとる必要がある。

問題97　正解1

1　○　厚生労働省は、介護現場で解釈に異論があった、身体介護における「自立生活支援・重度化防止のための見守り的援助」についての明確化を行った。通達の例示には「ゴミの分別が分からない利用者と一緒に分別をしてゴミ出しのルールを理解してもらう又は思い出してもらうよう援助」と示されている。☞「訪問介護におけるサービス行為ごとの区分等について」の一部改正について：厚生労働省　老振発0330第2号　平成30年3月30日

2　×　上記通達には、「洗濯物を一緒に干したりたたんだりすることにより自立支援を促すとともに、転倒予防等のための見守り・声かけを行う。」と示している。洗濯物を干したりたたんだりすることは、利用者と一緒に行うことが望ましい。☞上記通達

3　×　上記通達には、「利用者と一緒に手助けや声かけ及び見守りしながら行う衣類の整理・被服の補修」と示している。衣類の整理・被服の補修は、利用者と一緒に行うようにする。☞上記通達

4　×　上記通達には、「利用者と一緒に手助けや声かけ及び見守りしながら行う調理、配膳、後片付け（安全確認の声かけ、疲労の確認を含む）」と示している。調理等は利用者と一緒に行うようにする。☞上記通達

5　×　上記通達には、「認知症の高齢者の方と一緒に冷蔵庫のなかの整理等を行うことにより、生活歴の喚起を促す。」と示している。訪問介護員の一存で、賞味期限が切れた食品を捨てるのは、不適切といえる。☞上記通達

問題98　正解5

1　×　高齢者は、筋肉が落ちて肌にも弾力がなくなる傾向がみられる。きつい靴下は血行が悪くなる恐れがあり、不適切といえる。指つきのものについては、着脱に手間がかかる点に留意が必要といえる。

2　×　足底に滑り止めがある靴下は、高齢者が歩くときに前につんのめって転倒する恐れがあることから、不適切といえる。

3　×　床面からつま先までの高さが小さい靴は、歩くときに、つまずきやすく、前のめりになる危険があり、不適切といえる。

4　×　踵のない靴は、脱ぎやすい半面、歩きにくく、高齢者には不適切といえる。

5　○　高齢者では、靴がゆるすぎると、歩きにくく転倒につながる恐れがある。一方で、先端部（つま先）の余裕が少ないと、爪が靴に当たって、指を痛めたり、踏ん張りがききにくく、歩きにくくなる。つま先の余裕は、0.5～1cm程度のものが望ましいといえる。

問題99　正解4

1　×　Kさんの購入意図を考慮する必要があり、訪問介護員の一存での処分は不適切といえる。

2　×　クーリング・オフの対象となる契約は、訪問販売や電話勧誘販売などであり、テレビショッピングによる購入は、対象外である。

3　×　生活援助の買い物には、日常品等の買い物（内容の確認、品物・釣り銭の確認を含む）があるが、「生活援助は、本人の代行的なサービスとして位置づけることができ、仮に、介護等を要する状態が解消されたとしたなら

ば、本人が自身で行うことが基本となる行為である」とされている。あくまでも本人の自立を目指すものでなければならず、夫が買い物を全面的に行うのは、不適切といえる。☞訪問介護におけるサービス行為ごとの区分等について：厚生労働省　平成12年3月17日　老計第10号

4　○　相談をしてきた夫とともに、まず、契約内容の確認を行うことは適切といえる。

5　×　テレビショッピングの買い物はKさんにとって大切な行為である可能性もあり、訪問介護員の一存での買い物の中止は不適切といえる。

問題100　正解2

1　×　消化管ストーマ（人工肛門）とは、病気や障害などが原因となって、腹壁に造られた便や尿の排泄口のことである。ストーマから出血がある場合は、速やかに医療職と連携する。出血時の軟膏の塗布は医療行為である。

2　○　夜寝る前には、睡眠を妨げないように、パウチに便がたまっていたら捨てておく。

3　×　ストーマ装具とは、排泄物をためておくストーマ袋（パウチ）と、ストーマ袋をおなかに粘着させる面板から構成されている。交換時期は、商品によって異なり、短期で交換するタイプのものでは1～2日で、長期タイプのものでは、1週間で交換する。毎日、寝る前に交換しなければならないものではない。

4　×　便の漏れが心配な場合等には、おむつを併用することもあるが、おむつを強く巻くとパウチを圧迫して支障が生じたり、腹圧をかけることになるので不適切といえる。

5　×　睡眠時の介護では、便がたまっていないか、漏れがないか、きちんと装着されているかなど、パウチの観察は必須といえる。

問題101　正解5

1、2、3、4　×　枕の高さ、マットレスの硬さ、掛け布団の重さは、いずれも快適な睡眠のためのチェックポイントといえる。睡眠中に無意識に20～40秒毎に脚や腕がピクピク動いたり、素早く跳ねたりするのは、**周期性四肢運動障害**の恐れがある。鉄不足や脳神経機能の異常が原因と考えられる。

5　○　いびきとは、何らかの原因で上気道がふさがれて、口で呼吸するようになり、吸い込んだ空気がのどの粘膜を擦って起こる摩擦音のことである。鼻づまりや疲労、飲酒、風邪などが原因の場合は、原因を取り除けば解消するが、Lさんのように、大きないびきをかいていることが多く、いびきの音が途切れる、起床時にだるそうにしているような場合は、**睡眠時無呼吸症候群**の疑いもあるため、睡眠中の呼吸状態を確認する必要があると考えられる。

問題102　正解3

1　×　医師からは終末期が近い状態であるといわれており、これについて介護福祉職が再び確認すべきこととはいえない。

2　×　Mさんは誤嚥性肺炎で入退院を繰り返しており、これについて介護福祉職が再び確認すべきこととはいえない。

3　○　経口摂取に対する本人の意向は、ケアに関わる介護福祉職として確認しておくべき事由といえる。

4、5　×　医師から終末期が近い状態

といわれており、経口摂取、延命治療に対する家族の意向の確認については、医師が行っていると考えられる。介護福祉職が確認すべき、最も優先度の高いこととはいえない。

問題103　正解4

1、5　×　**デスカンファレンス**とは、死亡退院後に開催される会議であり、利用者の死亡までの経過や対応などを振り返り、今後のケアの質の向上を図るものである。一般的な死の受容過程の学習が目的ではない。また、死生観は、医療関係者においても個人で異なり、統一することはできず、してはならないといえる。

2、3　×　デスカンファレンスは、現在の利用者について、また、利用者の家族に対して行うものではない。

4　○　上記記述を参照。

問題104　正解2

1　×　福祉用具の活用だけで、利用者の自立生活を十分に支援できればともかく、検討段階では、住宅改修も含めて利用者の自立生活支援の方法を検討するべきといえる。

2　○　福祉用具の選択に際しては、利用者の状況を踏まえて幅広い選択肢を検討することが求められる。

3　×　福祉用具の選択については、福祉用具専門相談員、理学療法士などに相談することが適切といえる。

4　×　福祉用具の選択に際して、最優先されるべきは利用者の自立した日常生活の実現である。

5　×　福祉用具の選択に際しては、福祉用具の利用状況のモニタリングを行い、より適切な福祉用具の選択に役立てることが適切といえる。

問題105　正解3

1、2　×　通常の一本杖は、ある程度の握力があり、歩行バランスがとれる利用者に向いている。

3　○　握力が低下している利用者が、軽い力でも体を支えることができるように、グリップに加えて前腕で体を支えるカフがある前腕固定型杖（ロフストランドクラッチ）が適切といえる。

4　×　四支点杖は、通常の一本杖より着地面積が広く、安定性が高い。バランスをとることが苦手だが、片手で身体を支えられる利用者に適切といえる。

5　×　4脚のフレーム構造からなる歩行器は、他人の支えがなくても自立できる歩行補助具である。図は片手しか使えない人のための片手用歩行器である。

介護過程

問題106　正解2

1、4　×　初回の面談では、利用者との信頼関係の構築が重要であり、次から次に質問したり、最初に経済状態に関する質問をするのは、不適切である。

2　○　面談に際しては、あくまでも介護の目的を意識しながら話を聴かなければならない。

3　×　ほかの利用者が同席した状況では、プライバシーの問題だけでなく、打ち解けた状態になりにくく、十分な情報収集が行えないと考えられる。

5　×　介護は利用者主体であり、家族の要望ではなく利用者の要望を中心に話を聴くべきといえる。

問題107　正解4

1　×　介護過程の目的は、利用者のQOL（生活の質）の向上のために、生活課題を解決することといえる。介護過程の評価日は、利用者の生活状況の変化に応じて、変わるものでなければならない。

2 × サービス担当者会議は、要介護者に提供する介護サービスの内容（ケアプラン）を決めるために行われる会議だが、介護過程の評価は、介護計画で設定されている目標に対して現状を確認し、次のサイクルのアセスメントにつなげていくものである。

3 × 介護過程の評価は、介護過程の展開に関わった人、ケアカンファレンスに参加した人、実践に関わった人、他職種からの意見、利用者及び家族などの意見も入れて行われるが、相談支援専門員が中心になるとは限らない。

4 ○ 介護過程の評価において、利用者の満足度は最も大きく評価される。

5 × 介護計画の評価基準は、計画立案時には決定されていなければならない。

問題108 正解1

1 ○ 介護福祉職は、利用者に接する機会が最も多いと考えられ、利用者の生活状況の変化などに関する情報を得やすいとみられる。

2 × 総合的な支援の方向性を決定するのは、チーム全員による会議で行われる。

3 × サービス担当者会議を開催するのは、ケアプランを作成する介護支援専門員である。

4 × 必要な検査の指示は医師が行う。

5 × 各職種の貢献度を評価するのは、介護老人保健施設の責任者である。

問題109 正解3

1、2、4、5 × かつて地域の子どもたちに大正琴を教えていたＡさんは、施設の大正琴クラブに参加して大正琴を笑顔で教えたりしていた、との記述から、「あの子たちが待っているの」という言葉は、大正琴を教えていた地域の子どもたちを想起させる。Ａさんの行動を解釈するために優先すべき情報とは、この「あの子たちが待っているの」という言葉と考えられる。

3 ○ 上記記述を参照。

問題110 正解5

1、2、3、4 × Ａさんは身体機能に問題はなく、施設の大正琴クラブに自ら進んで参加するなど、「施設に慣れ、安心して生活する」という計画は順調に進んでいたとの記述から、新たな支援の方向性としては、「大正琴を教える役割をもつ」ことが、最も適切と考えられる。

5 ○ 上記記述を参照。

問題111 正解4

1、2、3、5 × Ｂさんは、ほかの利用者との人間関係も良好で、将来の希望も明確に持ち、左片麻痺に合わせた作業台で、毎日の作業目標を達成していたとの記述から、新たに取り組んだ製品の組立て作業が思い通りにいかなかったことが原因と想像される。Ｂさんが大声を出した理由を解釈する視点としては、「製品の組立て作業の状況」が最も適切と考えられる。

4 ○ 上記記述を参照。

問題112 正解3

1 × Ｂさんの高次脳機能障害には、注意障害があるとともに、Ｂさんは製品の組立て作業が不十分だったことを悔やんでおり、反省を促すのは不適切である。
2 × 左片麻痺のBさんは、左片麻痺に合わせた作業台を使用しており、患側となる左側に部品を置いて作業するのは不適切である。
3 ○ Bさんの高次脳機能障害には、自分で計画を立ててものごとを実行することができないという遂行機能障害がある。新たな支援内容としては、Bさんが完成までの手順を理解しやすいように示すことが適切といえる。
4 × Bさんの短期目標は、「作業を自分ひとりで行える」ことであり、生活支援員が横に座り続けて作業内容を指示することは、不適切といえる。
5 × Bさんには高次脳機能障害があり、ふたつのことを同時に行うと混乱する注意障害があると思われる。製品を箱に入れる単純作業も同時に行うことは困難と考えられる。

問題113 正解1
1 ○ **事例研究**とは、利用者の介護について、よりよい介護実践につなげるために、介護過程から介護実践を観察し、分析することである。事例研究においては、プライバシーへの配慮は欠かせない。個人が特定できるような情報は、慎重に取扱う必要がある。また、事例対象者への同意も得ておかねばならない。
2 × 上記記述を参照。
3、5 × 事例研究において得られたデータは貴重であり、研究終了後も破棄することなく、活用できるように保存しておくことが適切といえる。また、得られた事実は、きちんと評価しなければならず、拡大解釈は事実をゆがめることになり、不適切といえる。
4 × 事例研究においては、論文の一部であっても出典をきちんと明示しなければならない。

総合問題

総合問題1

問題114 正解1
1 ○ **前頭側頭型認知症**（前頭側頭葉変性症）とは、大脳の前頭葉や側頭葉を中心に神経変性が起こり、人格変化や行動障害、失語症、認知機能障害、運動障害などが緩徐に進行する神経変性疾患である。**脱抑制**とは、本能のおもむくままの反社会的行動をとる状態であり、Cさんの状態と考えられる。前頭側頭型認知症の症状には、脱抑制のほか、**記憶障害**、感情を上手にコントロールできない状態となる**感情失禁**、時間や季節感の感覚が薄れたり、友人、家族など親しい人の顔がわからなくなる**見当識障害**、物事の段取りが悪い・事態の悪化に臨機応変に対応できなくなる**遂行機能障害**がある。
2、3、4、5 × 上記記述を参照。

問題115 正解1
1 ○ 介護保険サービスの利用料は、サービスの内容、要支援、要介護度によって異なるが、利用者負担額は利用料の1割（原則）となっている。
2 × 介護保険料の徴収には、年金からの天引きをする**特別徴収**と、納付書で納付する**普通徴収**がある。59歳のCさんは年金からの天引き対象とはならず、普通徴収となる。
3 × 要介護認定は、原則として申請から約1カ月以内に決定されるが、要介護認定の効力は申請日に遡るので、申請時点から介護サービスの利用が可能となる。

4 ×　介護保険の利用者負担割合は、65歳以上は1割または一定以上の所得のある場合は2割、特に所得の高い場合は3割となる。40歳から64歳までは1割である。

5 ×　介護保険サービスの利用料は、サービスの種類により異なり、回数に関係なく1カ月の定額料金もあれば、サービス1回ごとの料金もある。

問題116　正解4

1、2、3、5 ×　**ICF（国際生活機能分類）**とは、人間の生活機能と障害の分類法として2001年5月、世界保健機関総会において採択されたものである。ICFは、「生活機能」の分類と、それに影響する「背景因子」（「環境因子」、「個人因子」）の分類で構成されるが、生活機能に影響するもう一つのものとして「健康状態」（ICD（国際疾病分類）で分類）を加えたのが「生活機能モデル」である。Cさんの状況を整理すると、次のようになる。

・**健康状態**：前頭側頭型認知症と診断を受けた。
・**環境因子**：専業農家、妻（55歳）と二人暮らし。散歩コースの途中に八百屋がある。
・**個人因子**：59歳、男性
・**心身機能・構造**：最近怒りやすくなった。悪いことをした認識がなかった。妻に外出を制限されて不穏となった。
・**活動**：毎日同じ時間に同じコースを散歩している。八百屋から代金を支払わずに商品を持っていった。
・**参加**：八百屋に事前にお金を渡して、渡したお金から商品代金を支払うことで、散歩をして八百屋にも立ち寄れるようにする。

以上から、訪問介護員が意図したCさんへの関わりをICFに当てはめると、「参加への影響を意図して、環境因子に働きかける」が適切と考えられる。☞「国際生活機能分類－国際障害分類改訂版－」：厚生労働省、ICF（国際生活機能分類）－「生きることの全体像」についての「共通言語」－」：第1回社会保障審議会統計分科会　生活機能分類専門委員会参考資料3

4 ○　上記記述を参照。

総合問題2

問題117　正解4

1 ×　**養護老人ホーム**は、環境上の理由と経済的理由により自宅での生活が困難な高齢者が、市区町村の「措置」により入所する施設である。Dさんに、適切な施設とはいえない。

2 ×　**軽費老人ホーム**は、無料又は低額な料金で家庭環境、住宅事情等の理由により居宅において生活することが困難な老人を入所させ、食事の提供その他 日常生活上必要な便宜を供与する施設である。Dさんに、適切な施設とはいえない。

3 ×　**介護老人福祉施設**は、入所者が可能な限り在宅復帰できることを念頭に、常に介護が必要な方の入所を受け入れ、入浴や食事などの日常生活上の支援や、機能訓練、療養上の世話などを提供する、要介護高齢者のための生活施設である。Dさんに、最も適切な施設とはいえない。

4 ○　**介護老人保健施設**とは、要介護者であって、主としてその心身の機能の維持回復を図り、居宅における生活を営むことができるようにするための支援が必要である者に対し、施設サービス計画に基づいて、看護、医学的管理の下における介護及び機能訓練その他必要な医療並びに日常生活上の世話を行うことを目的とする施設である。Dさんに、最も適切な施設といえる。

5 × **介護医療院**とは、要介護高齢者に対し、「長期療養のための医療」と「日常生活上の世話（介護）」を一体的に提供する施設である。在宅復帰を目指すDさんに、適切な施設とはいえない。

問題118　正解3

1、2、4、5 × 居宅介護住宅改修費の支給限度基準額の上限は20万円である。

3 ○ 上記記述を参照。

問題119　正解5

1 × Dさんは、第4胸髄節まで機能が残存している脊髄損傷であり、下肢と体幹下部の麻痺、胸郭より下の感覚の消失があるとみられる。スプーンは自助具で手に固定することなく使用できるとみられる。

2 × **リクライニング式車椅子**とは、背もたれのみ角度を変えることができるタイプの車いすであり、ベッドへの寝たままの移動が安易で、背もたれが高く、姿勢が安定するメリットがある。Dさんは、上半身は動かせることから、使用は不適切といえる。

3 × **エアーマット**は、褥瘡予防に一定の効果があるが、上半身は動かせるとみられるDさんは、寝返りは可能とみられ、使用は不適切といえる。

4 × **ボタンエイド**とは、手指に障害がある人でもボタンを留めることができるように工夫がされた、ボタンをかける道具である。Dさんは、手指は動かせるとみられ、使用は不適切といえる。

5 ○ Dさんには、下肢と体幹下部の麻痺、胸郭より下の感覚の消失があるとみられることから、外出時に車いすで使用できる**多機能トイレ**の場所を確認しておくことが適切といえる。

総合問題3

問題120　正解5

1 × **アテトーゼ型の脳性麻痺**では、自分の意志とは関係なく手足などの体の部位が動く「不随意運動」が見られるのが特徴である。**変形性股関節症**は、何らかの原因で関節軟骨が摩耗して変性し、股関節が変形する病気である。

2 × **廃用症候群**とは、ベッドでの長

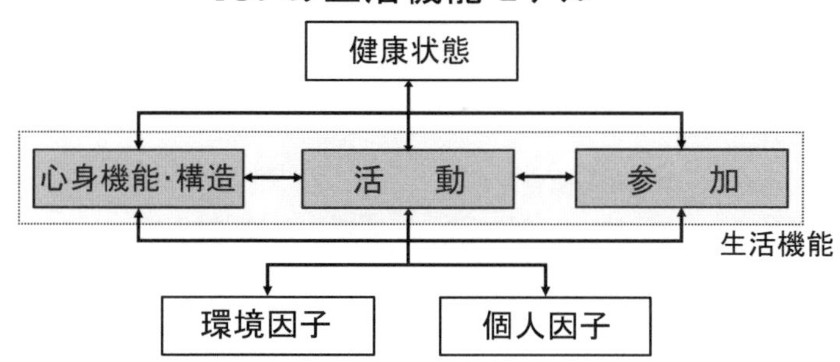

期療養など、過度に安静にすることや、活動性が低下したことによる身体に生じた様々な状態をいう。筋萎縮、関節拘縮、骨萎縮、心機能低下、起立性低血圧など多岐にわたる。

3 × **起立性低血圧**とは、起立直後に一過性の強い血圧低下があり、同時に強い立ちくらみと全身倦怠感などが生じるものである。

4 × **脊柱側弯症**とは、脊柱が、正面から見た場合に左右に曲がっている状態のことであり、先天性のもの、病気が原因で発症するものなどがある。

5 ○ **頚椎症性脊髄症**とは、頚椎が加齢などにより変形して頚髄が圧迫されるものであり、両手足の感覚の麻痺や運動の麻痺などが起きる。Eさんには、首を振る動作が見られること、コップを口元に運ぶまでにお茶がこぼれる、食事が終わると、「首が痛い、しびれる」と言っていることなどから、この頚椎症性脊髄症の可能性が高いと考えられる。

問題121　正解2

1、3、5 × Eさんは、日頃から自分のことは自分でやりたいと考えており、全介助は不適切である。また、首を振る動作がある障害の状態からは、吸い飲みは不適切。さらに、Eさんには扱いづらい、重いコップへの変更も不適切といえる。

2 ○ Eさんの首を振る動作がある障害の状態からは、ストローつきコップへの変更が適切と考えられる。

4 × Eさんは食事中の不随意運動が強く、両手でコップを持って飲むことは困難と考えられる。

問題122　正解3

1 × **自立生活援助**とは、障害者支援施設やグループホーム、精神科病院等から地域での一人暮らしに移行した障害者等で、理解力や生活力等に不安がある者に対して、一定の期間にわたり、定期的な居宅訪問や随時の通報を受けて行う訪問、相談対応等により、日常生活における課題を把握し、必要な情報の提供及び助言、関係機関との連絡調整等を行うサービスである。

2 × **療養介護**とは、重症心身障害者や筋ジストロフィー患者等の著しく重度の障害者に対し、適切な医療及び常時の介護を提供するものである。

3 ○ **移動支援**とは、障害等により移動が困難な人に対して、ガイドヘルパーによって行われる地域生活支援事業である。Eさんが利用するサービスとして、最も適切と考えられる。

4 × **自立訓練**とは、入所施設・病院を退所・退院した者であって、地域生活への移行を図る上で、生活能力の維持・向上などの支援が必要な者、養護学校を卒業した者等を対象として、食事や家事等の日常生活能力を向上するための支援や、日常生活上の相談支援等を実施するものである。

5 × **同行援護**とは、視覚障害により、移動に著しい困難を有する障害者等につき、外出時において、当該障害者等に同行し、移動に必要な情報を提供するとともに、移動の援護等を行うものである。

総合問題4

問題123　正解4

1 × **学習障害**とは、読み書き能力や計算力などの算数機能に関する、特異的な発達障害の一つであり、読字の障害、書字表出の障害、算数の障害を伴う3つのタイプがある。

2 × **注意欠陥多動性障害**は、「不注意」と「多動・衝動性」を主な特徴とする発達障害の概念の一つである。

3 × **高次脳機能障害**とは、交通事故や頭部のけが、脳卒中などで脳が部分的に損傷を受けたため、言語や記憶などの機能に障害が起きた状態をいう。

4 ○ **強度行動障害**とは、自傷、他傷、こだわり、もの壊し等の行動が、著しく高い頻度で起こるため、特別に配慮された支援が必要になっている状態をいい、生まれつきの障害ではなく、周囲の環境や関わりによって現れるものである。Fさんが、母親に対してかみつきや頭突きを行い、自分で頭をたたくなどの自傷行為もたびたび見られることから、この強度行動障害と考えられる。

5 × **気分障害**とは、気分の変動によって日常生活に支障をきたす病気の総称である。うつ状態だけが続くものをうつ病、躁状態とうつ状態をくり返すものを双極性障害という。

問題124　正解3

1 × 姉の心情の吐露に対して、安直な励ましは不適切といえる。

2 × 根拠のない安易ななぐさめは、不適切といえる。

3 ○ 姉のFさんへの思いに対して、共感して受容する言葉かけは適切といえる。

4 × 姉のFさんへの思いに対して、訪問回数を減らす提案は不適切といえる。

5 × Fさんが障害者支援施設に入所している状況から、在宅ケアを検討する段階ではないといえる。

問題125　正解2

1 × **地域定着支援**とは、居宅で単身等で生活する障害者について、常に連絡を取り合える体制を確保し、かつ、その障害者の障害の特性に起因して生じた緊急の事態等に、緊急訪問、緊急対策等の各種支援を行うことである。

2 ○ **計画相談支援**とは、障害者が自立に向けた生活を希望する際、障害福祉サービスを利用する場合に、相談援助やサービスのコーディネート（アドバイス）、利用時に必要な「受給者証」の申請手続きなどを支援する福祉サービスである。Fさんが利用するサービスとして適切といえる。

3 × **地域移行支援**とは、施設や精神科病院等に入所している障害者等が、地域生活に移行するための住居の確保その他の地域における生活に移行するための活動に関する相談、その他の便宜を供与することである。

4 × **障害者総合支援法**により、障害者の地域における相談支援の総合的な窓口として、基幹相談支援センターがあるが、基幹相談支援という支援は存在しない。

5 × **基本相談支援**とは、障害者総合支援法における「相談支援」の一つであり、地域の障害者等の福祉に関する各般の問題につき、障害者等、障害児の保護者又は障害者等の介護を行う者からの相談に応じ、必要な情報の提供及び助言を行い、関係機関との連絡調整等を行うものである。

令和４年度（第35回）介護福祉士試験　解答・解説

人間の尊厳と自立

問題１　正解４

1　×　**日常生活動作**とは、日常生活を送るうえで最低限必要な、入浴、排泄、食事等の動作のことである。人間らしい生活や自分らしい生活を送り、どれだけ人生に幸福を見出しているかというＱＯＬを高めるための介護実践とは異なるものである。

2　×　利用者の主観的評価とは、利用者の望み、意向であるといえ、介護福祉職の意向が優先されてはならないといえる。

3　×　介護実践は、家族ではなく利用者本人のニーズに応じて行うものである。

4　○　福祉用具の活用は、利用者本人と相談しながら進めるべきといえる。

5　×　価値の基準は、個々の利用者によって異なるといえ、すべての利用者に同じものを用いるのは不適切といえる。

問題２　正解３

1　×　Ａさんの希望を否定することになり不適切といえる。

2　×　同行援護を担当する介護福祉職として不適切といえる。

3　○　Ａさんと一緒に交通経路や会場内の状況を確認することで、問題点を確認して対応を検討するとともに、Ａさんの不安を和らげることにつながり、適切といえる。

4　×　Ａさん本人の希望を優先すべきであり、母親に判断をゆだねるのは不適切である。

5　×　**日常生活自立支援事業**は、認知症高齢者、知的障害者、精神障害者等のうち判断能力が不十分な方を対象としており、不適切である。

人間関係とコミュニケーション

問題３　正解２

1　×　ストレスの基であるストレッサーに、うまく対処しようとすることがストレスコーピングであり、問題焦点型コーピングと情動焦点型コーピングがある。**問題焦点型コーピング**とは、ストレッサーそのものに働きかけて、それ自体を変化させて解決を図ろうとすること。**情動焦点型コーピング**とは、趣味の活動をして気分転換するような、ストレッサーそのものに働きかけるのではなく、それに対する考え方や感じ方を変えようとすることである。

2　○　トラブルの原因に働きかけて解決しようとするのは、問題焦点型コーピングである。

3、4、5　×　いずれも情動焦点型コーピングである。

問題４　正解３

1　×　初対面といっても、自然なふるまいである自発的な関わりをもつことを控えるまでの必要はない。

2　×　真正面に座って面談をするのは、初対面のＢさんに対しては、威圧感を与えるなど、不適切といえる。面接技法としては、相手とまっすぐ向き合うのではなく、開いた姿勢で、適度に視線を合わせるのがよいとされる。

3　○　Ｂさんとは初対面であり、まず、担当者から自己紹介を行うことが適切といえる。

4、5 × Bさんとは初対面であり、終始、手を握りながら話をしたり、孫のような口調で語りかけるのは行き過ぎといえ、礼節をわきまえる必要がある。

問題5 正解4

1、2、3、5 × **PDCA**とは業務改善のためのフレームワークであり、Plan（計画）、Do（実行）、Check（評価）、Action（改善）の頭文字からなっている。各ステップを順に行い、これを循環させて行うことで業務効率化を進めようとするのが**PDCAサイクル**である。近隣への騒音の影響について調べる、苦情を寄せた住民に話を聞きに行く、夏祭りの感想を利用者から聞く、周辺の交通量を調べるのは、いずれもCheck（評価）にあたる。

4 ○ 来客者用の駐車スペースを確保するのは具体的な対策であり、Action（改善）にあたる。

問題6 正解3

1 × 「**OJT**」とは、「**On-The-Job Training**」の略称であり、職務現場において業務を通して行う教育訓練のことである。専門書の購入を勧めることは、D介護福祉職自身による学習を支援することといえ、OJTとしては不適切といえる。

2 × 外部研修の受講は、D介護福祉職の職務現場における教育訓練ではなく、OJTとしては不適切といえる。

3 ○ 先輩職員が移乗の介護に同行して指導することは、職務現場において業務を通して行う教育訓練にあたり、OJTとして適切といえる。

4 × 職場外の専門家への相談は、職務現場において業務を通して行う教育訓練にはあたらない。

5 × 苦手な移乗の介護を控えさせるのは教育訓練にはあたらず、不適切といえる。

社会の理解

問題7 正解5

1 × **特定非営利活動法人**（NPO法人）制度とは、ボランティア活動をはじめとする市民が行う自由な社会貢献活動としての特定非営利活動の健全な発展を促進し、もって公益の増進に寄与することを目的として制定されたものである。

2 × **隣保館**とは、地域社会全体の中で福祉の向上や人権啓発の住民交流の拠点となる開かれたコミュニティーセンターとして、生活上の各種相談事業や人権課題の解決のための各種事業を総合的に行うことを目的とした社会福祉施設である。

3 × **地域包括支援センター**は、市町村が設置主体となり、保健師・社会福祉士・主任介護支援専門員等を配置して、3職種のチームアプローチにより、住民の健康の保持及び生活の安定のために必要な援助を行うことにより、その保健医療の向上及び福祉の増進を包括的に支援することを目的とする施設である。

4 × **基幹相談支援センター**は、地域における相談支援の中核的な役割を担う機関として、障害者相談支援事業及び成年後見制度利用支援事業並びに身体障害者福祉法、知的障害者福祉法並びに精神保健及び精神障害者福祉に関する法律に基づく相談等の業務を総合的に行うことを目的とする施設である。

5　○　**社会福祉協議会**は、民間の社会福祉活動を推進することを目的とした営利を目的としない民間組織であり、社会福祉法に基づき設置されている。

問題 8　正解5

1　×　**ナショナルミニマム**とは、国家が国民に対して保障する生活の最低限度（最低水準）のことである。

2　×　**バリアフリー**とは、高齢者や障害者が支障なく自立した日常生活・社会生活を送れるように、物理的・心理的・社会制度・情報の障壁（バリア）をすべて除去する（フリー）ことであり、これを実現した誰もが暮らしやすい社会がバリアフリー社会である。

3　×　**介護の社会化**とは、介護の負担を個人や家族で抱え込むのではなく、専門的な介護サービスを国民の共同連帯の理念に基づき、皆の負担で（税や保険料で）確保していこうとする考え方である。

4　×　**生涯現役社会**とは、就労意欲のある高齢者がこれまでの経験などを生かし、年齢に関係なく生涯現役で活躍していける社会のことである。政府は、高年齢者雇用の拡大・支援などを通して生涯現役社会の実現を目指している。

5　○　従来の日本の社会保障制度は、地域や家族などのつながりの中で対応してきたが、こうした縦割りの公的支援の仕組みではケアしきれないケースが発生してきた。そこで、公的支援が「支え手」・「受け手」という固定化した関係の下で提供されるのではなく、地域の資源や人の多様性を活かしながら、人と人、人と社会がつながり合う取り組みが生まれやすいような環境を整えることを目指して**地域共生社会**というビジョンが掲げられた。

問題 9　正解2

1　×　**生活困窮者自立支援法**は、生活困窮者自立相談支援事業の実施、生活困窮者住居確保給付金の支給その他の生活困窮者に対する自立の支援に関する措置を講ずることにより、生活困窮者の自立の促進を図ることを目的として、平成 27 年から始まった。

2　○　昭和 25 年の**社会保障制度に関する勧告**では、社会保障制度は、社会保険、国家扶助、公衆衛生及び医療、社会福祉から構成されている。

3　×　高齢化の進展に伴い、従来の老人福祉・老人医療制度による対応には限界があるとして、高齢者の介護を社会全体で支え合う仕組みとして介護保険制度の導入が考えられ、平成 8 年に国会へ**介護保険法**案が提出された。

4　×　平成 14 年度からの保育所の**待機児童ゼロ作戦**では、保育所、保育ママ、自治体単独施策、幼稚園預かり保育等を活用して、受入児童数の増加を図り、待機児童の減少を目指すとした。

5　×　**ICT** とは「Information and Communication Technology」の略称で「情報通信技術」の略である。令和 6 年時点で、厚生労働省では、ICT 機器導入に対する加算の開設など介護現場における ICT 化を進めており、従来の紙媒体での情報のやり取りを抜本的に見直し、ICT を介護現場のインフラとして導入することが求められている。介護現場の情報を ICT 化することにより、ビッグデータの蓄積が可能となり、エビデンスに基づく介護サービスの提供を促進することにもつながるとされている。

問題10　正解１

１　○　介護保険の区分変更の申請は、保険者である市町村に対して行うことになる。

２　×　**後期高齢者医療広域連合**は、加入者である市町村が共同で後期高齢者医療制度を円滑に進めるために、各都道府県に１つずつ設立されている。

３　×　**介護保険審査会**は、保険給付に関する処分、保険料などの徴収金に関する処分について、審査請求を行うとされている。

４　×　**国民健康保険団体連合会**は、国民健康保険の診療報酬、介護報酬の審査・支払等を行っている。

５　×　**運営適正化委員会**は、社会福祉法第 83 条にもとづき、全国の都道府県社会福祉協議会に設置されている委員会であり、福祉サービスに関する利用者等からの苦情を適切に解決するための組織である。

問題11　正解４

１　×　受験時間の延長も配慮の一つと考えられるが、先天性の聴覚障害であるＦさんに対しては最優先の配慮とまではいえない。

２、３、５　×　先天性の聴覚障害であるＦさんに対しては、試験問題の文字の拡大、テキストの持ち込みの許可、問題の読み上げは、いずれも必要な配慮とはいえない。

４　○　試験監督者が口頭で説明する内容を書面で渡すことは、先天性の聴覚障害であるＦさんに対する適切な配慮といえる。

問題12　正解４

１　×　自立支援医療（精神通院医療）の創設は、平成 18 年度である。

２　×　共同生活援助（グループホーム）の制度化は、平成元年からである。

３　×　成年後見制度は、平成 11 年の民法改正で従来の禁治産制度に代わって制定された。

４　○　平成 23 年の障害者基本法の改正により、第２条に、障害がある者にとって日常生活または社会生活を営む上で障壁となるものとして「**社会的障壁**」が加えられた。

５　×　東京 2020 パラリンピック競技大会の開催は、障害者基本法に規定されたものではない。

問題13　正解１

１　○　障害者総合支援法の介護給付を受ける際に、利用者が最初に市町村に対して行う手続きは支給申請である。申請を受けて市町村は必要な調査を行い、審査会による審査・判定を経て障害支援区分認定を行うことになる。認定を受けて、サービス等利用計画を作成して支給決定となる。

２、３、４、５　×　上記記述を参照。

問題14　正解２

１、３、４、５　×　障害福祉サービスの自己負担には、所得に応じて負担上限月額が設定されており、利用したサービス量にかかわらず、それ以上の負担は生じない**応能負担**の仕組みとなっている。

２　○　上記記述を参照。

問題15　正解４

１、２　×　個人情報保護法において「個人情報」とは、生存する個人に関する情報で、氏名、生年月日、住所、顔写真などにより特定の個人を識別できる情報である。さらに、番号、記号、

令和４年度

符号などで、その情報単体から特定の個人を識別できる情報で、政令・規則で定められた「**個人識別符号**」が含まれる情報も個人情報である。

3、5 × 個人情報を本人以外の第三者に提供するときは、法令に基づく場合などを除き、あらかじめ本人の同意が必要とされている。さらに、第三者に個人データを提供した場合、第三者から個人データの提供を受けた場合は、第三者の情報など一定の情報を確認・記録しなければならないとされている。

4 ○ 上記記述を参照。

問題16　正解4

1 × 高齢者虐待防止法では、虐待が起こる場として、家庭、施設が、虐待を行う者として、養護者、養介護施設従事者等が規定されている。

2 × 高齢者虐待防止法の対象となる高齢者とは、原則として65歳以上の者とされているが、65歳未満の者であっても養介護施設・サービスを利用する障害者も高齢者とみなされるとしている。

3 × 車椅子やベッドに体幹や四肢を紐などで縛ることは、**身体拘束**に当たるとされている。

4 ○ 養介護施設従事者等による高齢者虐待を受けたと思われる高齢者を発見した養介護施設従事者等は、速やかに、これを市町村に通報しなければならないとされている。

5 × 市町村は、高齢者虐待を受けた旨の届出を受けたときは、速やかに、当該高齢者の安全の確認その他当該通報又は届出に係る事実の確認のための措置を講ずるとともに、高齢者虐待対応協力者とその対応について協議を行うものとされている。

問題17　正解1

1 ○ **地域包括支援センター**には、保健師・社会福祉士・主任介護支援専門員等が配置されており、チームアプローチにより、住民の健康の保持及び生活の安定のために必要な援助を行っている。Gさんの要望に対して最も適切な対応がとられると考えられる。

2 × ハローワークは求人に関する相談が主体であり、不適切といえる。

3 × Gさんが相談したいのは、認知症が疑われる母親との同居を続けることであり、不適切といえる。

4、5 × Gさんは、母親との同居を続けることを望んでおり、介護老人福祉施設の紹介や精神科病院への入院を勧めることは不適切といえる。

問題18　正解1

1 ○ 法が定める「**生活困窮者**」とは、最低限度の生活を維持することができなくなるおそれのある、生活保護を受けていない者である。

2 × **就労自立給付金**とは、生活保護受給者が生活保護の対象とならなくなった際（廃止時）に、自立促進の目的で支給されるものである。

3 × 生活困窮者自立支援制度では、医療費の支給は行われない。

4 × 子どもへの学習支援は、自治体による任意事業である。

5 × 生活困窮者自立支援制度は、第1のセーフティーネットとされる労災保険や雇用保険に次ぐ、第2のセーフティーネットと位置付けられている。第3のセーフティネットは、生活保護法である。

こころとからだのしくみ

問題19　正解４

1　×　ライチャードによる老齢期の性格類型には５類型があり、**自責型**とは自分の不幸、失敗に対して自責的態度をとることである。

2　×　**防衛型**（装甲型）とは、若い時のままであろうとすることで老化の不安に対処することである。

3　×　**憤慨型**とは、自身の失敗などに敵意を示して、他者を非難して攻撃しようとすることである。

4　○　**円熟型**とは、自身の過去現在を受容しつつ、未来志向といえる。積極的に社会参加をして、さまざまな趣味にも関心を持ち、努力も怠らない状態である。問題のＨさんはこの類型といえる。

5　×　**依存型**（安楽いす型）とは、他者に依存する受身的、消極的な姿勢の状態。現在の状況に甘んじて、楽に暮らそうとしている状態である。

問題20　正解１

1　○　脳の機能局在とは、脳は部位ごとに異なる機能を持っていることである。**後頭葉**は、頭頂葉より後方の部分であり、視覚に関係している。

2　×　**側頭葉**は、大脳皮質の側面にある外側溝より外側にあり、聴覚や言語処理をつかさどっている。

3　×　**前頭葉**は、中心溝より前、外側溝より上側の部分であり、意志、思考、情動、遂行機能などの高次機能を担っており、随意運動をつかさどっている。

4　×　**頭頂葉**は、中心溝より後方の頭頂後頭溝より前にあり、体性感覚や認知機能をつかさどっている。

5　×　大脳皮質の側面にある外側溝より外側にある部分が側頭葉であり、聴覚理解の中枢である**ウェルニッケ野**がある。

問題21　正解３

1　×　**上腕二頭筋**は、上腕のいわゆる力こぶに相当する筋肉である。肘関節、肩関節の屈曲や前腕部の回外などの働きを行う。

2　×　**大胸筋**は、胸の表層部全体に広く付着する筋肉であり、肩関節の屈曲、内転、内旋、水平内転などの働きを行う。

3　○　**大腿四頭筋**は、大腿直筋・外側広筋・中間広筋・内側広筋の総称であり、骨盤から膝蓋骨に付着している人体で最も大きな筋肉である。膝関節の伸展など、ひざの安定など立位姿勢の維持に大きく関わっている。

4　×　**僧帽筋**は、肩甲骨に付着する筋肉であり、肩甲骨の挙上、下制、上方回旋、下方回旋、内転などの働きを行う。

5　×　**三角筋**は、肩全体を覆うように付着する大きな筋肉であり、肩関節の屈曲、外転、伸展などの働きを行う。

問題22　正解１

1　○　寝たきりなど長期に安静状態が続いたような場合には、筋肉がやせおとろえたり、関節の動きが悪くなり、骨がもろくなる、心機能低下、起立性低血圧、尿路結石・尿路感染症、褥瘡などの肉体的な問題だけでなく、うつ状態やせん妄といった精神的な問題が発生する。これが、**廃用症候群**である。

2、3、4、5　×　廃用症候群では、高血圧、関節炎、徘徊、下痢といった症状は、あまりみられない。

問題23　正解4

1、2、3、5　×　**褥瘡**は、骨突出部などの皮下組織が少なく圧迫力がじかに組織へ影響しやすい部位に発生しやすいといえる。特に寝たきりで、体位変換が行われない状態では発生しやすく、仰臥位では仙骨部に最も多く、次いで、踵骨部、肩甲骨部、後頭部などに、側臥位では大転子部と足の外踝部に多く見られる。

4　○　上記記述を参照。

問題24　正解3

1、2、4、5　×　口臭の原因の多くは、舌表面に付着した汚れである**舌苔**と**歯周病**である。口臭の大部分は口腔内の気体由来であり、その主要原因物質は揮発性硫黄化合物である。これは、口の内に生息している嫌気性菌が唾液・血液・剥離上皮細胞・食物残渣中の含硫アミノ酸を分解・腐敗することで産生されるものである。唾液の減少は口腔内の衛生状態の悪化につながりやすいといえる。義歯を装着している場合は、衛生状態に注意する必要がある。顎関節症では固い食べ物が食べにくくなることがあるが、口臭の直接的な原因とはならない。低栄養状態も同じく口臭の直接的な原因とはならない。

3　○　上記記述を参照。

問題25　正解2

1、3、4、5　×　Ｊさんは自力で車いすを使用して、普通食の食事も完食していることなどから、食事回数、使用食器、食事の量、食事場所に問題はないと考えられる。

2　○　Ｊさんは車いすのまま食事をしており、食事中の姿勢に問題があると考えられる。車いすでは食事の姿勢がとりにくいことが問題ではないかと考えられ、ひじ掛け付きの通常の椅子を利用する、背にクッションを当てるといった工夫が考えられる。

問題26　正解5

1　×　義歯の装着状態が悪いと食べ物をかみにくく、誤嚥しやすい可能性があるが、脱水予防につながるとまではいえない。

2　×　上肢の関節可動域と脱水予防との関係は深いとはいえず、優先すべき事項とはいえない。

3　×　睡眠時間の減少は肉体的にも悪影響があるが、脱水予防のために優先すべき事項とはいえない。

4　×　夜間の咳込みは、誤嚥性肺炎の可能性も考えられるが、脱水予防との関係は深いとはいえない。

5　○　コーヒーなどの嗜好品、ヨーグルト、氷など、摂取している水分の形状によっては、十分な水分摂取ができず、形状の確認は脱水予防につながるといえる。

問題27　正解5

1、2、3、4　×　食物は、大腸の中で、上行結腸、横行結腸、下行結腸、S状結腸、直腸の順に通過していく。

5　○　上記記述を参照。

問題28　正解2

1、4　×　高齢者では、一般に薬剤の効果が表れやすく、長く続く傾向があり、翌朝まで作用が残る可能性があるほか、依存性の危険も考えられる。また、アルコールには薬剤の効果を高める可能性もある。

2　○　上記記述を参照。

3　×　睡眠薬は、通常、服用から10

分～30分で効果が表れるとされており、食後すぐの服用は食物の消化の観点からも好ましくないといえる。

5 × 睡眠薬の効果が続き、ふらつきや転倒事故につながる場合も考えられる。

問題29 正解2

1 × **認知症**は、脳の病気や障害など様々な原因により、認知機能が低下し、日常生活全般に支障が出てくる状態である。

2 ○ **グリーフ**とは、深い悲しみや悲嘆を意味しており、大切な人を失ったときに起こる身体上・精神上の変化を指す。精神的反応として、寂しさやむなしさ、無力感など、身体的反応として睡眠障害、食欲不振、疲労感などが現れる。

3 × **リビングウィル**とは、「生前の意思」という意味であるが、回復の見込みがなく、意思表示が困難になったような場合に備えて、事前に治療方針などについての希望を示しておくことをいう。

4 × **スピリチュアル**とは、霊的なもの、目に見えない精神世界を意味しており、人生のあらゆる事象に意味や価値を見出すことで、生きがいなどを見出す方法である。宗教的な意味合いが強い。

5 × **パニック障害**とは、不安障害の一種であり、突然、前触れもなく動悸、呼吸困難、めまいなどの発作を繰り返す状態をいう。

問題30 正解5

1 × 瞳孔の縮小は、脳幹出血、ホルネル症候群、モルヒネや有機リンによる中毒、縮瞳薬の使用などのほか、糖尿病の患者や高齢者に見られることもある。死亡の判定では、瞳孔の散大・対光反射が見られないことが一つの基準となる。

2 × 死後硬直は、死後2～3時間で始まる。寝たきりなどで筋肉を動かさないと筋肉の硬直がみられることがあるが、最も適切な選択肢とはいえない。

3 × 通常では、死の数週間前の段階から飲食は減少して脱水傾向にあることから、発汗はあまり見られない。

4 × 結膜の充血は、感染・アレルギー・乾燥・薬剤などのほか、異物などによる機械的な刺激が原因で起こるが、死期にはみられない。目の濁り（角膜混濁）は、白内障や角膜の外傷、角膜炎などで起きるが、死後6時間以降にも出現する。

5 ○ **喘鳴**とは、息を吸ったり吐いたりする時に起きるヒューヒュー、ゼーゼーといった異常な呼吸音のことである。扁桃肥大、気管支ぜんそく、気管支炎、肺がんなどで起きるが、死亡直前には、気管の分泌物やのどの筋肉の弛緩が原因で起きることがある。

発達と老化の理解

問題31 正解4

1 × **自己中心性**とは、心理学者のピアジェが提唱したものであり、事象を客観的に第三者の立場、あるいは複数の視点から分析・認識することができず、主観的に、自分の立場、あるいは固定した一つの視点だけから分析・認識する認知・思考の仕方をいう。Kさんの行動を説明する用語としては不適切といえる。

2 × **愛着理論**とは、医学者・心理学者のボウルビィが提唱したものであり、人と人との親密さを表現しようとする**愛着行動**についての理論である。子供は、社会的、精神的発達を正常に行うためには、少なくとも一人の養育者と親密な関係を維持しなければならず、それがなければ、子供は社会的、心理学的な問題を抱えるようになるとした。Kさんの行動を説明する用語としては不適切といえる。

3 × **向社会的行動**とは、他人を助けることや他人に対して積極的な態度を示すといった、援助行動、愛他的行動のことである。Kさんの行動を説明する用語としては不適切といえる。

4 ○ **社会的参照**とは、乳児が、自分だけでは判断できないような状況にあるときに、他者の表情や声などを手掛かりとして、自分の行動を決める現象のことであり、生後9か月頃からみられるものである。Kさんの行動を説明する用語として適切といえる。

5 × **原始反射**とは、幼児が特有の刺激に対して示す、中枢神経系によって引き起こされる反射行動のことである。原始反射にはさまざまな種類があるが、いずれも生後数か月から1～2年で消滅する。Kさんの行動を説明する用語としては不適切といえる。

問題32　正解5

1 × **コールバーグ**は、人間の道徳性の段階を3レベルの6段階に分類した。「権威に服従する」のは、権威を尊重し、規則や秩序の維持から善悪を判断し、自己の義務を果たそうとする4番目の段階である。

2 × 「罰を回避する」のは、行為の善悪は、それが懲罰をもたらすかどうかという判断基準で決まると考える最も低い1番目の段階である。

3 × 「多数意見を重視して判断する」のは、他者を喜ばせ、「良い子」にすることで承認を得ようとする対人的同調の3番目の段階である。

4 × 「損得で判断する」のは、行為の善悪は、それによってどのような報酬がもたらされるかによって決められる2番目の段階である。

5 ○ 「人間の権利や平等性などの倫理に従って判断する」のは、人間としての尊厳の尊重に価値を置く段階であり、最も高い6番目の段階である。

問題33　正解1

1 ○ 標準的な発達をする子どもの体重が、出生時の約2倍になるのは、生後3か月である。3倍になるのは生後9か月、4倍になるのは2歳である。

2、3、4、5 × 上記記述を参照。

問題34　正解2

1 × ストローブとシュトが提唱した**悲嘆のモデル**は、喪失志向と回復志向という2つの異なる行動様式からなる。**コーピング**とは、ストレスに対処するためにとる行動のことである。喪失志向では悲しみに向き合う過程に、回復志向では新しい生活に取り組む過程に焦点が当てられており、喪失志向を経て回復志向の行動をとることで、悲しみを乗り越えて日常生活を送ることができるようになるとしている。「しばらく連絡していなかった旧友との交流を深める」のは回復志向といえる。

2 ○ 「悲しい気持ちを語る」のは、喪失志向といえる。

3、4、5 × 「新たにサークル活動に参加を申し込む」「ボランティア活動に励む」「新しい生活に慣れようとする」のは、すべて回復志向といえる。

問題35　正解5

1　×　**エピソード記憶**とは、個人的な体験や思い出の記憶であり、加齢による影響を受けやすい記憶といえる。

2　×　**作業記憶**とは、情報を一時的に保ちながら操作するための記憶であり、暗算や会話、思考能力等に関わっている。作業記憶の能力は、加齢などの影響で脳が変化して低下しやすいとされている。

3　×　**選択的注意**とは、必要な物や情報を、多くの中から選ぶ機能であるが、加齢とともに低下しやすいといえる。

4　×　**流動性知能**とは、新しい環境に適応するために、新しい情報を獲得し、それを処理し、操作していく知能であり、結晶性知能と並び、知能の最も大きな分類である。流動性知能は10歳代後半から20歳代前半にピークを迎えた後は、低下の一途を辿るとされる。

5　○　**意味記憶**とは、家族や物の名前、言葉の意味などの知識で、結晶性知能であり、加齢の影響は少ないとされる。

問題36　正解3

1　×　高齢者では排尿の頻度が少なくなったり、おむつの使用など、衛生面で問題がある場合が多く、尿路感染症に感染する危険性が高まるといえる。

2　×　腎盂腎炎では発熱や背部痛が主な症状であるが、倦怠感、悪寒の他、血尿が見られる場合もある。

3　○　尿の濃縮力が低下すると体内の水分量を必要に応じて調節することができなくなり、多尿になりやすくなるとされており、高齢者には多く見られる症状である。

4　×　高齢の男性では、ホルモンの変化が前立腺の肥大に関係している可能性があるとされており、前立腺肥大症では、頻尿、血尿、尿失禁などの症状がみられることが多いが、尿道の痛みはあまりみられない。

5　×　高齢者では腎臓の機能が低下して、薬物を排出する時間が長くなる傾向がみられる。

問題37　正解2

1　×　高齢者に多く見られる変形性膝関節症とは、関節軟骨が加齢によってすり減り、関節を包む滑膜組織が炎症を起こして、関節内に関節液が溜まる症状である。外反型の脚の変形とは、X脚のことであり、靱帯の異常、先天的・後天的な大腿骨・脛骨の形態異常、外傷後の変形などが原因として挙げられるが、変形性膝関節症とは異なるものである。

2　○　変形性膝関節症は、とくに高齢では男性よりも女性の発症が多くみられる。

3　×　変形性膝関節症では、温熱療法が有効とされている。

4　×　正座は、膝に負担をかけることから不適切といえる。

5　×　肥満は、膝に負担をかけることから好ましくなく、階段の利用は、膝にさらに負担をかけることから、不適切といえる。

問題38　正解5

1　×　高齢者は、腎臓機能の低下などにより体内の水分が減少して脱水を起こしやすくなる一方で、若年者よりも口渇感を感じにくくなる。

2　×　高齢者では、若年者よりも筋肉量が減少することから、体内水分量も少なくなる。

3　×　高齢者では、起立など急な動きを行った際に、血圧が下がりやすく、立ちくらみなどの症状を起こしやすい。

4 × 高齢者では、若年者よりも体内水分量が少なく、下痢によってさらに水分が減少して脱水となる危険性が高いといえる。

5 ○ 加齢に伴い体内の水分量の比率は徐々に減少することから、高齢者では、脱水に伴い体重がさらに減ることがある。

認知症の理解

問題39 正解２

1、3、4、5 × 令和元年６月18日にとりまとめられた**認知症施策推進大綱**では、「**共生**」と「**予防**」を車の両輪として、①普及啓発・本人発信支援、②予防、③医療・ケア・介護サービス・介護者への支援、④認知症バリアフリーの推進・若年性認知症の人への支援・社会参加支援、⑤研究開発・産業促進・国際展開の５つの柱に沿って施策を推進するとしている。

2 ○ 上記記述を参照。

問題40 正解１

1 ○ **見当識障害**とは、時間や季節がわからなくなる、今いる場所がわからなくなる、人がわからなくなるといった障害であり、「私たちが今いるところはどこですか」という質問は、見当識障害の利用者に対してその状態を確認するための質問として適切といえる。

2 × 「100から７を順番に引いてください」は、**計算力**に関する質問である。

3 × 「先ほど覚えてもらった言葉をもう一度言ってみてください」は、**記銘力**に関する質問である。

4 × 「次の図形を写してください」は、**再生力**に関する質問である。

5 × 「この紙を左手で取り、両手で半分に折って、私に返してください」は、**注意力**に関する質問である。

問題41 正解２

1 × 物盗られ妄想とは、認知症の初期で起きやすい被害妄想の一つであり、本人の不安から生じることが多い妄想である。認知症の利用者に説明をしても、自身の考えの誤りを認めることは少ないといえる。

2 ○ 上記記述を参照。

3 × 物盗られ妄想で犯人とされるのは、身近で介護をしている時間が長い人が多い。

4 × 物盗られ妄想の原因は、記憶障害、思考力といった認知機能の低下とともに、利用者をめぐる生活背景や利用者の性格が関係していると考えられる。幻視が主な原因とはいえない。

5 × 症状の予防には、生活環境の変化など、利用者が不安を感じる要素は避けるとともに、利用者が不安を感じていないか聞き取ることも重要といえる。抗精神病薬には気分安定作用があり、症状を抑える効果はあるが根本的な治療薬ではない。

問題42 正解３

1、2、4、5 × **慢性硬膜下血腫**は、転倒や打撲などの頭部外傷後、通常１～２カ月をかけて硬膜に血液がたまって血腫ができる病気であり、認知症のような症状が出たり、頭痛や物忘れ、吐き気、麻痺、手足に力が入らないといった運動機能障害が起きることもある。軽い打撲などでも発症することがあり、頭蓋骨骨折ではあまりみられない。通常は保存的治療ではなく、外科的治療により血腫を除去することで症状は改善する。

3 ○ 抗凝固薬は、血液を固まりにくくする薬であり、血腫の除去にはつながりにくく、再発の可能性がある。

問題43 正解4

1 × **日常生活自立支援事業**は、認知症高齢者、知的障害者、精神障害者等のうち判断能力が不十分な方が地域において自立した生活が送れるよう、利用者との契約に基づき、福祉サービスの利用援助等を行うものであり、市町村の社会福祉協議会等で受付・実施している。具体的な援助の内容は、預金の払い戻し、預金の解約、預金の預け入れの手続等利用者の日常生活費の管理、定期的な訪問による生活変化の察知を基準としている。

2 × 年金の振込口座を息子さん名義の口座に変更することはできない。

3 × 日常生活自立支援事業の契約は、Lさん本人が行うことになる。

4 ○ Lさんが支払いを行うことができない場合に、生活支援員が代わって行うことになる。

5 × 苦情の受付もサービスの契約を行った社会福祉協議会で行うことになる。

問題44 正解4

1 × **ユマニチュード**とは「人間らしさを取り戻す」という意味のフランス語の造語であり、「見る」「話す」「触れる」「立つ」の4つの柱を組み合わせてケアを行う技法である。いずれも、ケアを受けている人に対して「あなたは私にとって大切な存在です」と伝えるための技術としている。例えば「見る」技術では、同じ目の高さで見る、近くから見る、正面から見るなどがある。離れた位置からさりげなく見守ることは不適切といえる。

2 × 「話す」技術では、仕事のための「話す」だけではなく、相手を大切に思っていると伝えるための技術でなければならないとしている。低めの声は「安定した関係」を、大きすぎない声は「穏やかな状況」を示すとしており、意識的に高いトーンの大きな声は不適切といえる。

3 × 「触れる」技術では、触れることも相手へのメッセージであるとして、「広い面積で触れる」、「つかまない」、「ゆっくりと手を動かす」ことなどによって優しさを伝えるとしている。指先で軽く触れることは不適切といえる。

4 ○ 立つことによって体のさまざまな生理機能が十分に働くとともに、「人間らしさ」の表出のひとつでもあるとしている。立位をとる機会を作ることは適切といえる。

5 × ユマニチュードでは、自分が行っているケアの動きを前向きな語彙で実況する方法を用いている。これが「オートフィードバック」である。ケアを評価することではない。

問題45 正解1

1 ○ **認知症サポーター**とは、認知症に対する正しい知識と理解を持ち、地域で認知症の人やその家族に対してできる範囲で手助けをする応援者といえる。**チームオレンジ**とは、近隣の認知症サポーターがチームを組み、認知症の人や家族に対する生活面の早期からの支援等を行う取り組みである。認知症の人もメンバーとして参加する。

2 × 認知症サポーターは、令和4年末時点で1430万人を超えており、令和6年末時点で1598万人を突破した。

3 × **認知症介護実践者等養成事業**とは、認知症介護実務者及びその指導的立場にある者に対し、認知症高齢者の介護に関する実践的研修を実施することにより、認知症介護技術の向上を図り、認知症介護の専門職員を養成し、もって認知症高齢者に対する介護サービスの充実を図ることを目的としている。認知症サポーターは、この事業には含まれない。

4 × 認知症サポーターは、認知症ケア専門の介護福祉職ではなく、民間ボランティアといえる。

5 × 認知症サポーターの実施主体は、都道府県・市町村等自治体である。

問題46　正解3

1、2 × **認知症ケアパス**とは、「認知症の人の状態に応じた適切なサービス提供の流れ」をまとめたものであり、認知症の人やその家族が「いつ」「どこで」「どのような」医療や介護サービスが受けられるのか、認知症の様態に応じたサービス提供の流れを地域ごとにまとめたものである。「認知症ケアパス」は、都道府県ごとではなく、各市町村で作られるものであり、介護保険制度の地域密着型サービスではない。

3 ○ 上記記述を参照。

4 × **レスパイトケア**とは、介護者が一時的に介護から解放され、リフレッシュや休息をとる「介護者のため」のケアのことである。

5 × 認知症ケアパスは、自治体、介護保険者がまとめ役となって作成するとされている。介護支援専門員（ケアマネジャー）が中心になって作成するものではない。

問題47　正解3

1、2、4、5 × **認知症ライフサポートモデル**とは、認知症の人への医療・介護を含む統合的な生活支援のことであり、認知症の人本人の自己決定を支えるものである。終末期に行う介入モデルではなく、生活介護サービスに任せるプランを策定したり、施設入所を促すものでもない。多職種がチームで関わる際には、各職種がそれぞれで目標を設定するのではなく、チーム内でケアの目標を共有する必要がある。

3 ○ 上記記述を参照。

問題48　正解5

1 × **作業記憶**とは、作業をするときに必要な情報を記憶から取り出して、情報を一時的に保つ能力のことである。

2 × **展望的記憶**とは、将来に向かっての記憶であり、これから何をするかという予定を記憶するものである。

3 × **短期記憶**とは、比較的短い期間、数十秒から数十分、頭の中に保持される記憶のことである。

4 × **陳述記憶**には、個人が経験した出来事に関する記憶であるエピソード記憶と、いわゆる知識に相当する意味記憶の二つがある。

5 ○ **手続き記憶**とは、運動技能、知覚技能、認知技能、習慣など、同じ経験を反復することにより形成されるものである。Mさんの裁縫についての記憶は、この手続き記憶といえる。

障害の理解

問題49　正解1

1 ○ 福祉における**ストレングス**とは、支援を必要としている人の持っている意欲や能力、希望や長所などを意味しており、個人の特性や強さを見つけて、それを生かす支援を行うことといえる。権利の実現を支援することや、抑圧された権利や能力を取り戻すことではない。

2 × 日常生活の条件を障害のない人と同じにしては、障害者への支援とはいえない。

3 × **全人間的復権**とは、障害を持った人が身体的・精神的・社会的・職業的・経済的に能力を発揮し人間らしく生きる権利のことであり、それを目指して行われるのがリハビリテーションとされている。ストレングスの視点に基づく利用者支援は、その一過程ともいえる。

4、5 × 上記記述を参照。

問題50 正解3

1 × **自立生活運動**では、障害があっても障害のない人々と同じ生活を送るのではなく、「障害があっても、自立して生きる」ことを主張した。

2 × 一度失った地位、名誉、特権などを回復するのではなく、障害者自身が主体的に自己決定権を行使できることを求めた。

3 ○ 障害者が自分で意思決定をして生活することを主張した。

4 × 障害者のニーズを最もよく知っているのは障害者自身であり、医療職のような専門家ではなく、障害者が機能回復訓練を主導することを主張した。

5 × 障害者の社会への完全参加と平等の促進ではなく、障害者自身の自由意思による参加を求めた。

問題51 正解4

1、2、3、5 × 法に定める障害者虐待の類型は5つであるが、「障害者に対する著しい暴言又は著しく拒絶的な対応その他の障害者に著しい心理的外傷を与える言動を行うこと」は、**心理的虐待**に当たる。

4 ○ 上記記述を参照。

問題52 正解5

1 × 上田敏は、障害を受容するプロセスを5段階に整理した。受傷直後は、自分自身に何が起こったのか理解できない状態であり、**ショック期**である。

2 × 障害を受け入れず、その状態を否認するのは**否認期**である。

3 × リハビリテーションによって機能回復に取り組んで、前向きに生きようとする解決への**努力期**である。

4 × 障害のため何もできないと捉えて、現実に対して対処法がわからないのは、**混乱期**である。

5 ○ 障害に対する価値観を転換し、積極的な生活態度になるのは、障害を受容した**受容期**である。

問題53 正解3

1、2 × **右脳梗塞**では、主に身体の左側に、**左脳梗塞**では、主に身体の右側に運動麻痺（右片麻痺）や感覚障害が出現する。

3 ○ **脊髄神経**の損傷では、損傷した部位によって症状が異なる。脊髄のうち最も高位の部位にある**頸髄**の損傷では、上肢以下の感覚が麻痺することから、四肢麻痺を伴うことになる。

4 × **腰髄損傷**では、主に下肢を中心とした運動障害が出現するが、四肢麻痺を伴うことはない。

5 × **末梢神経**は、脳・脊髄から分かれて体表や体内の諸器官に達する神経線維であり、損傷により筋力低下、感覚障害、自律神経障害などが生じるが、四肢麻痺を伴うことはない。

問題54　正解1

1　○　**学習障害**とは、知的な発達に遅れはないものの、読み書きや、計算などの特定の課題について、他の課題に比べて習得が遅れている状態をいう。注意力の欠如や、落ち着きがなく、じっとしていられないといった状態を指すものではない。原因は明らかにはなっていないが、親のしつけ方や愛情不足が原因ではなく、遺伝的要因と環境的要因の相互影響が原因とする説がある。学習障害の症状を引き起こす具体的な脳機能障害としては、中枢神経のトラブルがあるとする説がある。

2、3、4、5　×　上記記述を参照。

問題55　正解2

1　×　**運動麻痺**とは、筋肉あるいは筋肉に命令を送る大脳皮質や脊髄、末梢神経の障害により、自分の意思で筋肉を動かせなくなった状態をいう。

2　○　**脊髄小脳変性症**とは、小脳や脊髄の障害によって現れる、歩行時のふらつき、手の震え、ろれつが回らない等の**運動失調障害**が主な症状であり、遺伝性のものと遺伝性でないものに分けられる。Aさんの現在の症状はこれに該当する。

3　×　**関節拘縮**とは、関節が固くなって思うように動かせない状態のことであり、Aさんの現在の症状には当たらない。

4　×　筋線維の数が減少したり、筋線維の太さが細くなったりすると、筋肉全体の体積の減少が生ずる。このような状態が**筋萎縮**であり、筋力低下につながる。Aさんの現在の症状には当たらない。

5　×　**筋固縮**とは、筋肉が固くなり、こわばる状態であり、筋緊張の亢進した状態をいう。Aさんの現在の症状には当たらない。

問題56　正解5

1　×　意欲や自発性が低下しているBさんに対して、あいまいな言葉で説明しては、効果的な支援につながらない。

2　×　代理で手続きを進めるのではなく、Bさん自身で手続きをできるように支援することが適切といえる。

3　×　介護福祉職はあくまでも支援者であり、できる限りBさんが希望する支援を行わなければならない。

4　×　Bさんが意欲をもつように働きかける必要はあるが、強く指示することは不適切といえる。

5　○　介護福祉職は、支援者として、Bさん自身が物事を決めて実行できるように関わらなければならない。

問題57　正解3

1、2、4、5　×　**自立支援協議会**は、地域の関係者が集まり、個別の相談支援の事例を通じて明らかになった地域の課題を共有し、その課題を踏まえて、地域のサービス基盤の整備を着実に進めていく役割を担っている。困難な事例や資源不足についての情報の発信、権利擁護に関する取り組みの展開、構成員の資質向上、基幹相談支援センターの運営評価は、いずれも不適切といえる。

3　○　上記記述を参照。

問題58　正解5

1　×　Eさんは、障害福祉サービスの利用を前提に支援を求めており、介護支援専門員が作成する介護サービス計画ではなく、相談支援専門員が作成するサービス等利用計画案の提出が必要となる。

2 × Eさんは障害者総合支援法に基づく介護給付などのサービスを受給することができるが、医師の意見書などを参考に、要介護認定ではなく障害支援区分の区分認定を受けることになる。

3 × **障害福祉計画**は、障害福祉サービス等の提供体制及び自立支援給付等の円滑な実施を確保することを目的として、市町村及び都道府県が作成するものである。

4 × 障害支援区分認定調査では、地域包括支援センターの職員ではなく、市町村職員もしくは市町村から委託された事業所の職員である調査員が、障害支援区分の認定調査を行う。

5 ○ 相談支援専門員は、障害者総合支援法に基づき、障害者が福祉サービスを利用できるように支援を行うが、サービス担当者会議を開催することも含まれる。

医療的ケア

問題59　正解３

1 × **消毒**とは、対象物または対象物の表面等の局所的な部位に生存する微生物を減少させることであり、すべての微生物を死滅させることではない。

2 × 消毒液は、メーカーによって成分が異なるだけでなく、混ぜることによって効果が減少したり、危険な反応を生じる場合もあることから、異なる消毒液を混ぜてはならない。

3 ○ 滅菌物には有効期限があり、期限を過ぎたものは使用してはならない。

4 × **滅菌**とはすべての微生物を死滅させることであり、家庭において熱水で滅菌を行うのは困難といえる。

5 × **次亜塩素酸ナトリウム**には脱色作用があり、塩素ガスが粘膜を刺激するなど、手指、皮膚に用いてはならない。

問題60　正解１

1 ○ 通常の吸気時に働く呼吸筋は、肋間筋と横隔膜であり、正常な呼吸状態では、胸腹部が一定のリズムで膨らんだり縮んだりしている。

2 × 呼吸時にゴロゴロとした音がするのは、気管に入った異物や粘膜から分泌される粘液が排出されずに留まることによって生じる**貯痰音**である。正常な呼吸音ではない。

3 × 爪の色が紫色になっているのは、血液中の酸素が不足する**チアノーゼ**とみられ、肺の病気などにより呼吸が十分に行えない状態と考えられる。

4 × 正常時の成人の呼吸数は１分間に14～20回程度とされており、40回は頻呼吸で心疾患などが考えられる。

5 × 下顎を上下させて呼吸しているのは**下顎呼吸**であり、臨終間際にみられる異常呼吸である。

問題61　正解２

1 × 医師の指示書の確認は、吸引のたびに行わなければならない。

2 ○ 喀痰吸引を行う際には、吸引のたびに利用者への吸引の説明を行わなければならない。

3 × 喀痰吸引を行う際には、基本的に仰臥位の姿勢にする。

4 × 喀痰吸引は、同室の利用者から見えない状態で行うなど利用者への配慮が必要といえる。

5 × 喀痰吸引を行う際には、利用者の手指消毒までは必要ないといえる。

令和４年度

問題62　正解４

１、２　×　胃ろうを造設していても、通常の生活が行える。むしろ、適度な運動が好ましい。就寝時も、特別な姿勢は必要としない。

３　×　胃ろうであっても、食べ物や体調などから便秘となる場合もある。

４　○　胃ろうを造設すると、口から食事をとることが減少して、唾液の分泌量も減少する。唾液には殺菌効果があり、その分泌が減ると口腔内が不衛生になりやすく、**誤嚥性肺炎**のリスクもあり、口腔ケアは必要といえる。

５　×　胃ろうを造設していても入浴は可能であり、衛生面だけでなく精神面からも入浴は好ましいといえる。

問題63　正解５

１、２　×　Ｆさんへの対応を最優先すべきであり、ベッド上の嘔吐物の片付けや室内の換気は、後で行うべきことといえる。

３、４　×　Ｆさんは嘔吐しており、嘔吐物が妨げとなることから、酸素吸入や心臓マッサージは行ってはならない。

５　○　Ｆさんは嘔吐しており、嘔吐物による誤嚥を防ぐために顔を横に向けることが適切である。

介護の基本

問題64　正解３

１　×　トイレの窓を開けたままにしては、室温など環境面だけでなく、防犯上の問題が生じることから不適切といえる。

２　×　認知症であっても包丁を持つことが危険とは限らず、それを理由に訪問介護員が調理をするのは不適切といえる。

３　○　利用者の好みの切り方で調理をするのは、適切といえる。

４　×　糖尿病の利用者が希望する菓子の購入を、医師の指示もなく訪問介護員が拒否することは、不適切といえる。

５　×　訪問介護員が使いやすい場所に掃除機を置いてしまっては、利用者が使いたいときに困ってしまうことから不適切といえる。

問題65　正解５

１　×　2018（平成30）年度からの介護福祉士養成課程の教育内容の見直しの際に、「**求められる介護福祉士像**」が改正された。改正後の項目には、「制度を理解しつつ、地域や社会のニーズに対応できる」がある。

２　×　改正後の項目には、「身体的な支援だけでなく、心理的・社会的支援も展開できる」がある。

３　×　改正後の項目には、「地域の中で、施設・在宅にかかわらず、本人が望む生活を支えることができる」がある。

４　×　改正後の項目には、「専門職として自律的に介護過程の展開ができる」がある。

５　○　改正後の項目には、「介護職の中で中核的な役割を担う」がある。

問題66　正解２

１、３、４、５　×　「社会福祉士及び介護福祉士法」の「第４章　社会福祉士及び介護福祉士の義務等」には、「**資質向上の責務**」（第47条の２）として、「<u>社会福祉士又は介護福祉士は、社会福祉及び介護を取り巻く環境の変化による業務の内容の変化に適応するため、相談援助又は介護等に関する知識及び技能の向上に努めなければなら</u>

ない。」とされている。「地域生活支援事業その他の支援を総合的に行う」「肢体の不自由な利用者に対して必要な訓練を行う」「介護保険事業に要する費用を公平に負担する」「常に心身の健康を保持して、社会的活動に参加するように努める」との定めはない。

2 ○ 上記記述を参照。

問題67 正解4

1、3 × 「**意思決定支援**」とは、自ら意思を決定することに困難を抱える障害者が、日常生活や社会生活に関して自らの意思が反映された生活を送ることができるように、可能な限り本人が自ら意思決定できるよう支援し、本人の意思の確認や意思及び選好を推定し、支援を尽くしても本人の意思及び選好の推定が困難な場合には、最後の手段として本人の最善の利益を検討するために事業者の職員が行う支援の行為及び仕組みである。「夫とは仲が悪い」と話すAさんとの話し合いの場に、初めから夫に同席してもらうのは不適切といえる。同様に、事前に相談内容を夫に話すことも不適切である。

2 × Aさんに決断を急がせるのは不適切といえる。

4 ○ 上記記述を参照。

5 × サービス変更の最終判断は、Aさん本人が行えるように支援すべきといえる。

問題68 正解1

1 ○ **ユニバーサルデザイン**とは、障害の有無に関係なく、すべての人が使いやすいように製品・建物・環境などをデザインすることであり、すべての人が暮らしやすい社会の実現を目指している。

2 × **インフォームドコンセント**とは、患者・家族が病状や治療について十分に理解し、また、医療職も、患者・家族の意向や様々な状況や説明内容をどのように受け止めたか、どのような医療を選択するか、患者・家族、医療職、ソーシャルワーカーやケアマネジャーなど関係者と互いに情報共有し、皆で合意するプロセスである（参照：日本看護協会HP）。

3 × **アドバンス・ケア・プランニング**（ACP）とは、人生の最終段階における医療・ケアについて、本人が家族等や医療・ケアチームと繰り返し話し合う取り組みである。愛称は「人生会議」である。

4 × **リビングウィル**とは、人生の最終段階における事前書である。回復の見込みがなく辛い闘病を強いられ、平穏死、自然死を望む患者が、自分の意思を元気なうちに記しておくものである。

5 × **エンパワメント**とは、「力を与える」「権限を与える」という意味であるが、福祉では、自己決定や自己実現を促すことである。

問題69 正解4

1、2、3、5 × 認知症患者に対しては、本人の不安・混乱・戸惑いの期間を短くすることも重要とされる。介護福祉職の声かけとしては、Bさんの思いに共感する姿勢が求められる。突き放すような声かけは不適切といえる。

4 ○ 「私、家に帰らないといけない」と訴えるBさんに対しては、「家のことが気になるんですね」と共感する声掛けが適切といえる。

問題70　正解１

１　○　問題のマークは、聴覚障害であることを理由に免許に条件を付されている方が運転する車に表示する**聴覚障害者標識**（**聴覚障害者マーク**）である。運転手に対しては手話や筆談を用いて話しかけることが適切である。

２、３、４、５　×　上記記述を参照。

問題71　正解５

１　×　栄養ケア・マネジメントは、管理栄養士が中心になって行う。

２　×　認知症の診断と治療は、医師が行う。

３　×　利用者の療養上の世話又は診療の補助は、看護師が行う。

４　×　日常生活を営むのに必要な身体機能改善や機能訓練は、理学療法士・作業療法士等が行う。

５　○　施設サービス計画の作成は、介護支援専門員の役割である。

問題72　正解２

１　×　チームアプローチでは、個人情報に関する厳格な対応を前提として、チーム内の情報共有が重要といえる。

２　○　多職種が連携して取り組むためには、一人一人の役割分担を明確にすることが欠かせないといえる。

３　×　チームアプローチでは、利用者はチームの主体であるといえる。

４　×　チームとしての方針の決定は、チームの目標に即して全員で話し合って決定することが望ましい。

５　×　チームメンバーの指名は、利用者の家族ではなく、サービスを提供する側が行うべきであるが、より良いサービスにつなげるために家族からの要望を聞くことはありうるといえる。

問題73　正解３

１　×　車いすの利用者が極端な前傾姿勢になっては、転倒の危険があり、目視ではなく、声掛けをして利用者に代わってスプーンを拾うことが適切な対応といえる。

２　×　ふらつきながら歩いている利用者に対しては、声掛けをして状況を確認し、必要な対応を取らなければならない。

３　○　食事介助をしていた利用者の姿勢が傾いてきた場合には、声掛けをして姿勢を直すことが適切といえる。

４　×　下肢筋力が低下している利用者が靴下で歩いては、すべって転倒する危険があるほか、スリッパをはかせても転倒する危険があり、不適切といえる。靴の形態の室内履きを用いる、歩行補助具を用いるなどの対応が必要といえる。

５　×　車いすから立ち上がる際には、フットサポートを折りたたまないと足に引っかかって転倒する危険があり、不適切といえる。

コミュニケーション技術

問題74　正解１

１　○　**閉じられた質問**（**クローズド・クエスチョン**）とは、「はい」、「いいえ」、もしくは、「明確な１つの答え」がある質問のことである。「この本は好きですか」の質問に対しては「好き」、「嫌い」や「はい」、「いいえ」で答えることになる。

２、３、４、５　×　いずれも「はい」、「いいえ」では答えられず、答えが一つに定まらない自由な応答のできる質問であり、**開かれた質問**（**オープン・クエスチョン**）といえる。

問題75　正解2

1　×　優先されるべきは、利用者の希望といえる。

2　○　信頼関係を形成するためには、相手を理解することが必要といえ、そのための話し合いは不可欠といえる。

3　×　信頼関係は安易に継続するとは限らず、信頼を失わないための努力が必要といえる。

4　×　家族に対しては、指示を出すという姿勢ではなく、真摯に向き合う姿勢が重要といえる。

5　×　介護福祉職が介護を全面的に担うのではなく、家族の参加も図ることで、より良い介護につながるといえる。

問題76　正解1

1　○　Cさんは、補聴器を両耳で使用して静かな場所で話せば、なんとか相手の話を聞き取ることができる状態であり、正面から話しかければ、表情や口元も確認できることから適切といえる。

2　×　老人性難聴では高音域の音が聞こえにくくなることから、不適切である。

3　×　老人性難聴では声が大きすぎると音がくぐもって聞こえてしまい、かえって聞こえづらくなり不適切である。

4　×　Cさんは難聴であっても補聴器を使用しており、手話で会話をすることは不適切である。

5　×　視覚に問題がないとみられるCさんに対して、意味もなくからだに触れることは不適切である。

問題77　正解3

1　×　会話中に視線が合わないことも増えてきたDさんに対しては、言語を中心にするのではなく、身振り手振りなども踏まえた方法も検討すべきといえる。

2　×　Dさんが緊張しているから、からだに触れないのではなく、コミュニケーションの手法としてからだに触れることまで否定すべきではないといえる。

3　○　認知症の症状が進んでいるDさんに対しては、表情やしぐさを確認しながら、感情の理解に努めることは適切といえる。

4　×　最近のDさんは会話中に視線が合わないことが増えており、視線が合わないからといって、会話を控えるのは不適切といえる。

5　×　最近のDさんは自発的な発語が少なくなっており、自発的な発語がないからといって、会話の機会を減らすのは不適切といえる。

問題78　正解4

1、2、3、5　×　勤務交代時の申し送りでは、さまざまな事項があげられるが、最も重要といえるのは、利用者の状況、介護上の注意点といった、利用者へのケアの継続性を保つことといえる。いずれの選択肢も緊急性のない事項であり、勤務交代時に必須とはいえない。

4　○　上記記述を参照。

問題79　正解5

1、2、3、4　×　Eさんの状況に関する報告では、報告者の主観や憶測を交えず、事実をありのまま伝えなければならない。いずれもF介護福祉職の主観や憶測に基づく報告となっている。主観や憶測に基づく報告は、事実とは分けて行う必要がある。

5　○　上記記述を参照。

令和4年度

生活支援技術

問題80　正解5

1、2、3、4　×　Gさんが施設での生活に十分には慣れていないことに留意して、Gさんの思いに沿った活動ができるような配慮が必要といえる。居室ではなく施設の台所で、Gさんが考えたメニューを、できるかぎりGさん自身の工夫・努力で行うことが適切といえる。活動の目的は、Gさんが施設での生活に楽しみがもてるようになることといえる。

5　○　上記記述を参照。

問題81　正解1

1　○　**住宅性能表示制度**による、高齢者や心身障害者等の生活のしやすさにどの程度配慮しているかを示す**高齢者等配慮対策等級**では、階段について、手すりを設けたり、勾配を緩やかにしたり、事故が起きにくい形にすることが求められている。**建築基準法**では、住宅階段には手すりの設置義務がある。

2、3　×　建築基準法では、住宅に設けられる階段の蹴上げは230mm以下、踏面は150mm以上とされているが、高齢者の安全な移動には、蹴上げの高さを低くして、勾配を緩やかにするとともに、踏面を広くすることが望ましい。一段の高さが25cm以上は急勾配となり、足をのせる板の奥行が15cm未満は狭すぎて不適切である。

4　×　高齢者では若年者よりも高い照度が必要とされている。階段の照明は、最上部と最下部に照明器具を設置し、最初の一段目がはっきりと分かるようにして、階段の途中にはフットライトを設置する。足元の間接照明だけではなく、昇り初めと降り初めのステップがはっきりと視認できるようにすることが重要といえる。

5　×　高齢者は、加齢により筋力やバランス能力などの身体機能が低下しており、毛の長いじゅうたんは足元をとられて転倒する恐れがある。

問題82　正解4

1、2、3、5　×　正しい歩き方は、歩幅を大きく、歩隔（横幅）を狭く、外股にならないようにして、つま先の角度をまっすぐになるようにする。腕の振りは大きくして、着地はかかとから行い、後ろから前に重心を移動させて、後ろ足のつま先で地面を蹴って踏み出すとよい。

4　○　上記記述を参照。

問題83　正解5

1、2、3、4　×　T字杖を用いる左片麻痺の利用者が、20cm幅の溝をまたぐときは、右手のT字杖で溝をまたぎ、次に患側の左足で溝をまたぎ、最後に健側の右足でまたぐとよい。またいだ後は、両足をそろえることで、安定して立っていられる。視線は、足元をしっかり見ていなければならない。

5　○　上記記述を参照。

問題84　正解2

1　×　総義歯の場合には、通常では下顎から先に外すとよい。

2　○　義歯は汚れやすく、毎食後に洗う必要がある。

3　×　義歯は、流水に当てながら、スポンジブラシではなく義歯用ブラシで洗う。スポンジブラシは、入れ歯を外したあとの口腔内のケアに用いるが、柔らかすぎて義歯の手入れには不適切といえる。

4　×　熱湯は、義歯を変形させる恐れがあり、不適切といえる。
5　×　義歯は、乾燥すると変形などを生じる危険があり、水か洗浄液に漬けて保管する。

問題85　正解5

1、2、3、4　×　爪切りは原則として医療行為に該当しないとされているが、爪そのものに異常がない、爪の周囲の皮膚にも化膿や炎症がない、糖尿病などの疾患に伴う専門的な管理が必要でない。以上の条件を満たしている必要がある。Hさんの両足は、親指の爪が伸びて両端が皮膚に食い込んで赤くなっていて、熱感がある状態であり、絆創膏を巻いたり、軟膏を塗るのではなく、爪は切らず、速やかに親指の状態をサービス提供責任者に報告することが適切といえる。
5　○　上記記述を参照。

問題86　正解3

1、2、4、5　×　臥床した左片麻痺の利用者に対しては、新しい上着は利用者の左側（患側）に置き、介護福祉職は利用者の健側（右側）に立つ。①上着の左上肢の肩口を広げておき、利用者の体を介護者側に寝返りにして、利用者の肘を曲げた状態にし、衣類の脇下部分を伸ばしながら左肘を外す。②衣類の袖口を引っ張りながら左片腕を脱がせる。③左腕に新しい上着の袖を通しておく。④新しい上着で脱いだ上着を巻き込むようにして身体の下に押し込む。⑤利用者の背を介護者に向けるように寝返った状態にする。⑥着替える上着の右袖を抜いて完全に脱がせる。⑦体の下に押し込んでいた新しい上着を引き出す。⑧利用者を仰向けにして右腕の袖を通す。⑨肩を支えながら新しい上着を肩まで通し、左肩も同様に肩まで通す。着替えでは常に声掛けをしながら行うことが重要である。
3　○　上記記述を参照。

問題87　正解5

1、2、3、4　×　利用者が食事中にむせ込んだときには、誤嚥を防ぐために、早急に口の中の食べ物を取り出す必要がある。吐き出させるためには、下を向かせて咳をさせる。背中をたたく。指で詰まっている食べ物を掻き出すといった方法がある。お茶を飲ませたり、深呼吸をさせて口の中のものを飲み込ませるのは危険である。
5　○　上記記述を参照。

問題88　正解1

1　○　フットサポートに足を乗せたままでは、必要以上に膝が上がった状態となり、食事の際に腹圧がかかりすぎることから、足をフットサポートから下ろして床につけるのがよい。
2　×　片麻痺があるときは、患側の上肢は机の上にのせて体が傾かないようにする。膝の上にのせたままでは、上体が安定せず、不適切である。
3　×　下顎を上げた姿勢のままでスプーンで食べ物を口に入れると、食べ物が一気に口の中に入って誤嚥の危険がある。
4　×　利用者が食べ物を口に入れたときに声をかけると、誤嚥の危険があり不適切である。
5　×　食事中に大きな音でテレビをつけたままでは、利用者が気を取られて誤嚥の危険がある。

令和4年度

問題89　正解３

１、２　×　**逆流性食道炎**とは、胃酸や胃の内容物などが胃から食道へ逆流することで、食道の粘膜が炎症を起こす病気である。脂肪を多く含む食品は胸焼けを起こしやすく、酸性度の高いものは炎症を起こした食道を刺激することから、いずれも不適切である。

３　○　１日の食事を回数を分けて少量ずつ食べることで、炎症を起こした食道への刺激を抑えることになる。

４、５　×　食事のときに腹圧をかけるような前かがみの姿勢をとったり、食後すぐに仰臥位（背臥位）をとると、胃液を逆流させたり、食べたものが消化器に流れにくくなるなど、不適切である。

問題90　正解４

１　×　利用者のからだ全体をベッドの端に移動しては、転落の危険があり、不適切である。体をベッドに対して斜めにして、頭部がベッドから出た状態にする。

２　×　上体を斜めにしたままで両下肢をまっすぐに伸ばすと、腰に負荷がかかり、不適切である。

３　×　洗うときは、生え際から頭頂部に向かって洗うのが適切である。

４　○　シャンプー後は、すぐに洗うのではなく、タオルで泡を拭き取ってからすすぐようにする。

５　×　ドライヤーの温風は、頭皮に直接当たらないように、頭から少し離すとともに、一か所に長時間、温風が当たりすぎないように注意する。

問題91　正解１

１　○　清拭は顔面から行うのがよい。顔面で汚れが溜まりやすいのは、小鼻、耳、首のしわ、あごの下などである。拭く順番は、目の周り、鼻、口、額、頬、耳、首の順番に行う。目は、目頭から目じりに向かって拭くようにする。

２、３、４、５　×　上記記述を参照。

問題92　正解４

１　×　脱いだ衣服を、着る衣服の隣に置いては、Ｊさんが間違って着る可能性があり、不適切である。

２　×　Ｊさんは、時間をかければ一人で洗身、洗髪もできる状態であり、洗身と洗髪を訪問介護員が行う必要はないといえる。

３　×　入浴中の利用者に対しては、声かけを行い、見守る必要がある。

４　○　衣服を着る順番に応じて声をかけることで、間違いを防ぐことができると考えられる。

５　×　ズボンの着脱そのものは、Ｊさん本人が行えると考えられる。訪問介護員は、声掛けをして見守ることが適切である。

問題93　正解２

１、３、４、５　×　**胃・結腸反射**とは、胃腸の蠕動運動を促す反応のことであり、食物が胃に入って、胃が動き出すと便意を催すものである。通常では、起床後の朝は、まだ胃腸が動いていない状態だが、コップ１杯の水を飲むことで、胃・結腸反射を起こすことができる。歩行、腹部のマッサージや離床する時間を増やしたり、便座に座るだけでは、この反射は起きにくいといえる。

２　○　上記記述を参照。

問題94　正解３

１　×　トイレの場所がわからない認知

症の人には、ポータブルトイレの使用もできない可能性が高い。

2 × おむつの使用は緊急的な手段であり、便失禁の改善にはつながらないといえる。

3 ○ 便意がはっきりしない人には、朝食後に時間を決めてトイレへ誘導するなど、排便を習慣づけることは改善につながるといえる。

4 × 下剤は医師の指示で投薬されており、医師の指示がなければ内服を中止してはならない。

5 × 食事の提供量は栄養面などから決定されており、介護福祉職の判断で減らしてはならない。

問題95 正解4

1 × 湯温は、介護福祉職が確認した上で、少量を利用者の肌にかけて確認してもらう。

2 × 石鹸を使いすぎると、肌にトラブルを起こす危険があり、不適切といえる。

3 × タオルで汚れをこすり取るようにすると、皮膚を傷つけたり、汚れを陰部の中に押し込む危険があり、不適切といえる。

4 ○ 便などが尿道に入ると、膀胱炎などの尿路感染症や膣炎を引き起こす可能性があることから、尿道口から洗い、最後に肛門部を洗うようにする。

5 × 洗浄剤や水分が残っていると、おむつ内でむれる危険があり、乾いたタオルで水分をしっかり拭き取るようにする。

問題96 正解4

1 × 高齢者は脱水状態になりやすく、水分摂取を控えるのは不適切である。

2 × 抗不安薬の処方は医師の指示がなければ行えず、介護福祉職の判断で行ってはならない。

3 × トイレに行くKさんに同行しても、問題解決にはつながりにくいといえる。

4 ○ Kさんから排泄についての不安を聞き取ることで、Kさんが抱く不安をなくす具体的な対策につなげることが適切といえる。

5 × Kさんが趣味活動から遠ざかっている原因は失禁と考えられ、失禁への対策を検討することが優先すると考えられる。

問題97 正解3

1 × ノロウイルスに汚染された食品は、中心温度85℃～90℃で90秒以上の加熱が必要とされる。

2 × 嘔吐物が乾燥すると空中に舞いあがり、感染の危険があることから、乾燥する前に除去する必要がある。

3 ○ 嘔吐物を処理するときは、使い捨てのマスク、手袋などを着用する。

4 × ノロウイルスを完全に失活化するためは、エタノール消毒液ではなく、**次亜塩素酸ナトリウム**や**亜塩素酸水**を用いる。

5 × 嘔吐物のついたシーツは、汚物を処理して、洗剤を入れた水の中で静かにもみ洗いをしたのち、85℃で1分間以上の熱水洗濯が適切とされる。熱水洗濯が行えない場合には、次亜塩素酸ナトリウムや亜塩素酸水による消毒が有効とされる。

問題98 正解5

1 × 買い物では、ガイドヘルパーにすべてを任せるのではなく、利用者が自分で商品を選ぶことができるように、商品を手にしてもらうなど、利用者も参加することが望ましい。

2　×　貨幣と紙幣を同じ場所に収納すると、混乱する可能性があり、不適切といえる。

3　×　包丁を調理台の手前に置くと、足元に落とす危険があり、不適切といえる。

4　×　弱視で物の区別がつきにくい利用者には、まな板を食材と同じ色にすると混乱する可能性があり、不適切といえる。

5　○　よく使う調理器具は、いつも同じ場所に収納することで混乱しないことにつながり、適切といえる。

問題99　正解3

1　×　起床間もない早朝は室温も低く、体も思うように動かない場合があり、部屋の掃除などは控えたほうが好ましいといえる。

2　×　関節リウマチでは関節を冷やさないようにする必要があり、食器を洗うときは、温水を使うことが望ましい。

3　○　テーブルを拭くときは、関節を曲げないように、手掌基部を使うように勧めることは適切といえる。

4　×　瓶のふたを開けるときは、指先ではなく、手掌全体を使うか、補助具を用いるように勧めることが望ましい。

5　×　洗濯かごを運ぶときは、片手ではなく両手で持つように勧めることが適切といえる。

問題100　正解4

1　×　やわらかすぎるマットレスや敷布団は、胸と腰の部分が沈み込みすぎて腰への負担が増えることなどから、不適切である。

2　×　枕は、個人差があるが、仰向けに寝て、敷布団と首の角度が約5度、首のすきまが1～6センチあることが適切とされている。頸部が前屈する高さでは、首や肩への負担が大きく、不適切といえる。

3　×　寝床内の温度は32～34℃、湿度は50±5%を保つことが適切とされている。

4　○　快適な睡眠には、臭気がこもらないように寝室の換気をすることが適切といえる。

5　×　寝室のドアを開けたままでは、室温や雑音など快適な睡眠を妨げることがあり、不適切といえる。

問題101　正解1

1　○　足浴は心臓への負担が少なく、リラックス効果があり安眠につながるといえる。

2　×　寝室の照明は、色温度の低い赤みを帯びたやわらかい光で、30ルクス以下の低照度の光がスムーズな入眠を促すとされている。昼光色の蛍光灯は不適切といえる。

3　×　布団に入ってから、短く浅い呼吸ではなく、長く深い呼吸が安眠につながるといえる。

4　×　同じ時間に床に就くなど、規則正しい生活が安眠につながるといえる。

5　×　適度な運動は快眠につながるが、就寝前の運動は興奮して眠れなくなり、不適切といえる。

問題102　正解2

1　×　肩までお湯につかると心臓への負担が大きく、不適切といえる。

2　○　息苦しさを訴えたときは、半座位にすることで、横隔膜が下がって呼吸面積が広がり、呼吸がしやすくなるといえる。

3　×　終日、窓を閉めたままにするの

ではなく、適度に窓を開けて換気を行い、新鮮な空気を取り込むことが適切といえる。

4 × 会話をしないのではなく、自由に会話を行うように勧めることが適切といえる。

5 × 排便時にいきむと、血圧が急上昇する危険があり注意が必要である。ベッド上での排便では、上体を上げて行う、腹部のマッサージを行うなどの工夫を行うのがよい。

問題103　正解５

1 × 利用者の介護については、介護福祉職が最期まで行うのではなく、家族でできる部分は家族にも参加してもらうなど、利用者と家族のふれあいの機会を設けるようにする。

2 × 終末期には、最後まで耳は聞こえているとされている。利用者の反応がないときには、声掛けを控えるのではなく、状況を確認しながらこまめに声掛けを行うようにする。

3、4 × 利用者の死後は、家族に対して毎日電話をしたり、気分を切り替えるように励ますのではなく、家族が静かに故人との思い出に浸れるような配慮が適切といえる。

5 ○ 看取りケアには家族に対するケアも含まれる。家族が悔いが残ると言ったときには、話を聴くことが大切といえる。

問題104　正解２

1 × **ストッキングエイド**とは、靴下をスムーズにはけるように作られた自助具である。通常では、言語機能障害の利用者が必要とするものではないといえる。

2 ○ 電磁調理器は、直接火が出ないことから、視覚障害者でも安心して使いやすい。音声ガイド付きであれば、さらに適切といえる。

3 × 聴覚障害の利用者には、床置き式手すりの必要性は低いと考えられる。

4 × **交互型歩行器**とは、両手での杖歩行のように左右のフレームを交互にずらすようにして動かすものである。下肢の筋力低下や痛みがある方が利用するものであり、右片麻痺の利用者には不適切といえる。

5 × **体圧分散クッション**とは、ベッドや車いすなどで用いられる床ずれ防止用クッションのことである。**肘関節拘縮**とは、肘関節が固まって、正常な範囲で動かせなくなった状態であり、体圧分散クッションの必要性は低いといえる。

問題105　正解１

1 ○ 車いすをたたむときは、駐車ブレーキをかけてから行うようにする。

2 × **入浴用介助ベルト**は、利用者の腰部を、真上ではなく、斜め前に体を引っ張り上げるように持ち上げて使用する。真上に持ち上げると、ベルトが胴体をすり抜けてしまう恐れがある。

3 × **差し込み便器**とは、ベッド上で便や尿をとる便器である。仰臥位でお尻の下に差し込んで使用するもので、端座位で使用するものではない。

4 × **移動用リフト**で吊り上げるときは、利用者の体が揺れないように、体に手を当てて行うようにする。

5 × **簡易スロープ**は、設置工事が不要であり、簡単に設置できるものである。さらに、持ち運びができるタイプのものもある。

介護過程

問題106　正解5

1　×　**介護過程**とは、利用者の生活上の課題解決に向けて取り組むプロセスのことである。介護過程の流れは、①アセスメント、②計画立案、③介護の実施、④評価のプロセスを順に行い、問題点を抽出して改善をして繰り返すようにする。業務効率を優先するために行うものではない。

2　×　介護過程は、医師と連携するために行うものではない。

3　×　介護過程は、ケアプランを作成するために行うものではない。

4　×　介護過程は、画一的な介護を実現するために行うものではない。

5　○　介護過程は、根拠のある介護を実践するために行うものである。

問題107　正解5

1、2、3、4　×　介護過程における評価とは、当初の目標がどれくらい達成されているか、その結果を判定することである。目標には、利用者の最終目標である**長期目標**、長期目標達成のための段階的な目標である**短期目標**がある。選択肢の中で、評価項目として最も優先すべきものは、短期目標の達成度といえる。

5　○　上記記述を参照。

問題108　正解4

1、2、3、5　×　**居宅サービス計画**は介護支援専門員が作成するが、この計画の方針に沿って、サービス提供責任者が、利用者のアセスメントを行い、具体的な**訪問介護計画書**を作成する。居宅サービス計画の目標が変更された場合には、訪問介護計画も変更しなければならない。

4　○　上記記述を参照。

問題109　正解2

1、3、4、5　×　Lさんが外出時に保護されたとき、「ここはどこなの」と言ったのち、自宅から出ようとしなくなったことから、Lさんは、自分のいる場所がわからなくなり、不安を感じていると考えられる。

2　○　上記記述を参照。

問題110　正解1

1　○　Lさんの「自分のいる場所がわからない不安」が解決されていないことから、「外出先から帰れなくなる不安への対応が必要」との提案が、最も適切といえる。

2　×　帰り道を変更しても「自分のいる場所がわからない不安」は解消されない。

3　×　Lさんは「外出したい」という意欲は持っているとみられる。

4　×　Lさんの身体機能に問題はない。

5　×　Lさんの希望は、買い物などの外出を楽しむことであり、事業所での生活では代替できない。

問題111　正解3

1、2、4、5　×　Mさんが「ボール投げるの、おもしろそう」と語ったことから、テレビ中継で見ていた競技がMさんの「やりたいこと」につながるかどうか、競技に対するMさんの意向を確認する情報が、最も優先されるべきといえる。

3　○　上記記述を参照。

問題112　正解4

1、2、3、5　×　「体験したい」と

いうMさんの発言に対して、介護福祉職が支援するべきことは、Mさん自身でスポーツクラブへの体験入会を決定するために、必要な情報を提供することである。他の選択肢はいずれも、Mさんの意思決定を尊重したものとはいえない。

4 ○　上記記述を参照。

問題113　正解3

1、2、4、5 ×　介護福祉職が**事例研究**を行う目的とは、介護過程から介護実践を振り返り、個々の事例の問題性を把握して、問題解決のための対応を検討することといえる。

3 ○　上記記述を参照。

総合問題

総合問題1

問題114　正解4

1、2、3、5 ×　Aさんはアルツハイマー型認知症であり、脳の記憶をつかさどる**海馬**が顕著に萎縮しているという診断であった。Aは前頭葉、Bは頭頂葉、Cは後頭葉、Eは小脳、海馬はDである。

4 ○　上記記述を参照。

問題115　正解2

1 ×　**自助**とは、自分で自分を助けることである。

2 ○　**互助**とは、個人的な関係性を持つ人間同士が助け合い、それぞれが抱える生活課題をお互いが解決し合う力のことである。Aさんの雪かきの例が、これに該当する。

3 ×　**介助**とは、日常生活の支援が中心となる介護とは異なり、介護は不要だが、生活の質の向上のために必要な支援を行うことである。

4 ×　**扶助**とは、介護扶助のことであり、困窮のため最低限度の生活を維持することのできない要介護者、要支援者が対象となるものである。

5 ×　**公助**とは、医療、年金、介護保険など、生活保障制度や社会福祉制度のことである。

問題116　正解3

1 ×　薬の一包化は、飲み忘れの防止には効果があるといえる。

2 ×　インフォーマルな社会資源とは、自治体や地域包括支援センター等の事業などであり、活用を避ける必要はないといえる。

3 ○　日時に関する見当識に問題はないとみられるAさんには、お薬カレンダーの使用が、選択肢の中で最も適切と考えられる。

4 ×　Aさんは自宅で一人暮らしをしており、一人では薬を服用しないように伝えることは不適切といえる。

5 ×　薬は1回の服用量が適量として調剤されており、2回分を一度に服用することは不適切といえる。

総合問題2

問題117　正解2

1、3、4、5 ×　**立脚相**とは、歩行周期中に、ある片方の足が地面に付いている時期のことである。歩行動作では、体を前に倒すとともに左右の足を交互に出して体重を支える必要がある。右立脚相が短いとは、右足が地面に付いている時間が短いということであり、体重が右足にかかる時間が短く、バランスを崩して右側後方に傾く危険があるということである。

令和4年度

2 ○ 上記記述を参照。

問題118 正解5

1、2、3、4 × Bさんは、うまく話すことができないこともあるが、他者の話を聞き取って理解することは、問題なくできていることから、補聴器、五十音表、手話の使用や大きな声で話しかけることは、不適切といえる。

5 ○ Bさんに対しては、「はい」「いいえ」で回答できる質問を中心に用いることで、コミュニケーションをとることができると考えられる。

問題119 正解1

1 ○ Bさんが生活場面の中で歩行する機会を増やすことで、四点杖で一人で歩けるようになるための訓練になると考えられる。

2 × 評価日を設定することで、目標への達成度を確認し、介護計画の見直しにつながるといえる。

3 × Bさんの目標に沿った独自の介護計画を立てることが、効果的といえる。

4 × Bさんの目標は、居室から食堂まで、四点杖で一人で歩けるようになることである。他者との交流が目標ではない。

5 × 歩行練習を行う時間は、Bさんの生活リズムや体調に合わせて決定することが適切といえる。

総合問題3

問題120 正解3

1 × **構成失行**とは、日常の会話や動作が正常にできるのに、簡単な図形などの構成が困難になる状態をいう。

2 × **観念失行**とは、日常生活上の自発運動は正常に行うことができるが、口頭による指示を受けての行為や、他者の模倣などに障害がみられるものである。

3 ○ **着衣失行**とは、運動麻痺などがないにも関わらず、衣服を正しく着る動作が出来なくなるものである。Dさんにみられた失行は、これに該当するといえる。

4 × **顔面失行**とは、口を開けたり、舌を出したりする動作が意識的にできなくなるものである。

5 × **観念運動失行**とは、身振りや手まねでの動作ができなくなり、自発的にできる動作でも真似しようとするとできなくなるものである。

問題121 正解5

1、2、3、4 × Dさんは脳梗塞の後遺症として左同名半盲であり、「左側が見づらい」という状況にある。**左同名半盲**とは、左右の眼とも左半分の視野が欠損する状態のことである。食事を本人から見て右寄りに配膳することで見づらい状況を改善できると考えられる。他の選択肢はいずれも不適切といえる。

5 ○ 上記記述を参照。

問題122 正解2

1 × **就労継続支援A型**とは、一般企業などに就職が難しい障害や難病を抱えている方に働き場所を提供する目的で定められたものであり、Dさんの希望するサービスではないといえる。

2 ○ **地域活動支援センター**とは、障害者等を通わせ、創作的活動または生産活動の機会の提供、社会との交流の促進等の便宜を供与する施設であり、Dさんの希望するサービスといえる。

3 × **療養介護**とは、医療的なケアが必要な障害のある方で、常に介護を必要とする方に対し、主に昼間において、病院において行われる機能訓練、療養上の管理、看護、医学的管理の下における介護等のことであり、Dさんの希望するサービスではないといえる。

4　×　**就労定着支援**とは、障害者が雇用された企業で就労を継続できるように支援するものであり、Dさんの希望するサービスではないといえる。

5　×　**相談支援事業**とは、障害のある方やその家族から相談を受けて、福祉サービスを受けるための手続きを行ったり、様々な福祉サービスの情報を提供したり、助言を行ったりするものであり、Dさんの希望するサービスではないといえる。

総合問題4

問題123　正解2

1、3、4、5　×　**ストレングス**とは、支援を必要としている人が持っている、意欲や能力、希望や長所などの意味である。Eさんは「毎日のスケジュールを決め、規則や時間を守ってプログラムに参加している」ことから、「自分で決めたことを継続する」ことがストレングスに該当するといえる。

2　○　上記記述を参照。

問題124　正解1

1　○「周りの人や物事に関心が向かず、予定外の行動や集団行動はとりづらい。コミュニケーションは、話すよりも絵や文字を示したほうが伝わりやすい。」といったEさんの状況から、災害時に使用する意思伝達のイラストを用意することが、最も適切と考えられる。

2、3、4、5　×　上記記述を参照。

問題125　正解1

1　○　V障害者支援施設は、市の福祉避難所として指定を受けており、災害発生に備えて、事前に受け入れ対象者を確認しておくことが最も適切といえる。

2、3、4、5　×　上記記述を参照。

令和4年度

●日本の社会福祉の理論家と実践家●

横山源之助（よこやまげんのすけ）	1899年（明治32年）に貧困層を描いた著書「日本之下層社会」を発表した。
野口　幽香（のぐち　ゆか）	1900年（明治33年）に貧困児童を対象に二葉幼稚園を創設。
石井　十次（いしい　じゅうじ）	明治期の慈善事業家。1887年（明治20年）に岡山孤児院を設立。
留岡　幸助（とめおか　こうすけ）	明治期の慈善事業家。1899年（明治32年）に不良少年感化のための家庭学校を設立。
石井　亮一（いしい　りょういち）	明治期の慈善事業家。1891年（明治24年）に滝乃川学園を設立。
山室　軍平（やまむろ　ぐんぺい）	1895年（明治28年）に日本救世軍を設立し、廃娼運動に尽力。
河上　肇（かわかみ　はじめ）	1916年（大正5年）に大阪朝日新聞に「貧乏物語」を連載した。
笠井　信一（かさい　しんいち）	1917年（大正6年）に岡山県知事として岡山に民生委員制度の源とされる済世顧問制度を創設した。
糸賀　一雄（いとが　かずお）	障害者福祉の第一人者、「社会福祉の父」と呼ばれる。

令和３年度（第34回）介護福祉士試験　解答・解説

人間の尊厳と自立

問題１　正解４

１　×　**神谷美恵子**は、日本の精神科医でありハンセン病患者の治療に携わったほか、哲学書、文学書などの翻訳の他、代表的な著書に『生きがいについて』がある。

２　×　**糸賀一雄**は、日本の社会福祉の実践家。滋賀県職員として社会教育に携わり、終戦後の混乱期に知的障害児施設「近江学園」を創設した。代表的な著書に『この子らを世の光に』がある。

３　×　**フローレンス・ナイチンゲール**は、イギリスの社会起業家、看護婦であり、近代看護教育の母とされる。クリミア戦争では負傷した兵士の治療に貢献した。代表的な著書に『看護覚え書』がある。

４　○　『ケアの本質』の著者は、アメリカの哲学者**ミルトン・メイヤロフ**である。メイヤロフは、ケアとは、ケアをする人がケア対象の人を「自分自身の延長」としてかかわることであるとしている。

５　×　スウェーデンの**ベンクト・ニィリエ**は、デンマークの社会運動家**バンク－ミケルセン**が唱えたノーマライゼーションの理念を、８つの原理を掲げて広め、「ノーマライゼーションの育ての親」とされる。代表的な著書に『ノーマライゼーションの原理』がある。

問題２　正解１

１　○　高齢者虐待防止法では「養護者による高齢者虐待を受けたと思われる高齢者を発見した者は、速やかに、これを市町村に通報するよう努めなければならない」とされている。

２、３、４、５　×　速やかな対応が求められる事態であり、長男の仕事を探したり、近所の人に確認することは不適切。また、長男に直接、事実を確認することもＡさんに対する暴力の恐れもあり不適切。何もしないことも不適切といえる。

人間関係とコミュニケーション

問題３　正解５

１、２、３、４　×　介護福祉職として、Ｂさんから相談があった時点では、励ますだけではなく、Ｂさんの思いを受け止める対応が望ましい。施設への入所の提案、近所の人への依頼は、さらに状況が明確になった後でよい。また、「よくわかります」「皆さん疲れていますよ」では、Ｂさんの思いを突き放すことになりかねない。

５　○　上記記述を参照。

問題４　正解２

１　×　解放された部分を狭くするのではなく、広くすることがコミュニケーション場面での目標といえる。

２　○　介護福祉職が自己開示を行うことで、利用者との信頼関係の形成に資するといえる。

３、４、５　×　自己開示は利用者との信頼関係の形成のための手段であり、自己開示そのものが目的ではない。また、利用者との信頼関係を評価するためでもなく、介護福祉職自身の分析のためでもない。

社会の理解

問題 5　正解 2

1、3、4、5　×　プランには、〝「地域共生社会」を実現するために、支え手側と受け手側に分かれるのではなく、地域のあらゆる住民が役割を持ち、支え合いながら、自分らしく活躍できる地域コミュニティを育成し、福祉などの地域の公的サービスと協働して助け合いながら暮らすことのできる仕組みを構築する〟と示されている。

2　○　上記記述を参照。

問題 6　正解 2

1　×　平均世帯人員は 2.39 人であった。（以下、2019 年国民生活基礎調査より）

2　○　世帯数で最も多いのは、2 人世帯（1657.9 万世帯、構成割合 32 %）であった。なお、2023（令和 5）年の同調査では単独世帯（34%）が最も多く、次が 2 人世帯（32.4%）であった。

3　×　単独世帯数は 1490.7 万世帯、このうち高齢者単独世帯数は 736.9 万世帯であった。

4　×　母子世帯数は 64.4 万、父子世帯数は 7.6 万、高齢者世帯数は 1487.8 万世帯であった。

5　×　全国の世帯総数は、5,178 万 5 千世帯であった。

問題 7　正解 4

1　×　2021 年（令和 3 年）9 月 1 日現在の日本の人口は 1 億 2555 万 9 千人で，前年同月に比べ 62 万 8 千人減少している。人口は、近年、減少傾向にある。☞総務省統計局「人口推計」

2　×　共働き世帯数は、近年、増加傾向にある。☞総務省統計局「労働力調査特別調査」他

3　×　非正規雇用労働者数は、2010 年以降増加が続いてきたが、2020 年、2021 年は減少した。なお、2022 年以降は再び増加に転じているため、現在では、この問題は不適切といえる。☞総務省統計局「労働力調査」

4　○　生産年齢人口（15 ～ 64 歳）は、平成 7 年に 8,716 万人でピークを迎え、その後減少に転じ、令和 2 年には 7,449 万人と、総人口の 59.3 % となった。☞令和 3 年版高齢社会白書

5　×　2018 年の租税負担率と社会保障負担率を合計した日本の国民負担率は、44.3 % で、OECD 加盟 35 カ国中 26 位であった。☞財務省主計局

問題 8　正解 3

1　×　社会福祉法では、市町村が地域福祉計画を策定するよう努めるとしており、策定が義務付けられてはいない。この項目は改正前から存在する。

2　×　介護サービス提供体制の整備は掲げられているが、入所施設の重点的な拡充は示されていない。

3　○　医療・介護のデータ基盤の整備の推進は、改正法の柱の一つといえる。

4　×　介護サービス提供体制の整備は掲げられているが、市町村直営の介護サービス事業の整備拡充は示されていない。

5　×　介護人材確保及び業務効率化の取組みの強化は掲げられているが、ロボット等の機械の活用から人によるケアへの転換は示されてはいない。

問題 9　正解 4

1　×　C さんは認知症は発症しておらず、認知症対応型共同生活介護の入居対象ではない。

2　×　公的年金で生活している C さんには、**介護付有料老人ホーム**は金銭的な負担が大きく不適切と考えられる。

3　×　**軽費老人ホーム A 型**では食事の提供が行われるため、自炊を楽しむ C さんの生活スタイルには不適切と考えられる。

4　○　**サービス付き高齢者向け住宅**は、高齢者単身・夫婦世帯が居住できる賃貸等の住まいであり、専用部分に、台所、水洗便所、収納設備、洗面設備、浴室を備えるほか、バリアフリー構造であるなど、C さんが入居するには適切な施設と考えられる。

5　×　**養護老人ホーム**は、一般的には介護の必要がなく、自立した人を入居対象としており、要支援 1 の C さんは入居対象ではない。

問題10　正解 5

1、2、3、4　×　介護保険制度の保険給付の財源構成（令和 3 年～令和 5 年）は、公費（50%）、第一号保険料（23%）、第二号保険料（27%）である。

5　○　上記記述を参照。

問題11　正解 3

1　×　調査の参考資料より、身体障害者（児）が 436 万人、精神障害者が 392.4 万人、知的障害者（児）108.2 万人となっている。なお、2022（令和 4）年の同資料では、精神障害者が最も多く 614.8 万人、次いで、身体障害者（児）423 万人、知的障害者（児）126.8 万人の順となっている。

2　×　調査の参考資料より、施設入所者の割合が最も多いのは、知的障害者で 108.2 万人中 12 万人（11.1%）、次いで、精神障害者 392.4 万人中 31.3 万人（8%）、身体障害者 436 万人中 7.3 万人（1.7%）の順になっている。

3　○　身体障害者のうち、65 歳以上では、在宅の身体障害者は 74%の割合を占めている。

4　×　障害者数全体は増加傾向にあり、また、在宅・通所の障害者は増加傾向となっている。

5　×　平成 28 年調査では、精神障害者の数は 392.4 万人、そのうち、精神障害者保健福祉手帳所持者は 84.1 万人であった。

問題12　正解 4

1　×　**行動援護**の対象者は、知的障害又は精神障害により行動上著しい困難を有する方等であって常時介護を有する方で、障害支援区分が区分 3 以上で、障害支援区分の認定調査項目のうち行動関連項目等（12 項目）の合計点数が 10 点以上の方とされており、E さんには適切なサービスとはいえない。

2　×　**同行援護**の対象者は、視覚障害により、移動に著しい困難を有する方等であって、同行援護アセスメント調査票において、移動障害の欄に係る点数が 1 点以上であり、かつ移動障害以外の欄（「視力障害」、「視野障害」および「夜盲」）に係る点数のいずれかが 1 点以上である方とされており、E さんには適切なサービスとはいえない。

3　×　**自立訓練**（機能訓練）の対象者は、地域生活を営む上で身体機能・生活能力の維持・向上等のため一定の支援が必要な身体障害のある方、または難病を患っている方とされており、E さんには適切なサービスとはいえない。

4 ○ **自立生活援助**とは、障害者支援施設やグループホームなどを利用していた障害者で、地域で一人暮らしを希望する人に対し、地域において自立した日常生活、または社会生活を営むことができるよう、一定の期間にわたり定期的な巡回訪問（居宅訪問）や随時の対応により、円滑な地域生活に向けた相談・助言などを行うサービスであり、Eさんに適切なサービスといえる。

5 × **就労継続支援**とは、通常の事業所に雇用されることが困難である者に対して就労の機会の提供及び生産活動の機会の提供その他の就労に必要な知識及び能力の向上のために必要な訓練等の支援を行うものであり、雇用契約に基づく就労が可能である者を対象としたA型と雇用契約に基づく就労が困難である者を対象としたB型があるが、いずれもEさんには適切なサービスとはいえない。

問題13 正解1

1 ○ **重度訪問介護**とは、重度の肢体不自由または重度の知的障害もしくは精神障害があり常に介護を必要とする方に対し、ホームヘルパーが自宅を訪問し、入浴、排せつ、食事などの介護、調理、洗濯、掃除などの家事、生活等に関する相談や助言など、生活全般にわたる援助や外出時における移動中の介護を総合的に行うサービスである。

2、4 × 知的障害者、訪問看護の利用者も対象となる。

3 × 重度訪問介護を利用している障害支援区分6の重度障害者は、入院中にも引き続き重度訪問介護により、本人の状態を熟知したヘルパーによるコミュニケーション支援を受けられる。

5 × 常に介護を必要とする方が対象であり、障害が視覚障害のみの場合には対象とはならない。

問題14 正解2

1、3、4、5 × 成年後見人等として活動している人が多い職種は、司法書士、弁護士、社会福祉士、社会福祉協議会、行政書士、精神保健福祉士の順となっている。なお、令和5年の同調査では、行政書士以降は社会保険労務士、精神保健福祉士、税理士の順となっている。

2 ○ 上記記述を参照。

問題15 正解5

1、2、3、4 × **保健所**は、地域における感染症対応の要として、地域住民の健康を支える中核となる施設であり、疾病の予防、衛生の向上など、地域住民の健康の保持増進に関する業務を行っている。地域保健法に基づいて、都道府県、指定都市、中核市、特別区などが設置する。令和6年4月1日時点で、本所468、支所123か所に設置されている。例外的措置として、医師以外の者を保健所長とすることも可能とされている。

5 ○ 上記記述を参照。

問題16 正解1

1 ○ 生活保護の給付方法には、金銭給付と医療扶助のような現物給付がある。

2 × 生活保護の申請は、受給を希望する本人が行う。民生委員は申請の支援を行う。

3 × 生活保護法は、日本国憲法第25条にある「健康で文化的な最低限度の生活」の体現を目的としている。

4 × 生活保護を担当する職員には、

社会福祉士の資格は求められていない。
5　×　生活保護の費用は、国が4分の3、地方自治体が4分の1を負担する。

介護の基本

問題17　正解3

1、2　×　訪問介護員には、Fさんの悩みに真摯に応える姿勢が求められる。いずれもFさんの思いを受け止めていないといえる。
3　○　Fさんの悩みを聞き取ろうという姿勢が適切といえる。
4、5　×　性同一性障害であるというFさんの悩みに対して配慮がなく、誠実に相談に応えていないといえる。

問題18　正解1

1　○　利用者が、自分で衣服を選べるような工夫をすることは適切といえる。
2　×　利用者自身が、こぼさずに食べれるように声かけをするなどの工夫が望ましい。
3　×　決まった時間に排泄をするのではなく、利用者の排泄の感覚を優先するのが望ましい。
4　×　利用者が、転倒しないように声かけや補助をするのが望ましい。
5　×　一律に集団浴をするのではなく、利用者の希望に配慮すべきといえる。

問題19　正解5

1　×　利用者の最期の迎え方を決めるのは、利用者自身とすべきといえる。
2　×　親しさを感じさせることは重要だが、愛称で呼ぶことは行き過ぎといえる。
3　×　利用者ができないことをできるようにするためにも、適度な補助は必要といえる。
4　×　利用者の生活のスケジュールは、利用者の希望を優先すべきといえる。
5　○　利用者の自立支援のためには、利用者の意見や希望を取り入れることは重要である。

問題20　正解4

1　×　Gさんがパーキンソン病であることは健康状態であり、個人因子である。
2　×　不安定な歩行は、心身機能であり、個人因子である。
3　×　息子と二人暮らしであることは、個人因子である。
4　○　ICFの環境因子を分類すると物的環境、人的環境、社会的環境に分けられる。参加制約の原因になっている自宅周辺の坂道や段差は、この中の社会的環境に当たる。
5　×　車いすは、物的環境であり環境因子である。

問題21　正解3

1、4　×　孫の悩みに対して突き放すような対応であり、適切ではない。
2、5　×　孫は家事や勉強の両立を悩んでおり、Hさんを施設へ入所させたり、近所の人に家事を手伝ってもらうという段階ではないと考えられる。
3　○　勉強への不安については高校の先生に、家事については担当の介護支援専門員にそれぞれ相談をすることが、最も適切と考えられる。

問題22　正解1

1　○　サービス担当者会議の招集は、介護支援専門員の業務である。☞指定居宅介護支援等の事業の人員及び運営に関する基準第13条第9号
2、3　×　サービス担当者会議は、利用者および家族の参加を基本としてい

るが、自宅での開催、月 1 回以上の開催は義務付けられてはいない。☞上記基準第 13 条第 9 号他

4、5 × サービス担当者会議の目的は、利用者についての情報を共有して、居宅サービス計画の原案の内容について、各担当者から専門的な見地からの意見を求めるために行われる。会議では、利用者の氏名の匿名化は行われない。☞上記基準第 13 条第 9 号他

問題23　正解５

1、2、3、4 × **フォーマルサービス**とは、公的機関や制度にもとづく専門職によるサービスや支援のことであり、いずれも公的なサービスではないといえる。

5 ○ **地域包括支援センター**は、高齢者が要介護状態になっても、住み慣れた地域で継続的に生活できることを目指し、各市町村に設置されたもので、設置主体は市町村、もしくは市町村から委託を受けた社会福祉法人等である。

問題24　正解２

1、3、4、5 × **日本介護福祉士会**が 1995 年に定めた倫理綱領には、「介護福祉士は、すべての人々が将来にわたり安心して質の高い介護を受ける権利を享受できるよう、介護福祉士に関する教育水準の向上と後継者の育成に力を注ぎます。」と示している。

2 ○ 上記記述を参照。

問題25　正解４

1 × 厚生労働省の「医療・介護関係事業者における個人情報の適切な取扱いのためのガイダンス」では、「スマートフォン、パソコン等の記録機能を有する機器の接続の制限及び機器の更新への対応」として「個人データを取り扱う端末に付与する機能を限定する。」とされている。

2 × 復元可能な状態で破棄しては、不適切に再現される恐れがあり不適切といえる。

3 × 整理用のインデックスの使用に関しては、禁止されていない。

4 ○ 上記ガイダンスでは、「医療・介護関係事業者は、保有個人データの開示手順を定めた規程その他個人情報保護に関する規程を整備し、苦情への対応を行う体制も含めて、院内や事業所内等への掲示やホームページへの掲載を行うなど、患者・利用者等に対して周知徹底を図る。」としている。

5 × 職員の休憩室に監視カメラを設置するのは、プライバシーへの配慮が不適切といえる。

問題26　正解２

1、3 × 抱きつかれても黙って耐えたり、利用者が繰り返す性的な話を笑顔で聞いていたのでは、利用者の行為は改まらず不適切といえる。

2 ○ 利用者からの暴力に対しては、拒否をするとともに速やかに対処する必要がある。

4 × 家族からの暴言は、放置するのではなく、上司に伝えて対応を検討すべきといえる。

5 × サービス外のことは実施できないのが原則であり、その旨きちんと説明をして理解を求めるのが適切といえる。

コミュニケーション技術

問題27　正解１

1 ○ 上半身を少し利用者のほうへ傾けた姿勢であれば、利用者に威圧感を

与えず適切といえる。

2、3　×　正面に立って話したり、腕を組んで話を聞くのは、利用者に威圧感を与えて不適切といえる。

4　×　利用者の目を見て話すことは重要だが、見つめ続けるのはかえって利用者に威圧感を与えかねず好ましくないといえる。

5　×　緊張感が伝わるように背筋を伸ばしたままでは、利用者が緊張してしまい不適切といえる。

問題28　正解5

1、2、3、4　×　アサーティブ（assertive）とは、「断定的」という意味であり、転じて「自己主張すること」という意味で用いられ、**アサーティブ・コミュニケーション**は、「相手の意見を尊重しながら、誠実に自分の意見を主張するコミュニケーションをとること」という意味である。

5　○　上記記述を参照。

問題29　正解4

1、2　×　Jさんは新しい環境での生活に不安を感じており、介護福祉職の共感的理解を示す対応としては、うなずいたり、沈黙するだけでは、その訴えに応えていないといえる。

3　×　Jさんの話の内容を繰り返すだけでは、共感的理解を示したとはいえない。

4　○　Jさんの立場に立って対応することが、共感的理解を示すことになるといえる。

5　×　Jさんを励ましただけでは、共感的理解を示したとはいえない。

問題30　正解4

1　×　全盲のJさんに対して、突然肩に触れるのは、かえって驚かせる。

2　×　声かけは、最小限ではなく、適度な大きさで行う必要がある。

3　×　全盲のJさんに対して、「こちらに」では、はっきりわからず不適切といえる。

4　○　トイレや食堂などを、Jさんと一緒に歩きながら確認することは適切といえる。

5　×　全盲のJさんに対しては、食堂の様子を説明して好みの場所を聞くなど、適切な場所に誘導することが適切といえる。

問題31　正解5

1、2、3　×　興奮しているときのKさんに対して、興奮している理由を聞いたり、たしなめたり、説得することは効果的とはいえず、不適切といえる。

4　×　興奮状態のKさんには、日課表に沿った活動を求めることは困難と考えられる。

5　○　興奮状態のKさんに対しては、環境を変えて落ち着かせることが適切といえる。

問題32　正解3

1　×　長男の顔色が悪く、介護による疲労を訴えている状況では、長男自身の意向を変える必要はないと励ますのは適切とはいえない。

2　×　Kさん本人に意向を確認することは困難といえる。

3　○　長男の強い意向の理由を聞いて、対応を検討するのが適切といえる。

4、5　×　長男の意向を安易に否定するのではなく、一定の配慮が必要といえる。

問題33　正解2

1　×　苦情については、速やかな報告を行い、早急な対応が求められる。

2　○　口頭での速やかな報告を行ったのち、文書での詳細な報告は適切といえる。

3　×　「いつもの苦情です」では内容が伝わらず、不適切といえる。

4　×　報告は上司に行うのが適切といえる。

5　×　報告は翌日にするのではなく、速やかに行うべきといえる。

問題34　正解3

1　×　**ケアカンファレンス**とは介護現場での会議のことであり、現場の問題点を共有して改善策を検討するものである。検討する内容はインフォーマルなサポートに限定せず、多岐にわたる問題を検討する。

2　×　会議では、介護に対する批判が中心ではなく、よりよい介護を実現するために広く様々な問題が取り上げられる。

3　○　よりよい介護のためには、利用者自身の意向を聞くことは重要である。

4　×　意見が分かれたときは、安易に多数決で決定するのではなく、少数意見も尊重して、よりよい介護の実現を目指すべきといえる。

5　×　いたずらに対立を避けるのではなく、さまざまな立場からの意見も参照すべきといえる。

生活支援技術

問題35　正解1

1　○　寝室はトイレに近い場所にあるほうが、安全性、快適性の面からも望ましいといえる。

2　×　機能低下のある高齢者の場合には、寝室と玄関は離れすぎず近くにある方が快適であり、安全性からも同じ階が望ましい。

3　×　80dB は地下鉄の車内の音量に匹敵する。夜間の騒音としてはうるさくて安眠できない音量である。

4　×　ベッドの真上に照明があるとまぶしくて睡眠の妨げになるおそれがある。

5　×　手すりの色が壁紙と同じでは握り損ねる恐れがあり、安全性の面から不適切といえる。

問題36　正解5

1、2、3、4　×　ヒトの胸椎は12個あり、上から7番目が第7胸関節(Th7)である。Th7の損傷では上肢機能はほぼ正常に近いことから、移乗台（バスボード）を用いての入浴が最も適切といえる。段差解消機、滑り止めマット、四点歩行器のいずれも歩行時の補助となる福祉用具であり、適切とはいえない。ストレッチャーは、患者を寝かせたままで運ぶ車輪のついたベッドのことであり、不適切といえる。

5　○　上記記述を参照。

問題37　正解1

1　○　耳を清潔にする際、まずは耳垢の状態を観察する。綿棒は、外耳道の入口から1cm程度まで入れ、耳垢を除去する。耳を傷つけるおそれがあるので毎日は行わない。耳垢塞栓の除去は、医行為のため介護福祉職は行えない。

2、3、4、5　×　上記記述を参照。

問題38　正解4

1、2　×　硬い歯ブラシは歯茎を傷つ

ける恐れがあり不適切といえる。強い力で磨くことも同様といえる。

3　×　歯と歯肉の境目には汚れが付きやすく、しっかりブラッシングを行う必要がある。

4　○　ブラッシングは、歯ブラシを小刻みに動かしながら行うのがよい。

5　×　使用後には、乾燥しやすいように、ブラシ部分を上にして保管するのがよい。

問題39　正解4

1　×　上着を脱ぐときには麻痺のない左側から脱ぐようにするのがよい。

2、3　×　右片麻痺のMさんの右手首を、力を入れてつかむのは不適切といえる。同様に、右肘関節を素早く伸展させることも不適切である。

4　○　右片麻痺のMさんの右肘に袖を通すときには、前腕を下から支えて補助するのは適切といえる。

5　×　右上肢の屈曲拘縮があるMさんには、かぶり式の衣類ではなく、前空きの衣類が適切といえる。

問題40　正解2

1　×　スポンジブラシに水を大量に含ませると、利用者が誤嚥を起こす恐れがあり、不適切といえる。

2　○　口腔の奥から手前に向かって清拭することで、汚れが口腔の奥に入ることを防ぐことになる。

3　×　栄養剤注入後、すぐに口腔ケアを実施すると嘔吐する可能性があり、不適切といえる。

4　×　口腔内は一定の湿り気が必要であり、乾燥させるのは不適切といえる。

5　×　口腔ケアは、嘔吐などを防ぐために空腹時に行うのが適切といえる。

問題41　正解2

1　×　アームサポートが固定された車いすでは移乗時に妨げになり、不適切といえる。

2　○　ベッドから車いすへの移乗時には、高低差によって体をすべらせて楽に移乗できる効果がある。

3　×　車いすをベッドの真横に置き、スライディングボードの両端が車いすとベッドにしっかりかかるようにセットする。間隔をあけすぎると、移動時に危険といえる。

4　×　スライディングボード上では臀部を素早く移動させると危険であり、不適切といえる。

5　×　車いすに移乗後は、利用者のからだを傾けてスライディングボードを引き抜くようにする。

問題42　正解3

1　×　利用者とベッドの接地面を広くするとかえって体位変換に大きな力が必要になる。

2　×　利用者の下肢を交差させると側臥位への体位変換が困難になる。

3　○　**トルクの原理**とは、物体を回転させるときの力の量は、**てこの原理**で回転の中心（固定点）から力点までの長さが長いほど大きくなるというものである。仰臥位から側臥位への体位変換においては、仰臥位の利用者の膝を立てることで、少ない力で体を回転させて、側臥位への移動が行える。

4　×　滑りやすいシートを利用者の下に敷くと体が滑りやすくなって、側臥位への体位変換が困難になる。

5　×　利用者に近づくことで力を入れやすくなるが、トルクの原理を応用した介護方法とはいえない。

問題43　正解１

1　○　視覚障害のある利用者には、安心して利用できるようにトイレ内の情報を提供する。

2　×　階段を上るときには、支援者が先に立って手首を利用者に握ってもらい、誘導するのが適切といえる。

3　×　狭い場所を歩くときは、支援者が先に立って支援者の後ろについた利用者を誘導する。

4　×　乗車時には利用者を先に乗せ、降車時には支援者が先に降りて誘導する。

5　×　視覚障害のある利用者には、エスカレーターよりもエレベーターの方が安全といえる。

問題44　正解４

1　×　嚥下障害のあるＡさんが、いすに浅く腰かけた状態では、のけぞる姿勢になりやすく誤嚥の危険性がある。

2　×　会話をしながらでは、誤嚥の危険性が高まり不適切といえる。

3　×　食事の後の体操は、かえって誤嚥の危険性が高まり、不適切といえる。

4　○　肉、野菜、魚などは、軟らかく調理することで誤嚥の危険性は低くなるといえる。

5　×　おかずを細かく刻むだけでは、固い食材などについて十分に誤嚥の危険性が低くなるとはいえない。

問題45　正解２

1　×　**慢性腎不全**とは、腎臓の機能が低下した病態のことであり、タンパク質・塩分・カリウム・リンの摂取制限や、カロリーと水分の適切な摂取が必要となる。タンパク質の摂取制限を行うことから、エネルギーの高い植物油などでカロリーを補うとよい。

2　○　慢性腎不全では、高血圧治療が重要であり、塩分を控えた味付けにすることが適切といえる。

3　×　肉や魚はカリウムが豊富であり、適切な摂取が必要となる。

4　×　塩分の摂取制限は必要だが、砂糖についての摂取制限は特に必要とはいえない。

5　×　生野菜にはカリウムが多く含まれており、摂取制限が必要といえる。

問題46　正解３

1　×　スプーンや箸がうまく使えない利用者には、**作業療法士**と連携する。

2　×　咀嚼障害がある利用者の義歯の調整は、**歯科医師**と連携する。

3　○　座位の保持が困難な利用者には、体幹訓練を**理学療法士**と連携するのがよい。

4　×　摂食・嚥下障害の利用者には、嚥下訓練を**言語聴覚士**と連携する。

5　×　利用者の食べ残しが目立ったときは、献立や調理方法の変更を**栄養士**と連携する。

問題47　正解２

1　×　着替えの衣服は、利用者の好みで選択する。

2　○　空腹時の入浴は、めまいや立ちくらみを起こす可能性があり、控えなければならない。

3　×　入浴時には汗をかいて水分不足になる恐れがあり、水分補給が必要といえる。

4　×　食後すぐの入浴は消化不良を起こしやすく、不適切といえる。

5　×　入浴時の湯の温度は、38℃～40℃が適切といえる。

問題48　正解4

1　×　シャワーの湯温は、利用者よりも介護福祉職が先に確認する。

2　×　からだ全体にシャワーをかけるときは、下肢から先に行う。

3　×　利用者が寒さを訴えたときには、熱いシャワーをかけるのではなく、徐々にシャワーの温度を上げていく。

4　○　利用者が陰部を洗うときは、介護福祉職は利用者の気持ちに配慮して、正面ではなく背部に立って見守るようにする。

5　×　浴室内で水分を軽く拭き取ってから脱衣室に移動する。

問題49　正解3

1　×　左片麻痺のある利用者の場合には、右膝を立てて右の踵を臀部に引き寄せてから立ち上がるように介助する。

2　×　浴槽の底面に両手をついた体勢では、前かがみになりすぎて立ち上がり介助が困難になる。

3　○　利用者が、右手で手すりをつかんで前傾姿勢をとり、臀部を浮かすことで立ち上がり介助がしやすくなる。

4　×　左片麻痺のある利用者が立ち上がる場合には、利用者の左腋窩に手を入れて支えるとよい。

5　×　左片麻痺のある利用者が立ち上がる場合には、素早く立ち上がるのではなく、転倒しないようにゆっくり立ち上がるようにする。

問題50　正解1

1　○　シャワー用車いすを移動する場合は、段差に注意が必要といえる。

2　×　入浴の移乗台は、浴槽と同じ高さに設定する。

3　×　浴槽設置式リフトは、座位の状態で使用する。

4　×　入浴用介助ベルトは、利用者の腰部に装着する。

5　×　ストレッチャーで機械浴槽に入るときは、ストレッチャーのベルトは締めたままで入る。

問題51　正解3

1　×　朝食を摂ることで便意が促されることから、食事を抜くことは不適切といえる。

2　×　油分の摂取は排便を促進するといえ、控えることは不適切といえる。

3　○　適度な運動は排便を促進するといえ、適切といえる。

4　×　腰部を温めることで排便を促進するといえる。

5　×　便意は朝に起きやすく、就寝前にトイレに座るように勧めるのは不適切といえる。

問題52　正解5

1、3　×　**機能性尿失禁**とは、排尿に関わる機能に異常がなくても起きるものであり、身体運動機能の低下、痴呆・認知症、判断力低下などを背景としている。日中の足上げ運動、膀胱訓練などでは改善効果は得られにくいといえる。

2　×　機能性尿失禁の利用者に対しては、ズボンのゴムひもを緩いものに変えても改善効果は得られにくいといえる。

4　×　認知機能の低下による機能性尿失禁の利用者に対しては、排泄してしまう場所に入れないようにしても改善効果は得られにくいといえる。

5　○　トイレの照明をつけて、ドアを開けておくことは、いつでも排尿できる環境を整えることになり、適切といえる。

問題53　正解1

1　○　タンスの中に汚れた衣類を入れられる場所を確保することで、利用者に対する配慮にもつながり、適切といえる。

2、5　×　認知症の利用者に対しては、貼紙や注意では改善の効果は少ないと考えられる。

3　×　トイレでの監視は、利用者の尊厳を傷つける行為といえる。

4　×　つなぎ服では、トイレでの排尿がしにくくなり、不適切といえる。

問題54　正解5

1、2、3、4　×　**次亜塩素酸ナトリウム**は塩素系除菌漂白剤の主成分だが、金属腐食性があるほか、漂白剤効果も高いことから、金属製品、色柄物の繊維製品、木製品などへの使用は好ましくない。皮膚につくと皮膚壊死を起こす可能性もある。また、温度、光、重金属などの影響を受けて分解することから、熱湯で薄めることは不適切である。

5　○　上記記述を参照。

問題55　正解5

1　×　**なみ縫い**は、基本となる縫い方であり、等間隔に縫い進める縫い方である。

2　×　**半返し縫い**は、針を半目戻して縫っていくもので、本返し縫いに次いで丈夫な縫い方である。

3　×　**本返し縫い**は、針をひと目戻して縫っていくもので、バッグなどに用いられる丈夫な縫い方である。

4　×　**コの字縫い**は、2枚の布を折り山でくっつけて縫い合わせる縫い方であり、縫い目を目立たせたくないときに行いるものである。

5　○　**まつり縫い**は、ズボンの裾上げに用いられる縫い方であり、表側に出る縫い目をできるだけ目立たせないものである。

問題56　正解2

1　×　汚れた面を内側に丸めながら外すことで、汚れが移らないようにする。

2　○　ベッドメイキングでは、シーツの角を対角線の方向に伸ばして整えることでしわを作らないようにする。

3　×　袋状の枕カバーの端を入れ込んで使用するときは、布の折り込み側が下になるように置く。

4　×　掛け毛布は、ゆるみができるようにシーツの足元に押し込まない。

5　×　動かしたベッド上の利用者の物品は、元の位置に置くようにする。

問題57　正解4

1　×　夜勤に入る前に仮眠をとることで、夜勤で眠気が起きにくくなる。

2　×　寝る前にスマートフォンを使うと、興奮して良質な睡眠がとりにくい。

3　×　朝食と夕食の開始時間を変えると、生活リズムが狂って良質な睡眠がとりにくい。

4　○　夜勤後には、サングラスなどで日光を避けることで精神を落ち着かせ、安眠しやすくなる効果がある。

5　×　休日の寝だめは、良質な睡眠にはつながりにくいといえる。

問題58　正解5

1　×　102歳のBさんは1週間前から経口摂取が困難になっており、すでに体重の減少は生じていると考えられる。

2　×　1日の大半は目を閉じ、臥床状態が続いていることから、夜間の睡眠時間の情報は該当しないと考えられる。

3　×　家族は施設で看取りたいと希望

しており、Bさんの状態からも、延命治療の意思が看取りに必要な情報として最も適切とはいえない。

4 × 経口摂取が困難なBさんの状態から、嚥下可能な食形態が看取りに必要な情報には該当しないといえる。

5 ○ 呼吸の状態に関する情報は、最も看取りに必要な情報といえる。

問題59 正解3

1 × 緊急連絡先が1つでは、連絡が取れない場合もあることを想定して、予備の連絡先も確認しておく必要があるといえる。

2 × 終末期の利用者の家族に対しては、面会を制限することは不適切といえる。

3 ○ 終末期の利用者の家族に対して、死に至る過程で生じる身体的変化を説明しておくことは、不安の軽減、**グリーフケア**にもつながるといえる。

4 × 死後の衣服については、利用者本人の好みを知る家族の希望を聞くことが望ましいといえる。

5 × 亡くなる瞬間に立ち会うかどうかは家族が自分で決めることといえる。

問題60 正解2

1 × 死後硬直が見られてからでは、**エンゼルケア**を行うのが困難になり、不適切といえる。

2 ○ 生前と同じように利用者に声をかけながら介護を行うことで、死者への尊厳を守ることになるといえる。

3 × 義歯を外すと、容貌が変化することから適切ではない。

4 × 髭剃り後の皮膚を整えるためにも、クリーム塗布を控える必要はないといえる。

5 × 手首を包帯でしばるのは、遺族の思いや死者への尊厳を傷つけることになりかねず、不適切といえる。

介護過程

問題61 正解1

1 ○ 介護過程を展開することで、多職種が参加して利用者のニーズに即したサービスを提供することができるといえる。

2 × 介護過程の展開とは、直感的な判断で考えるものではない。

3 × 介護過程を展開することで、利用者の生活に即したサービスを提供することができる。

4 × 介護過程の展開は、介護福祉職が利用者の生活を管理するために行うものではない。

5 × 介護過程の展開は、利用者のニーズに即したサービスを提供するために行うものであり、介護福祉職が実施したい介護を提供するものではないといえる。

問題62 正解4

1 × 情報収集は、利用者の日常生活の困難な部分に限らず、幅広く収集する必要があるといえる。

2 × 利用者との会話は解釈を加えるのではなく、忠実に記録しなければならない。

3 × 他の専門職が記載した記録は、間接的な情報として扱うものといえる。

4 ○ 介護過程における情報収集は、利用者の生活に対する思いを大切にして収集しなければならない。

5 × 介護過程における情報収集は、モニタリングの実施前に行われる。

問題63　正解5

1、2、3、4　×　介護過程は、利用者のこれまでの生活歴や現在の生活状態を知ることで、生活上の課題を明確にして、利用者が望む生活を実現するために、問題を解決する支援内容を検討するものである。効率的な支援を提供するためではない。また、利用者が家族の望む生活を送るためでもない。さらに、介護福祉職が実践困難な課題のことでもなく、利用者の生活を改善するために思いついたことでもないといえる。

5　○　上記記述を参照。

問題64　正解5

1、2、3、4　×　介護目標には、6～12か月で達成を目指す**長期目標**と、3～6か月の**短期目標**がある。長期目標は、短期目標ごとに設定するのではなく、最終的な目標である長期目標の実現のために、段階的にいくつかの、より具体的な短期目標を設定する。したがって短期目標は、生活全般の課題が解決した状態を表現するものではないといえる。

5　○　上記記述を参照。

問題65　正解3

1、5　×　介護計画における介護内容は、介護の効率を重視して決めるのではなく、利用者の能力に即したものとすべきといえる。また、介護福祉職だけが理解できる表現ではなく、利用者も理解できるものでなければならない。

2　×　介護は、業務の都合に応じて行うものではなく、時間設定は必要といえる。

3　○　介護計画における介護内容には、介護するときの注意点についても記載しておく必要がある。

4　×　介護福祉職の考えを優先して決めるのではなく、利用者の意思や希望が優先されるべきといえる。

問題66　正解2

1、3、4、5　×　長男からは「トイレが自分でできるようになってほしい」との要望があり、Cさん自身も「リハビリテーションを頑張りたい」と話していることから、Cさんに対するアセスメントで最も優先すべきことは、排泄に関連した動作について確認することと考えられる。

2　○　上記記述を参照。

問題67　正解3

1、2、4、5　×　Dさんが「盛り付けの見た目が…」と話したこと、食事の準備の様子を見ていること、食事中は談笑し、食事も完食していることなどから、Dさんに対する再アセスメントでは、早く来て様子を見ている理由を分析することが、最も適切と考えられる。

3　○　上記記述を参照。

問題68　正解4

1、2、3、5　×　Dさんは、食事中は談笑し、食事も完食している。食事の準備には参加していないが、早く来て様子を見ていることなどから、食事の準備の役割を見直すことが最も適切と考えられる。

4　○　上記記述を参照。

発達と老化の理解

問題69　正解1

1　○　**ストレンジ・シチュエーション**

令和3年度

法とは、乳児の母親に対する愛着の質を測定するための実験方法である。さまざまなパターンで乳児を見知らぬ人と会わせて、その様子を観察するものである。**安定型の愛着行動**とは、4つに分類された愛着行動の1つであり、見知らぬ場所でも、親がいれば安心して遊び、見知らぬ人が入ってきて親が退出した時には不安を示すが、親が戻ってくると、また安心して再び積極的に遊び出すという行動である。**回避型の愛着行動**とは、母子分離時の混乱がほとんどなく、親との再会時も無関心の状態。**葛藤型の愛着行動**とは、母子分離時に強い不安や混乱を示し、親との再会時には強く身体接触を求める一方で、怒りや攻撃を示すもの。**無秩序型の愛着行動**とは、突然のすくみ、顔を背けて親に接近するなど、不可解な行動パターンや本来は両立しない行動が同時に活性化されるものである。

2、3、4、5 × 上記記述を参照。

問題70 正解3

1 × **初語**がみられるのは、およそ1歳前後である。

2 × 「あーあー」「あーうー」などの**喃語**を発するようになるのは、生後4か月くらいである。

3 ○ 初語の出現からしばらくは潜伏期となるが、**語彙爆発**が起きるのは、1歳6か月～2歳くらいである。

4 × **一語文**を話すようになるのは、1歳～1歳6か月くらいである。

5 × **二語文**を話すようになるのは、1歳6か月～2歳くらいである。

問題71 正解5

1 × **健康寿命**とは、健康的に生活できる期間を示すものであり、2019年の健康寿命は、男性72.68歳、女性75.38歳。平均寿命は、男性81.41年、女性87.45年であった。

2 × 2019年の人口全体の死因順位では、悪性新生物が老衰より上位である。

3 × 2019年の人口全体の死因で最も多いのは、悪性新生物である。

4 × 2019年の平均寿命は、男女とも80歳を超えている。

5 ○ 2019年の90歳女性の平均余命は、5.71年である。

問題72 正解2

1 × 欲求不満の状態をやわらげ、無意識に心の安定を保とうとする働きを「**適応機制**」という。**投影**とは、自分では認めがたい弱点などを他人に見出し、これを非難することで不安を解消するものである。

2 ○ **退行**とは、守ってほしい、愛されたいという欲求から、今よりも未熟な段階に戻ることであり、Aさんの状況はこれに該当するといえる。

3 × **攻撃**とは、欲求の充足が阻止されたため、その不満を攻撃行動に表すものである。

4 × **抑圧**とは、自分では認めたくないような欲求や衝動を、意識的に上らせないようにするものである。

5 × **昇華**とは、直ちに実現できない欲求を、価値ある行為に置き換えようとするものである。

問題73 正解2

1、4 × **エピソード記憶**とは、長期記憶のうち、個人的経験に基づくものである。加齢による影響を受けやすいとされる。

2 ○ **意味記憶**とは、長期記憶のうち、言葉の意味や知識、概念に関する記憶である。

3 × **手続き記憶**とは、長期記憶のうち、技能や手続きといった手続き的知識を保持するものである。加齢による影響は少ないとされる。

5 × 意味記憶は、加齢による影響は少ないとされる。

問題74　正解1

1 ○ 一般に、40歳を過ぎると高い音から聞こえにくさが始まるとされるが、さらに年齢が進み、50歳を過ぎる頃になると、高い音はさらに聞こえにくくなるとともに、低い音も聞こえにくくなる。したがって、大きな声で話しかけられても、かえって聞こえにくいことがある。

2 × 会話をしながら運転すると、運転に集中できず、安全に運転できなくなる恐れがある。

3 × 加齢による色覚異常には、水晶体が年とともに黄色く変色することなどによって起きる。したがって、白と赤色よりも白と黄の区別がつきにくくなる。

4 × 加齢によって、高い声よりも低い声の方が聞き取りやすくなる。

5 × 加齢によって、薄暗い部屋では細かい作業がしにくくなるといえる。

問題75　正解4

1、2、3 × 健康な高齢者であっても睡眠は浅くなり、中途覚醒や早朝覚醒が増加する。したがって、高齢者では睡眠障害を自覚することが多い。

4 ○ 加齢とともに**メラトニン**の分泌量は減少する。メラトニンには「概日リズム（サーカディアンリズム）」を調節する働きがあることから、この減少は不眠の原因となるといえる。

5 × 高齢者がかかりやすい睡眠障害には、**睡眠時無呼吸症候群**がある。

問題76　正解4

1 × 肺炎の重症例では、意識障害をきたすことがある。

2 × 高齢者では免疫機能が落ちており、肺炎になっても熱が上がらず、発見が遅れることがある。

3 × 高齢者の肺炎では、呼吸が浅い、呼吸が速いといった症状が続くことがある。

4 ○ 高齢者に起こる肺炎の多くは、**誤嚥性肺炎**である。

5 × 高齢者の肺炎は、激しい咳や痰を伴うことが多くみられる。

認知症の理解

問題77　正解3

1 × ひもときシートとは、認知症の人に対応する支援者が、支援に際して困難や課題と考えていることを明確にし、事実に基づいた情報の整理をしながら本人の求めるケアを導き出す（ひもとく）ためのものである。ひもときシートには、3つのStepがあり、最初に評価的理解を行う。

2 × ひもときシートでは、認知症の人の言動を本人の視点でとらえる。

3 ○ ひもときシートは、認知症の人の言動の背景要因を分析して認知症の人を理解するためのツールといえる。

4 × 評価的理解とは、援助者が認知症の人の言動に惑わされ、感情的な理解をしてしまうことである。認知症ケアは、援助者自身が自分の気持ちに向き合うところから始める。

5 × 8つの要因で言動を分析するのは、分析的理解の中で行われる。

問題78　正解4

1　×　レビー小体型認知症の幻視は、実態感を持った幻視であることが多いといえる。

2　×　レビー小体型認知症では、睡眠中に幻視は生じない。

3　×　レビー小体型認知症では、幻視は、本人にとっては現実感を伴う体験であり、本当に見えているものである。しかし、実際にその場所を確認することなどによって、存在しないことを理解することは不可能ではない。

4　○　薄暗い部屋を明るくすると幻視が消えることがある。

5　×　レビー小体型認知症では非薬物療法が推奨されている。

問題79　正解1

1　○　軽度認知障害は、本人や家族から記憶障害の訴えがあることが多いことが特徴である。

2　×　軽度認知障害を放置すると、診断された人の1割が、その後1年の間に認知症になるとされている。

3　×　軽度認知障害は、CDR（Clinical Dementia Rating、臨床的認知症尺度）のスコアが1である。

4　×　軽度認知障害では、基本的な日常生活能力は正常である。

5　×　軽度認知障害の治療では、抗認知症薬の使用は逆効果となる恐れがある。

問題80　正解5

1　×　若年性認知症は、65歳未満に発症する認知症である。

2　×　若年性認知症は、高齢者の認知症よりも進行は早いといえる。

3　×　若年性認知症は、早期発見・早期対応が難しいといえる。

4　×　若年性認知症の原因で最も多いのは、アルツハイマー型認知症であり、次いで脳血管性認知症である。

5　○　若年性認知症は、不安や抑うつを伴うことが多いといえる。

問題81　正解2

1、3、4、5　×　よくみられる抗精神病薬の副作用として、歩幅が狭まる、動きが緩慢になる、怒りっぽくならず元気がなくなるなどがあげられる。

2　○　抗精神病薬の副作用として、重篤な摂食障害があげられる。

問題82　正解2

1　×　**ライフレビュー**は、回想法とも呼ばれ、今まで生きてきた人生を振り返って再検討することによって、これからの人生を楽しむための活力とするものである。

2　○　**リアリティ・オリエンテーション**とは、個人情報に関する質問に始まり、今いる場所や日付などの質問を繰り返すことによって、また、日常生活で当然と思ってしてきていた動作を通じ、対人関係などを取り戻して、残存している機能に働きかけることで、認知症の進行を遅らせる療法である。

3　×　**バリデーション**とは、認知症の高齢者とのコミュニケーションをとるための方法の1つであり、認知症の方の言動や行動を意味のあることと捉え、認め、受け入れることをいう。

4　×　**アクティビティ・ケア**とは、施設などでレクリエーション・散歩・体操・ボーリングなどの運動を行って心身を活性化させて、生き生きとした生活を取り戻すためのケアのことである。

5　×　**タッチング**とは、非言語的コミュニケーションの1つであり、利用者の身体に触れることである。マッサージや指圧などの治療を目的とするタッチング、バイタルサインの測定や清拭、検査など処置目的のタッチング、苦痛・不安の軽減や励ましなど、コミュニケーションを主体とした共感的タッチングなどがある。

問題83　正解4

1、2、3、5　×　中等度のアルツハイマー型認知症のBさんに対する声かけでは、自尊心を傷つけないように行う。叱責も不適切である。

4　○　上記記述を参照。

問題84　正解3

1　×　介護福祉職が、服薬について提案を行うのは不適切である。

2　×　夫は妻への対応を悩んでいるが、介護福祉職から妻の施設入所をすすめるのは不適切といえる。

3　○　夫に対しては、妻の訴えを受け止めるような対応をすすめることは適切といえる。

4　×　介護福祉職から警察への通報をすすめることは不適切といえる。

5　×　夫から妻に認知症であることを説明するようにすすめることは、不適切といえる。

問題85　正解1

1　○　認知症の人に対しては、いつも安心感をもってもらえるように接することは重要といえる。

2　×　私物を本人の見えないところに片付けては、本人が混乱しかねず不適切といえる。

3　×　毎日新しい生活体験を送らせるのは、混乱を招きかねず、不適切といえる。

4　×　壁の色と同系色の表示では見えにくく、不適切といえる。

5　×　日中を1人で過ごすのは本人にとって負担となり、不適切といえる。

問題86　正解2

1　×　**認知症初期集中支援チーム**とは、<u>認知症の方と家族を支援する専門家によるチームである</u>。自宅ではない場所で家族から生活の様子を聞くことは、不適切である。

2　○　チームのメンバーは、専門医、保健師、看護師、作業療法士、社会福祉士、介護福祉士などである。

3　×　認知症初期集中支援チームの初回の訪問時には、アセスメントが行われる。

4　×　認知症初期集中支援チームに参加するためには、チーム員研修を受講しなければならない。

5　×　地域包括支援センターから紹介を受けて、チームが対応方法を決定する。

障害の理解

問題87　正解1

1　○　身体障害者とは、身体上の障害がある18歳以上の者であって、都道府県知事から身体障害者手帳の交付を受けたものとされている。

2、3　×　知的障害者の定義規定はない。精神保健福祉法において、精神障害者とは、統合失調症、精神作用物質による急性中毒又はその依存症、知的障害、精神病質その他の精神疾患を有する者とされている。

4　×　障害者基本法には「精神障害(発達障害を含む。)」とされている。

5　×　障害児は、児童福祉法に定義されている。

問題88　正解1

1　○　半側空間無視では、食事のとき、認識できない片側に食べ残しがみられる。

2　×　半盲では「視野が欠損している」という認識があるが、半側空間無視にはこの認識はないことから、介護方法は同じではない。

3　×　失行とは、身体機能には何ら問題がないにも関わらず、日常的に行っていた習慣的な行為ができなくなることであり、半側空間無視とは異なるものである。

4　×　半側空間無視には「視野が欠損している」という認識がないことから、本人は半側空間無視に気付いていない。

5　×　半側空間無視では、認識できない片側の空間そのものが存在しない状態であり、その方向へ向かってまっすぐに歩くことはできない。

問題89　正解2

1、3、4、5　×　共同生活援助（グループホーム）での生活に関心を持つDさんに対しては、共同生活援助の生活について話し合いを行うことが、意思決定支援として最も適切と考えられる。

2　○　上記記述を参照。

問題90　正解4

1、2、3、5　×　**筋萎縮性側索硬化症**は、手足・のど・舌の筋肉や呼吸に必要な筋肉がだんだんやせて力がなくなっていく病気である。四肢の運動障害のほかには、構音障害、嚥下障害、呼吸障害などが出現するが、感覚障害は出現しにくい。

4　○　上記記述を参照。

問題91　正解4

1、2、3、5　×　障害受容に悩んでいると考えられるFさんに対して、単なる励ましだけでは適切とはいえない。とはいえ、Fさんが自分でできることまで手伝ってしまうのは不適切といえる。さらに、Fさんに近寄らないようにしたり、厳しく注意したりすることも不適切である。

4　○　Fさんが、自分でできることに目を向けられるように支援することは、適切といえる。

問題92　正解5

1　×　**振戦**とは、手の震えのこと。安静時振戦とは力が抜けているときに起きる震え、動作中に関係しておこる震えが動作時振戦である。

2　×　**筋固縮**とは、筋緊張が亢進することで、関節の受動運動に対して抵抗が生じることである。

3　×　**無動**とは、身体を動かすことができなくなることである。

4　×　**寡動**とは、身体全体の動きが少なくなる現象のことである。

5　○　**姿勢保持障害**とは転びやすい状態のことであり、Gさんはこの障害といえる。

問題93　正解2

1、3、4、5　×　**エコマップ**（生態地図）とは、要介護者を中心として、その周辺にある社会資源（家族、兄弟姉妹、友人、近隣住民、医師、各種介護関連機関など）との相関関係を、ネットワークとして表現した地図のことである。

2　○　上記記述を参照。

問題94　正解5

1、2、3、4　×　障害者総合支援法（第89条の3第2項）には「協議会は、関係機関等が相互の連絡を図ることにより、地域における障害者等への支援体制に関する課題について情報を共有し、関係機関等の連携の緊密化を図るとともに、地域の実情に応じた体制の整備について協議を行うものとする。」とされている。

5　○　上記記述を参照。

問題95　正解3

1　×　**地域福祉計画**とは、社会福祉法に規定された事項であり、市町村地域福祉計画及び都道府県地域福祉支援計画からなる。

2　×　**個別支援計画**とは、障害福祉サービス事業所のサービス管理責任者が、利用者等の意向、利用者等の適性、障害の特性等を踏まえ、提供するサービスの適切な支援内容等について検討して作成するものである。

3　○　**サービス等利用計画**とは、障害福祉サービスを利用するにあたり、サービスの内容や目標、利用頻度等を総合的に盛り込んだ計画書のことであり、相談支援専門員が作成する。

4　×　**障害福祉計画**とは、障害福祉サービス等の提供体制及び自立支援給付等の円滑な実施を確保するための基本的事項を定めるものであり、市町村・都道府県が作成する。

5　×　**介護サービス計画**とは、介護支援専門員が、利用者の希望及び利用者についてのアセスメントの結果に基づき、把握された解決すべき課題に対応するための最も適切なサービスの組合せについて検討し、作成するものである。

問題96　正解1

1　○　家族に対する介護福祉職の支援としては、将来が見えずに不安な気持ちの妻のＪさんをはじめとする家族の不安な気持ちに寄り添い、今の課題を一緒に整理して考えていくことが、最も適切といえる。

2　×　Ｊさんの気持ちを大切にすることは当然だが、最優先で方向性を決めることは不適切といえる。

3　×　頻繁にＪさんに施設に来てもらうのはＪさんの負担にもなり、不適切といえる。

4　×　専門職主導ではなく、利用者および家族が主体でなければならない。

5　×　**レスパイトケア**とは、介護者自身が休息して介護疲れをいやすことである。

こころとからだのしくみ

問題97　正解1

1　○　**もの盗られ妄想**とは、認知症で起きやすい被害妄想の1つであり、多くは財産に関連するものを盗まれたと思い込んでしまうものである。Ｋさんの症状に該当すると考えられる。

2　×　**心気妄想**とは、身体の器質的な疾患がある場合に、その疾患を執拗かつ過剰に軽視したり、あるいは疾患がなくても、疾患があると執拗かつ過剰に思い込む状態のことである。うつ病患者でよくみられる。

3　×　**貧困妄想**とは、うつ病でよくみられる妄想の1つであり、「お金がない」「お金がなくなる」といった不安に極端にとらわれてしまうものである。

4　×　**罪業妄想**とは、うつ病でよくみられる妄想の1つであり、自分はまったく関係がない出来事であったとしても、「自分がすべて悪い」と強く思い込んでしまうものである。

5 × **嫉妬妄想**とは、認知症の周辺症状の１つであり、恋人や配偶者が、浮気をしていると思い込んでしまうものである。

問題98 正解１

1 ○ 夏の日の午後、エアコンのない部屋で厚手の布団を掛けて眠っていたことが、体温が上昇した原因と考えられる。

2、3、4、5 × 発汗は体温が上昇した結果とみられる。空腹、不眠、便秘では大量の発汗は生じにくいといえる。

問題99 正解３

1 × 年齢を重ねると水晶体は紫外線により濁り始め、高齢になると黄色になる。

2 × 老化によって、遠くのものが見えにくくなる。

3 ○ 老化によって、明暗に順応する時間は長くなる。

4 × 老化によって、ピントの調節は遅くなる。

5 × 老化によって、涙の量は減少する。

問題100 正解５

1 × 唾液の分泌が減少することで、発音が不明瞭となる。

2 × 舌運動が低下することで、発音が不明瞭となる。

3 × 口周り（口角）の筋肉が未発達、または衰えることで口角が下がり、発音が不明瞭となる。

4 × 義歯の調整が不十分の場合には、言葉の発音が不明瞭になる場合がある。

5 ○ 口唇が閉じにくくなると、言葉の発音が不明瞭になる。

問題101 正解１

1 ○ 骨にはたんぱく質が含まれている。

2 × 骨のカルシウムは老化に伴い減少する。

3 × 骨は負荷がかかることで強くなる。

4 × 骨の組織は骨芽細胞によって成長し、破骨細胞によって壊される。

5 × 骨のカルシウムは、ビタミンＤによって吸収が促進される。

問題102 正解１

1 ○ 支持基底面を広くすることで身体は安定する。

2 × 利用者と介助者の重心を近づけることで、体位変換などが行いやすくなる。

3 × 腰がねじれた姿勢をとると姿勢が不安定になる。

4 × 重心を低くすることで身体は安定する。

5 × 移動時の摩擦面を小さくすることで、効率よく力を働かせることができる。

問題103 正解２

1、3、4、5 × **三大栄養素**とは、炭水化物、たんぱく質、脂質のことである。

2 ○ 上記記述を参照。

問題104 正解３

1、2、4、5 × 振戦、発汗、乏尿、動悸のいずれも、糖尿病の高血糖時にみられない。

3 ○ 糖尿病の高血糖時にみられる症

状には、口渇、倦怠感、体重減少、頻尿などがある。

問題105　正解5

1、2、3、4　×　時間をかけて湯につかっていたことで血圧が低下していたところ、浴槽から急に立ち上がったことで急激に血圧が下がった起立性低血圧が原因と考えられる。

5　○　上記記述を参照。

問題106　正解5

1　×　**ブリストル便性状スケール**とは、便秘や下痢の診断項目の1つであり、大便を形状と硬さで7段階に分類する指標である。タイプ1～2は便秘、3～5は正常便（普通便）、タイプ6～7は下痢とされる。水様便はタイプ7の便である。

2　×　硬い便はタイプ2の便である。

3　×　泥状便はタイプ6の便である。

4　×　コロコロ便はタイプ1の便である。

5　○　やや軟らかい便はタイプ5の便である。

問題107　正解5

1、2、3、4　×　いずれも安眠の妨げにはなりにくいといえる。

5　○　就寝30分前の夜食は睡眠の質を低下させる。安眠のためには、夕食は就寝3時間前までに済ませ、就寝直前には夜食も控えるようにするとよい。

問題108　正解3

1　×　**脳死**とは、脳幹を含む、脳全体の機能が失われた状態をいう。脳死後に意識を回復する見込みはないとされている。

2　×　**突然死**とは、健康的な日常生活を送っていた人が、急速な経過で死に至ることをいう。死因が特定できるものと特定できないものがある。

3　○　**尊厳死**とは、過剰な延命措置に頼らず、人としての尊厳を保った状態で死を迎えることである。Bさんの希望するものと考えられる。

4　×　**積極的安楽死**とは、本人の自発的な意思により、致死量の薬物の投与を受けるなどにより、死に至ることをいう。病苦などからの解放を目的に行われる。

5　×　**心臓死**とは、心臓の動きが止まり、完全なる機能停止からの死のことである。

医療的ケア

問題109　正解4

1、2、3、5　×　一定の研修を受けた介護職員は、痰吸引並びに胃ろう、腸ろう、経鼻経管栄養の3つの経管栄養を実施できるとされている。ただし、たんの吸引については、咽頭の手前までを限度。胃ろうまたは腸ろうによる経管栄養の実施については、胃ろう・腸ろうの状態に問題がないことを、経鼻経管栄養の実施については、栄養チューブが正確に胃の中に挿入されていることの確認を、いずれも医師又は看護職員が行うことといった規制がある。栄養剤の種類の変更、栄養剤の注入速度の決定、経鼻経管栄養チューブの胃内への留置、胃ろうカテーテルの定期交換は、いずれも医療職が実施する行為である。

4　○　上記記述を参照。

問題110　正解3

1、2、4、5　×　気管内吸引の際に

は呼吸器をはずしており、吸引時間が長引くと低酸素の状態になる。したがって、利用者の表情や顔色、パルスオキシメーターにより酸素飽和度の低下がないかを、十分に注意しながら行う必要がある。注意すべき項目は、動脈血酸素飽和度といえる。

3 ○ 上記記述を参照。

問題111　正解4

1 × 換気とは、呼吸によって空気を入れ替えることである。体外から酸素を取り込み、体外に二酸化炭素を排出する働きをいう。

2 × 安静時に働く呼吸筋（吸気のみであり呼気時には筋肉は使用しない）には、横隔膜、外肋間筋があり、強制的な呼吸では、吸気時に横隔膜、外肋間筋、副呼吸筋、呼気時には腹筋、内肋間筋が、それぞれ働いている。

3 × 1回に吸い込める空気の量は、年齢とともに減少する。

4 ○ 肺胞では、呼吸によって二酸化炭素と酸素の交換（ガス交換）が行われている。

5 × 筋萎縮性側索硬化症では、呼吸筋の働きが阻害されることで換気が十分にできなくなる。

問題112　正解3

1 × 経鼻経管栄養で用いられる栄養剤には、食品タイプと医療品タイプの2種類があるが、胃ろうや腸ろうで用いられるようなミキサー食や半固形化栄養剤は使用されない。

2、4、5 × 半固形タイプの栄養剤は、液状タイプに比べて粘度があるために逆流しにくい。また、注入は、座位または30度から60度の半座位で行う。注入時間は、液状タイプよりも短いことから利用者の負担は軽減される。

3 ○ 上記記述を参照。

問題113　正解2

1、3、4、5 × 経管栄養で、栄養剤の注入後に白湯を経管栄養チューブに注入するのは、チューブ内に栄養剤が残らないように洗い流すために行うものである。

2 ○ 上記記述を参照。

総合問題

総合問題1

問題114　正解5

1、2 × 短期目標は、1か月から3か月、長くても6か月程度で長期目標に段階的に対応し、解決にむすびつける実現可能な目標として設定する。1人で掃除をしたり、お茶を入れることができるようになるのは、長期目標。訪問介護員と一緒に掃除をすることができるようになるのは、短期目標と考えられる。

3、4 × Cさんの残存機能に着目して支援する。週2回、息子にCさんの自宅を訪問してもらうことは、いずれも短期目標とするものとはいえない。

5 ○ 上記記述を参照。

問題115　正解3

1 × **空間認知障害**とは、視力が障害されていないにもかかわらず、目から入った情報のうち、ものの位置や向きを認識する能力が障害されているものである。

2 × **視覚認知障害**とは、視覚的に認知する能力に問題があり、さまざまな症状が現れるものである。

3　○　**遂行機能障害**とは、問題や課題に対して適切に対応し、解決して目標を実現する能力が障害されて、無計画な行動をしたり、いきあたりばったりに行動したりするようになるものである。Cさんの状態に該当すると考えられる。

4　×　**失認**とは、視覚・聴覚などの感覚器や感覚経路には障害がないが、対象となるものがなにかが分からなくなる状態である。

5　×　**観念運動失行**とは、特に意識しないときは問題なく行える動作が、意図的にしようとしたり、真似をしようとするとできなくなるものである。

問題116　正解2

1、3、4、5　×　いずれも介護保険のサービス対象とはならない。

2　○　要介護1のCさんが利用できる介護サービスには、処方薬を薬局で受け取る生活援助のサービスが該当する。

総合問題2

問題117　正解4

1　×　Dさんの同意による入院は、**任意入院**である。

2　×　精神保健指定医2名以上の診察の結果が、入院させなければ自傷他害の恐れがあると一致した場合の入院は、**措置入院**である。

3　×　精神保健指定医1名が診察し、入院させなければ自傷他害の恐れがあると判断した場合であって、72時間以内に制限した入院は**緊急措置入院**である。

4　○　精神保健指定医1名が診察し入院の必要性があると判断されたが、Dさんの同意が得られず、家族等1名の同意がある場合の入院は、**医療保護入院**である。Dさんが3年前に入院した制度といえる。

5　×　精神保健指定医1名が診察し入院の必要性があると判断されたが、Dさんの同意が得られず、さらに家族等の同意が得られないために72時間以内に制限した入院は、**応急入院**である。

問題118　正解1

1　○　**養護老人ホーム**は、環境上の理由と経済的理由により自宅での生活が困難な高齢者が、市区町村の措置により入所する高齢者福祉施設である。Dさんの状況から、退院先の候補施設として、最も適切と考えられる。

2　×　**老人福祉センター**は、地域の高齢者に対して、無料または低額な料金で各種の相談に応じる施設である。

3　×　**更生施設**は、生活保護法による保護施設の1つ。身体上・精神上の理由により養護・補導を必要とする要保護者を収容し、生活扶助を行う施設である。

4　×　**地域生活定着支援センター**は、矯正施設退所後直ちに福祉サービス（障害者手帳の発給、福祉事業所への入所等）につなげるための準備を、各都道府県の保護観察所と協働して進めるために、都道府県に設置された施設である。

5　×　**介護老人福祉施設**とは、要介護3以上の認定を受けた高齢者を対象とした24時間体制の介護が受けられる介護施設である。

問題119　正解4

1、2、3、5　×　「施設入所がうれしくて早く準備がしたかった」と話すDさんに対して、「施設入所がうれしくて、早く準備をしたかったのですね」と介護福祉職が繰り返すことで、傾聴のコミュニケーション技術が用いられている。あいづち、言い換え、要約、閉じられた質問のいずれも不適切である。

4　○　上記記述を参照。

総合問題３

問題120　正解３

1　×　**対麻痺**とは、上肢または下肢の左右対称性の麻痺であるが、通常、両側下肢の麻痺のことである。

2　×　**単麻痺**とは、体の片側の腕や脚など、片方の手足に影響を与える麻痺のことである。

3　○　**球麻痺**とは、延髄にある脳神経核が障害されて、口・舌・喉の運動障害によって起こる症状である。構音障害、嚥下障害、呼吸や循環の障害が生じるものである。Ｅさんの、ろれつが回らず、食べ物の飲み込みが悪くなるという状態から、受診するきっかけになった症状と考えられる。

4　×　**安静時振戦**とは、主に筋肉が安静な状態にあるときに起こる震えのことである。

5　×　**間欠性跛行**とは、歩行時にふくらはぎなどの筋肉が痛み、歩きつづけることができない状態のことである。

問題121　正解３

1、2、4、5　×　Ｅさんは発話や字を書くことは困難であり、ホワイトボード、拡声器、補聴器の使用は不適切といえる。絵や写真では十分に意思が伝えにくいと考えられる。

3　○　**透明文字盤**は、会話が困難な場合に意思伝達のためのコミュニケーションツールとして使用するものである。ひらがなや数字が書かれている透明なアクリル板であり、利用者が文字を目で追って意思を伝える。Ｅさんが用いる道具として最も適切といえる。

問題122　正解５

1　×　**育成医療**とは、18歳未満の身体に障害のある児童で、指定育成医療機関における入院、手術、外来通院により、確実な治療効果が期待できる利用者を対象とする医療費助成制度である。

2　×　**就労定着支援**とは、障害のある方の就労や、就労に伴って生じている生活面での課題を解決し、長く働き続けられるようにサポートする福祉サービスである。

3　×　**共同生活援助**とは、障害のある方が地域住民との交流が確保される地域の中で、家庭的な雰囲気の下、共同生活を営むものである。

4　×　**行動援護**とは、障害者総合支援法に基づく障害福祉サービスの１つであり、日常生活に必要な様々な行動面において著しい困難がある知的障害者、または精神障害者に対し、移動や行動においての支援を行うものである。

5　○　**重度訪問介護**とは、重度の肢体不自由または重度の知的障害もしくは精神障害があり常に介護を必要とする方に対して、ホームヘルパーが自宅を訪問し、入浴、排せつ、食事などの介護、調理、洗濯、掃除などの家事、生活等に関する相談や助言など、生活全般にわたる援助や外出時における移動中の介護を総合的に行うものである。Ｅさんの症状から、最も適切なサービスと考えられる。

総合問題４

問題123　正解２

1、3、4、5　×　アテトーゼ型の脳性麻痺の動きの特徴には、本人の意思にかかわらずに手足や頭をゆっくりくねらせるようなものや顔面をしかめたようなものがある。また、捻じり・曲げ・伸ばし等多様な運動を伴うほか、筋肉の緊張は継続的に変化する。重症の場合は、手足だけでなく、体幹や顔面・頸筋にも症状が及ぶ。知的障害はほとんど現れないが、言葉の発音が困難な言語障害が起こりやすくなる。**着衣失行**とは、麻痺がないのに衣服を正しく着ることができないものである。

2　○　上記記述を参照。

問題124　正解５

1、2、3、4　×　入浴時に自分でからだを洗えるようになる。毎日字を書く練習を行い、筆談で会話ができるようになる。施設内は、車いす介助を受けながら安全に移動する。経管栄養で食事がとれるようになる。いずれも、Ｆさんの希望に沿った短期目標として最も適切とはいえない。

5　○「障害者支援施設で施設入所支援と生活介護を利用しながら，将来の生活を考える」という相談支援専門員の立てた方針と、長期目標を「自分に適した介護を受けながら、様々な生活経験を積む」としたＦさんの短期目標としては、日中活動として外出や興味のあるグループ活動に参加することが最も適切と考えられる。

問題125　正解１

1　○　**日常生活自立支援事業**とは、認知症高齢者、知的障害者、精神障害者等のうち判断能力が不十分な方が地域において自立した生活が送れるよう、利用者との契約に基づき、福祉サービスの利用援助等を社会福祉協議会が行うものであり、提供される援助には日常的金銭管理がある。Ｆさんが活用できる制度として最も適切といえる。

2　×　**生活福祉資金**とは、低所得者や高齢者、障害者の生活を経済的に支えるとともに、その在宅福祉および社会参加の促進を図ることを目的とした、社会福祉協議会が行う貸付制度である。

3　×　**自立訓練**とは、知的障害または精神障害のある方に対して、障害者支援施設、障害福祉サービス事業所または居宅において、入浴、排せつ、食事等に関する自立した日常生活を営むために必要な訓練、生活等に関する相談および助言などの支援を行うものである。このサービスでは、施設や病院に長期入所後の、地域生活への移行を支援する。

4　×　**生活困窮者家計改善支援事業**とは、生活困窮者自立支援制度の１つであり、何らかの理由により、家計が苦しく生活が困窮している人（世帯）に対し、無料で家計の相談・見直しを行うことで、生活の立て直しを目指すものである。

5　×　**自発的活動支援事業**とは、障害者やその家族、地域住民などからなる団体が、地域において共生社会の実現に向け、自発的に行う活動を支援するため、その活動を行う団体などに補助金を交付する制度である。

令和２年度（第33回）介護福祉士試験 解答・解説

人間の尊厳と自立

問題１　正解１

１　○　メアリー・リッチモンドはソーシャルワークの礎を築き、「**ケースワークの母**」と呼ばれている。

２　×　『**種の起源**』はイギリスの生物学者チャールズ・ダーウィンの著書。ジークムント・フロイトは、オーストリアの精神科医で精神分析の創始者。

３　×　トマス・ロバート・マルサスはイギリスの経済学者。『**精神分析学入門**』はフロイトの著書。

４　×　『**看護覚え書**』はナイチンゲールの著書。ヘレン・ケラーはアメリカの教育家で社会福祉活動家。自ら視覚と聴覚の障害者でありながら、障害者の教育・福祉に尽くした。

５　×　『**人口論**』はトマス・ロバート・マルサスの著書である。

問題２　正解３

１　×　妻からの相談に対して突き放すような対応は不適切といえる。介護福祉職として利用者や家族に寄り添う姿勢が求められる。

２、５　×　医師の判断は尊重するべきだが、介護福祉職として利用者であるＡさんの意思を尊重するべきであり、Ａさんの真のニーズを確認して代弁すべきといえる。

３　○　Ａさんは食べることを楽しみにしており、胃ろうの造設についてＡさん自身の意思を確認し、尊重することが適切といえる。

４　×　介護福祉職としては、妻と長男の意見の対立を少しでもやわらげて、Ａさんの意思を尊重して、妻と長男が理解し合えるように対応するべきといえる。

人間関係とコミュニケーション

問題３　正解２

１、３、４、５　×　人は、矛盾する役割や大きな期待などが負担となり、葛藤を引き起こすこともある。これが役割葛藤である。就労継続支援Ｂ型とは、一般就労が難しい障害者を対象に、雇用契約を結ぶことなく働いた実績に基いて報酬を得るものである。この利用者が、生活支援員の期待に応えようとして作業態度をまねることは、役割を果たそうとする過程であり、役割葛藤を引き起こしてはいないといえる。他の選択肢も同様に、葛藤している状態とはいえない。

２　○　家族介護者が、仕事と介護の両立という重い負担から、その期待に応えられるかどうか悩み葛藤することは役割葛藤の状態にあるといえる。

問題４　正解４

１、２、３、５　×　**非言語メッセージ**とは、身振り手振りや表情など言葉によらないメッセージのことである。Ｂさんは言葉では「大丈夫」と話しているが、表情では不安そうな様子が見えたことから、言葉とは違い、内心では不安を感じていると考えられる。言葉を強調、補強したり、調整しているのではない。非言語だけを用いてメッセージを伝えているわけでもない。

４　○　上記記述を参照。

社会の理解

問題 5　正解2

1　×　1世帯あたりの人数は、1992年以降3人以下であり、2019年は2.39人となっている。☞「2019年　国民生活基礎調査」(厚生労働省)

2　○　核家族の中で、「ひとり親と未婚の子のみの世帯」は、2018年調査までは増加していた。2019年調査では前年より減少しているものの、2021年は前年より増加、2022年は前年より減少、2023年は前年より増加している。☞「2023年　国民生活基礎調査」(厚生労働省)

3　×　50歳時の未婚割合は、男性23.37%、女性14.66%で、男性のほうが高い。☞「2019年版　人口統計資料集」(国立社会保障人口問題研究所)

4　×　65歳以上の人がいる世帯では、夫婦のみの世帯、単独世帯、親と未婚の子のみの世帯、三世代世帯の順に多い。☞「2019年　国民生活基礎調査」(厚生労働省)

5　×　結婚して20年以上の夫婦の離婚は、近年、微増、微減を繰り返している。☞「人口動態調査“年次別にみた同居期間別離婚件数及び百分率並びに平均同居期間”」(政府統計)

問題 6　正解3

1、2、4、5　×　**セルフヘルプグループ**とは、なんらかの障害や困難、悩みを抱えた人が、同じような問題を抱えた人や家族、遺族らと自発的なつながりで結びついた集まりのことである。町内会、学生自治会、専門職団体、ボランティア団体は、該当しないといえる。

3　○　患者会とは、さまざまな病気の当事者が励まし合ったり、悩みを相談するなど、自助・共助を目的としたセルフヘルプグループである。

問題 7　正解4

1、2、3、5　×　**福祉三法**とは、生活保護法（1946年制定）、児童福祉法（1947年制定）、身体障害者福祉法（1949年制定）であり、いずれも戦後間もない昭和20年代に制定されている。その後、昭和30年代に制定された、精神薄弱者福祉法（1960年制定、現・知的障害者福祉法）、老人福祉法（1963年制定）、母子福祉法（1964年制定、現・母子及び父子並びに寡婦福祉法）と併せて**福祉六法**と呼ばれる。社会福祉法（1951年制定、旧・社会福祉事業法）、地域保健法（1947年制定、旧・保健所法）、介護保険法（1997年制定）、障害者基本法（1970年制定）は含まれない。

4　○　上記記述を参照。

問題 8　正解3

1　×　2017年度の国の一般会計当初予算は97兆4,547億円、社会保障給付費は120兆2,443億円であった。

2　×　2017年度の介護対策の給付費は10兆1,016億円であり、全体の10%に満たない。

3　○　2017年度の年金関係の給付費は54兆8,349億円であり、全体の40%を超えている。

4　×　2017年度の医療関係の給付費は39兆4,195億円であり、前年度38兆8,128億円より増加している。

5　×　2017年度の福祉その他の給付費は25兆9,898億円であり、前年度25兆2,162億円より増加している。

令和2年度

問題 9　正解２

１　×　**社会保険診療報酬支払基金**は、保険医療機関から請求された医療費の審査と適正支払いを業務としている。

２　○　市町村及び特別区は、40歳以上の住民を被保険者とする介護保険の保険者である。

３　×　**国民健康保険団体連合会**は、各都道府県に設立されており、会員である保険者（市町村及び国保組合）に対して、国民健康保険、後期高齢者医療などの診療報酬等の審査支払業務などを行っている。

４　×　厚生労働省は介護保険法を所管する行政機関であり、介護保険法の保険者ではない。

５　×　**日本年金機構**は、厚生年金保険及び国民年金に関する保険料の徴収や年金給付などの年金事業を行っている。

問題10　正解４

１　×　介護保険被保険者証は、65歳に到達する月に交付されるが、40歳以上65歳未満の者に対しては、要介護・要支援の認定を受けた場合や交付申請をした場合に交付される。

２　×　要介護認定には、主治医の意見書は必須要件となっている。被保険者に主治医がいない場合には、市町村が指定する医師が診断を行い、意見書を作成する。

３　×　要介護認定の審査・判定は、市町村の認定調査を経て介護認定審査会が行う。

４　○　居宅サービス計画は、要介護認定を受けた利用者の要介護度や状況に応じて作成されることから、原則として要介護認定の後に作成される。

５　×　施設サービス計画は、利用者が入所する施設の計画担当介護支援専門員が作成する。地域包括支援センターは、「要支援１、２」の高齢者を対象に、介護予防ケアプランの作成支援を行っている。

問題11　正解２

１、５　×　グループホームなどの介護保険施設の入所者は、訪問介護サービスや通所介護（デイサービス）を併用することはできない。

２　○　認知症の診断を受けたＣさんに対しては、Ｕグループホームに入居するときに、認知症対応型共同生活介護計画を作成することになる。

３　×　ケアプランは、入所するグループホームの介護支援専門員が作成する。

４　×　認知症がある利用者であっても説明と同意を省略してはならず、家族の協力を得るなど、サービスについての本人への理解を得るようにしなければならない。

問題12　正解４

１、２、３、５　×　**ノーマライゼーション**とは、障害者や高齢者などが健常者と平等に生きるために、社会基盤や福祉の充実などを整備するという考え方。現在では、障害だけでなく、年齢、性別、国籍などにかかわらず誰もが当たり前の生活を送れるような社会を目指すものといえる。

４　○　上記記述を参照。

問題13　正解３

１、２、４、５　×　**共生型サービス**とは、介護保険サービスを利用する高齢者と障害福祉サービスを利用する障害者（障害児）が、必要な基準を満たした介護保険事業所若しくは障害福祉事業所のいずれか一つの事業所において必要なサービスが受けられるものである。現在利用している居宅介護事業所は、共生型サービスの対象であり、いずれの記述も不適切といえる。

3 ○ 上記記述を参照。

問題14 正解 1

1 ○ 障害者とは、障害者総合支援法では、身体・知的・精神障害及び治療方法が確立していない疾病で一定の障害を持つ18歳以上の者とされている。

2、3、4、5 × 18歳未満の者は、障害児であり児童福祉法で定義されている。また、発達障害は先天的な脳機能の障害であり、発達障害者は障害者に、依存症は精神障害に含まれるとされている。一定の疾病を持つ者も障害者に含まれる。

問題15 正解5

1 × **身体障害者更生相談所**は、身体障害者やその家族に対し、専門的知識と技術を必要とする相談・指導や医学的、心理学的、職能的な判定業務、補装具の処方および適合判定などを行っているが、障害支援区分の審査判定は行わない。

2 × 障害者総合支援法に基づく地域協議会には、地域における福祉ニーズの把握、「地域公益活動」の実施体制の調整、実施状況の確認などの機能があるが、障害支援区分の審査判定は行わない。

3 × 障害者総合支援法に基づく**基幹相談支援センター**は、相談支援事業や成年後見制度支援事業などを行っているが、障害支援区分の審査判定は行わない。

4 × 居宅介護事業所は、障害者総合支援法に基づく障害福祉サービスを提供するが、障害支援区分の審査判定は行わない。

5 ○ 障害者総合支援法に基づく障害福祉サービスの利用は、市町村に支給申請を行い、市町村審査会における審査判定を経て障害支援区分の認定を受けることになる。

問題16 正解 1

1 ○ 高齢者虐待防止法では、高齢者虐待を①養護者による高齢者虐待、及び②養介護施設従事者等による高齢者虐待に分けて定義している。

2 × 高齢者虐待の類型は、身体的虐待、介護・世話の放棄・放任、心理的虐待、性的虐待、経済的虐待の5つに分けている。

3 × 高齢者虐待を受けたと思われる高齢者を発見した場合は、速やかに、これを市町村に通報しなければならないとされている。

4 × 市町村長は、地域包括支援センターの職員その他の高齢者の福祉に関する事務に従事する職員をして、当該高齢者の住所又は居所に立ち入り、必要な調査又は質問をさせることができるとされている。警察官の同行は義務づけられていない。

5 × 市町村は、虐待を受けたと思われる高齢者を発見した者からの通報、届出を受けたときは、速やかに、当該高齢者の安全の確認その他当該通報又は届出に係る事実の確認のための措置を講ずるとされている。事実確認は市町村が行う。

介護の基本

問題17 正解 1

1 ○ 同居の主な介護者の悩みやスト

レスの原因として、最も多いものは「家族の病気や介護」である。以下、「自分の病気や介護」「収入・家計・借金等」「家族との人間関係」「自由にできる時間がない」の順に多くなっている。

2、3、4、5 × 上記記述を参照。

問題18 正解2

1 × バンク－ミケルセンは、ノーマライゼーションに「可能なかぎり文化的に通常となっている手段を利用すること」という要素を加えることを主張した。

2 ○ **ソーシャルロール・バロリゼーション**は、「ノーマライゼーション」から派生した言葉であり、文化的なノーマライゼーションや社会的役割の面でのノーマライゼーションを強調したヴォルフェンスベルガーが提唱した。

3 × 哲学者であるメイヤロフは、「On Caring（ケアの本質）」を著し、ケアを医学や看護の立場からのみとらえるのではなく、広くとらえるべきとしている。

4 × 心理学者であるキットウッドは、認知症高齢者に対して、生活歴や習慣、趣味や性格などのその人の背景に着目して支援する「パーソン・センタード・ケア」を提唱した。

5 × ニィリエは、ノーマライゼーションを８つの原理に分けて整理した。

問題19 正解5

1、2、3、4 × **ICF（国際生活機能分類）**における環境因子には、物的環境、人的環境、社会的環境があり、個人因子には、年齢、性別、民族、価値観などがある。「アルツハイマー型認知症である」「糖尿病があるため服薬をしている」「医者嫌いである」「町内会の会長を務めていた」は、いずれも個人因子である。

5 ○ 「娘が近隣に住み、毎日訪問している」のは、環境因子のうちの人的環境である。

問題20 正解4

1 × 「**見守り的援助**」とは、「自立生活支援・重度化防止のための見守り的援助」とされている。ごみの分別がわからない利用者に対しては、利用者と一緒に分別をしたり、ゴミ出しのルールを覚えたりするよう援助するのが適切といえる。

2 × 利用者の自宅の冷蔵庫の中が片づいていないので、利用者と一緒に整理整頓するのが適切といえる。

3 × トイレ誘導した利用者が、１人で出来るだけ尿パッドの交換をしたり、後始末が出来たりするよう見守り・声かけを行うのが適切といえる。

4 ○ 利用者本人が自ら適切な服薬ができるよう、服薬時の直接介助は行わずに、そばで見守り、服薬を促すことは適切といえる。

5 × 洗濯物を一緒に干したりたたんだりすることによって自立支援を促す。その際に転倒予防等のための見守り・声かけを行うのが適切といえる。

問題21 正解1

1 ○ 高齢者の機能訓練は、負荷がかかり過ぎないように、１回の量を少なくして複数回に分けて行うのが適切といえる。

2 × **物理療法**とは、電気療法や温熱療法、マッサージ療法などの物理的な方法で治療を行う理学療法の一種である。立つ、座る、歩くなどの基本的な動作を行う訓練ではない。

3　×　関節障害のある人が無理に関節を動かすと、かえって関節などを痛めることにつながり、不適切といえる。

4　×　パーキンソン病の人に対しては、歩行障害や姿勢障害、関節のこわばりなどの症状の進行を遅らせて、身体機能を維持・向上させるための訓練を行う。体幹をひねる訓練も行われる。

5　×　関節リウマチの人のリハビリテーションは、治療薬が効いて体が動かしやすい時間帯に行うようにする。朝はこわばりの症状が出やすい。

問題22　正解5

1　×　夜型の生活習慣がある人に対しては、強制的に就寝させると体調不良を起こすおそれがある。

2　×　化粧には、精神的な安定をもたらす効果があり、化粧をやめてもらうのではなく、適度な化粧をすすめることが適切といえる。

3　×　本に囲まれた生活をしてきた人から本を取り上げることは、不適切といえる。散乱している本を処分するのではなく、散乱しないように片づけることを勧めるのが適切といえる。

4　×　自宅で畳に布団を敷いて寝ることに慣れた人には、ベッドに布団を敷くなど、できるだけ似た環境を提供することが望ましい。

5　○　自宅で夜間に入浴をしていた人に対しては、これまでの習慣を継続できるように夕食後に入浴してもらうことは適切といえる。

問題23　正解3

1　×　介護医療院は「重篤な身体疾患を有する方や身体合併症を有する認知症高齢者の方等に長期療養等を行う」ことを目的としており、要介護認定を受けていることが必要だが、要介護3以上ではない。

2　×　介護医療院を開設できる者は、地方公共団体、医療法人、社会福祉法人、その他、国、移行型地方独立行政法人などであり、介護医療院の開設許可を与えることができるのは、都道府県知事である。

3　○　介護医療院の施設基準にはレクリエーション・ルームの設置が含まれており、入所者のためのレクリエーション行事を行うように努めることは適切といえる。

4　×　介護医療院の入所者一人当たりの床面積は、老人保健施設相当以上（8.0m² 以上）とされている。

5　×　介護医療院の人員基準には、サービス管理責任者は含まれていない。

問題24　正解4

1、2　×　Eさんは料理が趣味で、近所のスーパーで食材を自分で選び、購入し、食事の用意をしたいと思っていることから、調理の生活援助、配食サービスの利用は適切とはいえない。

3　×　**日常生活自立支援事業**とは、認知症高齢者、知的障害者、精神障害者等のうち判断能力が不十分な方が地域において自立した生活が送れるよう、利用者との契約に基づき、福祉サービスの利用援助等を行うものである。Eさんは判断能力に問題があるとはいえず、不適切といえる。

4　○　Eさんは、膝の痛みはあるが、夫の介助があれば外出は可能であることから、四輪歩行車の利用は適切といえる。

5　×　Eさん宅では、最近、玄関、トイレ、浴室に手すりを設置しており、通所介護（デイサービス）の入浴サービスの利用が必要とはいえない。

問題25　正解2

1　×　ユニット型施設は少人数で家庭的な雰囲気が特徴であり、各居室で食事をしてもらうことは不適切といえる。

2　○　個々の利用者の生活歴の情報を介護職員間で共有することで、個々の利用者に対してより質の高いサービスの提供を行うことができるといえる。情報の共有には一定のルールを守ることが必要である。

3　×　個人情報記録のファイルの管理は厳格に行わなければならず、机の上に置いたままにすることは不適切といえる。

4　×　着衣失行があっても、利用者のプライバシーに配慮する必要があり、トイレのドアを開けたままで排泄の介護を行うのは不適切といえる。

5　×　家庭内の出来事や会話の内容も、介護の情報であり、必要に応じて記録しなければならない。

問題26　正解3

1　×　**ハインリッヒの法則**とは、アメリカの損害保険会社に勤務していたハインリッヒが多くの事故事例に基づいて導き出した労働災害の経験則である。

2　×　人間の自己実現に向けた欲求を5つの階層で示したのは、マズローの欲求5段階説である。

3　○　**ヒヤリハット**とは、事故にまでは至らなかったが、ヒヤっとした、ハッとした危険な状況であった事態を検証して危険防止につなげようとすることである。一つの重大事故の背景には、多くの軽微な事故とヒヤリハットが存在している。☞1の解説を参照

4　×　人間が死を受容していく過程を5段階に区分したのが、キューブラー・ロスの死の受容への5段階である。

5　×　対人援助技術の行動規範とされているのは、アメリカの社会福祉学者バイスティックが提唱した7原則である。

コミュニケーション技術

問題27　正解5

1　×　利用者に配慮することは必要だが、利用者の意見に賛成できない場合には、安直に同意するのではなく、利用者が納得できるように説明に努めなければならない。

2　×　利用者に親しみを感じてもらうことは必要だが、一定の節度は保つべきである。度を越した馴れ馴れしさは慎むべきといえる。

3　×　介護福祉職として、利用者の話は傾聴すべきだが、質問をせずに受け身の姿勢ばかりではなく、必要に応じて質問はしなければならない。

4　×　介護福祉職は、専門職として必要な判断は行わねばならないが、介護福祉職だけの価値判断を利用者に要求してはならない。

5　○　介護福祉職自身の感情の動きも利用者に大きな影響を与えることを、意識しながら利用者に関わらねばならない。

問題28　正解2

1、3、4、5　×　介護福祉職はFさんの娘とは初対面であり、友人のような態度やスキンシップ、密接距離は不適切である。節度をわきまえた対応をすべきといえる。また、相手のペー

スに合わせて、表情を確認しながら話すことが望ましい。

2 ○ 上記記述を参照。

問題29 正解5

1 × 心配している娘に対して「心配しなくても大丈夫ですよ」という安易な言葉かけは不適切である。

2 × 親族ではない介護福祉職が、親族である娘に対して「私も寂しい気持ちは一緒です」とは、適切な言葉かけとはいえない。

3 × 娘は心配と寂しさを感じており、「元気を出して、お母さんの前では明るく笑顔でいましょう」という言葉かけは不適切である。

4 × 「お母さんに毎日会いに来てください」という言葉かけは、娘に過度な負担を与える恐れがあり、不適切である。

5 ○ 「お母さんと離れて暮らすと寂しくなりますね」という言葉かけは、最も娘に共感する言葉かけといえる。

問題30 正解1

1 ○ Gさんの気持ちを聞き出すためには、自由に話せる**開かれた質問**は適切といえる。

2 × 「はい」「いいえ」で答える**閉じられた質問**は自由に気持ちを吐露しにくく、不適切といえる。

3 × 介護福祉職ではなくGさんのペースで話してもらうのがよい。

4 × 事実と異なっていても、いちいち訂正していてはGさんの話の腰を折ることになり、不適切といえる。

5 × Gさんの本心を聞き出すことが大切であり、Gさんが話したくないことも話せるような環境を作るように心がけるべきである。

問題31 正解3

1 × 利用者と家族の意向が対立している場面では、介護福祉職は調整役を務めるために自ら発言を行い、両者の話し合いが進展するように努めるべきといえる。

2 × 利用者の意向は尊重すべきだが、いたずらに利用者に従うように家族を説得するのは不適切といえる。

3 ○ 介護福祉職は調整役として、利用者と家族のそれぞれの意見を聞くことは適切といえる。

4 × 家族の介護負担の軽減は配慮すべきであるが、利用者のQOLの向上を目的として調整するべきといえる。

5 × さまざまな職種に相談することが、よりよい介護につながるといえる。

問題32 正解1

1 ○ 失語症は、大脳の言語をつかさどる領域が損失を受けて生じるものである。**運動性失語症**は、言語理解はできるが、自発的に言語を表現できないものである。コミュニケーションを図るときには、絵や写真を使って利用者の反応を引き出すことは適切といえる。

2、3、4、5 × 運動性失語症の利用者であっても、聴力、視力に障害があるわけではない。大きな声で1音ずつ区切って話したり、手話、五十音表を用いる必要はない。長文での会話が困難な場合が多いので、イエスノーで簡単に答えられる閉ざされた質問は適切といえる。

問題33 正解3

1、2、4、5 × 介護記録は、数日後ではなく、正確な記録ができるように、その日のうちに書かなければならない。また、情報は客観的なものが主

令和2年度

体となるが、主観的情報は明確に区別しておく必要がある。利用者の気持ちだけを推測して書くことや、介護福祉職の意見を中心に書くことは不適切といえる。

3 ○ 情報源も明確に書くことで、情報の精度が高まるといえる。

問題34　正解4

1、2、3、5 × 報告を受ける側は、同調しながら聞くといった受け身ではなく、不明点を聞き出すように積極的に主体者の姿勢で聞くことが必要といえる。とはいっても、腕組みをしていては報告者に不要な圧迫感を与えるほか、ほかの業務をしながら聞いていては、報告者に真摯な姿勢が伝わらず、不適切といえる。

4 ○ 上記記述を参照。

生活支援技術

問題35　正解3

1 × **ヒートショック**とは、急激な温度の変化で血圧が大きく変化して心臓に負担がかかり、心筋梗塞や脳卒中などを引き起こすことである。古い住宅では、断熱性が乏しく、暖房をしても居室が充分に温まらず、室温が低いままでヒートショックの危険性が高いといえる。

2 × 脱衣室の照明を明るくすることは、物につまずくなどの事故を未然に防ぐ効果はあるが、ヒートショックを防ぐ効果は乏しいといえる。

3 ○ トイレや浴室は北側にあることが多く、古い住宅では特に室温が低くなりがちであることから、トイレに床置き式の小型のパネルヒーターを置くことは適切といえる。

4 × 適切な入浴温度は、季節、個人により異なるが、40℃前後である。室温を上げるには、暖房器具を用いるのがよい。蒸気が充満していては、足元が見えにくいなど思わぬ危険がある。

5 × 24時間換気システムは、冷暖房システムが併設されていないと適切な室温を保つことは難しい。また、このシステムは古い住宅では、設置が困難で、その効果は限定的といえる。

問題36　正解5

1 × トイレの扉を内開きにすると、万一の場合に扉を開けにくくなる恐れがあり、不適切である。

2 × 開き戸は体を動かして開けることになるため、杖の使用者には移動しにくいといえる。

3 × 引き戸は、扉を横に移動させることから、開閉の速度は遅くなる。

4 × アコーディオンドアは、最下部が床と密着しないなど、気密性は低い。

5 ○ 引き戸の取っ手は、棒型にすることで、握力が弱い利用者でも握りやすくなるといえる。

問題37　正解4

1、2、3、5 × 下肢の筋力が低下した高齢者には、やわらかい素材で軽く、つま先が丸く反り上がった形状で圧迫感のないものがよい。靴底は、ある程度の厚みがあり、かかとがしっかり固定されるように、足背をしっかり覆う靴がよいといえる。靴底の溝が浅い靴は、すべりやすく不適切である。

4 ○ 上記記述を参照。

問題38　正解1

1 ○ うがいができる場合には、ブラッシング前にうがいをすることで、大きな食べかすを除去できるとともに、口腔内に十分に水分を補給してブラッシングがしやすくなるといえる。

2 ×　歯磨きは、頭部を後屈させて行うと、誤嚥の恐れがあり、不適切といえる。

3 ×　部分床義歯（部分入れ歯）のクラスプ部分は、汚れが落ちにくいことから、ブラシなどでしっかり洗う必要がある。

4 ×　全部の歯がない利用者には、歯茎を傷めないように、やわらかい毛の歯ブラシを使用するのがよい。

5 ×　舌の清拭は、奥から手前に向かって行うのがよい。

問題39　正解4

1、2、3 ×　柑橘類などの酸味は、唾液の分泌に効果的だが、苦味の強い食べ物は不適切である。適度な硬さのある物をよく噛むことは、唾液の分泌を促進するほか、水分を十分にとることは効果的といえる。臥床時に、仰臥位（背臥位）で枕を用いず頭部を低くすることは、唾液の口腔内の流入を妨げることになる。

4 ○　唾液腺マッサージには、唾液の分泌を促進する効果がある。

5 ×　保湿剤の重ね塗りは、痰などを閉じ込めて、新たな感染源を作る恐れがある。

問題40　正解1

1 ○　利用者が仰臥位で膝を立てた状態では、介護者は膝（C点）と肩（A点）に手をかけることで、てこの原理で軽い力で側臥位に転換できる。

2、3、4、5 ×　上記記述を参照。

問題41　正解3

1 ×　急な上り坂では、車いすが下がらないように、介助者は脇を締めて歩幅を広げてゆっくりと進める。

2 ×　急な下り坂では、まず、利用者に後ろ向きで下りることの了解を得てから、後方に注意しながら両足を大きく開いて後ろ向きでゆっくり下りる。

3 ○　小さな溝には前輪が挟まる危険があり、踏切を渡るときには、前輪を上げて駆動輪でレールを越えて進むようにする。

4 ×　段差を上がるときには、事前に利用者にその旨を伝えてから、前輪を上げて進み、駆動輪が段差に接してから車いすを押し上げる。

5 ×　砂利道では、前輪を持ち上げて前進するか、後ろ向きで進むかのどちらかで進むとよい。いずれの場合も利用者の意向を尋ねるようにする。

問題42　正解5

1 ×　第6胸髄節を損傷した場合には、下肢の麻痺、へそより下の感覚の消失などの状態となるが、ヘッドサポートの装着は必要とはいえない。

2 ×　ハンドリムは利用者自身が手でこぐためのリングであり、第6胸髄節を損傷した利用者は使用できるため、必要な部品といえる。

3 ×　片麻痺の利用者の場合にはブレーキレバーに手が届かないことがあり、レバーを延長したり、長いブレーキを装着することがあるが、第6胸髄節を損傷した利用者には必要な部品とはいえない。

4 ×　片手で駆動できるハンドリムは、片麻痺の利用者などが使用するが、第6胸髄節を損傷した利用者には必要な部品とはいえない。

5　○　第６胸髄節を損傷した場合には、腹筋や背筋の働きが不十分となることから、腰部までのバックサポートが有効といえる。

問題43　正解３

1、2　×　Ｊさんの「食事が飲み込みにくい」という悩みに対しては、リクライニングのいす、栄養価の高い食事は、解決につながらないといえる。

3　○　食前の嚥下体操によって、低下した嚥下機能を回復させる可能性がある。

4　×　「食事が飲み込みにくい」というＪさんに対して、自力で全量を摂取できるように促すのは、誤嚥の危険もあり、不適切である。

5　×　Ｊさんの悩みの原因は加齢による機能低下が疑われており、細かく刻んだ食事では解決につながらないといえる。

問題44　正解５

1、2、3、4　×　**慢性閉塞性肺疾患**とは、慢性気管支炎や肺気腫と呼ばれた病気の総称であり、最大の原因は喫煙であり、息切れを感じる労作時呼吸困難や慢性のせきやたんが主な症状である。栄養療法も行われるが、呼吸困難の症状もあることから、繊維質の多い芋類、炭酸飲料は不適切である。たんぱく質の多い食事や、高カロリーの食事を控えることも不適切である。

5　○　一回の食事量を減らし、回数を増やすことは適切といえる。

問題45　正解２

1　×　食後すぐの入浴は、消化の妨げになることから避けた方がよいといえる。浮力作用が理由ではない。

2　○　入浴中は、浮力作用があるため関節が動かしやすくなることから、関節運動は適切といえる。

3　×　**静水圧作用**とは、水圧によって血管が圧迫されて、血液やリンパの循環が促進されることである。入浴後には水分補給が必要となるが、静水圧作用のためではない。脱水症状を防ぐためである。

4　×　入浴前にトイレに誘導するのは、静水圧作用のためではない。

5　×　熱いお湯には、交感神経の緊張を促す効果があり、ぬるめのお湯には副交感神経が働いて精神的に安らぎを与える効果がある。これらが温熱作用である。入浴時間が長いとその効果は高まるが、長過ぎると悪影響もある。

問題46　正解３

1　×　四肢麻痺の利用者に対する手浴は、側臥位で上の方の手を行い、反対の側臥位で一方の手を行うとよい。

2　×　手指をお湯に浸す時間は、数分程度でよく、30分以上は長すぎるといえる。

3　○　手浴では、手関節を支えながら洗うのがよい。

4　×　指間は強く洗うのではなく、やさしくていねいに洗うのが適切である。

5　×　指間は、自然乾燥ではなく、タオルでしっかり水分を拭き取る。

問題47　正解２

1　×　乾燥性皮膚疾患がある場合には、弱アルカリ性の石鹸で洗うと皮脂が洗い落とされることから不適切といえる。皮膚は弱酸性であり、石鹸も弱酸性のものがよい。

2　○　人工透析をしている場合には、シャント部からの出血や感染を防ぐために、柔らかいタオルでからだを洗うようにする。

3 × 褥瘡がある場合には、石鹸や洗浄剤を泡立てて、摩擦しないようにグローブを付けて皮膚をこすらないように洗う。

4 × 糖尿病性神経障害がある場合、足先や足裏から感覚・運動神経障害が起こりやすく、違和感やしびれ、さすような痛みなどが現れることがある。足の指の間は、やさしくていねいに洗うが、ナイロンたわしは刺激が強すぎて不適切といえる。

5 × 浮腫のある部分は、タオルを強く押し当てると、皮膚が破れる危険があり、不適切といえる。

問題48 正解５

1、2、3、4 × Ｋさんは自宅のトイレで排泄することを希望しており、便意・尿意の有無、飲食の状況、衣服の着脱の様子、家族介護者の有無のいずれも、目的の達成のために必要な情報ではあるが、目的実現のために最優先されるべき情報とまではいえない。

5 ○ Ｋさんが自宅のトイレでの排泄を実現するために最も重要といえる情報は、Ｋさんの居室からトイレまでの通路の状況といえる。

問題49 正解１

1 ○ 利用者が座位で自己導尿を行っていて体が不安定な場合には、介護福祉職が体を支えて補助をする。

2 × 利用者が自己導尿を行っている間は、少し離れて見守るなど、利用者に配慮する。

3 × 利用者が自己導尿を行う場合の補助とは、カテーテルの準備や体位の保持などである。カテーテルの挿入は医行為に当たり、介護福祉職が行ってはならない。

4 × 再利用のカテーテルは、洗浄後、保存液の入ったカテーテルケースに保管する。乾燥させてはならない。

5 × 尿に異常がないかどうかの観察は、利用者ではなく介助をしている介護福祉職が行う。

問題50 正解４

1 × 利用者が立位に困難を伴うことから、便座の高さは、利用者の膝よりも高くなるように調整するのがよい。

2 × 便座に移乗する前に、利用者が車いすのバックサポートに寄りかかると、体重移動が困難になるため、体を車いすの前の方に浅く座ってもらう。

3 × 車いすから便座に移乗するときは、利用者の上腕ではなく身体を支えるようにする。

4 ○ 利用者が便座に移乗したら、座位がしっかり安定していることを確認する必要がある。

5 × 下着とズボンを下げるのは、利用者が立ち上がってから行う。

問題51 正解４

1、2、3、5 × 図は、液温は30℃を上限とし、洗濯機で弱い洗濯ができることを示している。(JIS L0001 131：2024)

4 ○ 上記記述を参照。

問題52 正解２

1、3、4、5 × バターのシミは油溶性であり、水で洗い流すことはできない。また、氷で冷やすと、バターのシミを固めることになるほか、乾かすとシミが落ちにくくなる。ブラッシングはシミを広げてしまうことになる。

歯磨き粉は、醤油などのシミには効果があるが、バターのシミはとれない。

2 ○　しみに洗剤を浸み込ませて、布の上に置いて固く絞ったタオルなどで上から叩くとよい。

問題53　正解３

1 ×　鮮魚や精肉などの温度管理の必要な食品は、買い物の最後に行い、すぐに持ち帰るようにする。

2 ×　冷蔵庫の詰めすぎは冷却効果の妨げになる。めやすは、７割程度とされている。

3 ○　作って保存しておく食品は、広く浅い容器に小分けして、すばやく冷ますようにする。

4 ×　再加熱するときは、中心部温度が75℃で１分間以上行う。

5 ×　使い終わった器具は、熱湯をかけて消毒するとよい。

問題54　正解１

1 ○　掃除機をかける前に吸着率の高いモップで床を拭くと、ほこりを舞い上げないとともに、大まかな汚れを取り除いて効率よく掃除ができる。

2、5 ×　掃除は、高い所から低い所へ、部屋の奥から出入口に向かって進めるとよい。

3 ×　拭き掃除では、往復拭きをすると、かえって吹き溜まりを作り、汚れを残す危険がある。拭き掃除は一方向で行うとよい。

4 ×　掃除機を素早く動かすと、かえってほこりを舞い上げる恐れがある。

問題55　正解５

1 ×　ベッドでは床との間に空間ができることから、布団よりも湿気がこもりにくいといえる。

2 ×　立ち上がりの動作は、ベッドのほうがしやすいといえる。

3 ×　介護の負担は、布団よりもベッドのほうが少ないといえる。

4 ×　布団は、床からの音や振動がベッドよりも伝わりやすいといえる。

5 ○　ベッドのような転落の不安がないことが、布団の大きな特徴といえる。

問題56　正解２

1 ×　寝具の保湿性が高いと、蒸し暑くなり、快眠の妨げとなる恐れがある。

2 ○　湯たんぽが皮膚に直接触れると、低温やけどなどの恐れがある。

3 ×　寝室の温度は、気候や季節に応じて16～26℃程度がよいとされている。

4 ×　枕は、顎が頸部につくぐらいの枕の高さでは、寝づらいだけでなく、気道が狭くなり、不適切といえる。

5 ×　電気毛布は、就寝前にあらかじめ温めておき、就寝中は暑くならないようにスイッチを切るとよい。

問題57　正解３

1、2、4、5 ×　Ｌさんは、慣れない環境で眠れない状況にある可能性があり、施設の起床時間や消灯時間、眠ろうとする意志の大切さ、睡眠の必要性などについて話すことは効果的とはいえず適切ではない。睡眠薬の服用は、医師の診断によらなければならない。

3 ○　Ｌさんの自宅での睡眠の状況を知ることで、眠りやすい環境づくりに役立てることができる。

問題58　正解３

1、2 ×　このガイドラインは、人生の最終段階を迎えた本人・家族等と医師をはじめとする医療・介護従事者が、最善の医療・ケアを作り上げるプロセスを示すものであり、利用者の生活上の悩みから医療・ケアの悩みなど、さまざまな悩みや相談に、チームで対応するものである。相談には、専門家を交えたチームが対応して、本人、家族が納得できるまで十分な話し合いが行われる。

3 ○ 上記記述を参照。

4 × 自らが相談を聞くべき介護福祉職であり、「介護職員に相談してください」という言葉かけは不適切である。

5 × この時点での介護福祉職の言葉かけとしては、成年後見制度の利用を勧めることは不適切といえる。

問題59 正解3

1 × 死期が近づいたときの介護では、食欲はあまりなくなっており、高カロリーの食事を用意するよりも、利用者の痛みや苦しみの緩和を優先すべきといえる。

2 × **チアノーゼ**は、血液中の酸素不足で発生する。チアノーゼが出現したときは、利用者の身体を温めることで血流を活発にする。

3 ○ 利用者の全身倦怠感が強いときは、痛みが強い全身清拭から部分清拭に切り替えるのが適切といえる。

4 × 傾眠傾向があるときは、意識レベルは低下しているが、多くの場合、耳は聞こえており、継続的に話しかけを続けることで、気持ちが安らぐようになる。

5 × 口腔内が乾燥すると、肺炎などの感染症を起こしやすくなることから、口腔保湿剤や白ごま油などを用いて口腔内の保湿と清潔に努める。**アイスマッサージ**は、凍らせた綿棒などに水を含ませ、前口蓋弓や軟口蓋、奥舌の表面を軽く撫でるもので、嚥下反射を誘発させる方法である。

問題60 正解2

1、4、5 × **デスカンファレンス**の主な目的は、医師や看護師が、終末期ケアを振り返って今後のケアを向上することにあり、ボランティアに参加を求めるまでの必要はないといえる。また、デスカンファレンスは、個人の責任や反省点を追求するために行うものではなく、素直な感情を吐露することにも意味があることから、自分の感情を無理に抑える必要はない。

2 ○ ケアを振り返るデスカンファレンスには、悲しみを共有する**グリーフケア**の要素も含まれる。

3 × デスカンファレンスは、利用者の死亡直後に行うのではなく、ある程度の時間が経過して、担当者が気持ちを整理できた時期に行うのが効果的といえる。

介護過程

問題61 正解5

1 × 利用者の健康状態の改善は、介護の目的のひとつではあるが、介護過程の目的には含まれない。

2、3、4 × 介護福祉職の介護観の変容、他職種との役割の分化、家族の介護負担の軽減は、いずれも利用者の生活の質の向上ではなく、介護過程の目的には不適切といえる。

5 ○ **介護過程**とは、利用者の生活の質（QOL）の向上のために介護を実践する過程のことである。

問題62 正解1

1 ○ 介護の現場では、五感を活用した観察を通して情報を集める必要がある。

2 × 一つの場面に限定して得られる情報だけではなく、広くさまざまな場面で情報を集める必要がある。

3 × 利用者と初対面のときから、踏み込んで情報を集めることもあるが、初対面のときから必ず踏み込んで情報を集めることが正しいとはいえない。状況に応じて、さまざまな手法で情報を集めることが適切といえる。

4 × 興味のある個人情報だけを集めるのではなく、広く情報収集をしなければならない。

5 × 実践したい支援に沿うか否かに関わらず、広く情報を集めなければならない。

問題63 正解5

1、2、3、4 × 介護の目的を達成するために、利用者の課題（生活課題）を介護の立場から系統的に判別し、解決するための計画を立てて実施し、評価する一連の過程が介護過程であり、利用者の生活課題を明確にするのが**アセスメント**である。

支援内容を説明して同意を得る、具体的な支援計画を検討する、達成できる目標を設定することは、いずれも、介護計画の立案段階で行われる。支援の経過を評価するのは、支援の実施後に行われる。

5 ○ 上記記述を参照。

問題64 正解3

1、2、4、5 × ケアプランの作成に当たっては具体的な目標を立てるが、長い時間を立てて最終的に実現したい生活像を設定する**長期目標**と、数カ月で実現を目指す**短期目標**がある。目標は、利用者の視点で、明確な解釈ができる言葉を用いて設定しなければならない。

3 ○ 上記記述を参照。

問題65 正解2

1、3、4、5 × 再アセスメントは、Mさんが入浴を怖がっている状況や原因を分析して、解決に導くプランを立てるために行うものである。順調に経過していたときの状況の分析、入浴を断られた介護福祉職の思いの理解、入浴時間の変更の判断、Mさんが入浴を面倒に思っていると判断する、これらはいずれも、再アセスメントの目的に沿わず不適切といえる。

2 ○ 上記記述を参照。

問題66 正解2

1、3、4、5 × Mさんが「怖いから」と話した原因を分析して取り除き、再び入浴を楽しみにできることが、再アセスメントの大きな目的であり、湯船につかる自信を取り戻す支援、浴室まで安全に移動できる支援、足浴で満足感を得ることができる支援、身体機能を改善する支援のいずれも、最適な支援の方向性とはいえない。

2 ○ 上記記述を参照。

問題67 正解2

1、3、4、5 × Aさんが、パーキンソン病と診断されている。「家族に迷惑をかけたくない」と話し、できることは自分で行っていた。週3回、通所介護を利用している。昼食時にむせることが多く、食事を残していることを娘に報告した。これらは、いずれも客観的事実であり、介護福祉職の主観ではない。

2 ○ Aさんが「帰宅願望から、レクリエーションの参加を拒否した」というのは、介護福祉職の判断であり主観である。

問題68 正解1

1 ○ Aさんは、昼食時にむせることが多く、食事を残しているということから、Aさんの生活課題として最も優先すべきものは、食事を安全に摂取できることといえる。

2、3、4、5 × 服薬の管理、通所介護の利用の再開、なじみの友人ができること、地域の活動に参加できることのいずれも、Aさんの生活課題として最も優先すべきものとはいえない。

発達と老化の理解

問題69 正解4

1 × **自閉症スペクトラム障害**は、コミュニケーション・対人関係の困難とともに、強いこだわり・限られた興味を持つという常同行動を示すという特徴がある発達障害の一つである。

2 × **愛着障害**は、他人とうまく関わることができず、特定の人との親密な人間関係が結べないといった特徴があり、乳幼児期に保護者との安定した愛着が絶たれたことで引き起こされるものである。

3 × **注意欠陥多動性障害**は、不注意、多動性、衝動性の症状がみられる発達障害の一つである。

4 ○ **学習障害**は、全般的な知的発達に遅れはみられないが、「聞く」「話す」「読む」「書く」「計算・推論する」といった能力に困難が生じる発達障害の一つである。思いやりがあり友人も多いAさんの状況からは、この学習障害に当たると考えられる。

5 × **知的障害**とは、知的機能の障害が発達期（おおむね18歳まで）にあらわれ、日常生活に支障が生じているため、何らかの特別の援助を必要とする状態にあるものとされ、知的機能の水準は、知能指数（IQ）を基準とされ、知的障害ではIQ70が判断基準である。

問題70 正解5

1 × 老人福祉施設に入所できるのは、原則として65歳以上とされている。

2 × 介護保険の第一号被保険者は、65歳以上の人である。

3 × 医療保険の前期高齢者とは、65歳～74歳の人である。

4 × 介護保険の第二号被保険者とは、40歳～65歳未満の人である。

5 ○ 後期高齢者医療制度の被保険者は、原則として75歳以上の人である。

問題71 正解3

1 × **喪失体験**とは、家族・友人の死、大切な物の喪失など、その人の生命や存在に強い衝撃をもたらす出来事のことである。

2 × 悲嘆（グリーフ）は、突然現れるものではなく、段階を経て現れる。これが、**悲嘆過程**である。親族や友人などの親しい人との死別は、人に悲しみや喪失感を与え、うつ的不調に至ることがある。病的な心のプロセスではない。

3 ○ 死別後の悲嘆からの回復には、喪失に対する心理的対処だけでなく生活の立て直しへの対処も必要である。

4 × ボウルビィは、悲嘆過程には第1段階から第4段階の4段階があると示した。

5　×　身近な人との死別後に生じる病的悲嘆への支援では、亡くなった人への愛着をほかに向けることを目標にするのではなく、生きがいや社会的役割の再発見などによって、故人がいなくても人生を立て直せる実感がもてるように支援する。

問題72　正解4

1　×　味蕾の数は若い人ほど多く、高齢者では新生児の半分以下になる。

2　×　服用する薬剤により、味覚が変化することがある。

3　×　加齢によって、唾液が減少すると味覚が鈍感になるといえる。

4　○　加齢によって味蕾の数が減少することなどによって、高齢者は、濃い味を好むようになる。

5　×　舌苔の付着などは、味覚を感じにくくさせるといえる。口腔ケアと味覚は無関係ではない。

問題73　正解2

1、3、4、5　×　意欲が低下した高齢者に対しては、高い目標を本人の意志によらず他者が掲げると、動機づけが弱まる。動機づけが強まるには、本人にとって興味がある目標を掲げたり、小さな目標の達成を積み重ねていくことや、本人が自分にもできそうだと思う目標を掲げることなどがある。また、本人が具体的に何をすべきかがわかると、動機づけが強まるといえる。

2　○　上記記述を参照。

問題74　正解1

1　○　**器質性便秘**とは、大腸がんなどの腫瘍や炎症、それに伴う癒着などの器質的な病変によって起きるものである。

2　×　**弛緩性便秘**は、日本人の便秘の中で最も多いものである。

3　×　けいれん性便秘では、はじめは硬く、後半は下痢になる。

4　×　**直腸性便秘**は、便意を我慢する習慣を続けたことなどにより起きることが多い。

5　×　抗コリン剤、制酸剤、医薬用麻薬、抗うつ剤などは、腸管蠕動を抑制する効果があり、薬剤を服用することが多い高齢者では、便秘になることが多い。

問題75　正解2

1　×　介護が必要になる原因は、認知症、脳血管障害、高齢による衰弱、骨折・転倒の順となっている。

2　○　不眠症の薬として使われるベンゾジアゼピン系睡眠薬は、服用後、ふらついて転倒しやすい薬である。

3　×　高齢者の転倒による骨折の好発部位は、大腿骨近位部骨折、脊椎圧迫骨折、上腕骨近位部骨折、橈骨遠位端骨折が多く、足首は比較的少ない。

4　×　高齢者の転倒の場所は、屋内では寝室と台所が最も多い。

5　×　過去に転倒したことがあると、再度の転倒の危険性は高くなるといえる。

問題76　正解5

1　×　高齢者では、加齢により骨格筋の質・量が低下して、身体の機能とともに、血糖を調節する機能が低下し、糖尿病になりやすいとされている。アミラーゼ値の異常と高齢者の糖尿病との関連は強いとはいえない。

2　×　高齢者の糖尿病では、ヘモグロビンA1cの目標値は、若年者に比べて高めが推奨されている。

3　×　高齢者では、身体機能が低下することから、若年者に比べて高血糖の持続による口渇感が弱くなる。

4　×　高齢者では、無理のない定期的な運動習慣は効果的といえる。

5　○　高齢者では、若年者に比べて低血糖などの自覚症状に乏しくなるといえる。

認知症の理解

問題77　正解1

1　○　うつ病を原因とした仮性認知症では、注意力や集中力の低下、判断力の低下などの認知症に似た症状を示すことが多い。

2　×　仮性認知症では、認知症よりも不眠を訴えることが多いといえる。

3　×　認知症では、仮性認知症よりも誇張して訴えることは少ないといえる。

4　×　仮性認知症では、認知症よりも希死念慮がみられることが多いといえる。

5　×　仮性認知症では、抗うつ薬が効果的であることが多いといえる。

問題78　正解1

1　○　**血管性認知症**は、脳血管障害が原因となって発症する認知症であり、アルツハイマー型認知症に次いで多いものである。

2　×　**前頭側頭型認知症**とは、脳が部分的に萎縮していくものであり、指定難病とされている。

3　×　**混合型認知症**とは、複数の認知症の病変を併せ持っているものであり、症状の進行が速いという特徴がある。

4　×　**レビー小体型認知症**は、神経細胞に出来る特殊なたんぱく質であるレビー小体によって神経細胞が壊れて減少することで発症する。血管性認知症に次いで多い。

5　×　**アルコール性認知症**は、アルコールの大量摂取が原因と考えられる認知症である。

問題79　正解2

1　×　アルツハイマー型認知症を含む認知症の患者数は、増加している。

2　○　アルツハイマー型認知症の有病率は、男性より女性が高いことが特徴である。

3　×　認知症発症のリスクは、高齢者ほど高い。

4　×　認知症発症の要因には、生活習慣病が関連している。

5　×　運動は脳の活性化を促すことから、認知症予防に一定の効果があると考えられる。

問題80　正解5

1、2、3、4　×　**認知症初期集中支援チーム**は、認知症になっても本人の意思が尊重され、できる限り住み慣れた地域のよい環境で暮らし続けられるように、早期診断・早期対応に向けた支援体制を構築することを目的として、認知症の人やその家族に早期に関わるものである。病院への入院や施設への入所を勧めるものではない。チームは、初期の支援を包括的、集中的（おおむね6か月）に行うとされている。

5　○　支援については、チーム員会議を開催してケア方針を決定する。

問題81　正解2

1、3、4、5　×　**クロイツフェルト・ヤコブ病**は、脳に異常なプリオン蛋白が沈着して、脳神経細胞の機能が障害されるプリオン病の代表的なものであり、100万人に1人の割合で発症する。手足・顔・体などがピクピク動く不随意運動がしばしば認められる。発病後、認知症の症状が急速に進行し、数ヶ月以内で寝たきりになり、全身衰弱、呼吸麻痺、肺炎などで死亡する。

2 ○ 上記記述を参照。

問題82 正解5

1、2、3、4 × **レビー小体型認知症**とは、脳の神経細胞が原因不明に減少するもので、認知機能障害、幻視、パーキンソン症状がみられる。症状の進行は遅く、記憶障害は初発症状ではみられず、症状が進行してからみられる。人格変化がみられるのは、前頭側頭型認知症の症状である。

5 ○ レビー小体型認知症では、筋肉がこわばる症状があり、嚥下機能が低下することから、誤嚥性肺炎の合併が多い。

問題83 正解4

1 × **アルツハイマー型認知症**とは、脳が徐々に萎縮するもので、女性に多くみられるものである。Bさんは不眠を強く訴えており、日中は適度に体を動かした方が適切といえる。

2 × Bさんは、歩くときにふらつくようになったが、麻痺はみられないことから、歩行機能を保つためのリハビリは適切とはいえない。

3 × アルツハイマー型認知症では、味覚の変化はみられるが、誤嚥はみられないという特徴がある。

4 ○ Bさんの不眠について主治医に相談した際に、睡眠薬を処方された可能性があることから、ふらつきは薬の影響とも考えられる。処方薬の変更の確認は、適切といえる。

5 × 医師ではない訪問介護員が、症状について断定的な発言をすることは不適切といえる。

問題84 正解3

1 × **血液検査**は、血液に含まれている細胞や酵素、抗体などの数を数値化して、病気の診断やリスクを見つけるために行われる。

2 × **脳血流検査**は、脳の血流の変化を見つける検査であり、脳梗塞、てんかん、認知症などの診断に用いられる。

3 ○ 慢性硬膜下血腫の疑いが強いと判断された場合には、**頭部CT検査**、**MRI検査**などの画像検査が行われる。

4 × **脳波検査**は、一般的に、てんかんなどの発作性意識障害の鑑別、脳腫瘍や脳梗塞・脳出血などの脳血管障害、頭部外傷などで中枢神経系の異常を疑う場合、薬物等による中毒やそれらに伴う意識障害の場合などに行われる。

5 × **認知機能検査**は、記憶力や判断力を測定する検査であり、75歳以上のドライバーの運転免許証の更新時にも行われる。

問題85 正解1

1 ○ 周囲から物音が聞こえてくると、食事を中断したままになるのは、認知症の注意障害の、転換性注意障害と考えられる。

2 × 毎日、同じ時間に同じ行動をするのは、認知症の**常同行動**とみられる。

3 × 旅行の計画を立てることが難しくなるのは、認知症の**実行機能障害**といえる。

4 × 話そうとすることを言い間違えるのは、認知症の**言語障害**といえる。

5 × 介護職員から説明を受けたことを覚えていないのは、認知症の**記憶障**

害といえる。

問題86　正解４

1　×　Cさんは、経口摂取が困難で臥床状態が続いており、離床している時間をつくるのは不適切といえる。

2、3　×　Cさんは声かけに対する反応も少なくなっており、会話で本人の希望を聞くことは困難といえる。本人の意思をきちんと確認することが必要な事前指示書の作成も同様といえる。

4　○　死が極めて近い状態にあるCさんには、苦痛があれば取り除くことが最も適切な対応といえる。

5　×　Cさんは、誤嚥性肺炎を繰り返し、経口摂取が困難であり、好きな食事を用意することも不適切といえる。

障害の理解

問題87　正解３

1、2、4、5　×　ICFでは、障害を個人ではなく社会の問題としてとらえている。障害は、病気・外傷から直接的に生じるのではなく、社会に存在する障壁など、さまざまな環境との相互作用によって生じるものととらえている。したがって、治療による回復、医療による援助ではなく、障壁のある社会のなかで、環境の整備、生活機能の改善などによって、その人が持つ能力を生かして、その人らしく生きることを目指すものといえる。

3　○　上記記述を参照。

問題88　正解１

1　○　「re」は「再び」、「habilitate」は「適した」であり、語源は「再び適したものにすること」である。

2　×　ニィリエは、「ノーマライゼーションの８原理」を提唱した。

3　×　リハビリテーションは、主に「医学的」「社会的」「教育的」「職業的」に分類されており、医療の領域に限定されていない。

4　×　**自立生活運動**とは、アメリカで1970年代初めに、重度の障害がある学生たちが中心になって展開されたものであり、リハビリテーション法の改正につながった。

5　×　**社会的リハビリテーション**とは、社会生活力を高めるためのリハビリテーションのことである。機能回復訓練は、理学療法士、作業療法士、言語聴覚士や看護師などが中心となって行うもので、医学的リハビリテーションである。

問題89　正解５

1　×　**優生保護法**は母体保護法の改正前の法律であり、優生手術・人工妊娠中絶・受胎調節の実地指導などを定めていた。

2　×　**国際障害者年**は、国際連合が指定した国際年の一つであり、障害者の社会生活の保障・参加のための国際的努力の推進を目的としている。

3　×　**知的障害者福祉法**は、知的障害者の福祉をはかることを目的とする法律である。

4　×　**身体障害者福祉法**は、身体障害者の更生（自立）と社会経済活動への参加を促進するため、必要な援助と保護を行うことを定めたものである。

5　○　**障害者の権利に関する条約**は、障害者の人権及び基本的自由の享有を確保し、障害者の固有の尊厳の尊重を促進することを目的として、障害者の権利の実現のための措置等について定める条約であり、2006年に採択され、

2008年に発効した。「われわれのことを我々抜きで勝手に決めるな!」をスローガンに、世界の障害者ネットワークが条約の作成に参加した。

問題90　正解5

1、2、3、4　×　Dさんは、脊髄損傷による対麻痺で、車いすでの生活を行っており、座面に接する座骨結節部が最も褥瘡が発生しやすい場所といえる。車いすでは、背部にも褥瘡が発生しやすいが、日常生活動作が自立したDさんには、発生の可能性は低いといえる。後頭部の褥瘡は、寝たきりの場合に発生しやすい。上腕部、腹部は褥瘡の好発部位ではないといえる。

5　○　上記記述を参照。

問題91　正解2

1　×　頸髄損傷（C1～C3）の場合の残存機能は、首の運動程度であり、プッシュアップはできない。

2　○　頸髄損傷（C７）の場合の残存機能は、肘関節伸展、手関節屈曲、手指伸展などであり、プッシュアップは可能といえる。

3　×　胸髄（T）損傷の場合の主な症状は、感覚消失であり、プッシュアップは可能だが脊髄の中でもC７よりも下位にあたる。

4、5　×　腰髄（L）、仙髄（S）損傷の場合の主な症状は、足のしびれや筋力低下などであり、プッシュアップは可能だが脊髄の中でもC７よりも下位にあたる。

問題92　正解5

1　×　網膜が変性するのは網膜色素変性症である。

2　×　運動神経が変性するのは筋萎縮性側索硬化症である。

3　×　自己免疫が原因となるのは、自己免疫疾患である。

4　×　中脳の黒質が病変部位となるのは、パーキンソン病である。

5　○　筋ジストロフィーは、タンパク質の設計図となる遺伝子に変異が生じたものであり、筋肉の変性壊死が生じて筋力が低下し、運動機能など各機能障害をもたらす。

問題93　正解3

1　×　身体に外傷が生じるおそれのある暴行を加えるのは、**身体的虐待**である。

2　×　わいせつな行為をするのは、**性的虐待**である。

3　○　著しい暴言、または著しく拒絶的な対応を行うのは、**心理的虐待**である。

4　×　衰弱させるような著しい減食、または長時間の放置は、**放棄・放置**である。

5　×　財産を不当に処分するのは、**経済的虐待**である。

問題94　正解2

1　×　心臓機能障害のある場合には、心臓への負担を軽減するために、塩分や水分の制限が必要となる。

2　○　心臓機能障害のある場合には、呼吸困難や息切れなどの症状がみられることが多い。

3　×　心臓機能障害があっても、日常生活で外出を避ける必要はないといえる。軽度の運動は、心臓機能の低下を防ぐといえる。

4　×　ペースメーカー装着者は、日常生活活動の制限の程度により等級に応じて身体障害者手帳の交付対象となる。

5　×　精神的なストレスは、心臓機能障害に影響を与えることがある。

問題95　正解3

1　×　現状に悩んでいる母親に対して、現状を受け入れるように説得するのは不適切といえる。

2　×　レスパイトケアは、一時的な息抜きにはなるが、母親が求めているのは子育てについての相談相手であり、不適切といえる。

3　○　**ペアレント・メンター**とは、自らも発達障害のある子育てを経験し、かつ相談支援に関する一定のトレーニングを受けた親のことである。ペアレント・メンターの紹介は、母親に適切といえる。

4　×　発達支援の強化は、これまで頑張っていた母親の努力を否定することにもなりかねず、不適切といえる。

5　×　現段階では、母親の心理的ケアやサポートを行うことを検討すべきといえ、介護支援専門員を紹介するのは、不適切といえる。

問題96　正解4

1、2、3、5　×　身体障害者手帳所持者の情報入手手段は、65歳未満、65歳以上の者ともに「テレビ（一般放送）」の割合が最も高く、65歳未満では75.8％、65歳以上では77.7％となっている。次いで、「家族・友人・介助者」の割合が高く、65歳未満では48.6%、65歳以上では48.7%となっている。以下、パソコンは65歳未満では31.5%、65歳以上では9.6%、携帯電話は65歳未満では28.3%、65歳以上では22.1%、ラジオは65歳未満では26.2%、65歳以上では27.8%であった。

4　○　上記記述を参照。

こころとからだのしくみ

問題97　正解1

1　○　PTSDとは、生命が脅かされたり、人としての尊厳が損なわれるような、つらい体験が原因となって起こるが、原因となった体験が数週間から数カ月、数年後など、突然よみがえり、繰り返し思い起こされて、不安反応が起こるものである。被害妄想が起きるものではない。

2、3、4、5　×　上記記述を参照。

問題98　正解4

1　×　高齢者の体温は36.66℃（基準値）で、小児（37℃前後）より低い。

2　×　健康な人は早朝の体温が最も低く、夕方が最も高くなる。

3　×　腋窩温は口腔温より低い。

4　○　体温調節中枢は間脳の視床下部にある。

5　×　人体は、環境の影響を受けて体温調節を行っている。

問題99　正解2

1　×　義歯を使用したときには、唾液分泌量は減少する。

2　○　義歯を使用することで歯列がそろい、話す言葉は明瞭になる。

3　×　義歯を使用することで、舌の動きは改善する。

4　×　義歯を使用することで、口のまわりの筋肉を押し広げることから、しわは減少する。

5　×　義歯の使用では味覚に変化は生じない。

問題100　正解3

1、2、4、5　×　安静臥床のままでは、初期に約1～3％／日、10～

15%／週の割合で筋力低下がおこり、3～5週間では約50%低下するといわれている。

3 ○ 上記記述を参照。

問題101 正解5

1 × 最大のエネルギー源となるのは、脂質である。

2 × 糖質をエネルギーに変えるには、ビタミンB1の働きが必要となる。

3 × カリウムは、ナトリウムとともに、細胞の浸透圧の維持をしているが、酸・塩基平衡の維持、神経刺激の伝達、心臓機能や筋肉機能の調節、細胞内の酵素反応の調節などの働きをしている。骨の形成に関わるのは、ビタミンD、ビタミンK2である。

4 × ビタミンB1には、糖質（炭水化物）を、エネルギーに変える働きがある。カルシウムの吸収に関わるのはビタミンKである。

5 ○ ナトリウムは、水分を保持しながら細胞外液量や循環血液の量を維持し、血圧の調節に関わっている。

問題102 正解1

1 ○ **先行期**とは、食物を目で見て認識する時期であり、眼鏡が壊れて使えなくなったFさんが最も影響を受けるのは、この時期といえる。

2 × **準備期**とは、食物を口腔内に入れる時期である。

3 × **口腔期**とは、食物を塊にして咽頭へ送り込む時期である。

4 × **咽頭期**とは、食塊が食道へ送り込まれる時期である。

5 × **食道期**とは、食塊が胃に送り込まれる時期である。

問題103 正解4

1、2、3、5 × 38～41℃の中温浴は、副交感神経を刺激してリラックス作用をもたらすが、42℃以上の熱い湯は、交感神経を活発にする効果があり、脳が興奮して睡眠に悪い影響がある。また、中温浴では、筋肉を弛緩させて血管を拡張することから、血行が促されて血圧は低下し、腎臓や腸の働きを活発にする効果がある。

4 ○ 上記記述を参照。

問題104 正解2

1 × **機能性尿失禁**とは、排尿機能は正常だが、身体運動機能の低下で手足が自由に動かせない、認知症でトイレの場所がわからなくなるなどが原因で起こるものである。

2 ○ **腹圧性尿失禁**とは、重い荷物を持ち上げたり、咳やくしゃみをした時など、お腹に力が入った時に尿が漏れてしまうものである。加齢や出産を経た女性など、骨盤底の筋肉が緩むために起きるものである。

3 × **溢流性尿失禁**とは、前立腺肥大症などの排尿障害が原因となって尿を出したいのに出せない、また、尿が少しずつ漏れ出てしまうものである。

4 × **反射性尿失禁**とは、事故による脊髄損傷や脳腫瘍などによる中枢神経系の障害によって起こるものであり、尿意が伝わらず膀胱が限界になって尿を漏らしてしまう。

5 × **切迫性尿失禁**とは、急に尿がしたくなり、我慢できずに漏れてしまうものである。原因は、脳血管障害などにより排尿がコントロールできなくなることによる。

問題105　正解5

1　×　**炎症性腸疾患**は、長期にわたり消化管に原因不明の炎症や潰瘍を生じ、出血や下痢などが起きるものである。

2　×　**経管栄養**とは、口から栄養が取れない時に、鼻腔や腹部のろう孔からチューブを通して、直接胃に栄養を送り込む栄養補給法のことである。便秘や下痢を起こすことがある。

3　×　結腸切除や直腸切除などの消化管切除をすると、腸の長さが短くなって下痢や便秘などの排便障害が起きやすい。

4　×　**感染性腸炎**は、細菌やウイルスなどの病原体による感染症であり、下痢などを起こすものである。

5　○　長期臥床や運動不足により、大腸壁の緊張や、大腸の蠕動運動が低下すると、内容物の通過が遅れて便秘になる。

問題106　正解4

1、2、3、5　×　高齢者では、入眠までの時間は長くなり、夜間の睡眠時間は減少する。また、中途覚醒や早朝覚醒が増加して睡眠周期が不規則になり、深睡眠、熟睡感も減少する。

4　○　上記記述を参照。

問題107　正解1

1　○　**レム睡眠**では、脳が活発に働いて、記憶の整理や定着が行われているが、筋緊張は消失し弛緩している状態となる。REM（レム）とは、Rapid Eye Movement（急速眼球運動）のことであり、レム睡眠の時間にみられるものである。一方で、**ノンレム睡眠**では、大脳は休息していると考えられる。入眠はノンレム睡眠から始まり、夢をみるのはレム睡眠のときと考えられる。高齢者では、深いノンレム睡眠の時間が減り、浅いノンレム睡眠の時間が増えるようになるといえる。

2、3、4、5　×　上記記述を参照。

問題108　正解2

1、3、4、5　×　人が死ぬと、皮膚に紫赤色あるいは紫青色の斑点が現れる。これは、血液が自重で沈降するために生じるものである。死後20～30分から現れて、6～10時間かけて大きくなる。

2　○　上記記述を参照。

医療的ケア

問題109　正解1

1　○　経管栄養、たんの吸引は医行為であるが、医師の指示のもとに介護福祉士等が一定の条件のもとに行うことができるとされている。経管栄養の注入量は、医師の指示に従って行わなければならない。

2、3、4、5　×　上記記述を参照。

問題110　正解5

1　×　痰の粘度が高いと、気管のせん毛にからみついて動きが悪くなる。

2　×　せん毛運動とは、空気中の異物をとらえるのではなく排除する運動である。

3　×　せん毛運動とは、反射的に咳を誘発するのではなく、痰が多くなると外へ吐き出すようになっている。普段は少量であり、胃に飲み込まれている。

4　×　気管内部は加湿されているほうが動きが良い。

5　○　せん毛は、口腔の方へ向かって運動することで、痰を移動させている。

問題111　正解2

1　×　気管カニューレ内部の吸引では、カニューレの内径の2分の1以下の太さの吸引チューブが適切とされる。

2　○　気管カニューレ内部の吸引では、滅菌された洗浄水を使用しなければならない。

3　×　気管カニューレ内部の吸引では、頸部を前屈させると挿入部分が見えにくくなる場合がある。挿入部分が見やすくて、かつ、利用者が楽な姿勢が適切といえる。

4　×　吸引時間は、口腔内よりも気管カニューレ内部のほうを短くする。

5　×　吸引圧は、口腔内よりも気管カニューレ内部のほうを低くする。

問題112　正解4

1　×　入浴時は、ビニールをかぶせるといった特別の処置は不要であり、そのまま入浴することができる。

2　×　排泄時は、胃ろう部を圧迫すると、皮膚を傷める可能性もあるので、不適切といえる。

3　×　胃ろうであっても、排便をはじめ生活習慣を変更する必要はないといえ、ベッド上での排便を勧める必要はない。

4　○　Hさんは、経管栄養を始めてから下肢の筋力が低下しており、経管栄養を行っていないときの歩行運動を勧めることは適切といえる。

5　×　栄養剤の注入量の変更は、医師の指示のもとに行わなければならない。

問題113　正解1

1　○　経管栄養の準備は、事前に石鹸と流水で丁寧に手を洗ってから行うようにする。

2　×　栄養剤は、消費期限の近いものから使用する。

3　×　胃ろうや腸ろう周囲の皮膚は、注入開始前に石鹸とぬるま湯で優しく洗うようにする。アルコール消毒を行う必要はない。

4　×　栄養点滴チューブやカテーテルチップシリンジは、通常、2週間に1回程度交換していることが多い。

5　×　経管栄養を実施している場合には、唾液の分泌が少なくなり、口腔内に汚れがたまりやすくなることから、口腔ケアは、1日に数回行うのがよい。

総合問題

総合問題1

問題114　正解1

1　○　**フレイル**とは、加齢とともに運動機能や認知機能が低下してきた状態をいう。Jさんの状態からは、フレイルの状態に移行する可能性が高いといえる。

2　×　**不定愁訴**とは、何となく体調が悪いという程度の漠然とした自覚症状を訴える人が医療機関を受診しても、明らかな病変が見つからない状態をいう。

3　×　**寛解**とは、病気の症状が一時的、あるいは継続的に軽減した状態をいう。

4　×　**不穏**とは、穏やかでなく、体動が激しい、興奮しているなど、不安で危険をはらんだ精神状態をいう。

5　×　**せん妄**とは、身体疾患や薬の影響で、一時的に意識障害や認知機能の低下が起こることである。

問題115　正解4

1、3　×　Jさんは、施設へ行くことをためらっており、その気持ちに配慮した言葉かけが求められる。

2 × Jさんが、なぜ施設へ行くことをためらっているのかに配慮した言葉かけが求められる。この時点で、介護福祉職の独断での中止の提案は不適切といえる。

4 ○ Jさんの気持ちに寄り添い、安心感を与える言葉かけは適切といえる。

5 × Jさんに負担をかける言葉かけは不適切といえる。

問題116 正解1、3

1、3 ○ Jさんは、変形性膝関節症と診断されて右膝に痛みが出ており、杖を使った歩き方としては、「杖（左手で持つ）を出す→右足を出す→左足を出す」、または「杖（左手で持つ）と右足を出す→左足を出す」が適切といえる。

2、4、5 × 上記記述を参照。

注：本問は選択肢1と3が正解となる余地があることから、問題として成立しないとして全員に得点が与えられた。

総合問題2

問題117 正解4

1 × **リアリティ・オリエンテーション**とは、時間や場所が判らないなどの見当識障害を解消する訓練であり、現実認識を深めることを目的としたものである。

2 × **ピアカウンセリング**とは、同じような立場・境遇にある人同士が、対等な立場で悩みや不安を話し、共感的に聞き合いながら、解決策を見出していくものである。

3 × **スーパービジョン**とは、対人援助職者（スーパーバイジー）が指導者（スーパーバイザー）から教育を受ける過程である。

4 ○ **回想法**とは、懐かしい写真や音楽、昔使っていた馴染み深い家庭用品などを見たり、触れたりしながら、昔の経験や思い出を語り合う心理療法である。Kさんに参加してもらう活動としては適切といえる。

5 × **社会生活技能訓練**とは、認知行動療法に基づく精神科リハビリテーションであり、自分の気持ちや考え、用件を、今よりもっとうまく伝える技術を学ぶものである。

問題118 正解1

1 ○ **角化型疥癬**は、通常の疥癬よりも症状が重く、感染力が強い。Kさんの入浴後の洗濯物を、ビニール袋に入れて運ぶことは感染予防対策として適切といえる。

2 × マスクの着用には、角化型疥癬の感染予防の効果は、ほとんどないといえる。

3 × 角化型疥癬は感染力が強いことから、個室に隔離することは適切といえる。

4 × 角化型疥癬は感染力が強いことから、介護は素手で行うのではなく、手袋や予防衣の着用が適切といえる。

5 × 感染予防のために、ほかの利用者が入浴してから、最後にKさんに入浴してもらうのがよい。

問題119 正解2

1 × 介護保険料は、所得に応じて定められていることから、要介護度に変更があっても影響しないといえる。

2 ○ 認知症対応型共同生活介護費は、要介護度に応じて介護報酬が定められており、要介護度が上がると費用も増加することになる。

3　×　介護サービスの利用者負担割合は、所得に応じて決められており、要介護度に変更があっても影響しないといえる。

4、5　×　認知症対応型共同生活介護における食費、居住費は、介護保険の適応外であり、施設によって定められている。要介護度による違いはない。

総合問題３

問題120　正解３

1　×　**注意障害**とは、注意力が低下して一つのことに集中することができなくなる状態である。

2　×　**遂行機能障害**とは、物事を順序立てて実行することが難しくなり、段取りが悪くなるものである。一つの行動なら出来ても、二つ以上の行動になると同時にはできないという状態である。

3　○　**強度行動障害**とは、「直接的な他害」「間接的な他害」「自傷行為」が非常に多い頻度で見られ、通常の環境下では対応が非常に困難な特性を持つ人のことであり、Ａさんの状態に該当するといえる。

4　×　**記憶障害**とは、記憶を思い出すことができない、新たなことを覚えることができないといった状態である。

5　×　**気分障害**とは、通常の気分の浮き沈みとは違って、極度に気持ちが落ち込み、不眠や食欲不振に陥ったり、逆に高揚して、周囲を怒鳴り散らすなどの状態であり、Ａさんの状態として適切なものとはいえない。

問題121　正解５

1　×　**同行援護**とは、視覚障害者が安心して外出できるように、同行して移動のサポートを行うサービスであり、Ａさんが利用しているサービスとはいえない。

2　×　**自立生活援助**とは、ひとり暮らしなど地域での独立生活をはじめた障害者に対して、生活上の困りごとの相談を聞いて、自分で解決できるように援助するサービスであり、Ａさんが利用しているサービスとはいえない。

3　×　**自立訓練**とは、知的障害または精神障害のある方に対して、障害者支援施設や居宅において、入浴、排せつ、食事等に関する自立した日常生活を営むために必要な訓練、生活等に関する相談および助言などの支援を行うものである。Ａさんが利用しているサービスとはいえない。

4　×　**生活介護**とは、障害者支援施設などの施設で、日常的に介護を必要とする方に対して、主に日中（昼間）に、日常生活上の支援、創作的活動・生産活動の機会の提供のほか、身体機能や生活能力の向上の為に必要な援助を行う、障害福祉サービスである。Ａさんが利用しているサービスとはいえない。

5　○　**行動援護**とは、知的障害や精神障害によって行動が著しく困難な人の外出時の移動支援や行動による危険を回避するための援助等のサービスである。Ａさんが利用しているサービスといえる。

問題122　正解１

1　○　**エンパワメント**とは、本来持っている能力を十分に発揮できない状態にある利用者に対して、自身の強さを自覚して行動できるような援助を行うことである。Ａさんに対する支援の背景となる考え方として適切といえる。

2 × **アドボカシー**とは、社会的な弱者の権利を擁護することであり、Aさんに対する支援の背景となる考え方とはいえない。

3 × **ピアサポート**とは、がんなどの同じ問題を抱える者が集まり、それぞれの状況での自分の体験や行動、考えなどを披露し、互いに語り合うことにより支え合うことであり、Aさんに対する支援の背景となる考え方とはいえない。

4 × **ノーマライゼーション**とは、高齢者や障害者などを施設に隔離せず、健常者と一緒に助け合いながら暮らしていくのが正常な社会のあり方であるとする考え方であり、Aさんに対する支援の背景となる考え方とはいえない。

5 × **インクルージョン**とは、個人が持つ特有のスキルや経験、また価値観などが認められ、活用される社会・組織を目指すものであり、Aさんに対する支援の背景となる考え方とはいえない。

総合問題4

問題123　正解4

1、2、3、5 × Bさんは、第5頸髄節まで機能残存するための手術をしたとあることから、力は強くはないが、肩・肘を曲げることが可能であり、自助具を用いての食事や書字はできるが、指を使った細かい作業は困難である。自力歩行はできないが、電動車いすを自分で操作することが可能になる。平坦路であれば自走式標準型車いすでの移動も可能だが、一般のスロープは上がるのが困難な場合もある。自発呼吸が可能で、人工呼吸器は必要ない。

4 ○ 上記記述を参照。

問題124　正解5

1 × **居宅サービス計画**は、障害者支援施設に入所するために必要なものではなく、介護保険のサービスを利用する場合に必要となるものである。

2 × **要介護認定**は、障害者支援施設に入所するためのものではなく、介護保険のサービスを利用する場合に必要となるものである。

3 × **施設サービス計画**は、介護保険のサービスを利用する入所者に対して用意されるものである。

4 × サービス等利用計画を作成するためには、障害支援区分の認定を受ける必要がある。

5 ○ 障害支援区分の認定を受けるためには、市町村の窓口に申請することが必要となる。

問題125　正解2

1 × 工作などの作業を行いながら身体機能の回復を図るのは、看護師ではなく**作業療法士**が適切といえる。

2 ○ 運動機能の維持・改善を図るために、**理学療法士**と連携するのは適切といえる。

3 × 趣味活動を増やすことを目的に連携するのは、管理栄養士ではなく**作業療法士**が適切といえる。

4 × 活用できる地域のインフォーマルサービスを検討するために連携するのは、義肢装具士ではなく**社会福祉士**が適切といえる。

5 × 栄養状態の面から健康増進を図るために連携するのは、社会福祉士ではなく**管理栄養士**が適切といえる。

令和元年度（第32回）介護福祉士試験 解答・解説

人間の尊厳と自立

問題 1　正解 3

1　×　「延命治療を選択する意思決定の計画書」とは、「人生の最終段階（終末期）を迎えたときの医療の選択について事前に意思表示しておく文書」（「**リビング・ウイル**（LW）」）のことである。作成に際しては、かかりつけ医や医療チーム、訓練を受けたアドバイザーなどから十分な説明を受けて、家族を含めた話し合いを繰り返すことが望まれる。計画書は医療職が作成するものではない。☞（一財）日本尊厳死協会 https://www.songenshi-kyokai.or.jp

2　×　本人の意向が最優先されるべきであり、計画作成後の変更も可能である。

3　○　本人が納得するまで、話合いは何度でも行わなければならない。

4　×　Aさんの悩みは、「最期の時を自宅で静かに過ごしたい」という思いであり、「特別養護老人ホームに入所できる」というサービス提供責任者の発言は不適切といえる。

5　×　リビング・ウイルは、病院での治療を想定したものではない。

問題 2　正解 5

1　×　**インフォームドコンセント**とは、手術などに当たり、医師が患者にその目的や内容を事前に十分に説明して、患者の同意を得ることである。

2　×　**ストレングス**とは、利用者の個別的な状況を自らが解決する能力のことであり、利用者の潜在能力に着目してこれを活かそうというものである。

3　×　**パターナリズム**とは、強い立場にある者が弱い立場の者の意志に反して、一方的に、その行動に介入したり、干渉したりすることである。

4　×　**エンパワメント**とは、個人や集団が本来持っている潜在能力を引き出して、これを湧き出させることであるが、福祉サービスにおいては、自己決定や自己実現を促すことを意味している。

5　○　**アドボカシー**とは、社会的弱者やマイノリティーなどの権利を擁護する、代弁することであるが、福祉サービスにおいては、利用者の意思や権利を伝えることである。

人間関係とコミュニケーション

問題 3　正解 2

1、3、4、5　×　自己覚知とは、「自分を知る」ことであり、客観的に自分を評価することである。介護職は、利用者に向き合う際に、自らの個性や、性格、考え方などを把握し、自分の感情や態度をしっかりコントロールできる状態でなければならない。自己の弱みより強みを重視することではない。自己の私生活を打ち明けたり、自己の価値観を他者に合わせることではない。

2　○　自己の感情の動きとその背景を客観的に洞察することは、介護職として必要である。

問題 4　正解 1

1　○　利用者と視線が合わせられる位置で話すことは、適切である。

2　×　相手が座って自分が立ったまま

では、上から見下ろして話すことになり不適切である。

3 × 初対面でまだ親しくない段階では、相手と密着した距離ではなく、適当な距離を置いて話した方が、利用者にもとまどいがなく適切といえる。

4 × 相手の表情があまり見えないような薄暗い場所では、相手が不安になり、不適切である。

5 × たくさんの人がいる、にぎやかな場所では、落ち着いて話ができず、不適切といえる。

社会の理解

問題 5 正解 5

1 × **自助**とは、公的扶助を利用するのではなく、自らの力で自立して生活を維持することである。

2 × **互助**とは、社会保険のように制度化されたものではなく、近隣住民同士の支え合いのようなものをいう。

3、4 × **共助**とは、社会保障制度のように支え合うことであり、近隣住民同士の支え合いは含まれない。

5 ○ **公助**とは、自助・互助・共助のいずれでも対応できない生活困窮等に、税金で公的に対応することである。

問題 6 正解 3

1 × 長時間労働は日本の労働制度と社会の特質といえるが、平成 30 年 7 月に<u>労働基準法が改正されて、時間外労働の上限規制が導入された</u>（平成 31 年 4 月施行）。

2 × 平成 30 年 7 月に労働基準法が改正されて、使用者には、働くことが優先されるのではなく、労働者に毎年 5 日、有給休暇を与えなければならないとされた。

3 ○ 働く人々の個々の事情に応じ、それぞれのニーズに応じた、多様な働き方を選択できる社会の実現を、「働き方改革」は目指している。

4 × 正規雇用労働者と非正規雇用労働者の不合理な待遇の格差解消のため、「労働者派遣法」及び「パートタイム・有期雇用労働法」が 2020 年 4 月から施行された。

5 × 「働き方改革」は、我が国雇用の 7 割を占める中小企業・小規模事業者において、着実に実施することが必要とされている。

問題 7 正解 3

1、2、5 × 利用者の経済的な問題に関しては、生活相談員の判断だけでサービスの利用中止を求めたり、他のサービスを探すような行為をしてはならない。

3 ○ 福祉事務所では、生活に困窮している人の相談を受け付けており、福祉事務所に相談するように助言するのが最も適切である。

4 × B さんの経済的な問題が解決しないまま、これまでどおりの利用を説得するのは不適切である。

問題 8 正解 4

1 × 後期高齢者医療制度の財源構成は、患者負担を除き、公費（約 5 割）、現役世代からの支援（約 4 割）、被保険者から徴収した保険料（約 1 割）となっている。

2 × 社会保障給付費の財源では、社会保険料による収入が約 5 割、税などの公費負担が 3 割を占めている。

3 × 生活保護費の財源は、国と自治体が負担しており、4 分の 3 は国税から、残りの多くは国から自治体に支給される地方交付税で賄われている。社会保険料からの負担はない。

4 ○　国の一般会計予算に占める社会保障関係費の割合は、平成26年以降、30%を超えている。令和2年度予算で見ると、社会保障関係費35兆8,608億円は一般会計歳出総額102兆6,580億円の34.9%である。

5 ×　社会保障給付費の給付額の構成割合は、年金給付費が最も大きく、次に医療給付費となっている。

問題9　正解2

1 ×　介護保険は**強制加入**であり、任意ではない。

2 ○　第一号被保険者は65歳以上の者である。

3 ×　第二号被保険者は、40歳以上65歳未満の医療保険加入者である。

4 ×　第一号被保険者の保険料は、都道府県ではなく市町村が徴収する。

5 ×　第二号被保険者の保険料は、健康保険加入者の場合は、健康保険に介護保険料を合算して、国民健康保険加入者の場合は、世帯単位で国民健康保険料に合算して、それぞれ医療保険者が徴収する。

問題10　正解5

1 ×　家族介護支援事業は、地域支援事業の中の任意事業である。

2 ×　予防給付とは、要支援者に対する法定給付であり、地域支援事業ではない。

3 ×　介護給付とは、要介護者に対する法定給付であり、地域支援事業ではない。

4 ×　権利擁護事業は、地域支援事業の一つである包括的支援事業に含まれる。

5 ○　介護予防・日常生活支援総合事業とは、地域支援事業の一つであり、第一号訪問事業（訪問型サービス）が含まれる。

問題11　正解1

1 ○　**障害福祉計画**とは、「障害者の日常生活及び社会生活を総合的に支援するための法律（障害者総合支援法）」によって、障害福祉サービス等の提供体制及び自立支援給付等の円滑な実施を確保することを目的に、市町村、都道府県がそれぞれ作成するものとされている。

2、3 ×　都道府県・市町村による策定は義務であり、努力義務ではない。

4 ×　障害児福祉計画は、障害福祉計画とともに、障害者総合支援法によって、一体的に策定することとされている。

5 ×　文化芸術活動・スポーツの振興については、計画に含まれていない。

問題12　正解5

1 ×　**地域包括支援センター**は、住民からの相談を幅広く受け付けているが、障害福祉サービスの支給申請は受け付けていない。

2 ×　障害福祉サービスの支給申請を行うと、市町村がDさんの心身の状況を含む状況調査を行う。医師の診断書を居住する市町村に提出する必要はない。

3 ×　市町村に支給申請を行わなければ、障害福祉サービス（居宅介護）を提供している事業所と契約することはできない。

4 ×　障害福祉サービス（居宅介護）の利用の申し出は、審査会ではなく市町村に行う。市町村が申し出を受けて状況調査等を行ったのち、審査会が審査判定を行う。

5　○　<u>Dさんは60歳であり、下肢の障害では介護保険の給付対象ではない</u>と考えられる。障害者総合支援法の障害福祉サービスの支給申請は、市町村に行うことから、居住する市町村の担当窓口に、障害福祉サービス（居宅介護）の支給申請をする、が適切。

問題13　正解４

1、2、3、5　×　**共生型サービス**とは、高齢者と障害児者が同一の事業所でサービスを受けやすくするため、介護保険と障害福祉の両方の制度に新たに共生型サービスを位置付けたものである。訪問看護、共同生活援助（グループホーム）、同行援護、通所リハビリテーションは、共生型サービスには含まれない。

4　○　上記記述を参照。

問題14　正解２

1、3、4、5　×　自閉症であるEさんに対して、好みの雑誌を取り上げるような声かけは不適切である。

2　○「読みたい雑誌はとっておきましょう」という声かけであれば、Eさんの好みを肯定して、大切に扱っており、適切といえる。

問題15　正解１

1　○「2018年（平成30年）の全国統計」によれば、申立件数は、補助開始1,499件、保佐開始6,297件、後見開始27,989件であり、最も多い申立ては後見開始であった。

2　×「2018年（平成30年）の全国統計」によれば、親族後見人は約23.2%であり、その割合は低下傾向にある。

3　×　成年後見人は、要介護認定の手続きや施設入所契約等の手続きを行うが、介護サービスは行わない。

4　×　<u>**任意後見制度**とは、利用者本人に判断能力があるうちに、自分で代理人を決めるもの</u>であり、家庭裁判所が成年後見人を選任するものではない。

5　×　<u>**成年後見制度利用支援事業**とは、身寄りがなく申立てを行うことが困難な場合に、自治体が代わって申し立てを行ったり、本人等の財産状況から申立費用や後見人等報酬の負担が困難な場合に、これらの費用を支給するものである</u>。

問題16　正解４

1、2、3、5　×　生活保護法における<u>**補足性の原理**とは、その受給に際しては急迫時以外には、本人の資産・能力を活用することが前提とされる</u>ほか、親族の扶養がある場合や、他の制度による扶助がある場合には、それらの利用が優先されて、それでもなお最低限度の生活が維持できない場合に、はじめて生活保護を受給できるというものである。

4　○　上記記述を参照。

介護の基本

問題17　正解１

1　○　Fさんが日課として前向きに取り組んでいるのは、豆から挽いてコーヒーを入れることであり、喫茶店にいったり、コーヒーを買ってきたり、コーヒーメーカーで入れることではない。また、訪問介護員が代わりにコーヒーを入れたのではFさんと夫の思いに反することになる。夫に対してFさんと一緒にコーヒーを入れてはどうかとの提案は、最も適切といえる。

2、3、4、5 × 上記記述を参照。

問題18 正解4

1 × Gさんは、以前は、美容院で長い髪をセットしてもらい、俳句教室に行くのを楽しみにしていたことから、長い髪のカットを勧めるのは、Gさんの楽しみを奪うことになる。

2 × 落ち込んだ状態のGさんに対して、強制的に夕食を施設の時間に合わせてもらうのは、不適切である。

3 × Gさんが落ち込んでいるからといって、居室での生活を中心に過ごしてもらうのは、不適切である。Gさんの様子を見ながら施設での他の入所者との交わりが持てるようにするのがよい。

4 ○ Gさんに対して、以前のように、おしゃれをして、施設の俳句クラブに参加するように勧めるのは適切といえる。

5 × ふらつきが見られるとはいっても、車いすの使用は、おしゃれなGさんにとっては精神的に困難と想像され、不適切といえる。

問題19 正解5

1 × ICFにおける**環境因子**とは、人々が生活し、人生を送っている物的な環境や社会的環境、人々の社会的な態度による環境を構成する因子のことである。この因子は個人の外部にあり、その人の社会の一員としての実行状況、課題や行為の遂行能力、心身機能・構造に対して、肯定的な影響または否定的な影響を及ぼしうるとされている。また、**心身機能**とは、身体系の生理的機能（心理的機能を含む）のことである。「電気スタンド」は「環境因子」に、「読書」は「活動と参加」に該当する。☞厚生労働省「国際生活機能分類—国際障害分類改訂版—」（日本語版）の厚生労働省ホームページ掲載について

2 × 「車いす」は「活動と参加」に、「美術館」は「環境因子」に該当する。

3 × 「聴力」は「心身機能」に、「コミュニケーション」は「活動と参加」に該当する。

4 × 「ストレス」は「健康状態」に、「活力」は「心身機能」に該当する。

5 ○ 「床面の性状」は「環境因子」に、「バランス」は「心身機能」に該当する。

問題20 正解1

1 ○ Hさんは、これまでの生活を続けていきたいと望んでおり、意向を確認した上で、今までどおり畳で布団の使用を継続することは適切といえる。

2、3、4、5 × Hさんは、これまでの生活を続けていきたいと望んでおり、手ぬぐいからバスタオルに変更することは、混乱を招きかねず不適切といえる。同様に、掃除機を押し入れに片づけたり、家具の配置を換えることは不適切といえる。また、Hさんに断りもなく訪問介護員の判断だけでエプロンをつけることは、Hさんが混乱しかねず不適切である。

問題21 正解5

1、2、3、4 × 65歳以上の者の住宅の屋内での事故の発生場所は、発生割合の高い順に、「居室」45.0％、「階段」18.7％、「台所・食堂」17.0％、「玄関」5.2％、「風呂場」2.5％、「トイレ」1.5％となっている。

5 ○ 上記記述を参照。

問題22　正解４

1　×　**認知症対応型共同生活介護**とは、認知症の症状を持ち、病気や障害で生活に困難を抱えた高齢者が、専門スタッフの援助を受けながら５〜９人のユニット単位で共同生活をする介護福祉施設である。施設では、家庭的な環境のもとで、入居者の能力に応じて、それぞれが料理や掃除などの役割を持ちながら、自立した生活を送る。認知症の利用者に対して、テレビのニュースを見て、新しい出来事を覚えてもらうのは不適切といえる。

2　×　利用者が、それぞれの能力に応じた役割を持って自立した生活を行う。同じ日課で過ごしてもらうのは不適切である。

3　×　利用者の過去の身体的・精神的状態よりも、現在の状況の把握が優先されなければならない。

4　○　施設に入所後も、利用者のなじみのある人や店との関係は、継続していくのが適切といえる。

5　×　利用者が自立した生活ができるように配慮する必要がある。環境に慣れるまで、車いすでの移動を勧めるのは不適切といえる。

問題23　正解２

1　×　訪問介護事業所のサービス提供責任者とは、サービスを受ける利用者とサービスを提供するヘルパーとの間に立って調整を行う役割を担っている。利用者の生活課題に沿って、居宅サービス計画書を作成するのは、介護支援専門員である。

2　○　サービス提供責任者は、利用者の日常生活全般の状況及び希望を踏まえて、指定訪問介護の目標、当該目標を達成するための具体的なサービスの内容等を記載した訪問介護計画を作成しなければならないとされている。☞指定居宅サービス等の事業の人員、設備及び運営に関する基準第24条

3　×　利用者の要望に応じて他の事業所との利用調整を行うのは、介護支援専門員である。

4　×　判断能力が十分でない人に対して日常的な金銭管理を行うのは、日常生活自立支援事業により生活支援員が行うサービスである。

5　×　居宅サービス事業者を招集してサービス担当者会議を開催するのは、介護支援専門員である。

問題24　正解５

1、2　×　介護における**多職種連携**では、医療職だけでなく民生委員やボランティアなども含めてさまざまな職種の専門職が関わっており、医師ではなく介護支援専門員が中心となって行われる。

3　×　**医療と介護の連携**とは、利用者の体調不良時に医療機関を受診させることを指しているのではなく、利用者の体調の変化にも速やかに対応できるように連携を取っておくことである。

4　×　多職種連携によるケアプランの作成に際しては、要介護度の改善を優先するのではなく、利用者の望む暮らしの実現であり、生活の質の向上である。

5　○　介護における多職種連携では、利用者のケアの方向性に関する情報を多職種で共有して、課題の解決に取り組むことが重要である。

問題25　正解３

1　×　技術的に利用者の要望に応えられない場合には、対応が可能なサービ

ス提供事業者を紹介するなどが望ましい。介護福祉士倫理基準（行動規範）には、「介護福祉士は、利用者や地域社会の福祉向上のため、他の専門職や他機関と協働し、相互の創意、工夫、努力によって、より質の高いサービスを提供するように努めます」とされている。

2 × 医行為は、利用者が求めても医療職以外は行ってはならない。喀痰吸引、経管栄養については、一定の研修を終了した介護福祉士が医師の指示のもとに行うことは可能とされている。

3 ○ 個人情報の取扱いについては、利用者に説明して同意を得る必要がある。介護福祉士倫理基準（行動規範）には、「介護福祉士は、利用者の個人情報を収集または使用する場合、その都度利用者の同意を得ます」とされている。

4 × 自室から出られないようにすることは身体拘束に該当して行ってはならないが、例えば、暴力をふるうような利用者であり、利用者本人または他の利用者等の生命または身体が危険にさらされる可能性が著しく高いような場合（**切迫性**）で、身体拘束の他に代替方法が存在しないこと（**非代替性**）を複数のスタッフで確認し、身体拘束その他の行動制限が一時的なものであること（**一時性**）の3要件に該当する場合には、身体拘束を行う「**緊急やむを得ない場合**」に該当する。

5 × 職員同士の打合せは個人情報に関わることであり、施設の廊下で行うのは不適切といえる。

問題26　正解 2

1 × **MRSA** は、黄色ブドウ球菌の一つで皮膚常在菌であり、多くの人が保菌していることから、入所者全員の保菌の有無を調べるのは効果的とは言えない。また、多くの薬剤に対して多剤耐性を示す病原体であり、皮膚の化膿、炎症から、肺炎、腹膜炎、敗血症、髄膜炎などのさまざまな症状がある。接触感染予防策の実施が適切であり、施設の清掃を行い、手洗い、うがいなどの実践が有効といえる。

2 ○ MRSA は、接触感染予防策の実施が適切である。

3、4、5 × 保菌者のレクリエーションへの参加を制限するまでの必要はないが、入浴は保菌者を最後にするなどの配慮が適切である。また、MRSA には、通常用いられる消毒薬も有効である。

コミュニケーション技術

問題27　正解 1

1 ○ **直面化の技法**とは、利用者の感情と行動の矛盾点を指摘することによって、利用者が自分の行動や行動がもたらす影響について、深くとらえられるようなきっかけを設けることである。これによって、利用者や家族が問題に向き合い、解決に向けて取り組めるようになるといえる。

2 × うなずきやあいづちを用いて、利用者の話を促すのは、**傾聴**と呼ばれるコミュニケーションの技法である。

3 × 利用者が話した内容を整理して伝えるのは、相手の同意を得るための**要約**と呼ばれるコミュニケーションの技法である。

4 × 利用者が話した内容を、別の言葉を使って簡潔に返すのは、**言い換え**と呼ばれるコミュニケーションの技法である。

5 × 「はい」や「いいえ」だけで答えられる質問をするのは、「閉じられた質問」(**クローズド・クエスチョン**)と呼ばれるコミュニケーションの技法である。

問題28 正解4

1、2、3 × 利用者が意欲低下に陥った場合には、意欲が回復するまで待つのではなく、体調の変化がないか、精神面の問題がないかなどを探り、必要であれば速やかに医療職の診察を受けるなどの対応を図る必要がある。考え方を変えるように促したり、元気を出すように励ますのは不適切である。

4 ○ 上記記述を参照。

5 × 意欲低下に陥った利用者に対して自己決定を避けるのは、利用者の意欲をさらに低下させかねず、不適切である。

問題29 正解2

1、5 × **構音障害**とは、言語障害のうち、言葉が正しく発音されない障害のことである。その原因には、唇・舌・口蓋などの形態に問題がある場合、運動機能が障害されている場合、聴覚障害による場合などがある。構音障害のある利用者とのコミュニケーションでは、簡単な言葉で答えられる閉じられた質問や、筆談の活用を考えるべきである。

2 ○ 聞き取れない場合に、あいまいな対応をするのではなく、利用者のプライドを傷つけないように配慮しつつ、再度言ってもらうことで、きちんと話を聞いていることを示すことが重要といえる。

3 × 構音障害の利用者に対して、はっきりと発音するように促すのは、利用者のプライドを傷つけることになりかねず不適切といえる。

4 × 構音障害の利用者のすべてが聴力について問題があるわけではなく、耳元で大きな声で話しかけるのは、利用者のプライドを傷つけかねないことから、不適切といえる。

問題30 正解3

1、5 × 視覚障害者は、聴覚、触覚、嗅覚といった視覚以外の感覚を用いて周囲の状況を把握してコミュニケーションを行っており、視覚障害者に後ろから声をかけることは、驚きや不安を与えることになり、不適切といえる。また、視覚障害者に対して「あちら」「そちら」で方向を示しても、認識しづらく不適切である。

2、4 × 視覚障害者にとって、聴力は大きな情報収集の手段であり、話しかけを最小限にとどめるのは不適切といえる。また、声の強弱などの準言語も大いに活用すべきである。

3 ○ 視覚障害者とのコミュニケーションでは、聴覚、触覚、嗅覚を大いに活用することが適切である。

問題31 正解4

1、2、3、5 × **就労継続支援B型事業所**とは、通常の事業所に雇用されることが困難で、雇用契約に基づく就労も困難な方に対して就労の機会を提供することで、就労に必要な知識及び能力の向上のために必要な訓練その他の必要な支援を行う事業のことである。雇用契約に基づく就労が可能な方に対してはA型事業所がある。Jさんの状況からは、その行為を責めたり、理由を尋ねるのは不適切といえる。

4 ○ Jさんに対しては、「ここで話

をしましょう」といった声かけをして、まず落ち着かせることが重要といえる。

問題32　正解 3

1　×　Jさんと同居する家族の思いを十分に聞くことで、家族に理解を示しつつも、Jさんを叱ることはJさんにとって決してよくないということを伝えるのが適切といえる。

2、5　×　家族の対応を、一概に否定することは不適切である。また、介護福祉職の指示どおりに対応するように伝えるのでは、Jさんに対する家族の思いを無視することになり、不適切といえる。

3　○　Jさんへのこれまでの対応や思いを家族から聴くことは、適切といえる。

4　×　家族の対応には介入しないで黙認のままでは状況は変わらず、不適切といえる。

問題33　正解 5

1、2　×　**認知症対応型共同生活介護**とは、認知症と診断された高齢者が、少人数で共同生活をする施設であり、家事、リハビリ、レクリエーションなど、日常生活を通じた機能訓練によって、認知症の改善、進行の緩和を目指すものである。認知症で混乱した状態にあるKさんに対して、命令や強制、行動の制限は不適切である。また、質問や説明はかえって混乱を招くことになりかねず、不適切といえる。衣類をタンスへ戻すように促したり、居室から出ないようにお願いするのは不適切である。

3、4　×　ここに入居したことを覚えていないのかと質問したり、ここは仕事場ではないことを説明するのは、Kさんの混乱を招きかねず不適切である。

5　○　最初にとる対応としては、とりあえず、Kさんに挨拶しながら表情や行動を観察することで、Kさんの状態を把握して、これからの対応を考えるのが適切である。

問題34　正解 1

1　○　介護記録の目的にはチームの情報共有があり、私見を交えず簡潔・明確に客観的事実のみを書くようにする。“16時頃、「仕事は終わりました。家に帰ります」という発言があった”は、簡潔に事実のみの記述であり、適切といえる。

2　×　“自宅のことが心配になって”とは介護福祉職の想像であり、不適切といえる。

3　×　“不安時に無断外出が心配”とは介護福祉職の感想であり、不適切といえる。

4　×　“ここがどこなのかを理解していないようだ”とは、介護福祉職の想像であり、不適切といえる。

5　×　“特に問題はなかった”とは、介護福祉職の感想であり、不適切といえる。

生活支援技術

問題35　正解 5

1　×　家具にキャスターをつけると、地震時の揺れによって移動してしまい、不適切である。

2　×　書棚の上部に重い物を収納すると、地震時の揺れによって倒れやすくなり、不適切である。

3　×　食器棚は、ガラス扉を外すと、地震時の揺れによって食器が飛び出してしまい、不適切である。

4 × 外への避難経路を1方向のみとすると、避難経路がふさがれた場合に脱出できず、不適切である。

5 ○ 非常時に持ち出す物を、運びやすくリュックサックにまとめておくのは、適切といえる。

問題36 正解 3

1 × 開き戸を、引き戸、アコーディオンカーテンなどへの取り換えは、住宅改修の給付対象だが、自動ドアの動力部分は給付対象には含まれない。

2 × 和式便器から洋式便器への取り換えは可能だが、和式便器の上に腰掛け便座を設置するのは、住宅改修の対象ではなく、特定福祉用具販売の対象である。

3 ○ 畳敷きから板の床に変更したり、浴室の床材を滑りにくい床材に変更することは、住宅改修の対象である。

4 × 取り外しが可能な手すりは、住宅改修ではなく福祉用具貸与の対象である。

5 × 和式便器から洗浄機能のある洋式便器への取り換えは可能だが、現在使用している洋式便器に、洗浄機能のみを付加することは、住宅改修の対象ではない。

問題37 正解 5

1 × **ユニバーサルデザイン**の7原則とは、年齢や障害の有無にかかわらず、建物や設備、製品などを、すべての人が使いやすいようにデザインすることであり、アメリカの建築家ロナルド・メースが提唱した。7原則は、①公平な利用、②利用における柔軟性、③単純で直感的な利用、④認知できる情報、⑤失敗に対し寛容、⑥身体的な負担が少ない、⑦近づき使える寸法・空間の7つである。「高齢者が優先的に使用できる」は、7原則に含まれない。

2 × 「使い方を統一する」は、7原則に含まれない。

3 × 「情報伝達の手段は一つにする」は、7原則に含まれない。

4 × 「使用するためには訓練が必要である」は、7原則に含まれない。

5 ○ 「誰にでも使える大きさと広さが確保されている」は、7原則の一つである。

問題38 正解 2

1、3、4 × **高次脳機能障害**とは、事故や病気による脳損傷に起因する記憶障害、注意障害、遂行機能障害、社会的行動障害などの認知障害のことである。代表的な症状に、失語症、失認症、失行症があげられるが、衣服をきちんと着ることができない着衣失行は失行症の一つである。本人は着衣動作の意味や方法はきちんと理解しているが、行為を遂行できないものであり、着替えができない理由を本人に確認することは不適切である。同様に、着衣の前に全ての手順を口頭で指示する、衣服を畳んで渡すことも不適切といえる。

2 ○ 左右がわかるように衣類に印をつけるのは、着衣失行の利用者にとって着衣の手助けとなり、適切といえる。

5 × 着衣の方法を毎回変えたのでは、かえって混乱してしまい不適切である。

問題39 正解 1

1 ○ 手指の細かな動作が難しい利用者にとって、ボタンの留め外し行為は困難であり、マグネット式のボタンは効果的といえる。

2 × **ボタンエイド**とは、グリップ部

令和元年度

と針金部からなる自助具であり、針金部をボタン穴に通してボタンをひっかけてボタン穴にボタンを通すものである。ボタンエイドは、関節炎やリウマチなどで手指や手首の関節が変形して、手先がうまく使えなくなった利用者などが用いるものであり、認知症のある利用者には適切とは言えない。

3 × 下肢の筋力低下のある利用者は、立位を維持するだけでも困難であり、立位で更衣をするように勧めるのは不適切である。

4 × **ソックスエイド**とは、股関節や膝関節などに障害があることで足先まで手を伸ばすことができない利用者が、靴下を着脱するための自助具である。視覚障害のある利用者がソックスエイドを使用するのは容易ではなく、不適切といえる。

5 × 片麻痺のある利用者に対して、袖ぐりの小さい上衣では腕が通しにくく、利用を勧めるのは不適切である。

問題40　正解 4

1 × 洗面時の関節可動域の制限を改善するのは、主に理学療法士の役割である。

2 × 着脱に使用する福祉用具を選定するのは、主に福祉用具専門相談員の役割である。

3 × 破損した義歯を修復するのは、専門の歯科医と歯科技工士である。

4 ○ 糖尿病の人は皮膚が傷つきやすく、治りにくくなっており、爪を伸ばしたままにしておくのは好ましくない。糖尿病の人に対する爪切りは医療行為とされており、医師や看護師が行うのが適切である。

5 × 理学療法とは、運動機能の維持・改善を目的として、運動、温熱、電気、水、光線などの物理的手段を用いて行われる治療法のことである。身体状況に合わせて衣類を作り直すのは、仕立て業者などが行うものであり、理学療法士は、助言は行っても、衣類を作り直すことは行わないといえる。

問題41　正解 1

1 ○ 利用者に対してなぜ車いすに移乗するのか、その理由を説明して、利用者から同意を得ておくことが必要である。移乗の方法の説明や、移乗のための具体的なプロセスは、その後のことといえる。

2、3、4、5 × 上記記述を参照。

問題42　正解 2

1、3、4、5 × 立位で静止している状態では、重心はXの位置にある。この重心の位置がY（右足の前）に移動しているということは、右前方に体が移動していることを示している。

2 ○ 上記記述を参照。

問題43　正解 4

1 × 右片麻痺の利用者にとっては、手すりが右側にあると手すりを握りづらく、からだを支えにくいことから不適切といえる。

2 × 右片麻痺の利用者にとっては、左側は比較的安定しており、介助者が利用者の左後方に立つのは不適切といえる。

3 × 右片麻痺の利用者が階段を昇るときには、まず左足から先に出すことによって、次の右足が出しやすくなる。右足から出すのは不適切といえる。

4 ○ 片麻痺の利用者をサポートするときは、介助者は麻痺側である右側からサポートするのが適切である。階段を降りるときには、利用者の右前方に立つのがよい。

5 × 階段を上がるときは健側から、降りるときは患側からが原則である。右片麻痺の利用者が階段を降りるときは、左足ではなく右足から出すように声をかけるのがよい。

問題44　正解３

1、2 × 78歳のMさんの体格指数が18.7、1年間で体重が2kg減少したといった状況から、炭水化物が中心の主食に偏った食事に問題があると考えられる。そこでMさんには、主食や副菜よりもまず主菜をきちんととることを勧めるのが適切といえる。

3 ○ 他の記述を参照。

4、5 × 牛乳・乳製品、果物も積極的に摂取することが望ましいが、Mさんの状況からは、まず主菜をきちんととることが適切といえる。

問題45　正解２

1 × 食事の際に顎を上げていると、食べ物を口に入れづらく不適切といえる。頭部はやや前屈させるのが適切である。

2 ○ 食事用のテーブルは、肘がつき腕が自由に動かせるものが適切といえる。

3 × テーブルと体の間は、こぶし一つ分くらいを開けるのが適切である。30cmは離れ過ぎといえる。

4 × 食事の際に体幹を後方に傾けていると、食べづらいことから不適切である。体幹はやや前方に傾けるのがよい。

5 × いすには浅すぎず、深すぎず、足底が床につくように座ってもらうのがよい。

問題46　正解１

1 ○ **骨粗鬆症**とは、骨の代謝のバランスが崩れて、骨の量が減ってもろくなり、骨折しやすくなった状態のことである。その予防として、運動とバランスのとれた食事があげられるが、カルシウム、ビタミンDの摂取は重要といえる。

2 × **高血圧症**の予防として、塩分の摂取を控えることが重要である。果物には、ナトリウムを尿中に排出する働きをするカリウムが豊富に含まれている。

3 × **便秘**の予防には、食物繊維を摂取するとともに、こまめな水分摂取が重要である。

4 × **ドライマウス**の予防として、食事の際によく噛んであごや舌を動かすことで唾液が出やすくなる。かまずに食べられるような柔らかい食物では逆効果となる。

5 × **逆流性食道炎**とは、胃酸が食道に逆流することで食道に炎症が起きることである。食後すぐに横になると、胃の内容物が逆流しやすくなり、不適切である。

問題47　正解４

1 × **半側空間無視**とは、脳血管障害によって損傷した大脳半球と反対側の空間を認識できなくなる症状のことである。左半側空間無視では、左側の状況を認識しづらくなるので、利用者の左側にトレーを置くのは不適切である。

2 × トレーの右側に印をつけても、トレーそのものが左側にあると、左半側空間無視のある利用者には認識しづらく不適切といえる。

3 × **クロックポジション**では、左右に器を配膳しており、左半側空間無視のある利用者には、左側の器が認識しづらいことに変わりはない。

4　○　半側空間無視の状態にも個々の違いがあることから、実際に食べる様子を観察して、食器を最適の位置に変えることが適切である。

5　×　左半側空間無視では、聴力、視力そのものには問題がなく、利用者の右側にあるテレビをつけておくことが、効果的な食事介助の方法であるとまでは言えない。

問題48　正解４

1　×　目のまわりは目頭から目尻に向かって拭くのが適切である。目尻から目頭に向かって拭いては、目に汚れが入る可能性がある。

2　×　患側は常に上にくるような体勢で清拭を行うのが適切といえる。患側を下にして拭くと患部に力が加わり、悪化する恐れがある。

3　×　臍部から恥骨部に向かって拭くと、汚れが取り切れない恐れがあり、不適切といえる。

4　○　血液循環を促進するためにも、両上肢、両下肢は末梢から中枢に向かって拭くのが適切である。その他は、筋肉の流れに沿って拭くのが適切である。

5　×　水分がついたままでは、体温が下がったり不衛生など不適切であり、皮膚についた水分は、はじめに拭き取っておくのが適切である。

問題49　正解３

1　×　血液透析を受けている人が、透析直後に入浴するのは体調の変化を招きやすく、不適切である。

2　×　胃ろうを造設している人であっても、医師等の指示のもとに入浴を行うことは可能である。

3　○　心臓機能障害がある人の場合には、深く浸かると心臓に負担がかかりやすくなることから、半身浴にするのが適切といえる。

4　×　入浴時には酸素が通常より多く必要となることから、酸素療法を行っている場合には、鼻カニューレを外して入浴することは適切ではないといえる。

5　×　食後すぐの入浴、または空腹時の入浴は避けなければならず、回腸ストーマを造設している人に限らず、食後１時間以内の入浴は不適切である。

問題50　正解２

1、3、4、5　×　利用者は右片麻痺であることから、左手の使用が可能である。この利用者が、ベッドサイドのポータブルトイレを使用するための移動には、左手を使って健側であるベッドの左側に腰かけて、ベッドの足元のＢの位置にあるポータブルトイレに移動するのが適切といえる。Ａ、Ｃ、Ｄ、Ｅのいずれも不適切である。

2　○　上記記述を参照。

問題51　正解２

1　×　膀胱留置カテーテルの使用に関わらず、水分摂取を控えることは不適切といえる。

2　○　膀胱留置カテーテルを使用している利用者ではカテーテルが折れる危険性があり、カテーテルが折れていないことを確認することは必要といえる。

3　×　排尿は、重力によって採尿バッグに溜まる仕組みになっており、膀胱よりも低い位置にしなければ逆流する恐れがある。

4　×　尿漏れが見られたら、尿漏れの

箇所を確認する必要がある。カテーテルの抜去は医療職が行うものであり、不適切である。

5 × カテーテルの交換などは、看護師などの医療職が行うが、尿量の確認は、介護福祉職でも行うことができる。

問題52 正解 4

1 × 肛門への座薬（坐薬）の挿入時には、仰臥位（背臥位）で膝を伸ばすのではなく、膝関節や股関節を屈曲した**半腹臥位**（**シムス位**）が適している。

2 × 座薬の挿入時に腹式呼吸を促すと、下腹部に力が入ることになり不適切である。挿入時には口呼吸を促すのが適切である。

3 × 座薬は、とがっていない方からでは挿入しづらく、とがっている方から挿入するのが適切である。

4 ○ 挿入後には、座薬が排出されないことを確認しなければならない。

5 × 衣服を整えてから手袋を外すと、衣服に汚れが付着する恐れがあり不適切である。

問題53 正解 1

1 ○ **ウエルシュ菌**は、人や動物の腸管内に存在する常在菌であり、自然環境に広く分布している。加熱処理でも死滅しない耐熱性の芽胞を形成することから、加熱調理した後の商品の保存期間は、できる限り短くすることが適切である。常温で保存した肉入りカレーを、翌日加熱調理する場合には、ウエルシュ菌による食中毒に注意しなければならない。

2 × **カンピロバクター**は、家畜やペット、野生動物などの腸内に分布しており、食中毒の予防には食品の十分な加熱を行うとともに、手指や調理器具の洗浄・消毒に注意する必要がある。

3 × **サルモネラ菌**は、自然界に広く分布しており、鶏卵や食肉などを介して感染する。鶏卵や食肉は冷蔵庫で保管して、十分に加熱して調理するほか、ゴキブリ、ハエなどの駆除をきちんと行うことが重要である。

4 × **腸炎ビブリオ**は、海水中に広く分布しており、魚介類などを介して感染する。熱には弱いが冷凍でも死滅しないことから、十分に洗浄を行い、加熱調理を行う必要がある。

5 × **黄色ブドウ球菌**は、人や動物の皮膚などに常駐しており、食品中で増殖すると、エンテロトキシンという耐熱性の高い毒素を産生する。手指の洗浄・消毒を十分に行い、手指に傷のある場合には、食品に直接触れないように注意するほか、食品は10℃以下で保存する。

問題54 正解 4

1 × ノロウイルスの感染経路は、主に経口感染であり、感染者の糞便や嘔吐物、汚染された手指や調理器具、汚染されたカキや二枚貝類を介して感染する。嘔吐物を拭き取ったペーパータオルをごみ箱に捨てると、空気中にウイルスが拡散して飛沫感染をする危険性がある。

2 × ノロウイルスの消毒には、0.02%以上の次亜塩素酸ナトリウムで浸すように拭き取るのが効果的である。アルコールの噴霧ではノロウイルスは死滅しない。

3 × ノロウイルスは、乾燥状態、液体の中でも長期間安定しており、毒性が強く、ごく少量でも発症する。汚染された部分を強くもみ洗いするだけでは、完全に除去することはできない。

4　○　嘔吐物を取り除いた後、0.02％以上の次亜塩素酸ナトリウム溶液につけるのが、ノロウイルスの消毒に適切である。

5　×　調理の場合のノロウイルス食中毒予防基準は、中心温度90度以上90秒以上の加熱であることから、40℃の湯で洗濯するだけでは不十分である。

問題55　正解 2

1　×　**行政書士**は、官公署に提出する書類の作成、相談、提出手続きの代理を業務としている。クーリング・オフの手続きを相談する相手としては適切とはいえない。

2　○　全国の地方公共団体が設置している**消費生活センター**では、商品やサービスなど消費生活全般に関する苦情や問合せなど、消費者からの相談を専門の相談員が受け付け、公正な立場で処理にあたっている。クーリング・オフの手続きを相談する相手として適切といえる。

3　×　**家庭裁判所**は、夫婦関係や親子関係などの紛争について、調停、訴訟、審判を行うほか、非行のある少年の事件についての審判を行っている。クーリング・オフの手続きを相談する相手としては適切とはいえない。

4　×　**保健所**は、保健所法に基づき全国に設置されている公的機関であり、健康相談、結核予防、母子保健、歯科衛生、栄養改善事業、予防接種、感染症予防、寄生虫予防、環境衛生、食品衛生などの事業を行っているが、クーリング・オフの手続きを相談する相手としては適切とはいえない。

5　×　**相談支援事業所**では、市町村から指定を受けた「指定特定相談支援事業者」が、障害福祉サービス及び地域相談支援を利用する障害のある人に対して、サービスの利用計画の作成、計画の見直しなどを行い、サービス事業者との調整連絡を行う相談支援事業を行っている。クーリング・オフの手続きを相談する相手としては適切とはいえない。

問題56　正解 1

1　○　睡眠を促すホルモンである「メラトニン」の分泌を促進するには、朝に日光を浴びる、散歩をするなど、規則正しい生活リズムを作ることが安眠につながる。起床時に日光を浴びるように勧めるのは適切といえる。

2　×　不眠を訴える場合に、日中に長い昼寝をすると、かえって夜に眠れなくなる可能性が高く、不適切といえる。

3　×　胃に入った食べ物が消化されるまでには2～3時間がかかり、その間は睡眠の質が悪化するだけでなく、消化不良を起こす可能性があり、不適切といえる。

4　×　緑茶、コーヒーなどにはカフェインが含まれており、寝る前に緑茶を飲むように勧めるのは不適切といえる。

5　×　不眠を訴える高齢者に、対策を講じないまま、決まった就寝時刻を守るように勧めるのは解決にはつながらず、不適切といえる。

問題57　正解 5

1　×　安眠を促すためには、寝室の湿度は50％程度が適当であり、20％以下では低すぎるといえる。

2　×　寝衣は、体を締め付けないゆったりしたものがよく、体に密着した形のものでは不適切といえる。

3　×　冷暖房の風が体に直接当たると、汗をかいたり寝冷えをするなど、安眠を妨げることにつながり、不適切といえる。

4 × 夜間に部屋全体がはっきり見える明るさでは、明るすぎて安眠を妨げることにつながり、不適切といえる。

5 ○ 利用者の睡眠時間中には、介護福祉職同士の会話が響かないように注意をする必要がある。

問題58 正解 3

1 × アルコールには睡眠薬の効果を強めて副作用を起こす可能性があり、一緒に服用してはならない。

2 × 睡眠薬の服用後には無理に起きている必要はなく、1時間は起きているように伝えるのは不適切である。

3 ○ 高齢者では睡眠薬の効果が長続きする傾向があるだけでなく、筋弛緩作用により、ふらつき等の副作用がみられることもある。ふらつきがみられた場合には、直ちに医師に連絡をして対処する必要がある。

4、5 × 睡眠薬の量は医師の処方によることから、介護福祉職の判断で追加したり減らすなどの指示をしてはならない。服薬時間についても同様といえる。

問題59 正解 1

1 ○ **死前喘鳴**とは、衰弱が進んで咳をすることができなくなったような場合に、のどや上気道に唾液や粘液が溜まることによって、ゼイゼイ、コロコロといった呼吸音が生じることである。死前喘鳴が起きた状態では、本人には意識がなくなっていることが多く、家族に対しては状況の説明をして、不安を取り除く配慮が望ましい。痰の吸引は、かえって利用者を苦しめることにつながることが多く、救急車を呼ぶのではなく、担当医に連絡をすることが適切といえる。以上から、家族に対しては、「自然な経過なので体位の工夫をして一緒に見守りましょう」といった対応が適切といえる。

2、3、4、5 × 上記記述を参照。

問題60 正解 5

1 × 死後の処置である**エンゼルケア**は、医師による死亡確認後に行うが、ペースメーカーを取り除くなどの医療処置は医師が行うのが適切といえる。

2 × 紐で顎を固定するのは、家族が受ける印象から適切ではない。エンゼルケアは、死後硬直が始まる前に行うのが適切といえる。

3 × 衣服は、着衣がしやすい服ではなく、家族の意向を確認して、本人が好んだ服を着せるなどの配慮が望ましい。

4 × 全身清拭には、水ではなくお湯を用い、必要に応じてシャンプーや消毒用アルコールを使用する。

5 ○ 家族に対して、死亡後の介護を一緒に行うかどうかを確認してからエンゼルケアを行うのが適切といえる。

介護過程

問題61 正解 4

1、2、3、5 × **介護過程の目的**とは、利用者の望んでいる「よりよい生活を実現する」ことであり、利用者の価値観を変えたり、経済的負担を軽減したり、生活習慣を改善することではない。また、利用者の療養上の世話をすることでもない。

4 ○ 上記記述を参照。

問題62 正解 1

1 ○ 介護計画の作成に際しては、アセスメントを行って抽出されたニーズを踏まえて目標を設定し、目標の実現に向けた計画を作成する。

2 × 介護計画には、介護の内容とともに支援方法についても明確に記載しなければならない。

3 × 介護計画とは、利用者に対して提供する介護サービスの説明書ともいえ、利用者に対して「～させる」と使役文で記載することは不適切である。

4 × 利用者の正しい理解を促すためには、専門用語を用いず、できる限り平易にわかりやすい言葉を用いるのが適切である。

5 × あらかじめ計画の見直しの時期を決めておくことで、実態に即したサービス提供が行えるといえる。

問題63 正解2

1 × **介護計画の実施**に当たっては、介護福祉職の価値観に沿って実施するのではなく、利用者が何を望んでいるかを中心において、利用者の自己決定を尊重しなければならない。

2 ○ 実施した状況は主観を交えず、客観的に記録しなければ正しい評価はできないといえる。

3 × 介護計画の内容は、実施の直前ではなく、あらかじめ家族にきちんと伝えて了承を得ておく必要がある。

4 × 他職種への経過報告は、目標の達成後ではなく、計画の実行段階で必要に応じて随時行う必要がある。

5 × 介護計画の最終的な目標は、「QOL（生活の質）の向上」であり、利用者の満足度ともいえる。目標の達成を優先してはならない。

問題64 正解2

1 × **介護過程の展開**とは、情報の収集に始まり、介護計画の実施、評価に至る流れである。長女からCさんに関する入所前の情報を収集することは、介護老人保健施設に入所する以前に行われているはずであり、現時点での情報収集の対象としては十分とはいえない。

2 ○ 現在、Cさんに発生している問題点に基づき、再アセスメントを行い、生活課題を抽出することは適切といえる。

3 × 現在、Cさんに発生している問題の解決に向けての検討が優先されるべきであり、自宅に戻った後の介護計画の立案は、適切とはいえない。

4 × 現在、Cさんに発生している問題は尿失禁だけではない。尿失禁に対応する介護計画の実施を優先するのは適切とはいえない。

5 × 介護計画の最終的な評価は、理学療法士だけではなく、各専門職がそれぞれ独自の立場から評価を行い、総合的に行われなければならない。

問題65 正解5

1 × **短期目標**とは、長期目標の達成のために踏むべき段階として設定した目標のことである。Cさんの長期目標は「車いすを使わずに在宅復帰すること」とみられ、車いすの使用方法を理解することは、目標にはそぐわないといえる。

2、3 × 居室のベッドで安静に過ごすことは、Cさんの長期目標の達成のために踏むべき段階としては不適切といえる。同様に、次女との同居を実現することも、短期目標にはそぐわないといえる。

4 × Cさんが、今まで以上に意欲的に歩行訓練に取り組むことは、目標達成のための過程といえ、短期目標にはそぐわないといえる。

5 ○ Cさんが、居室を出てレクリエーションに参加することで、歩行状態の改善にもつながるとみられ、長期目標の達成のための短期目標として適切と考えられる。

問題66 正解3

1 × Dさんはこれまでも介護福祉職から体操の指導を依頼されて実施しており、指導を断った理由としては考えにくいといえる。

2 × Dさんは通所介護を利用しており、妻に会いに自宅に帰りたいために指導を断ったとは考えられない。

3 ○ Dさんがテレビで高校野球を見て「私の責任だ」と嘆いていたことから、体操の指導を断った理由は、高校野球のことが気になっているためと考えられる。

4 × Dさんは起居動作に問題はないとあることから、立ち上がり動作が不安定なため指導を断ったとは考えられない。

5 × Dさんはすでに定年を迎えており、体育の授業を行うために指導を断ったとは考えられない。

問題67 正解3

1 × 体操の時間になるとDさんが遠くからその様子を眺めていたことから、体操に対する関心を失っていないと考えられる。

2、4、5 × Dさんが体操の指導の意欲を失ったきっかけは、参加者から体操の順番が違うと指摘されたことと考えられ、体操の内容を変更することでは解決しないと考えられる。また、体操の正しい順番を学び直すことや、誤りを指摘した参加者に謝ることは、Dさんのプライドを傷つけることになり、不適切といえる。

3 ○ Dさんは体操の指導への関心を失っていないとみられ、必要なことは、体操を指導する自信を回復することと考えられる。

問題68 正解1

1 ○ Eさんの「料理は苦手なの」という言葉や、「夫には家事に専念しなさいと言われているから…」とうつむいて言った一方で、「収穫は楽しいし、採れたての野菜を近所に配るとみんな喜ぶのよ」と話したことからは、家事よりも農業に関わっていきたいというEさんの思いが感じられる。「家事に専念したい」「後継者の育成に関わりたい」「家でのんびりしたい」「料理の自信をつけたい」は、いずれもEさんの思いから遠いといえる。

2、3、4、5 × 上記記述を参照。

発達と老化の理解

問題69 正解2

1 × **3か月微笑**とは、赤ちゃんが生後3～4カ月になると、誰に対しても笑顔を見せるようになることであり、社会的微笑とも呼ばれる。Aちゃんが笑顔を見せたのは友人が立ち去るときであり、それまでは父親にしがみつき、緊張をしていたと考えられる。

2 ○ **社会的参照**とは、赤ちゃんが初めて出会う場面や、自分だけの経験や知識では判断できないような場面では、主に養育者を見て自分の行動を決めることであり、生後9カ月ごろから現れる。

3 × 赤ちゃんが生後数カ月になると「アー」「ウー」「クー」といった声を

出すことがある。これは**クーイング**と呼び、喃語の前段階である。

4 × **自己中心性**とは、事象を自分の立場あるいは一つの視点からしか分析・認識できないことであり、乳幼児の精神構造の特徴である。

5 × **二項関係**とは、赤ちゃんのコミュニケーションの特長を表しているものであり、受信者と発信者のみが関わる情報伝達の構造のことである。

問題70　正解２

1 × 「高年齢者等の雇用の安定等に関する法律施行規則」（高年齢者雇用安定法施行規則）では、高年齢者を**55歳**としている。☞高年齢者雇用安定法施行規則第１条

2 ○ 「高齢者虐待の防止、高齢者の養護者に対する支援等に関する法律」（高齢者虐待防止法）では、高齢者を**65歳以上**としている。☞高齢者虐待防止法第２条

3 × 「高齢者の医療の確保に関する法律」（高齢者医療確保法）において、後期高齢者医療制度の対象となる後期高齢者を**75歳以上**としている。ただし、65歳以上75歳未満で一定の障害の状態にある者で、後期高齢者医療広域連合の認定を受けたものについては対象に含まれる。☞高齢者医療確保法第50条

4 × 道路交通法では、免許証の更新の特例がある高齢運転者を**70歳以上**としている。☞道路交通法第101条の4

5 × 「老人福祉法」では、法に定める福祉の措置の対象者を**65歳以上**としている。ただし65歳未満の者であっても特に必要があると認められるものを含むとされている。☞老人福祉法第５条の４・第10条の３

問題71　正解４

1 × **舌骨**は、頸椎の前にある骨であり、様々な筋肉が付着している。これらの筋肉は、咀嚼や嚥下を補助し、呼吸や発声に関与しているが、舌骨の位置が加齢により下降すると誤嚥の原因となる。

2 × 咽頭の位置が上昇することで誤嚥を防いでおり、位置が上昇しなくなることで誤嚥の危険性が高まるようになる。

3 × **舌骨上筋**とは、舌骨に繋がる筋肉であり、呼吸・開口・咀嚼・会話などの舌骨の動きに関わっている。舌骨上筋の減少は嚥下機能の低下につながるが、増大は機能の向上につながるといえる。

4 ○ 老化によって、咀嚼する力や嚥下するために必要な筋力が衰えるようになる。咀嚼した食べ物を嚥下する際には、喉頭の位置を上にあげて（**喉頭挙上**）、食べ物が気道に入らないようにして誤嚥を防いでいるが、喉頭挙上が不足すると、食べ物が食道に送り込まれず、嚥下障害が発生する危険性が高まる。

5 × **咳嗽反射**とは、咽頭に入った食べ物や唾液が気道に入らないように取り除く反応のことであり、一般に「むせ込み」と呼ばれるものである。加齢により低下すると、誤嚥しやすくなる。

問題72　正解３

1 × 老年期になると、記憶量は低下するが、自分の若い頃の記憶では、40歳代の頃の出来事よりも、さらに若い頃の出来事をよく覚えている。

2 × 高齢者では計算や記銘といった

単純作業や、知的作業の能力は低下するとされている。数字の逆唱課題で答えられる数字の個数は、加齢による影響を受けやすいといえる。

3 ○ 認知機能は、加齢によって変化するが、個人差が大きい。複数のことを同時に行う能力は、加齢によって低下するといえる。

4 × 騒がしい場所での作業効率は、高齢者よりも若年者のほうが高いといえる。

5 × 長期記憶のうち、エピソード記憶は、加齢により低下する。

問題73 正解 3

1 × **心不全**とは、何らかの原因によって心臓の機能が低下した状態のことであり、息切れ、だるさ、食欲低下、呼吸困難、むくみ等の症状が現れる。安静にすることで息切れは治まる傾向があるが、根本的な対処とはいえず、速やかに治まるわけではない。

2 × 運動をすることで酸素が必要になるが、心臓の機能が低下した状態では、酸素が充分に行き渡らず、呼吸苦が軽減ではなく加重する。

3 ○ **チアノーゼ**とは、血液中の酸素が不足することによって、唇や指先などの皮膚や粘膜が青紫色になる状態のことである。

4 × 呼吸苦の場合には、横隔膜が下がって肺への圧迫が減少する半坐位や起座位のような体位が適切であり、肺への圧迫が増大する仰臥位（背臥位）は不適切といえる。

5 × 心不全では、浮腫は下肢に現れやすいが、顔面や上肢にもみられるといえる。

問題74 正解 1

1 ○ ほとんどベッド上の生活を行っているＢさんの状況から、圧迫によって血流が悪くなったため、褥瘡が発生したと考えられる。

2 × 長期に寝たきりの生活を行っている場合には、血行不全によって仙骨部などに褥瘡が起きやすく、定期的な寝返りなど、体位変換を行う必要がある。

3 × 栄養状態の不全は、褥瘡の発生、悪化につながりやすく、食事量の低下には注意する必要がある。

4 × 定期的な体位変換は、褥瘡の予防につながるといえる。

5 × おむつの交換が遅くならないように注意するなど、清潔を心掛けることは、褥瘡の予防につながるといえる。

問題75 正解 1

1 ○ 食事は栄養補給だけでなく、生きる上での大きな楽しみであり、虫歯などがあると、十分に食事を楽しむことができず、さまざまな障害を招きかねない。定期的な歯科健康診査を受けることは重要である。

2 × 必要以上に複数の薬剤を併用することは、良好な栄養状態の維持につながるとはいえない。

3 × 外出を控えることで運動不足になりやすく、食欲減退にもつながることから、良好な栄養状態の維持につながるとはいえない。

4 × 一人で食事をすることは食欲を減退させることにつながる恐れがあり、良好な栄養状態の維持につながるとはいえない。

5 × たんぱく質は三大栄養素の一つであり、栄養状態を良好に維持するために摂取することは必須といえる。

問題76　正解 5

1 ×　処方箋の交付は、診察を行った医師、歯科医師が行うと医師法に定められており、看護師には行うことはできない。☞医師法第22条

2 ×　理学療法士は、運動機能の維持・改善を目的として運動療法や物理療法などの理学療法を行うが、糖尿病の食事メニューを考えることはない。

3 ×　管理栄養士は、栄養指導や栄養管理を行うが、自宅で料理ができるような作業訓練を行うことはない。このような作業訓練は作業療法士などが行うものである。

4 ×　居宅サービス計画を立案するのは、通常、介護支援専門員である。訪問介護員は、決定した計画に沿った介護サービスを提供する。

5 ○　介護支援専門員は、利用者からの要望・相談を受けて、必要であれば利用者に対して訪問リハビリテーションの利用を提案する。

認知症の理解

問題77　正解 4

1、2、3、5 ×　平成29年版高齢社会白書によれば、2012年（平成24年）には65歳以上の認知症高齢者数が462万人と65歳以上の高齢者の約7人に1人（有病率15.0%）であったが、2025年（令和7年）には700万人を超えて、約5人に1人になると推計されている。

4 ○　上記記述を参照。

問題78　正解 5

1、2、3、4 ×　認知症の症状は、脳の障害により起こる**中核症状**と、中核症状によって引き起こされる二次的な症状である**行動・心理症状（周辺症状）**に分けられる。トイレの水を流すことができない、物事の計画を立てることができない、言葉を発することができない、親しい人がわからないといった症状は、いずれも中核症状と考えられる。

5 ○　認知症の行動・心理症状は、中核症状が元となって出現するものであり、認知症によって睡眠のリズムが崩れやすくなって昼夜逆転などの睡眠障害が生じると考えられる。

問題79　正解 1

1 ○　**せん妄**とは、意識障害が起こって時間や場所がわからなくなったり、幻覚を見たり、興奮するなどの混乱した状態になるものであり、体調不良、環境の変化のほか、薬剤によっても生じることがある。せん妄は、症状の変動が大きいが、一時的な場合が多く、徐々に悪化することは少ない。

2、3、4、5 ×　上記記述を参照。

問題80　正解 2

1 ×　**血管性認知症**とは、脳梗塞などの疾患や脳挫傷などの脳血管障害が原因となって起こるものであり、片麻痺、失語症、構音障害などを伴う。感情失禁を伴うことはあるが、幻視は認められない。

2 ○　**正常圧水頭症**とは、脳脊髄液が増えすぎて脳を圧迫し、脳障害を引き起こすものであり、くも膜下出血や頭部の外傷などによって発症するが、原因不明の場合もある。主な症状には、歩行障害、尿失禁などがある。

3 ×　**前頭側頭型認知症**では、前頭葉や側頭葉前方が萎縮して正常に機能しなくなるものだが、その原因は不明で

ある。症状としては、人格の変化、社会性の欠如、非常識な行動などが、アルツハイマー型認知症でみられるエピソード記憶の障害は認められない。

4　×　**アルツハイマー型認知症**とは、脳が徐々に萎縮して起こるものであり、物忘れなどの記憶障害、判断能力の低下、見当識障害のほか、物盗られ妄想、徘徊などがみられるが、失禁は認められない。

5　×　**レビー小体**とは、神経細胞に出来る特殊なたんぱく質であるが、**レビー小体型認知症**になると、このレビー小体が、脳の大脳皮質や脳幹に多く集まり、神経細胞が壊れて減少し、幻視、妄想、抑うつ、睡眠障害などのほか、パーキンソン病と似た運動症状が現れる。ただし、もの盗られ妄想は認められない。

問題81　正解３

1、2、4、5　×　認知症の予防には、食習慣や運動習慣といった生活環境が大きくかかわっていると考えられる。野菜・果物、魚などを摂取する。有酸素運動を行う。人と付き合うなど対人接触を積極的に行う。文章を読む・書くといった知的行動を行う。十分な睡眠と規則正しい生活習慣を心掛けることなどが重要といえる。抗認知症薬の服用、また、肉・牛乳・バターなどの飽和脂肪酸を多く含む食事の摂取は、不適切といえる。

3　○　上記記述を参照。

問題82　正解４

1、2、3、5　×　現在、**抗認知症薬**として認証されているものは、記憶障害や実行機能障害などの認知機能障害を改善して病気の進行を遅らせるものであり、根治するものではない。これらの抗認知症薬は、非薬物療法と組み合わせて用いられているが、その多くはアルツハイマー型認知症に、一部はレビー小体型認知症などに対して処方されている。抗認知症薬は、作用機序が異なれば併用は可能である。

4　○　上記記述を参照。

問題83　正解３

1　×　周回とは**徘徊**のことであり、前頭側頭型認知症の場合には決まったコースを散歩するといった常同行動はみられるが、徘徊はみられない。

2　×　前頭側頭型認知症の場合には同じものばかりを食べ続けるといった常同行動がみられるが、注意をしても治らず、かえって混乱してしまう。

3　○　前頭側頭型認知症の場合に起きる常同行動に対しては、ルーチン化療法として、本人と周囲の人が納得できる生活習慣を確立することが適切といえる。

4　×　**脱抑制**とは、社会的な礼儀やマナーをわきまえないような言動を行うことであり、前頭側頭型認知症の場合に現れやすい症状である。前頭側頭型認知症に適応する抗認知症薬は、まだ開発されていない。

5　×　前頭側頭型認知症の場合には、欲求が抑えられず暴力をふるうなど本能のままに行動することがあるが、本人には罪悪感がないことが特徴である。施設内で職員に暴力をふるったときは、距離を置いて落ち着くまで待つのが適切である。

問題84　正解２

1、3、4、5　×　**アルツハイマー型認知症**の症状には、パソコンの操作などがわからなくなるような実行機能障害があるとともに、感情が敏感になるという特徴もあることから、Cさんに対しては、プライドを傷つけることのないように温かく接することが重要といえる。手書きの日記帳の購入は、Cさんのプライドを傷つけかねず不適切といえる。また、Cさんの現状からは、薬物治療を行ったり、施設入所を検討するような段階ではないと考えられる。

2 ○ 上記記述を参照。

問題85 正解4

1、2、3、5 × **認知症対応型共同生活介護**とは、認知症の方が少人数で共同生活を行うことで、症状の改善や症状の進行緩和を図るものである。介護福祉職としては、看護師に対してDさんの日常生活の状況を伝えるなど、スムーズな入院生活の実現を図ることが適切であり、介護福祉職の主観だけでDさんに関する情報を伝えることは不適切といえる。リハビリテーションの内容は、理学療法士が検討し、睡眠薬の処方は医師の判断で行うものである。治療方法は、本人・家族を含むチームで決定するものであり、保佐人が決定するわけではない。また、Dさんの入院に当たっては、地域ケア会議を開催しなければならないような状況とは考えられない。

4 ○ 上記記述を参照。

問題86 正解5

1 × Eさんは、認知症と考えられるが、医師ではない介護福祉職の判断だけで断定してはならない。

2、3、4 × 趣味であったとはいえ、1年前に運転をやめたEさんに運転を再開させることは、Eさんの現状からも不適切と考えられる。また、老人クラブへの参加、音楽鑑賞は、根本的な対策ではなく、不適切といえる。

5 ○ Eさんの現状からは、医師の診察を受けて対処を検討することが適切といえる。

障害の理解

問題87 正解1

1 ○ **ICIDHの障害構造モデル**では、疾患・変調が原因となって機能・形態障害が起こり、機能・形態障害があることによって、能力障害が起こり、社会的不利が生じるととらえている。この障害構造モデルに各選択肢を当てはめると、日常生活動作の障害は能力障害に、運動麻痺、失語は機能・形態障害に、職場復帰困難、経済的不利益は社会的不利に、それぞれ該当すると考えられる。

2、3、4、5 × 上記記述を参照。

問題88 正解3

1 × 「障害を理由とする差別の解消の推進に関する法律」(障害者差別解消法)の対象者(障害者)とは、身体障害、知的障害、精神障害(発達障害を含む。)その他の心身の機能の障害がある者であって、障害及び社会的障壁により継続的に日常生活又は社会生活に相当な制限を受ける状態にあるもののことである。「身体障害者手帳を持っている人」ではない。☞障害者差別解消法第2条

2 × 障害者差別解消法では、事業者は、障害者の性別、年齢及び障害の状態に応じて、社会的障壁の除去の実施について必要かつ合理的な配慮をしなければならないと定めており、すべて

の障害者に同じ配慮をすることではない。☞障害者差別解消法第８条第２項

3 ○ 障害者差別解消法では、「すべての国民が、障害の有無によって分け隔てられることなく、相互に人格と個性を尊重し合いながら共生する社会の実現に資することを目的とする」と定めている。☞障害者差別解消法第１条

4 × 障害者差別解消法では、「障害者の権利利益を侵害することとならないよう、当該障害者の性別、年齢及び障害の状態に応じて、社会的障壁の除去の実施について必要かつ合理的な配慮をしなければならない」と定めている。障害者が、合理的配慮の提供に努めなければならないとはされていない。☞障害者差別解消法第７条第２項

5 × 障害者差別解消支援地域協議会は、民間事業者ではなく、国及び地方公共団体の機関で構成されると定めている。☞障害者差別解消法第 17 条

問題89 正解４

1 × **筋ジストロフィー**とは、遺伝子に変異が起きてタンパク質の機能が障害される遺伝性筋疾患の総称である。症状には、運動機能の低下、拘縮・変形、呼吸機能障害、心筋障害、嚥下機能障害、消化管症状などがあるが、痙直型や不随意運動型といった分類の疾患はない。痙直とは筋緊張により動きにくく抵抗がある状態、不随意運動とは振戦に代表される状態のことである。

2 × **脊髄小脳変性症**とは、小脳や脊髄の神経細胞が障害されることで発症する神経の変性性疾患のことである。歩行時のふらつき、手の震え、ろれつが回らないなどの症状がみられるが、痙直型や不随意運動型といった分類の疾患はない。

3 × **脳血管疾患**とは、動脈硬化など脳の血管が障害されることで脳細胞が壊れて、脳梗塞、脳出血、くも膜下出血などを発症するものであり、意識障害、運動障害、言語障害などの後遺症が起きるが、痙直型や不随意運動型といった分類の疾患はない。

4 ○ **脳性麻痺**とは、妊娠中から生後４週間までの間に発生した脳への損傷によって引き起こされる運動機能の障害のことであり、四肢が麻痺して運動障害が起きるものである。症状によって、アテトーゼ型、痙直型、固縮型、失調型、混合型に分類される。

5 × **脊髄損傷**とは、脊椎の脱臼や骨折によって脊髄が圧迫されることによって発症するものであり、完全麻痺と不全麻痺があるが、痙直型や不随意運動型といった分類の疾患はない。

問題90 正解５

1、2、3、4 × 精神疾患は、その原因によって外因性・内因性・心因性の３つに分類される。外因性は、脳に物理的な障害が加わったことにより発症するものであり、アルツハイマー病などの認知症、脳硬塞、脳腫瘍、甲状腺機能異常、膠原病による精神症状のほかアルコール依存症などがある。内因性は、遺伝や体質などが原因と考えられるものであり、統合失調症、躁うつ病、非定型精神病などがある。心因性は、性格やストレスが原因と考えられるものであり、神経症、パニック障害を含む心因反応などがある。

5 ○ 上記記述を参照。

問題91 正解２

1 × **ケアハウス**とは軽費老人ホームＣ型とも呼ばれ、身寄りがない、また

は家庭環境や経済状況などの理由により家族との同居が困難な高齢者を対象とした福祉施設である。

2　○　**共同生活援助**（グループホーム）とは、障害程度区分（障害支援区分）が区分１以下に該当する身体障害者、知的障害者及び精神障害者を対象とした施設である。主として夜間に、共同生活を営む住居において、生活等に関する相談・助言、その他の日常生活上の援助を行う、障害者総合支援法に基づく障害福祉サービスである。Ｆさんが地域移行する際に利用する施設として最も適切と考えられる。

3　×　**自立支援医療**とは、統合失調症などの精神疾患を有する者で、通院による精神医療を継続的に要する者等を対象に、心身の障害を除去・軽減するための医療について、医療費の自己負担額を軽減する公費負担医療制度である。

4　×　**精神科病院**とは、精神保健福祉法に基づき設置された、主に精神障害のある者を治療・保護する病院である。

5　×　**同行援護**とは、視覚障害により移動に著しい困難を有する視覚障害者等に対して、外出時において、同行し、移動に必要な情報を提供するとともに、移動の援護その他の便宜を供与することである。

問題92　正解２

1　×　**自閉症スペクトラム障害**とは、発達障害の一つであり、コミュニケーションが困難で、限定された行動、興味、反復行動などが起こる。**読み書きの障害**は、ディスレクシアと呼ばれる学習障害の一種であり、自閉症スペクトラム障害の特性ではない。

2　○　**社会性の障害**とは、発達障害の一つであり、他者や社会に対する関心が薄く、対人関係の構築が苦手という自閉症スペクトラム障害の特性である。

3　×　**注意の障害**とは、高次脳機能障害の一つであり、意識の集中・持続・分配・転換を行う機能（注意力）が低下するものである。自閉症スペクトラム障害の特性ではない。

4　×　**行為障害**とは、人や動物に対する攻撃性、他人の所有物を破壊する、嘘をつくことや窃盗、重大な規則違反といった、他人の権利を無視し、社会的な規則を破る行動を繰り返す児童思春期にみられる行動の障害である。自閉症スペクトラム障害の特性ではない。

5　×　**運動障害**には、脳梗塞や脳出血によって、脳の運動に関わる部位が障害を受けて、「体を思い通りに動かせない」「麻痺」「力が入らない」といった症状が現れることがある。自閉症スペクトラム障害の特性ではない。

問題93　正解３

1、2、4、5　×　**筋萎縮性側索硬化症**とは、運動神経細胞が障害されることによって、徐々に筋肉が痩せて、動かなくなっていくものであり、免疫疾患ではない。症状が進行すると全身の骨格筋が痩せ衰えるが、振戦や筋固縮といった症状はみられず、臓器に炎症を起こすわけではない。感覚神経は障害されず、視力や聴力は保たれる。

3　○　上記記述を参照。

問題94　正解４

1　×　**障害受容の段階理論**とは、障害を持った人が、いくつかの過程・段階を経て、自身の障害を受け入れることをいう。代表的なモデルとして障害受容の５段階があり、障害を負ってからこれを受け入れるまでには、ショック期→否認期→混乱期→解決への努力期→受容期の５段階があるとされている。糖尿病性網膜症とは、糖尿病が原因で目の中の網膜が障害を受け、視力が低下する病気で、進行すると失明に至る。Ｇさんは、失明に対する強いショックと不安から混乱している、混乱期にあると考えられる。「ショックではあるが、不安はそれほど強くない」というのは、ショック期の段階と考えられる。

2 ×　自分には障害はないと否認するのは、否認期の段階と考えられる。

3 ×　前向きに自己努力を図ろうとするのは、努力期の段階と考えられる。

4 ○　Ｇさんの状況は、失明という現実を否定できずに混乱する混乱期の段階と考えられる。

5 ×　新しい価値観や役割を見いだすのは、受容期の段階と考えられる。

問題95　正解３

1 ×　ホーエン・ヤール重症度分類とは、パーキンソン病の進行度を示す指標として用いられているものであり、軽度から重度の順に５段階で示している。ステージⅠは、体の片側だけに手足のふるえや筋肉のこわばりがみられる、最も軽症の段階である。

2 ×　ステージⅡは、両方の手足のふるえ、両側の筋肉のこわばりなどがみられ、日常の生活や仕事がやや不便になる段階である。

3 ○　ステージⅢは、小刻みに歩く、すくみ足がみられるようになり、方向転換のときに転びやすくなるなど、日常生活に支障が出るが、介助なしで過ごせる段階である。Ｈさんはこの段階と考えられる。

4 ×　ステージⅣは、立ち上がる、歩くなどが難しくなり、生活のさまざまな場面で、介助が必要になってくる段階である。

5 ×　ステージⅤは、車いすが必要になる。ベッドで寝ていることが多くなる段階である。

問題96　正解５

1 ×　病気や障害を抱える家族を持つ人たちが、お互いに支え合う組織としてさまざまな家族会が存在しており、保健所が事業として行っている場合もあるが、国の制度として実施されているわけではない。

2 ×　障害者などに対する近隣の住民からの善意の声かけは、自発的なものであり、国の制度として実施されているわけではない。

3 ×　同居家族が行う身の回りの介護に対しては、一定の補助が行われる場合もあるが、介護そのものが国の制度として実施されているわけではない。

4 ×　コンビニエンスストアによる見守りは、その多くが民間業者による社会貢献の一環として行われており、国の制度として実施されているわけではない。

5 ○　**民生委員**は、民生委員法、地方公務員法に規定された非常勤の委員であり、市町村の福祉事務所などと連携して、地域住民からの相談・援助活動を行っている。制度化された地域の社会資源として、選択肢の中では最も適切な存在といえる。

令和元年度

こころとからだのしくみ

問題97　正解 4

1　×　マズローの**欲求階層説**とは、人間の欲求を、低次の欠乏欲求から高次の成長欲求の５つの段階に分けて、人間は、より上位の欲求を求めるものであるとしたものである。マズローはその後、さらに最上位の欲求として「超越的な自己実現の欲求」があるとしている。生命を脅かされないこととは、「生理的欲求」の上位にある「安全の欲求」と考えられる。

2　×　他者からの賞賛とは、「所属と愛の欲求」の上位にある「承認の欲求」と考えられる。

3　×　自分の遺伝子の継続とは、生命維持に関わる「生理的欲求」と考えられる。

4　○　好意がある他者との良好な関係とは、家族や恋人、友達、同僚、などの一員に加わりたいと思う欲求と考えられ、「安全の欲求」の上位にある「所属と愛の欲求」とみられる。

5　×　自分自身の向上とは、5段階の最上位にある「自己実現の欲求」と考えられる。

問題98　正解 1

1　○　**頭頂葉**は、大脳半球の中央頂部に存在する。皮膚感覚・深部感覚・味覚などの中枢が存在する。皮膚の痛みの感覚を認識する部位である。

2　×　**前頭葉**は、両側の大脳半球の前部で、頭頂葉の前側、側頭葉の上前方に存在する。理性や意欲・意思決定に関係している部位である。

3　×　**側頭葉**は、大脳半球の側面、外側溝から下の部分に存在する。聴覚・言語・記憶などと関係している部位である。

4　×　**後頭葉**は、大脳葉のひとつであり大脳半球の最尾側に存在する。色・形などの視覚情報に関係している部位である。

5　×　**大脳辺縁系**は、大脳の奥深くの尾状核、被殻からなる大脳基底核の外側を取り巻く部分に存在する。情動の表出、意欲、そして記憶や自律神経活動に関係している部位である。

問題99　正解 3

1、5　×　**爪が白濁**する原因には、爪の水虫である爪白癬のほか、慢性肝炎、肝硬変、肝臓がん、腎臓病といった内的疾患の場合がある。チアノーゼとは、血液中の酸素が減少して二酸化炭素が増加したため、皮膚や粘膜が青紫色に変色することである。**青紫色の爪**は、肺疾患の場合にもみられることがある。

2　×　**巻き爪**とは、主に足の爪の端が内側に巻き込んだ状態になることである。

3　○　**さじ状爪**とは、爪の中央部がスプーンのようにくぼんで爪の先が反り返るような状態になって色が灰色になることであり、原因は鉄分が不足することである。鉄欠乏性貧血など、貧血気味の場合に多く見られる。

4　×　**ばち状指**とは、手足の指先が肥大して爪の付け根が隆起して、ばち状になることである。原因は不明だが、肺がん、肺膿瘍、肺線維症、気管支拡張症などの一部の肺疾患に伴って発症するが、栄養障害ではみられない。

問題100　正解 5

1　×　口臭の原因は様々だが、多くは口の中の細菌が産生する揮発性ガスによるものである。虫歯や歯周病がある場合には発生しやすく、歯がない場合には汚れがたまりにくく、口臭は起こりにくいといえる。

2 × 唾液量が少ないときには口臭が起こりやすいといえる。

3 × 口臭の多くは、揮発性ガスの発生など口の中が不衛生であることが原因であり、ウイルス感染の原因にはなりにくいといえる。

4 × 食事量が増加したことから唾液の量が多くなっており、口臭は発生しづらいといえる。

5 ○ 口臭は、対話相手に不快感をあたえることから、他者との交流を避ける原因となることがあるといえる。

問題101 正解3

1 × **大腿骨頸部骨折**とは、大腿骨の一部である大腿骨頸部の骨折のことであり、年齢を問わず交通事故や転落などで生じることがあるが、とくに骨が弱くなった高齢女性の転倒で発生しやすい。

2 × 大腿骨頸部骨折の直後には足の付け根に強い痛みを生じ、歩行困難または歩行不能に至る。

3 ○ 大腿骨頸部骨折が起きた場合には、薬物療法、食事療法と共に、リハビリテーションを早期に開始することが重要である。

4 × 保存的治療とは、投薬などによる内科的治療を行うことである。大腿骨頸部骨折の治療では、外科手術が主に行われている。

5 × 大腿骨頸部骨折の術後患者の予後は個人差が大きく、寝たきりになる場合もみられる。

問題102 正解1

1 ○ 摂食・嚥下の**先行期**とは、食物を視覚や嗅覚などで認知する段階であり、唾液分泌が増加する。

2 × 摂食・嚥下の**準備期**とは、食物を口唇で取り込み、咀嚼により口腔内の食物を舌でまとめて食塊を形成する段階である。嚥下性無呼吸とは、誤嚥を防ぐために、咽喉を食べ物が通過する際に、嚥下に伴って呼吸が一時的に制御されることであり、口腔期から咽頭期にみられるものである。

3 × 摂食・嚥下の**口腔期**とは、食塊を咽頭に送り込む動きがみられるプロセスである。喉頭が閉鎖するのは咽頭期である。

4 × 摂食・嚥下の**咽頭期**とは、食塊を食道へ送り込むプロセスである。食塊を形成するのは準備期である。

5 × 摂食・嚥下の**食道期**とは、食物を食道の蠕動運動によって胃へと送るプロセスである。自分でコントロールできない不随意的な運動である。

問題103 正解4

1 × **反射性尿失禁**とは、脊髄損傷などにより尿意を大脳に伝えることができなくなり、意思に関係なく失禁してしまうことである。

2 × **心因性頻尿**とは、泌尿器や関連器官には問題がないのに、排尿回数が頻繁になることであり、その原因は、ストレスなど心理的な問題が関係していると考えられる。

3 × **溢流性尿失禁**とは、前立腺肥大症や子宮筋腫などによって尿道や膀胱の出口が圧迫されて、尿意があっても排尿できず、失禁に至るものである。

4 ○ アルツハイマー型認知症や脳血管性認知症では、見当識障害など認知機能の低下により、尿失禁に至ることがある。これが**機能性尿失禁**である。

Ｊさんはこの状態と考えられる。

5　×　**腹圧性尿失禁**とは、腹圧を加えた時や、くしゃみや咳をしたときなどに不随意的に尿が漏れる状態をいう。

問題104　正解 5

1、2、3、4　×　尿の98％は水分であり、残りの多くはタンパク質の終末代謝産物である尿素である。通常では10～150 mg／日と尿定性検査では検出されないほどにごくわずかなタンパク質が排出されているが、腎機能障害がある場合には蛋白尿として検出されることがある。また、妊娠中などには尿糖が出やすくなるが、健常者では300 mg／日を超えることはない。通常では、排尿直後の尿は、淡黄色で透明、無臭であるが、アンモニア臭がする場合には膀胱炎の疑いがある。尿pHの基準値は5.0～8.0程度（中性である純水はpH7である）とされており、運動や食事によってもその値は変化する。

5　○　上記記述を参照。

問題105　正解 1

1　○　**弛緩性便秘**とは、腸管の動きが弱くなり蠕動運動が不十分で便が流れにくくなるものである。筋力の低下がその主な原因だが、食物繊維や水分の摂取不足でも発生する。

2　×　排便を我慢する習慣を続けていると排便を促す信号が脳に送られなくなり、便秘になることがある。これは、弛緩性便秘ではない。

3　×　腹筋・横隔膜筋・骨盤底筋群などの排便に関する筋力が低下することで、腹圧が低下して便秘に至ることがある。

4　×　便秘と下痢を交互に繰り返す状態が痙攣性便秘である。

5　×　大腸がんの初期症状には下痢や便秘があり、症状が進行すると便が細くなるといった症状が現れる。

問題106　正解 2

1、3、4、5　×　抗ヒスタミン薬の副作用には、眠気、口渇、吐き気、便秘、顔や手足の筋肉がぴくつく、意識が薄れるといった症状がみられる。ただし、睡眠中に足が痛がゆくなる、無呼吸が生じる、夢の中の行動がそのまま現実の行動として現れるといった症状は現れない。

2　○　上記記述を参照。

問題107　正解 3

1　×　**ターミナルケア**とは、終末期の医療や看護のことである。

2　×　**インフォームドコンセント**とは、医師が患者に対して診療の目的や内容を十分に説明をして、患者の同意を得ることである。

3　○　**リビングウィル**とは、自分の終末期医療に関して、判断力のあるうちに自身の希望する医療などについての意思表示をしておくこと、その指示書のことである。

4　×　**デスカンファレンス**とは、死後のカンファレンスのことであり、看取りケアに携わったスタッフが振り返りを行い、ケアの質を高めるとともに、携わったスタッフの精神的ケアにつながるものである。

5　×　**グリーフケア**とは、配偶者や子供、親族、友人などと死別した人が陥る、悲嘆から精神的に立ち直り、社会に適応できるように支援することである。

問題108　正解４

1　×　**関節の強直**とは、関節部の病変によって関節面が癒着して、可動性を完全に失った状態のことである。外傷や関節疾患などが原因となる。死亡直前にみられるものではない。

2　×　**角膜の混濁**とは、角膜は本来は透明だが、外傷や疾患による炎症によって濁りが生じると視力の低下を招くことにつながる。死亡直前にみられるものではない。

3　×　**皮膚の死斑**とは、死後に起きる変化の一つである。死によって血液の循環が停止し、血液が沈下することで皮膚表面に生じる、紫赤色、紫青色の変色部のことである。死亡直前にみられるものではない。

4　○　**下顎呼吸**とは、呼吸中枢の機能をほぼ失った終末期の状態でみられるものである。下顎を上下させ、口をパクパクさせてあえぐような努力呼吸のことであり、全身の状態が悪化して死期が近づいた時に現れる。

5　×　運動やストレッチで筋肉を使わないと、筋肉の長さは徐々に短くなり、使わない筋肉は少しずつ萎縮して小さくなり、硬直する。筋肉の硬直の原因には、パーキンソン病、脳卒中、多発性硬化症、大発作てんかんなど、さまざまな要因が存在するが、死亡直前に筋肉が硬直することはみられない。

医療的ケア

問題109　正解１

1　○　具体的な実施可能な行為は、口腔内、鼻腔内、気管カニューレ内部の痰の吸引と、胃ろう、腸ろう、経鼻経管栄養に関する経管栄養の行為である。口腔内、鼻腔内の痰の吸引の範囲は、咽頭の手前までを限度とされている。

2、3、4、5　×　上記記述を参照。

問題110　正解２

1　×　喀痰吸引や経管栄養は、法改正後も医行為であることは変わらないが、医師の指示のもとで一定の介護福祉士による実施が可能になったものである。

2　○　喀痰吸引等を行うためには、基本研修及び実地研修を修了する必要がある。

3　×　病院は、医療関係者による喀痰吸引等の実施体制が整っているため、介護福祉士はその業務を実施できない。

4　×　この制度の基本研修の講師は、医師・看護師その他の者が行うとされている。

5　×　実施できる行為は痰の吸引と経管栄養であり、インスリン注射は含まれない。

問題111　正解４

1、2、3、5　×　吸引物に血液を発見した場合には、吸引を中断して吸引チューブを抜いて鼻腔と口腔の中を観察し、出血場所を確認する必要がある。確認後には、速やかに医師に連絡をして状況を報告することが望ましい。

4　○　上記記述を参照。

問題112　正解５

1　×　吸引チューブの保管方法のうち、浸漬法では、乾燥容器に保管する乾燥法に比べて短時間で細菌が死滅するといえる。浸漬法とは消毒剤に浸して保管する方法である。

2　×　浸漬法で用いる消毒液は、72時間ではなく約１日を目安に交換する。

3　×　吸引チューブの洗浄には、アルコール消毒液ではなく洗浄水を用いるのが適切である。消毒液を用いた場合には、消毒液が残らないように、再度、洗浄水で洗うことが適切といえる。

4 × 吸引チューブの洗浄水は、毎回、取り換える。

5 ○ 吸引物は、吸引びんにいっぱいになるまで吸引していると、あふれる恐れがあり、吸引びんの70～80％になる前に廃棄するのが適切である。

問題113 正解3

1、2、4、5 × 冷蔵庫に保管していた栄養剤をそのまま注入すると、胃に冷たい栄養剤が入ることになり、下痢を起こしやすいと考えられる。呼吸困難、胃ろう周囲のびらん、褥瘡、低血糖が起こるとは考えにくいといえる。

3 ○ 上記記述を参照。

総合問題

総合問題1

問題114 正解1

1 ○ **ラクナ梗塞**とは、脳中枢付近の極細の血管が詰まる脳梗塞のことである。症状には、軽い言語障害、手や足のしびれ・麻痺、眼球運動に違和感や障害を感じることなどがある。Lさんは、脳の細い血管が詰まっていることがわかったとあることから、ラクナ梗塞と考えられる。

2 × **くも膜下出血**とは、脳の表面にある薄い膜であるくも膜の下にある動脈が破れて出血した状態であり、強い頭痛が起こり吐き気や嘔吐がある。

3 × **慢性硬膜下血腫**とは、頭部の打撲などによって硬膜と脳の間にじわじわと血がたまり、頭痛や認知症などを発症するものである。

4 × **正常圧水頭症**とは、脳脊髄液が脳内に溜まって脳を圧迫することで、歩行障害、精神活動の低下、排尿障害などがみられるものである。

5 × **高次脳機能障害**とは、脳血管障害や交通事故などによって脳が損傷を受けたことにより、失語・失行・失認、記憶障害や注意障害などの症状がみられるものである。

問題115 正解4

1、2、3、5 × 賞味期限とは、「おいしく食べられる期限」である。一方で、消費期限とは「安全に食べられる期限」を示しており、賞味期限が2日前に切れた未開封の缶詰であれば、あえて「黙って処分する」までの必要はないといえる。「食べてはいけないと伝える」よりも、早く食べてしまうように、「食べ方を相談する」のが適切といえる。

4 ○ 上記記述を参照。

問題116 正解3

1、4 × 訪問介護事業所の訪問介護員(ホームヘルパー)は、要介護認定を受けた利用者に対して介護保険サービスの提供を行う。また、サービス提供責任者は、ホームヘルパーを指導してとりまとめる立場である。いずれも、Lさんの介護予防サービス・支援計画書を作成する者としては不適切といえる。

2 × 生活支援体制整備事業の生活支援コーディネーターは、地域において生活支援・介護予防サービスの提供体制の構築に向けたコーディネートを行うことから、Lさんの介護予防サービス・支援計画書を作成する者としては不適切といえる。

3 ○ 地域包括支援センターの主任介

護支援専門員は、総合事業対象者、要支援1、要支援2の利用者に対して、自宅で介護予防のためのサービスを適切に利用できるよう、ケアプランの作成や、サービス事業所との連絡・調整などを行うことから、Lさんの介護予防サービス・支援計画書を作成する者として適切といえる。

5 × 生活介護のサービス管理責任者は、障害者向けサービスを利用する障害者に向けて個別支援計画を作成することから、Lさんの介護予防サービス・支援計画書を作成する者としては不適切といえる。

総合問題2

問題117 正解5

1 × **施設サービス計画書**とは、介護保険サービスの計画書である。

2 × 医療現場で誤った医療行為を行ったり、行いそうになった場合をインシデントと呼び、再発防止のために報告書を作成する。これが**インシデント報告書**である。

3 × **エコマップ**とは、利用者を巡る家族や兄弟姉妹、友人、近隣の住民など、利用者と社会資源の関係を図に示したものである。

4 × **プロセスレコード**とは、看護の現場における看護者と患者の間に交わされた会話ややりとりを記録にしたものである。患者とのコミュニケーション能力の向上につながるとされている。

5 ○ **フェイスシート**とは、医療・福祉分野で、援助を目的とした情報収集において使用される、利用者の「氏名」「年齢」「性別」「家族構成」「健康状態」などの基本データをまとめた用紙のことである。確認した記録とは、フェイスシートのことと考えられる。

問題118 正解2

1 × Mさんは、判断能力の低下により、歯磨きをする手順が分からない**失行**の状態と考えられる。**幻視**とは、実際には存在しないのに物が見えることである。

2 ○ 上記記述を参照。

3 × 振戦とは、意思とは無関係に生じる律動的な細かい振動運動のことである。

4 × 脱抑制とは、状況に対する反応としての衝動や感情を抑えることが不能になった状態のことである。

5 × 常同行動とは、一見無目的に同じ動きを繰り返す行動のことである。

問題119 正解1

1 ○ 社会福祉法人は、社会福祉と関係のある公益を目的とする事業を行うことができるとされており、「地域の家族介護者を対象にした事業」は公益事業として適切と考えられる。

2 × **日常生活自立支援事業**とは、認知症高齢者、知的障害者、精神障害者等のうち、判断能力が不十分な方が地域において自立した生活が送れるよう、利用者との契約に基づき、福祉サービスの利用援助等を行うものであり、「地域の家族介護者を対象にした事業」とは異なり、不適切と考えられる。

3 × **相談支援事業**とは、障害を持つ人が自立した日常生活又は社会生活を送ることの出来るように、本人やその家族からニーズや希望を受けサービス利用計画を作成したり、様々な相談を受けて適切な支援や情報の提供を行う事業であり、「地域の家族介護者を対象にした事業」とは異なり、不適切と考えられる。

4 × **自立相談支援事業**とは、生活困窮者からの相談に早期かつ包括的に応ずる相談窓口であり、「地域の家族介護者を対象にした事業」とは異なり、不適切と考えられる。

5 × **地域生活支援事業**とは、障害者及び障害児が、自立した日常生活又は社会生活を営むことができるよう、地域の特性や利用者の状況に応じ、柔軟な形態により事業を効果的・効率的に実施するものであり、「地域の家族介護者を対象にした事業」とは異なり、不適切と考えられる。

総合問題３

問題120　正解２

1 × **任意入院**とは、入院を必要とする精神障害者で、入院について本人の同意に基づいて行うものである。☞精神保健及び精神障害者福祉に関する法律第20条

2 ○ **医療保護入院**とは、指定医による診察の結果、精神障害者であり、入院の必要があるが、任意入院を行う状態になく、家族等の同意があるときは、本人の同意がなくてもその者を入院させることができるものである。Bさんが19歳の時の入院形態は、この医療保護入院と考えられる。☞精神保健及び精神障害者福祉に関する法律第33条

3 × **応急入院**とは、入院を必要とする精神障害者で自傷他害のおそれはないが、急速を要する場合には、指定医の判断で72時間以内の入院を可能とする制度である。☞精神保健及び精神障害者福祉に関する法律第33条の6

4 × **措置入院**とは、都道府県知事が精神保健指定医に診察を命じ、診察の結果、精神障害者であり、入院させなければ、自傷・他害のおそれがあることを、2人以上の指定医の診察の結果が一致したときには、本人や家族の同意がなくても入院させることができる制度である。☞精神保健及び精神障害者福祉に関する法律第29条

5 × **緊急措置入院**とは、精神障害者又はその疑いのある者について、急速を要するが、措置入院の手続的要件を満たすことのできない場合には、精神保健指定医1名の診断で足りるとしたものである。ただし入院期間は72時間に制限される。☞精神保健及び精神障害者福祉に関する法律第29条の2

問題121　正解５

1、2、3、4 × 統合失調症の症状には、幻聴、幻視などの幻覚、妄想、思考の途絶、支離滅裂な言語などがある。また、激しい興奮や常同行動を示すこともある。統合失調症の利用者は、対人関係に敏感になっており、ストレスが再発の引き金となる場合もあることから、留意しなければならない。とくに、批判的ないい方や非難、あるいは、心配されすぎることなどは不適切である。

5 ○ Bさんに対しては、「それは不安ですね」と共感することが望ましいといえる。

問題122　正解４

1、5 × Bさんの、就労に挑戦したいという思いと、自信がないという迷いを受け止めてあげることが重要である。Bさんにとって重荷となることばは、不適切といえる。

2、3 × Bさんの、就労に挑戦したいという思いを否定することばは、不適切といえる。

4 ○ Bさんにとって前向きとなる発

言は、適切といえる。

総合問題４

問題123　正解５

1、2、3、4　×　関節リウマチでは朝のこわばりが特徴的であり、朝起きたときに手足のこわばりとともに、複数の関節の腫れや痛みがあり、病気が進行すると関節に変形がみられる。Dさんの朝の症状の原因は、関節の炎症と考えられる。

5　○　上記記述を参照。

問題124　正解２

1　×　**介護給付費**とは、「障害者総合支援法」に基づく自立支援給付のひとつである。生活介護、重度訪問介護、同行援護などを受けたときに支給される。

2　○「障害者総合支援法」に基づく自立支援給付のひとつに**補装具費**がある。利用者は市町村に申請を行うが、利用者負担は原則１割である。Dさんの電動車いすの購入は、この補装具費を利用したと考えられる。

3　×　**自立支援医療制度**とは、一定の精神疾患を有する者、身体障害者手帳の交付を受けた者、身体に障害を有する児童を対象に、医療費の自己負担額を軽減する公費負担医療制度であり、自立支援医療費とは、その医療費のことである。

4　×　**訓練等給付費**とは、「障害者総合支援法」に基づく自立支援給付のひとつであり、自立訓練（機能訓練・生活訓練）、就労移行支援、就労継続支援、共同生活援助を受けたときに支給されるものである。

5　×　**相談支援給付費**とは、「障害者総合支援法」に基づき、指定特定相談支援事業者等がサービス利用支援等を行った場合に、利用者の同意を得て算定し、国民健康保険連合会に請求するものである。

問題125　正解３

1　×　Dさんは、関節リウマチで手の動きが悪く痛みがあることから、かぶりの衣類は大きく手の動きが必要なことから不適切といえる。前あきの衣類を選ぶことが適切といえる。

2　×　ベッドのマットレスが柔らかすぎると、体が沈み込んで寝返りが行いにくいだけでなく、手に負担がかかり不適切といえる。マットレスは適度な硬さがあるものが適切である。

3　○　関節リウマチでは、関節の可動域の維持や拡大、筋力の増強を目的として運動を行うが、激しい運動は関節炎の症状を悪化させるために注意が必要である。「何もしないのに手足の痛みが強くなってきた」というDさんは、関節を動かす運動を控えるのが適切といえる。

4　×　低すぎるいすは、立つときに手を使う必要があり、関節リウマチで手の動きが悪いDさんには不適切といえる。

5　×　高すぎる枕は、首が前に傾き、あごが引ける形になり、頸部が過屈曲位になるために不適切といえる。

平成30年度（第31回）介護福祉士試験　解答・解説

人間の尊厳と自立

問題 1　正解3

1、4　×　Aさんは人と関わるのは苦手なため自宅での生活をしていることから、訪問介護の利用やグループホームへの入居を勧めるのは適切とはいえない。

2　×　Aさんは、自宅での生活を維持したいと希望しており、遠方の息子さんとの同居を勧めるのは適切とはいえない。

3　○　Aさんが感じている不安を否定するのではなく、まずは、そのまま受け止めることが適切といえる。

5　×　Aさんが感じている不安を、否定するのは適切とはいえない。

問題 2　正解2

1、3、4、5　×　「夜と霧」は、精神科医であったヴィクトール・フランクルが第二次大戦中にナチスの強制収容所に収容された過酷な経験を基にしたものであり、人間の生きる意味を考察したものである。フランクルが提唱したのは、極限状態の中で収容された人々がどういった反応を示したかを通して、人間が実現できる価値とは何かということである。

公民権運動による差別の解消、最低生活水準の保障、ノーマルな発達的経験、アパルトヘイトの撤廃のいずれでもない。

2　○　フランクルが提唱したことは、生命が制限されるような極限状況において、人がいかなる態度をとるかということである。

人間関係とコミュニケーション

問題 3　正解1

1　○　人と会話することに戸惑っているBさんには、双方向のやり取りに留意することが適切といえる。介護福祉職が、一方的な働きかけにならないように、あいづちを打ちながらBさんの発話を引き出すように心がけたことは双方向のやり取りに留意したことになる。

2、4　×　Bさんには人と会話することに戸惑っている様子がみられるが、感覚機能が低下しているわけではなく、認知機能が低下しているわけでもない。

3　×　Bさんは、一人暮らしが長かったとはいえ、とくに生活史の尊重が必要とまではいえない。

5　×　Bさんには人と会話することに戸惑っている様子がみられることから、互いの自己開示が適切とはいえない。

問題 4　正解5

1　×　中途失聴者との間では、筆談も用いられる。

2　×　聴覚障害のある利用者との筆談では、空中に字を書くこともある。

3　×　多人数での双方向のコミュニケーションでは、筆談は不適切といえる。

4　×　聴覚障害のある利用者との筆談では、図や絵は、文字よりも有効な場合が多いといえる。

5　○　聴覚障害のある利用者との筆談では、キーワードを活用することで円滑に内容を伝達することができる。

社会の理解

問題 5　正解５

1　×　家族の機能は、生命維持機能、生活維持機能、パーソナリティ機能、ケア機能の４種に分けられる。衣食住などの生活水準を維持しようとする機能は、生命維持機能ではなく生活維持機能である。

2　×　個人の生存に関わる食欲や性欲の充足、安全を求める機能は、生活維持機能ではなく生命維持機能である。

3　×　パーソナリティの安定化機能とは、家庭外での精神的疲労を回復させるような働きであり、子育てにより子どもを社会化する機能ではない。

4　×　家族だけが共有するくつろぎの機能は、パーソナリティの形成機能ではなく安定化機能である。

5　○　介護が必要な構成員や乳幼児などを家族で支える機能が、ケア機能である。

問題 6　正解２

1、3、4、5　×　「**地域共生社会**」とは、平成 29 年（2017 年）に掲げた改革の基本コンセプトである。かつて存在した、地域の相互扶助や家族同士の助け合いなどの機能を、制度として具体化して、人々の暮らしを支えようとするものである。育児・介護のダブルケアへの対応、高齢者分野の相談支援体制の強化、公的サービスに重点を置いた地域福祉の充実、専門職主体の地域包括支援体制の構築は、いずれもこの「地域共生社会」の一部に過ぎないといえる。

2　○　「地域共生社会」が目指すものは、「すべての住民が支え合い、自分らしく活躍できる地域コミュニティの創出」である。

問題 7　正解４

1　×　**特定非営利活動法人**とは、特定非営利活動促進法に定められたもので、特定非営利活動を行うことを主たる目的として設立された法人のことである。「特定非営利活動」とは、不特定かつ多数のものの利益の増進に寄与することを目的とした一定の活動を行うものである。社会福祉法に基づいたものではない。

2　×　不特定かつ多数のものの利益の増進に寄与することを目的としており、収益を上げることそのものが禁じられているわけではない。

3　×　特定非営利活動法人の活動分野では、「保健、医療又は福祉の増進を図る活動」を行う団体が最も多い。次に多いのが「社会教育の推進を図る活動」を行う団体である。☞内閣府「NPO 統計情報」2018 年 9 月 30 日現在の数値。

4　○　認定特定非営利活動法人は、法人税などの税制上の優遇措置を受けることができる。

5　×　「災害救援活動」も特定非営利活動法人の活動として定められている。☞特定非営利活動促進法別表

問題 8　正解５

1　×　パート、派遣、契約社員など雇用期間の定めのある労働者であっても、1 年以上同一事業主に雇用されている場合などは、育児休業を取得することができる。

2　×　法令上、介護休業は、対象家族一人につき 3 回まで取得することができるが、企業が自主的に 3 回以上の回数とすることもできる。

平成30年度

3　×　育児休業法は平成４年（1992年）に施行されたが、平成７年（1995年）に育児・介護休業法に改正された。

4　×　雇用主には育児休業中の給与支給の義務はないが、育児休業取得者には雇用保険から育児休業給付金が支給される。

5　○　介護休業の対象家族は、配偶者（事実婚を含む）、父母、子、配偶者の父母、祖父母、兄弟姉妹及び孫とされている。

問題９　正解３

1　×　Ｃさんが通所介護を利用できないかの検討を行うべきであり、通所介護計画を変更するのは早計といえる。

2　×　娘の状況も考慮するべきであり、会社を休むように娘にいうことは不適切である。

3　○　Ｃさんの状況を踏まえて、担当の介護支援専門員（ケアマネジャー）に、再調整を依頼することが適切といえる。

4　×　児童相談所は児童の福祉に関する業務を行う機関であり、Ｃさんの問題を相談するのはふさわしいとはいえない。

5　×　娘の状況も考慮するべきであり、転職を提案することは不適切である。

問題10　正解１

1　○　パート、アルバイト、日雇い労働者なども、労働者災害補償保険制度の保険給付の対象となる。ただし、個人事業主、家事使用人などは対象とならない。

2　×　労働者災害補償保険制度の保険料は、全額雇用主が負担する。

3　×　通勤途上の事故も、労働者災害補償保険制度の保険給付の対象となる。

4　×　業務上の心理的負荷による精神障害も、労働者災害補償保険制度の保険給付の対象となる。

5　×　自営業者は、従業員がいなくても労働者には当たらず、労働者災害補償保険制度の保険給付の対象外である。

問題11　正解１

1　○　2018（平成30）年４月より創設された「**介護医療院**」は、長期的な医療と介護のニーズを併せ持つ高齢者を対象とし、「日常的な医学管理」や「看取りやターミナルケア」等の医療機能と「生活施設」としての機能とを兼ね備えた施設である。

2　×　定期巡回・随時対応型訪問介護看護は、2012（平成24）年の改正で創設された。

3　×　在宅医療・介護連携推進事業は、2015（平成27）年度より地域支援事業へ位置づけられた。

4　×　地域包括支援センターへの認知症連携担当者の配置は、2009（平成21）年に導入された。

5　×　介護サービス事業者の不正事案の再発を防止し、介護事業運営の適正化を図るため、法令遵守等の業務管理体制整備の義務付け等は、2008（平成20）年の改正で設けられた。

問題12　正解５

1　×　介護保険サービスにおいて、居住費や食費が介護保険の給付の対象外となり、利用者が自己負担することになったのは、2005（平成17）年10月利用分からである。

2　×　介護保険の施設入所等費用のうち、食費及び居住費は本人の自己負担が原則だが、補足給付の支給要件を見直して資産等を勘案するようになったのは、2015（平成27）年8月からである。資産が除かれたのではない。

3 × 居宅介護サービス計画費は全額保険給付であり、自己負担はない。

4 × 介護保険施設の居住費や食費は、2005（平成17）年10月利用分から保険給付の対象外とされ、全額自己負担となった。

5 ○ 介護保険制度の利用者負担は、2018（平成30）年8月から、**原則1割**だが、一定以上の所得のある利用者に対しては3割負担となった。

問題13 正解2

1 × 放課後や休日に障害のある児童・生徒の活動を支援する放課後等デイサービスは、2010（平成22）年の児童福祉法の改正により創設された。施行は2012（平成24）年である。

2 ○ 「障害者総合支援法」の改正によって、一人暮らしを希望する障害者に対して、地域生活を支援する自立生活援助が創設された。施行は2018（平成30）年4月からである。

3 × 就労定着支援とは、一般就労をしている障害者が長く職場に定着できるよう、さまざまなサポートをするものであり、施行は2018（平成30）年4月からである。障害者の1年間以上の雇用継続を義務づけるものではない。

4 × 保育所等を訪問して、障害児に発達支援を提供する保育所等訪問支援は、2010（平成22）年度の改正により創設された。施行は2012（平成24）年である。

5 × 医療的ケアを必要とする障害児の支援を行う**医療型障害児入所施設**は、2010（平成22）年に児童福祉法の改正により創設された。施行は2012（平成24）年である。

問題14 正解4

1 × 社会福祉士は、「社会福祉士及び介護福祉士法」にもとづく国家資格であり、福祉や医療の相談援助の場において重要な役割を担う。

2 × 精神保健福祉士は、精神障害者、または精神障害の医療を受けている者の社会復帰に関する相談に応じ、助言、指導、日常生活への適応のために必要な訓練その他の援助を行うことを業とする。

3 × 理学療法士は、身体障害者などに対して、基本動作能力の回復や維持、障害の悪化の予防を目的として、運動療法や物理療法などを用いて、自立した日常生活が送れるよう支援する医学的リハビリテーションの専門職である。

4 ○ 言語聴覚士は、ことばによるコミュニケーションに問題がある人に対して、聴覚検査や言語訓練、嚥下訓練を行う専門職である。

5 × 栄養士は、個人や集団に食事や栄養についてアドバイスを行い、献立を立てて食事の提供などを行うが、摂食の訓練は言語聴覚士が主に行い、摂食のための自助具の作成は作業療法士などが主に行うことになる。

問題15 正解3

1 × Eさんが直接サービスを受けている職員に対して訪問介護員が注意をしたのでは、Eさんと職員の関係に支障が生じかねず、不適切といえる。

2 × 介護保険審査会が審査を行うのは、要介護・要支援認定、保険料・徴収金の処分に関するものであり、Eさんの苦情は受け付けられない。

3 ○ 介護保険・事業所の苦情対応の仕組みを説明して、サービス提供事業所の担当者に相談するように助言することが適切である。

4　×　Eさんからの相談には速やかに対応しなければならない。改めて相談に応じるのは不適切である。

5　×　日常生活自立支援事業は、判断能力が不十分な人を対象に福祉サービスの利用援助などを行うものである。

問題16　正解3

1　×　社会福祉法人の所轄庁は、原則として法人の主たる事務所が所在する都道府県知事または市長であり、設立にあたっては、所在地の都道府県知事または市長の認可を受ける。

2　×　社会福祉法人は、必要に応じて公益事業、収益事業を行うことができるとされている。

3　○　事業運営の透明性を高めるために、財務諸表を公表することとされている。

4　×　社会福祉法人は、7名以上の評議員を選任しなければならないとされている。

5　×「福祉人材確保に関する指針」は、厚生労働省が策定している。

介護の基本

問題17　正解3

1、2、4、5　×　全国の55歳以上の男女を対象に内閣府が行った「平成24年度　高齢者の健康に関する意識調査結果」によれば、介護を受けたい場所として最も多いのは「自宅で介護してほしい」で34.9%である。次いで「病院などの医療機関に入院したい」の20.0%と「介護老人福祉施設に入所したい」が19.2%、「介護老人保健施設を利用したい」が11.8%などの順となっている。

3　○　正しい。上記記述を参照。

問題18　正解4

1、2、3、5　×　家族介護者の介護離職の防止、医学的管理、日常生活への適応のために必要な訓練、子育て支援は、いずれも「社会福祉士及び介護福祉士法」には、介護福祉士の義務としては掲げられていない。

4　○　法には、介護福祉士は、「その業務を行うに当たっては、その担当する者に、認知症であること等の心身の状況その他の状況に応じて、福祉サービス等が総合的かつ適切に提供されるよう、福祉サービス関係者等との連携を保たなければならない。」と定められている。☞社会福祉士及び介護福祉士法第47条第2項

問題19　正解5

1　×　長男は定期的に実家の母親を訪ねており、安易に長男に施設入所を勧めるのではなく、まずは現状の生活を続けながらFさんが安心して暮らせるような方法を探ることが重要といえる。

2　×　Fさんに対して日中は宿泊室に入らないように説明することは、Fさんを混乱させることにつながりかねず、不適切といえる。

3　×　緑茶にはカフェインが含まれており、Fさんの睡眠不足を助長しかねず、不適切といえる。

4　×　読書によって目がさえてFさんの睡眠を妨げることになりかねず、不適切といえる。

5　○　Fさんは茶道の師範をしていたことから、Fさんの興味を引くテーマであるお茶のたて方を話題にすることで、精神的に安定した状態を期待できる。

問題20　正解2

1　×　アルツハイマー型認知症は、ICFの構成要素の「健康状態」にあたる。

2　○　レクリエーションでの歌の伴奏は、ICFの構成要素の「参加」にあたる。

3　×　近所の人や民生委員、小学校の教え子は、ICFの構成要素の「環境因子」にあたる。

4　×　小学校の教員をしていたことは、ICFの構成要素の「個人因子」にあたる。

5　×　トイレの場所がわからなくなることは、ICFの構成要素の「心身機能・身体構造」にあたる。

問題21　正解2

1　×　定期巡回・随時対応型訪問介護看護は、居宅要介護者を対象に、定期巡回、随時対応、随時訪問、訪問看護の各サービスを適宜適切に組み合わせて提供するものであり、サービスのオペレーターは、看護師、介護福祉士、医師、保健師などが原則とされているが、一定条件の下でサービス提供責任者の特例もある。

2　○　利用者の状態の変化に応じて、随時訪問サービスを利用することができる。上記記述を参照。

3　×　介護・看護一体型では、訪問看護サービスを利用した場合には介護報酬は高く設定されている。

4　×　定期的な巡回訪問または随時通報による訪問を行っており、日常生活上の緊急時の対応も行っている。

5　×　定期巡回・随時対応型訪問介護看護は、居宅要介護者を対象としたサービスであり、要支援者は利用できない。

問題22　正解2

1、3、4、5　×　いずれも誤り。

2　○　「避難場所」の図記号には災害種別により複数の種類がある。☞内閣府では「防災標識ガイドブック」を公表している。

問題23　正解4

1　×　利用者のプライバシーに配慮をしなければならない。居室（個室）のドアを開けておくのは不適切である。

2　×　電話で話しながら介護することは、利用者に悪印象を与えることになるだけでなく、思わぬ事故につながり、不適切といえる。

3　×　けがをしていても本人が気づかないままの場合もあり、状態をよく確認しなければならない。

4　○　入院している他の利用者の病状は重要なプライバシーでもあり、聞かれても話してはならない。

5　×　腰ベルトなど、拘束具は使用してはならない。

問題24　正解1

1　○　職員に対しては安全に関する研修を定期的に行う必要がある。

2　×　第一に考えなければならないのは、利用者の安全である。

3　×　安全上の問題がなければ、利用者の社会的な活動を制限してはならない。

4　×　画一的ではなく、利用者一人一人に合ったサービスを提供しなければならない。

5　×　安全対策は事故を未然に防ぐために行わなければならない。

問題25　正解5

1　×　高齢者介護施設には運営委員会

等と独立した**感染対策委員会**の設置が義務付けられている。感染対策委員会は、定期的開催に加えて、冬季など感染症が発生しやすい時期や感染症の疑いのある場合などには、必要に応じて開催する必要がある。

2　×　手洗いは、消毒液に手を浸すだけでは十分に消毒液の効果が及ばない場合があることから、消毒液を手に付けてよく手をすり合わせて行う。

3　×　感染対策の観点から、洗面所のタオルは共用ではなく個人専用のものを用意する。

4　×　入所者の健康状態の異常を発見したら、すぐに生活相談員ではなく医療関係者に報告しなければならない。

5　○　おむつ交換などの汚物の処理に際しては、感染対策のために、使い捨て手袋を着用して行うことが基本である。

問題26　正解3

1、2、4、5　×　**燃え尽き症候群**（バーンアウト・シンドローム）とは、仕事のストレスが重なり、精神的・身体的に疲労が極度になることが原因とされる。気持ちがふさぎ、うつ状態、偏頭痛、めまい、自律神経失調といった心身症の症状から始まることが多い。首から肩、腕にかけて凝りや痛み、人格・行動変化や失語、身体機能の低下、日中の耐え難い眠気は、いずれも燃え尽き症候群の特徴とはいえない。

3　○　燃え尽き症候群では、無気力感、疲労感や無感動がみられるのが特徴である。

コミュニケーション技術

問題27　正解2

1　×　心理学で「**転移**」とは、例えば、利用者が介護職に対して自身の父親や母親など、それまでの人生で重要な人物を重ねることである。「**逆転移**」とは、介護職が利用者に対して自身の子どものように感じたり、恋愛感情を抱いたりすることである。自分が利用者を嫌いなのに、利用者が自分を嫌っていると思い込むのは「逆転移」には当たらない。

2　○　亡くなった祖母と似ている利用者に、無意識に頻繁に関わるのは、「逆転移」が起きていると考えられる。

3　×　利用者に対する不満を直接ぶつけずに、机を強くたたいて発散するのは、「逆転移」には当たらない。

4　×　敬意を抱いている利用者の口癖を、自分もまねて用いるのは、「逆転移」には当たらない。

5　×　利用者に対する嫌悪の感情を抑え、過剰に優しく利用者に接するのは、「逆転移」には当たらない。

問題28　正解1

1　○　「**傾聴**」とは、相手をより深く理解して信頼関係を築くためのコミュニケーション技術である。「傾聴」では、相手の姿勢やしぐさなど言葉以外の行動に注意を向ける。相手の言葉に最後までよく耳を傾ける。言葉の背後にある感情も受け止めるといったことが重要とされる。利用者が抱いている感情を推察することは、傾聴において重要といえる。

2　×　利用者が話す内容を介護福祉職の価値観で判断しては、相手を理解することにはつながらない。

3 × 対話の話題を介護福祉職の関心で展開するのではなく、あくまでも利用者とのありのままの対話が行われるようにしなければならない。

4 × 傾聴は、利用者が体験した客観的事実の把握ではなく、利用者がどう感じてどう受け止めているかを把握することが目的である。

5 × 利用者の沈黙も重要な反応である。対話を強制してはならない。

問題29 正解5

1、2、3 × 共感とは援助者が利用者の世界を援助者自身がとらえるように理解する能力といえる。「自宅に戻れないのでは…」と不安になっているHさんに対して「不安な気持ちに負けてはいけません」「きっと自宅に戻れますよ」との励ましは、共感ではない。「Hさんが不安に思う必要はありません」は、Hさんの思いの否定であり、共感ではない。

4 × 「不安に思っているHさんがかわいそうです」は、共感ではなく単なる同情である。

5 ○ 「リハビリがうまくいかなくて不安なのですね」は、Hさんの思いに寄り添った共感的な応答として適切といえる。

問題30 正解2

1、3、4、5 × 認知症の利用者に対しては、本人の尊厳を傷つけないようにケアすることが重要であり、息子に対して「ここは学校ではないので、息子さんから直してあげてください」「お母さんの認識を改めるための何か良い知恵はありますか」は、Kさんの尊厳を無視している。「認知症(dementia)が進行しているので仕方ありません」「私たちも息子さんと同じように困っているんです」は、息子からの相談に対する介護福祉職の返事として論外ともいえる。

2 ○ 「お母さんの教員としての誇りを大切にしてあげてください」は、認知症のKさんに対する対応として最も適切といえる。

問題31 正解4

1、2 × Kさんは反応が少なくなっており、介護福祉職が沈黙を守ったり、表情を一定に保ったのでは、さらにコミュニケーションが減ることにつながる。

3 × **開かれた質問**とは、「はい」「いいえ」で答えられるような閉じられた質問とは反対に、自由に応えられる質問であり、Kさんの状況からはコミュニケーションの手段として不適切といえる。

4 ○ ボディタッチであれば、反応が少なくなっているKさんに対してもコミュニケーションの手段として適切と考えられる。

5 × コミュニケーションノートは、積極的な反応はあるが会話でのコミュニケーションがとりにくいような場合に用いる手段であり、Kさんの状況からはコミュニケーションの手段として不適切といえる。

問題32 正解3

1、2、4、5 × Lさんには幻覚症状がみられることから、「現実のことではない」と説明したり、「気にしなくてもよい」と話をそらしたりすると、Lさんの気持ちが落ち着かず不適切といえる。逆に「監視されているのは間違いない」と肯定したり、興奮しているＬさんの感情に合わせるのは、Ｌさんの感情をさらに高ぶらせることにつながり、不適切といえる。

3 ○ Ｌさんの訴えを肯定も否定もせずに聞くことがＬさんの気持ちを落ち着かせることにつながり、適切といえる。

問題33 正解5

1、2、3、4 × 介護記録の叙述体とは、利用者の状況の変化、介護の対応等を時系列で、事実をありのまま記録することである。「情報を項目別に整理する」「問題のポイントを明確にする」「介護福祉職の解釈を加える」「論点を明確にする」は、いずれも記録を加工することにつながり、不適切といえる。

5 ○ 介護記録は、利用者に起こったことをそのまま記録しなければ、後からの検証に支障が生じるといえる。

問題34 正解4

1 × 報告では、自分の意見よりも起きた事実を最初に述べるようにする。

2 × 報告すべき事態が生じた場合には、業務中であっても速やかに報告する。予定より時間がかかる業務であっても、完了後に報告するのは不適切といえる。

3 × 起こった事実を抽象的な言葉で報告するのではなく、より事実に即した具体的な言葉を用いるべきといえる。

4 ○ 指示を受けた業務の報告は、指示者に対して行わなければならない。

5 × 自分の推測を述べるときは、事実ではなく推測であると明確にして伝えなければならない。

生活支援技術

問題35 正解4

1、2、3、5 × いずれも誤りである。☞国土交通省では、「公共交通機関の旅客施設・車両等に関するバリアフリー整備ガイドライン」を発表している。

4 ○ これは、**オストメイト用設備／オストメイト**のマークで、オストメイトであること、オストメイトのための設備があるトイレを示している。オストメイトとは、人工肛門・人口膀胱保有者のことである。☞出典：(公財) 交通エコロジー・モビリティ財団

問題36 正解2

1 × ガスコンロの周辺に調理材料を置くと、材料を取るときに思わぬ事故が起きやすい。

2 ○ 広い袖口で調理をすると、ガスコンロの火が袖口に燃え移ったり、袖口で器具を引っかけたりしかねず、袖口を絞った衣類を着ることが適切である。

3 × 調理に時間がかかるときには、過熱の危険があり、鍋から離れてはならない。

4 × 火災警報器は、床ではなく天井に近い部分に設置しなければならない。

5 × 火力は料理の種類により異なり、一律に強い火力で調理することは不適切である。

問題37 正解3

1 × 脊髄小脳変性症の高齢者では身体の動きのコントロールが困難になることから転倒事故が起きやすくなる。弾力性の高い床材を使用すると、歩行時に足を取られやすくなり不適切といえる。

2　×　洋式トイレの予備のトイレットペーパーを足元に置くと、取るときに転びやすいことから不適切といえる。
3　○　頻繁に移動する場所には手すりを取りつけることで、より安全な移動ができるようになり適切といえる。
4　×　調理用具を頭上のつり棚に収納すると、取るときに落としたり、バランスを崩して転びやすくなる危険がある。
5　×　いすにキャスターをつけると、座るときや立ち上がるときにコントロールが効かなくなり、危険である。

問題38　正解1
1　○　ガーグルベースンとは、うがいをした水や嘔吐物を受けるのに使う、洗面器のようなものである。ベッド上でも使いやすい形をしている。
2　×　ドライシャンプーとは、水を使わないシャンプーのことであり、浴室での洗髪が困難な場合などに用いられる。
3　×　総義歯の洗浄では、義歯専用の洗浄剤を用いる。義歯洗浄剤は歯磨き剤よりも殺菌・洗浄力が強力であり、使用後はきちんと洗い流すようにしなければならない。
4　×　ピンセットで耳垢（耳あか）の除去をするのは、耳の中を傷つけやすく不適切である
5　×　ベッド上での洗顔時には熱めのお湯で絞ったタオルを用いる。冷水で絞ったタオルは、利用者に刺激を与えやすく不適切といえる。

問題39　正解3
1　×　袖を抜くときは、手から抜くと大きく腕を回すことになり、関節に負担をかけやすい。肩→肘→手の順で袖を抜くのが適切である。
2　×　和式寝衣の交換では、脱いだ寝衣の上に新しい寝衣を広げるのではなく、着衣の上から新しい寝衣を半身に重ね、袖から手を抜き、脱いだ寝衣の裏側を内側に巻き込み、新しい寝衣の袖を手繰って迎え手をして腕を通すようにする。また、着脱は健側から脱がせ、麻痺側から着せるのがよい。
3　○　寝衣がずれたままでは着心地が悪く、着衣では利用者の脊柱と新しい寝衣の背縫いの部分を合わせるようにするとずれにくくなる。
4　×　和式寝衣では、右前身頃の上に、左前身頃を重ねるようにする。反対では、亡くなった人に着せる方法となる。
5　×　腰紐は結び目が前に来るように結ぶとよい。後ろに回すと結び目が腰に当たって不快になる。

問題40　正解3
1　×　普段は入居施設で生活している利用者では、長時間の外出ではなく、無理のない時間で終える外出を企画するべきといえる。
2　×　家族に同行を依頼するのではなく、家族を休ませる機会とすることも考慮しなければならない。
3　○　事前に外出先の経路情報を集めておき、効率よく無理のない外出となるように十分な準備をしなければならない。
4　×　事前に天気予報を調べておき、折り畳み傘を用意するより、少しでも雨の降る可能性がある場合には、外出は控えるべきといえる。
5　×　介助ベルトは、歩行訓練や入浴時に用いるものであり、車いすでの外出という機会に、持参するのは適切ではない。

問題41　正解４

1　×　利用者の上半身を起こす際には、手首で持ち上げるのではなく、利用者の首の下から腕を差し込んで肩を支え、腰を使ってゆっくりと起こすようにする。

2　×　利用者をベッドの端に座らせたら、介助者は、利用者の腕を自分の肩に乗せ両手で背中を支える。踵を浮かせるのではなく、足裏全体を床につけて低くかがみ、しっかり踏ん張る。

3　×　介助者は、重心を低くして利用者の上半身を引き寄せ、利用者の身体が前傾姿勢になったら振り子運動を利用してすくい上げる。前腕で真上に引き上げるのではない。

4　○　車いすに移る際には、重心を安定させて、車いす側の足のつま先と身体を車いすに向けるようにする。

5　×　座り直す場合には、利用者の身体を、上下ではなく前後に重心移動をして行う。

問題42　正解５

1、2　×　喘息の発作時には、上半身を起こすことで息苦しさが緩和される。「枕を外して、顔を横に向けた腹臥位にする」「枕を重ねて、頭を高くする」のいずれも息苦しさは緩和されない。

3　×　左側臥位にして、背中にクッションを当てるだけでは、Ｂさんのように咳込みが続いている状態の場合は、十分には息苦しさは緩和されない。

4　×　座位になると横隔膜が下がって呼吸面積が広がることで、呼吸が楽になる。ただし、Ｂさんのように咳込みが続いている状態の場合は、半座位（ファーラー位）のままでは十分には息苦しさは緩和されない。

5　○　オーバーベッドテーブルの上に枕を置いて、上半身を伏せることで、肺や気管からの痰や異物の排出が楽になり、息苦しさが最も緩和されるといえる。

問題43　正解２

1　×　**前腕固定型杖**（ロフストランドクラッチ）は、腕を通して固定し、握りと前腕の２点で体を支えるものであり、握力が十分にないときに有効だが、手首に変形や痛みがみられる場合には使用は難しいといえる。

2　○　**前腕支持型杖**（プラットホームクラッチ）は、上部の平らな部分に肘を置いて、腕を固定した状態でグリップを握って使用するもので、手首の負担を軽減することができることから、手首に変形や痛みがみられる関節リウマチの利用者が使用する杖として、最も適切といえる。

3　×　松葉杖は、通常２本一組で使われ、主に下半身に障害のある利用者向けであり、手首に変形や痛みがみられる場合には使用は難しいといえる。

4　×　多点杖は、接地部分が３～４本の足に分かれており、安定度が高く、体重をかけても倒れにくいが、手首に変形や痛みがみられる場合には使用は難しいといえる。

5　×　歩行器型杖は、両手で持ち上げて前方において前進するものだが、安定感はあるが上腕の筋力が必要であり、手首に変形や痛みがみられる場合には使用は難しいといえる。

問題44　正解３

1　×　咀嚼力の低下した利用者に対しては、とろみのあるもの、ミンチ状、プリン状、ペースト状、ゼリー状のものなど、軟らかく、口中でまとまりやすいものがよい。麺類は飲み込む力が必要になり、短く食べやすい長さに切った状態で提供するとよいが、麺類を中心とした食事は、不適切といえる。

2 × 味覚の低下に対して、塩分を増やすと塩分の摂りすぎにつながり不適切である。口中が乾燥したり、舌苔があると味覚を感じにくくなるため口腔内をきれいにして、うがいをこまめに行い、食事はよく噛んで、唾液の分泌を促すとよい。また、亜鉛を多く含む食品を摂ることで味覚センサーである味蕾の新陳代謝を促すことも効果的といえる。

3 ○ 腸の蠕動運動の低下に対しては、食物繊維の多い食品を取り入れるほか、食事はよく噛んで食べること、積極的に体を動かすことなどで消化管の働きがよくなる。

4 × 口渇感の低下に対しては、うがいをしたり、水分量の多い食事を提供する。脱水予防のためには、こまめな水分と電解質の補給が重要である。ストレスも交感神経を活発にさせて唾液の分泌を抑制することから、リラックスできるように心がける。酸味のある味付けは唾液を分泌させるが、むせやすいため不適切といえる。

5 × 唾液分泌の低下に対しては、梅干し、レモンなど酸味のあるものや、水分を多く含んだ煮物、蒸し物、汁物などの料理を提供するとよい。アイスマッサージとは、凍らせた綿棒に水をつけて舌の付け根や上顎を刺激して嚥下障害を予防する方法だが、食後ではなく食前に行う。

問題45 正解5

1 × 右片麻痺の利用者の場合には口の右側ではなく麻痺側ではない左側に食物を入れるようにする。

2 × 利用者の左腕をテーブルの上にのせたままだと介助の妨げになる可能性があり、両手はテーブルからおろしてもらうようにするのが適切である。

3 × 刻み食は咀嚼力が低下した利用者には効果的だが、口の中で食物がまとまりにくく、誤嚥の危険性があることに注意しなければならない。利用者に、咀嚼力の低下があるかどうかを確認して、刻んだだけでなく、舌でつぶせる程度にまで軟らかくしてから提供する。

4 × 上唇に食物を運んだのでは、口からこぼれる可能性があり、顔の下からスプーンを口の中へ運ぶようにする。

5 ○ 食事介護に際しては、適切な量を一口ごとに、利用者の飲み込みを確認しながら提供しなければならない。この時、麻痺側の口の中に食物が残っていないかどうかも確認する必要がある。

問題46 正解2

1 × 要介護度が改善したことは、体調が良好であるとみられ、低栄養状態の可能性は低いと考えられる。

2 ○ 1か月に3％以上、もしくは6か月以内に2～3kgの体重減少があった場合には低栄養が疑われる。

3 × 体格指数（BMI）が18.5以下の場合は低体重であり、低栄養の可能性がある。BMIが25.0以上は肥満とされている。

4 × 低血圧の原因には、全身に循環している血液量の減少、心臓から送り出す血液量の減少、末梢血管の抵抗や血液の粘稠度の低下などが考えられるが、低栄養の可能性は低いといえる。

5 × 声が枯れる原因には、声帯の酷使、風邪による炎症、喉の腫瘍などが考えられるが、低栄養の可能性は低いといえる。

問題47　正解4

1　×　ベッドの足元をギャッジアップしてお湯の位置を高くすると、お湯がこぼれた場合に身体にかかる危険があり、不適切といえる。

2　×　お湯の温度は、まず介護福祉職が確認を行い、次に利用者に確認してもらうようにするとよい。

3　×　足浴に際しては、ズボンを脱がせて腰まで露出する必要はなく、ズボンをたくし上げて下肢を露出するが、さらに腰の部分にタオルをかけるなどの配慮が望ましいといえる。

4　○　足浴に際しては、片足ずつ洗うが、洗う側の足関節を保持しながら洗うようにする。

5　×　足浴に際しては、両足を一度に持ち上げるとバランスを崩しやすいので、片足ずつすすぐようにしなければならない。

問題48　正解4

1　×　**ケリーパッド**は、空気で膨らませて頭部などの体を浮かせて、寝たままで洗髪などができるように工夫されたものである。ケリーパッドを用いての洗髪時には、膝を伸ばしたままだと、体が安定しにくいことから、軽く膝を曲げた仰臥位で行うとよい。この時、ひざ下にまくらなどのクッションを入れるとよい。

2　×　頭皮に直接お湯をかけては、利用者が熱傷を負う危険性があり、髪にお湯をかけてから生え際を濡らすようにしなければならない。

3　×　後頭部を洗う時は、頭部を前屈させるのではなく、パッドの位置を調整したり、首の下に丸めたタオルを置くなどの方法で後頭部を浮かせて首に負担がかからないような体制をとって行う。

4　○　シャンプーが終わったら、すすぐ前にタオルで余分な泡を拭き取ってからすすぎを行うようにする。泡が残ったまますすぐと、大量のお湯が必要になるため、すすぎが不十分になりかねない。

5　×　すすぎは低い位置からお湯をかけるようにする。高い位置からお湯をかけると、お湯が飛び散る恐れがあり不適切である。

問題49　正解2

1　×　<u>皮膚表面は弱酸性</u>であり、アルカリ性の石鹸は刺激が強いことから、弱酸性のもので洗うようにする。

2　○　皮膚が乾燥しやすく弱くなっており、こすらないように洗わなければならない。

3　×　硫黄を含む入浴剤は肌を刺激することから、使用は控えることが適切である。

4　×　42℃以上のお湯は、弱くなった皮膚には熱すぎて皮脂がとれてしまうので、入浴は39℃のややぬるめのお湯が適切である。

5　×　入浴後の皮膚は、保湿成分が洗い流されて非常に乾燥しやすい状態にあり、皮膚が十分に乾かないうちに保湿剤を速やかに塗るのが適切である。

問題50　正解1

1　○　差し込み便器は、使用前に便器を温めておくとよい。

2　×　便器を差し込むときは両脚を曲げて腰上げをしてもらうようにする。

3 × 陰部にトイレットペーパーを当てるのは、男性ではなく女性の場合である。トイレットペーパーは、尿の誘導と飛散防止のために用いる。

4 × 便器の位置を確認したらベッドを水平にするのではなく、上半身を30度くらいにすると腹圧がかかりやすい。

5 × 排泄中は、ベッドサイドで待機するのではなく、いったんベッドから離れるようにする。利用者の気持ちに配慮しなければならない。

問題51 正解4

1、2、3、5 × Cさんは、普段から遠慮して下着の交換を申し出ないことがあり、尿臭がすることを伝えたり、下着が濡れていないか、むせた時に尿が漏れなかったかと尋ねることは不適切である。Cさんが下着を替えてほしいと言うまで待つのは、介護福祉職の対応として論外といえる。

4 ○ Cさんに対しては、周囲に配慮したうえで、トイレに誘導して下着を交換することが適切である。

問題52 正解1

1 ○ 下痢を繰り返す状態では、さまざまな原因が考えられるが、意識が明確でないような場合には、緊急に医師の診察を受ける必要がある。

2 × 頻繁な下痢によって栄養不足になる可能性があり、食事の内容に注意する必要がある。また、食事の内容によっては下痢の状態になりやすい。

3 × 頻繁な下痢の場合には、早々に医師の診察を受ける必要がある。

4 × 頻繁な下痢によって脱水状態にならないように、水分の摂取量に注意しなければならない。また、水分を摂りすぎると下痢の状態になりやすい。

5 × 肛門部の皮膚の状態によっては、早々に医師の診察を受ける必要がある。

問題53 正解5

1 × 布巾を使った後は、軽く水洗いした後、洗剤で洗い、その後漂白するとよい。流水で洗うだけでは除菌はできない。

2 × 台所のスポンジには雑菌が繁殖している。食器を洗ったスポンジは、よく洗って水で十分にすすぎ、固く絞った後、除菌効果のある洗剤を揉み込んでそのまま置くとよい。

3 × 魚や肉を切ったまな板の汚れは、熱湯で洗い流すだけではきれいに落ちない。汚れを洗い流したのち、洗剤をつけたたわしなどでこすり洗いをして、アルコールを振りかけるとよい。

4 × 金属製のスプーンは、サビが発生することから塩素系漂白剤は使用できない。

5 ○ 包丁の持ち手の境目の部分は汚れが落ちにくく、雑菌が繁殖しやすいことからよく洗って消毒することが必要といえる。

問題54 正解5

1 × **しょうのう**は、天然クスノキからつくられる防虫剤で古くから使われているが、引火性がある。

2 × **ナフタリン**には皮膚につくと炎症を起こしたり、頭痛やめまいを起こしたり、嘔吐、下痢を起こす成分が含まれている。

3 × **パラジクロルベンゼン**は、芳香剤などで使われる有機塩素系殺虫成分であり、口にすると嘔吐、下痢などを起こす危険がある。

4 × **シリカゲル**は、毒性が少ないが、湿気を防ぐ乾燥材として用いられる。

5 ○ 防虫剤がなくなっていたということは、昇華して自然になくなったか、認知症のＤさんが、誤って直接手にしたり口に入れた可能性もある。防虫剤は、害の少ない安全性の高いものを使用するのが適切である。**ピレスロイド**は除虫菊に含まれる成分であるが、ピレスロイド系防虫剤は化学合成されたものであり、防虫剤の中では安全性が高いとされている。

問題55 正解４

1、2、3、5 × 洗濯の取り扱い表示マークは、2016年12月から国際規格（ISO）に合わせた新しい日本産業規格（JIS）に統一された。また、2024年８月には改正が行われた。いずれもこのマークではない。

4 ○ 示されたのは「日陰で平干しする」マークである。☞消費者庁HP「新しい洗濯表示」参照。（JIS L0001 425：2024）

問題56 正解１

1 ○ 杖を使用する高齢者には、足元灯を用意することは適切といえる。

2 × ベッドの高さは、低すぎても高すぎても事故を誘発する可能性があり、35～40cmが適切である。ベッドから降りる際に足が床につくように、腰かけて膝が直角に曲がる程度の高さがよい。床から60～65 cmは高すぎるといえる。

3 × マットレスが柔らかすぎると、寝返りが打ちにくい。

4 × 布団を床に敷いた状態では、杖を使用する高齢者には使いにくいといえる。

5 × 特殊寝台（介護ベッド）への変更は、一定の効果があるといえるが、経済的な負担にも考慮する必要がある。

問題57 正解２

1、3 × 悩んでいるＥさんに、規則正しい生活を送るように話したり、ホームの日課を伝えるのではなく、悩みの原因を探ることが重要といえる。

2 ○ Ｅさんの入居前の生活の様子を聞くことで、会話の糸口になるとともに、悩んでいる原因をさぐることにつながるといえる。

4 × 介護福祉職がホームでの役割を決めるのではなく、あくまでもＥさんの意思で決めるようにすることが望ましい。

5 × 長男は隣県に住んでおり、面会に来てもらえるように生活相談員に依頼するまえに、Ｅさんから悩みの原因を聞き出すことが適切である。

問題58 正解１

1 ○ 入所時には、利用者に対して終末期の介護方針を伝えて、意思確認を行うのはもちろん、サービス提供開始後にも状況に応じて利用者の意思確認を行う必要がある。

2 × 常に利用者の意思が優先されるべきである。入所後に意思が変わることはありうるが、現在の利用者の意思を優先することが重要である。

3 × 家族の意向よりも、本人の意思が優先されるべきである。

4 × 本人の意思確認ができないときは、医師に任せるのではなく、家族などの利用者となるべく近い関係者から話を聞くことが適切である。

5 × 意思確認の合意内容は、介護福祉職間で口頭ではなく文書で共有するようにしなければならない。

問題59　正解４

1　×　終日臥床していても発汗などで水分は失われることから、便秘予防の対応としても、適切な水分を摂取させなければならない。

2　×　腹巻やカイロ、温灸などで腹部周りを温めることは、便秘予防の対応として適切である。腹部を冷やす冷罨法は逆の対応である。

3　×　下剤を用いるのは便秘への対応として最終的な手段であり、便秘予防として不適切である。

4　○　終日臥床している利用者の場合には、座位姿勢を保持することで、排便を促す効果があるといえる。

5　×　便秘予防の対応としてのマッサージは、小腸ではなく大腸に対して行う。

問題60　正解１

1　○　まず、気遣いの言葉をかけて、夫から話を聴くことが適切といえる。

2、3、4、5　×　夫が眠れない原因は、妻であるＦさんを亡くした悲しみであり、良眠できる方法の助言は的外れといえる。外食を勧めたり、趣味を勧めたり、励ますのも同様といえる。

介護過程

問題61　正解１

1　○　介護過程とは利用者の介護課題を解決するための関わりであり、利用者の自立を支援することである。その目的は、利用者の自立である。

2　×　介護は画一的ではなく、利用者一人一人に合ったものでなければならない。

3　×　保持しなければならないのは利用者の尊厳であり、介護福祉職の尊厳ではない。

4　×　自己実現を図るのは利用者であり、家族介護者ではない。

5　×　経験則は重要だが、介護の実践で基づかねばならないのは介護の論理である。

問題62　正解２

1　×　利用者の生活歴についての情報収集では、介護福祉職の主観的判断ではなく、客観的判断を優先しなければならない。

2　○　利用者の生活機能についての情報収集では、介護福祉職だけでなく他職種からの情報も大いに活用しなければならない。

3　×　利用者の発言内容については、介護福祉職の解釈を加えることなく、そのまま記録、報告しなければならない。

4　×　利用者の経済状況については、近隣住民から情報収集することは利用者のプライバシーにも関わり適切ではない。利用者の世話をしている親族などから情報収集することが望ましい。

5　×　利用者の心身機能については、利用者からの聞き取りだけでなく、近親者、医療関係者などからも情報収集することが望ましい。

問題63　正解４

1　×　利用者が要望する頻度の多いものは優先するが、介護の目的である利用者の自立のために必要なものから決定するべきといえる。

2　×　介護福祉職が評価しやすいものではなく、介護の目的である利用者の自立のために必要なものから決定する。

3　×　家族の負担が大きく軽減するものは優先するが、介護の目的である利用者の自立のために必要なものから決定する。

4 ○ 生活課題の優先順位は、緊急性が高いものから決定することが適切である。

5 × 課題に取り組む準備期間が短いものから決定するのではなく、介護の目的である利用者の自立のために必要なものから決定する。

問題64 正解５

1 × 介護計画の実施に際しては介護計画の遂行自体が目的ではなく、利用者の自立が目的である。

2 × 介護計画の実施内容については、個々の介護福祉職に任せるのではなく、チーム全体で検討を行わなければならない。

3 × 介護計画の実施に際しては、介護福祉職の満足度ではなく、利用者の満足度を基に継続を判断する。

4 × 介護計画を変更した際には、利用者に対して変更内容の説明を省略することなく、きちんと行わなくてはならない。

5 ○ 介護計画の実施に際しては、利用者の反応や変化を観察して、よりよい見直しのための情報としなければならない。

問題65 正解４

1 × ICF の構成要素である身体構造とは身体の解剖学的部分であり、G さんに当てはめれば介護計画の内容を見直すにあたり、配慮すべき障害は存在しない。

2 × ICF の構成要素である個人因子とは年齢、性別、社会的状況などの個人の人生や生活の背景であり、G さんに当てはめれば、介護計画の内容を見直すにあたり、配慮すべき要素は存在しない。

3 × ICF の構成要素である心身機能とは身体系の生理的機能であり、G さんに当てはめれば、配慮すべき要素は存在しない。

4 ○ ICF の構成要素である環境因子とは、人々が生活し、人生を送っている物的・社会的・態度的環境であり、G さんに当てはめれば、配慮すべき要素は「買物の計画」が該当する。

5 × ICF の構成要素である活動とは課題や行為の個人による遂行であり、G さんに当てはめれば、配慮すべき要素は存在しない。

問題66 正解３

1、2、4、5 × J さんが積極的に訓練に参加しない理由は、仕事ができないことにあると考えられることから、「再び造園業に携わること」を長期目標とするのが最も適切と考えられる。病院で機能訓練をする、施設での生活に慣れる、話し相手を見つける、新しい趣味を見つけることのいずれも、その目標のための短期的な目標と考えられる。

3 ○ 上記記述を参照。

問題67 正解１

1 ○ J さんはすでに車いすで過ごしており、これから設定する目標としては最もとりくみやすいといえる。

2 × J さんが外出できるようにするためには、歩行器ではなく、入院中に使用していた車いすの使用を促すことが最も適切と考えられる。

3 × J さんは骨折部位が順調に回復しており、下肢の１日１回の外転は、新たな目標としては適切といえない。

4 × Jさんは杖歩行も可能とされており、トイレへの移乗訓練は、新たな目標としては適切といえない。

5 × 骨折部位は順調に回復しており、新たな目標としては適切といえない。

問題68 正解5

1、2、3、4 × Kさんの不安の理由が、自宅で一人暮らしを続けられない恐れにあるとみられることから、カンファレンスでは、在宅生活の継続への不安について話すことが最も適切といえる。膝の痛みがなくならない理由、身寄りがないこと、施設に入所するタイミング、玄関で活用できる福祉用具のいずれも最も優先すべきこととはいえない。

5 ○ 上記記述を参照。

発達と老化の理解

問題69 正解4

1 × 指を使って積み木がつかめるようになるのは、生後10か月頃である。

2 × つかまり立ちができるようになるのは、生後9か月頃である。

3 × 喃語が現れ始めるのは、生後4か月頃である。

4 ○ 二語文を話すようになるのは、2歳頃である。

5 × 愛着（アタッチメント）が形成され始めるのは、生後2～3か月の頃からである。

問題70 正解5

1、2、3、4 × **エイジズム**とは、年齢を理由とした差別のことである。心身機能の個人差が大きくなる、視覚機能の低下、流動性知能の低下、認知機能の低下はいずれも加齢による身体機能の変化であり、エイジズムではない。

5 ○ 必ずしもすべての高齢者が頑固というわけではなく、「高齢者は頑固である」というのは高齢者に対する差別に当たるといえる。

問題71 正解3

1 × 加齢により、周辺視野は狭くなるといえる。

2 × 加齢により、低周波ではなく高周波の音から聞こえにくくなる。

3 ○ 加齢により、味蕾の数が減少することから味覚の感受性が低下する。

4 × 加齢により、振動に対して鈍感になるといえる。

5 × 加齢により、嗅覚は衰えるといえる。

問題72 正解2

1 × **腹圧性尿失禁**とは、尿道括約筋がうまくはたらかないこと、膀胱を支える骨盤底筋が弱くなっていることなどが原因となって尿を漏らすことをいう。認知症が原因ではない。

2 ○ トイレまで我慢できずに尿を漏らすのを、**切迫性尿失禁**というが、原因には、神経回路の障害、膀胱の働きの不安定、知覚過敏などが考えられる。

3 × **混合性尿失禁**とは、女性に多い腹圧性尿失禁と男女を問わず発症する切迫性尿失禁（急迫性尿失禁）が合併している尿失禁である。症状は、重い物を持った時に尿を漏らすことだけに限らない。

4 × **溢流性尿失禁**には、前立腺肥大症、子宮癌の手術後、糖尿病、脳血管障害など、さまざまな原因が考えられるが、複数の原因が重なって起きるのではない。

5 × **機能性尿失禁**とは、身体運動障害の低下、痴呆・認知症、判断力低下などにより失禁するものであり、前立腺肥大症が原因ではない。

問題73 正解1

1 ○ **学習性無力感**とは、アメリカの心理学者セリグマン等が提唱したものであり、燃え尽き症候群とも呼ばれている。人間が生きていくうえでさまざまなストレスや苦痛を感じるうちに、無力感やあきらめの意識が生まれて、仕事や勉強に取り組むことができなくなる状態をいう。Aさんはこの状態に当たると考えられる。

2 × **反動形成**とは、欲求が満たされないとき、正反対の行動をとる心の働きをいう。防衛機制の一つである。Aさんには該当しないと考えられる。

3 × **統合失調症**とは、脳内の感情や思考をまとめる機能が失調した状態のことであり、意欲の低下などを起こすのが陰性症状である。Aさんには該当しないと考えられる。

4 × **せん妄**とは、何らかの内科疾患や脳神経疾患の影響によって起きる精神症状であり、睡眠障害、幻覚・妄想、見当識障害、情動・気分の障害といった認知症と似た症状を示す。Aさんには該当しないと考えられる。

5 × **パーソナリティの変化**とは、精神障害、薬物、病気などの影響によって起きるものであり、錯乱・せん妄、妄想、幻覚、支離滅裂な会話・行動、抑うつなどの極端な気分といった症状を示す。Aさんには該当しないと考えられる。

問題74 正解5

1 × 高齢者では、複数の慢性疾患を持つことは、まれではなくよく見られる事態である。

2 × 高齢者では、服用する薬剤の種類は、若年者より多くなる傾向にある。

3 × 高齢者では、服用する薬剤の種類が増えると、薬の副作用が出やすくなるといえる。

4 × 高血圧症とは、一般に、診察室血圧で収縮期血圧が140mmHg以上または拡張期血圧が90mmHg以上の状態を指すが、収縮期血圧は加齢とともに上昇を続け、拡張期血圧は50～60歳くらいで最高となり、以後は低下する傾向にある。したがって、高齢者の場合の治療目標は、若年者と同じではない。

5 ○ 加齢とともに身体機能や生理機能等が低下することから、高齢者では、薬剤の効果が強く出ることがある。

問題75 正解3

1 × 加齢により生理的機能が低下することから、高齢者の排便は少なくなる傾向があり、1日に1回、排便がないからといって、通常では便秘とは呼ばない。国際消化器病学会の定義では、排便が週に3回未満、4回に1回以上は硬い便、指や綿棒などを用いて強制的に排便させる行為が25%、努責、残便感、閉塞感がみられる頻度が25%、これらの状態がある場合を便秘と呼んでいる。

2 × 高齢者では、脳血管障害、肺気腫、心不全といった病気が便秘の原因となることもある。

3 ○ 加齢による腹筋の筋力低下は、便秘の原因となることもある。

4 × 高齢者では、疾患の治療のための薬剤が便秘の原因となることもある。

5 × 高齢者の便秘に対しては、食

事・運動療法、マッサージなどを行い、下剤の服用は控えることが望ましいといえる。

問題76　正解4

1、2、3、5　×　身長 153 cm、体重 75 kg とは BMI32 であり、体重を減らすことが重要といえる。歩行を控えるのは反対の行為である、正座で座る、膝を冷やす、杖を使わない、のいずれも膝に負担をかける行為であり、不適切といえる。

4　○　上記記述を参照。

認知症の理解

問題77　正解4

1、2、3、5　×　利用者は「出口はどこか」と聞いており、「今日はここにお泊りになることになっています」と伝えたのでは、かえって利用者が混乱する可能性がある。「もうすぐご家族が迎えに来るので、お部屋で待っていましょう」と居室に誘ったり、「トイレですよね」と手を取って案内したり、「部屋に戻って寝ましょう」と荷物を持って腕を取るのも同様といえる。利用者に対して、一方的な制止や無視は避けなければならない。

4　○「どちらに行きたいのですか」と声をかけて並んで歩くことで、利用者を安心させて落ち着かせることができるといえる。

問題78　正解3

1、2、4、5　×　2016 年（平成 28 年）「国民生活基礎調査」によれば、介護が必要となった主な原因を要介護度別にみると、要支援者では「関節疾患」が 17.2 % で最も多く、次いで「高齢による衰弱」が 16.2%となっている。要介護者では「認知症」が 24.8%で 最も多く、次いで「脳血管疾患（脳卒中）」が 18.4%となっている。A は脳血管疾患（脳卒中）、B は関節疾患、C は認知症、D は骨折・転倒、E は高齢による衰弱が該当する。なお、2022（令和 4）年の同調査では要介護の 3 位は「骨折・転倒」であった。

3　○　上記記述を参照。

問題79　正解1

1　○　厚生労働省は、認知症に対する正しい知識と理解を持ち、地域で認知症の人やその家族に対してできる範囲で手助けする「認知症サポーター」を全国で養成し、認知症高齢者等にやさしい地域づくりに取り組んでいる。令和 6 年 6 月 30 日時点で認知症サポーター数は合計 15,492,067 人となっている。

2　×　介護保険制度では、認知症対応型共同生活介護（グループホーム）は、居宅サービスではなく、地域密着型サービスに位置づけられる。

3　×　介護保険制度を利用できるのは、65 歳以上の第 1 号被保険者、40 歳以上 65 歳未満の第 2 号被保険者であり、認知症と診断された 39 歳の人は、介護保険サービスではなく、加入している医療保険の対象となる。

4　×　介護保険制度では、認知症対応型通所介護は施設サービスではなく、地域密着型サービスに位置づけられる。

5　×　成年後見制度で、補助人、保佐人、成年後見人を選定するのは、地域包括支援センターの社会福祉士ではなく、家庭裁判所である。この選任については不服申立ての制度は存在しない。

問題80　正解2

1　×　**見当識**とは、自分が置かれている状況、日時や場所、人物などを正しく認識する能力であり、認知症の見当識障害とは、こうした状況が正確に認識できなくなるものである。

2　○　加齢による物忘れは自覚できるが、認知症の物忘れでは、本人にその自覚がないことが多い。

3　×　認知症の物忘れは、認知症の進行とともに悪化することが多い。

4　×　認知症の物忘れでは、日常生活に明らかな支障を起こすことが多い。

5　×　認知症の物忘れでは、体験そのものを忘れることが多く、体験の一部分だけを思い出せないということは少ない。

問題81　正解3

1　×　手続き記憶とは、自転車に乗ること、水泳、ピアノを弾くことなど、繰り返し学習によって身につけた技術、無意識のうちに記憶していることをいう。この手続き記憶は、記憶障害が起きても残りやすいといえる。

2　×　見当識障害とは、自分が置かれている状況、日時や場所、人物などがわからなくなる障害であり、人物の認識が障害されないというものではない。

3　○　失行とは、運動器に異常がなくても身につけた一連の動作を行う機能が低下することであり、例えば、手足に麻痺がなく、正常に動かすことができるが、洋服をうまく着られなくなるという状態をいう。

4　×　失認とは、視覚、聴覚、触覚などの感覚器官に障害がなくても感覚によって対象物を認知できない障害のことである。

5　×　実行機能が障害されると、計画された順序だった行動が困難になることから、日常生活動作（ADL）も障害される。

問題82　正解1

1　○　**軽度認知障害**とは、本人に物忘れがひどくなったといった自覚はあるが、日常生活に大きな支障は起きていないといった状態をいう。記憶や思考などの能力が、加齢による低下以上だが、認知症の状態にまでは至らず、本人から記憶力の低下の訴えがある状態である。

2　×　軽度認知障害では、日常生活に支障がある状態にまでは至っていない。

3　×　認知症と診断されるまでには症状が進んでいない。

4　×　CDRとは、認知症の重症度の判定に用いられる臨床的認知症尺度のことであり、スコアが2とは中等度のレベルにあたる。軽度認知障害の判定に用いられるものではない。

5　×　軽度認知障害とは、認知症の状態にまでは至らない状態であり、全般的な認知機能が低下しているとはいえない。

問題83　正解4

1　×　**抗認知症薬**とは、認知症の中核症状に働きかける薬物であり、現在、アルツハイマー型認知症の症状の進行を抑制する薬には貼付剤がある。

2　×　薬物療法は、認知症の進行を遅くしたり、症状の改善・緩和をはかることを目的としており、根本的な治療ではない。認知症の治療に際しては、脳の認知機能を活性化させるリハビリ療法などの非薬物療法との併用が行われている。

3　×　薬物療法には、認知症の進行を遅らせたり症状を緩和する効果があるが、症状が進行すれば段階的に投与量を増量していくことになる。

4 ○ 認知症薬の副作用としては、悪心や下痢が生じることがある。

5 × 認知症薬の服用によって、ADLが改善することもある。

問題84 正解2

1 × アルツハイマー型認知症の症状としては、記憶障害、判断力の低下、見当識障害などがみられる。

2 ○ 血管性認知症の症状としては、抑うつ、感情失禁、夜間せん妄などがみられる。

3 × レビー小体型認知症の症状としては、物忘れ、幻視、誤認妄想、手の震えなどがみられる。

4 × 前頭側頭型認知症の症状としては、社会性の欠如、感情の鈍麻、常同行動などがみられる。

5 × クロイツフェルト・ヤコブ病の症状としては、めまいや立ちくらみ、物忘れなどが急激に進行し、筋肉のけいれん、言葉が出なくなるなどがみられる。

問題85 正解3

1、2、4、5 × 重度の認知症高齢者であっても、胃ろう栄養法の導入に関しては、主治医や家族、成年後見人が決定するのではなく、本人の意向や価値観の把握に努め、本人にとっての最善の方法を家族を含め、関係者で話し合って判断する。看取り期の利用者であっても、介護福祉職の判断だけで胃ろう栄養法を中止してはならない。

3 ○ 上記記述を参照。

問題86 正解5

1、2 × 息子は母親を献身的に介護しており、注意をしたり、行政へ通報すると告げるのは不適切といえる。

3 × 「仕方がない」と慰めたのでは、解決にならず不適切といえる。

4 × 「認知症の人と家族の会」を紹介しただけでは、直面する問題の解決にならず、不適切といえる。

5 ○ 「懸命に介護をして疲れていませんか」と息子の悩みを聴くことで、追い詰められた息子の気持ちを楽にして解決の糸口を探すことが適切といえる。

障害の理解

問題87 正解1

1 ○ **ノーマライゼーション**は、障害者（社会的マイノリティも含む）が一般市民と同様の普通の生活・権利などが保障されるように環境整備を目指す理念である。1950年代にデンマークの「ニルス・エリク・バンク・ミケルセン」らが行っていた知的障害者の家族会の施設改善運動から生まれた社会福祉の基本理念であり、1959年には、デンマークでノーマライゼーションという言葉を用いた「知的障害者福祉法」が制定された。しかし、当時は、知的障害者を大型施設に収容して、社会から分離させることが行われていた。そうした状況に対して1960年代にスウェーデンの「ベンクト・ニイリエ」が、ノーマライゼーションの考え方を整理して「8つの原理」にまとめた。アメリカやカナダにおいてノーマライゼーションの概念を紹介したのが、「ヴォルフ・ヴォルフェンスベルガー」である。1970年代初めには、アメリカで、重度の障害を持つ「エド・ロバーツ」らが障害者の自立生活運動を始めた。1976年には「バーバラ・ソロモン」が『黒人のエンパワメント』を著し、社会福祉援助活動の基本的な理念であるエンパワメントの考え方が広まった。

2、3、4、5 × 上記記述を参照。

問題88 正解2

1、3、4、5 × 「利き手の交換」とは、例えば、右利きなので右手で文字を書いていたが、なんらかの原因で右手が使えないことから左手で書くようにしたといったことであり、医学的リハビリテーションである。世界保健機関では、「リハビリテーションは、能力低下やその状態を改善し、障害者の社会的統合を達成するためのあらゆる手段を含んでいる。リハビリテーションは障害者が環境に適応するための訓練を行うばかりでなく、障害者の社会的統合を促す全体として環境や社会に手を加えることも目的とする。」としている。リハビリテーションは、職業的、経済的、教育的、社会的といった一面的なものではないといえる。

2 ○ 上記記述を参照。

問題89 正解2

1 × **対麻痺**とは、下肢の左右対称性の運動麻痺のことであり、四肢麻痺とは異なる。筋萎縮性側索硬化症とは、手足・のど・舌の筋肉や呼吸に必要な筋肉が徐々に衰えていく病気であり、筋肉そのものではなく神経が障害されて起こるが、視力や聴力、内臓機能などは保持される。対麻痺は見られない。

2 ○ **腰髄損傷**とは、脊髄の中の腰髄が損傷されて首から下の筋肉が麻痺したり、感覚を失ったりするものであり、対麻痺を生じることがある。

3 × **悪性関節リウマチ**とは、関節リウマチに加えて血管炎など関節以外の症状が認められるものであり、関節リウマチと同様に原因不明の病気である。対麻痺は見られない。

4 × **パーキンソン病**とは、振戦、動作緩慢、筋強剛（筋固縮）、姿勢保持障害を主な運動症状とする病気であり、多くは50歳以上に起こる。中脳の黒質ドパミン神経細胞が減少して起こるが、その原因は不明である。対麻痺は見られない。

5 × **脊髄小脳変性症**とは、歩行時のふらつき、手の震え、ろれつが回らない等の運動失調症状をきたす神経の病気の総称である。小脳の一部のほかに脊髄が病気になって起きるが、その原因は完全には明らかになっていない。対麻痺は見られない。

問題90 正解1

1 ○ **統合失調症**とは、幻覚や妄想という症状が特徴的な精神疾患であり、進学・就職・独立・結婚といった人生の転機に多く発症するが、その原因は不明である。

2、3、4、5 × いずれも統合失調症の特徴的な症状とはいえない。

問題91 正解2

1、3、4、5 × **知的障害**とは、知的発達の障害であり、知能検査によって知能指数が70以下の場合をいう。知的障害は精神遅滞とも表されるように、18歳未満に生じるものとされている。症状が重い場合には年齢の若いうちに発見されるが、軽い場合には診断も遅くなる傾向がみられる。原因疾患には、染色体異常・神経皮膚症候群・先天代謝異常症・胎児期の感染症・中枢神経感染症・脳奇形・てんかんなどの発作性疾患がある。有病率は約1％前後、男女比はおよそ1.5：1である。厚生労働省の「平成17年度知的障害児（者）基礎調査」によれば、障害の程度は、「最重度」「重度」が39.3％、「中度」「軽度」は48.8％となっている。

2 ○　知的障害では、てんかんの合併率が高いといえる。

問題92　正解3

1 ×　**行動援護**とは、障害者に対する移動支援の一つであり、知的障害、精神障害のある利用者が利用するサービスである。

2 ×　就労定着支援とは、障害者総合支援法に基づく障害福祉サービスの一つであり、就労に伴う生活面の課題に対応できるよう、就労定着支援事業所が、事業所・家族との連絡調整等の支援を一定の期間にわたり行うサービスである。

3 ○　国は、就職を希望する障害者に対して、ハローワーク職員（主査）と福祉施設等の職員、その他の就労支援者がチームを結成して、就職から職場定着までの一貫した支援を実施している。職場適応援助者（ジョブコーチ）は、この支援チームの一員である。

4 ×　**同行援護**とは、障害者に対する移動支援の一つであり、視覚障害のある利用者が利用するサービスである。

5 ×　就労継続支援Ｂ型とは、年齢や体力などの面で雇用契約を結んで働くことが困難な利用者に対して、就労の機会の提供や就労訓練を行う福祉サービスである。また、就労継続支援Ａ型とは、通常の事業所に雇用されることが困難だが、雇用契約に基づく就労が可能な利用者に対する就労支援サービスである。

問題93　正解4

1、2、3、5 ×　網膜色素変性症の初期症状には、夜盲、羞明、視野狭窄などがあるが、硝子体出血、口内炎、眼圧上昇、水晶体の白濁は生じない。

4 ○　上記記述を参照。

問題94　正解3

1、2、4、5 ×　障害受容とは、自らの障害を直視して受け止め、生活していくことである。この障害受容には、①ショック期、②否定期、③混乱期、④解決への努力期、⑤受容期の５つの段階があるとされている。

3 ○　上記記述を参照。

問題95　正解5

1、2 ×　**関節リウマチ**とは、関節が炎症を起こし、軟骨や骨が破壊されて変形する病気である。関節リウマチの場合には、関節を保護するために、膝を曲げて寝るなど、長時間同じ姿勢を続けないようにしなければならない。また、低いいすは、座るときや立ち上がるときに踏ん張らなくてはならず、膝や股関節への負担が少ない座面の位置が高いいすを使うとよい。

3 ×　関節に負担をかけないように、なるべく重いものを持たないように心がける。かばんは持ち手を持って下げるのではなく、前腕に通して下げるか、肩から袈裟懸けにするのがよい。

4 ×　丸いドアの取っ手は握りにくく、力を入れて握らなくてもよいＬ字型の取っ手に交換するとよい。

5　○　身体を洗うときは、普通のタオルは握りにくく、力を入れなくても使用できるように、ループ付きタオルを使うとよい。

問題96　正解5

1　×　左片麻痺のＣさんは右利きであり、利き手の交換は不適切といえる。

2　×　Ｃさんは歩行が困難であり、階段昇降訓練を行うのは不適切である。

3　×　Ｃさんは左片麻痺のために歩行が困難であり、義足の製作は不適切である。

4　×　Ｃさんは左片麻痺であり、プッシュアップ訓練は不適切である。

5　○　Ｃさんがなぜ病室にこもりがちなのか。その理由を探って、効果的なリハビリを受けられるようにするのがよい。そこで、Ｃさんに対しては、まず、心理カウンセリングを行うことが適切と考えられる。

こころとからだのしくみ

問題97　正解2

1　×　アメリカの心理学者スザンヌ・ライチャードは、老年期の性格を５つに分類・体系化した。自分の過去に対して自責の念を抱くタイプを自責型という。

2　○　過去を後悔することもなく、年を取ることをありのまま受け入れていくタイプを円熟型という。

3　×　若いときの積極的な活動を維持しようとするタイプを自己防衛型という。

4　×　他者の援助に依存するタイプを依存型という。

5　×　自己の責任から解放されることを好み、環境や他者に責任を転嫁するタイプを外罰型という。

問題98　正解1

1　○　グリコーゲンは、多数のブドウ糖がつながった多糖類である。人間の体内に存在する糖質のほとんどはグリコーゲンとして肝臓や筋肉中に存在しており、分解されてエネルギー源となる。

2　×　血液は、腎臓の糸球体でろ過され、さらに尿細管で身体に必要な成分が再吸収されて、残りが尿となる。膀胱は、尿を貯留する器官である。

3　×　小脳は、大脳の後下部にあり、全身の筋肉運動や筋緊張の調節を行うほか、姿勢や運動の制御に関係している。呼吸中枢をつかさどるのは、脳幹の橋から延髄の部分にある。

4　×　副腎は、腎上体とも呼ばれて左右の腎臓の上にあるステロイドを分泌する内分泌臓器である。インスリンは、すい臓から分泌されるホルモンである。

5　×　心臓は、収縮と拡張を交互に繰り返して血液を全身に送るポンプのような働きをしている。血液中の酸素と二酸化炭素の交換（ガス交換）を行うのは肺の中の肺胞である。

問題99　正解4

1　×　一般には副交感神経が刺激されると唾液が分泌され、交感神経が刺激されると分泌が抑制されるといわれているが、実際には、副交感神経が刺激されると水分の多い唾液が分泌され、交感神経が刺激されると水分の少ない唾液が分泌されている。

2　×　唾液は、食事摂取時以外にも常に分泌されていて、口腔内を清潔に保つ働きをしている。

3　×　耳下腺とは耳の前から下にある

唾液腺であり、その導管は、口腔底ではなく、口腔前庭に開口している。

4 ○　唾液には、粘膜を保護する働きや抗菌作用などのさまざまな働きがある。

5 ×　唾液腺には大唾液腺と小唾液腺があるが、舌下腺は舌の下にある唾液腺であり、大唾液腺の一つである。

問題100　正解１

1 ○　**良肢位**とは、拘縮が起こる可能性や麻痺があっても、日常生活への支障を最小限に抑えられる肢位のことであり、ADLに最も支障が少ない安楽な姿勢といえる。

2 ×　肘関節を伸ばしたままの姿勢は、腕を動かしにくく、拘縮が起きた場合には支障が大きいことから、良肢位とはいえない。

3 ×　伸びた状態や、曲がりすぎた状態は、関節に負担がかかるといえ、つま先が下を向いたままの姿勢では尖足になる可能性があり、良肢位とはいえない。

4 ×　拘縮を起こしやすいなど、日常生活への支障が起こりやすい姿勢を、不良肢位と呼ぶ。

5 ×　クッションを適切に用いることは、良肢位の保持に効果的といえる。

問題101　正解５

1 ×　びらんは皮膚のただれが悪化した状態であり、ろう孔周囲にびらんを発見した場合には、速やかに医師の処置を受けるようにする。

2 ×　ろう孔は、カテーテルの抜去後、そのままにするとおよそ１日で自然に閉鎖する。

3 ×　カテーテルには胃内部に設置するタイプと体外に設置するタイプがあるが、いずれも一定期間で交換しなければならない。

4 ×　胃ろう食では、経口食をミキサーで粉砕し、とろみをつけて用いることもある。

5 ○　胃ろうは、口からの摂取が困難な場合に使用するが、経口摂取が可能であれば併用することもできる。

問題102　正解３

1、2、4 ×　Ｄさんには顔色が悪く、発汗がみられるが、インスリン療法を受けて、風邪をひいて食事量が半分程度になっていることなどから、選択肢の中で緊急を要するのは、発熱、脱水、貧血のいずれでもなく、低血糖の症状と考えられる。

3 ○　低血糖の症状には、冷や汗、動悸、顔面蒼白、思考力の低下などがあり、Ｄさんは低血糖の状態と考えられることから、直ちに医師の診察を受けなければならない。

5 ×　Ｄさんは話をしており、意識障害はみられない。

問題103　正解４

1、2、3、5 ×　高齢者は、若年者に比べて体内水分貯蔵量が少なく、口渇も感じにくいことから脱水状態になりやすい。さらに、加齢により皮膚表面の皮脂が減少し、特に下腿や背部の皮膚が乾燥して、かゆみが出現しやすくなる。かゆみから皮膚をかいて傷付けることのないように、利用者の爪は短く切っておくとよい。利用者には水分を十分に摂取させるとともに、皮膚を清潔に保ち、湿疹などが発生していないか注意する必要がある。

4 ○　上記記述を参照。

問題104　正解3

1　×　家庭内での不慮の事故死のうち、1位は入浴関連、2位は食物の誤嚥、3位は転倒である。

2　×　心臓に疾患のある人には、心臓に負担がかからないように、全身浴ではなくシャワー浴や半身浴を勧めるとよい。

3　○　浴槽から急に立ち上がると立ちくらみを起こすことがあり、立ち上がりはゆっくり行うようにする。

4　×　食後すぐの入浴は消化不良を起こす可能性があり、食後30分から1時間は入浴は控えるようにする。

5　×　入浴中の発汗により水分が失われており、入浴後には、十分な水分摂取が必要である。

問題105　正解5

1　×　仰臥位のままでは排便しにくく、前傾した座位姿勢が排泄しやすい姿勢といえる。

2　×　便が移動して直腸内圧が一定以上になると、排便中枢を通じて副交感神経が刺激されて直腸の蠕動運動を促進させる。

3　×　便の量の増加だけでなく、食事は、便意を起こす刺激となる。

4　×　大きく息を吸って口を閉じて息を止め、いきむことで腹圧を上昇させると排便が促される。

5　○　排便時には、横紋筋で随意筋である外肛門括約筋を意識的に弛緩させることで、排便が促される。

問題106　正解1

1　○　一般に、加齢に伴って睡眠の質が低下することから、睡眠時間は短くなる。

2　×　睡眠障害には、不眠、日中の過剰な眠気、睡眠中に起こる異常行動や異常知覚・異常運動、睡眠・覚醒リズムの問題があるが、それらの多くは遺伝性ではない。

3　×　過眠とは睡眠時間が長くなることではなく、日中眠くてしかたない状態をいう。

4　×　睡眠中は代謝が低下することから、体温が低下する。

5　×　睡眠中にはノンレム睡眠とレム睡眠を繰り返しているが、その周期は一般に約90分とされている。

問題107　正解2

1　×　高齢者では睡眠の質が低下することから、中途覚醒が起きやすくなる。中途覚醒は、水分の摂りすぎが原因とはいえない。

2　○　**レストレスレッグス症候群**とは、むずむず脚症候群、下肢静止不能症候群とも呼ばれる病気であり、主に下肢に不快な症状を感じるものである。多くは、下肢を動かすと症状は軽快する。原因は明らかになっていないが、鉄欠乏性貧血、末期腎不全、糖尿病、リウマチ、パーキンソン病などの病気や妊娠などでも同じような症状が起きる場合がある。

3　×　いびきは上気道が狭くなることで起きるが、肥満、鼻の疾患、咽頭扁桃（アデノイド）・口蓋垂の肥大や炎症、ストレス、老化などさまざまな原因がある。仰臥位で眠ると、上気道が狭くなり、いびきをかきやすくなるといえる。

4　×　寝不足などによる疲れは十分に睡眠をとることである程度は回復できるが、睡眠には体内時計の働きが影響しており、寝だめが睡眠時間の確保に有効とまではいえない。

5 × アルコールには寝つきをよくする効果があるとされるが、その効果は長続きしないといわれている。また、飲酒は睡眠の質を悪化させることから、熟睡するには、就寝前の飲酒が有効とはいえない。

問題108 正解2

1、3、4、5 × アメリカの精神科医エリザベス・キューブラー・ロスは、人が死にゆくプロセスを5つの段階として表した「**死の受容モデル**」を示した。第1段階は「**否認**」であり、まもなく訪れる自らの死を理解できず、否認している状態である。第2段階は「**怒り**」であり、「なぜ自分が…」と、死に対する強い反発がある状態である。第3段階は「**取り引き**」であり、死を回避するための模索の段階である。第4段階は、「**抑うつ**」であり、自らの死を回避することができないと悟る段階である。第5段階は、「**受容**」であり、自らの死を受け止めるようになった段階である。

2 ○ 上記記述を参照。

医療的ケア

問題109 正解2

1、3、4、5 × **スタンダードプリコーション**とは、病院や介護施設などで、患者と医療従事者らを感染の危険から守るための感染予防策であり、米国疾病管理予防センターが提唱しているものである。具体的には、患者の汗を除く分泌物（唾液、胸水、腹水、心囊液、脳脊髄液等すべての体液）、分泌物・排泄物、傷のある皮膚、粘膜などを感染源と見なして、その取扱いに注意する。経管栄養剤は体液ではなく、傷のない皮膚、未使用の吸引チューブのいずれも感染源とはみなされない。

2 ○ 上記記述を参照。

問題110 正解3

1 × 喀痰吸引は、利用者の身体に負担をかけることから、日中1時間おきに吸引を行うと決めるのではなく、必要に応じて行うようにする。

2 × 食後に吸引を行うと、食べたものを戻す危険性があることに注意しなければならないが、喀痰吸引を避けるべきとまではいえない。

3 ○ 入浴及び喀痰吸引は体力を消耗することに留意して、入浴前後に吸引を行うのは適切といえる。

4 × 利用者によっては、就寝後、喀痰が多い場合があり、必要に応じて吸引を行う必要がある。

5 × 喀痰吸引では仰臥位が吸引しやすい体位だが、体位交換などの排痰促進法後、15～30分後には喀痰が出てくるので、この体位を2時間保つ必要はない。

問題111 正解5

1 × 気管切開をしている場合には、気管カニューレを通して吸引を行うことになる。

2 × 頸部を前屈した姿勢にすると気管がふさがれる危険があり、不適切といえる。

3 × 1回の吸引時間は、15秒以内でできるだけ短時間で行うとされている。喀痰が多く取り切れない場合には、再度行う。

4 × 吸引チューブの挿入の深さは、気管分岐部の手前までではなく、カニューレ内腔の長さ（7～10cm程度）を挿入する。

5 ○ 吸引を終了した後は、利用者の様子とともに人工呼吸器の作動状況を必ず確認しなければならない。

問題112 正解4

1 × 胃ろうによる経管栄養では、上半身を45度程度上げた半座位体（**ファウラー位**）を代表に、利用者の好む体位にする。

2 × 物品の劣化状況の確認は、栄養剤を利用者のところに運ぶ前に行わなければならない。

3 × 栄養剤の指示内容の確認は、栄養剤注入前に行わなければならない。

4 ○ 栄養剤を利用者のところに運んだ後、最初に利用者本人の確認をおこない、体調を聞くようにしなければならない。

5 × 経管栄養チューブの固定状況の確認は、栄養剤注入前に行わなければならない。

問題113 正解4

1 × 経鼻経管栄養で用いる栄養剤は、細いチューブでも使用できるように半固形化栄養剤ではなく液体栄養剤を用いる。

2 × 嘔気があるときは、経管栄養は中止して医療職に報告する。また、注入速度を遅くすると嘔気が増幅する可能性があり不適切といえる。

3 × イルリガートルとは栄養剤を入れるボトルであり、これに栄養剤を入れてから、1分間の滴下数を合わせてから注入する。注入開始から30分後、利用者の様子を確認する。

4 ○ 栄養剤の液面が胃より低い位置にあると逆流する危険があることから、液面の位置は胃から50 cm程度高くしなければならない。

5 × 使用した物品は、消毒用エタノールではなく0.0125～0.02％の次亜塩素酸ナトリウム液に1時間以上つけて消毒する。

総合問題

総合問題1

問題114 正解2

1 × **退院前カンファレンス**とは、退院後の包括的な治療・ケアのために、多職種で情報を共有するために行われるものであり、主に病院（医療職）が中心となって行われる。

2 ○ **サービス担当者会議**とは、ケアマネジャーが作成したケアプランを、利用者に関わるサービス機関の担当者を集め、ケアプランの内容を検討する会議であり、招集するのはケアマネジャーである。

3 × **支援調整会議**とは、自立相談支援機関としてプラン案を策定し、正式に会議に諮りプラン案を確定していくために開催するものであり、自治体職員と自立相談支援機関の支援員を中心に行われる。

4 × **地域ケア会議**とは、地域包括ケア実現のため、地域の実情にそって、地域資源をどのように構築していくべきか、課題を的確に把握し、解決していく手段を導き出すための会議であり、地域包括支援センター又は市町村が主体となって開催される。

5 × **介護・医療連携推進会議**とは、地域密着型サービス事業者に設置・開催が義務付けられている協議会であり、利用者・利用者の家族・地域住民の代表者・地域密着型サービスについて知見を有する者等で構成される。

問題115　正解1

1　○　Aさんは、脳出血で左半身の不全麻痺があり、立ち上がりや歩行に介助が必要で杖歩行が可能な状態である。Aさんに適切なトイレの手すりは、右手側の、便器から少し離れた位置が立ち上がるときに力を入れやすい。

2、3、4、5　×　上記記述を参照。

問題116　正解2

1、3、4、5　×　Fさんには左足指に白癬があり、薬が処方されていることから、常に足を清潔にして、湿気のないように乾燥させることが重要である。着衣や寝具の清潔は重要だが、熱処理が最も適切とはいえない。Fさんはすでに薬を処方されており、決められた用法を用いなければならない。

2　○　上記記述を参照。

総合問題2

問題117　正解3

1、2、4、5　×　**レビー小体型認知症**とは、脳の神経細胞が原因不明に減少する変性性の認知症であり、認知機能障害、幻視、体が固くなり、手が震える、急に止まれないといったパーキンソン症状が主な症状である。脱抑制とは、前頭側頭型認知症の症状であり、周囲への迷惑を顧みず、身勝手な行動をすることである。常同行動とは、自閉症の症状であり、体を揺らしたり、奇声を上げるなどの、一見、無目的に見える同じ行動を繰り返すことをいう。以上から、Gさんにみられた認知症の特徴的な症状とは幻視と考えられる。

3　○　上記記述を参照。

問題118　正解1

1　○　Gさんは、足がすくんだようになり、始めの一歩をうまく出せないという状態であり、車いすや四点杖を利用するほどの状態ではない。居室にカーペットを敷くことは、転倒したときのけがを防ぐクッションになるが、Gさんのように足がすくんだような状態では、歩くときにカーペットに足をとられやすく不適切である。また、歩幅を小さくするとかえって転倒しやすい。床にある目印をまたぐことで、歩幅が大きくなり、確実に足を動かせる。

2、3、4、5　×　上記記述を参照。

問題119　正解4

1　×　看護小規模多機能型居宅介護とは、「訪問看護」と「小規模多機能型居宅介護」を組み合わせて提供する介護保険サービスである。

2　×　小規模多機能型居宅介護は、利用者の選択に応じて、施設への通いを中心に、短期間の宿泊や利用者の自宅への訪問を組み合わせて、家庭的な環境と地域住民との交流の下で日常生活上の支援や機能訓練を行う介護保険サービスである。

3　×　短期入所療養介護では、介護老人保健施設や診療所、病院などに短期間入所して、医師や看護職員、理学療法士等による医療や機能訓練、日常生活上の支援などを行う。利用者の家族の介護負担の軽減にもつながる。

4　○　特定施設入居者生活介護とは、介護保険の指定を受けた介護付有料老人ホーム、養護老人ホーム、軽費老人ホーム、サービス付き高齢者向け住宅などが、入居者に対して入浴・排せつ・食事等の介護、その他必要な日常生活上の支援を行うものである。

5 × 認知症対応型共同生活介護とは、少人数の家庭的な雰囲気の中で、認知症の高齢者が共同で生活する住居において、入浴、排せつ、食事等の介護、その他の日常生活上の世話、機能訓練を行うものであり、Gさんの状況から最も適切な介護保険サービスと考えられるが、Gさんには現在の養護老人ホーム生活を続けたいという意向があることから、その意向が優先する。

総合問題3

問題120 正解5

1 × **レストレスレッグス症候群**とは、むずむず脚症候群とも呼ばれ、不眠につながる病気である。根本的な原因は明らかになっていないが、鉄欠乏性貧血、透析、糖尿病、リウマチ、パーキンソン病などほかの病気や妊娠などが原因で起こるものがある。

2 × **概日リズム**とは、人体に限らず生物に約24時間周期で起きる生理現象であり、体内時計とも呼ばれる。概日リズム睡眠障害とは、体内時計の調節障害によって、睡眠時間帯の異常が持続する睡眠障害の総称である。

3 × 睡眠中には、筋肉が脱力して身体を休める眠りであるレム睡眠と、脳を休めるノンレム睡眠を交互に繰り返している。レム睡眠行動障害とは、筋肉が脱力しないで夢の中の行動をそのまま行ってしまう睡眠病である。神経変性疾患の前駆症状でもある。

4 × **環境因性睡眠障害**とは、暑さ・寒さ・騒音など、環境による不眠のことであり、この原因がなくなれば改善するものである。

5 ○ **中途覚醒**は、睡眠維持障害とも呼ばれ、眠っている途中で何度も起きてしまうもので、不眠症の一つである。一般に、高齢者に多くみられるが、喘息、心不全、膠原病といった内科的な病気、うつ病、精神分裂病、神経症などの精神的な病気が要因となっている場合もある。26歳のHさんはうつ病と診断されており、寝つきは良いが、すぐに目が覚めて眠れないといった症状から、中途覚醒と考えられる。

問題121 正解3

1、2、4、5 × 「早く良くなってくださいね」では、Hさんにプレッシャーを与えることになる。「すぐに治りますよ」「治療、頑張ってくださいね」も同様に、改善しないと悩んでいるHさんに負担をかける言葉かけである。「気分転換に旅行に行くといいですよ」では、Hさんの悩みを受け止めず話をそらしていることになる。

3 ○ 「ゆっくり休むことも必要ですよ」は、Hさんの思いを受容した上でかける言葉として最も適切といえる。

問題122 正解1

1 ○ **リワークプログラム**とは、うつ病などの精神面の不調から休職した人のための、職場復帰支援プログラムである。Hさんに紹介するサービスとして最も適切といえる。

2 × **レスパイトサービス**とは、在宅で障害者や高齢者などの介護を行う家族が休息をとれるように、介護を請け負うなどによって家族を支援するプログラムである。

3 × **ピアカウンセリング**とは、仲間同志によるカウンセリングという意味であり、発祥地のアメリカではアルコール中毒患者同志の支え励まし合いの方法として発達した。現代では、臨床心理士などによって行われている。

4 × **セルフヘルプグループ**とは、心身障害、慢性疾病、アルコール依存症、被虐待体験など、さまざまな問題を抱えた当事者や家族が、相互に支え励まし合う自助グループのことである。

5 × **ガイドヘルプサービス**とは、全身性障害、視覚障害などを持つ利用者を対象とした、移動の介助、代読・代筆、食事や排せつの介助などを行う、移動介護従業者（ガイドヘルパー）によるサービスである。

総合問題４

問題123　正解５

1 × 母子及び父子並びに寡婦福祉法は、母子家庭等や寡婦に対する福祉資金の貸付け・就業支援事業等の実施・自立支援給付金の給付などの支援措置について定めている。

2 × 障害者総合支援法は、障害者に対して、地域で総合的な支援を行うことを推進する法律である。

3 × 生活保護法は、国がすべての国民に対し、最低限度の生活を保障した法律である。

4 × 児童虐待の防止等に関する法律は、児童虐待の防止を目的として制定された法律である。

5 ○ 児童福祉法は、児童の健全な育成、児童の福祉の保障とその積極的増進を基本精神とする法律であり、助産施設・乳児院・母子生活支援施設・保育所・幼保連携型認定こども園・児童厚生施設・児童養護施設・障害児入所施設・児童発達支援センター・児童心理治療施設・児童自立支援施設・児童家庭支援センター・里親支援センターの**13種の施設**が規定されている（児童福祉法第７条)。Ｋ君は障害児入所施設に入所していると考えられる。

問題124　正解４

1 × 生活支援員は、グループホームや就労継続支援事業所などにおいて、障害者の入浴や排せつ、食事の介護等の生活サポートを担う職種である。

2 × 児童自立支援専門員は、児童自立支援施設で生活する児童に対して自立を支援し、さまざまな相談援助を行う。

3 × サービス提供責任者は、ケアマネジャーが立てた介護プランを基に、介護サービスの計画立案やヘルパーへの指示・指導などを行う。

4 ○ 児童発達支援管理責任者は、児童福祉法に定められた施設において、児童の発達の課題を把握して個別支援計画を策定し、ひとりひとりに合った支援や集団療育の企画・管理を行う。Ｋ君の支援計画作成に責任を持つ職員と考えられる。

5 × 相談支援専門員は、指定相談支援事業所、基幹相談支援センター、市町村の相談センターなどにおいて、障害者等の相談に応じ、助言や連絡調整等の必要な支援を行うほか、サービス利用計画を作成する。

問題125　正解３

1、2、4、5 × てんかん重積発作とは、「発作がある程度の長さ以上に続くか、または、短い発作でも反復し、その間の意識の回復がないもの」である。Ｋ君は、てんかんの発作を起こしたとみられ、嘔吐物による窒息を防ぐため、顔を横にして顎を上げるのが適切。

3 ○ 上記記述を参照。

解答用紙

問題	解答	問題	解答	問題	解答
問題 1	①②③④⑤	問題43	①②③④⑤	問題85	①②③④⑤
問題 2	①②③④⑤	問題44	①②③④⑤	問題86	①②③④⑤
問題 3	①②③④⑤	問題45	①②③④⑤	問題87	①②③④⑤
問題 4	①②③④⑤	問題46	①②③④⑤	問題88	①②③④⑤
問題 5	①②③④⑤	問題47	①②③④⑤	問題89	①②③④⑤
問題 6	①②③④⑤	問題48	①②③④⑤	問題90	①②③④⑤
問題 7	①②③④⑤	問題49	①②③④⑤	問題91	①②③④⑤
問題 8	①②③④⑤	問題50	①②③④⑤	問題92	①②③④⑤
問題 9	①②③④⑤	問題51	①②③④⑤	問題93	①②③④⑤
問題10	①②③④⑤	問題52	①②③④⑤	問題94	①②③④⑤
問題11	①②③④⑤	問題53	①②③④⑤	問題95	①②③④⑤
問題12	①②③④⑤	問題54	①②③④⑤	問題96	①②③④⑤
問題13	①②③④⑤	問題55	①②③④⑤	問題97	①②③④⑤
問題14	①②③④⑤	問題56	①②③④⑤	問題98	①②③④⑤
問題15	①②③④⑤	問題57	①②③④⑤	問題99	①②③④⑤
問題16	①②③④⑤	問題58	①②③④⑤	問題100	①②③④⑤
問題17	①②③④⑤	問題59	①②③④⑤	問題101	①②③④⑤
問題18	①②③④⑤	問題60	①②③④⑤	問題102	①②③④⑤
問題19	①②③④⑤	問題61	①②③④⑤	問題103	①②③④⑤
問題20	①②③④⑤	問題62	①②③④⑤	問題104	①②③④⑤
問題21	①②③④⑤	問題63	①②③④⑤	問題105	①②③④⑤
問題22	①②③④⑤	問題64	①②③④⑤	問題106	①②③④⑤
問題23	①②③④⑤	問題65	①②③④⑤	問題107	①②③④⑤
問題24	①②③④⑤	問題66	①②③④⑤	問題108	①②③④⑤
問題25	①②③④⑤	問題67	①②③④⑤	問題109	①②③④⑤
問題26	①②③④⑤	問題68	①②③④⑤	問題110	①②③④⑤
問題27	①②③④⑤	問題69	①②③④⑤	問題111	①②③④⑤
問題28	①②③④⑤	問題70	①②③④⑤	問題112	①②③④⑤
問題29	①②③④⑤	問題71	①②③④⑤	問題113	①②③④⑤
問題30	①②③④⑤	問題72	①②③④⑤	問題114	①②③④⑤
問題31	①②③④⑤	問題73	①②③④⑤	問題115	①②③④⑤
問題32	①②③④⑤	問題74	①②③④⑤	問題116	①②③④⑤
問題33	①②③④⑤	問題75	①②③④⑤	問題117	①②③④⑤
問題34	①②③④⑤	問題76	①②③④⑤	問題118	①②③④⑤
問題35	①②③④⑤	問題77	①②③④⑤	問題119	①②③④⑤
問題36	①②③④⑤	問題78	①②③④⑤	問題120	①②③④⑤
問題37	①②③④⑤	問題79	①②③④⑤	問題121	①②③④⑤
問題38	①②③④⑤	問題80	①②③④⑤	問題122	①②③④⑤
問題39	①②③④⑤	問題81	①②③④⑤	問題123	①②③④⑤
問題40	①②③④⑤	問題82	①②③④⑤	問題124	①②③④⑤
問題41	①②③④⑤	問題83	①②③④⑤	問題125	①②③④⑤
問題42	①②③④⑤	問題84	①②③④⑤		

（注）解答用紙はコピーをしてお使いください。

解答用紙

問題	解答	問題	解答	問題	解答
問題 1	①②③④⑤	問題43	①②③④⑤	問題85	①②③④⑤
問題 2	①②③④⑤	問題44	①②③④⑤	問題86	①②③④⑤
問題 3	①②③④⑤	問題45	①②③④⑤	問題87	①②③④⑤
問題 4	①②③④⑤	問題46	①②③④⑤	問題88	①②③④⑤
問題 5	①②③④⑤	問題47	①②③④⑤	問題89	①②③④⑤
問題 6	①②③④⑤	問題48	①②③④⑤	問題90	①②③④⑤
問題 7	①②③④⑤	問題49	①②③④⑤	問題91	①②③④⑤
問題 8	①②③④⑤	問題50	①②③④⑤	問題92	①②③④⑤
問題 9	①②③④⑤	問題51	①②③④⑤	問題93	①②③④⑤
問題10	①②③④⑤	問題52	①②③④⑤	問題94	①②③④⑤
問題11	①②③④⑤	問題53	①②③④⑤	問題95	①②③④⑤
問題12	①②③④⑤	問題54	①②③④⑤	問題96	①②③④⑤
問題13	①②③④⑤	問題55	①②③④⑤	問題97	①②③④⑤
問題14	①②③④⑤	問題56	①②③④⑤	問題98	①②③④⑤
問題15	①②③④⑤	問題57	①②③④⑤	問題99	①②③④⑤
問題16	①②③④⑤	問題58	①②③④⑤	問題100	①②③④⑤
問題17	①②③④⑤	問題59	①②③④⑤	問題101	①②③④⑤
問題18	①②③④⑤	問題60	①②③④⑤	問題102	①②③④⑤
問題19	①②③④⑤	問題61	①②③④⑤	問題103	①②③④⑤
問題20	①②③④⑤	問題62	①②③④⑤	問題104	①②③④⑤
問題21	①②③④⑤	問題63	①②③④⑤	問題105	①②③④⑤
問題22	①②③④⑤	問題64	①②③④⑤	問題106	①②③④⑤
問題23	①②③④⑤	問題65	①②③④⑤	問題107	①②③④⑤
問題24	①②③④⑤	問題66	①②③④⑤	問題108	①②③④⑤
問題25	①②③④⑤	問題67	①②③④⑤	問題109	①②③④⑤
問題26	①②③④⑤	問題68	①②③④⑤	問題110	①②③④⑤
問題27	①②③④⑤	問題69	①②③④⑤	問題111	①②③④⑤
問題28	①②③④⑤	問題70	①②③④⑤	問題112	①②③④⑤
問題29	①②③④⑤	問題71	①②③④⑤	問題113	①②③④⑤
問題30	①②③④⑤	問題72	①②③④⑤	問題114	①②③④⑤
問題31	①②③④⑤	問題73	①②③④⑤	問題115	①②③④⑤
問題32	①②③④⑤	問題74	①②③④⑤	問題116	①②③④⑤
問題33	①②③④⑤	問題75	①②③④⑤	問題117	①②③④⑤
問題34	①②③④⑤	問題76	①②③④⑤	問題118	①②③④⑤
問題35	①②③④⑤	問題77	①②③④⑤	問題119	①②③④⑤
問題36	①②③④⑤	問題78	①②③④⑤	問題120	①②③④⑤
問題37	①②③④⑤	問題79	①②③④⑤	問題121	①②③④⑤
問題38	①②③④⑤	問題80	①②③④⑤	問題122	①②③④⑤
問題39	①②③④⑤	問題81	①②③④⑤	問題123	①②③④⑤
問題40	①②③④⑤	問題82	①②③④⑤	問題124	①②③④⑤
問題41	①②③④⑤	問題83	①②③④⑤	問題125	①②③④⑤
問題42	①②③④⑤	問題84	①②③④⑤		

（注）解答用紙はコピーをしてお使いください。

解答用紙

問題 1	①②③④⑤	問題43	①②③④⑤	問題85	①②③④⑤
問題 2	①②③④⑤	問題44	①②③④⑤	問題86	①②③④⑤
問題 3	①②③④⑤	問題45	①②③④⑤	問題87	①②③④⑤
問題 4	①②③④⑤	問題46	①②③④⑤	問題88	①②③④⑤
問題 5	①②③④⑤	問題47	①②③④⑤	問題89	①②③④⑤
問題 6	①②③④⑤	問題48	①②③④⑤	問題90	①②③④⑤
問題 7	①②③④⑤	問題49	①②③④⑤	問題91	①②③④⑤
問題 8	①②③④⑤	問題50	①②③④⑤	問題92	①②③④⑤
問題 9	①②③④⑤	問題51	①②③④⑤	問題93	①②③④⑤
問題10	①②③④⑤	問題52	①②③④⑤	問題94	①②③④⑤
問題11	①②③④⑤	問題53	①②③④⑤	問題95	①②③④⑤
問題12	①②③④⑤	問題54	①②③④⑤	問題96	①②③④⑤
問題13	①②③④⑤	問題55	①②③④⑤	問題97	①②③④⑤
問題14	①②③④⑤	問題56	①②③④⑤	問題98	①②③④⑤
問題15	①②③④⑤	問題57	①②③④⑤	問題99	①②③④⑤
問題16	①②③④⑤	問題58	①②③④⑤	問題100	①②③④⑤
問題17	①②③④⑤	問題59	①②③④⑤	問題101	①②③④⑤
問題18	①②③④⑤	問題60	①②③④⑤	問題102	①②③④⑤
問題19	①②③④⑤	問題61	①②③④⑤	問題103	①②③④⑤
問題20	①②③④⑤	問題62	①②③④⑤	問題104	①②③④⑤
問題21	①②③④⑤	問題63	①②③④⑤	問題105	①②③④⑤
問題22	①②③④⑤	問題64	①②③④⑤	問題106	①②③④⑤
問題23	①②③④⑤	問題65	①②③④⑤	問題107	①②③④⑤
問題24	①②③④⑤	問題66	①②③④⑤	問題108	①②③④⑤
問題25	①②③④⑤	問題67	①②③④⑤	問題109	①②③④⑤
問題26	①②③④⑤	問題68	①②③④⑤	問題110	①②③④⑤
問題27	①②③④⑤	問題69	①②③④⑤	問題111	①②③④⑤
問題28	①②③④⑤	問題70	①②③④⑤	問題112	①②③④⑤
問題29	①②③④⑤	問題71	①②③④⑤	問題113	①②③④⑤
問題30	①②③④⑤	問題72	①②③④⑤	問題114	①②③④⑤
問題31	①②③④⑤	問題73	①②③④⑤	問題115	①②③④⑤
問題32	①②③④⑤	問題74	①②③④⑤	問題116	①②③④⑤
問題33	①②③④⑤	問題75	①②③④⑤	問題117	①②③④⑤
問題34	①②③④⑤	問題76	①②③④⑤	問題118	①②③④⑤
問題35	①②③④⑤	問題77	①②③④⑤	問題119	①②③④⑤
問題36	①②③④⑤	問題78	①②③④⑤	問題120	①②③④⑤
問題37	①②③④⑤	問題79	①②③④⑤	問題121	①②③④⑤
問題38	①②③④⑤	問題80	①②③④⑤	問題122	①②③④⑤
問題39	①②③④⑤	問題81	①②③④⑤	問題123	①②③④⑤
問題40	①②③④⑤	問題82	①②③④⑤	問題124	①②③④⑤
問題41	①②③④⑤	問題83	①②③④⑤	問題125	①②③④⑤
問題42	①②③④⑤	問題84	①②③④⑤		

（注）解答用紙はコピーをしてお使いください。

解答用紙

問題	解答	問題	解答	問題	解答
問題 1	①②③④⑤	問題43	①②③④⑤	問題85	①②③④⑤
問題 2	①②③④⑤	問題44	①②③④⑤	問題86	①②③④⑤
問題 3	①②③④⑤	問題45	①②③④⑤	問題87	①②③④⑤
問題 4	①②③④⑤	問題46	①②③④⑤	問題88	①②③④⑤
問題 5	①②③④⑤	問題47	①②③④⑤	問題89	①②③④⑤
問題 6	①②③④⑤	問題48	①②③④⑤	問題90	①②③④⑤
問題 7	①②③④⑤	問題49	①②③④⑤	問題91	①②③④⑤
問題 8	①②③④⑤	問題50	①②③④⑤	問題92	①②③④⑤
問題 9	①②③④⑤	問題51	①②③④⑤	問題93	①②③④⑤
問題10	①②③④⑤	問題52	①②③④⑤	問題94	①②③④⑤
問題11	①②③④⑤	問題53	①②③④⑤	問題95	①②③④⑤
問題12	①②③④⑤	問題54	①②③④⑤	問題96	①②③④⑤
問題13	①②③④⑤	問題55	①②③④⑤	問題97	①②③④⑤
問題14	①②③④⑤	問題56	①②③④⑤	問題98	①②③④⑤
問題15	①②③④⑤	問題57	①②③④⑤	問題99	①②③④⑤
問題16	①②③④⑤	問題58	①②③④⑤	問題100	①②③④⑤
問題17	①②③④⑤	問題59	①②③④⑤	問題101	①②③④⑤
問題18	①②③④⑤	問題60	①②③④⑤	問題102	①②③④⑤
問題19	①②③④⑤	問題61	①②③④⑤	問題103	①②③④⑤
問題20	①②③④⑤	問題62	①②③④⑤	問題104	①②③④⑤
問題21	①②③④⑤	問題63	①②③④⑤	問題105	①②③④⑤
問題22	①②③④⑤	問題64	①②③④⑤	問題106	①②③④⑤
問題23	①②③④⑤	問題65	①②③④⑤	問題107	①②③④⑤
問題24	①②③④⑤	問題66	①②③④⑤	問題108	①②③④⑤
問題25	①②③④⑤	問題67	①②③④⑤	問題109	①②③④⑤
問題26	①②③④⑤	問題68	①②③④⑤	問題110	①②③④⑤
問題27	①②③④⑤	問題69	①②③④⑤	問題111	①②③④⑤
問題28	①②③④⑤	問題70	①②③④⑤	問題112	①②③④⑤
問題29	①②③④⑤	問題71	①②③④⑤	問題113	①②③④⑤
問題30	①②③④⑤	問題72	①②③④⑤	問題114	①②③④⑤
問題31	①②③④⑤	問題73	①②③④⑤	問題115	①②③④⑤
問題32	①②③④⑤	問題74	①②③④⑤	問題116	①②③④⑤
問題33	①②③④⑤	問題75	①②③④⑤	問題117	①②③④⑤
問題34	①②③④⑤	問題76	①②③④⑤	問題118	①②③④⑤
問題35	①②③④⑤	問題77	①②③④⑤	問題119	①②③④⑤
問題36	①②③④⑤	問題78	①②③④⑤	問題120	①②③④⑤
問題37	①②③④⑤	問題79	①②③④⑤	問題121	①②③④⑤
問題38	①②③④⑤	問題80	①②③④⑤	問題122	①②③④⑤
問題39	①②③④⑤	問題81	①②③④⑤	問題123	①②③④⑤
問題40	①②③④⑤	問題82	①②③④⑤	問題124	①②③④⑤
問題41	①②③④⑤	問題83	①②③④⑤	問題125	①②③④⑤
問題42	①②③④⑤	問題84	①②③④⑤		

（注）解答用紙はコピーをしてお使いください。

解答用紙

問題 1	①②③④⑤	問題43	①②③④⑤	問題85	①②③④⑤
問題 2	①②③④⑤	問題44	①②③④⑤	問題86	①②③④⑤
問題 3	①②③④⑤	問題45	①②③④⑤	問題87	①②③④⑤
問題 4	①②③④⑤	問題46	①②③④⑤	問題88	①②③④⑤
問題 5	①②③④⑤	問題47	①②③④⑤	問題89	①②③④⑤
問題 6	①②③④⑤	問題48	①②③④⑤	問題90	①②③④⑤
問題 7	①②③④⑤	問題49	①②③④⑤	問題91	①②③④⑤
問題 8	①②③④⑤	問題50	①②③④⑤	問題92	①②③④⑤
問題 9	①②③④⑤	問題51	①②③④⑤	問題93	①②③④⑤
問題10	①②③④⑤	問題52	①②③④⑤	問題94	①②③④⑤
問題11	①②③④⑤	問題53	①②③④⑤	問題95	①②③④⑤
問題12	①②③④⑤	問題54	①②③④⑤	問題96	①②③④⑤
問題13	①②③④⑤	問題55	①②③④⑤	問題97	①②③④⑤
問題14	①②③④⑤	問題56	①②③④⑤	問題98	①②③④⑤
問題15	①②③④⑤	問題57	①②③④⑤	問題99	①②③④⑤
問題16	①②③④⑤	問題58	①②③④⑤	問題100	①②③④⑤
問題17	①②③④⑤	問題59	①②③④⑤	問題101	①②③④⑤
問題18	①②③④⑤	問題60	①②③④⑤	問題102	①②③④⑤
問題19	①②③④⑤	問題61	①②③④⑤	問題103	①②③④⑤
問題20	①②③④⑤	問題62	①②③④⑤	問題104	①②③④⑤
問題21	①②③④⑤	問題63	①②③④⑤	問題105	①②③④⑤
問題22	①②③④⑤	問題64	①②③④⑤	問題106	①②③④⑤
問題23	①②③④⑤	問題65	①②③④⑤	問題107	①②③④⑤
問題24	①②③④⑤	問題66	①②③④⑤	問題108	①②③④⑤
問題25	①②③④⑤	問題67	①②③④⑤	問題109	①②③④⑤
問題26	①②③④⑤	問題68	①②③④⑤	問題110	①②③④⑤
問題27	①②③④⑤	問題69	①②③④⑤	問題111	①②③④⑤
問題28	①②③④⑤	問題70	①②③④⑤	問題112	①②③④⑤
問題29	①②③④⑤	問題71	①②③④⑤	問題113	①②③④⑤
問題30	①②③④⑤	問題72	①②③④⑤	問題114	①②③④⑤
問題31	①②③④⑤	問題73	①②③④⑤	問題115	①②③④⑤
問題32	①②③④⑤	問題74	①②③④⑤	問題116	①②③④⑤
問題33	①②③④⑤	問題75	①②③④⑤	問題117	①②③④⑤
問題34	①②③④⑤	問題76	①②③④⑤	問題118	①②③④⑤
問題35	①②③④⑤	問題77	①②③④⑤	問題119	①②③④⑤
問題36	①②③④⑤	問題78	①②③④⑤	問題120	①②③④⑤
問題37	①②③④⑤	問題79	①②③④⑤	問題121	①②③④⑤
問題38	①②③④⑤	問題80	①②③④⑤	問題122	①②③④⑤
問題39	①②③④⑤	問題81	①②③④⑤	問題123	①②③④⑤
問題40	①②③④⑤	問題82	①②③④⑤	問題124	①②③④⑤
問題41	①②③④⑤	問題83	①②③④⑤	問題125	①②③④⑤
問題42	①②③④⑤	問題84	①②③④⑤		

（注）解答用紙はコピーをしてお使いください。

解答用紙

問題	解答	問題	解答	問題	解答
問題 1	①②③④⑤	問題43	①②③④⑤	問題85	①②③④⑤
問題 2	①②③④⑤	問題44	①②③④⑤	問題86	①②③④⑤
問題 3	①②③④⑤	問題45	①②③④⑤	問題87	①②③④⑤
問題 4	①②③④⑤	問題46	①②③④⑤	問題88	①②③④⑤
問題 5	①②③④⑤	問題47	①②③④⑤	問題89	①②③④⑤
問題 6	①②③④⑤	問題48	①②③④⑤	問題90	①②③④⑤
問題 7	①②③④⑤	問題49	①②③④⑤	問題91	①②③④⑤
問題 8	①②③④⑤	問題50	①②③④⑤	問題92	①②③④⑤
問題 9	①②③④⑤	問題51	①②③④⑤	問題93	①②③④⑤
問題10	①②③④⑤	問題52	①②③④⑤	問題94	①②③④⑤
問題11	①②③④⑤	問題53	①②③④⑤	問題95	①②③④⑤
問題12	①②③④⑤	問題54	①②③④⑤	問題96	①②③④⑤
問題13	①②③④⑤	問題55	①②③④⑤	問題97	①②③④⑤
問題14	①②③④⑤	問題56	①②③④⑤	問題98	①②③④⑤
問題15	①②③④⑤	問題57	①②③④⑤	問題99	①②③④⑤
問題16	①②③④⑤	問題58	①②③④⑤	問題100	①②③④⑤
問題17	①②③④⑤	問題59	①②③④⑤	問題101	①②③④⑤
問題18	①②③④⑤	問題60	①②③④⑤	問題102	①②③④⑤
問題19	①②③④⑤	問題61	①②③④⑤	問題103	①②③④⑤
問題20	①②③④⑤	問題62	①②③④⑤	問題104	①②③④⑤
問題21	①②③④⑤	問題63	①②③④⑤	問題105	①②③④⑤
問題22	①②③④⑤	問題64	①②③④⑤	問題106	①②③④⑤
問題23	①②③④⑤	問題65	①②③④⑤	問題107	①②③④⑤
問題24	①②③④⑤	問題66	①②③④⑤	問題108	①②③④⑤
問題25	①②③④⑤	問題67	①②③④⑤	問題109	①②③④⑤
問題26	①②③④⑤	問題68	①②③④⑤	問題110	①②③④⑤
問題27	①②③④⑤	問題69	①②③④⑤	問題111	①②③④⑤
問題28	①②③④⑤	問題70	①②③④⑤	問題112	①②③④⑤
問題29	①②③④⑤	問題71	①②③④⑤	問題113	①②③④⑤
問題30	①②③④⑤	問題72	①②③④⑤	問題114	①②③④⑤
問題31	①②③④⑤	問題73	①②③④⑤	問題115	①②③④⑤
問題32	①②③④⑤	問題74	①②③④⑤	問題116	①②③④⑤
問題33	①②③④⑤	問題75	①②③④⑤	問題117	①②③④⑤
問題34	①②③④⑤	問題76	①②③④⑤	問題118	①②③④⑤
問題35	①②③④⑤	問題77	①②③④⑤	問題119	①②③④⑤
問題36	①②③④⑤	問題78	①②③④⑤	問題120	①②③④⑤
問題37	①②③④⑤	問題79	①②③④⑤	問題121	①②③④⑤
問題38	①②③④⑤	問題80	①②③④⑤	問題122	①②③④⑤
問題39	①②③④⑤	問題81	①②③④⑤	問題123	①②③④⑤
問題40	①②③④⑤	問題82	①②③④⑤	問題124	①②③④⑤
問題41	①②③④⑤	問題83	①②③④⑤	問題125	①②③④⑤
問題42	①②③④⑤	問題84	①②③④⑤		

(注) 解答用紙はコピーをしてお使いください。

解答用紙

問題 1	①②③④⑤	問題43	①②③④⑤	問題85	①②③④⑤
問題 2	①②③④⑤	問題44	①②③④⑤	問題86	①②③④⑤
問題 3	①②③④⑤	問題45	①②③④⑤	問題87	①②③④⑤
問題 4	①②③④⑤	問題46	①②③④⑤	問題88	①②③④⑤
問題 5	①②③④⑤	問題47	①②③④⑤	問題89	①②③④⑤
問題 6	①②③④⑤	問題48	①②③④⑤	問題90	①②③④⑤
問題 7	①②③④⑤	問題49	①②③④⑤	問題91	①②③④⑤
問題 8	①②③④⑤	問題50	①②③④⑤	問題92	①②③④⑤
問題 9	①②③④⑤	問題51	①②③④⑤	問題93	①②③④⑤
問題10	①②③④⑤	問題52	①②③④⑤	問題94	①②③④⑤
問題11	①②③④⑤	問題53	①②③④⑤	問題95	①②③④⑤
問題12	①②③④⑤	問題54	①②③④⑤	問題96	①②③④⑤
問題13	①②③④⑤	問題55	①②③④⑤	問題97	①②③④⑤
問題14	①②③④⑤	問題56	①②③④⑤	問題98	①②③④⑤
問題15	①②③④⑤	問題57	①②③④⑤	問題99	①②③④⑤
問題16	①②③④⑤	問題58	①②③④⑤	問題100	①②③④⑤
問題17	①②③④⑤	問題59	①②③④⑤	問題101	①②③④⑤
問題18	①②③④⑤	問題60	①②③④⑤	問題102	①②③④⑤
問題19	①②③④⑤	問題61	①②③④⑤	問題103	①②③④⑤
問題20	①②③④⑤	問題62	①②③④⑤	問題104	①②③④⑤
問題21	①②③④⑤	問題63	①②③④⑤	問題105	①②③④⑤
問題22	①②③④⑤	問題64	①②③④⑤	問題106	①②③④⑤
問題23	①②③④⑤	問題65	①②③④⑤	問題107	①②③④⑤
問題24	①②③④⑤	問題66	①②③④⑤	問題108	①②③④⑤
問題25	①②③④⑤	問題67	①②③④⑤	問題109	①②③④⑤
問題26	①②③④⑤	問題68	①②③④⑤	問題110	①②③④⑤
問題27	①②③④⑤	問題69	①②③④⑤	問題111	①②③④⑤
問題28	①②③④⑤	問題70	①②③④⑤	問題112	①②③④⑤
問題29	①②③④⑤	問題71	①②③④⑤	問題113	①②③④⑤
問題30	①②③④⑤	問題72	①②③④⑤	問題114	①②③④⑤
問題31	①②③④⑤	問題73	①②③④⑤	問題115	①②③④⑤
問題32	①②③④⑤	問題74	①②③④⑤	問題116	①②③④⑤
問題33	①②③④⑤	問題75	①②③④⑤	問題117	①②③④⑤
問題34	①②③④⑤	問題76	①②③④⑤	問題118	①②③④⑤
問題35	①②③④⑤	問題77	①②③④⑤	問題119	①②③④⑤
問題36	①②③④⑤	問題78	①②③④⑤	問題120	①②③④⑤
問題37	①②③④⑤	問題79	①②③④⑤	問題121	①②③④⑤
問題38	①②③④⑤	問題80	①②③④⑤	問題122	①②③④⑤
問題39	①②③④⑤	問題81	①②③④⑤	問題123	①②③④⑤
問題40	①②③④⑤	問題82	①②③④⑤	問題124	①②③④⑤
問題41	①②③④⑤	問題83	①②③④⑤	問題125	①②③④⑤
問題42	①②③④⑤	問題84	①②③④⑤		

（注）解答用紙はコピーをしてお使いください。